俞荣根

1943年生于浙江诸暨，教授，享受国务院特殊津贴专家，国家有突出贡献中青年专家。著有《儒家法思想通论》《儒言治世——儒学的治国之术》《道统与法统》《礼法传统与中华法系》等及合著《中华法苑四千年》《羌族习惯法》《中国传统法学述论——基于国学视角》等；主编《中华大典·法律典·法律理论分典》及《法治之路》《礼法传统与现代法治》等；发表学术论文200多篇。曾任西南政法大学副校长、重庆社科院院长、重庆市人大常委会委员(驻会)和法制委主任委员，第九届全国政协委员。

儒家法思想通论

修订本

俞荣根 著

商务印书馆
创于1897 The Commercial Press
2018年·北京

图书在版编目(CIP)数据

儒家法思想通论/俞荣根著．—北京：商务印书馆，2018
ISBN 978-7-100-15791-9

Ⅰ．①儒…　Ⅱ．①俞…　Ⅲ．①儒家—法治—思想评论
Ⅳ．①D909.225②222.05

中国版本图书馆CIP数据核字(2018)第023818号

儒家法思想通论
（修订本）
俞荣根　著

商　务　印　书　馆　出　版
（北京王府井大街36号　邮政编码100710）
商　务　印　书　馆　发　行
北京通州皇家印刷厂印刷
ISBN 978-7-100-15791-9

2018年5月第1版　　开本880×1240 1/32
2018年5月北京第1次印刷　　印张27

定价：122.00元

自　序

这部书稿草成于1991年。那是一个学术著作出版难的时段。承蒙广西人民出版社不弃，于1992年5月有了它的初版，1998年2月又出第二版。第二版除了校订错讹外，几乎没作什么修改。2014年，它有幸列入商务印书馆的出版计划。在中国学界，谁人不知，以“开启民智、昌明教育”为宗旨的商务印书馆是中国出版业“百年老店”。由商务再版，是它最好的归宿。对于作者，也是最值得珍惜的一份奖赏。

它的初版和二版，都是上个世纪的事。屈指算来，已分别时过24年和18年。人生能有几个18年！几个24年！从大概率上说，这个商务版可能是自己有生之年所能做的最后一次修订再版。无论从哪个角度，这次修订除了认真，还须慎重。

《儒家法思想通论》（下简称《通论》）的初版和二版都没有电子版。所以，这次修订，第一道工序是将全书扫描、补录、校正，成为一个完整的电子版。这些工作尽管琐碎、耗时，但并不太费脑筋。最让人犯难的是如何修订，怎么修订，修订什么。

《通论》的绝大部分稿子写于上世纪八十年代。那是一个伟大转型时代的开启阶段，从以阶级斗争为纲和政治挂帅转向以经济建设为中心，从思想禁锢转向思想解放……，人们欢呼雀跃地迎来“教育的春天”、“科学的春天”，却又被“读书无用论”、“只有向钱看才能向前看”弄得茫然不知所措……。那十年，我们经历了转型时期最惊心动魄的一些岁月。加上再往前更为动魄惊心的“文化大革命”十年。这两个十年便是《通论》的背景。我手中这杆拙笔(当时尚无力购置昂贵的电脑,书稿全是用硬笔一笔一笔手写的),哪能超越这个时代!

带着对十年"文革"毁我一代青春的遗恨和力图补救失去韶年的知识和文化缺损,我选择了重返学府,回炉再炼。很幸运,我的生命中总能遇到贵人,尤其在人生转折关头,总有贵人相助,贵人指点。首先的一位贵人,是我的业师杨景凡先生。他是我的经师,更是我的人师。在他的指引下,我选定孔子和孔子思想。在研孔过程中,我又得到了匡亚明、严北溟等老师,以及大学时代的老师张岱年先生的谆谆教诲和指导。他们鼓励我走向孔学,走向孔子。从此立定脚跟,排除诱惑,用心经史,不再旁骛。

我的专业是"法律史/中国法律思想史",因此,学研之路起于"孔子儒家的法思想"。这属于"术"的层面,今之所谓"学术"也在其中。它可以言说,可以写成文字。确实如此,三载寒窗,完成了我的硕士论文;又爬了一十二年格子,有了这本《通论》。对于中国文化及其法文化而言,这属于外在的层面。内在的层面不可言说,只能感悟。它就是颜渊感叹的那种"仰之弥高,钻之弥坚,瞻之在前,忽焉在后"的心灵撞击和憧憬。它是一种人格,一种风范,一种精神,一种气象,一种人生。这种体悟起于学研之中,生于日用不知之中,日积月累,由浅入深,老而弥坚,永远是进行时。"学而知之",学而悟之,不亦然乎!

"文以载道"。"术"亦以载道。"术"中有"道","术"中贯之以"道",这样的"术",才有情志,才有慧识,才有智见,才有精气,才有神韵,才有生命和担当。"道",来自上下求索的学研,来自不离不弃的体悟。所谓破译中华法系的遗传密码,还原古代中国法的自我,需借助"道"的显微功能和解析功能。

《通论》问世后,获奖不少。但我心知肚明,由于时代局限和在体认儒道上的渐进性、相对性局限,缺陷所在多多。它是我学研的一个历史。

这个“历史”不是文物，可以修改，应当修改。这个“历史”又毕竟是历史，对它的修改不是推倒，不是重写。由是，确定了这样的修订方案，概称为：四保持、四不变、两修改、两补正。

“四保持”是：保持原结构，保持原主体，保持原风格，保持原面貌。

“四不变”系：九个篇章的骨架不变，99％的二级标题不变，超过90％的文字内容不变，基本观点不变。

“两修改”为：一是修改标点、文字上的错漏。这一点不用解释，有错必改。二是修改关于中国古代社会性质等问题上的一些提法。

对于我国历史上是否存有奴隶社会、封建社会，以及它们的分期问题，史学界尽管未给出完全一致的意见，但自己比较认同“夏、商、周并非典型的奴隶社会”、“秦汉至明清不是封建社会”的看法。在初版和二版中，曾论及，若说公元前403年是奴隶制社会的下限和封建制社会的上限，那么，至少在法律思想上找不出有如此区别的证据。因此，在本书和我的其他论著中，尚未使用过那个“古代社会分期”说，而是将春秋、战国时期统合为“百家争鸣时期的法律思想”，并把秦代作为法家法律思想的极端化发展与实践阶段纳入这一时期。但那时还只是一种疑惑，行文中仍然避免不了“奴隶社会”、“封建社会”，以及与之相对应的“奴隶制法”、“封建制法”之类的词语。这种分析方法对于揭示我国古代法的特质没有起到正面助益，是到了该放弃的时候了。由于能为国内外认可的统一的新提法迄今未有定论，这次修改时只好用“三代”、“封邦建国”、“帝制社会”、“君主制度”一类的客观描述性词语替代之。

“两补正”即：作一些史料上、注释上的补正；作一些观点上的补正。

用“律令法”、“律令体制”、“律令法系”来解读古代中国法和中华法系的研究方法传习已久，由此导致对古制古法的误读、误解、误判不在个别，也不限于局部，而是一种整体性的偏差。《通论》写作之时，我有所觉察，但无力突破，学力和学养不足。可以说，《通论》中关于儒家之法和中华法系的诸多辨析，仍然囿于“律令体制”说的窠臼。直到1990年代中期，先是做了“羌族习惯法”的调研，恶补了一下有关民间活法、习惯法方面的知识。接着，又接受了编纂《中华大典·法律典·法律理论分典》的任务，重新梳理古代法的资料，认真思考古籍中关于礼与政、礼与制、礼与法、德与刑的关系，一些想法终于由模糊而变得明晰：律令不是中国古代法的唯一载体；最能表达中国古代法本质的一个法律术语是“礼法”，中华法系是礼法体制、礼法法系；律令只是礼法家族的一大组成成员，礼法体制中还有礼典和习惯法，它们与律令法一样是古代中国法鼎足而立的载体。

突破“律令体制”说这层天花板，站在礼法体制上来观照古代中国法和中华法系，给人一个豁然开朗的感觉，过去关于儒家之法和古代法的一些辨诬也有了一个提纲挈领的认知。

将“礼法”一词提升为一个法学和法哲学范畴，首见于《荀子》。这次修订，首当其冲的是将“礼法体制”说贯之于《荀子》一章，尤其是它的“礼法论”那一节。此外，在第九章中增写一节，专论“礼法体制”。

第九章为全书的结尾，是一个余论，修改有难度，但必须修改，也作了较多修改。不过，它仍旧是一个“没有结束的结束语”。

为保持前后一致，对全书作了相互照应性的文字改动。其中，第一、二、三、七、八章的修改又稍微多一些，包括资料上的补充，如第八章的“海瑞”一节等。

年龄不饶人。在修订书稿中，老伴多次犯病住院治疗。后来听从朋友建议，移居海南，避开雾霾，得以在相对比较洁净的阳光、水、空气下生活，她的身体状况才得以暂时稳定。凡事都有两面性。海南的租屋狭小，写作条件太差，手头无资料，有资料也无处摆放。幸好有互联网，宽带虽时常出故障，毕竟还是能连通的时候多。借此一细微神奇光纤，得与外界沟通。扫描件有缺损，资料需补充核查，注释要完善，文字得校正等等，都通过邮箱发给师友求助。

这两年的修订中，多亏杨玲研究馆员、袁春兰副教授、梁健博士、董卫国博士、王娟博士、邓长春博士、秦涛博士、何飞龙仁弟、吴燕女士，还有海南大学法学院的刘国良博士等的大力协助，替我一一解难。早年在我指导下攻读研究生学位的王祖志、储一丰两位仁弟，毕业后先后来海南发展，自我们一踏入宝岛，就得到他们的就近照顾，机场迎送，不时询候，常相探望，连电脑故障，也是一丰派技术人员赶来修复。对这帮师友，说声谢谢远不足以表达心意，但也只能道一声“谢谢”！

这些年，商务印书馆推出了不少中外法律名著，又出版了好几个系列的当世法学学者写的法律新书，对推进我国法学进步和“法治中国”建设实大有助益。据说，这些出版工程，是一位女士在扛鼎。她就是法律编辑室主任王兰萍编审。很感谢她！这不仅仅因为她约了我的书稿，更为的是她和她的同事们对法学学术和法治事业的执着追求，对法学学人发自心底的友善和尊重，还有那种传承百年之“商务精神”的高水平编辑。

最后发一点感慨。1980 年代初，我步入法学院从事法律史课程教学。不几年，因“文化大革命”运动造成的“知识饥饿”已有所缓解，抱着中外名著疯狂啃读的那几届本科学生毕业离校而去。课堂上，常常会被一届届 70 后、80 后、90 后的新生诘问：“有什么用?”我不得不放下课程本身的内容，来一个长长的“序论”，也就是“开场白”，去论证法律史的功用，展示名人名言，列举典型案例，从古到今，由西而中，试图说服我所爱的莘莘学子爱我所爱的课程。说实话，效果不怎么的，尽管每一届学生中也总能冒出几位法律史学的“粉丝”，但大多出于他们自己的志趣，而不是我的说教。

有人说，中国大学教育积弊之一，在于太功利。善哉斯言！庄子云："人皆知有用之用，而莫知无用之用也。"其实，中外古今，"无用之用"，方为大用。回首一生，暗自庆幸，居然所从事的专业与自己的兴趣爱好相一致，这个专业又成为自己的谋生手段。在这里，能常与古贤神会，体悟儒道，所以乐此不疲，不知老之已至。人生如是，夫复何求?!

这一切，得拜谢时代所赐！是它，使我的人生定格为一个中华传统文化及其法文化的爱好者、学研者、享受者。确切地说，成为一个儒道的守望人。守先待后，仅此而已。

俞　荣　根

于海南盈滨后海双栖居

2016 年 11 月 9 日

目　录

附表目录

初版匡序

十年动乱刚刚结束时，中国学术界较为混乱，特别是关于孔子的研究和评价问题，尤为如此。在党的十一届三中全会拨乱反正的马克思主义方针鼓舞下，一批学者又对孔子研究开始了清理和开拓工作。就在此时，俞荣根同志选择了“孔子的法思想”这一课题，勤恳精细地耕耘。1982年开始发表这方面的文章。接着与他的老师杨景凡同志一起写了《论孔子》一书，以孔子法律思想为主要论旨，在诸多方面有所发明，引起海内外的注目。我在拙作《孔子评传》中曾引用了该书的个别论点[①]。其后，俞荣根同志的研究范围大大拓展，由孔而孟而荀而汉唐儒而明清儒，挖掘史料，辨析概念，综合名实，终于一脉贯通，竟10余年之功，乃完成眼下这一规模。据我所知，这是第一部全面系统论述儒家法思想的著作。

中华民族的先辈们在法文化领域中曾创造了可与大陆法系、海洋法系、伊斯兰法系等世界性法系相媲美的中华法系。中华法系以儒家思想为指导，是儒家化的立法，儒家化的司法，儒家化的法文化。然而，很长一个时期里，学术界对儒家法思想却缺乏重视，且有不少误解。俞荣根同志开始做这项工作时，难度是不小的。大概是1983年左右，他送来孔子法思想方面的文章请我和几位老先生指正。其中对孔子诛少正卯、孔子反对晋刑鼎等几桩公案的辨析颇有新意，对孔子的仁学、仁

① 见《孔子评传》，1990年12月南京大学出版社修订本，第60页。

与礼、仁与法、礼与法的关系的论述也能下笔自如，言之成理。

今已作古的严北溟先生和其他几位对孔学素有研究的老先生都颔首称许。“中国孔子基金会”成立时，俞荣根同志是当时“基金会”中最年轻的一位理事。

儒家法思想是伦理法思想。伦理法思想实为中国古代法文化的主脉，也是中华法系的特质。这是作者立论的要点。书中对一些惯常习用的概念和观点所作的辩证分析常有独到之处。如对“法家法治、儒家人治的儒法对立”说，作者认为法治论与人治论相对立而存在，相斗争而发展，而中国历史上既无法治的理论，亦无法治的实践，中国古代法思想并不以法治与人治对立斗争作思路，儒法两家的论争不在人治与法治的对立，他们都是君主主义者，不过法家是君本位的绝对君主主义，儒家是民本位的相对君主主义，但都不是法治主义的；要之，治人与治法、任人与任法相结合，才是中国历代法制的基本模式，而这也正是儒家治国理论的基本思路。又如对广泛流传的所谓“儒家之法是自然法”一说，作者极力说明儒家之法与西方自然法在价值论和思维方法论上的不同，指出儒家的理想法是“先王之法”。此等都是重要关节，对于剖析东西方法文化的差别，把握中华法系的真义，都是必须用心论究的。

俞荣根同志早年学哲学，而后携哲学之利器而专攻法律史。在一片重利的世风中，他孜孜于法律史领域的通古今之变，在这冷清处，坐得稳，守得住，钻得进，又跳得出，而终于形成这部有系统、有新意的大作，着实是可喜可慰的事。我与荣根同志相识近10年，作为在学术研究这块土地上耕耘的同道，尤其为他的《儒家法思想通论》的出版感到高兴。是为序。

匡　亚　明

1991年7月10日于南京

初版杨序

孔子是儒家学派的创始人。他“十有五而志于学”,其求学的目的是“志于道”。“道”即“仁道”。这是孔子学说的核心。他曾游说诸侯,宣传仁道,匡救无道之世,但都遭到统治者的漠视和拒绝。孔子死后,他的弟子和再传弟子继承了他的学说,在战国时期成为“百家争鸣”中的“显学”。当时有孟子、荀子对孔子的仁道思想作了进一步的发挥。“百家争鸣”的局面延续100多年,是孔子倡导的具有民本主义色彩的一次伟大的人文主义运动。

秦始皇统一六国后,为了万世帝业,严酷地进行思想统治,下令焚书坑儒,殃及诸子百家。这是一个运用暴力镇压文化运动的历史悲剧。汉武帝后,儒家有了抬头的机会。从董仲舒到程朱陆王,宗派迭出,各立门户,都是尊孔的。但是其中的一些儒者,却以帝王的旨意、态度为转移,而离开了孔子学说的主旨。王安石说先秦以后的儒者都是“俗儒”,这大概是他领悟孔子的“无为小人儒”之戒的心得。

本世纪30年代到60年代,学术界开始研究孔子思想体系,抛弃了古人繁琐、孤立的研究方法,有了新的起点,可是又受到历史分期、孔子所属什么阶级立场等等问题的局限和纠缠。“文革”中,“四人帮”打出了“评法批儒”的黑旗,动用了“专政”武器,对孔子进行“鞭尸”,罪及大批学人。80年代初,经过拨乱反正,学术界吐了一口气,重新研究孔子思想的文章大量涌现,被禁锢的思想破土而出,大有不吐不快之势。在这种情况下,我和俞荣根同志合写了《孔子的法律思想》一本小册子。

当时，在我的内心深处，也有一种何必与披着人皮的野兽计较学术问题而污纸笔的心情。《孔子的法律思想》出版以后，得到学术界一些同志的关注。1984 年在山东济南召开了“孔子法律思想讨论会”，听到了许多宝贵的意见和批评，使我们受益不小。俞荣根同志继续追踪孔子的法思想，开拓了视野，研究孔子以后孟、荀等大儒的法思想，以及整个儒学的法思想史；研究中国的法文化及其同孔子和儒家法思想的关系，以及传统法文化与现代化的关系，有新的见地。他孜孜不倦，锲而不舍的执着精神，令人钦羡。因为之序。

杨 景 凡

1991 年 6 月 25 日于重庆

初版前言

一

1979 年秋冬，当我选定以孔子法律思想研究为硕士论文的题目时，横在我面前的有三个大问号：

其一，孔子究竟是什么人？是历史的罪人还是文化的伟人？是时，“文化大革命”刚刚过去，“批孔”的阴影还不时在我们这块古老的属于东方儒家文化圈核心的土地上飘荡，人们的心中不是没有余悸的。记得一张大报上刊出的一篇文章中这样警告世人：至今，“孔老二阴魂不散”，“孔家店”还是“余香袅袅”！还有些文章说：“批孔”的任务还没有完成，“四人帮”是“假批孔”，我们要“真批孔”。到底是应该继续“批孔”，还是冷静地科学地进行“研孔”，答案并不是那么明确的。

其二，究竟应当怎样评价孔子思想？孔子思想的核心是什么？是仁？是礼？还是中庸？在这些问题上见仁见智，各持己见，固然并非不正常，但当时分歧之众多，见解之纷纭，也确使人眼花缭乱，莫衷一是。

其三，更为要紧的是，孔子究竟有没有法律思想？有多少法律思想？值不值得研究？新中国成立以来发表的关于孔子和孔子思想的论文不下 2000 篇，却没有一篇是研究他的法律思想的专文。这究竟是何缘故？

这些问题曾深深地困惑着我这个尚徘徊于孔学门外的学子。

朋友劝我：孔子研究这个课题太老了，也太大了，它的方方面面都已被人翻来覆去地清剿过，这是一颗酸果，摘不得！

我深信前辈法史学专家说的话：研究中国法制若不考论儒家，而仅仅涉猎历代之法律典章，实无由窥其底蕴。而考论儒家，还得从孔子开始。我更深信饱经风霜、德高学富的老一代学者的箴言：实事求是永远是理论工作和史学研究的最终宗旨！“研孔”的时代已经不可阻止地到来！那些问号正是催动“研孔”者脚步的号角。

一个偶然的机会，我在复校不久的西南政法学院图书馆一角的一堆尘封的书籍中，翻到了1930年出版的丘汉平先生的《先秦法律思想》一书，当时真是欣喜万分，如获至宝，但拜读之后，却使我大惑不解。照其书名，这应是一本先秦法律思想的断代史专著，然除第一章“本问题的性质”有短短的9页讨论法律、法律史、法律思想史的研究对象之类的问题外，其余三章分别是论述法家人物慎到、商鞅、韩非法律思想的三篇论文，儒家人物悉未论及。

当时，尚未有一本新中国建国以后撰写的中国法律思想史的专著和教材可资参考。三四十年代出版的其他一些中国法律思想史著作，论及儒家人物的法律思想的篇幅都很短小，并且几乎是一个模式：儒家主礼治，不满或反对法治，讲德主刑辅。此外似乎别无更多的话可说。

其时所能看到的法律史出版物向我显示出了这样一个明显的矛盾：一方面是对儒家思想在中国古代法中的统治地位和主导作用早有承认和肯定；一方面却是对儒家法思想研究的严重不足。

它确实是颗酸果，但又是一颗极有诱惑力的酸果。我终于被它诱惑了。从此一发而不可收，至今已耗去了12载光阴。

二

开始啃这颗酸果时，最让我犯难的是研究对象的范围应当如何正确定位才好。以《论语》为例，可以说从头至尾找不出一个严格的现代意义上的“法”字。若仅从其极少量的刑、讼的文字上论孔子的法律思想，可说的话确实不多。严复的话给了我极大的启发。他在自己的译著孟德斯鸠《法意》卷一“按语”中说：

“然法之立也，必以理为之原。先有是非而后有法，非法立而后以离合见是非也。……盖在中文，物有是非谓之理，国有禁令谓之法，而西文则通谓之法，故人意遂若理法同物，而人事本无所谓是非，专以所许所禁为是非者，此理想之累于文字者也。中国理想之累于文字者最多，独此则较西文有一节之长。西文‘法’字，于中文有理、礼、法、制四者之异译，学者审之。”

“理”是立法的渊源，是判别是非，亦即判别某法之当立不当立、当如何立的标准。在法学上说，“理”就是理想法，自应划入法思想研究的范围之内。由此观之，《论语》论仁、论道、论德、论义、论礼、论正名等等，总之其每一篇每一章无不涵蕴法的思想。扩之而观照整个儒家法思想，亦能使人豁然开朗。

从世界各主要语种的语义上分析，法律一词大多具有广狭二义，分别由不同的词汇来表称。英语一中的 Right，俄语中的 Провo 等，与汉语的“法”相似，具有形而上的特征，是广义的法；英语中的 Law，俄语中的 Закон 等，相当于汉语中的法律，具有形而下的特征，是可操作的，作为行为规范的狭义的法。而广义的法又涵摄着狭义的法。由于汉语的习惯用法所致，通常人们所说的“法律”一词，往往比较狭义。作为法学和法思想史的研究对象，若停留于狭义的法律的层面则是远远不够的，对于儒家之法的研究更是如此。1984 年在山东济南召开“孔子法律思想讨论会”时，就有一些学者提出应从广义的法的角度去研究孔子及儒家的法律思想，拙著定名为《儒家法思想通论》，正是出于这种考虑，力求从法的广义上来发掘、揭示儒家论法的丰富内涵。

具体地说，我以为作为思想家的儒家人物，其法思想大致包括三个层次：

一是法的价值层次。这就是严复说的“物有是非谓之理”的“理”。在儒家法思想体系中，这“理”有各种不同的名称，如“道”、“仁”、“仁义”、“礼义”、“天理”等等，它们是法之原、法之本。相对于现实法，它们是理想法；相对于具体法，它们属于根本法、最高法、法上法。它们是现实社会全部立法、司法、执法、守法的价值准则，是评价法律制度、法律行为、法律设施的是与非、优与劣的标准。儒家法思想在这一层次上的内容尤为重要，也十分丰富。

二是法的原则层次。它们是连接理想法与实在法、最高法与具体法之间的桥梁，包括法的思维方法论原则、立法原则、司法原则、诉讼审判原则等等。法的原则层次是法的价值层次的发展与延伸，与儒家思想的其他层面，如哲学思想、政治思想、伦理思想等有着广泛的交叉和联系。

三是法的具体主张层次。内容包括在立法、司法、执法、守法方面的各种设想；在法与人性、法与政治、法与经济、法与道德、法与人、礼与刑等关系上的各种观点；在犯罪、刑罚、诉讼、审判、监狱、婚姻、家庭、继承、财产、赋役、税收、田土、农耕、市廛、职官、学校、选任、稽核等问题上的各种主张。

毋庸讳言，儒家思想家在第三层次上的思考往往不甚系统。这可能是思想家同法学家、同从事立法、司法、审判等法律实务的专家的一大区别。我们过去的一些出版物对儒家法思想的阐述和介绍，也许是在第三层次上滞留过多，从而导致了研究对象的范围的狭窄，限制了自己的研究视野。研究儒家法思想不应舍弃其在法的价值层次和法的原则层次方面的深刻内容，不能仅仅将第三层次从其法思想体系中割取出来当作其法思想的全体。这三个层次是一个系统，一个有机的整体，存在着内在的联系。因此，我们在研究中，不仅对三个层次的各自内容应作深入的发掘和究论，而且对三个层次之间的联系，尤其是它们的结构和功能应作认真的探析。这些是我在撰写《通论》中的一些想法，也是一种尝试。

三

《通论》正文共九章，可分为三个部分。

前三章相当于总论。它通过对儒家法思想研究历史的回顾和总结，在汲取前贤和时贤研究成果的同时，也从研究方法、史料考析、学术观点上提出了一些商榷，进行了必要的辨正，集中疏理了一下我在这些年中关于儒家法思想及与之密切相关的一些法律史问题的思考过程和心得体会，试图从较为宏观的角度审视儒家法思想的特质及其在各个方面的表现。关于儒家法思想属于"伦理法思想"的想法，这些年来有幸得到了不少专家学者的宝贵指教，使之得以不断修正和完善。"伦理法思想"是儒家思想的法文化特质，不能仅仅简单地理解为法律制度上的特征。与此前已求教于方家的拙作相比，这次撰写的有关章节，在论证方面拓宽了一些角度，篇幅也有了增加。

相对于后面对儒家代表人物的法思想研究来说，这一部分更像专题研究的性质，在全书中起着一定的统摄作用，并在结构上纵贯以下各章。

第四、五、六章分别阐析、讨论先秦儒家首席思想家孔子，以及孟子、荀子的法思想。没有思想家构不成思想史。这三章是全书的主体部分，相当于本论。鉴于对儒家法思想的研究比较薄弱，基本上还处在起步阶段，存在的误解也不少，所以这三章所花费的笔墨相对多些。我的初衷是，所有的讨论力求从原著出发，着意按照研究对象自己的法思考思路来追寻、展现他们的法思想内容，并用心于揭示他们法思想的三个层次之间的联系，在把握他们法思想体系结构上作出努力和尝试。相对于前三章的侧重于宏观大写意来说，这三章则较专注于微观探析和中观的勾勒，用的是特写镜头的手法。

最后部分近于分论性质，由第七、八、九这三章组成，主要讨论儒家法思想在秦汉以后的演变和影响及其在今天的地位。其中，第八章以历史发展顺序为线索，进行纵向探求，力图阐释儒家法思想成为中国古代社会法文化主流和帝制时代正统法思想及其由鼎盛走向衰亡、瓦解的过程、原因、一般特点等等；第八章选取了儒学发展史上较有影响又各有特色的一些人物、著作、事件，旨在通过对其法思想的个案研析从不同角度说明第七章中业已展示的儒家法思想的历史嬗变。这两章所讨论的是同一个问题，不过，一是线、一是点，一为经、一为纬，主观意图是使它们形成相互交叉、相辅相成的格局。最后一章原本想讲儒家法思想与当代中国法制建设和法文化建设的关系。这无疑是一个时代性的课题，但由于自己的研究不够，力不从心，只好写成现在这个样子，谈些粗浅的认识。

从结构上说，《通论》还可以补入一些章节，如儒家法思想的渊源，儒家后学的法思想，先秦儒、墨、道、法之间和近代以来中西之间的法思想、法文化比较等等。此外，分论部分再增入一些人物、专题和著作，也未尝不可。但这就需要进一步拓宽研究面，对我来说，尚需再追加时日。这是一。其二，也怕篇幅拉得过长，所以只好暂付阙如。当然，现在的书稿中也不是完全未涉及上述内容，而是作了分散的处理，将一些必要的文字寓于有关章节之中了。

四

自八十年代中期以来，中国的历史学被冷落，史学家们惊呼“史学危机”。法史学也是如此。

今日的中国正处于世纪之交的时代变革之际。中国特色的社会主义经济、政治和文化建设呼唤着法律！呼唤着法制！也呼唤着法学！在法律和法制有了一定程度的适应变革、满足变革之后，将会和变革一起更强烈地呼唤法学理论。而反思法的历史，将是法学理论自身发展的必经之途，是奠基工程。这是法学，是社会对法史学的挑战，也是法史学的机遇。在现代多元文化语境中，西方中心主义的一元论文化价值趋向和法律价值趋向已经吃不开。如果说，一个民族只懂得否定自己的传统，而不善于批判地继承这种传统，并给以创造性的解释、转化和发扬，使之与现代化耦合，就说不上是一个成熟的现代民族的话，那么，它的法律、法制、法学、法文化的现代化发展也是一样，须以对古今中外的法律、法制、法学和法文化作出创造性的融合、吸收、转化为基本前提。因而，法学重新反思和回采自己的历史将是不可避免的。摆在法史学工作者面前的重要问题是，在法史学处于冷落的时候，就应作好法学反思的准备。而遭冷落也许更利于进行冷静的研析。这几年，我一直怀着这样的一缕信心和希望。

通论儒家法思想，对我来说，犹如荀子所言，“短绠不可以汲深井之泉”。书中谬误、错漏在所不免，我期待着专家学者、良师益友和广大读者的批评指正。

俞　荣　根

1991年9月

写于重庆歌乐山麓耘耕舍

第一章　儒家法思想与中国古代法文化

我国从汉代开始，对先秦思想学术流派就以儒、墨、道、法等分派和命名，申不害、商鞅、韩非、李斯列入法家。由于秦行法家政治，又仅历二世而亡，后代学人每以“暴秦”非之，口诛笔伐，耻与申、商、韩、李为伍，往往贬法家而殃及对法、刑的正确评价。至近代，一些力图革故鼎新的政治家、思想家，倡导变法图强、民主、宪政和法治，又常常为弘扬法、法治而盛誉法家。久而久之，就给人以这样一种联想：似乎一提到法家，就意味着法、法治、法思想。反过来也一样，似乎法和法治就是法家的专利。而若要把儒家同法、法思想联系起来，有人就会感到惊疑。似乎儒家就是只讲道德，不讲法律；只讲王道政治，不讲规则政治；似乎王道政治就不包含法律规则和法律惩治的内容。直到今天，还时隐时现地存在着这样一种看法：儒家没有什么法思想可言；儒家在中国法思想史上的地位和作用只是在于他们是法家的反对派，或者说，他们只有反对法和法治的法思想。一些正面阐述儒家法思想的教材、著述，也往往把儒家法思想归结为“礼治主义”、“德治主义”、“人治主义”，并总不忘记加上一句评语：“反对法治主义”。

因此，作为儒家法思想研究的前提，首先应当回答的一个问题是：应当怎样认识儒家的法思想。这一问题牵涉到儒家法思想研究的历史检讨和方法论检讨，牵涉对既有的关于中国古代法和中华法系的认知方式及其整个知识体系的检讨，牵动到本书的逻辑起点和立论基础。笔者在本书中所作的全部尝试，旨归之一，就是试图对这一问题做出一个相对合理的回答。诚然,其结果如何,只能到写完最后一个字才能祈求读者的指教和评判。就是说,怎样认识儒家法思想的问题是可大可小的。大者,重新认识儒法关于德礼政刑之争的实质,大到重新认识中华法系,大到囊括全书的内容。而本章开宗明义,只能作个“小”的回答:从中国法文化和中华法系的历史事实上撷取几个方面来说明儒家法思想的存在的客观性以及对其研究的必要性。

一、“二十五史”《刑法志》的基调

《刑法志》是中国历代官修正史的重要篇章。“二十四史”,有刑法志12篇,它们是:前汉书、晋书、魏书(称作《刑罚志》)、隋书、新旧唐书、旧五代史、宋史、辽史、金史、元史、明史,加上《清史稿·刑法志》共成13篇。各篇刑法志记载和阐述各个朝代的立法、司法、法制建设及法律思想,不啻为史家对有关王朝关于法的理论和历史的总结报告,其观点皆为统治集团在当时认可、采用,甚至施行,作为他们施政和法制的指导。综观这13篇刑法志,内中所反映的一个总的基调,便是以儒家的法思想为立论之依归。

《汉书·刑法志》是13篇刑法志的第一篇。全文直接引孔子及《论语》之言10处,大段地摘引“孙卿”(荀子)之言2处,还有明确标明的征引《诗》、《书》、《周官》等儒家经典中语录10多处,有些地方引用得十分牵强,但这正说明汉代论法、论刑悉以儒家为据,以儒家思想为主旨。其开篇第一段即以荀子的“明分使群”说为指导说明国家以及礼和刑的起源:

“夫人……有生之最灵者也。爪牙不足以供耆欲,趋走不足以避利害,无毛羽以御寒暑,必将役物以为养,任智而不恃力,此其所以为贵也。故不仁爱则不能群，不能群则不胜物，不胜物则养不足，群而不足，争心将作。上圣卓然先行敬让博爱之德者，众心说而从之。从之成群，是为君矣；归而往之，是为王矣。”①

现在流行的《诸子集成》本《荀子》书《王制》篇载：

“人……最为天下贵也。……故人生不能无群，群而无分则争，争则乱，乱则离，离则弱，弱则不能胜物；……君者，善群也。”②

历史时空间隔近两千年，或许是所据《荀子》版本不同，但基本上是一个思路，文字上也极为相似。

紧接着，《汉书·刑法志》立即抬出儒家以威辅德、以刑崇礼的德礼为本、法刑为用的法思想理论模式，以点明全文的立论指导原则：

“《洪范》曰：‘天子作民父母，为天下王。’圣人取类以正名，而谓君为父母，明仁爱德让，王道之本也。爱待敬而不败，德须威而久立，故制礼以崇敬，作刑以明威也。”③

最后，又征引《诗》、《书》说明为政应以民为本，崇礼慎刑，方可“清原正本”：

“《诗》云：‘宜民宜人，受禄于天。’《书》曰：‘立功立事，可以永年。’言为政而宜于民者，功成事立，则受天禄而永年命。所谓一人

---

① 《汉书·刑法志》。

② 《荀子·王制》。

③ 《汉书·刑法志》。

有庆，万民赖之者也。”①

可见，《汉书·刑法志》从头至尾，贯彻了儒家的法思想。

其后各代的刑法志，大抵遵循着《汉书·刑法志》的这个理论格局。如著名的《晋书·刑法志》，开篇第一句就引孔子的话：“《传》曰：‘齐之以礼，有耻且格。’”《隋书·刑法志》第一段录入了同样意思的文字：“《记》曰：‘教之以德，齐之以礼，则人有格心；教之以政，齐之以刑，则人有遁心。’”其它如新旧唐书《刑法志》、宋《刑法志》、辽《刑法志》、金《刑法志》、元《刑法志》（宋濂撰）等的第一段差不多都是这样一个写作格式。有的虽然第一段没有明确引述这些话，也必将“导德齐礼”、“明刑弼教”作为开宗明义之句，以定主旨。如明《刑法志》等。直到《清史稿·刑法志》，开篇所唱的仍是这个老调：

“中国自书契以来，以礼教治天下。劳之来之，而政出焉；匡之直之，而刑生焉。政也，刑也，凡皆以维持礼教于勿替。”②

在中国古代思想史上，若就哲学史而言，在“独尊儒术”的旗帜下，尚贯穿着儒、佛、道的论争，贯穿着义理之学与功利之学的纷争，以及陆、王心学与程、朱理学的交锋，但在法思想史领域，虽然也有围绕肉刑之废复、复仇之可否、大赦之多少等具体问题的争论，却并不存在什么崇儒还是崇法、遵礼还是遵刑的根本性、原则性的分歧。秦汉以降的各王朝统治集团所标榜的都是德礼为先、刑罚为辅；思想家们所弘扬的都是王道仁政、明刑弼教。十年动乱中，“四人帮”控制的伪史学杜撰什么

① 《汉书·刑法志》。

② 《清史稿·刑法志》。

“儒法斗争贯穿古今论”，完全不符合我国法律史的事实。陈顾远先生曾说，中国历史上的法虽有变，“但有一中心势力未变也；质言之，每一变动均与儒家有其关系”[①]。瞿同祖先生也说：“古代法律可说全为儒家的伦理思想和礼教所支配。”[②]瞿先生还引用西方学者的话证明这一观点，谓西人称：“中国古代立法皆为孔家的概念所支配。”[③]

这些中外学者的看法正是我们研究“二十五史”刑法志后所得出的结论。“二十五史”刑法志所遵循的儒家法思想的基调，用一句话来概括，那就是：德主刑辅，以礼率刑，礼法之治。

“二十五史”刑法志的这一基调告诉我们，研究中国法律史、法文化史、法思想史，若不明儒家法思想，便无从得其要义，就无法真正了解中国古代法、中国法文化以及中华法系。

二、儒家法思想与中华法系

1. 法系和中华法系

法系研究大盛于上世纪末至本世纪 40 年代。它由日本法学家穗积陈重博士开其先河，当时所使用的概念的中文译名为“法族”。1884 年（日明治十七年，清光绪十年），日本《法学协会杂志》第一卷第五号刊出穗积陈重博士的论文《法律五大族之说》，将世界法系分为“印度法族、中国法族、回回法族、英国法族、罗马法族”。这以后，日本及西方不少法学家风靡向之，分别提出了三分法、七分法等等，最烦琐的竟将世界法律分为 16 个法系。但无论何种分法，都不能不把中华法系列于其

① 陈顾远：《中国法制史》，商务印书馆 1934 年版，第 29 页。
② 瞿同祖：《中国法律与中国社会》，中华书局 1981 年版，第 326 页。
③ 同上。

内。我国前辈法律史学家杨鸿烈、陈顾远先生等对中华法系的渊源、特点、影响等问题作了大量的研究，对确立中华法系在世界主要法系中的地位贡献至巨。前些年去世的著名法学家陈朝璧先生将世界主要法系分为10个：中华法系、印度法系、阿拉伯法系、罗马法系、英吉利法系，以及埃及法系、巴比伦法系、犹太法系、波斯法系、希腊法系。他认为，前五个是“活的法系”，后五个是“死的法系”。陈先生疾呼加强对中华法系的进一步研究。①

什么是中华法系？综合中外学者的研究成果，撷其要点述之，其一为法律渊源起自夏、商、周三代；其二为立法有一脉相承的成文刑事法系统，并以《唐律疏议》作典型代表；其三是以中国本土法为母体而为日本、朝鲜、越南等东亚国家所继受，形成一个系族；其四为法文化有着共同的或相似的价值观。后一点最是基本，它实际上是中华法系最为显著的特点。

说到中华法系的特点，杨鸿烈先生以为是“与道德相混成”，②陈顾远先生总结为儒家王道思想指导下的“礼治”、“德治”、“人治”，③台湾李钟声先生《中华法系》一书说，“乃一种伦理化的法律制度，即道德律与制定法共同组成的立体性体系”。④ 中国大陆法学界80年代初有不少专文探讨中华法系特点，其中影响较大的为陈朝璧先生和张晋藩先生的论文。

陈朝璧先生指出，中华法系的特点主要有三条：(1)重视成文法典并惯于把有关社会规范的思想意识和制度用文字记载下来；(2)以天理作为法的理论根据，并以合乎天理作为立法的指导思想，别于一般古代

---

① 陈朝璧：《中华法系特点初探》，载《法学研究》1980年第1期。

② 杨鸿烈：《中国法律在东亚诸国之影响》，商务印书馆1937年版，第22页。

③ 前揭陈顾远著，第53—63页。

④ 李钟声：《中华法系》(上)，台湾华欣文化事业中心1985年版，第2页。

法的神授主义;(3)礼法并重。对于第三条,作者进而说明道,就古代社会的法制实际情况来看,在某些方面,与其说礼法并重,毋宁说礼重于法,先礼后法。[①] 张晋藩先生将中华法系的特点概括为五个方面:(1)皇帝是最高的立法者和最大的审判官;(2)法律受儒家伦理道德观念的深刻影响;(3)家族法在整个法律体系中占有重要地位;(4)“诸法合体”,司法受行政的干涉;(5)律经常受其他法律形式的补充和制约。[②]

上述诸家对中华法系的定义、特点都是从历代“正律”,即刑事法典的角度论之,没有涉及其礼典、礼俗等方面,且未能形成统一的说法,但见智见仁,角度不同,多能互补,各有发明。细加分析,中华法系深受儒家思想影响,为儒家化的法律这一点实贯通于诸家所论之中,可谓共同的看法。正是在此基础上,权威的《中国大百科全书·法学卷》集法学界几代学者的研究成果,在“中华法系”词条下写道,“以儒家思想为理论基础,摆脱了宗教神学的束缚”是中华法系五个基本特点中第一位的特点。实际上,中华法系的其他一些特点,如该词条指出的“维护封建伦理,确认家族法规”(第二个特点)、“皇帝始终是立法与司法的枢纽”(第三个特点)、“官僚、贵族享有法定特权,良、贱同罪异罚”(第四个特点)、“诸法合体,行政机关兼理司法”(第五个特点),[③]都是第一个特点的展开和延伸,它们正是儒家思想指导立法、司法的结果。因此,中华法系的诸多特点之间并非并立无统,各自独立,作为一个整体的有机的法律系统,或法文化类型,其最基本的、起决定作用的特点就是以儒家思想作为理论基础,作为其文化生命的内在精神。

---

① 前揭陈朝璧论文。

② 张晋藩:《中华法系特点探源》,载《法学研究》1980 年第 4 期。

③ 参见中国大百科全书总编辑委员会:《中国大百科全书·法学卷》,“中华法系”条,中国大百科全书出版社 1984 年版,第 683 页。

2. 中华法系和儒家化的法律

中华法系以儒家思想为理论基础，其最显著的标志是法律的儒家化。[①]

中华法系虽起源很早，然就其法律系统的独特形式和性质的完备程度而言，则定鼎于隋唐，而隋唐正是儒家化法律的大成期。这里存在一种相依相成的关系：法律的儒家化过程正是中华法系的形成过程，儒家化法典的颁行标志着中华法系的定型；反过来，中华法系的形成意味着儒家法思想在古代社会里获得了法思想领域中的正统的、主流的地位，意味着儒家的诸多法律主张已法典化。也就是说，中华法系和儒家法思想的正统化、主流化成同步发展，它们互为因果，而两者的共同标志则是一个：法律的儒家化。法律儒家化经历了800多年的漫长时间。它从西汉开始，经过魏晋时期的发展，在北朝初具规模，到隋唐臻于成型。大致可以划分为四个时期。

（一）两汉：法律儒家化的孕育期

两汉是一个儒家经学兴盛的时代，是一个逐步走向迷信经义的时代。中国古代法律的儒家化运动正是在这种浓烈的经学氛围中拉开大幕的。具体地说，它孕育于汉代的“《春秋》决狱”之中。“《春秋》决狱”又称“经义折狱”，从对疑、难案件的断狱定谳入手，确立儒家经义在司法领域的指导地位，逐步改变法律的价值指向，确立儒家经义优于也高

① 本节所论述的“法律儒家化”中“法律”一词的内涵，实为历代王朝“正律”，即汉《九章律》、曹魏《新律》、晋《泰始律》、北魏律、北齐律、北周《大律》、隋《开皇律》、唐《永徽律》、《宋刑统》、元《典章》、《大明律》、《大清律例》，以及附属于这些“正律”的令、科、格、式、例等等。实质上基本属于刑事法律系统。刑事法律系统的“引礼入律”，是古代法实现儒家化过程中最关键、难度最大的一个环节，也是标志性、典型性的一大环节。从这个意义上说，古代刑事法系统的儒家化，即实现了整个古代法的儒家化，即可称之为“法律儒家化”。

于现行律、令的地位。[①] 随着儒经地位的进一步抬升，通过经学家的以经释律，将一些礼制原则和规则引入法律，作为法律规范运用，这就是最初的“引礼为法”，或“纳礼入律”。

汉代的“引礼为法”主要表现为以下几个方面：

(1)制定朝仪。汉高祖刘邦的时候，叔孙通制定朝仪制度。文武百官按朝仪的规制朝见皇帝，刘邦大过了一把皇帝瘾，得意地说：这下子才知道做皇帝的威严。叔孙通原是秦王朝博士官，懂得些古代的礼仪，所定朝仪制度，是从周礼的朝觐之礼等礼制中采撷来的。

(2)实行“刑不上大夫”的原则。汉文帝的时候，贾谊上《治安策》，论述周礼所谓“刑不上大夫”的原则，说是“刑不上大夫”，指大夫有罪不受凌辱，不“执缚系引”，不施加肉刑，令其自裁。汉文帝“深纳其言”，“是后大臣有罪，皆自杀，不受刑”。[②]

(3)创制“上请”制度。皇亲贵戚和大官僚有罪，司法官无权判决，只能上请皇帝裁夺。从西汉到东汉，应上请的范围越来越宽。

(4)承认“子为父隐”的诉讼原则。汉宣帝地节四年发布诏令：今后子隐匿父母、妻隐匿丈夫、孙隐匿祖父母，都不算犯罪。但父母隐匿子、丈夫隐匿妻、祖父母隐匿孙，若是死罪的话，要报请廷尉。[③] 允许相隐的反面，是把不相隐行为作为犯罪来惩罚。衡山王的太子，就因告发他的父王，而以“不孝”罪“弃市”。[④]

汉代“引礼为法”主要是通过司法、法律解释和判例的方式实现的，是一种在儒家法思想的指导下对法律领域采取一步步的蚕食方法占领

---

① 关于“《春秋》决狱”，详见本书第八章第三节。

② 《汉书·贾谊传》。

③ 《汉书·宣帝纪》载：汉宣帝地节四年下诏曰：“自今子首匿父母、妻匿夫、孙匿大父母，皆勿坐。其父母匿子、夫匿妻、大父母匿孙，罪殊死，皆上请廷尉以闻。”

④ 《汉书·衡山王传》。

阵地、站稳脚跟、逐渐改变统治集团的立法、司法和法制指导思想，以及社会民众的法意识、法价值、法行为、法心理，使之由法家倾向而转为儒家倾向。当时还未出现大规模的系统化的儒家立法。

（二）魏晋：法律儒家化的发展期

通过“《春秋》决狱”和“引礼为法”，儒家思想在法律领域中取得了正统和主导地位。但两汉除《九章律》以外，没有重新制定过系统的成文法典，法律的增损，多以令、科、比的形式出现。所以，法律儒家化的趋势虽已酿成，但未见有立法上的成就，其成果既不系统，也不巩固。

法律儒家化有大的突破和发展，并为制定系统的儒家化成文法典奠定基础的，是在魏晋时代。这可见诸以下两个方面：

第一，儒生注律和修律。东汉后期，“经义折狱”发展到了以经注律。叔孙宣、郭令卿、马融、郑玄等十余位儒生相继注释汉律。尤其是马融、郑玄，为一代名儒，他们所注释的经书，一直为后世经学家所重视。儒生通过注律，不但攫取了法律的解释权，而且因其律注与现行法律令具有同样的法律效力，①实际上获得了一定的立法权。

儒生注律之风流传久远，成为中华法系的一道风景线，并形成一门独特的法律学科——“律学”。晋代，张斐、杜预又同注晋律。这位杜预，是有名的大经学家，他的《春秋左氏经传集解》，流传至今，影响很大，历来是研究《左氏春秋》的必读书。

这些精通“经义”的名儒涉足法律领域，通过注律，其以儒经率法、引礼入律，以伦理释律，风靡一时，有力地推进了法律的儒家化。

在立法领域，如果说儒生注律还有点转弯抹角，那么，儒生修律就更

---

① 《晋书·刑法志》载：“叔孙宣、郭令卿、马融、郑玄诸儒章句十有余家，家数十万言。凡断罪所当由用者，合二万六千二百七十二条，七百七十三万二千二百余言，言数益繁，览者益难。天子于是下诏，但用郑氏章句，不得杂用余家。”说明当时对汉律的注释极为繁冗，但又都具有法律效力。

直接地表明儒家掌握了立法权，从而在法律儒家化上迈出了新的一步。

参加修定魏律的陈群、刘劭等人，都是熟读儒家经书，提倡“制礼作乐”的儒家信徒。草拟晋律的班子共由 14 人组成，除贾充一人是刀笔吏出身外，其余都从当时儒学门下选出，特别是有名儒杜预、郑冲等参与其间。[①] 魏律、晋律成为中华法系立法史上由法家立法到儒家立法的转折点。

第二，援礼入律。儒生注律和儒生修律，就很自然地以儒家思想为释法注律、立法制律的宗旨，将礼援引入律，从而，使法律儒家化有了突破性的进展。就礼制入律而言，其荦荦大者有：

(1)创“八议”制度。“八议”出自《周礼》，是儒家最重要、最得意的一项礼制。“八议”正式写入法律，始于曹魏律，[②]以后沿用不改，它是法律儒家化的重要标志之一。

(2)创五服定罪制度。五服，是以血缘亲疏为差等的丧服制度，分五等：斩衰(cuī)、齐衰(cuī)、大功、小功、缌麻，统称五服。以五服定罪，始于晋律，以后成为传统。这也是法律儒家化的一项重要内容。[③]

---

① 据《晋书·刑法志》，晋文帝时，“令贾充定法律，令与太傅郑冲、司徒荀顗、中书监荀勖、中军将军羊祜、中护军王业、廷尉杜友、守河南尹杜预、散骑侍郎裴楷、颍川太守周雄、齐相郭颀、骑都尉成公绥、尚书郎柳轨及吏部令史荣邵等十四人典其事。”《魏书·刑罚志》明确记载拟制晋律者为儒学人士：“晋武帝以魏制峻密，又诏车骑贾充集诸儒学，删定名例，为二十卷，并合二千九百余条。”

② 《唐六典》卷六称“是八议入律，始于魏也”。“八议”为：“一议亲，二议故，三议贤，四议能，五议功，六议贵，七议勤，八议宾。”

③ 《晋书·刑法志》载：西晋《泰始律》“峻礼教之防，准五服以制罪。”“五服”制度是古代礼法中为死去的亲属服丧的制度。它规定，血缘关系亲疏不同的亲属间，服丧的服制不同，据此把亲属分为五等，由亲至疏依次是：斩衰、齐衰、大功、小功、缌麻。“准五服以制罪”，就是按照五服所表示的亲属关系远近及尊卑，作为定罪量刑的依据。具体地说，服制越近，即血缘关系越亲，卑犯尊的处罚越重，尊犯卑的处罚越轻；服制越远，则表明血缘关系越疏远，以尊犯卑，处刑相对加重；以卑犯尊，相对减轻。有学者指出：“依据《通典》及《晋书·礼志》的记载，认为‘准五服制罪’原则始于东汉建安年间曹操制订的《魏科》，时间上较《晋律》早了 60 年。”(见丁凌华：《先秦至唐时期的家族主义法》。http://fashi.ecupl.edu.cn/Article_Show.asp?ArticleID=404 法史网)

(3)其他。如,魏律明文鼓励复仇:殴打兄或姊加重到徒刑五年;废除商鞅变法以来的成年之子必须分居的规定,将“父子无异财”定为法律。[①] 晋律规定,凡子孙违犯父母教令,供养父母不够周到,父母到官府告子不孝,请求官府处死的,都应同意;并加重对奸伯叔母行为的惩罚。[②]

东汉以后,社会出现了严重的信仰危机。佛、道二教乘虚而入,迅速发展;试图以道补儒的玄学兴起,替代了谶纬化的儒学。在思想领域,儒学的主导地位一度动摇。然而,在法制领域,情况有所不同。佛、道二教以出世主义为特征,关心的是来世幸福或得道成仙,于现实社会的长治久安无所用心。玄学家们在个人人格方面固然极有成就,但一味愤世嫉俗、终日高谈玄机,说到治国安邦,大凡不出道家和黄老家“无为而治”的范围,对法制建设建树不多。这样,在立法、司法方面,反倒是经学家和深受汉代新儒家思想熏陶的儒生、儒臣的天下。他们的辛勤工作极大地推动了这一时期法律的儒家化,使这一运动终于初具规模。

(三) 北朝:法律儒家化的完成期

西晋衰败,衣冠南渡,北方游牧民族入主中原,相继建立了北魏、北齐和北周政权。为了统治具有先进文化的汉族,这些少数民族的上层统治集团不得不加速汉化,用夏变夷,进夷狄为华夏,为之起用一批汉族儒学知识分子。北朝各代的法律都出自儒生之手。他们把前代法律儒家化的成果归纳总结,损益改订,使之更加完善,又根据礼制,制定了

---

① 《晋书·刑法志》载:曹魏《新律》规定,“贼斗杀人,以劾而亡,许依古义,听子弟得追杀之。会赦及过误相杀,不得报仇,所以止杀害也。正杀继母,与亲母同,防继假之隙也。除异子之科,使父子无异财也。殴兄姊加至五岁刑,以明教化也。”

② 《宋书·何承天传》:“母告子不孝,欲杀者许之。法云:违犯教令,敬恭有亏,父母告子不孝,欲杀者皆许之。”又,《晋书·刑法志》载:西晋《泰始律》“重奸伯叔母之令,弃市。淫寡女,三岁刑。崇嫁娶之要,一以下娉为正,不理私约。”

不少新的原则和条文。

(1)创制十条重罪。北齐律的“重罪十条”，[①]为前代所未见之首创。儒家认为，不忠不孝，是违反天常、悖逆人理的弥天大罪。这是十条重罪的重要立法根据。十条之中，属宗法伦理犯罪的将近一半。凡犯十条重罪，不入“八议”，且遇大赦不予宽宥。它是隋、唐“十恶”之制的渊源。

(2)存留养亲。北魏律规定，犯死罪者，若祖父母、父母年已70岁以上，家中无成年子孙，又没有叔伯父母、姊妹、侄儿、侄女等较近亲戚，经过“上请”，可以留下来赡养老人。犯流刑罪者，有上述情况，处鞭笞之刑后也可以留下来赡养老人，老人死后再执行流刑，但不得赦免。[②]这是后代“存留养亲”制度的最早法律条文。

(3)官当。唐律的官当制度也始于北魏。北魏律规定：五等爵位的贵族及五品官吏，犯罪后可以用爵或官当刑2年，免官3年后又可降以前一级任用。[③]

(4)加重伦理犯罪行为的处罚。北魏律规定：在父母死后服丧三年期间出来当官，称“冒哀求仕”，处“五岁刑”[④]；子孙告发父母、祖父母，处死[⑤]。北魏孝文帝还根据“三千之罪，莫大于不孝”的古制，认为现行律对“不逊父母”者处“髡刑”太轻，应当改重。甚至还有这样的案例：妻

---

① 北齐律所定“重罪十条”：“一曰反逆，二曰大逆，三曰叛，四曰降，五曰恶逆，六曰不道，七曰不敬，八曰不孝，九曰不义，十曰内乱。其犯此十者，不在八议论赎之限。”(《隋书·刑法志》)。

② 北魏律《法例》：“诸犯死罪，若祖父母、父母年七十已上，无成人子孙，旁无期亲者，具状上请。流者鞭笞，留养其亲，终则从流。不在原赦之例。”(《魏书·刑罚志》)

③ 北魏律《法例》：“五等列爵及在官品令从第五，以阶当刑二岁；免官者，三载之后听仕，降先阶一等。”(《魏书·刑罚志》)。

④ 《魏书·礼志四》：“延昌二年春，偏将军乙龙虎丧父，给假二十七月，而虎并数闰月，诣府求上。领军元珍上言：‘案《违制律》，居三年之丧而冒哀求仕，五岁刑。龙虎未尽二十七月而请宿卫，依律结刑五岁。’”

⑤ 《魏书·窦瑗传》。

子无子而不娶妾，使祖宗香火断绝，应科以不孝之罪。[①]

北朝魏、齐、周三代，北齐律因袭北魏律，北周律虽属矫揉造作，但完全模仿《周礼》，就法律儒家化而论，态度最积极，步子迈得最大。只因有东施效颦之弊，过犹不及，故后世不宗，隋唐律跳过北周《大律》而直承北齐律。至此，重要礼制大多采入法律，法律中维护宗法伦理的各项原则和条文，也大体齐全。封建法律儒家化的工作基本完成。

（四）隋唐：法律儒家化的定型期

隋《开皇律》对北齐律中的儒家化法律大多予以承袭，唐《永徽律》又以《开皇律》为蓝本。它们都保留了汉魏以来伦理入法、更礼为律的成果，并加以完善。于是，八议、十恶、官当、五服定罪、同居相隐、存留养亲、允许复仇、女子“七出三不去”，以及惩罚父子异财、居丧嫁娶、“冒哀求仕”等等，统统被熔于一炉，真是洋洋大观。特别是长孙无忌等人所撰的《永徽律疏》，开宗明义就点出其立法宗旨是“德礼为政教之本，刑罚为政教之用”，把孔子提出的“道之以德，齐之以礼”，付诸立法实践。《永徽律》及其《律疏》的颁布，不但在具体的法律条文上，而且更重要的是在立法的理论上集前代法律儒家化之大成，将它们系统化、定型化。清代纪昀主编的《四库全书总目提要》称道《唐律》“一准乎礼”，[②]实为确当之论。

《唐律》被后世统治者奉为圭臬，宋、元、明、清各朝立法，更改不多。明律初定时连篇目也“一准于唐”[③]。明、清律将“丧服图”置于篇首，强调以服制定罪量刑。我国古代法律的儒家化不始于唐，但唐律却是定型化的儒家法律。

---

① 《魏书·太武五王列传》。

② （清）纪昀等：《四库全书总目提要·史部》“政书类·法令之属”，“《唐律疏议》条”。

③ 同上。

儒家法思想作为历代王朝正统的和居于主流地位的法思想，总得有其制度化、法典化的载体。《开皇律》、《永徽律》等隋唐律典及《永徽律疏》正是这样的重要载体。它们的制定和颁行，标志着中国法律儒家化的最终完成和定型，标志着中华法系的定型，标志着儒家法思想作为帝制时代正统法思想和主流法思想地位的真正确立。

中华法系与儒家法思想同步发展、同时定鼎的历史事实告诉我们，承认中华法系也就意味着承认儒家法思想在古代法中的主流地位、主导地位，不注重儒家法思想的深入研究，也就难以把握中华法系的内在特质。

三、儒家法思想与中国民族的传统法心理

中国民族创造了高度的东方文明，形成了独特的民族心理气质和心理特征，成为一个以民族为范围的巩固的心理共同体。这种民族性的群体心理是立体的、多角度的，其中关于法价值、法行为、法意识，以及法的认知态度、认知方法等法文化心理是一个重要的层面。中国民族的法心理是中华法系在长期运行的历史中积淀而成，也是儒家法思想在历史的长河中被统治者长期奉行、宣传而留下的痕迹。

1. 中国民族传统法心理面面观

(一) 权生法，法合“道”

孔子主张“礼乐征伐自天子出”[①]。墨子认为天子的职责是“一同天下之义”[②]。申不害、商鞅、韩非都强调君主应当“独视”、“独听”、“独

① 《论语·季氏》。

② 《墨子·尚同》。

断”、“独行”、“独治”[①]。总之一句话：“夫生法者，君也。”[②]只有君主才能立法。君生法，即权生法。先秦诸子百家都是赞成王权主义、君主主义的。这给中国民族的社会政治和法律的文化心理取向以深远的影响。汉代开始，儒法合流，君主主义的理论又得到了君主制度的支持而不断发展，形成了纲常名教。

权生法，即有立法权者才能立法。单看这一条，倒并无大错，原本是立法之合法性的一个条件。问题是，谁有权？或权属于谁？现代法理学的回答很明确：主权在民，属于全体国民。全体国民享有国家主权，享有立法权，制定国家大法，再依据国家大法产生政府管理机构，这叫作“法生权”。按孙中山先生的说法，“权生法”之“权”叫“政权”，“法生权”之“权”是“治权”。

中国古代政治和法律学说缺乏明确的“主权在民”观念，但朦胧中似有一种“主权在天”与“主权在君”的分歧。先秦法家是“主权在君”的主张者，儒家则持“主权在天”观念。儒家认为，一切政治的、经济的、社会的活动都有一个总源头：“天”，或“天道”。西汉的董仲舒概括这种“主权在天”的观念说：“道之大原出于天，天不变，道亦不变。”[③]“天道”观念就是“法上法”的观念。“法上法”即理想法、正义法，是立法的评价标准和最终根源。立法应合“天道”，君主不能凭自己好恶和私利任意立法。“天道”是什么？“天道”即是“天心”、“天意”。在儒家看来，“天心”就是“民心”，“天意”便是“民意”。“民之所欲，天必从之。”[④]可见，“天道”观存在着向民主观开新转化的可能。此是后话，按下不表。

---

① 《韩非子·外储说右上》：“明主之道，在申子之劝独断也。”“独视者谓明，独听者谓聪。能独断者，故可以为天下主。”

② 《管子·任法》。

③ 《汉书·董仲舒传》。

④ 《尚书·泰誓》。

理想主义的儒家思想家们曾极力论证：只有道德高尚的"圣人"才能体认"天道"、"天理"，从而"代天牧民"，制法行罚，实行"王道"政治。这就是著名的"圣王"观——圣者才能王天下，才能立法。如《中庸》提出"至诚者"才能立法。[①] "至诚者"与圣人是同义词。这就是说：只有至诚的圣人，才能创制符合"天道"的良法。

但现实社会的君主哪一个够得上圣王资格呢？没有。于是，像孟子这样的思想家只好自我安慰："五百年必有王者兴"[②]。可颇具讽刺意味的是，被理想化的尧舜之后五百年，虽还有商汤、文、武和周公，但周公以下五百年，孔子有德无位，只能称"素王"，实在找不出可许其为"圣王"的偶像了。至于秦汉以后的君主，正如黄宗羲所一言以蔽之的，都是"荼毒天下之肝脑，离散天下之子女"的"独夫"[③]。但正是"独夫"需要有"圣王"的招牌，他们豢养一批御用文人，极力把自己一个个都打扮成"小尧舜"。这样一来，现实的都成了合理的，既然是"以德配天"，不是"圣人"哪能当得上天子呢？美化现实的"王者即圣人"的"王圣"观便应运而生，代替了原来具有批判精神的"圣王"观。

这种"王圣"观认为，王者"法圣则天"，他们的立法权是绝对的，权威性是不容怀疑的。皇帝成了真理的化身，也成了法律的化身。西汉的酷吏杜周当廷尉，唯皇帝的旨意是从，从不考虑法律，有人诘问他，他却振振有词地说："三尺安在哉？前主所是著为律，后主所是疏为令；当时为是，何古之法乎！"[④]这话道破了君主主义法制的实质。法自君出，君主亦就高于法。皇帝有权对法律兴废改立，也有权对案件作出最高

---

① 《中庸》："唯天下至诚，为能经纶天下之大经，立天下之大本，知天地之化育，夫焉有所倚?!"

② 《孟子·公孙丑下》。

③ (明清之际)黄宗羲：《明夷待访录·原法》。

④ 《汉书·杜周传》。

裁决，他朱笔一点，可以破法杀人，可以法外开恩，臣民只能“叩头不已”，口称“天王圣明，臣罪当诛”。“口含天宪”的“圣王”，其实是无法无天的“独夫”。由此生出的一副世态便是：有权就有法，权大法也大。

理想的法合天道与现实的权大于法相冲突、相交织，长此以往，形成一种社会心理：一般情况下认可“王法”，当个“顺民”；遭受不公待遇时请出“天道”，呼唤“天理何在？”实在活不下去了便“替天行道”。

（二）法即刑，法即罚

在古文字中，“法”、“刑”二字互用。《说文解字》就说：“法，刑也。”[①]“《易》曰：‘井，法也。’”[②]“井”为“刑”的异体字。“法”、“罚”二字也混用。故又说：“荆，罚辠也。”[③]“荆”、“辠”是“刑”、“罪”的异体字。

先秦诸子，法家似乎是最重视法的，但他们所一味宣扬的是“严刑重罚之可以治国”。他们的“以法治国”，其实就是“以刑治国”、“以罚治国”，是君主对自己臣民搞“刑九赏一”、“重刑轻罪”，敢下毒手，敢施酷刑。法家的重法，实际是重刑、重罚。

儒家提出“为国以礼”、“重德轻刑”，反对严刑重罚。礼，是适应中国古代社会的原始宗教信仰及其仪式、宗法伦理道德和社会行为规范的总和。在以宗法家庭为基础的农业型自然经济状态下，民事关系比较单一，大量的民事纠纷可以由血族共同体以宗法之礼加以调整。儒家喻国为家，以为家国关系、君臣关系、君民关系、师生关系、朋友关系等也应像父子关系、兄弟关系、夫妻关系一样，用礼来加以调整。这样，儒家在法学理论上，除了坚守礼法体制这一自三代以来的传统外，再就是在礼与刑孰轻孰重问题之上费心思。

汉武帝“独尊儒术”之后，法家的严刑重罚论吃不开了，但法即刑、

---

① （汉）许慎撰、（清）段玉裁注：《说文解字注》卷十“廌部”，上海古籍出版社1981年版。
② 同上书，卷五“丼部”。
③ 同上。

刑即罚的观念却没有改变。历代王朝以“律”命名制定的成文法，其实都是刑事法典，之所以列入有关职官、婚姻家庭、钱债田土等现今属于行政法和民法的内容，是因为按当时的法价值观，违反和破坏这些关系会严重地危害社会秩序，因此应以最严厉的国家强制手段——刑罚——来维持它们。换句话说，有关职官、婚姻家庭、钱债田土一类的内容纳入刑律，不是因为它们是属于民法或行政法，而是因为社会上存在着此类犯罪。如“和奸”、“居丧嫁娶’、“过期不偿债”、“冒哀求仕”等等，按当时的法律文明程度和法价值观，这些行为都是犯罪，而不是一般的违反行政法或民法关系，亦非普通的非道德行为。[①] 这种将刑事法定位为国家“正律”的做法也给人们造成一种印象：法等于刑、等于罚。久而久之，社会上形成了一种心理定势：即刑、法即罚。人们在习惯上往往称“犯罪”为“犯法”，视违法为“犯罪”，而一提起违法，想到的便是起码要挨板子。社会上对法不能有广义的理解，更没有想到自身的权利要通过法律来确认。法既然是皇帝老儿制定出来桎梏人的，当然也是残酷的、令人厌恶的东西，加上古代司法的武断和专横，社会普遍形成了贱法、厌法、贱刑的法文化心理。

（三）贱诉讼，求无讼

中国人心理上贱法、厌法，同时也贱讼、厌讼。孔子说过：“听讼，吾犹人也，必也使无讼乎。”[②]有人说它是贱讼心理的渊源，这话不全对。

---

① 1980—1990年代编撰的中国法制史教材中有个比较流行的说法，认为中华法系是“诸法合体”、“民刑不分”的。这可能与将中华法系归结为“律令体制”的传统观念有关。“律令体制”说把汉律、唐律、明律、清律之类历朝“正律”称为“律令法”，视为中国古代法的全体，以为中国古代“不发达”的民法等也都包含在这些“律令法”之中。其实，按现代法律分类，“律令法”大多是刑事法，历代“正律”只是刑事法典。中国古代民法另有栖身之处，这就是历代礼典，以及由礼典和律典相辅相成、共同维护的礼俗、习惯法、家法族规等民间“活法”。中华法系决非仅仅是“律令体制”，从全体大用上说，是一种“礼法体制”，或者说，本质上是“礼法法系”。详见拙著《礼法传统与中华法系》，中国民主法制出版社2016年版。

② 《论语·颜渊》。

因为孔子的'无讼"是指通过长期的德礼教化和为上者以身作则，使争讼者耻于争讼来达到"无讼"，不是人为地禁止诉讼，反对诉讼。他说的前半句"听讼，吾犹人也"，肯定了诉讼和审理活动是一种法律生活常态，并承认，一旦进入诉讼和审理程序，他作为司法官跟别的司法官并无二致，只能严格地按程序去走，依法来审断。不过，孔子主观上已以"无讼"为善治的目标是无疑的。

《易经》说："讼，有孚，窒。惕，中吉。终凶。"[①]大意为：在下位者与在上位者争讼，是行不通的；如果在下位者怀畏惧之心，得中道而止，便是吉利的；若坚持争讼到底，寸步不让，终究是凶的。这个"讼卦"原有一定的适用条件，如特指"下位者"与"上位者"争讼，不是泛指，但确实也包含对诉讼的否定性评价。

孔子的"无讼"论和《易经》的"贱讼"论经过权势者们的泛化和强化，"讼则凶"就变成了至高无上又普遍适用的"经训"。它与孔子的"和为贵"，以及《老子》的"不争"、"曲则全"、"不敢为天下先"的处世哲学相结合，形成为强烈的民族性的贱讼心理。这种贱讼心理又被"官府衙门八字开，有理无钱莫进来"的司法黑暗所激扬。庶民百姓视打官司为畏途，"一场官司十年仇"，成了民间祖传的经验之谈。遇上该诉讼的案件，心理上总以为还是"大事化小、小事化了"，委曲求全、"张公百忍"为好。此外，历代王朝往往把诉讼案件的多少作为考核官吏政绩的一项主要指标。地方官吏为了标榜自己能"以德化民"、止争息讼，用种种手段压制人民诉权。甚至将争讼者以"刁顽不化"加以斥责，甚至惩处，这也大大加剧了人们的厌讼、贱讼心理。

（四）重调解，求和谐

重调解与贱诉讼是一个问题的两个方面。《周礼》的"地官司徒"属

---

① 《周易·上经·讼卦》。

下有“调人”一职,“调人掌司万民之难,而谐和之”,[①]可见是专做调解工作的。这虽然不见得是西周制度上实有的事,但可说明重调解的法律意识产生的历史很早。汉儒董仲舒说:“古者修教训之官,以德善务化民,民已大化之后,天下常亡(无)一人之狱矣。”[②]这和《周礼》的说法相一致。一些官吏在尚德化、重调解的法律意识影响下,也在司法实践中追求以德息讼。

后汉献帝年间,有一盗牛者被抓获,审讯时他百般求告说,自己甘受刑戮,但千万不要告知王烈。王烈听说后即派人送去一段布,表示感谢。旁人不理解王烈的做法,王烈解释道:“这个盗牛人怕我听到他犯罪,说明他有耻恶之心。既然心怀耻恶,必能改过从善,所以要奖励他。”过了很久,有位老人遗剑于道,一行路人见了就守候在那里,直等到傍晚老人回头寻得为止。老人惊奇地问了这人姓名,并告诉王烈,王烈差人找到这人,原来就是早先那个盗牛者。由于王烈能“以德感人”,那一带有“争讼曲直”者,都愿到王烈那儿去对质,听从他的调解。但去对质的人,往往有的中途而返,有的看到王烈的房子而返。他们都为自己因一点小事而去对质感到羞愧,从而自我和解了。[③]

像这样的记载,汉以来不绝于史。南宋著名的心学派思想家陆象山知荆门军时,凡民有诉者,“即为酌情决之,而多所劝释,其有涉人伦者,使自毁其状,以厚风俗,唯不可训者,始置之法。”[④]到明清时代,已建立了比较完备的调解制度。除官府调解外,更大量的纠纷是由家族、基层保甲组织进行调解的。明朝中期,王阳明创“十家牌法”,性质相当于民间公约,就规定了调解任务于其中:“每日各家照牌互相劝谕,务令

---

① 《周礼·地官·司徒》。
② 《汉书·董仲舒传》。
③ 《后汉书·王烈传》。
④ 《宋史·陆九渊传》。

讲信修睦，息讼罢争，日渐开导。如此则小民益知争斗之非，而词讼亦简矣。”[①]“自今各家务要父慈子孝，兄爱弟敬，夫和妇随，长惠幼顺，小心以奉官法，勤谨以办国课，恭俭以守家业，谦和以处乡里，心要平恕，毋得轻意忿争，事要含忍，毋得辄兴词讼，见善互相劝勉，有恶互相惩戒，务兴礼让之风，以成敦厚之俗。”[②]

有经验的地方官吏深谙家族在调解止讼中的妙用：“勤于听讼，善已。然有不必过分皂白，可归和睦者，则莫如亲友之调处”。[③] 据《王孟箕讲宗约会规》载，王氏族人每月两次在祠堂集会，宣讲经书、伦理、国家法律等，然后处理各种纠纷，“一问族中有无内外词讼。除本家兄弟叔侄之争，宗长令各房长，于约所会议处分，不致成讼外，倘本族于外姓有争，除事情重大付之公断，若止户婚、田土，闲气小忿，则宗长使询所讼之家，与本族某人为亲，某人为友，就令其代为讲息。屈在本族，押之赔礼。屈在外姓，亦须委曲调停。”[④]

在礼法制度下，实行乡村自治、宗族自治。宗族调处、民间调解实际上有一定强制性。历代帝制政府明确“下放”其强制权、一定的刑罚权给予宗族长老和乡绅。如清道光十七年诏：“凡遇族姓大小事件，均听族长、绅士判断。如有不法匪徒，许该姓族长、绅士捆送州县。”[⑤]乡绅、族长为维护本村、本族的“和谐”和“荣誉”，对于民刑事“细故”案子，往往采取讲和息讼的办法。在古代聚族而居的农耕经济和熟人社会里，由于温情脉脉的血亲纽带的维系，家族调处确可以起到官府难以起到的作用，在长期发展起来的严密的礼法制度下生活的中国人，遇到纠

① （明）王守仁：《十家牌法告谕各府父老子弟》，《王阳明全集》第十六卷，上海古籍出版社 1992 年版，第 608 页。

② 同上书，第 529—531 页。

③ （清）汪祖辉：《学治臆说》卷上。

④ （清）陈弘谋编著：《王孟箕讲宗约会规·平情息讼》。

⑤ 《大清历朝实录·宣宗朝》卷一八一。

纷一般都不愿意直接对质公堂，而谋求更体面的解决方法，即在本族、本社区内调解。诚然，古代的息讼手段也是五花八门、百计千方的，不排除不分是非，压制族人诉权的情形。不过许多闲气争执，多半是个“面子”问题，不必过分追求我是你非。

其实，法律纠纷的解决和权利的维护，从来不只是诉讼这一条独木桥可走。非诉讼的方式往往更节约经济成本和社会成本。古代人对调解的选择，及其中所蕴含的纠纷解决智慧，我们应当给予充分的尊重并认真汲取。

（五）重家庭义务，轻个人权利

西来的近现代法理学比较张扬个体权利，称之为“权利本位”。有人提出，相比之下，中国人的法律认知恰好与之相对，属于“义务本位”。确实，在传统的中国农民心目之中，只要自己不杀人、不放火、不淫、不盗，按时交粮纳税，想不出还会有什么别的法律上的纠葛。人们记住的是礼法制度中的纲常伦理，不是法律条款，是家庭生活中的共同义务，而不是作为个体的权利。这同在基督教文化环境中生活的西方人的法律观念大相径庭。

基督教教义说，人是上帝创造的；人一生下来就是有罪的；人都是上帝的奴仆；上帝给了大家同样的赎罪权利；在上帝面前人人平等。这种宗教文明的出发点和归宿点是个体。在其影响下，法律上的权利和义务统一并平衡于个体。

中国人则认为自己的“身体发肤受之父母”[①]。父子之间讲的是血缘伦理辈分，而不是平起平坐。父母对子女应当慈爱，负有哺养和教育的义务；子女对父母唯当“起敬起孝”，负有遵从和赡养的义务。古代中国，以农为本，家庭成为最基本的经济单位和经营单位，承担物资生产

---

① 《孝经·开宗明义》。

和社会生产两大任务。在当时那种相对落后的生产力发展阶段，为抗御自然灾害和应对社会风险，实行家庭财产所有制是不得已的，也是最佳的选择。家庭是国家行政管理中最基本的行政相对人，享有相应的自治权。种植什么，怎么种植，以及生儿育女，婚丧嫁娶，由家庭自行处理。家庭由家长主事。国家认可的家庭自治权转化为家长的主事权。家产制以宗法制为社会保障，宗法制以家产制为经济支撑，两者相依相存，以血缘为纽带代代相传。每一代家长都是家庭血缘链条上的一个环节，他的前半生为子，是家庭成员，后半生为父，主持家政。他的责任，不光是养家糊口，还要增殖家产，发家致富，传承和发扬祖产祖德，光宗耀祖。正是家长和家庭成员相互恪尽慈和孝、教和从等伦理义务，才维系家庭共同体，使之成为社会细胞，成为法律意义上权利和义务的承担者。由此形成了中华古代社会重家庭义务、轻个体权利的法心理。

这种维系家庭共同体伦理的政治化表达，便是“家国一体”的“三纲五常”，成为古代礼法制度的基本原则和规范。凡事久则生弊，过犹不及。纲常伦理的绝对化、庸腐化，温情脉脉的血缘互爱蜕变成为“以理杀人”。[①]

明末清初的魏禧，曾据山抗清，明亡后隐居游学，是与王夫之、顾炎武等一样的孤臣义士。但他的忠孝观念十分保守，曾对他的门人说过这样一段话：“古云父母即欲以非理杀子，子不当怨，盖我本无身，因父

---

① 清代思想家戴震之言。他在《与某书》中写道：“宋以来儒者，以己之意见，硬坐为古贤圣立言之意，而语言文字实未之知。其于天下之事也，以己所谓理，强断行之，而事情原委隐曲实未能得，是以大道失而行事乖。……后儒不知情之至于纤微无憾，是谓理，而其所谓理者，同于酷吏之所谓法。酷吏以法杀人，后儒以理杀人，浸浸乎舍法而论理死矣，更无可救矣。”《戴震集》，上海古籍出版社 1980 年版，第 187—188 页。

母而后有，杀之，不过与未生一样。”[①]这就走到极端化的“愚孝”上去了。“愚孝”是为“愚忠”作铺垫的。一个人来到世上，既为父母所生，当然应是父母的奴仆，如果是女子，出嫁了，又是丈夫的奴仆。而所有的人又是君主的奴仆，君臣关系不过是家庭中父子关系的社会化、扩大化，凡是违背这些伦理义务的便是违法的、有罪的。“刑三百，罪莫重于不孝。”[②]据说是商代就有的法律规定。秦汉大一统帝制制度定型以后，以“孝”和“忠”为核心的“三纲五常”既是大伦，又是大法。到隋、唐的法律中，“不忠”“不孝”被定为“十恶”大罪（“十恶”大罪的内容为：谋反、谋大逆、谋叛、恶逆、不道、大不敬、不孝、不睦、不义、内乱）。犯了“十恶”是不得赦免的，这便是“十恶不赦”这一成语的由来。“忠”和“孝”都是卑对尊、贱对贵应承担义务的伦理观念和道德规范，把“不忠”，“不孝”作为重罪，以刑法强制手段固化了重家庭义务、轻个人权利的法文化心理。

（六）重预防，尊德礼

“性相近也，习相远也。”[③]孔老夫子的这一人性论命题，排除了把犯罪视为人的本性的先天决定论。为重视犯罪预防奠定了人性论和心理学基础。这以后，主张人性善的孟子认为，只要不断的张扬人的与生俱来的“善端”，“皆可以为尧舜”[④]；持有“性恶论”的荀子认为，人生来虽有饮食男女、耳目之欲，但经过后天学习，“化性起伪”，普通的人也“可以为禹”[⑤]。他们都不同程度地承认犯罪的可预防性。中国历史上的人性论虽然五花八门，但长期融合的结果，形成了以儒家人性说为主

---

① 见《魏叔子目录》卷一“里言”，载《中国古典文学基本丛书》第 66 集，（清）魏禧撰，胡守仁、姚品文等校点《魏叔子文集》，中华书局 2003 年版。

② 《吕氏春秋·孝行览》引《商书》。

③ 《论语·阳货》。

④ 《孟子·告子下》。

⑤ 《荀子·性恶》。

体，吸收法家的性自私说的基本格局，在犯罪预防和对策上，标榜以德礼教化为主，刑罚为辅，即德主刑辅的思想。

以德礼预防犯罪有两道防线，一道是以血亲之情为纽带的宗法人伦。它编织在人的内心深处；一道是狭小和封闭的自然经济。所谓“仓廪实而知礼节，衣食足而知荣辱”[1]，其实这“实”和“足”不过是保持最起码的生活水平和简单再生产能力，但对于一个生活在小农经济天地中的“知足常乐”者来说，这点可怜的满足就足以抵御犯罪的诱惑了。两道防线的建筑基地都是家庭。家庭是中国人享受天伦之乐的灵魂安息所，能奏出令人陶醉的田园诗般的梦幻曲。在家族主义的道德驱使下和柔和的感情液浸泡中，能够消弭人们的犯罪念头，养成达观积极、知天乐命的人生态度。即使犯了罪的人，父母也总是期待着“浪子回头金不换”。中国人很少绝对悲观主义，奥妙是否就在这里?!

德主刑辅，家庭预防和社会预防，道德预防和法律预防，这是一种古老的犯罪综合治理。而重视家庭及以家庭为载体的伦理道德在预防犯罪中的作用，是中国传统法文化心理结构的一大特色。

2. 中国民族传统法心理的一般特性及其儒家伦理型取向

前边所叙述的六个方面：权生法，法合“道”；法即刑，法即罚；贱诉讼，求无讼；重调解，求和谐；重家庭义务，轻个人权利；重预防，尊德礼等，意在勾勒出中国民族传统法心理的各种表现。在这种种法心理现象的背后，其内在的一般特性是什么呢？归纳起来，有以下四点：

（一）血缘情感

血缘家庭是中国固有文化生命形态的物质承担者和活力源泉，在此基础上形成的法文化心理首先具有浓烈醇厚的血亲情感。在血族内

---

① 《管子·牧民》。

部，尊卑之间，同辈之间，通过“一笔写不出两个赵（或钱、孙、李、周、吴、陈、王、张……）字”、“两百年前是一家”、“大人不把小人怪”、“血浓于水”、“手足之情”等等，泯灭争讼意识和斤斤计较的念头，实现“和为贵”、“忍为上”、“相容隐”，血亲情感成为极好的社会机器润滑剂，也成为民事和轻微刑事案件调解的杠杆。当然，血亲情感又是复仇、宗族械斗的心理内动力。

（二）家庭本位

前文说到，有人批评中华法系属于“义务本位”，并非指它们不讲权利，而是因为权利与义务的主体不在个人。在近代西方法律体系和法律观念中，权利和义务统一于个人，个人既是权利主体，又是义务主体。中国古代，权利和义务则统一于社会共同体——家庭。家庭是政府管理的行政相对人，是民事法律关系的主体。家长代表全家所有成员行使家庭的权利，并同时承担义务。国家赋予家长以家庭管理权，家庭自治，俨然成为最基层的行政管理单位。在家庭内部，家长是家庭自治权、家产经营权和管理权的行使者，集家庭权力和权利于一身，而子女则处于被管理地位，需承担更多的家庭义务。家长与子女在权利和义务的配套上是不对等的。家长一般为男姓长辈，夫与妻、男与女在权利和义务上也是不对等的。从个人本位的法律价值观来看，这样的家庭本位便是义务本位。

近现代法律学上所称道的“民法自治”，在古代中国也存在。不过，它不表现为个人本位的“民法个人自治”，而是家庭本位的“民法家庭自治”。家产的经营、交易，子女的教育、婚姻等民事问题，悉由家庭自治，家长享有家产的经营权、管理权，以及对子女的主婚权、一定的责罚权（鞭扑权）。同样，家庭作为行政相对人，举凡户籍、税赋、兵役、劳役等等，政府也以家庭为对象管理、征收，并以家长为责任人。在一定意义上说，家庭本位也可以视作“家长权利本位”。

中国古代刑事法有两个很特殊的纠结——复仇和相隐，也只有从家庭本位上思考才能解释得通。其实，对复仇和相隐的一定认可，都是国家法律体系中家庭本位价值观的体现，是国家公权力对家庭私权利的一种谦让，其目的在于维护家庭共同体这一帝制制度的社会基础和血缘情感的精神家园。

家庭本位势必导致国家本位，由是造成古代中国"家国同构"的政治和法律模式。国是家的放大，皇帝"代天牧民"，号为"天子"，是普天之下最大最高的"家长"，从而也集国家权力和权利于一身。因此，人的政治权利、经济权利，直至自然权利便都是皇帝恩赐的，子民在国或家这个共同体中，其权利与义务不可能是对等的。在实际的法律生活中，国家本位可以析分为"皇帝和官员的权利本位"和"子民的义务本位"，从而又生出另一种相应的法文化心理——权威主义。

（三）权威主义

家族本位的立法、执法和司法肯定家长权、族长权；国家本位的立法、执法和司法肯定王权和官权。王权和官权不过是家长权、族长权的自然延伸。家规族法为国法所认可，也是国法的组成部分。"家无二主，国无二王"，"国有国法，家有家规"，"鞭扑不可弛于家，刑罚不可废于国"[①]，如此等等，这一切比附在实现生活中具有不必论证的逻辑力量。家族本位的法律价值观是权威主义的深厚丰腴的土壤，它和国家本位一起制造着权威，滋养了依赖权威、从而使权威肆虐的权威主义文化心理。

（四）伦理至上

伦理至上首先是指对法律行为进行价值评价的最高标准是伦理。但中国式的伦理不是宗教的天国伦理，或外在的理性主义伦理，而是实

---

① 《汉书·刑法志》。

在的、活生生的,以血缘共同体为载体的宗法家庭的世俗伦理。中国古代不存在纯粹的法律意识和法律评价,而是以伦理评价左右法律评价,伦理意识统率法律意识。伦理意识和道德行为上的“恶”就是法律上的罪或重罪。古代关于“十恶”的立法和司法,以及人们关于“十恶不赦”的观念,充分体现了伦理至上的法文化心理特征。直至今天,社会法文化心理和价值观念中,伦理恶性犯罪仍重于其它犯罪。一个戴有“右派”或“文化大革命”创造的种种大得吓人的政治帽子的“反革命分子”贬到农村,时间久了,往往会得到纯朴农民施以同情的目光,甚至种种实际照顾。但人们如果发现一个人虐待父母、遗弃妻子、行为乱伦等,那就不管此种行为是否触犯法律,以及法院是否判了刑,都会被立刻打入伦理价值簿上的“另册”,列于不齿于人类的行列。多么顽强的法文化心理意识!

在上述四个方面的基本特性中,伦理至上的心理意识又居于最为基本的地位。血亲情感以追求宗法伦理价值上的善为目标,家庭本位实质上是伦理本位,因为其内涵不是家族主义的孝悌伦理、便是由孝悌推衍出去的忠信之类伦理;关于权威主义,传统法文化心理曾企图以“圣王”的伦理道德型权威来改变赤裸裸的政治力量型权威。总之,传统法心理在其内在特性上表现为明显的儒家伦理型取向。

3. 中国民族传统法心理的儒家型结构:“法—情—权”模式

中国民族传统法心理六个方面的表征,以及伦理至上、血亲情感、家庭本位、权威主义的四个内在特性,相互作用、相互渗透,形成了中国民族特有的法文化心理结构:法—情—权“交相胜”的三元模式。这三元结构体中,“权”自然居于核心地位。权大于法,有权人物可以以权生法、以权抗法、以权压法、以权曲法。人们不得不接受这种现实,但又十分厌恶它。这种矛盾心理长期折磨着中国人的灵魂。因为厌恶,于是呼唤出了铁面无私的“包龙图”，他是法的象征。连皇帝也需要“黑老包”，因为王权，特别是代表统治阶级整体利益和长远利益的王权，也需要法律来维持，这样便有“王子犯法，与庶民同罪”的心理愿望。法作为以皇帝“圣旨”出现的国家意旨，是可以治官、治吏的，可以在一定程度上制约官吏的法外特权和以权害法。“严于治吏”历来是中国古代法制的一个传统。因此，“权”与“法”并不是绝对排斥的，是“交相胜”的。说到“情”，人们往往联想到私情，但这里的“情”主要指“民情”、风俗习惯，尤其是以宗法伦理为内容的“情理”。权和法如果过于有悖情理，也是难以持久的。所以，“求同民情”、“民心可畏”、“合情合理”等心理意识，对权和法的肆虐和滥用又有着一定的制约作用。而历史悠久的调解更是以宗法血缘之“情”结出的硕果。

习惯所称的中国古代的“法治”(打引号的法治)其实不过是法家的“以法治国”主张，充其量不过是君主用法(即刑)治吏、治民、桎梏人而已，是“权—法”结合的二元模式。这种二元结构固然禁绝了私情，但同时也超越了情理，失去了理智。结果，其“法”变成了严刑重罚，其“权”变成了绝对专制，最后导致了无法无天。秦王朝就是如此。

“法—情—权”三元结构是中国古代社会农业经济、宗法制度、王权专制下维护政治统治、实现长治久安和社会管理的客观要求，也是与以儒家为主流的古代文化环境相适应的。中国传统法文化心理缺乏明确的法治意识，但存在一种希望通过“法—情—权”三者相互制约而求得综合平衡的法文化心理取向。

余论

若从制度体系的层面上看中华法系，那么，当沈家本在清末修律中引进西方法理学、立法体例和原则之时，当他主持修定的《大清新刑律》为清政府颁布之时，可以说已经解体了。原来高居立法指导思想地位的儒家法思想也因失去了法律制度载体而不可逆转地衰落，它在帝制时代被奉为正统并占据主流法思想地位的王冠从此跌落在地，昔日的光辉一去不复还。但若是从法文化、法心理的层面上看，情况就另当别论了。儒家化法律的长期的有效运作，儒家法思想对立法、执法、司法、守法的长期的思想指导，从而积淀于全民族中的法文化心理，不少已成为一种民族性的关于法的认知习惯、思维习惯等，是不会也不可能随着其法典载体和思想母体的解体而同步解体的。

况且，作为全民族的法文化、法心理传统，不能一概视为是消极的，当然也不可能全是积极的。它既有时代性的局限与糟粕，又蕴含有民族性的文化遗传密码与精华。它那权即法的权威主义、特权心理，以血缘情感为基础的家族伦理观念、家庭本位意识，法即刑、贱诉讼等心理取向对于加强民主法制建设无疑是一种负面的心理障碍，而其重社会义务、重家庭建设、重伦理道德、重预防、重调解、贵和谐等心理取向，经过民主法制和现代法治的理论与实践的改造，将可能成为这种理论和实践的正面的心理驱动力。然而，上述消极面和积极面却是共处互生的，你中有我，我中有你，是一个不能割裂的法文化心理生命有机体，重要的在于进行现代化的批判继承、改造创新，实现由传统型法文化心理向现代民主法治的新型法文化心理的整体转化。而在这一宏伟的法文化心理建设中，深入探讨儒家法思想的价值论和思维方法论，及其各个层面的法律观等等，对于揭示中国民族传统的法文化心理，破译其遗传密码，促进这种转化，是不无益处的。

四、结语：儒家法思想
——中国古代法文化的主干

“二十五史”刑法志唱的是儒家法思想这个基调；中华法系是儒家

化的法律;中国民族的传统法文化心理属于儒家伦理型。这仅仅是从三个方面说明儒家法思想在中国古代法文化中的主干地位,远非对此问题的全面深入的探讨。对它的进一步讨论应是本书以后章节,尤其是第七、第八章的任务。

1931 年,中国法史学的开创者之一丘汉平先生将他论慎到、商鞅、韩非三个法家人物的法律思想的三篇论文集在一起,由上海光华书局出版,书名曰《先秦法律思想》。作者在"序"中说:"在我看来,这三篇已够代表先秦的法律思想。再完备些,也不外加些儒道墨的法律观及其他说明而已。"①作者对儒家在先秦法思想和中国古代法思想史上的地位颇有不屑一顾的意思。以为法家就是法学家,只有法家才有名副其实的法律思想,一谈实行法治就得弘扬法家。这种观点在二三十年代曾为不少人接受和宣传,并传之久远,直到六七十年代的"文化大革命"中,在所谓"儒法斗争史"中仍有着它的明显的影子。

1970 年代末,实事求是的学风终于回到了学术界,主导着法史学的研究。儒家法思想作为中国古代法文化的主干而存在的历史事实渐为法史学界所重视,并有了相当程度上的共识。1982 年出版而经法学教材编辑部审订的高等学校法学教材《中国法律思想史》,由法史学界的一些知名专家学者主持和撰写,反映了本学科几代学者的研究成果。它的《导言》这样写道:

> "在中国法律思想史上,作为封建正统的儒家法律思想,曾长期占居统治地位,而且它的源流和影响远不限于封建社会。从其渊源来说,可以上溯到殷、周奴隶社会的天命神权与'礼治',并融合了先秦诸子中各种有利于维持封建统治的因素。从其流变来

---

① 丘汉平:《先秦法律思想》序,上海光华书局 1931 年版,第 2 页。

说，鸦片战争后，虽因西方资产阶级法律和法学的移植与引进，只此一家的一统天下被打破，但在整个半殖民地半封建社会中仍起主导作用，甚至其流毒至今尚待彻底肃清。因此，儒家法律思想的特点，不只是古代统治阶级法律思想的特点，或以封建法制为主的中华法系的思想特点，也是五四运动前整个中国法律思想的主要特点。”①

这段精彩的论述是法史学界对儒家法思想在中国法文化史上的地位达到某种共识的一个显例。笔者在这里所将做的工作，正是以这一共识为基础的。诚然，其中关于“流毒”之类的评价可视为那个时代的痕迹。

① 张国华主编：《中国法律思想史·导言》，法学教材编辑部审订，法律出版社1982年版。

第二章　儒家法思想研究的方法论检讨

在学术史上，研究领域的拓宽，研究角度的变换，学术观点的推陈出新，往往伴随着研究的方法论的更新。二十世纪初叶的欧洲中心主义和文化一元主义价值指向、台湾1960—1970年代的“中华文化复兴运动”、1980年代兴起的全球性文化多元主义思潮，都以不同的价值观和方法论为中国法律史和儒家思想研究的发展铺路奠基，将这些领域的学术研究推向新的高度。过去的方法论总是过去了的时代的产物，从发展的眼光看问题，它们不无弊端，并因此而束缚着对研究对象的正确认识。回顾近代以来的儒家法思想研究，这种情况十分明显。因此，在本课题的本论展开之前，检讨一下以往的儒家法思想研究之方法论，梳理并评析由此而得出的各种观点，实在是必不可少的。

一、人治与法治
——一条虚构的儒法斗争主线

“儒家主人治”、“法家主法治”，并由此而衍生出“儒家人治与法家法治的对立”论，是对先秦儒法两家法思想的研究和评价中一种影响颇大、流传极广的观点和方法。前些年，有的著述还把这种“对立论”描述为中国法律思想史的发展主线。然而，这却是一条虚构的、实际上并不存在的主线。

1."儒家人治、法家法治对立论"的由来

人治、法治并不是中国法律史的固有概念。中国法律史上，儒家有"为政在人"、"治人"等说法，但它们不等于人治；法家有"以法治国"、"垂法而治"等提法，但它们也不同于法治。人治与法治，作为一对政治学和法学范畴，是随着近代的"西学东渐"之风，由我国向西洋和东洋寻求真理的志士仁人引进的。最先将人治和法治作为一种法学价值观和方法论来评价先秦儒法两家的政治法律思想的，要推梁启超。1922年，梁氏为北京政法专门学校讲授"先秦政治思想史"，写下了一本讲义①，将先秦道、儒、墨、法四家政治法律学说分别冠名之为"无治主义"、"人治主义"、"新天治主义"、"法治主义"。他论儒家道：

> "儒家：谓社会由人类同情心所结合，而同情心以各人本身最近之环圈为出发点，顺差(等)以渐推及远。故欲建设伦理的政治，以各人分内的互让及协作，使同情心于可能的范围内尽量发展，求相对的自由与相对的平等之实现及调和。又以为良好的政治，须建设于良好的民众基础之上。而民众之本质要从物质精神两方面不断的保育，方能向上，故结果殆将政治与教育同视，而于经济上之分配亦甚注意。吾名之曰'人治主义'或'德治主义'或'礼治主义'。"②

---

① 梁启超的这本讲义后以《先秦政治思想史》书名出版。它的另一书名是《中国圣哲之人生观及其政治哲学》，应是其最初的讲题名称。作者曾拟题《中国政治思想史》为书名，估计原计划写一部通史，可惜因病不起，只得改题"先秦"。1979年秋，我在复校不久的西南政法学院图书馆中幸运地找到其民国十二年(1924年)的版本，喜出望外。本书引文皆从此出。这次修订，为规范注释，以《饮冰室合集》加以校正。

② 《饮冰室合集·专集》之五十《先秦政治思想史》，中华书局1988年版，第64页。原文没有现代标点。

接着又论法家云：

> “法家：其思想以‘唯物观’为出发点，常注意当时此地之环境，又深信政府万能，而不承认人类个性之神圣。其政治论主张严格的干涉。但干涉须以客观的‘物准’为工具，而不容主治者以心为高下。人民惟于法律容许之范围内得有自由与平等。吾名之曰‘物治主义’或‘法治主义’。”①
>
> “……当时所谓法家者流中，尚有两派与法治主义极易相混而实大不同者，一曰‘术治主义’，二曰‘势治主义’。”②

这以后，“人治法治对立论”几乎成为研究先秦儒法两家法律观的一种思维方法定势，一些重要的法律史著作概莫能外。如：

吴经熊的《法律哲学研究》(1933年)宣称：“法治思想是对于前章(指儒家礼治时期——引者注)所述人治思想底一个大反动。”③

陈顾远的《中国法制史》(1934年)指出儒家“轻法治”、“主人治”后，又说：儒家“人治之极端，终不外贤人政治之意味”。④

杨鸿烈的《中国法律思想史》(1936年)说：“孔子虽不破坏法治，却不满足于法治”，荀子则“推尊儒家一派相传的人治而轻视法治”。⑤

丘汉平的《先秦法律思想》(1941年)写道：“法治主义乃战国末季最流行的学说。实行此主义最早的有子产、管仲、商鞅等人，而昌明此主义最先的要算慎到了。……韩非……详述法治主义之优点。”儒家的

---

① 《饮冰室合集·专集》之五十《先秦政治思想史》，中华书局1988年版，第65页。原文没有现代标点。

② 同上。

③ 吴经熊：《法律哲学研究》，上海法学编译出版社1933年版，第77页。

④ 陈顾远：《中国法制史》，商务印书馆1934年版，第62页。

⑤ 杨鸿烈：《中国法律思想史》，商务印书馆1936年版，第48—49页。

“人治主义是主张‘以身作则’的，故当局者须自己格守礼教规律”。[①]

瞿同祖的《中国法律与中国社会》(1947 年)说：“儒家既坚信人心的善恶是决定于教化的，同时又坚信这种教化，只是在位者一二人潜移默化之功，其人格有绝大的感召力，所以从德治主义又衍而为人治主义。”“法家则完全与儒家立于相反的立场，……根本反对有治人无治法，人存政存，人亡政亡的办法。”[②]

自“文革”结束恢复高校法学教学以来，我国法律史研究取得了丰硕成果，但“人治法治对立论”却沿袭未改。试举一些近年出版著作为例：

《中国古代政治思想史》：“孔丘特别强调统治者‘以身作则’，孔丘是主张‘人治’的。”[③]

《中国法律思想史》的《孔丘》一节中说：“他在提倡‘礼治’与‘德治’的同时，还提出了‘举贤才’的主张。……后人把这种主张叫作‘贤人政治’或‘人治’。”该书的《孟柯》和《荀况》两节中，也分别辟有“‘惟仁者宜在高位’的‘人治论’”和“‘有治人，无治法’的‘人治’思想”这样的专题。在《韩非》这一节中，说韩非“提出了一套更完整的实行‘法治’的方针”，“反对儒家所主张的‘人治’”。[④]

《法治与人治问题讨论集》中，也有一些文章这样写道：“我国春秋战国时期确实存在过儒家主张‘人治’，法家主张‘法治’的争论。”“孔、孟、荀都不是主张法治的，也不是主张人治与法治相结合的，而主张人治的。他们都把国家的兴亡治乱，系于国君是否贤明。”[⑤]

---

① 丘汉平：《先秦法律思想》，第 105、108 页。

② 瞿同祖：《中国法律与中国社会》，商务印书馆 1947 年版，第 286—295 页。

③ 徐大同、陈哲夫、谢庆奎、朱一涛编著：《中国古代政治思想史》，吉林人民出版社 1981 年版，第 70 页。

④ 《中国法律思想史》，第 59、105、117、126、127 页。

⑤ 《法治与人治问题讨论集》，群众出版社 1981 年出版，第 19、68 页。

可见，就以“人治法治对立论”来评述先秦儒法两家法律观而言，从1920年代以来几乎没有什么变化。但是，这种说法本身存在着不可克服的困难：概念不明确，它的持论者之间互不一致，破绽太多。

照梁启超的说法，“儒家所谓人治主义者，绝非仅持一二圣贤在位以为治，而实欲将政治植基于‘全民’之上。”[①]儒家的“人治”是“以‘多数人治’易‘少数人治’，如近世所谓‘德谟克拉西’，以民众为政治骨干”。而法家“不问其人之为何等”，“以物为法”，“是故法治主义者，其实物治主义也”。[②] 他甚至认为，“法家之论治也，颇有似今日军阀反对民治主义者之所云。”[③]在梁启超看来，儒家的“人治”就是民主政治，法家的“法治”就是反民主政治、军阀独裁政治。但他又认为，“法家根本精神在认法律为绝对的神圣，不许政府行动轶法律范围以外。……就此论点，可谓与近代所谓君主立宪政体者精神一致。”[④]

梁氏的《先秦政治思想史》原是讲演稿。他的这种理解以及理解上的自相矛盾，未尝不是出于批判君主专制和鼓吹君主立宪的政治需要，所以不得不削足适履。从学理上言，则完全是对西方民主和法治学说的简单附会，是非历史主义的。后人以梁氏的立论为基点，也就不能不造成概念上的混乱。

有人说，儒家主张“贤人政治”，所以是“人治”。循此观点，不是照样可以把法家称作“人治”吗？因为法家虽然竭力诋毁儒家心目中的尧舜文武周公一类“圣人”、“贤人”，反对儒家“法先王”，却主张应由“新圣”、“明君”、“智术之士”、“能法之士”来治理国家。在这个问题上，儒法两家的分歧主要是“贤”与“圣”的标准不同。诚然，法家认为治国不

---

① 《饮冰室合集·专集》之五十《先秦政治思想史》，第82页。

② 同上书，第143页。

③ 同上书，第151页。

④ 同上书，第147页。

必等待尧舜那样的圣贤出世，只要有“中主”循法操术持势就可以了。但是，这样的“中主”，不正是法家标榜的“新圣”、“明君”吗？

有人又说，儒家讲“以身作则”，就是“人治”。其实，“以身作则”含有要求为政者带头守法的意思。商鞅不是说“法之不行，自上犯之”[①]吗？儒家提倡“以身作则”，所要纠正的正是这种“自上犯之”的破坏法制现象。因此，“以身作则”实在是法治的一个重要特征，而不是什么“人治”。

“对立论”对人治和法治的解释莫衷一是，令人无所适从，这本身也就说明以“人治法治对立论”的模式来评述先秦儒法两家的法律观，是值得商榷的。

2.“对立论”不能成立的理由

要说明这个问题，首先要从西方政治法律学说的本来意义上弄清人治和法治这两个概念。

最早提出人治和法治概念的，是公元前四世纪的古希腊思想家。亚里士多德则是热烈崇尚法治的大师，我们可以从他那里获得这两个概念的原始意义。

亚里士多德明确指出：“法治应当优于一人之治。”[②]“一人之治”，也即“一个人来统治”，就是所谓的人治。他反对人治，说：

> “让一个人来统治，这就在政治中混入了兽性的因素。”[③]

什么是法治呢？他下了一个界说：

---

① 《史记·商君列传》。

② 〔古希腊〕亚里士多德著：《政治学》，吴寿彭译，商务印书馆1981年版，第167页。

③ 同上书，第169页。

“法治应包含两重意义：已成立的法律获得普遍的服从，而大家所服从的法律又应该本身是制订得良好的法律。”[1]

亚里士多德指出：“人民可以服从良法也可以服从恶法。”“恶法”本身就同法治精神背道而驰，所以，“服从恶法”不能称为法治。可见，在亚里士多德的法治观中，制订“良法”是法治的先决条件。他的法治的另一个含义是要求全社会“普遍的服从”：

“邦国虽有良法，要是人民不能全都遵循，仍然不能实现法治。”[2]

论者往往把法家的守法思想等同于亚里士多德的“普遍的服从”，因而称之为“法治”，并引《管子》书的“君臣上下贵贱皆从法”为佐证。《管子·任法》篇中这段话的全文是：“夫生法者，君也；守法者，臣也；法于法者，民也。君臣上下贵贱皆从法。”[3]这里讲的君主“从法”，是指君主有权“生法”。法家主张君主“垂法而治”、“以法治国”等，都是强调君主要用法律来治国、治臣、治民、治别人，并不涉及君主本人守不守法的问题。把它们说成法治，是望文生义了。实际上，法家是将君主置于法律之上的，只讲臣民应无条件地服从君主之法，所以韩非子说：“尽力守法，专心于事主者为忠臣。”[4]

不仅如此，法家思想与亚里士多德的法治观还是对立的。亚里士多德将政体区分为君主政体、贵族政体和共和政体三种基本形式。他

---

① 〔古希腊〕亚里士多德著：《政治学》，吴寿彭译，商务印书馆 1981 年版，第 199 页。

② 同上。

③ 《管子·任法》。

④ 《韩非子·忠孝》。

不赞成贵族政体，更反对君主政体。君主政体“以一人为治”，是人治，无法治可言。他的法治只是共和政体的治国原则和方法。所以，亚里士多德所谓的“良法”是共和政体之法。君主政体也有法，但只能是“恶法”。“恶法”，“非法”，服从“恶法”也不算法治。

法家根本没有“良法”观念，认为“法虽不善，犹愈于无法”[①]。法家的宗旨是君主专制：“权者，君主所独制也”[②]，“权制独断于君则威”[③]，“独视者谓明，独听者谓聪。能独断者，故可以为天下主”[④]，“王者独行谓之王”[⑤]。事实也正是如此，对韩非学说佩服得五体投地的秦始皇，虽有许多“法式”，但都为其一人制驭天下、役使臣民而立，也依其个人意志而改废。他的“焚书坑儒”，他的赋役“三十倍于古”，有什么法律依据？没有。他的意志就是法，实际上是无法无天。这种以君主独裁专制为归宿的法律观，正是亚里士多德所批判和反对的“恶法”及“以一人为治”的人治。

在这个问题上，被视为人治论者的儒家倒比法家合理一些。孔子提出富民、利民、惠民、教民，谴责时君世主的“苛政”，说当时社会已经“上失其道”。孟子则大呼“民为贵，社稷次之，君为轻”[⑥]。他们虽然也主张君主政治，但保留了某些原始氏族民主的成分，是以民为政治本位的君主主义。儒家提倡尊“先王之道”、“圣人之法”，主观上还有实行“良法’的愿望。

因此，以亚里士多德的法治观而论，儒家法家在法律观上面的分歧不是什么人治与法治的对立。

---

① 《慎子·威德》。

② 《商君书·修权》。

③ 同上。

④ 《韩非子·外储说右上》。

⑤ 《韩非子·忠孝》。

⑥ 《孟子·尽心下》。

法治成为一种比较完整系统的学说，是近代的事。西欧中世纪经历了漫长的王权和神权相结合的专制统治，启蒙思想家斥之为人治。他们用民主和法治为武器批判专制和“王权神授”。

孟德斯鸠在他著名的《论法的精神》一书中，吸取亚里士多德《政治学》的观点，把国家政体区分为共和、君主和专制三种形式。他写道：

“共和政体是全体人民或仅仅一部分人民握有最高权力的政体；君主政体是由单独一个人执政，不过遵照固定和确立了的法律；专制政体既无法律又无规章，由单独一个人按照一己的意志与反复无常的性情领导一切。”①

他讴歌的共和政体实行三权分立的原则。在他看来，三权分立是法治的基础。在孟德斯鸠的学说中，实行法治的共和政体同实行人治的君主政体和专制政体是对立的。

卢梭在建立民主和法治学说中享有重要地位。他强调法律面前人人平等是法治的一条重要原则，如果君主可以凌驾于法律之上，那就不存在法治了。他说：

“统治者是法律的臣仆，他的全部权力都建立于法律之上。……他若强调他人遵守法律，他自己就得更加严格地遵守法律。”②

卢梭激烈地攻击了君主专制制度。他写道：

① 〔法〕孟德斯鸠著：《论法的精神》（上、下册），张雁深译，商务印书馆 1982 年版，第 8 页。

② 〔法〕卢梭著：《论政治经济学》，王运成译，商务印书馆 1962 年版，第 9 页。

> “不管一个国家的政体如何，如果在它管辖范围内有一个人可以不遵守法律，所有其他的人就必然会受这个人的任意支配。”[①]

卢梭的突出贡献在于，他为法治建立了一个基点：“天赋人权”、“主权在民”。

在启蒙思想家的学说中，我们找不到可以把君主专制同法治联系在一起的纽带。恰恰相反，法治与专制、君主独尊、王位世袭格格不入。从他们关于法治的论述中，可以看到，法治有两个根本特征或要素。其一，法治必须与民主制相联系，而同君主专制水火不容。这是判断人治与法治的前提。其二，法治须以根本法为国家权力的最高依据。而这种根本法所要确认的主要原则是“主权在民”，一切公民享有同样的主权，在法律面前人人平等。

显而易见，法家学说与近代意义上的法治毫无共同之处. 从近代法治学说上来衡量法家之法，则完全是非法之法，不合法之法。法家以法和术为“帝王之具”[②]，强化帝王的“单独一个人执政”。法家正是启蒙思想家们抨击的人治论者。

法家思想中使人们最感痛快的莫过于“刑无等级”[③]，“法不阿贵，绳不挠曲”[④]，“刑过不避大臣，赏善不遗匹夫”[⑤]的主张，总起来说是“信赏必罚”四个字。这在当时和后世确有一定的积极意义。不过，有积极意义是一回事，是不是法治是另一回事。在法家的这一主张中，首先，“信赏必罚”的主体，即操赏罚之行使权者是君主，“信赏必罚”不过是君

① 〔法〕卢梭著：《论人类不平等的起源和基础》，李常山译，商务印书馆1982年版，第52页。

② 《韩非子·定法》。

③ 《商君书·赏刑》。

④ 《韩非子·有度》。

⑤ 同上。

主治吏役民的手段，或曰“南面之术”；其次，赏与罚相比，罚重于赏，罚多赏少，用商鞅的话说，叫作“刑九赏一”①。他甚至认为，“善治者，刑不善而不赏善，故不刑而民善”②，这更是主张不用赏而只用刑了；再次，所谓“不刑而民善”者，即是“以刑去刑”③，而“以刑去刑”的要害在于轻罪重刑，使罪刑不相等，他们的逻辑是：“行刑，重其轻者，轻者不至，重者不来，此谓以刑去刑。”④众所周知，轻罪重罚本身就是反法治主义的。最后，“刑无等级”的主旨在于君主以重刑严惩威胁自己的大臣，保持和巩固既得的独尊地位。法家根本不承认人民的法律地位。韩非说：“君上之于民也，有难则用其死，安平则尽其力。”⑤老百姓只是供君主役使的牲畜，而实现这种役使的手段是严刑重罚：“夫严刑者，民之所畏也；重罚者，民之所恶也。故圣人陈其所畏以禁其邪，设其所恶以防其奸。”⑥在法家眼里，非但人民是如此，帮助君主“牧民”的群臣也是这样：“群臣其言大而功小者则罚，……群臣其言小而功大者亦罚。”⑦群臣只有代君受罚的义务：“事成则君收其功，规败则臣任其罪。”⑧结果便是“明君无为于上，群臣竦惧乎下”⑨。因此，法家的“刑无等级”、“法不阿贵”等等，实为臣民必须俯首于君主，君主圣明，高高在上，凡触犯君主法权者一概受罚处刑，它们是法家君主专制的重刑主义的有机组成部分。近代致力于译介和比较西方法学的严复指出：

---

① 《商君书·去强》。

② 《商君书·画策》。

③ 《商君书·靳令》、《韩非子·饬令》。

④ 同上。

⑤ 《韩非子·六反》。

⑥ 《韩非子·奸劫弑臣》。

⑦ 《韩非子·二柄》。

⑧ 《韩非子·八经》。

⑨ 《韩非子·主道》。

“若夫督责书所谓法者，直刑而已，所以驱迫束缚其臣民，而国君则超乎法之上，可以意用法易法，而不为法所拘。夫如是，虽有法，亦适成专制而已。”①

这是的当之论。法家的“法治”，只是君主以刑为治，且是以重刑为治。其“刑无等级”、“法不阿贵”，不等于执法平等，只是大臣有犯照样要受君主诛杀惩罚的意思，与近代法治主义的“法律面前人人平等”不可同日而语。后者首先是指公民在法律上享有权利和承担义务的平等，然后才是执法的平等。所以，不从民主制和以根本法为权力依据的观点出发，人治法治的界限是难以分清的。

综上所述，法家的“以法治国”实非法治。“以法治国”，从语义上说，就是用法（实即刑罚）来治理国家。谁来“以法治国”？君主而已。君主是“以法治国”，以及以法治民、以法治吏、以法驭臣的权力主体。究法家之意，则为：君主独擅权势，藏术于胸中，用严刑重罚威慑、惩治官吏和人民。这就是韩非的法、势、术结合的治国主张。

既然在亚里士多德的法治观和近代启蒙思想家的法治学说上，不能推导出儒法“人治法治对立论”，“对立论”就只得自立一些对立标准。这些标准，除上述的把“贤人政治”和“以身作则”说成“人治”外，常见的还有这样两条：

1. 所谓奴隶主阶级“主人治”和新兴地主阶级“主法治”的对立。春秋战国时期各个学派的阶级属性，特别是孔孟代表哪个阶级，至今是个聚讼纷纭的问题。“对立论”以一个不确定的前提来立论，本身就缺乏牢固的基础。这姑且存而不论。就按“对立论”自己的观点来说，荀子显然是“人治主义”者，但荀子却是没有什么争辩被“对立论”者誉为“新

① 〔法〕孟德斯鸠著：《法意》，严复译，商务印书馆 1981 年版，第 26 页“案语”。

兴地主阶级思想家”。这就是说,“新兴地主阶级”也照样可以主张“人治”。所以,把人治和法治说成阶级对立,是不能成立的。

2.所谓“法治”主张公布成文法和“人治”反对公布成文法的对立。孔子反对铸刑鼎是否就是反对公布成文法,也是一个可以进一步讨论的问题[①]。问题是,法治并不是非成文法之治不可,赞成不成文法不等于反对法治。亚里士多德曾说:“但积习所成的‘不成文法’比‘成文法’实际上还更有权威,所涉及的事情也更为重要;由此,对于一人之治可以这样推想,这个人的智虑虽然可以比成文法为周详,却未必比所有不成文法还更广博。”[②]可见,亚里士多德的法治并不排除不成文法。“对立论”认为孔子是主张“礼治”的,法律史界多以为春秋时期的礼仍具有法的性质,有的学者直截了当地指出:礼是不成文法。而且被“对立论”判定为“人治”的孟子和荀子都没有反对过公布成文法。既然如此,赞成或反对公布成文法就不能定为人治与法治的对立标准。

综上所述,结论是:儒法“人治法治对立论”是不能成立的;以“对立论”作为研究和评价先秦儒法之争不符合先秦思想史实际。

3.应当实事求是地研究和评价先秦儒法之争

中外思想家基于各自不同的经济、政治条件,文化传统、民族心理、社会习俗,以及其他社会历史因素,创立了不同形式的政治法律思想体系。借鉴国外政治法律思想史上的学说,有助于深入开展中国法律史的研究。但是,如果不顾中外政治法律思想在体系上的不同,尤其是法文化基因的相异性,把外国政治法律学说中的一些名词、概念简单地套用到中国来,甚至以西方法律史来改铸中国法律史,那就会把本来可以

---

① 参见本章第三节和“孔子的法思想”章之第二节。

② 前揭《政治学》,第169—170页。

搞清楚的问题弄得更加复杂，以致得出错误的结论。

当人治与法治这对概念刚刚引入时，我们的前辈学者就出现了两种相反的情绪，得出了两个相反的结论。一种因自己的祖先没有提出法治思想而深深地自惭形秽，最后把人治说成是中国落后的根本原因，"中国之弱于欧美者，原因不止一端，而其相反之至大者，则曰中国人治，欧美法治。"[①]一种则力图把法治的发明权夺到自己的祖先手中，为中华文明添上新的桂冠。如梁启超说："法治者，治之极轨也，而通五洲万国数千年间，其最初发明此法治主义以成一家之言者谁乎？则我国之管子也。"[②]

当然，这两种结论都是片面的。叹希腊之完善而悲中华之不如，或借希腊之服饰美中华之古人，其实只是当时"言必称希腊"的欧洲文化中心主义的两种不同表现方式。中国法思想原本有自己固有的范畴、逻辑体系和发展规律，但它在上古并没有与希腊式的城邦民主制相联系，在近代不曾提出过"主权在民"的观点。种豆结豆，种瓜结瓜，各有所长。我们没有必要以希腊之是非为是非。

诚然，若按西方政治学说来分野，把儒家归入"人治主义"也未尝不可。但即使如此，儒家的人治也不在于"有治人，无治法"之类的几句话，而是指其整个思想体系以君主主义为归宿。然而，在君主主义问题上，法家犹甚于儒家。他们两家都主张君主制，法家是君本位的君主专制主义者，儒家是民本位的君主主义者。不过，总而言之，他们都是君主制的维护者，而君主制的本性是人治而不是法治。若从这个意义上说，儒法两家都是人治主义者，区别只是在程度上，法家表现为极端的君主专制之人治，儒家表现为相对的君主主义之人治。因此，儒法两家

① 麦孟华：《商君评传》，载《诸子集成》(下册)，浙江古籍出版社1999年版，第908页。

② 《饮冰室合集·专集》二十八《管子传》，中华书局1988年版，第12页。

在这一问题上的分歧不能归结为“人治与法治的对立”。既然在法家思想中不存在如西方法学史上那种原型的法治主义理论，那么，以“人治与法治对立论”的法学价值观和法学思维方式来研究和评价儒家法家的法思想就失去了意义。这种思维方式不适合先秦乃至整个中国古代史上政治思想和法思想发展的历史实际。如果硬要照搬套用，那就会如前所述，只能造成法史研究上的混乱。

我们主张抛弃先秦儒法两家法律观研究中的“人治法治对立论”，决不是说儒法之间没有矛盾和斗争，而是认为它们的矛盾和斗争不能用“人治法治对立论”来概括。我们还是从中国古代社会和古代法律思想的实际出发，从儒法两家法律学说的实际出发，着重揭示它们在法思想体系上的差别，这对于建设中国政治思想史和法思想史的科学体系，以及历史地、科学地评价儒法两家的法思想，也许更为有益。

二、“儒家自然法”——比附的产物

把儒家法思想说成是“自然法思想”，认为“礼”就是“儒家的自然法”，这在中国法史学研究中也是一种影响较大、历时甚久的观点。它体现的是从自然法与人定法相分离的两极思维模式来研究和评价儒家法思想乃至整个中国古代法文化的法学方法论。

自然法观念是西方法学史上一种源远流长的法思想，一种一脉相承的法文化精神。若如上述论者所言，儒家法思想乃至中国古代法思想也是自然法的话，那么，中西法文化亦不过小异而大同，中国古代法、儒家之法简直成了西方古代法的东方分支。这样一来，就很难真正揭示儒家之法以及整个中国古代法的特有的民族性的法文化精神。因此，“儒家自然法”也是一个值得商榷的命题。

1."儒家自然法"说的提出

中国学者中最早认定中国古代法属自然法的还是那位学界巨子梁启超。他在1906年写的《中国法理学发达史论》中,同样认为"自然法"在中国是"古而有之",尤其是道家、儒家可比肩西方"自然法学派"。他肯定地说,儒家的法理学是"自然法":"儒家极崇信自然法"——而《系辞传》二篇,其发之最畅者也。"并认为八卦等六十四卦"皆自然法也,取之而制定种种事物,所谓人定法也。"[①]陈顾远先生的《中国法制史》出版于1934年,其中写道:"中国法制近于自然法或正义法。"[②]他又说:"儒家自孔子集先圣之大成,而继承其道统以后,天道、天理、天则之观念更为完备,惟仅以自然法为人定法之依据,而归于礼之中、义之内而已。"[③]陈是中国近代法史学的开山者之一,他的观点,在法史学界的影响是可想而知的。翻检三四十年代的一些法律史论著,自然法持论者随处可见,如黄秉心的《中国刑法史》等皆风靡向之。该书在"中国法之性质"一节中写道:"我国法律,因一定之思想而制作,又依一定之典型而流传,其原则乃千古不易,其性质,与罗马法之'优司,那地优那鲁'[④]即'自然法'同一,以天理自然之条理为法源。……(老子)所谓'自然'者,不外儒家之天理。儒家之天理,以绝对之真理为意味,就此一点,两者之意义实同,故不妨称之为自然法也。"[⑤]就是说,"天理"是儒家的自然法。有的学者认为,"天理"即为儒家之礼,儒家的自然法就是礼。如1935年编印的《法学文选》,收有梅汝璈作于1932年的《中国旧制下之

① 《饮冰室合集·文集》之十五《中国法理学之发达史》,中华书局1988年版,第54页。

② 陈顾远:《中国法制史》,商务印书馆1934年版,第63页。

③ 陈顾远:《从中国文化本位上论中国法制及其形成发展并予重新评价》,载《中国法制史论集》,台湾志文出版社1975年版,第33页。

④ 原文如此。即英文之"Natural Law",拉丁文之"jus naturale"。

⑤ 黄秉心:《中国刑法史》,福建改进出版社1940年版。

法治》一文,便说“礼在英文中最相称的词应是‘自然法’”[①]。

这以后,自然法说在台湾的法史学著述中得到了进一步的发展。如,台湾版的《先秦法律思想与自然法》(耿云卿著,1971年)、《法律思想研究》(何孝元著,1981年)、《中国法律与法治思想》(王洁卿著,1982年)等书都用大量文字论定中国先秦儒、墨、道、法各家的法律思想为自然法,尤其是将儒家的“礼”、“五伦”与古希腊罗马之自然法相提并论。在台湾法学界享有很高声望的梅仲协先生也力主儒家之“礼”就是“自然法”:“我国的儒家者流,一向倡导礼乐,崇尚德治,而鄙视法政刑兵,但其关于法律理论,则与20世纪的自然法学派的法律哲学,颇相暗合。”[②]梅氏的这些论述,台湾法学界至今广为引证。台湾的“中华文化复兴运动”,自1960年代开始,1970年代达到高潮。其间,凡论及中国古代法,尤其是儒家法哲学、法文化的专著专论,也大体上因袭“自然法说”。如,1983年台湾出版的“国学研究丛书”中有《儒学思想与中华文化研究论集》一本专集,内收周德伟的《西方的法治思想与中国的儒学》一文。周文认为,《周易》是中国最早论述自然法的著作;孔子以“中和”或“中庸”表述“天道”,“天道者,自然法也”;而《论语》和《中庸》“确实是一部最优的人文现象之自然法论”。[③]

在大陆,近几年时有中国法律思想史的教材、专著和论文问世,其中认为儒家的“礼”、老子的“法自然”、墨子的“法天”就是自然法的著述也不在少数。

其实,持“自然法说”的不光是中国学者,西方和日本的汉学家及中

---

① 《法学文选》,见西南政法大学图书馆藏本。

② 梅仲协:《礼与法》,载《中国法制史论集》,志文出版社1975年版,第141页。又载《孔孟荀的法律思想》,台湾《法学丛刊》1956年创刊号第1卷第1期。

③ 周德伟的《西方的法治思想与中国的儒学》等著作已由中国社会科学出版社出版,上述引文见该书的中国社会科学出版社2004年版,第102—103页。

国古代法研究者中不乏其人。特别是欧洲那些自然法思想家们，当他们接触到既古老又遥远、资料不多又令人费解的中国古代政治和古代法时，宁愿把它纳入自己熟悉的自然法体系来加以理解是毫不奇怪的。这一点早在中世纪的神学自然法论者托马斯那里已露端倪。他在谈到中国古代法时曾说："中国人认为他们可以漠视成文的法律，如果他们发现这些法律与自然法不尽一致。"法国重农学派的鼻祖、中国文化的崇拜者魁奈在他1796年出版的《中国专制政治论》一书中也肯定中国古代法是"自然法"。在日本，中国法律史研究从未间断过，主"自然法说"者很多，当代学者增田福太郎有《中国人自然法思想的特征》一篇专论，认为，"礼是自然法则和社会规范的结合"。[①] 由此看来，"自然法说"实际上还是舶来品，从西方"引进"的，它的发明权并不是中国人。三四十年代及其后台湾学者在阐明"礼是自然法"、"天道即自然法"之类的命题时往往征引西人某某的话，即可作为佐证。

综上所述，将中国古代法思想的特质归结为"自然法"这种观点，确是由来已久，它的持论者颇多，有中国学者，也有外国学者，而尤以台湾学者居多。因此，重新讨论一下中国古代法思想是否属于自然法，对于正本清源，认识中国古代法思想的特质，尤其是儒家之法的精神是十分重要的。

2. 什么是自然法

自然法思想在西方有众多的流派，依历史顺序大体言之，可分四类发展形态：古希腊罗马自然法、中世纪神学自然法、近代理性自然法或古典自然法、当代复兴自然法或新自然法。究竟什么是自然法，各个时

---

① 〔日〕增田福太郎著：《中国人自然法思想的特征》，段秋关译，载《国外法学》，1980年第6期。

期、各个流派、各个法学家、思想家各有所论，很难找到一种共通的精确的定义。从法文化上作宏观的把握，古往今来的自然法学说大致都含有这样一些观念和思维方式：

第一，自然法是“人类所共有的权利或正义体系”。①

第二，自然法是与实在法——任何一个国家或组织制定的法——相对立的、具有最高效力的法。英国当代法学家布莱克斯通说：“这种与人类同时产生的并由上帝亲自支配的自然法，其效力当然高于任何其他法。它在整个地球上，在所有国家，在任何时候，都具有约束力。任何人类法如果同它相抵触，都是无效的；而人类法中那些被认为是有效的法律则是从这个原始法中直接或间接地汲取力量和全部权威的。”②

第三，自然法不具有法律意义上的社会制裁关系和规范形式，它是不成文的，是由永恒的、普遍适用的一般原则构成的。奥地利现代法学家阿尔弗雷多·菲尔德罗斯这样写道：“自然法并不与法学意义上的社会制裁发生关系，它是由先行于实定法的，被理性的自然之光照亮了的各种原则构成的”。“自然法”不过是“人类社会的模式，……社会秩序的原型，决非构成法律秩序自身内容的基本规范。”③

第四，由上三点决定，自然法具有超越法律、超越社会、超越人类的至上性。洛克在其名著《政府论》中写道：自然法是“先于人类一切明文法而存在并驾乎其上的法律”④。照西方自然法学者们的理解，自然法或君临于人类社会之上（如神学自然法），或自在于人类社会之外（如理性自然法），是超验的信仰、神意或绝对精神。

---

① 《简明不列颠百科全书》第 15 版中译本，中国大百科全书出版社 1986 年版，第 9 卷第 569 页。

② 转引自〔英〕约翰·麦克伊著：《第三种法律理论》，周新铭译，周叶谦校，载《法学译丛》，1985 年第三期。

③ 〔奥〕阿·菲尔德罗斯著：《自然法》，顾培东等译、林向荣校，西南政法学院教学参考丛书。

④ 〔英〕洛克著：《政府论》，叶启芳译，商务印书馆 1984 年版，第 86 页。

综上所述，西方历代自然法论尽管纷纭繁富，莫衷一是，我们却可以抓住其两个关节点，一是它的法学价值论，二是它的法学思维方式。就前者而言，自然法就是理想法，它是一切人定法、实在法的最终依据、原初摹本，是评价、批判人定法的价值标准，是西方人对法的公正、正义的最高追求。就后者来说，自然法的法学思维方式则是将理想法与实在法、神法与人法、不变法与变动法、先验法与经验法分开，归根结底是将天与人分开的两极对立模式，从而获得自然法的至上性、神圣性、绝对性、永恒性。

如果我们对自然法思想的这些特征的把握并无大错，那就获得了对所谓“儒家自然法”说和中国古代“自然法说”进行辨析的参照系。

3.儒家法思想不是自然法

人类跨入了文明社会的门槛之后，便陷入了理想与现实、应然与已然相分裂的深深困惑之中。反映到法的领域，就是理想法与实在法的矛盾。这种困惑和矛盾无疑具有深刻的经济、政治、社会以及认识上的根源，它体现了人类对真、善、美的追求，体现了人类的理想主义情怀。人类的这种追求是共同的，而不同民族、不同时代、不同阶级表达这种追求的方式、内容却是不同的。在西方古希腊罗马时代，这种追求是通过自然法思想表现出来的。后来，追求的内容虽已不同，但自然法的价值论和思维方式却一直沿用下来了。在中国，这种追求是通过“道”、“天”或“天道”、“天理”等方式表现出来的。我们现在讨论自然法思想是否能概括中国古代法，其角度并不是论证中国民族、中国古代思想家有没有一种理想法、正义法、应然法的追求，这种追求无疑是存在的；而在于探讨“道”、“天理”的法学价值论和法学思维方式是否就是西方自然法的价值论和思维方式。

第一，儒家之法与古希腊罗马自然法的异同。

古希腊罗马自然法是西方自然法的原型,它的形成和发展时间与先秦儒家相近。在文化史研究上有一种说法,把公元前800年至公元前200年在世界各地出现的文化辉煌发展,称为“轴心时代”。[①] 儒家和古希腊哲人正是这个“轴心时代”耸立于东西方两座遥遥相对的思想高峰的天才代表。所以儒家法思想和古希腊自然法存在着客观的可比性。

那么,古希腊罗马自然法是否存在着能够基本上贯通起来的基本精神呢?答案应当是肯定的。这种基本精神,首先就在于它的理性精神;其次要提到的便是它的宗教神秘主义倾向;第三,它还存在着权利本位观念。下面就让我们从这三个方面比较一下儒家(先秦)与自然法(古希腊罗马)的异同。

首先,关于理性精神。理性是希腊文化的核心,也是自然法最基本的精神所在。许多自然法学者将自然法与理性解释为同一个东西,如斯多葛派就反复强调,自然法就是“宇宙理性”或“正当理性”。[②]

---

① “轴心时代”学说是德国哲学家卡尔·西奥多·雅斯贝尔斯(Karl Theodor Jaspers,1883—1969)在1949年出版的《历史的起源与目标》中创立的。他指出:公元前800至公元前200年之间,尤其是公元前600至前300年间,是人类文明的“轴心时代”。“轴心时代”发生的地区大概是在北纬30度上下,就是北纬25度至35度区间。这段时期是人类文明精神的重大突破时期,各个文明都出现了伟大的精神导师——古希腊有苏格拉底、柏拉图、亚里士多德,以色列有犹太教的先知们,古印度有释迦牟尼,中国有孔子、老子……他们提出的思想原则塑造了不同的文化传统,也一直影响着人类的生活。虽然中国、印度、中东和希腊之间有千山万水的阻隔,但它们在轴心时代的文化却有很多相通的地方。在那个时代,古希腊、以色列、中国和印度的古代文化都发生了“终极关怀的觉醒”,开始用理智的方法、道德的方式来面对这个世界,同时也产生了宗教。它们是对原始文化的超越和突破。而超越和突破的不同类型决定了今天西方、印度、中国、伊斯兰不同的文化形态。而这些轴心时代所产生的文化一直延续到今天。每当人类社会面临危机或新的飞跃的时候,我们总是回过头去,看看轴心时代的先哲们是怎么说的,从中汲取智慧并获得重新出发的力量。

② 斯多葛学派的创始人是塞浦路斯岛人芝诺(Zeno),主要代表人物有:巴内斯、塞内卡、埃彼克泰特、马可·奥勒留、克里斯普等。斯多葛学派将“自然”概念置于其思想体系的核心地位,“自然”是支配性原则,遍及整个宇宙。其所谓的“支配性原则”本质上是一种理性,整个宇宙是由理性构成的。古罗马时代哲学家西塞罗继承斯多葛学派并将其自然法理论加以系统化,在《论共和国》中提出了法律基于自然理性的经典定义:“真正的法律是和自然一致的正当理性,它是普遍适用的、不变的和永恒的,它命令人尽本分,禁止人们为非作歹。”

伏尔泰曾经说过，中国民族是世界上最有理性的民族。许多中外思想史家继续指出，这种理性主义从思想文化上说主要来源于儒家。如此说来，先秦儒家与古希腊罗马自然法学家在理性主义上就是一致的了。其实不然，古希腊罗马自然法学家把理性视为知识。苏格拉底的著名命题是："知识即美德"。在他看来，美德不过是关于善的概念的认知，知识多也就是善多。"知识即美德"的命题意味着有一个客观外在的善需要去了解，它将希腊文化导向了"求知"、"求真"的知识有论道路。诚然，苏格拉底的所谓知识，并非全是纯客观的感知，而常常指主体的一种内识，但这种内识也仍然是通过逻辑方法达到的真知灼见。柏拉图认为，人的灵魂分理性和非理性两部分，理性的德目之一是智慧，而智慧不过是关于理念的知识，由于这种智慧理性支配了灵魂中非理性的意志和情欲，便产生正义。正义就是柏拉图所理解的自然法①。从柏拉图的这一系列推理过程中，我们已经可以隐隐约约地看到这样一个公式：自然法＝理性＝知识。这种传统的进一步积累和发展，到斯多葛派那里，自然法就被理解为存在于一切普遍知识背后的最初原则。毫无疑问，这一最初原则.是可以通过逻辑学方式认知的。

与此不同，儒家的理性是在人伦关系中自觉的"克己复礼"，而"礼"不过是"仁"的道德境界的外发。仁和礼是儒家确认的宇宙人生的最高法则，它们不是逻辑认识得来的，而是一种内心体认的结果。譬如孝，是儒家的仁—礼法则中最基本的一条，孝的外在行为规范可以表现为对父母生活上的养、行三年之丧等等，孔子认为，这些外在的孝的行为和礼仪不过是子女对父母养育之恩的内心体认而生敬爱之情的自然流露。孟子更把仁义看作是人的良知良能，是人的本性，不假外求。

---

① 柏拉图关于正义、自然法的相关论述，可以参见其所著《理想国》，商务印书馆 1986 年版，第 147—176 页。

因此，古希腊罗马自然法和先秦儒家仁—礼法则虽然都蕴含理性，但前者是以自然哲学和认识论为理论依据的知识理性，后者则奠立于家族主义血缘基础之上，是以人本主义的伦理哲学为理论依据的良知理性，或人伦理性。古希腊罗马自然法的知识理性主要是通过逻辑的方法加以认识和论证的，从而逐渐形成了一种向外"求知"、"求真"的传统；儒家仁—礼法则的良知理性则不假外求，它是通过主体对宇宙人生及其大化流行的体认而得来的，并把它内化为主体人格，完成自律、自讼的道德践履。

其次，关于宗教神秘主义。在整个古希腊时期和罗马早期，自然法思想的发展没有受到上帝创世说的制约，这与中世纪的情况大不相同。希腊人也喜欢研究灵魂问题，常常提到"神"，但他们的"灵魂"和"神"并非都是超自然的精神实体。因此，这里所讨论的古希腊罗马自然法中所含的宗教神秘主义倾向，不是教父学或托马斯·阿奎那的神学自然法那种形式，而是指与理性主义并存的那种物活论、泛神论、宿命论、决定论、禁欲主义学说中所体现出来的宗教神秘主义。历史就是这样复杂，理性与神秘主义相反相成贯穿于古希腊罗马自然法之中。

古希腊宗教神秘主义传统可以沿着两条线索加以追溯。一条要从毕达哥拉斯说起，他企图建立一种以灵魂轮回和禁食豆子为主要教义的宗教。据说苏格拉底临死前说，"有一种秘密流传的学说，说人就是囚犯，人是没有权利打开门逃跑的；这是一个我不大了解的大秘密。"[①] 我们无法断定这种"秘密流传的学说"是什么名称的民间宗教，但可以从中想象得到有一种与后来的基督教原罪说相似的宗教信仰在古希腊流传，并影响到了思想界。由此看来，西方的罪感文化心理传统的源头

---

① 转引自罗素著：《西方哲学史》（上卷），何兆武等译，商务印书馆 1988 年版，第 178 页。

大概远在基督教被宣布为罗马国教之前就产生了。

苏格拉底还预言人的躯体死后，恶者的灵魂进地狱，不恶不善者入炼狱，只有真正的哲学家，即善者的灵魂才得升天。苏氏在西方被誉为做到灵魂驾驭肉体、摒绝肉欲的圣人，但他的灵魂说也明显可以导向神秘主义。柏拉图认为理念和“神”有着共同的本质，他的善的理念实质上是“神”的别名。柏氏学说的浓厚宗教色彩和神秘主义不但来自他的老师苏格拉底，而且同毕达哥拉斯有内在联系。著名哲学史家罗素指出，柏拉图在《斐多篇》里宣扬灵魂不朽，提出了许多后来成为基督教的学说。这就无怪乎基督教会的神父们要赞誉柏氏“几乎是一个基督徒”了①。我们知道，斯多葛派的创始人，也是自然法理论的奠基者芝诺崇拜苏格拉底，而晚期斯多葛派则追随柏拉图。这样，他们就将宗教神秘主义带进了自然法理论。

另一条线索可以追到泰勒斯的“物活论”。他认为万物皆有神灵。赫拉克利特则进一步指出，神灵就是“逻各斯”，就是火。如上所述，他们的“神”或灵魂不是精神的，而是物质的。但他们都有追求某种超时空永恒的倾向，赫拉克利特反对希腊“众神”，却反复提到他的“上帝”，“上帝”就是永恒的宇宙正义。赫氏还论证所谓火与万物周而复始流变的循环论。永恒说和循环论同神秘主义之间不存在截然的鸿沟，尽管这样的神秘主义还不是宗教的，而是哲学的。赫拉克利特哲学的缺陷被斯多葛派大大扩展了。该派不但认为灵魂是火，是逻各斯，而且论证说，上帝就是原始的火，就是世界灵魂、普遍理性。神和灵魂都是真实存在的。这样，物质性的东西与超验的精神性的东西之间的界限就完全被模糊了，宇宙等于物质，等于火，等于理性，等于普遍法则，也等于

---

① 转引自罗素著:《西方哲学史》(上卷)，何兆武等译，商务印书馆 1988 年版，第 178 页。

世界灵魂，等于神、上帝、宙斯，等于命运。斯多葛派还预言世界每经过18000年（一说10800年）轮回一次，于是，循环论蜕变成了真正的宿命论和世界轮回说，并与基督教的“世界末日”、“最后审判”接通了联系。同样，当斯多葛派断言只有上帝和上帝的儿子——人，才具有理性，也只有上帝和人才配称“世界城市”的公民，这个城市的宪法就是正当理性，而正当理性也就是上帝的法律的时候，就为他们的世界城市通向后来基督教的上帝之城扫清了障碍。

在古希腊、罗马自然法发展过程中，正是斯多葛派糅合了上述两个方面的神秘主义倾向。他们宣称世界轮回，上帝是万物的主宰，永恒不变的自然法就是上帝的法律；他们深信上帝或神的旨意具有无上的统治力量，宇宙是被决不允许有任何例外的绝对的必然性（逻各斯）所支配的，世界万事万物都是必然的、命定的、事先安排好的，从而排除了任何偶然性；他们要求人们“顺应理性”，断绝激情和肉欲，服从理性即神的意志，过有德的生活，而有德的生活乃是一种灵魂对上帝的感召的顺从。十分明显，正是这种宿命论、宇宙决定论、禁欲主义使斯多葛派的自然学说走向宗教神秘主义，并为基督教的创世说、原罪说和出世精神准备了道路。恩格斯在《布鲁诺·鲍威尔和早期基督教》一文中曾指出：布鲁诺·鲍威尔“最卓越的研究成果是：他指出公元40年还以高龄活着的亚历山大里亚的犹太人斐洛是基督教的真正父亲，而罗马的斯多亚派的塞涅卡可以说是基督教的叔父。”[①]斐洛是古希腊罗马时期神秘主义的主要代表。其实，比塞涅卡早一个世纪左右的罗马共和国末期斯多葛派西塞罗，在说明所有的人都要服从永恒不变的自然法律时，已同基督教徒关于上帝决不偏袒任何人的说教时所表示的信念十分相

---

① 恩格斯：《布鲁诺·鲍威尔和早期基督教》，载《马克思恩格斯全集》第19卷，人民出版社1974年版，第327—335页。

同。他在《共和国》中写道："……看来人类也只有一个共同的主人和统治者，这就是上帝，他是这一法律的起草人、解释者和监护人。不服从它的人们就是放弃了他的较好的自我。而由于否定一个人的真正本质，他将因此而受到最严厉的惩罚，尽管他已经逃脱了人们称之为处罚的一切其他后果。"①西塞罗是想把上帝的神旨和人类合理的社会本性折衷调和使之成为自然法的两个并行本源，结果使得上帝成了人类本性的代名词。我们知道，西塞罗的功劳主要在于保存和介绍了古希腊的自然法学说，而不是他本人有什么创造。这就是说，在罗马自然法学说中明显表现出来的宗教神秘主义，就其思想土壤来说，是早已准备好了的。

现在再来看看儒家。中国早在西周（公元前 11 世纪）就形成了"以德配天"的学说，孔子把"德"内化为"仁"，将"以德配天"发展为"内圣外王"。孟子进而创"仁政"说，他十分赞成《太誓》的"天视自我民视，天听自我民听"。这种思想在《易传》被明确表述为"参天地"、"赞化育"。孔、孟、荀都讲过天道，但出发点和落脚点都在人道。孔子"罕言命"，远鬼神。他说自己"五十而知天命"，这个"天命"，是他在现实生活中注意向内凝聚、悉心体验到的，不是超验的上帝或神。所以孟子说："是故诚者，天之道也；思诚者，人之道也。"②一般说来，儒家的宗教神秘主义并不严重，他们的仁—礼法则是人性的，而不是神性的。他们不像古希腊罗马自然法学家那样把自然法视为神的意志、神的赠品，而是将仁—礼法则的创造归功于古代伟大圣人"参天地"、"赞化育"的结果。孔、孟都"言必称尧舜"，"法先王"，荀子的"法后王"实际上是法三代圣王，与孔、孟"法先王"并无二致。儒家的"圣人"是天道的体认者，仁德的化身，同

① 〔美〕乔治·霍兰·萨拜因著：《政治学说史》（上），盛葵阳、崔妙因译，商务印书馆 1986 年，第 204—205 页。

② 《孟子·离娄上》。

时又是有家有室、饱享天伦之乐的活生生的人，圣人不在天外，不是超验的，就在人间，在现实生活中。所以儒家承认人人都可以成为尧舜。托言圣人制法，比起声称上帝为法律的“起草人、解释者和监护人”来，前者神秘主义要少得多。“法先王”的圣人制法说和把上帝或神作为法律的来源或来源之一，是儒家法思想与古希腊、罗马自然法学说的又一个重要区别。

最后，关于权利本位。古希腊哲人和先秦儒家都抱有崇高的建立理想的和谐社会的执着追求。但在希腊半岛上建设面积不大、人口不多的城邦理想国，与在黄河流域大平原上建设王道大一统的天下国家相比，二者从客观条件到追求者的主观情怀都会有所不同。柏拉图的“理想国”计划中，要求在第一、二等级中取消家庭，实行公产、公妻制度，而孔子、孟子和荀子则极力赞美家庭。这就是显而易见的一大区别。然而，柏拉图的理想国并非纯属这位大哲人的主观空想，在一定程度上正是雅典城邦国家现实生活的反映。雅典人认为，最高的幸福在于参与城邦本身的生活和活动，因此，他们把城邦（即国家），而不是把家庭看作是共同的和谐生活的基点。古希腊城邦民主制便是实现这种参与的政治法律保证。那末，谁有权利获得和享受这种参与呢？于是，古希腊城邦民主政治法律学说中最基本，也是最重要的一个范畴产生了，这个范畴便是“公民”。对于古希腊人来说，公民意味着参与城邦政治的权利和荣誉，这同现代人把公民理解为法律上的权利主体有所不同。但公民概念所指的只是个人，即法律上的自然人，它所要表明的是个人与国家的法律关系。这一点在古希腊和今天都基本一致。正是在这里，西方法文化中一个很突出的传统——个人权利本位观念，便与公民概念一起孕育了。

古希腊罗马自然法学说所讨论的重要内容之一，是关于公民资格的获得和公民参与政治方面怎样才算公道、平等和符合正义。这种讨论促进了权利观念的发展。

众所周知，希腊时期，外邦人不能参加城市政治生活，奴隶既然不属于自由人，更无须论及了。因此，公民资格被认为是一种从父母那里自然获得的参与城市政治活动和公共事务的最低限度的权利。但除此之外，城邦公民们并不幻想他生来就有为所欲为的私有权利。在柏拉图的“理想国”里，“正义”就是公民的一切私人意志完全受国家支配，财产、婚姻、生育、教育等都听命于国家管理。在柏拉图看来，“公道”就是“给多人以公平对待”，所谓“公平对待”的依据只是他的能力和训练，而不是他的人生权利。柏拉图的法哲学观的基调如其说是重权利的，毋宁说是重职责和义务的。亚里士多德以“吾爱吾师，吾更爱真理”的气魄批判乃师的公产制主张，认为每个人都关心自己的事情是好事，财产应该私有。这样，权利观念便有了增长。但柏拉图和亚里士多德为奴隶主特权利益辩护的理论在当时就受到了有力的挑战，雄辩学派安蒂芬否认希腊人和野蛮人之间存在任何“天然”的差别，阿尔西达马更加肯定地说：“上帝使人人生而自由，而自然则从未使任何人成为奴隶。”①一种天赋权利观念逐渐萌芽了。与此同时，社会契约说开始出现。早期契约说认为，人的自然本性是利己主义的，为了避免互相伤害，人们根据契约一致同意不做害人之事，从而结合成社会。契约说在伊壁鸠鲁政治学说中得到了进一步的发展。伊氏论述说：人本质上是自私的，人人谋求自身利益的结果必然损害了别人的利益，弄得大家都无法忍受，于是人们互相妥协，达成契约，尊重别人的权利以使自身权利免受侵害；国家和法律都是契约的产物。伊壁鸠鲁关于自我主义和社会契约的法哲学观与近代霍布斯的学说相沟通。②

① 〔美〕乔治·霍兰·萨拜因著：《政治学说史（上）》，盛奎阳、崔妙因译，商务印书馆1986年版，第49页。

② 同上书，第170—172页。

斯多葛派在坚持人与人的平等方面同诡辩学派和伊壁鸠鲁学派完全一致。他们认为，所有的人，甚至奴隶、外邦人和蛮族，天生都应当是平等的。西塞罗论证说。由于所有的人都服从同一个永恒的法律，所以他们同是公民，也就是说他们必然是平等的。由于斯多葛派的自然法学说含有一定程度的宗教神秘主义色彩，所以他们关于平等的论证有时简直成为每个人在上帝面前那种神秘的平等，但同时也包含了在法律面前人人平等的意义。在晚期斯多葛派那里，自然法理论被解释成了一种人道主义学说：尽管人们在地位、天赋和财富方面存在着不可避免的差别，然而所有的人都是平等的，都享有维护人的尊严的权利，正义要求法律认可这些权利并保护人们享有这些权利。自然法学说发展到这里，它的公民概念和权利观念已同它们的近代意义越来越接近了。正因为这样，西方思想家往往把16、17、18世纪的天赋人权学说看成是斯多葛派学说的复活。

由于希腊人运用公民概念将个人和国家直接联系起来，公民的自由和尊重法律成为公民参与政治的两个基本准则。人们认为，在城邦国家中，主宰一切的应当是法律而不是统治者个人，专制政体是最坏的政体；但国家的法律必须合乎理性，必须服从自然法则，或上帝（神）的法律。亚里士多德指出，国家的法律应当是“良法”，西塞罗认为，一个“不合法”的法规干脆就不是法律。可见，承认公民权利的自然法学说逻辑地导向法治。西塞罗在《论共和国》中写道：“共和国是人民的事情，……他们因有关法律和权利的一个共同的协定以及参与互利行动的愿望而结合在一起。”[①]经过长期的理论创造和实际努力，承认公民的自由意志和个人权利并用法律来加以确认和保证，意志自由的公民

① 〔美〕乔治·霍兰·萨拜因著：《政治学说史（上）》，盛奎阳、崔妙因译，商务印书馆1986年版，第207页。

缔结互利的契约而结成共同体，政府、官员和全体公民都应当服从良好的法律等等，逐渐积淀为西方的法文化心理。毫无疑问，所谓“自由”、“意志”、“权利”、“良好的法律”等，除了人类普适的共同价值还含有不同的时代内容和阶级内容。

先秦儒家法思想的基本出发点不是公民，而是家庭。他们不是将个人与国家直接挂钩，而是将家庭作为个人联系国家和国家联系个人的中介。儒家的和谐社会不表现为公民广泛参与政治和法治，而致力于实现“修身、齐家、治国、平天下”。因此，孔子说，一个人只要在家庭中做到了孝，也就是参与政治了。家庭是一个血缘共同体，它的维系不是靠法律，而是靠自然血缘基础上的人伦情感和伦理道德。仁—礼法则在这里具体落实为家族宗法伦理，孝是最基本的一条，非孝不仁，非孝无礼。儒家认为，家和国是相通的，维系家庭的血缘心理情感和伦理道德规范也可以扩而大之适用于治国。于是，非孝无法，非礼无法的推理便成立了。儒家心目中的圣人，尤其是虞舜，就是以孝治国的典范，是一位达到了“身修”—“家齐”—“国治”—“天下平”的圣王。由此可见，儒家法思想所据的不是以公民为基本单位的个人本位，而是以家庭为基本单位的家庭本位。儒家之民不是“公民”，而是“子民”；他们不推崇法治，而赞美“以孝治天下”，讲的是“为国以礼”、“为政以德”。

综上所述，儒家之法不同于古希腊罗马的自然法。

第二，儒家之法与西方自然法学说有着不同的思维方式。

古希腊罗马自然法作为西方自然法学说的原型，在法的价值论和方法论上反映自然法学说的一般逻辑。因此，上述关于儒家之法与古希腊罗马自然法的异同之比较，可以看出儒家与西方自然法学家在法的思维方式上的不同倾向。

儒家对于法的思考，在思维方法上概括起来有以下两个方面的特色。

首先，儒家的天道观是“天人合一”的，强调人对自然的参与，而不是服从或改造。天、地、人并称“三才”，组织成为一个宇宙大化流行的系统。人通过悟性可以直感把握“天道”、“天道”、“天理”都在人的经验之中，不在人类之外。天参与人事，人亦参与天地之化育。先秦儒家中，荀况以主张“天人之分”著称，但他的“天人之分”，旨在强调人通过主观努力，利用“天时”、“地材”，可以参天地而赞化育。故曰：“天有其时，地有其材，人有其治，夫是之谓能参。”[①]这完全不同于西方自然法观念中的天人两极对立模式。在儒家的世界中，“天道”既不在“人”的社会之上，也不在其外。同理，“天”之法不存在于“人”法之上，亦不在“人”法之外，而就在“人”法之中。“天”法就是“人”法，反过来也一样。总之，“天”、“地”、“人”三者相互参与、相互融合，本是一统的、一体的。因此，不能把“天”之法、“地”之法与“人”之法割裂开来说成是自然法；同样，也不能将“人”之法从“天”“地”之法中游离出来看成是人定法。

其次，儒家以天道、天理为理想法，但同时认为，唯有圣人能把握天道，体认天理，创制礼法，治理天下。于是，天道完全融进了“圣人之道”。儒家的理想法实际上已衍化为“先王之道”、“先王之法”。儒家极力主张时君世主的实在法应符合理想法，即符合“先王之道”和“先王之法”，其办法是“法先王”、“法圣人”。先王、圣人成为天道、天理的体现者、代表者，又是王道之法的最高制定者，成为后世君主的实在法的渊源和评价标准。而“先王”、“圣人”都是有血有肉、有爱有恨的人，不是六合之外的神或理性，他们同样有家有室，并不是不食人间烟火的神，而是实实在在的人；只不过不是平庸之人，而是伟人、圣人。这样，在儒家那里，人与自然，实在法与理想法通过先王、圣人合而为一，成胶着状态，混沌不分。这就与西方的自然法观念不同。在西方自然法学说中，

---

① 《荀子・天论》。

理想法，或者说，一切实在法的评价标准，不在人类社会之中，而要到人类社会之外或之上去寻找，到自然法中去寻找。而在儒家那里，理想法就是“先王之法”，先王、圣人不过是理想法的人格化身。这样，评价时君世主的当代法、实在法的价值标准，就根本没有必要到外在的自然理性或至高无上的上帝那里去寻找了。

总之，儒家之法与西方自然法在思维方式上存在着诸多差异，归纳起来有：

西方自然法的法哲学基础是天人分离的，而儒家之法则是天人合一的；

自然法是神性的、先验的、思辨的，儒家之法是人性的、经验的、直感的；

自然法作为至高无上的理想法，它是形而上的，一般不直接干预人定法的管辖领域，不直接进入司法程序。儒家的“天道”、“天理”就不同，往往集理想法与实在法于一身，可以直接进入司法程序，汉代的“经义折狱”、“原情定罪”，以及历朝对复仇案件的议处便是明证；

自然法给人格的上帝或精神的理性“上帝”保留了位置。上帝在每个人的心中，人人可以与上帝对话，在上帝面前大家一律平等。这就是说，自然法属于每一个人，在自然法面前人人平等。因此，自然法的法理学讲的是个人本位，法律上的权利和义务统一于个人。与之不同，儒家之法的法理学崇尚的是家庭本位、法律上的权利和义务统一于家庭。在儒家之法的法网中，每个人都被编织在亲亲、尊尊、长长、幼幼这张以血缘为中心的人伦之网中，其外表关系则为父子、兄弟、夫妇，以及由之扩展的君臣、朋友、师生；其内在精神则为仁、义、孝、悌、忠、信。于是，个人不见了，人的价值在于恪守人伦义务。单个人都是人之子，天下之人都是一君之臣民，也是君父之子民。子之于父，子民之于君父，决无平等可言。这样，在自然法中孕育的作为西方政治学和法理学的最基本的范畴——公民，在儒家之法中就不可能产生了。儒家之法只有子民而无公民。

因此，从法的价值论和思维方式言之，儒家法思想不同于自然法学说；“天道”、“天理”不是自然法，儒家的礼法也不是自然法。

4.道家、墨家的法思想同样不能归结为自然法

中国古代法属于自然法的持论者们除了将儒家法思想论定为自然法外，还以道家、墨家的法思想作为立论的根据。然而，这同样是值得商榷的。

先来看看道家。把老子的法哲学思考归入西方的自然法，根据在于他的道论。老子说：“有物混成，先天地生，寂兮寥兮，独立而不改，周行而不殆，可以为天下母。吾不知其名，字之曰道。”[①]又说，这个“道”，“视之不见”、“听之不闻”、“搏之不得”、“绳绳不可名，复归于无物”，是“无状之状”、“无象之象”的一个“恍惚”。[②] 乍看起来，老子的“道”也是永恒的、至上的、外在的，更何况他还有“道法自然”的论断，似应该属于自然法了。但再加追究就会发现，他的“道”并非天外来客：“故道大，天大，地大，人亦大。域中有四大，而人居其一焉。”[③]可见，“道”只在“域中”，在人间，是与天、地、人并列的“四大”之一，所不同的仅仅在于它产生万物、滋养万物。“道”在时间上领先一步，但不见得是超时空的绝对。正如任继愈先生所说的，“道不是来自天上，恰恰是来自人间，来自人们日常生活中所接触到的道路，比起希腊古代唯物论者所讲的‘无限’来似乎更实际些，一点也不玄虚”。[④] 因此，老子的“道”与西方的

---

① 《老子》第25章。

② 《老子》第14章。

③ 《老子》第25章。

④ 任继愈：《老子的研究》，《老子哲学讨论集》，中华书局1959年版，第14页。

“自然法”在思维方式上不是同路人。再看他的“法自然”思想。老子说：“人法地，地法天，天法道，道法自然。”[①]又说：“道常无为而无不为。”[②]这里说的是“道”的本性，这个本性便是“自然”、“无为”。“道法自然”，本意为道的本性是自然而然。自然而然，也就是“无为”。所以，“法自然”实即“任自然”，“任自然”者，无所法也。“道”向“自然”、“无为”复归，“天”、“地”、“人”依次向“道”认同，也就是向“自然”、“无为”复归—这就是老子所追求的理想社会和秩序。因此，他诅咒统治者的“有为”，反对礼法刑政，宣称“法令滋彰，盗贼多有”[③]，“夫礼者，忠信之薄而乱之首”[④]，主张不设法制，“处无为之事，行不言之教”[⑤]。他那“天网恢恢，疏而不失”[⑥]的“天网”，实是一张无为而无不为的自然而然之网。老子的这些思想同西方那种与人定法相对又指导人定法的“权利或正义体系”的自然法观念是不相同的。他的“法自然”不是“自然法”。

再看墨家。墨家认为，“天”有意志，连“鬼”也有意志，这个意志的内容就是“兼相爱，交相利”[⑦]。据此，他们提出一个根本的法律价值和方法论：“法天”或“以天为法”。墨子说：“以天为法，动作有为，必度于天。天之所欲则为之，天之所不欲则止。”[⑧]墨子的“法天”，也被人们说成是自然法思想。然而，墨子的“天”和“鬼”同样既不在人类社会之外，也不在人类社会之上，他们都是具有人格的物质力量。“天”不过是现实社会政治等级和法权阶梯上的最高一级而已。首先，按照墨子的“尚同”思想，天下分为“人民”—“乡长”—“国君”—“天子”—“天”五个等

① 《老子》第25章。
② 《老子》第37章。
③ 《老子》第57章。
④ 《老子》第38章。
⑤ 《老子》第2章。
⑥ 《老子》第73章。
⑦ 《墨子·兼爱中》。
⑧ 《墨子·法仪》。

级，一级尚同于一级，使得“上之所是，必皆是之；所非，必皆非之”[①]，最后由“天子”“总天下之义，以尚同于天”[②]。“天”虽在“天子”之上，但直接过问政事，“天子”可与“天”直接对话。其次，“天”、“鬼”具有直接的赏善罚暴功能：“天子为善，天能赏之；天子为暴，天能罚之。”[③]墨子还竭力论证人人都在“鬼神”的控制、监视之下，说：“若信鬼神之能赏贤而罚暴也，则夫天下岂乱哉”。[④] 这已不只是“天人合一”了，简直是以“天”“鬼”类人、“天”“鬼”即是人了。由此可见，墨子以“尊天事鬼”为内容的“法天”说，主观愿望上许是有限制君主专制之邪恶的良苦用心，但在理论思辨方面的能力却极其贫乏。他的“天”、“鬼”都只是现实社会之法权和刑政层级的一个直接组成部分，不同于西方的“自然法”。

5. 摒弃比附，寻找中国法思想史上的“自我”

将儒家法思想乃至整个中国古代法的性质说成是“自然法”，同前一节所讨论的将儒法之争说成是“人治法治对立”一样，是在20世纪初叶受到“欧洲中心主义”和“文化一元主义”的文化价值指向影响下形成的思维方式而得出的结论，明显带有刻意比附的痕迹。然而，我国的近代法学恰正是在以欧美之是非为是非中起步的，也即是在这种比附中起步的。法史学的研究亦不例外。

我们对本民族历史上的法制度、法思想、法文化的全面反思开始于西学东渐和本世纪初被迫实行法制近代化改革之中。当时，引进西方法学思维方法和范畴来研究我国古代法实属一大进步，出现种种比附也在情理这中。筚路蓝缕，前人创业之功不可没。问题在于，中西古代

---

① 《墨子·尚同上》。
② 《墨子·尚同下》。
③ 《墨子·天志中》。
④ 《墨子·明鬼下》。

法有各自不同的文化环境。西方人的法学思维方式不等于中国古人的法学思维方式,西方的法学范畴更不可套用到中国古代法上去。中国古代法和法思想不是西方法学的东方分支,它有自己固有的思维方式、价值目标、范畴体系和文化性质及特质。在这些问题没有得到符合历史实际的和科学的说明之前,我们不能说是完成了前人的未竟之业。当历史翻到 20 世纪最后 10 年并走向 21 世纪大门的时候,"欧洲文化中心主义"早已被抛弃。当下已进入"文化多元主义"价值的时代,摆在我们这一代法史学工作者面前的一个课题就是:摒弃一切比附,寻找中国历史上法制度、法思想、法文化的"自我"。

三、成文法与公布成文法
——儒家是反对派吗?

自中国法制史和中国法律思想史学科创设以来,在成文法的公布问题上几乎流传着几十年一贯的两点看法:

中国成文法的公布始于郑刑书、晋刑鼎;

儒家,尤其是孔子是公布成文法的反对派。

此外,还存在着反对公布成文法就是反对新兴地主阶级的改革等等之类的推衍。

随着时代的发展,史学和法学方法论的更新,这些似乎是毋庸置疑的结论,渐渐出现了可以商榷的余地。

1. 一些代表性著作的提法

这里,先以出版时间先后为序,列举一下几部有代表性的法学和法史学著作对这一"一以贯之"的观点的提法。

杨鸿烈《中国法律发达史》(1933 年)写道:

“《左传》‘昭六年三月，郑铸刑书，……’由此可知子产是中国首先打破法律秘密主义的第一人。”[①]

陈顾远《中国法制史》(1934 年)称：

“法律之公布始自郑刑书、晋刑鼎。”[②]

30 年后陈顾远先生在台湾编著《中国法制史概要》，重申这一观点时写道：

“盖春秋以前，有法而无典也。……降至春秋以后，始有法而有典也。……其最初公布成文法典者，为郑子产铸刑书，晋赵鞅铸刑鼎，颇似罗马法之十二铜表法。”[③]

台湾方面出版的中国法制史著述很多，这里再举两例。林咏荣《中国法制史》(1960 年)说：

“降及春秋时代，各国大抵皆有其法，郑铸刑书与晋铸刑鼎，其尤著者。刑书与刑鼎，以公布式宣示于民，就形式之要件言，固亦足媲美罗马十二铜表法也。”[④]

又，张金鉴《中国法制史概要》(1973 年)也说：

---

① 杨鸿烈：《中国法律发达史》，商务印书馆 1933 年版，第 51 页。
② 陈顾远：《中国法制史》，商务印书馆 1934 年版，第 22 页。
③ 陈顾远：《中国法制史概要》，台湾三民书局 1964 年初版，第 61—62 页。
④ 林咏荣：《中国法制史》，台湾大中国图书公司 1960 年版，第 50 页。

“迄于春秋战国，封建制度渐趋崩坏，士庶阶级，日见抬头；贵族所用以震慑社会的秘密刑，遂遭人反对，而要求有公布法的施行；于是成文法乃代不成文法而兴起。郑子产铸刑书，时在公元前535年，为中国公布成文法的最早者。”①

大陆出版的论及此一问题的著作、教材、工具书、论文更是不胜枚举，这里仅以高等学校法学试用教材《中国法制史》和《中国大百科全书·法学》作为代表。

由法学教材编辑部组织编写的高等学校法学试用教材《中国法制史》是这样写的：

“成文法的公布，是新兴地主阶级同没落奴隶主阶级、上升的封建制度同衰败的奴隶制度激烈斗争的结果。……春秋后期，一些诸侯国在新兴地主阶级的支持下和推动下，陆续公布了成文法。公元前536年，郑国的执政子产作刑书，是最早公布的成文法。……此后30余年，邓析……另行起草了一部刑法，刻在竹简上，史称《竹刑》……公元前513年，晋国继郑国之后‘铸刑鼎’。……即把范宣子制作的成文法全文铸在铁鼎上，公诸于众。……郑国‘铸刑书’后，晋国的奴隶主贵族守旧势力的代表叔向便表示坚决反对。……晋‘铸刑鼎’又同样遭到了守旧势力的顽抗……儒家创始人孔丘对此发表了强烈的反对意见。……”②

《中国大百科全书》“法学”卷“中国法制史”词目下载：

① 张金鉴：《中国法制史概要》，台湾正中书局1973年印行，第16页。

② 张晋藩主编：高等学校法学试用教材：《中国法制史》，群众出版社1982年版，第57—60页。

“春秋时期经济基础的变动和阶级斗争的发展，推动法律制度发生了重大的变化，奴隶制法制逐渐为以保护封建私有制为中心的封建法制所代替。公元前536年，郑国的执政子产迫于斗争形势，‘铸刑书于鼎’，将法律公布于众，‘以为国之常法’。公元前513年，晋国也‘铸刑鼎，载范宣子所为刑书’。成文法的公布反映了正在形成中的封建生产关系的要求和新兴地主阶级的意志，却触犯了奴隶主贵族的传统特权，因而遭到了激烈反对。……晋铸刑鼎以后，孔丘也发出攻讦……”①

这两种著作的一个共同特点是坚持以阶级和阶级斗争分析方法来看待成文法的公布问题。然而，成文刑书的公布与否是不是一定反映两种新旧社会制度的斗争？刑书的铸与不铸是不是就一定是成文法的公布与不公布的分歧？最后，叔向和孔子讥评刑书、刑鼎的话是否就意味着反对成文法的公布，从而必然是代表了落后的奴隶主阶级的利益？诸如此类的问题，似有必要从深入考析古代法史资料的基础上再作讨论。

在上述介绍我国30年代早期法史学著作和台湾版法史学著作的观点时，有一点值得提出来以引起重视的是，它们常常将铸刑书、刑鼎与罗马十二铜表法相媲美，如陈顾远的《中国法制史概要》和林咏荣的《中国法制史》都明确表达了这样的思路。杨鸿烈在《中国法律发达史》中，谈到了他将“郑铸刑书”确定为“中国公布成文法之始”的理由和思维方法：

“春秋时代恰碰到周人宗法社会崩坏的时节，而又不能即刻酝酿成熟一个象战国末期秦国那样的军国民社会，但此种趋势已是

① 《中国大百科全书》法学卷，中国大百科全书出版社1984年版，第763页。

异常显著，所以那时已由周代的习惯法时期进而为成文法时期；又根据一般历史法学派的人如梅因（H. Maine）在所著《古代法律》（Ancient Law）中说一切国家在未有法典以前，大都经过了一个秘密法时期，换句话说，法律仅为极少数人所掌握，绝不令一般人民识其内容；罗马及其他民族，在未有法典以前，便皆如此；我们中国到春秋时才有法典，所以也是方由秘密法的阶级蜕变。”①

显然，与“人治与法治对立论”和“自然法说”一样，这仍然是以西方法学价值论和方法论为旨归的。具体地说，是以罗马法系作为评价和思考中国古代法和中华法系的坐标。罗马人将十二表法刻在铜版上，郑人和晋人将刑书刻在鼎上，——这是何等的相似！铸刑书就是公布成文法的结论，从这里确是可以呼之而出了。几十年来的不少中国法史学论著，在谈到刑书、刑鼎时，虽然没有像上述著作那样将这种思路直白地表述出来，但其内在的深层之处的这一思维方法仍多多少少可以使人感受得到。

中华法系作为富有特色的一大法系，在公布成文法的时间和方式上，在成文法与习惯法的关系上，确有不同于英美法系、罗马法系的特点。从历史实际中去揭示这些特点，是我们后辈法史学工作者的责任。

2. 悬法象魏——中国历史上远早于郑刑书的成文法公布方式

根据古文字学家的研究，我国文字产生于夏代末期，成文历史至少

---

① 杨鸿烈：《中国法律发达史》，商务印书馆1933年版，第50页。

已有3700多年。[①] 有文字便有了编纂成文法的条件。古籍所载的黄帝《李法》[②]、《政典》[③]、“皋陶造律”[④]等，由于文献不足征，固然不可以为信史。但有学者也以为，叔向所说的《禹刑》、《汤刑》、《九刑》以及《尚书》所载的《吕刑》等，已是成文的刑法[⑤]。这虽然并非定论，却是极有启迪性的思考。《尚书·多士》云：“惟殷先人有册有典。”[⑥]“册”、“典”均为用竹简记载的文献。《尔雅·释诂》云：“典、彝、法、则……，常也。”郭璞注：“皆谓常法耳。”可见，册、典是法律性质的文献。《礼记·中庸》说：“文武之政，布在方策。”方，即木牍；策，即竹简之册。[⑦] 此记载“文

---

① 参见朱正武：《识字五十年——访古文字学家于省吾》，载《新观察》，1983年第4期。内称：于省吾先生通过对甲骨文所记商人祖先庙号的研究，明确提出我国成文历史开始于3700多年前的夏末。

② 见沈家本：《历代刑法考》“律令一”之“黄帝李法”条。（清）沈家本撰，邓经元、骈宇骞点校：《历代刑法考》，中华书局1985年版，第814页。

③ 《尚书·胤征》：“《政典》曰：‘先时者杀无赦，不及时者杀无赦。’”沈家本认为，《政典》是“夏后之军法”（前揭沈家本《历代刑法考》，第817页）。

④ 《后汉书·张敏传》：“孔子垂经典，皋陶造法律”。注引史游《急就篇》曰：“皋陶造狱法律存”。沈家本云：“黄帝有《李法》，似律书非始于皋陶，而汉人多云皋陶造律者，殆皋陶始以律名欤？”（前揭沈家本《历代刑法考》，第815页）

⑤ 如，曾宪义主编的《新编中国法制史》（山东人民出版社1987年版）认为：《禹刑》、《汤刑》表明，夏商周三代虽以习惯法为基本形态，但也不排除制定过不公开的刑书。张晋藩、张希坡、曾宪义著《中国法制史》（中国人民大学出版社，1981年版）说：“周穆王时，司寇吕侯曾受命制作《吕刑》，说明当时已有成文的法律。”高等学校法学试用教材《中国法制史》（群众出版社1982年版）认为：《汤刑》说明，“也许商汤在开国之初就制定过刑法，只不过是一种不公开的成文刑书”；吕侯制刑说明，“统治者的刑书，从来没有间断过”。此外，梁启超在其论著《论中国成文法编制之沿革得失》中说：《说文》“典”下的“五帝之书”“即最古之一种法律”，因为中国古代“往往视法律与命令同为一物，盖君主之诏敕，得称之为实质的法律”。他又引《尚书·尧典》“象以典刑”一段文字，说：“此数语可谓我国成文法之最古者。”又认为：“皋陶之刑”“殆必为一种简单的成文法”；“凡礼制之著于竹帛者，皆可认为一种之成文法。”梁说似太宽泛。

⑥ 段玉裁《说文解字注》，“册部”注引蔡邕《独断》云：“简册，竹为之。”又“丌部”云部：“典，五帝之书也。从册在丌上，尊阁之也。”典，即是将刻字、编次好的册用“丌”字形的架支搁好。“典”的古文写作“𥮥”，从竹。

⑦ 《说文解字注》“册部”段注：“方，即牍也。……牍，木为之。”又云：“册者，正字也；策者，假借字也。”

武之政”的“方策”，亦当为法律文献，即“典”，即“常法”。这说明，商代和西周初期可能已有成文法。

成文法的存在是成文法公布的前提。成文法出现得早，成文法的公布也就有可能早一些。“布在方策”的“布”，按照“三礼”经文的用法，含有宣示、公布意义，如：“布治于邦国都鄙”[①]、“布刑于邦国都鄙”[②]等。诚然，这不足以证明“文武之政”已是公布了的成文法典。但从考古学、古文字学等的新发现以及古史学者运用科学方法研究古代史的新成果综合考量，我国成文法产生及其公布时间，向上推移，其失小，向下推移，其失大。

具体地说，笔者以为，西周的悬法象魏之制，当是我国古代公布成文法的一种方式。

《周礼・秋官・大司寇》云：

> “正月之吉，始和布[③]刑于邦国都鄙，乃县刑象之法于象魏，使万民观刑象，挟日而敛之。”

《天官・大宰》、《地官・大司徒》、《夏官・大司马》也有在同一时间悬“治象之法”、“教象之法”、“政象之法”于象魏的记载。象魏，是周天子或诸侯宫殿外朝门的门阙，两旁各一，筑土为台，若今之城楼，因可观望，又称“双观”，悬法于上，故谓“象魏”[④]。这很明显是法律向国人公开之意。

---

① 《周礼・天官・大宰》。

② 《周礼・秋官・大司寇》。

③ “和布”，即宣布。孙诒让《周礼正义・天官》疏云：“和布当读为宣布。”王引之《经义述闻・周官(上)》：“和当读为宣，‘始和布治于邦国都鄙’九字为一句。和布者，宣布也。”

④ 见杨伯峻：《春秋左传注》定二年经注，庄二十一年传注。

据《周礼》，悬法于象魏之后，有关部门的长官还要率领属员前往认真观读。如《秋官》规定，小司寇的职责之一是：

> “正岁，帅其属而观刑象，令以木铎，曰：‘不用法者，国有常刑。’”①

此外，还有专门负责公布和宣喻法令的官吏——布宪。

> “布宪掌宪邦之刑禁。正月之吉，执旌节以宣布于四方，而宪邦之刑禁，以诘四方邦国及其都鄙，达于四海。凡邦之大事合众庶，则以刑禁号令。”②

《周礼》固然不是周公所作，后人也有造作，但里面保存了不少周代的宝贵史料。所以凡涉及周秦之际的古代文化研究，特别是有关法律史的研究，都不能离开《周礼》。李学勤先生将1970年代以来出土的湖北云梦睡虎地秦简、湖北江陵张家山汉简、四川青川郝家坪木牍所载法律资料与《周礼》作比较研究后，认为：“《周礼》要早于秦汉律，而且比《逸周书·大聚》似乎也要早一个时期。”他还引述并赞同张亚初、刘雨二位先生的著作《西周金文官制研究·前言》中的看法：“《周礼》在主要内容上，与西周铭文所反映的西周官制，颇多一致或相近的地方。”③

这里，应当特别关注陈汉平先生在其《西周册命制度研究》一书中对《周礼》史料价值所作的进一步肯定。作者根据册命金文中西周官

---

① 《周礼·秋官·小司寇》。

② 《周礼·秋官·大司寇》。

③ 李学勤：《竹简秦汉律与〈周礼〉》，载《中国法律史国际学术讨论会论文集》，陕西人民出版社1990年出版，第147页。

名、受命官职职司、“右”者与受命者之从属关系、官职组合排列顺序、佐官制度，乃至金文所见官制中某些细节与《周礼》相合或接近的大量资料，下了一个明确的结论：“《周官》一书不伪，乃先秦古书。”其具体年代，陈著“倾向于《周官》成书在西周之说，此书之写作时间绝不致晚在战国初年”。从而，对《周礼》的史料价值，作了相当积极的肯定：

“对《周官》一书之内容，虽目前尚未能全面肯定为西周信史而全部信据，但亦不应全面否定而认为不可引据。以往多数非难《周官》一书之学者，论及西周以至商代官制，往往仍好援引《周官》所载官制与官名以为根据，其言其行，不无矛盾。

“册命金文所见西周官制表明，《周官》一书有相当成分为西周官制实录，保存有相当成分西周史料，今日研究西周以至先周官制及其他历史情况，《周官》应列为重要史料参考书之一，对《周官》一书之史料价值，今人应予以充分重视。”①

以上学者对《周礼》史料价值的科学肯定，对于疑古太甚的学风，不啻是强烈的冲击。诚然，对《周礼》内容，特别是其所载官制的可靠性研究，不能代替对其所记的象魏制度的具体考证。根据学术界征引《周礼》史料“三占从二”的规则，只要此史料又能在其他信史中得到印证，一般应认为其可靠。“悬法象魏”之制，正是如此。它在《左传》中得到了印证：

“夏五月辛卯，司铎火。火逾公宫，桓、僖灾。……季桓至，御

① 以上引文均见陈汉平：《西周册命制度研究》，学林出版社1986年版，第214、218页。

公立于象魏之外。……命藏《象魏》,曰:'旧章不可亡也'。"①

这段话中,前一个"象魏"指城楼,是象魏的本义。后一个"象魏"是其引伸义,指悬在城楼上的法律文告,故点校者用了书名号。杜预的注明确指出"命藏象魏"之"象魏"是"书":

"《周礼》,正月县教令之法于象魏,使万民观之,故谓其书为《象魏》。"②

杨伯峻先生亦云:

"此象魏可以藏,非指门阙。……当时象魏悬挂法令使万民知晓之处,因名法令亦曰象魏,即旧章也。"③

象魏,本是悬挂法令的地方,久而久之,连法令本身也称作"象魏"了。可见,"悬法象魏"之制已有悠久的历史。

总之,经《左传》证实的《周礼》所载"悬法象魏"制度,应认为是我国历史上远早于刑书、刑鼎的公布成文法的方式。

3. 几种观点的讨论

第一,"悬象即悬刑图"说。

这种看法古已有之。他们认为,"象",指刑图,即墨、劓、刖、宫、大辟五刑的刑人图。所以,"悬法象魏",实系悬图象魏,即在宫阙上悬挂

① 《左传·哀公三年》。

② 《左传·哀公三年》杜注。

③ 杨伯峻:《春秋左传注》哀三年传注,中华书局1981年版,第1622页。

五刑刑人图象。持这种看法的人往往把《周礼》的"悬法象魏"之"象"与《尚书·尧典》的"象以典刑"①之"象"视为同一个"象",并援以为据。如,宋朱熹认为:"象之典刑"之"象","如悬象魏之象",乃是"画象而示民以墨、劓、刖、宫、大辟五等肉刑之常法也"。②

又如,惠栋云:

> "象魏,六官所县之象,如治、政、教、刑之类。绘为图象,唐虞所谓画象是也。"③

然而,更多的注家不采"画象"之说。有的认为所悬的既有刑图,又有文字,即成文法:

> "曰'象'者,非惟书其事,且揭其图,使观者易辨也。不曰'治法之象'而曰'治象之法'者,曰'治法之象',则似专县其象;曰'治象之法',则知并书其法。"④

大多数研究者则认为悬于象魏之法是成文法,并非只是"画象"(刑图),或图、法兼悬。如,明代丘濬说:

> "成周刑典之设,既布于邦国都鄙,又县之象魏,惟恐民之不知

---

① "象以典刑",注家有多种解释。一说以《慎子》为代表,释"象刑"为象征性刑罚。今亦有学者持之。如李衡梅《象刑辨》,载《社会科学战线》1985年第1期。《荀子》曾力辩《慎子》之说非当(详见本书《荀子的法思想》章)。二说训"象"为画象,即刑图。三说以为"象"即"法","象刑"即依法执行常刑,系汉孔安国所倡。四说认为"象刑"是公布刑法,(宋)程大昌持之。

② 《朱子语类》卷七八,《尚书一·舜典》。

③ 惠栋:《春秋左传补注·哀三年》。

④ 《周官义疏·天官·大宰》。

而误犯也。夫设法令以待天下，固将使民易避而难犯。顾乃深藏于理官、法家，自典正职掌之官犹不能偏知其所有，洞晓其所谓，况愚夫细民哉！闾阎之下望朝廷之禁宪，如九地之于九天，莫测其意向之所在，及陷乎罪，从而刑之，是罔民也，岂圣王同民出治之意乎？是以《周礼》六官俱于正月之吉各布其典于象魏，以示万民，其所示者有善有恶，使之知所好恶。惟刑典则示之以所禁，使不犯焉。"①

清儒孙诒让集历代注疏之大成，更为明确地阐释了"悬法象魏"系公布成文法。其疏云：

"治象之法，即上'六典'、'八法'已下，凡大宰之官法皆是。必县之象魏者，古凡典法刑禁之大者，皆表县之门闾，即布宪之义也。"②

"……凡周正建子月朔日，大司寇布刑于天下，即于是日县刑象之法于象魏，使万民观之。刑象之法，即上'三典'、'五刑'及'司刑'五刑二千五百条之属是也。"③

孙疏还特意着墨，否定"画象"之说：

"书，谓以治象书于版而县之。……凡书著文字，通谓之'象'。司常说旗识云：皆画其象焉。杜注云，画当为书。与治象义

① 丘濬：《大学衍义补》卷102，《慎刑宪・定律令之制》(上)。
② 孙诒让：《周礼正义・天官・大宰》疏。
③ 同上书，《秋官・大司寇》。

略同。”[1]

这就是说，所谓“治象之法”，即《周礼·天官·大宰》所记的“六典”、“八法”[2]；“刑象之法”亦即是《秋官·大司寇》所载之“三典”[3]、“五刑”及五刑科条二千五百条；其余“教象之法”、“政象之法”的内容均是如此，即都是成文法。“悬于象魏”，就是将它们书于木版后悬挂在宫阙上。

孙诒让等将“悬法象魏”之“法”说成是“六典”、“八法”、“三典”、“五刑”等，是可取的。《周礼》所载“悬法象魏”，已不会停留于张挂刑图的水平上。朱熹等把“象”解释成图象之象，用来诠释《尚书·尧典》的“象以典刑”，不是没有道理，但以为《周礼》的“悬象”之制亦等同于“象以典刑”，是悬五刑图象，就不对了。这样便抹杀了从“象以典刑”到“悬法象魏”之间一千多年法制发展的历史[4]。说“象以典刑”就已经是公布成文法，似过于臆断。从我国古文字的起源和发展史来推究，三代以前不大可能有丰富到足以书写法律的文字。而从汉字产生的“六书”原则来看，当时画刑图悬挂则不是不可能的。象形汉字原本就是图象的样子，如五刑中的刖刑，甲骨文写作“”，左边之人一腿长一腿短，右边是锯子，形象地表示出此人被截去一脚，处以刖刑。而从刻画图象到创造出甲骨文字，又需要相当长的文明史。所以，以文字发生学而论，我国先民在文明早期出现刑图是有可能性的。

总之，从悬图到悬法，有着一个漫长的文明发展过程。这个过程与《尚书》、《周礼》所揭示的从“象以典刑”到“悬法象魏”的历史是相符合

① 《秋官·大司寇》，《天官·大宰》疏。

② “六典”为：“治典”、“教典”、“礼典”、“政典”、“刑典”、“事典”。“八法”为：“官属”、“官职”、“官联”、“官常”、“官成”、“官法”、“官刑”、“官计”，是治官府之法。

③ “三典”，即“刑新国用轻典”、“刑平国用中典”、“刑乱国用重典”。

④ 据翦伯赞主编的《中外历史年表》，舜践帝位约在公元前 2179 年，西周始于公元前 1066 年，相距一千多年。

的。吕思勉先生论道：

"'象'之始当为刑象，盖画刑人之状，以怖其民，《尧典》所谓'象以典刑'也。其后律法寖繁，文字之用亦广，则变而悬律文，《周官》所谓治象、教象、政象、刑象也。"[①]

吕先生从法制发展的动态角度来理解《周礼》"悬法象魏"的意义，确比以往的儒经注疏家要站得高得多。他的结论是可信的。《周礼》六官每当"正月之吉"悬于象魏之法系"律文"，即六大行政部门所掌之法典，而非图象。

第二，"刑书、刑鼎系罪刑合一的成文法之萌芽"说。

近年来，有一些文章赞同和肯定"悬法象魏"是公布成文法[②]。有的学者则从另一角度提出了一种新的看法，认为，不能以公布与否视为成文法的标志，"若以'公布'视为成文法的标准，那么成文法的历史将与法的历史同样漫长，起源于战争与风俗的法律，从其产生之日起便通过公布而起到规范作用。"[③]这种看法独辟蹊径，不无启迪意义。的确，文字出现以前的法律、法令固然可以口头宣布于众，但显然不是成文法。习惯法与判例法即便写成文字，一般也不作为成文法对待。作者由是而提出了自己的"中国成文法的概念"：

---

① 吕思勉：《小抱遗经室经札》"象魏"条，载《光华大学半月刊》1937年第5卷第6期，第16页。

② 如，庆明《"铸刑鼎"辨正》一文说："《周礼》上所提到的'魏阙'，就是宣布法令的。"载《法学研究》，1985年第3期。张景贤《公布成文法是中国古代法制的一贯传统》一文认为：《周礼》有关"象魏"的记载表明，"这种公布成文法的做法，已经形成严格的制度。"见《天津政法》，1990年第1期。

③ 武树臣、马小红：《中国成文法探源》，载《政法论丛》，1990年第4期。

“从微观上看，中国成文法是罪名与刑名二项合一的法律规范，即明确地规定了犯罪行为及相应的刑事处罚。从宏观上看，中国成文法具有法典、或准法典的特征。它是由一定数量，和一定形式所构成的法律规范群，而不是某一领域中的单项立法。”①

据此“概念”，作者认为：《法经》是“中国法律的发展由习惯法跨入以成文法为主的时代”的“标志”；郑刑书、晋刑鼎则是成文法的“萌芽”，“都带有成文法的特征”。因此，“成文法诞生于战国而起源于春秋”。②

上述关于成文法的概念是有见地的，但是对于史实的认定，似有可商之处。

因为，依照这一成文法概念来衡量，古史资料向我们展示的中国成文法的“萌芽”要远早于郑刑书、晋刑鼎。试以《左传》所载为例说明之。

《文公十八年》载周公所作《誓命》：

“毁则为贼，掩贼为藏，窃贿为盗，盗器为奸。主藏之名，赖奸之用，为大凶德，有常无赦，在《九刑》不忘。”③

这里的“贼”、“藏”、“盗”、“奸”等系罪名；“有常无赦”的“常”，指常刑，即《九刑》中规定的与上述罪名相应的刑罚。犯何种罪，则大致入何种刑，故曰“常”。这个《誓命》应属于罪刑一体的刑事法规。

又，《昭公十四年》载叔向断叔鱼、邢侯、雍子之狱云：

“已恶而掠美为昏，贪以败官为墨，杀人不忌为贼。《夏书》曰，

① 武树臣、马小红：《中国成文法探源》，载《政法论丛》，1990 年第 4 期。

② 以上引文均见《中国成文法探源》一文。

③ 《左传·文公十八年》。

昏、墨、贼，杀。皋陶之刑也。”[1]

同样，“昏”、“墨”、“贼”是罪名，“杀”是刑名。可见，这“皋陶之刑”也是罪刑合一的。

叔向所引《夏书》的“皋陶之刑”，也不见得是皋陶所作，或皋陶时实有，但叔向所见《夏书》，应是很古的文献，所以此种罪刑一体的刑事法规体例至少存在于叔向时代之前，也就是说存在于“郑刑书”之前。这是从所谓的“微观”上说。

从“宏观”上论，子产的“郑刑书”只有“参辟”，“参”同三[2]，究竟是三类犯罪，或三篇刑书，历来各说不一，迄难定论。[3] “晋刑鼎”所铸为几篇或几类罪，亦不得而知，作最高限度的推测，即将“夷蒐之法”的内容全部铸入，也只九项，[4]且也无法以文献证明其如何在“正法罪、辟狱刑”的规定中将罪刑“二项合一”的。依据古代铸鼎制度及铸鼎史的研究，要想在一个鼎上铸刻大量文字，将犯什么罪处什么刑的详细规定照铸不漏，是不大可能的。[5]

晋刑鼎是赵鞅、荀寅“赋晋国一鼓铁”而铸。“一鼓”，计 12 斛，240 公斤[6]。可见是个小鼎，不能设想在上面能铸太多的文字。而“皋陶之

---

① 《左传・昭公十四年》。

② 见杨伯峻：《春秋左传注・昭公六年》。

③ 杨伯峻先生在《春秋左传注》中列举各说。先引苏舆《晏子春秋校注》注《晏子・谏篇下》“三辟著于国”句之“三辟”乃指行暴、逆明、贼民三事，认为“疑子产之刑律亦分三大类”。又注云：“或者如《晋刑法志》所云‘大刑用甲兵，中刑用刀锯，薄刑用鞭扑’；或者亦如《刑法志》所述魏文侯师李悝著《法经》六篇，此仅三篇耳。”

④ 《左传・文公六年》载，“夷蒐之法”所据“宣子之刑”为：“宣子于是乎始为国政，制事典、正法罪、辟狱刑、董逋逃、由质要、治旧污、本秩礼、续常职、出滞淹。”

⑤ 迄今所发现的鼎铭，最长者为西周宣王时的毛公鼎，计 497 字，杜迺松：《中国古代青铜器简说》1984 年版。

⑥ 见杨伯峻：《春秋左传注・昭公二十九年》传注。

刑”仅叔向信手拈来的就有三类犯罪和刑罚规定，实际可能还要多，只是叔向没有征引，因而失传不可考。周公《誓命》也有四项之多。它们都不是单项立法，而形成了一定数量的“规范群”的雏型。

因此，无论是从“微观”上说，还是就“宏观”而论，刑书、刑鼎都不是中国法律史上罪刑“二项合一”的首创。这种法律形式的“萌芽”比刑书、刑鼎要早得多。

有些师友在批评我们对孔子反对晋刑鼎问题的辨析时，认为，刑书、刑鼎是“建立法、刑统一，罪刑相应的法律体系”，因而是一场“变革”、“一块丰碑”、“一个界石”①。上述史料说明，这块“丰碑”、这个“界石”，并非是刑书、刑鼎开始树立的。其实，叔向批评子产铸刑书的信中已经说出了这层意思。他认为，“郑刑书”与以前每逢“叔世”所兴的《禹刑》、《汤刑》、《九刑》都是一样的。那就意味着，这些刑书在内容上、形式上大致一脉相承。怎么可以拦腰一刀，只割取郑刑书及以后的刑鼎作为“萌芽”或“丰碑”呢?!

现在，让我们回过头来谈谈何谓成文法的问题。

《牛津法律大辞典》是这样写的：

> “成文法，一个含义模糊的词，通常指编纂的法律和制定法。与习惯法和法官造法相对应，虽然这两者都是以文字或印刷记载。”②

《中国大百科全书》法学卷则是这样来界定“成文法和不成文法”的：

---

① 庆明：《“铸刑鼎”辨正》，《法学研究》1985年第3期。

② 〔英〕戴维·M.沃克著：《牛津法律大辞典》，北京社会与科技发展研究所组织翻译，光明日报出版社1988年版，第950页。

“(成文法)即由一定的国家机关按一定程序制定的,以规范性文件的形式表现出来的法,如宪法、法律、行政法规、地方性法规等。”

“(不成文法是)未经国家制定,但经国家认可和保障的调整人与人之间关系的行为规则,如习惯、判例、法理等”。[①]

这两个定义,一个产生于具有判例法系法文化传统的英国,一个是中国当代法学家的认知。如所周知,中国自近代以来已印有大陆法系的深深烙痕。它们各具代表性,却又有共同性。根据这两个定义,象周公制礼、作《誓命》、吕侯制刑、子产制刑书、李悝作《法经》等等,应该说都具备了,或基本具备了作为成文法的条件。但“晋刑鼎”却尚可存疑,因为荀寅“为下卿,而干上令,擅作刑器,以为国法,是法奸也。”[②]即是说,荀寅无立法权,不能代表晋国的国家意志。

至于“象魏之法”,由周朝国家机关年年按时修定颁布。小司寇率属员观读“刑象之法”时,还要谆谆告诫:“不用法者,国有常刑”[③]。可见,它是由国家机关依法定程序编纂、制定、颁布的规范性文件,也是具有罪刑一体化的法律形式的成文法,而且是公布了的成文法。依时间而论,“悬法象魏”的成文法公布方式远早于子产的“郑刑书”。

4. 叔向“诒子产书”的要害不是反对公布成文法

事情还得回到叔向和子产的那场争论上去。据《左传》所记,子产执政于郑,“制参辟,铸刑书”,晋上大夫叔向闻讯,写信表示反对。《左传》录下了信的全文:

---

① 《中国大百科全书》法学卷,“成文法和不成文法”条。

② 《左传·昭公二十九年》。

③ 《周礼·秋官·小司寇》。

“始，吾有虞于子，今则已矣。昔先王议事以制，不为刑辟，惧民之有争心也。犹不可禁御，是故闲之以义，纠之以政，行之以礼，守之以信，奉之以仁；制为禄位，以劝其从；严断刑罚，以威其淫。惧其未也，故诲之以忠，耸之以行，教之以务，使之以和，临之以敬，涖之以强，断之以刚；犹求圣哲之上、明察之官、忠信之长、慈惠之师。民于是乎可任使也，而不生祸乱。民知有辟，则不忌于上。并有争心，以征于书，而徼幸以成之，弗可为矣。

夏有乱政，而作《禹刑》；商有乱政，而作《汤刑》；周有乱政，而作《九刑》。三辟之兴，皆叔世也。

今吾子相郑国，作封洫，立谤政，制参辟，铸刑书，将以靖民，不亦难乎？《诗》曰：‘仪刑文王之德，日靖四方。’又曰：‘仪刑文王，万邦作孚。’如是，何辟之有？民知争端矣，将弃礼而征于书，锥刀之末，将尽争之。乱狱滋丰，贿赂并行，终子之世，郑其败乎？肸闻之：‘国将亡，必多制’，其此之谓乎！”[1]

子产接到这封责备他的信后，回答说：“吾以救世也。”表示不能接受。

这是中国法律史上对后世有着较大影响的一次争论。

在叔向的信中，将“郑刑书”与夏之《禹刑》、商之《汤刑》、周之《九刑》这“三辟”相提并论，都看作是“叔世”之“多制”。如果说，“郑刑书”是一种成文法从秘密到公布的改革，那么，“三辟”也当属于公布了的成文法，因为，“三辟”的教训是叔向反对“郑刑书”的依据。但这样一来，“郑刑书”作为公布成文法之始的论断岂不是不攻自破！实际上，从叔向的信中看，他反对的并不是刑书的公布，而是“多制”，是“弃礼”而

① 《左传·昭公六年》。

任刑。

其实,《禹刑》并非真是禹所亲定[1]。《吕氏春秋・孝行览》引《商书》"刑三百,罪莫重于不孝",《竹书纪年》载:"祖甲二十五年,重作《汤刑》。"说明商汤时已有刑的规定。但是否就是商汤王手定了《汤刑》,也难考定[2]。依叔向之信,要紧处是"三辟之兴,皆叔世也"一句。"兴",即兴盛、复兴之意,这里实含有滥用刑罚的意思。禹、汤之世,正值开国之初,他们以德配天、万象更新,当然不能称为"乱政"、"叔世"[3]。所以,叔向的"三辟"云云,不过是指三代末世统治者借禹、汤之名而滥兴刑辟,以刑治民,弃礼而御民于刑威之下。叔向持一种重礼轻刑的治国主张,自然反对这种做法。

在"诒子产书"中,叔向纲领性地阐述他所主张的重礼轻刑的治国基本原则和步骤,共分为四个层次:

第一层,用道义、礼法、忠信、仁德来引导人民,从道德上加以防范,禁于未然,即所谓"闲之以义,行之以礼,守之以信,奉之以仁";

第二层,用赏和刑两种手段来劝诱和威胁人民,即所谓"制为禄位,以劝其从,严断刑罚,以威其淫";

第三层,用庄敬、和悦、威严、刚强的态度来治理人民,让他们各安本业,即所谓"诲之以忠,耸之以行,教之以务,使之以和,临之以敬,涖之以强,断之以刚";

---

① 杨伯峻:《春秋左传注・昭公六年》云:"相传夏有《赎刑》,亦曰《禹刑》,未必为禹所作耳。"

② 古郎士说:"古代法律不是一个立法家所草成,是强迫立法家承认的。"《希腊罗马古代社会研究》,李玄伯译,上海文艺出版社 1990 年版,第 62 页。

③ 也有论者认为,"叔"应训"俶","叔世"即"俶世","俶世"乃王朝开创之世。同理,"乱"应训"治","乱政"即"治政"(如,宁汉林著《中国刑法通史(第二分册)》即持此说)。若孤立地从古文字训诂上说,亦可通。但却与叔向之信的内在逻辑及其写信时的整个政治环境不合。因为,如训为"治政"、"俶世",信中的"国将亡"一句就没有对象了。所以,"乱政"、"叔世"应就其本义理解为好。

第四层，选拔贤能、忠信的各级官吏和慈惠的师长来执行上述各项措施，即所谓“求圣哲之上、明察之官、忠信之长、慈惠之师”。

这就是后来儒家总结的礼乐刑政或德礼政刑相结合的治国基本范式。叔向说，只要执政者做到像《诗》中所说的“仪刑文王，万邦作孚”，即以周文王为榜样，崇尚德礼，人民就无不敬服，“如是，何辟之有？”就是说，用不着刑罚了。这完全是把德礼之治理想化了。正由于叔向坚持德礼之治立场，所以不赞成过分地强调以刑治国，并对子产在郑国实施的主要改革措施均持异议。就其思想倾向而论，叔向无疑是属于保守型的。

子产铸刑书固然也具有把“刑辟”公开颁布的作用，但它不是我国公布成文法之始，叔向反对的主要理由也不在此点。纵观叔向之信，其要害在坚持德礼之治，担心子产“铸刑书”会破坏、抛弃德礼而专任刑罚，把老百姓引上“弃礼征书”的道路。与此相联系的另一个派生性原因，是叔向坚持“议事以制”的刑罚观，而子产的“铸刑书”，则具有将罪刑关系确定化的作用，这就是通常所谓的罪刑法定主义与非法定主义的分歧。此点将在下一节中讨论。

最后还有一点附论。叔向抨击子产“弃礼”，其实犯了攻其一点不及其余的逻辑错误，且言过其实了。实际上，子产非但不是一个“弃礼”者，还是一位赞成礼治、实践礼治、改进礼治的政治家。他曾说：“夫礼，天之经也，地之义也，民之行也。”[①]把礼看作是天经地义的治国总纲领、总原则。在当时，以这样的高度评价礼的作用，还是不多见的。不错，子产实行了“宽猛相济”的刑事政策，但他的“制参辟，铸刑书”，只不过是用来济“宽”政之穷的“猛”政中的一项措施而已，并没有因此而否定“宽”政，所以，也没有超越礼制的范围。礼要求恪守中庸，“宽猛相

---

① 《左传·昭公二十五年》。

济”就是中庸在政刑问题上的表现和应用。从子产的全部政治法律主张和实践轨迹来看，这一措施不是从整体上来反对、代替礼制，而是在礼的基本原则指导下来改善、保证和坚持礼制的。

那么，又如何解释叔向的信和信中批评子产“弃礼”的话？从《左传》可知，叔向是一个人品正直、思想保守的人物。他对一切变动都忧心忡忡，听说子产“铸刑书”，也不细加考察，便迫不及待地写信指责一通，实际上却是只见现象，未见本质。叔向的信中说，这是个“叔世”，子产回信说，他是为了“救世”。“救世”是以承认“叔世”为前提的，不乱不衰又何须去“救”！可见，他们对社会的看法无根本分歧，分歧只是在维护和坚持礼制的方法上。子产用改良的办法维护礼制，叔向则反对任何改动。

这里不能不说到孔子。孔子赞成德礼之治，坚持礼制，但不像叔向那样顽固保守，立场上比较接近子产的重礼而又改礼的态度。他生活的年代比子产稍晚，因而也有可能全面地了解子产一生的作为，作出实事求是的评价。所以孔子十分称颂子产，也不以为子产“铸刑书”是“弃礼”。据《左传》记载，子产上台执政的第一年，推行“都鄙有章，上下有服，田有封洫，庐井有伍”的制度，遭到一些卿大夫的反对，扬言要杀子产，可三年以后都改变了态度，对子产称颂备至。[①] 叔向与孔子对子产“铸刑书”的不同态度，与此十分相似。在“郑刑书”这件事上，叔向扮演了子产上台执政之初反对改革的那帮郑国卿大夫的角色，而孔子则相似于子产的改革推行三年后的郑国卿大夫们的看法。叔向因未究其本质而片面、而偏执；孔子能察其全面而作出客观评价。还有一点值得注意，郑国卿大夫们三年后对子产的称颂，也说明子产的改革，包括他的“铸刑书”在内，不是根本上反对礼制，而是改善礼制的。

---

① 《左传·襄公三十年》。

5. 孔子、儒家反对公布成文法吗？

辨明中国成文法和公布成文法不始于“郑刑书”、“晋刑鼎”，对于研究和评价儒家的法思想极为重要。因为这样一来，那种以对刑书、刑鼎是誉是毁作为界限、分水岭，来划分改革与倒退、进步与反动、法治与人治、新兴地主阶级思想家与奴隶主没落贵族思想家等等的非此即彼式的断语，便统统失去了依据，从而使我们在对儒家法思想的认识和研究时，在方法论上摆脱了那些不必要的传统框框的束缚，而回到实事求是的基点上。

从思维逻辑上说，《周礼》、《尚书》都是儒家尊奉的经典，周公姬旦是儒家崇敬的圣贤，对于周公制礼、吕侯制刑、悬象之法，儒家将其收入典籍，或称颂备至，或授徒诵习，从未露出鄙夷、反对的意思。这是自不待说的。

从历史史实而言，子产“铸刑书”，叔向诒书讥之，但儒家的创始人孔子却只是讥晋刑鼎而未有反对子产刑书的片言只字。有的朋友曾诘问我们：“有人提出：孔子为什么不反对子产‘铸刑鼎’（‘鼎’当为‘书’——引者）？这个问题实在蹊跷！子产‘铸刑书’时，孔子仅15岁，他在为母子的糊口而奔波。到晋国‘铸刑鼎’时，孔子38岁，他已登上政治、思想舞台”，因而才具备了反对的条件和反对的思想，因而才“完全合乎他的思想脉搏地跳出来反对一通”，因而反对晋刑鼎也就意味着反对郑刑书。① 言下之意，孔子不反对子产“铸刑书”，是因为当时年岁尚小而没有反对的能力。

其实，孔子为什么反对晋刑鼎而不反对子产的郑刑书，这个问题不但问得不“蹊跷”，而且确实值得深思。孔子是一位正直的思想家，他好

---

① 见庆明：《“铸刑鼎”辨正》，载《法学研究》1985年第3期。

褒贬,善议论,态度鲜明,从不随波逐流。孔子所评述的问题既有当时发生的,也有历史上发生的。所以,即使孔子在子产“铸刑书”的当年不能作出评价,以后仍然可以加以议论,这是有《论语》、《春秋》、《左传》等书为证的。就在子产“铸刑书”的第二年,《左传》记有孔子称颂孟僖子的言论:“仲尼曰:能补过者,君子也。”[1]这肯定是孔子成名以后说的话,因为当时孔子才 16 岁。《论语》中还记载了孔子对管仲的多次议论。管仲远在子产之前,他佐齐桓公称霸的时候,孔子不只是年幼的问题,而是尚未出生,但在孔子成名之后称许管仲为“仁”的同时,却毫不客气地讥评管仲不节俭、不知礼[2]。子产和管仲一样,都是孔子推崇的政治家,孔子多次称道子产,对子产的政绩和一生事功了若指掌,不可能不知道子产“铸刑书”。如果子产“铸刑书”与晋荀寅“铸刑鼎”一样,创始了一种与孔子的法律主张根本对立的法律制度和法制原则,孔子在其一生中的任何时候、任何场合都可以,也一定会毫不隐瞒地表明自己的反对态度,就像他批评管仲一样,决不会因为子产贤能而故意为之“隐恶”。所以,说孔子不反对子产“铸刑书”是因为当时孔子只有 15 岁而不能反对,是难以说得通的。

据文献所载,子产“不毁乡校”,孔子许之为“仁”[3];听到子产的死讯,孔子伤心地落泪,称颂子产是“古之遗爱也”[4]。孔子在对子产的这一盖棺定论式的总评价中,不可能不把子产曾经“制参辟,铸刑书”的后果和价值估计在内。孔子反对晋刑鼎的原因,限于论题将在“孔子法思想”的专章中去讨论。孔子不反对郑刑书,说明郑刑书与晋刑鼎有所不同。如前所述,郑刑书是成文法,子产“铸刑书”也属公布成文法的一种

---

① 《左传·昭公七年》。
② 见《论语·八佾》等篇。
③ 《论语·公冶长》载:子产不毁乡校,孔子曰:“以是观之,人谓子产不仁,吾不信也。”
④ 《左传·昭公二十年》。

方式，只不过不像论者所说的是中国成文法之始而已。因而，孔子不反对子产“铸刑书”，也说明他不反对成文法和公布成文法。在他看来，制定和公布“刑书”那样的成文法，由来之久，无须评述，他实际上也未加理会。而孔子非议晋刑鼎，则另有原因，不过不是由于它属于制定和公布成文法之始才加以否定的。

再从思想体系和政治法律主张上说，孔、孟、荀都未曾有过主张秘密法、反对成文法及其公布、反对罪刑相应的言论。

荀子说：“君法明，论有常，表仪既设民知方。”[①]又说：“之所以为布陈于国家刑法者，则举义法也。”[②]“布陈”，即颁布[③]。人们对荀子是主张公布成文法的，恐怕没有异议。

孟子思想以“仁政”为旨归，不遗余力地抨击残贼人民的“虐政”，力主“保民而王”、省刑薄敛[④]，并将“明其政刑”[⑤]作为仁政的一项措施。“明”，为修明、宣明之意，含“政刑”应向国人明确公布的主张在内。孟子认为人性是善的，人民可以通过教养发扬内在的善端，预防和控制犯罪。因此，他反对“不教而杀”。他谴责说，统治者对人民不养不教，“及陷于罪，然后从而刑之”，这是实行“罔民”政策。[⑥]孟子的这些主张中，不存在秘密刑主义的内容。

孔子是这一问题上的关键人物。有的文章征引《论语》“民可使由之，不可使知之”[⑦]一句，说孔子一贯主张愚民政策，所以反对铸刑鼎以公布法律。其实，孔子是主张对人民“富之”、‘教之”的[⑧]。对那些奉行

---

① 《荀子·成相》。
② 《荀子·王霸》。
③ 见《荀子新注》，中华书局1979年版，第163页。
④ 见《孟子·梁惠王上》。
⑤ 《孟子·公孙丑上》。
⑥ 见《孟子·梁惠王上》。
⑦ 《论语·泰伯》。
⑧ 《论语·子路》。

愚民、残民政策的统治者，孔子屡加斥责：

> “善人教民七年，亦可以即戎矣。”[①]
>
> “以不教民战，是谓弃之。”[②]

像打仗那样火烧眉毛的事，孔子尚且认为应教民七年后再送上前线，不然就是“弃民”，何况是让人民服从、遵守法律呢！所以孔子说：

> “不教而杀谓之虐。不戒视成谓之暴。慢令致期谓之贼。”[③]

不事先教育人民，使他们明礼知法，一旦他们违法犯罪便要杀戮，这叫作虐政。不事先谆谆告诫，到时突然检查他成绩如何，这叫作暴政。“慢令致期”，意为：虽有法令、法规，但不反复郑重叮咛申敕，宽缓懈怠于先，却峻急刻期于后，突然限期成功，不容通融，从而致民陷于刑网，这是有意贼害人民的贼道之政。《周礼》六官“悬法象魏”在先，又率属员观读叮咛告诫，再遣布宪等官吏持木铎宣示全国于后，这与“慢令致期”的做法正好相反。孔子谴责“慢令致期”，思想上未尝没有以《周礼》悬法、布宪、木铎等公布成文法制度为准则的意思在里边。

总之，从《论语》所反映的孔子思想的整体上说，是以“道德齐礼”、重民教民为主旨的，并不能划归愚民政治之属。

至于“民可使由之，不可使知之”一句，在断句上、解读上迄今尚存异议，若强行论定为“愚民政策”，岂非武断?!

就其断句而言，“民可使由之，不可使知之”只是一种断句方式。另

---

① 《论语·子路》。

② 同上。

③ 《论语·尧曰》。

有两种相似的断句法："民可使，由之；不可使，知之。""民可，使由之；不可，使知之。"[①]这样的断句，其义恰好与前一断句相反，非但不是愚民，而是提倡开发民智。这倒与孔子身为教师，是位教育家，终生主张教民、惠民的一贯思想相契合。

再就其解读言之。"可"字在古代有"应该"与"能够"两种解释。郭沫若先生认为，此处应取后一种意义[②]。那末，这句话的意思是：对于老百姓，能够引导他们遵照政令、法令的规定去做，但难以使他们完全理解这样做的道理。钱穆先生在其《论语新解》中认为，《论语》此章，可与《孟子》的"行之而不着焉，习矣而不察焉，终身由之而不知其道者众也"[③]，以及《中庸》的"百姓日用而不知"相互发明，故"民可使由之，不可使知之"，可理解为："在上者指导民众，有时只可使民众由我所指导而行，不可使民众尽知我所指导之用意所在。"钱穆先生不无感叹地说："近人疑《论语》此章谓孔子主愚民便专制，此亦孔子所以有不可使知之慨欤！"[④]

综上所述，孔子不愚民，儒家不是公布成文法的反对派。

四、罪刑法定与非法定——儒家的态度是什么？

这是一个同"成文法与公布成文法"密切相联的问题，甚或应当说，

---

① 参见康有为：《论语注》，中华书局1984年版，第114页；南怀瑾《论语别裁》，复旦大学出版社1990年版，第394页；又，俞志慧：《〈论语·泰伯〉"民可使由之不可使知之"章心解》，载台北：《孔孟月刊》第三十五卷第五期，1997年1月号。

② 见郭沫若：《十批判书·孔墨的批判》，《郭沫若文集》，人民出版社1982年版，第100页。张立吾先生亦主此说，并有详细辨正，语在其《拨乱反正话〈论语〉》一文，载《辽宁大学学报》（哲社版），1981年第2期。

③ 《孟子·尽心上》。

④ 钱穆：《论语新解》，巴蜀书社1985年版，第197页。

它们是一个问题的两个方面。

1. 从“议事以制，不为刑辟”说起

对于叔向与子产就“郑刑书”所发生争论的实质是什么，归结起来不外两种看法：一种认为是公布成文法与反对公布成文法之争，已如上节所述。另一种则认为是罪刑法定与罪刑非法定之争。如台湾法史学家戴炎辉先生就以为，郑子产“铸刑书”是“罪刑法定主义”的表现，而叔向反对子产刑书则是主张一种“非法定主义”的刑罚原则[①]。这是一个很值得深入探讨的思路。

关键之点是如何正确理解叔向信中所说的“先王议事以制，不为刑辟”这种罪刑制度。

那么，“刑辟”指什么？通常的解释是，“刑辟”即刑法，“郑刑书”是一部成文刑法典，其根据是《说文》的“辟，法也”。《说文》原文为：“辟，法也。从卩、辛，节制其罪也。”[②]可见，训“辟”为法，是从其惩罚犯罪的意义上说的。《尔雅·释诂》云：“辟，辠也。”“辠”，古罪字，此作动词解，治罪之意。故郭璞注云：“皆刑罚也。”[③]郝懿行《尔雅义疏》综合上述两种说法曰：“辟，法也。又训罪者，出乎法即入乎罪，治其罪者亦罪也。”[④]《说文解字注》也以治罪之义训辟。他注云：“谓犯法者则执法以罪之也。”[⑤]可见，古代将对犯罪的惩罚称作“辟”。“刑辟”不是一般的所谓的刑法，与战国《法经》、汉以后的《九章律》、《唐律》、《明律》等均不同，与近现代的刑法典更不可同日而语。它只是有关惩罚犯罪的具体

---

① 参见戴炎辉：《唐律通论》，台湾正中书局1964年版，第8页。

② 《说文解字注·辟部》。

③ 郝懿行：《尔雅注疏》卷一《释诂第一》。

④ 同上。

⑤ 《说文解字注·辟部》。

规定，属罚罪之法，类似于今之刑罚条款。因此，“不为刑辟”，不能理解为不制定成文法。

论者在作出叔向反对公布成文法的立论时，常常征引杜预的注：“临事制刑，不豫设法也。法豫设则民知争端。”[①]但对杜注，孔颖达已表示怀疑。他在《疏》中举出《吕刑》的五刑之制等后说，这些都是“豫制刑矣”，并疏解道：

> “圣王虽制刑法，举其大纲，但共犯一法，情有深浅，或轻而难原，或重而可恕，临其时事，议其重轻，虽依准旧条，而断有出入，不豫设定法，告示下民，令不测其浅深，常畏威而惧罪也。”[②]

孔氏将“议事以制”说成是犯罪“情有浅深”，所以要“议其重轻”，是可取的。与他持相同看法的还有李奇。李奇《注》云：

> “先议其犯事，议定然后乃断其罪，不为一成之刑著于鼎也。”[③]

清人王引之不同意孔、李二氏把“议”解为“议论”之“议”。他在《经义述闻》中说：“杜以议事为临事，非也”，“李以议为议论之议，亦非传意”。他认为：

> “议读为仪。仪，度也；制，断也。谓度事之轻重以断其罪，不

① 《春秋左传》昭公六年杜注。

② 《春秋左传正义》卷四三，昭公六年，孔疏。

③ 《汉书·刑法志》注。

豫设为定法也。"[1]

王引之把"不为刑辟"解释为"不豫设为定法也",这和孔颖达、李奇的意见却是一致的。"不豫设为定法"不等于杜预说的"不豫设法",更不等于不要刑法,没有刑法,是指对某种犯罪行为的制裁不作预先硬性规定,而根据犯罪人和其犯罪行为的主客观具体情况来定罪量刑。杨伯峻先生《春秋左传注》亦取王氏之意,释"议事以制"为"度量事之轻重,而据以断其罪"[2]。

这实际上是一种很早就出现的刑罚制度。清人崔述考释说:

"窃意三代建国之初,立法皆疏,行法者临事制宜,酌其情理而权衡之,故不至有过不及之弊,所谓'眚灾'、'怙终'者也。"[3]

"眚灾肆赦,怙终贼刑"一句,引自《尚书·舜典》,大意为:如果是过失犯罪,则应予赦免;如果是故意为恶且终不悔改,又系贼杀人一类的严重犯罪,则必须严加惩处。

因此,"议事以制",是一种依犯罪的具体情节度量其轻重而适用法律的罪刑原则和制度,不是完全不顾法律、不要法律的任心裁量。"不为刑辟",即不预先规定罚罪之法。按照这种制度,法是早已制定了的,也是公开的,什么行为是犯罪有明确的规定,但罪与刑之间并不一一定死,不能简单地对号入座。刑的规定也是有的,而且是"常刑",只是犯罪后处何种刑,需要"议"而后定,不是固定不变的。这种罪刑原则,乍一看类似于近代以来所说的非法定刑主义,实际上却并非如此。

---

① (清)王引之:《经义述闻》卷一八《左传》。
② 杨伯峻:《春秋左传注》昭公六年注,中华书局1981年版,第1274页。
③ 崔述:《考古续说》卷一。

2."议事以制"、"原情定罪"传统的形成和变迁

"议事以制"的"议事",王引之释为"度事之轻重"。这里的"轻重"之"议",或"轻重"之"度",不仅是指犯罪所造成的客观损害的轻重,也包括犯罪者主观恶性的轻重,即汉人所谓"本其事而原其志"①中的"事"和"志"两个方面都要"议"或"度"。这种罪刑原则,古人称之为"原情定罪",或"论心定罪"。它是中国法文化中一个十分古老而悠久的传统。

其实,《尚书·舜典》所谓"眚灾肆赦,怙终贼刑",就意味着犯罪的客观损害相同而所处的刑罚可以不同,其量刑的原则是过失从轻、故意从重。过失或故意均指犯罪主观要件,古人称之为"情",或"志"、"心"等。所以,"原情"、"论心"、"原其志",与近现代刑事审判中的追究犯罪的主观要件有着相似的意义。

"眚灾"、"怙终"一语出自《舜典》,而《舜典》决不是尧、舜时代文献,②所以,我们不能认为夏朝以前就已存在着这一原则。

《尚书·康诰》载:

> "人有小罪,非眚,乃惟终,自作不典,式尔,有厥罪小,乃不可不杀。乃有大罪,非终,乃惟眚灾,适尔,既道极厥辜,时乃不可杀。"

"眚",指过失;"非眚",即为故意。

---

① 董仲舒:《春秋繁露·精华》。

② 关于《舜典》的时代,学术界聚讼未息,但它决非尧、舜"圣典",已成为定论,其它尚有西周说、春秋孔子说、战国说、秦汉说等,相比之下,持春秋说较为合理。参见李民:《尚书与古史研究》(增订本),中州书画社 1983 年版。

大意是:一个人虽然犯的是小罪,但却是故意犯罪,而且一贯实施这种犯罪,毫无悔改之意,他的这一犯罪即使很小,也不可不杀。相反,一个人虽然犯了很大的罪,但他能够悔改,而且是过失犯罪,这样,按照法律来定罪判刑时,是不应该把他处死的。这与“眚灾肆赦,怙终贼刑”完全是一个意思。《康诰》是西周初期的文献。因此,可以认为,这种罪刑原则的出现不会晚于周初。

西周中期的《吕刑》篇,对这一原则又有进一步的表述:

“上刑适轻,下服;下刑适重,上服。轻重诸罚有权。刑罚世轻世重。惟齐非齐,有伦有要。”

“哀敬折狱,明启刑书胥占,咸庶中正。”①

意思是说:虽然犯了应处以重刑(“上刑”)的罪,但有适用从轻处罚的情节(是偶然犯罪或过失犯罪等),则可以从轻量刑;虽然犯的是轻罪(“下刑”),但存在着适用从重刑罚的情节(系一贯或故意犯罪等),则应从重处刑。总之,刑罚的轻重,要根据具体情况,全面权衡,灵活掌握。刑罚的适用还应考虑社会治乱、政治形势等因素,做到“世轻世重”。这样的量刑,就既与法律规定相一致,又根据主客观情势有所变通,即既依据法律条款又符合纲要原则,不致于任意裁量。

“哀敬”,即哀矜。“哀敬折狱”,意为,司法官应怀着悲怜审慎之心来断狱。断狱时应打开刑书,将罪情与法律条文仔细对照,使判决正确无误,公正不偏。

《吕刑》在重申“议事以制”、“原情定罪”的原则时,除了《康诰》中提出的“非眚”与“眚灾”、“惟终”与“非终”之外,还加进了“世轻世重”,即

① 《尚书·吕刑》。

判刑还应根据社会或治或乱的时势而有所变通，并强调断狱中的一切权变都应以不违背刑书为前提，做到“惟齐非齐，有伦有要”、“咸庶中正”。

“哀敬折狱”原来是统治者标榜德政、取悦民心的一项措施。降至春秋，它的功利主义目标更为明确。鲁庄公十年（公元前684年），齐鲁长勺之战，鲁以少胜多，以弱胜强，成为历史上十分有名的一次战争。著名的“曹刿论战”就发生在这次战事之前。曹刿说：鲁庄公的“衣食所安，弗敢专也，必以分人”只是“小惠”；“牺牲玉帛，弗敢加也，必以信”只是“小信”，都不足以让老百姓为其死战。最后，鲁庄公说到，自己遇到“小大之狱，虽不能察，必以情”，曹刿这才首肯，说：“忠之属也，可以一战。”[①]“必以情”，《国语·鲁语上》作“必以情断之”，可见是“原情定罪”之意。这说明，以情断狱才能取得民心，使老百姓在战争中赴汤蹈火去争取胜利。什么叫“忠”？《左传》中有个解释：“上思利民，忠也。”[②]《国语·鲁语上》还说，断狱以情是鲁国统治者“中心图民”、“利民”的表现。这样，就把原情定罪与当时的重民思潮结合了起来。

民本主义与功利主义原本是不相矛盾的。君主取悦民心是为的动员人民为自己死战，“利民”还是为了利君。但把原情定罪与民本主义相联系，毕竟是当时刑事司法原则的一大发展。

从民本主义的价值角度来看叔向反对“郑刑书”信中的“民知有辟，则不忌于上”，以及孔子讥评“晋刑鼎”时说的“民在鼎矣，何以尊贵”等话，可以进一步探知他们反对刑书、刑鼎的用心。在叔向、孔子看来，量刑一旦机械地法定化，统治者就不好“以情断”而博得民心，人民也就不会敬畏他们，为他们去死难，这便动摇了国本。所以，围绕刑书、刑鼎的

① 《左传·庄公十年》。

② 《左传·桓公六年》。

两场争论，除了是否坚持礼法之治之外，确也存在着罪刑法定与非法定的分歧。

然而，罪刑关系的法定化已是当时的一股潮流，谁也阻挡不了。发展到秦律，就连盗采不值一文钱的桑叶的行为，也要判处30天苦役，[①]而不问是初犯、重犯，也不问有无悔改表示。同时，秦律严格规定了法律的司法责任，对不依律断罪的司法官要追究刑事责任。为此，秦律中设有“失刑罪”、“不直罪”、“纵囚罪”等[②]。“失刑罪”，旨在惩罚由于非故意错判案件的司法官吏。对故意出入人罪，不依律科刑的司法官吏则以“不直罪”惩处。秦简《法律答问》记载有一案例：士伍甲盗窃，如果在捕获时即估价其赃物，值660钱，但吏当时未作估价，到审讯时才估，认为赃物仅值110钱，甲只被判处耐刑。问甲和吏应如何论处？有关方面的回答是：甲应黥为城旦；吏以“失刑罪”论处；若吏系故意这样做的，则以“不直罪”处刑。[③] 可见，“不直罪”的处刑要重于“失刑罪”。据《史记·秦始皇本纪》记载，秦始皇三十四年（公元前213年）曾“适治狱吏不直者筑长城及南越地”。将“不直者”罚筑长城的苦役或流放去南越地方做苦役，都是很重的刑罚。所谓“纵囚罪”，指故意包庇、开脱犯罪的行为。其惩罚又重于“不直罪”。总之，“失刑罪”、“不直罪”、“纵囚罪”的设置，具有保障法定刑原则的立法意义。

这里所谓的秦律的罪刑法定主义，是仅仅从其各级司法官吏在判刑时必须遵循律条这样一个微观的角度来说的。如若就其法制和司法制度的整体而论，则仍然是皇帝个人意志的罪刑擅断。公元前228年，

---

① 《睡虎地秦墓竹简·法律答问》：“或盗采人桑叶，赃不盈一钱，何论？赀徭三旬。”文物出版社1978年版，第154页。

② 可参《睡虎地秦墓竹简·法律答问》，文物出版社1990年版。

③ 《睡虎地秦墓竹简·法律答问》：“士五（伍）甲盗，以得直臧（赃），臧（赃）直过六百六十，吏弗直，其狱鞫乃直臧（赃），臧（赃）直百一十，以论耐，问甲及吏可（何）论？甲当黥为城旦；吏为失刑罪，或端为，或不直。”文物出版社1978年版，第165页。

秦军攻取赵都邯郸，秦始皇即将其“生赵时母家有仇怨”者，“皆坑之”；公元前212年，将儒生所谓“犯禁者460余人皆坑之咸阳”；第二年，有人在刚坠落的陨石上刻了“始皇帝死而地分”七字，秦始皇“尽取石旁居人诛之”①。凡此种种，完全是妄加诛杀，哪有一点点法定刑主义的影子?! 但有秦一代，在基层司法官吏这一层次上，占主导地位的量刑原则还是实行法定主义的，以至于达到了机械的客观归罪的地步。

汉承秦制。在量刑上，要求司法官吏严格以律断罪，采取法定刑主义。汉高祖刘邦曾下令：

> “狱之疑者，吏或不敢决，……自今以来，县道官狱疑者，各谳所属二千石官。二千石官以其罪名当报之，所不能决者，皆移廷尉。廷尉亦当报之。廷尉所不能决，谨具为奏，傅(附)所当比律令以闻。”②

这就是说，县道等下级官吏断狱必须遵守严格的法定刑，不得比附、类推。

但正如古人所说，律条所定有限，而犯罪之情伪无端。机械的客观归罪式的法定刑主义完全摒弃了对罪犯主观要件的审察，这在刑罚学理上也是不科学的。由于秦王朝的短命而亡，汉人反思其教训，也把放弃“哀敬折狱”作为一条。于是，又有了“议事以制”、“原情定罪”的传统的复兴。

汉代的“原情定罪”，亦称“原心论罪”、“论心定罪”等，是“《春秋》决狱”或“经义折狱”的一项基本原则。其实质，是强调在断狱中必须追究

---

① 《史记·秦始皇本纪》。

② 《汉书·刑法志》。

犯罪的主观动机。对“《春秋》决狱”和“原情定罪”的评价,学术界有不同的意见。本节限于主题,且放过不提[①]。这里只就“议事以制”、“原情定罪”的本身的变化发展作些梳理。

汉代将“原情定罪”与“《春秋》决狱”相联系,使“议事以制”有了新的方式,通过司法儒家化而在整体上推进了法律的儒家化。然而,凡事久则生弊。《春秋》经义隐晦不显,难以确切理解。加上注经家们各有家法,各为章句,陈陈相因,致歧义颇多。因此,一般的官吏很难掌握其中的所谓“微言大义”。这就使“原情”的结果反而便于官吏高下在手,任意出入人罪,在司法实践中造成极坏的任心裁量的流弊。这样,“原情定罪”就必然走向自己的反面。这是其一。

其二,汉儒在理论上也过分片面地强调了“原情定罪”原则中追究犯罪的主观动机的一面。如,《盐铁论》中竟说,所谓的“论心定罪”,就是“志善而违于法者免,志恶而合于法者诛”。[②] 意思是:对于违法犯罪的行为,只要其主观动机是“善”明,可以免于惩罚;而并非违法的行为,只要其主观动机是“恶”的,就应予严惩。这就完全不顾法律和犯罪的客观事实了。于是,“论心”变成了“诛心”,非法定刑主义被推到了主观归罪的极端。

其三,“议事以制”、“原情定罪”在司法实践中实际上具有相似于“法官造法”的意义。即司法官可以根据儒家经义中所含有的法价值、法意识,对现行法某些法律条款和原则(中国古代称“常刑”)进行变通性解释、类推、重新确认等,从而对具体案件做出具体判决,而这些判决也许在以后的司法实践中有着参照作用。王充说:“故贼加增,过误减损,一狱吏所能定,贤者见之不疑矣。”[③]便是指的这种情况。在“议事

---

① 详见本书第八章第三节。

② 桓宽:《盐铁论·刑德》。

③ 《论衡·答佞篇》。

以制”的司法制度中，赋予司法官以较大的非法定的自由裁量权。这是先秦社会政治生活中原始氏族民主遗存的表现之一。先秦时代，中央集权制尚未形成，王权还不是那么极端化，原始民主遗风尚有一定生存空间。秦汉以后，中央集权制度愈演愈烈，君主专制恶性发展，原始氏族民主越来越退出现实政治生活，相应地，司法官吏的自由裁量权急剧衰退，刑法理论上也越来越强调司法官层面的罪刑法定，严格要求官吏办案只许以律文为限，不得有所变通，以保障司法大权集于中央，集于君主一身。所以，汉代的“《春秋》折狱”、“原心论罪”只能是当时定儒学于一尊和以亡秦为鉴、矫秦之失的一种时代现象。中央集权和君主专制政治制度的本质决定，这种漫无边际的“原情定罪”制度是不可能长期存在下去的。

3.《晋书·刑法志》：罪刑法定主义与非法定主义相结合的理论成果

《晋书·刑法志》辑录了张斐、裴頠、刘颂、熊远等人有关罪刑关系原则的言论，可以说是集前代有关罪刑原则的主张和司法实践之大成，在理论上作了较为透彻的表述。

晋武帝泰始四年（公元 268 年），颁行《泰始律》，明法缘张斐注律，提出了一个适用法律的原则：

> “王政布于上，诸侯奉于下，礼乐抚于中。”[①]

意思是说，《泰始律》一经颁布，诸侯百官必须严格奉行，然具体适用于断案时应以礼乐为指导。如何做到“礼乐抚于中”？张斐认为：

---

① 《晋书·刑法志》。

“论罪者务本其心，审其情，精其事，近取诸身，远取诸物，然后乃可以正刑。……夫理者，精玄之妙，不可以一方行也；律者，幽理之奥，不可以一体守也。或计过以配罪，或化略以循常，或随事以尽情，或趣舍以从时，或推重以立防，或引轻而就下。公私废避之宜，除削重轻之变，皆所以临时观衅，使用法执诠者幽于未制之中，采其根牙之微，致之于机格之上，称轻重于豪铢，考辈类于参伍，然后乃可以理直刑正。”①

这里讲的“论罪者”应“本其心”、“审其情”、“精其事”，以及“随事以尽情”、“趣舍以从时”、“推重以立防”、“引轻而就下”、“临时观衅”等等，所主张的就是在奉行晋律的大前提下，具体断狱论罪时还应“议事以制”、“原情定罪”。

晋惠帝时的尚书裴頠也有着同样的主张。一方面，他认为，“天下之事多途，非一司之所管；中才之情易扰，赖恒制而后定。……准局既立，各掌其务，刑赏相称，轻重无二，故下听有常，群吏安业也。……刑罚所加，各有常刑。”②这是强调断罪应遵循统一的“恒制”、“准局”，官吏定罪量刑应“有常”，做到“刑赏相称，轻重无二”，即依法判刑。但另一方面，他又指出，“刑书之文有限，而舛违之故无方，故有临时议处之制，诚不能皆得循常也。”③这又是承认定罪应“议事以制”。

张斐和裴頠的主张，简言之，是在司法中将法定刑与非法定刑结合运用。但他们没有说明怎样实现这种结合，哪一级官吏必须严守法定刑，哪一级官吏可以搞非法定刑。这些问题是刘颂解决的。

刘颂在晋武帝时为廷尉，晋惠帝朝升任三公尚书，对刑名律学有独

① 《晋书·刑法志》。
② 同上。
③ 同上。

到的研究和见解。

首先，他划清了立法与司法的界限：

> “看人设教，制法之谓也。又曰‘随时之宜’，当务之谓也。然则看人随时，在大量也，而制其法。法轨既定则行之，行之信如四时，执之坚如金石，群吏岂得在成制之内，复称随时之宜，傍引看人设教，以乱政典哉！”①

这就是说，“看人设教”、“随时之宜”是个立法问题。“群吏”必须在“成制”之内，“行之信如四时，执之坚如金石”，严格以法定刑判罪，不得擅行“议事以制”。这样就把立法权与执法的权限划分清楚了。

其次，在执法方面，刘颂分出了三个层次：

> “法欲必奉，故令主者守文；理有穷塞，故使大臣释滞；事有时宜，故人主权断。……使主者守文，死生以之，不敢错思于成制之外，以差轻重，则法恒全。事无正据，名例不及，大臣论当，以释不滞，则事无阂。至如非常之断，出法赏罚；若汉祖戮楚臣之私己，封赵氏之无功，唯人主专之，非奉职之臣所得拟议。”②

“主者”，指主司官吏，他们执法断狱必须严守律文；“大臣释滞”，是说像刘颂这样的廷尉、三公尚书才有权“议事以制”，运用法理、经义解决疑难案件；“人主权断”，即皇帝有任心裁量、生杀予夺的擅断之权。这样就形成了一个法吏实行严格的罪刑法定主义、“大臣”实行罪刑非法定

---

① 《晋书·刑法志》。

② 同上。

主义、“人主”实行罪刑擅断主义三者结合、互补互济的执法体制。

鉴于汉代形成的各级司法官吏都可以“议事以制”、“原情定罪”的流弊尚存，所以刘颂再三强调法吏必须以法定罪量刑：

> “又，律法断罪，皆当以法律令正文，若无正文，依附名例断之，其正文名例所不及，皆勿论。……如律之文，守法之官，唯当奉用律令。……今限法曹郎令史，意有不同为驳，唯得论释法律，以正所断，不得援求诸外，论随时之宜，以明法官守局之分。”①

刘颂的奏疏被晋惠帝批给大臣们讨论，得到了相当的赞同。侍中、太宰、汝南王司马亮上奏说：“故观人设教，在上之举；守文直法，臣吏之节也。”②至此，法吏必须据律文断罪，实行严格的法定刑主义，在司法制度中基本上被确立起来，隋唐以后没有根本的变动。这是晋代律学集前代司法理论和实践成果而做出的一大贡献。

至于“大臣释滞”又当以什么为据？刘颂没有明确论述。直到晋室衣冠南渡以后，主簿熊远上奏认为，“诸立议者皆当引律令经传”。他说：

> “凡为驳议者，若违律令节度，当合经传及前比故事，不得任情以破成法。愚谓宜令录事更立条制，诸立议者皆当引律令经传，不得直以情言，无所依准，以亏旧典也。若开塞随宜，权道制物，此是人君之所得行，非臣子所宜专用。主者唯当徽文据法，以事为断耳。”③

---

① 《晋书·刑法志》。
② 同上。
③ 同上。

熊远的这番议论，除了再度申明“主者守文”、“人主权断”以外，就是指出，大臣“驳议”、“立议”应以“律令经传”为准，如果连“律令节度”也需突破，那就“当合经传及前比故事”。熊远实际上重申了汉以来的“经义折狱”、“《春秋》决狱”，只是大大限定了它的适用范围，仅成为解决律令所不及的“立议”、“驳议”的一种依据。这在法思想、法意识、法观念上，仍然是儒家经传高于律令的法价值观。

至此，中国古代司法中罪刑关系的理论格局基本定型：法吏、中下级官员“守文据法”，在这个层次上，罪刑是法定主义的；大臣、高级官员以“经传”“原情定罪”、“议事以制”，在这个层次上，罪刑是非法定主义的；君主可以“权道制物”，作最后裁断，在这个层次上，罪刑是擅断主义的。

过去的一些法史论著，将罪刑非法定主义等同于罪刑擅断主义，认为二者是不分的，又进而认为，“议事以制”就是罪刑擅断主义，并依此断言儒家“主张罪刑擅断主义”。其实，从学理上言，罪刑非法定主义与罪刑擅断主义不是一回事。在中国古代司法史上，非法定刑表现为以经义“原情定罪”、类推定罪等，不见得就是个人意志擅断，罪刑擅断权只属于君主。从司法实践上说，“引经决狱”、“原情定罪”或可以流为罪刑擅断，但不等于其本身就是擅断主义的。

论者还有一说，以为隋唐以后，儒家立法沛然已成规模，“经义折狱”、“原情定罪”渐渐退出历史舞台。其实，隋律、唐律，固然已把儒家伦理精神援为立法宗旨，诸多经义原则被直接定为法条，因此再不必有如汉代那样广泛的“经义折狱”的需要，但诸如八议、上请、留养、复仇等等制度中，都还需要“原情”，以经义来“原情定罪”的原则只是改变了方式，限定了范围，远不是销声匿迹了。宋司马光议阿云狱云：

“夫执条据例者，有司之职也；原情制义者，君相之事也。分争辨讼，非礼不决。礼之所去，刑之所取也。”①

这几乎是晋代律学家和刘颂等有关言论的翻版。

总之，在中国古代的罪刑关系理论方面，不存在占主导地位的罪刑法定主义或非法定主义，而是法定刑主义与非法定刑主义的结合和互补。

如果说，秦代要求司法官吏绝对地实行罪刑法定主义原则是对先秦“议事以制”的否定，汉代兴盛一时的“《春秋》折狱”、“原心论罪”则是对秦代官吏断狱中的罪刑法定主义的再否定，是“议事以制”式的非法定刑主义的复活，那么，同时由汉代开始的礼法复兴进程中所包括的罪刑法定与非法定的相辅相成，至晋代形成法吏严守律文、大臣“议事以制”、君主最后“权断”的司法理论和制度，则是对先秦至秦汉两种相反相成的罪刑原则的高度综合，是否定之否定阶段。于是，“议事以制”、“原情定罪”原则被君主政治制度所改造，这种古老的断狱原则和传统不是被摒弃，而是被吸收，被转化，被涵摄在新的原则和制度之内。成熟的、定刑的中国古代罪刑制度和原则是法定主义和非法定主义的结合，它是礼法传统的表现，或者说，是礼法制度的产物。

以撰写七大卷《中国科技史》巨著闻名于世的李约瑟博士，对中国古老的扑朔迷离的礼法文化也有着独具慧眼的见解。在《四海之内》一书中，他写道：

“中国人有一种深刻的信念，认为任何案件必须根据它的具体情况进行裁决，也就是说，就事论事。”②

---

① 转引自沈家本：《寄簃文存》卷四。载沈家本：《历代刑法考》（全四册），第2166页。

② 转引自高岭：《一个西方学者眼中的中国文化——读〈四海之内〉》，载《新华文摘》1988年第9期。

这是对“议事以制”、“原情定罪”制度和原则的恰当的文化学诠释，也是对中华法系特点的一个宏观而又准确的把握。的确，若从几大世界性法系的比较法方法论上来谈中华法系的特点，完全可以舍去它如何罪刑法定又如何非法定以及两者如何结合等等细节，那么，作为中华法系在罪刑关系方面的特点，就是“议事以制”、“原情定罪”，或“就事论事”了。

4.儒家思想家们的态度

法定刑与非法定刑的结合，以法断与以情断的兼用，实在也是先秦儒家法思想体系所固有的。

孔子“据法听讼，无有所阿”[①]，赞美“直道”执法。这是他主张罪刑法定、以法断罪的一方面。另一方面，《论语》又有“如得其情，则哀矜而勿喜”[②]的记载。“哀矜勿喜”即是“哀矜折狱”之意，倾向于非法定刑的主张。

孟子说：“徒善不足以为政，徒法不能以自行。”[③]“徒法”不行，就是说要得人，以善心为政，包括“哀敬折狱”在内；“徒善”不足，即是说要遵法，以法为政，包括据法断罪在内。所以孟子的“徒善”与“徒法”均不足以为政，须“善”与“法”二者兼得的主张，原含有以法断与以情断兼顾的意思。

把罪刑法定与非法定相结合的理论表述得最明白清楚的应推荀子。

荀子所论之法是“礼法”。他将礼法的结构分为若干层次：礼法的精神、原理、原则，他称为“礼义”或“法义”；礼法的条文，叫作“法数”；还

---

① 见董仲舒：《春秋繁露·五行相生》。
② 《论语·子张》。
③ 《孟子·离娄上》。

有一层次是“类”，指类推的原则以及法例和案例。与之相应，荀子提出了“君制变”、“臣谨修”[①]和大儒“统类”[②]的礼法适用原则。

所谓“君制变”，就是由君主“起礼义”而“制法度”，掌握法律的制定变革权。荀子主张“隆一而治”[③]，认为“权出一者强”[④]，已包含了君主独掌立法、司法大权，可以罪刑擅断的意思。

“臣谨修”，意即臣下百官应以谨慎地遵守法律条文为职责。他说，官吏应当“循法则、度量、刑辟、图籍；不知其义，谨守其数，慎不敢损益也。”[⑤]即必须严格地按“法数”办事，依法定刑判罪，不准搞“议事以制”，有所损益。

凡是法律条文所不及的案件，或疑难案件等，则通过“举统类”解决。但不是所有官吏都可以“知类”、“统类”的，只有“大儒”，以及由“大儒”充任的“三公”这样的大臣才能掌握“礼义”、“法义”，“举统类”而应变。“举统类”的方法，若从立法意义上说，与大法官造法有相似之处；若从罪刑关系原则上言，则明显具有非法定刑的倾向。

因此，荀子的“君制变”、“臣谨修”、大儒“统类”正是一种君主权断，官吏守文、大臣释滞的理论。荀子早在战国末期就已揭示了中国古代社会在刑事司法中实行法定刑主义与非法定刑主义相结合的理论方向。可惜这种理论的法制化和付诸实践却经过了漫长的岁月和曲折的过程。

---

① 《荀子·成相》：“臣谨修，君制变。”
② 《荀子·儒效》：“志安公，行安修，知通统类，如是则可谓大儒矣”。
③ 《荀子·致士》。
④ 《荀子·议兵》。
⑤ 《荀子·儒效》。

五、礼法关系——研究儒家法思想的一个前提与基点

1980年代兴起的中国文化史研究带动了礼和礼制的研究，一批论著相继发表。不少论者认为，中国古代文化的特征，简言之，可称之为礼文化。即便是不同意这种概括的学者，也无不肯定礼在中国古代文化中的地位与作用。各种论著从不同角度表述了这样一个历史事实：礼对中华民族文化的形成和发展产生过巨大的影响。

人们也一致承认，古代论礼者莫甚于儒家。儒家简直可以称之为礼家。如果说，研究儒家思想必然要涉及到他们的礼论的话，那么，研究儒家法思想则尤不能离开他们礼和礼法学说。本章前四节讨论了四个专题：儒法两家的分歧并非人治与法治的对立；儒家之礼并非西方之自然法；中国古代公布成文法制度不始自"郑刑书"及"晋刑鼎"；罪刑法定与非法定的结合是礼制的固有原则。若就礼和礼法制度的总体上说，它们不过是儒家礼学中的一个问题、一个层面。因此，本节的内容，可以说是对前四节的一个总结，是从正面来看儒家之礼，尤其是他们关于礼法制度的观点，从而为进一步研究儒家法思想的特质和内容提供一个立论的基点。

1.周礼：礼外无法

孔子说：

"夏礼，吾能言之，杞不足征也；殷礼，吾能言之，宋不足征也。文献不足故也。足，则吾能征之矣。"①

① 《论语·八佾》。

从社会需要行为规范的角度看，有“夏礼”、“殷礼”，是很自然的事。不过，既然在孔子的时代已“文献不足”，我们就更无从论说。

周初，周公旦进行了一次大规模的制礼活动。[①] 损益夏、殷古礼，重新整理、编纂，使其进一步法典化、制度化。所以，孔子说：“周监于二代，郁郁乎文哉！吾从周。”[②]这是礼的鼎盛时代。从古书的记载可知，周礼的内容十分广泛，大至国家典章制度，小到社会风俗习惯，几乎把整个社会上层建筑的制度体系和信仰体系包括无遗，故有所谓“礼仪三百，威仪三千”[③]、“礼经三百”、“曲礼三千”之称。古文经学把礼区分为吉、凶、军、宾、嘉五类，今文经学说有冠、婚、丧、祭、朝、聘、军旅、宾盟、乡饮酒“九礼”，这无非表明了礼的博杂。总之，自西周始，中国确确实实进入了一个有大量文献可征的礼文化时代，中国政治法制进入了一个所谓的礼法时代。

近代以来，法理学日趋发达，认为在行为规范中，有属于法律者，也有属于道德者，还包含了宗教和习俗等等。因此，今人论礼，总力求辨明其是法律还是道德。有的认为礼只是伦理道德；有的认为礼的一部分是法律，一部分是道德；也有的论定说，礼实质上是法律，或曰礼是广义的法，是习惯法；还有的主张礼既是法律，同时又是道德。如此等等，不胜枚举。其实，礼在周人心目中，是比较笼统含混的。《左传·昭公二年》载，晋韩宣子韩起聘于鲁，观书于太史氏，见《易》、《象》与《鲁春秋》，曰：“周礼尽在鲁矣，吾乃今知周公之德与周之所以王也。”这里所说的周礼，既是指《易》、《象》与《鲁春秋》等典籍，还包括这些典籍中反映的政治法律制度，以及“周公之德”和“周之所以王”的道理。所以，周礼涵盖了有周一代的文治武功，既是一个实实在在的制度，又是一种广

---

① 《左传》文公十八年，季文子使太史克对鲁宣公：“先君周公制周礼”。

② 《论语·八佾》。

③ 《中庸》。

衮无垠的文化。

论者都认为，礼的核心是宗法制，它源于父系氏族社会晚期的血缘家族制度，是由习惯而经统治者认可的行为规范体系。因此，在血族团体内行宗法，等于国家确认了血族团体的领袖，亦即父系家长握有对其成员的统治权、管理权。根据古籍的记载，这种统治权、管理权是十分广泛的，包括主婚权、财产权、教令权、责罚权，乃至擅杀权等。“父母在，不敢有私财”[①]；子女对家长应当“起敬起孝”，否则，就有“不孝之刑”[②]。此类文字在“三礼”中频繁出现，证实了在宗法礼制下，父权不仅是一种血缘道德权力，而且具有政治权力、法律权力的属性。《左传·隐公四年》载，卫国大夫石碏之子石厚帮助卫公子州吁弑卫桓公以自立，石碏趁他们出访陈国之机，请陈国将二人拘捕，“九月，卫人使右宰丑涖杀州吁于濮。石碏使其宰獳羊肩涖杀石厚于陈”[③]。这是一则父家长有权刑杀子女的显例。血族团体领袖的这种擅杀权在秦简中也有反映：“主擅杀、刑髡其子、臣妾，是谓非公室告，勿听。”[④]“非公室告”，是指当事人提起诉讼而政府（“公室”）不当受理的案子，当事人如果还要强告，则要承担法律责任。瞿同祖先生指出，父家长的这种擅杀权直至汉代才开始受到限制，而其他的责罚权却一直延续了下来。[⑤] 在宗法制盛行的周代和春秋时代，宗法之礼完全取得了国家权力的保障，具有以国家系统暴力为后盾的强制性，从而成为血族团体内权力和财产的分配、婚姻、家庭及继承的原则和规则，还部分地代替了相当于后世的国家刑事法律的功能，有力地维护了社会秩序。

---

① 《礼记·坊记》。

② 《周礼·地官·大司徒》“乡八刑”之条。

③ 《左传·隐公四年》。

④ 《睡虎地秦简·法律答问》，文物出版社 1978 年，第 118 页。

⑤ 见瞿同祖：《中国法律与中国社会》，中华书局 1981 年版，第 7—8 页

但周礼又不仅仅囿于宗法制度，不限于治理血缘团体内部的功能，而是一种国家制度、政治制度。周代文献中反复记载了周初实行大规模的封邦建国，这种分封以建立同姓诸侯国为主，从而大宗与小宗的关系又成为君臣关系。异姓诸侯国虽与姬周大宗无严格的宗法关系，但从甥舅角度上说也存在广义上的宗法关系。所以，分封制与宗法制是重合的，宗统与君统合二为一[①]。于是，礼又通过分封制的发展而确定周王朝国家制度、政体形式、宗周与邦国，以及邦国与邦国关系的原则和规则。所谓朝聘、宾盟之类的礼大多是这方面的内容。这恐怕是周公制礼的关键所在。

《国语》载：

“夫先王之制，邦内甸服，邦外侯服，侯卫宾服，蛮夷要服，戎翟荒服。甸服者祭，侯服者祀，宾服者享，要服者贡，荒服者王。……有不祭则修意，有不祀则修言，有不享则修文，有不贡则修名，有不王则修德，序成而不至则修刑。于是乎有刑不祭、伐不祀、征不享、让不贡、告不王。于是乎有刑罚之辟，有攻伐之兵，有征讨之备，有威让之令，有文告之辞”。[②]

这段文字很能说明周代的礼制和礼法之治：诸侯们必须按各自的

---

① 对于君统与宗统、政权与族权的关系，学术界有不同的看法。王国维认为宗法制“为大夫以下设，而不上及天子诸侯”（见《殷周制度论》），因此君统与宗统是两回事。近年有学者依据《诗》、《书》、《左传》等文献，特别是西周金文材料，提出不同意见，认为天子、诸侯也是有宗法的，君统与宗统相重合。其说详见程有为：《西周宗法制度》（《河南师大学报》1981 年第 1 期），吴浩坤：《西周和春秋时代宗法制度的几个问题》（《复旦学报》，1984 年第 1 期），赵伯雄：《周代国家形态研究》，湖南教育出版社 1989 年版。

② 《国语・周语上》。

等级以及与周天子血缘的亲疏臣服于周王朝，这就是“礼”，不然是违礼。对违礼贵族，周天子先是“修文”、“修德”，再违反，就免不了“修刑”了，“修刑”即“用刑”，于是有“攻伐”、“征讨”等等。

其他古书上也不乏这样的记载。如《礼记·王制》云：

“山川神祇，有不举祭者为不敬，不敬者，君削以地；宗庙，有不顺者为不孝，不孝者，君细以爵；变礼易乐者为不从，不从者，君流之；革制度衣服为畔，畔者，君讨。”①

这段文字又见于《尚书大传》，可见不是汉儒杜撰的。

齐桓公称霸时，挟天子以令诸侯，加兵于楚，借口是楚国“贡包茅不入，王祭不共，无以缩酒”②。这说明周王朝在兴盛时期确实是以礼来维护中央与邦国关系，规定中央王朝的权力和邦国对中央的义务，对严重违礼的诸侯施以兵刑。这样的礼无疑是法而不是道德。质言之，它是“礼法”。东周以降，王权下移，对违礼诸侯、大夫无力惩罚，于是由霸主挟天子以令诸侯，来维护这种“礼法”。后来连霸政也不灵了，由大夫擅国政。这样，违礼行为再也不受惩罚。于是，违礼渐渐成为常态，从而导致“礼崩乐坏”。但这不等于违反此类礼就不是违法，而只是一般的舆论谴责问题。齐桓公以楚国不向周天子进贡包茅为借口压楚国服从自己的霸权，恰恰证明了这种礼的国家强制性，证明以分封制为内容的礼所确定的是周王朝的政治制度和政体形式，具有相当于国家根本法的性质。

---

① 《礼记·王制》。
② 《左传·禧公四年》。

有学者认为,礼实质上是法,但只是,或主要是"私法"[1],或民法[2]。因此,他们指出,在礼之外还有一种法,这种法的内容主要是刑法,或"公法",礼与法是分立的,是两个体系。

其实,在周代除礼以外并不存在另外一个独立的法律体系,或刑法体系。无论是周代文献中反映出来的周礼,还是《礼记》这部书,都包含了不少相当于后世称之为"刑法"的原则和规则。《礼记·曲礼》篇说:

> "道德仁义,非礼不成;教训正俗,非礼不备;分争辩讼,非礼不决;君臣、上下、父子、兄弟,非礼不定;宦学事师,非礼不亲;班朝、治军、涖官、行法,非礼威严不行;祷词祭祠、供给鬼神,非礼不诚不庄。"[3]

这样的礼真是包罗万象,其中的"班朝、治军、涖官、行法",都远远超出了"民法"的范畴。《曲礼》的记载完全可以从《左传》得到印证。《左传》载:

> "礼,经国家、定社稷、序人民、利后嗣者也。"[4]

---

① 参见谢维扬:《周代家庭形态》,中国社会科学出版社 1990 年版,第 210 页。"私法"是罗马法的概念,与"公法"相对立而存在,大致是指处理普通的个人之间关系的原则和规则,私法也包括处理国家或国家代理机构和个人的关系,但这时,国家及其代理机构不存在任何特殊的身份或特权,只是与自然人一样享有平等权利的"法人"。在罗马法学家那里,私法主要包括人法、物法和诉讼法等部门。据法律史学对私法的一般理解,以"私法"名礼或宗法制度,并不妥帖,容易引起误会。在宗法制度下,父家长对子女享有植杀权,以及刑法中的其他一些惩罚权,这显已远远超出了私法的范畴。在法律史上,"私法"绝不是家长私定之法。

② 如,有些法学家认为,礼"主要是指民法而言"(陈守一、张宏生编:《法学基础理论》"绪论",北京大学出版社 1981 年版)。或以为《礼记》是我国"最古的一部民法",陶希晋《关于民法起草工作中的几个问题》,载《民主与法制》,1981 年第 9 期。

③ 《礼记·曲礼上》。

④ 《左传·隐公十一年》。

"礼，国之干也。"[1]

"夫礼，天之经也，地之义也，民之行也。"[2]

这些礼论都将礼视为经国定邦的根本制度和根本大法，而不限于民事关系。

上面第三句话是郑国子大叔转述的子产之言。子大叔在向晋国赵简子(赵鞅)转述子产的这一著名的礼论后，接着又发表了一大通颂礼的言论：

"天地之经，而民实则之。……为君臣上下，以则地义；为夫妇外内，以经二物；为父子、兄弟、姑姊、甥舅、昏媾、姻亚，以象天明；为政事、庸力、行务，以从四时；为刑罚威狱，使民畏忌，以类其震曜杀戮；为温慈惠和，以效天之生殖长育。民有好恶、喜怒、哀乐，生于六气，是故审则宜类，以制六志。哀有哭泣，乐有歌舞，喜有施舍，怒有战斗；喜生于好，怒生于恶。是故审行信令，祸福赏罚，以制死生。……礼，上下之纪、天地之经纬也，民之所以生也，是以先王尚之。故人之能自曲直以赴礼者，谓之成人。"[3]

子产和子大叔对礼的这些认识，具体阐发了"礼者，则天地之体，因人之情而为之节文者也"[4]的道理。其中涉及到各种原则和行为规范："君臣上下"，属于国家根本政治制度和政府体制方面；"政事、庸力、行务"，属于行政和赋税力役方面；"夫妇内外"、"父子、兄弟、姑姊、甥

① 《左传·僖公十一年》。
② 《左传·昭公二十五年》。
③ 同上。
④ 《韩诗外传》卷五，第十章。

舅、昏媾、姻亚”，属于民事和婚姻家庭方面；“刑罚威狱”，属于刑事及狱政方面。这也是礼不仅属于民法或私法的一个佐证。

我国秦汉以后，历朝历代所颁的“律”，大致相当于近现代所称的刑法典，而婚姻家庭、继承及其他民事关系法则多求之于礼。所以，认为礼是民法或私法，若限定于秦汉之后的礼典则有一定的道理，于先秦、于周礼则未必确当。即使是秦汉以后，其律令也悉以礼为指导。当然，这礼是指礼之义，即礼义。但在周代，则是法在礼中，礼外无法。而这礼中之法，很难说只是民法或私法。质言之，谓中国古代民法在礼中则可，说礼是私法或民法则不妥。将西方近代法学那种民、刑、诉讼法界限清楚、条分缕析的思维方式搬过来，解不开古代中国的“礼法”之谜。

与礼是“私法”或“民法”的说法相对应的还有一种说法，认为礼之外有一个刑的系统。有的法史教材在承认礼是广义的法、是习惯法的同时，又说“禹刑”、“汤刑”、“九刑”分别是夏、商、周“法律的总称”。这样一来，礼和刑成了两个法律系统。

其实，古代有两个“刑”字。一作“型”，《说文》云：“铸器之法也。”[①]本义为型范，引申作模范、榜样、典范、准则、常规等。《尔雅义疏》“刑”下注云：“《诗》：‘刑于寡妻’。《释文》引《韩诗》云：‘刑，正也。’正亦法也。古文法作‘佱’，从古文‘正’字。法所以正义，故《周礼》注：‘刑，正人之法’。”这个疏解不错。“刑于寡妻”[②]，即“型于寡妻”，意为周文王治天下，首先以礼对待自己的正妻，为天下夫妻做出榜样。这是欲治国必先齐家的意思。《诗·大雅·文王》“仪刑文王”的“刑”亦作“型”，意为周王朝后代天子都应以文王为模范。“刑于寡妻”、“仪刑文王”合起来便是先正己后正人，正君而后国定、家齐而后国治的逻辑。这就是所

① 《说文解字注·土部》。
② 见《诗·大雅·思齐》。

谓的礼法之治。所以，这个“型”，训“正”，训“法”，实质上就是礼。

另一个“刑”，即“禹刑”、“汤刑”、“九刑”的“刑”，金文写作“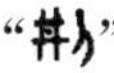”。《说文》解释为“罚罪也”[①]，仅指刑罚。《慎子·逸文》云：“斩人肢体、凿其肌肤，谓之刑。”这个“刑”，与“辟”同义，合称“刑辟”。古代对犯罪之人施以刑罚的规定亦称法，叫刑人之法，或罚罪之法，实际上是一些刑罚规定。违背了“型”法，即礼法，就“入乎罪”，于是而有刑有辟，有罚罪的细则。所以，“刑”、“辟”辅礼而行，涵摄于礼制之中，不是与礼相独立的另一个法律体系。

“禹刑”“汤刑”由于年代久远，不可详考。周代的刑，文献上有所记载。《左传·文公十八年》说：“先君周公制《周礼》曰：‘则以观德，……’”又说：“（周公）作《誓命》曰：‘毁则为贼，……为大凶德，有常无赦，有九刑不忘。’”“则以观德”的“则”，指礼则。[②]“毁则”即指破坏礼则的行为，其罪名为“贼”，应处以不赦之常刑，这种常刑即规定在“九刑”之中。可见，“毁则为贼”、“有常不赦”等等即是“失礼入刑”的意思。《誓命》是一个有关“失礼入刑”的刑事特别法令，它辅《周礼》而行，依附于周礼。《周礼》有礼则，《誓命》才有“毁则为贼”。离开了《周礼》，“毁则”就没有着落，就无从认定。

后来周穆王时的《吕刑》，也是在固有的礼制之下来重申明德慎刑的原则，所谓“惟敬五刑，以成王德”，即是以刑辅德的意思，与周公制定礼则以观德，对“毁则”者惩之以刑的逻辑相同。文中反复申述“祥刑”、“刑中”之义以及“轻重诸罚有权”等等，都是周礼的固有原则。

总之，“刑”作为罚罪之法，并不在礼法系统之外，周代不存在礼与刑两个互相并列的法律系统。汉人谓，“夫礼禁未然之前，法（刑）施已

① 《说文解字·井部》。

② 参见杨伯峻：《春秋左传注·文公十八年》。

然之后”[①]，将礼与法（刑）说成是两个不同的系统，具有的不同的功能，这已经是汉儒在继秦代弃礼任刑、法（刑）已独立于礼之外，力图建立新的礼法合一体制的理解，不尽合于春秋以前的周礼了。

2. 礼法的通义：失礼入刑

在周代，礼外无法、法在礼中。但是不是一切礼的原则和规则都是法？答案是否定的。依子大叔的礼论来分析，在礼中，既有“审行信令，祸福赏罚，以制死生”的国家强制性规范，又有从内心驱使人“自曲直以赴礼”的非国家强制性的行为规范。照现代法学理论，法律与道德之间的最有决定性的区分在于，前者具有以国家系统暴力为后盾的强制性，而后者没有。所以，礼同时具有法律规范和道德规范的双重性。[②] 在西周礼法时代，法悉归于礼，礼外无法；同时，道德也均纳之于礼，不在礼外。

那么，作为法律规范的礼与作为道德规范的礼怎样辨别呢？一般地说，是看失礼之后是否入刑来决定。由于礼通常只规定人们应当做什么和不应当做什么，应当这样做和不应当那样做，即只有假定和指示两个要素，缺乏法律规范的第三个要素——制裁，又由于中国古代，对违法行为的制裁方法比较单一，一般都采取刑事制裁手段，因此，违反某条礼则的行为是否入刑成为判断此条礼则是法还是道德的一般标准。

汉人说：“出于礼，入于刑，礼之所去，刑之所取”[③]，“失礼则入刑，相为表里者也”。[④] 他们把礼与刑看做是“相为表里”的关系，也是渗透

---

① 见《史记·太史公自序》，又见《大戴礼记·礼察》。

② 参见栗劲、王占通：《略论奴隶社会的礼与法》，载《中国社会科学》，1985年第5期。

③ 王充语，见《论衡·谢短篇》。

④ 陈宠语，见《后汉书》卷四十六《郭陈列传》。

了汉儒德主刑辅的观念的缘故。但“出礼入刑”的说法，倒揭示了周礼的古义。这方面，上文已征引了《国语》、《王制》、《左传》等文献资料，各种有关礼的著述亦有详细的论证，兹不一一重复称引。

栗劲、王占通先生《略论奴隶社会的礼与法》一文中论及西周礼刑关系时指出：

> “原则上，违礼即给予制裁；具体上，每一种礼的规范并未同某种制裁方法固定地联系在一起。对一种违礼行为给予何种制裁，并无事先规定，而是由执政者根据自己对该行为的社会危害性的认识，在诸种制裁方法中任意选择一种。晋大夫叔向说得准确：‘先王议事以制，不为刑辟。’不事先规定出惩罚方法，而是根据具体事实来定。”①

这一见解极为确当。西周实行“失礼入刑”的原则，但违礼后应当适用什么刑罚是不确定的，人们称之为“非法定主义”。可以顺此思路伸展出去的是：这种不确定的非法定主义的刑罚主张，是以“原情定罪”或“论心定罪”为断狱原则的。这在上节已作过讨论。这样，一是对违礼行为要惩之以刑，即失礼则有“常刑”；一是对某一行为人的违礼行为的审判是“以情断”，因此同样的违礼行为在不同的主观条件下有罚与不罚、轻罚与重罚的不同。“失礼入刑”和入刑以后“原情定罪”是西周礼法体制下两个递进式的关系密切的互补原则，缺一不可，否则，就难以明了周代礼刑关系的真义。

这里，有几点尚需进一步说明：

第一，礼制中的非法定刑主义，是“失礼入刑”前提下的非法定刑主

---

① 前揭栗劲、王占通：《略论奴隶社会的礼与法》。

义，因而其刑罚的不确定只是相对的，并不是漫无边际，悉由执法官吏主观随意，擅断行刑，高下在心。应当说，“以情断”、“原情定罪”，本身就是一个执法者断狱时必须遵循的大原则。从前述《左传·庄公十年》鲁庄公和曹刿的对话中可知，这还是一个又高又难的原则。唯其高难，所以常人难以做到，能做到者就可以治国经邦、取悦民心。这也就是曹刿许鲁庄公“可以一战”的原因所在。《左传》等文献中对违礼者，每每告诫曰“国有常刑”、“有常无赦”等等，说明不确定刑、非法定刑中仍有确定的一面。

第二，春秋之际，礼崩乐坏，《左传》所载许多案子常有政治上争权夺利的性质，不纯属法理或法律问题，故多有重罪不罚、轻罪重罚等反常现象，这已不是“失礼入刑”、“原情定罪”原则的常例了。

如郑子产执政的第三年，发生郑公族大夫公孙楚（子南）与公孙黑（子皙）两个从兄弟争娶徐吾犯之妹的事件。公孙黑全副武装闯入公孙楚家中，“欲杀之而娶其妻”，子南“执戈逐之”，并将子皙击成重伤。从事实上看，罪在子皙。但子产处理此案时却说：“直钧，幼贱有罪，罪在楚也。”反把子南抓起来，数其五条罪状，放逐于吴。[①] 直到第二年，子皙欲作乱，子产才数其三条死罪，命其自缢。三罪之一便是头年发生的“昆弟争室”[②]。同一行为，前一年判“幼贱有罪”，包庇了子皙，第二年又定子皙为三条死罪的头一条。像这样的断狱，主要是政治因素在起作用了。子产执政之初，郑“国小而偪，族大宠多”[③]，堪称内忧外患。子南与子皙同属游氏，是一大宠族，子皙的实力又强于子南，骄横无比。据《左传》记载，子产执政后实行改革，国人始反对而后赞成：

---

① 见《左传·昭公元年》。
② 《左传·昭公二年》。
③ 《左传·襄公三十年》。

"从政一年，舆人诵之，曰：'取我衣冠而褚之，取我田畴而伍之。孰杀子产，吾其与之。'及三年，又诵之，曰：'我有子弟，子产诲之，我有田畴，子产殖之。子产而死，谁其嗣之？'"①

翦除宠族，是子产内政改革的一大措施。但昭公元年子南、子皙内争时，他执政尚不满三年，立足未稳，郑人对他还有不信任不理解情绪。从政治上考虑，他不得不暂时曲护强大骄蛮的子皙，而借机除掉游氏的一支——子南。到第二年，子产的改革已逾三年，取得了郑人完全的理解，而子皙的倒行逆施，"欲去游氏而代其位"，即妄图从本宗族首领游吉手中夺取宗主权位，因而引起了本族人驷氏和其他贵族大夫的一致反对，"驷氏与诸大夫欲杀之"②，已使自己完全孤立。这样，翦除子皙这一宠族的时机终于成熟，子产这才毫不留情地将其处死。可见，子产对子南、子皙的处理已远远超出了法律的意义，不能囿于法律范围来解释了。

另如，卫侯请良夫食，"良夫乘衷甸两牡，紫衣狐裘。至，袒裘，不释剑而食。大子使牵以退，数之以三罪而杀之。"③杜预注云："三罪，紫衣、袒裘、带剑。"紫衣为国君服饰，他人不得用；带剑近君为不敬。依礼制，"革制度衣服者为畔，畔者君讨。"④这是因侍君衣饰违礼逾制而处死的一则案例。看起来是符合"失礼入刑"，情罪相当的，但实际上却包含着政治阴谋。卫灵公曾放逐太子蒯聩而立长孙辄。鲁哀公十五年（公元前480年），蒯聩与浑良夫盟，许其"服冕、乘轩、三死无舆"，即允许其服饰礼仪过制，且赦其三次死罪。蒯聩由是政变成功，从自己的儿

① 《左传・襄公三十年》。
② 见《左传・昭公二年》。
③ 《左传・哀公十七年》。
④ 《礼记・王制》。

子辄手中夺取了君位。[①] 第二年,浑良夫建议蒯聩召回辄。蒯聩的另一个儿子疾怕辄回来后自己的储君位置不保,因而迁怒于良夫,"劫公而强盟之,且请杀良夫"。[②] 于是才有那场名为请客吃饭实则设下圈套布满杀机的"鸿门宴"。卫国父子争位,正如孔子所说,是"名不正"、"言不顺",完全背弃了礼。浑良夫之被杀,是出于政治原因,超出礼刑关系的范围。

总之,对于礼衰后的政治性诛杀,是难以从礼本身的原则中求得答案的,也不好作为评价礼制原则的是与非的佐证。

第三,对违礼后应当入刑的行为进行"原情定罪"的结果,自然有罚(不论重罚与轻罚)与不罚(或赦之免罚)的区分。受到刑罚惩处的行为所犯的那条礼则,在此时此地此人此情下无疑属于法律规范。但在彼时彼地彼人彼情下,同一种违礼行为也许赦而免罚,或仅以道德训诫了结,那这条礼则这时是否成了道德规范呢?回答应当是否定的。违背某一礼则应当入刑,这已表明这条礼则的法律属性;至于审断的结果究竟入不入刑,即罚与不罚,这只是个制裁与否的问题,彼时彼地彼人彼情不予制裁,并不等于凡违犯此礼则者一概不受制裁,也不能改变这条礼则的法律属性。在古代成文刑法体系中,司法中亦有"原情"而宽宥赦之的情况,如复仇杀人,统治者就可能原其孝子之心而不予惩处,但这不能改变刑律中有关条款的法律属性。

第四,上文已经说到,在春秋时代,由于政治动荡,政府失去威信,往往还有对违礼犯法行为无力惩罚的现象。如郑僖公待臣无礼,又杀进谏的侍者,郑子驷弑僖公,而奉立年仅五岁的简公[③]。这个简公当然无力惩罚弑其君父的擅政大夫以报父仇。第二年,"郑群公子以僖公之

---

① 见《左传·哀公十五年》。

② 《左传·哀公十六年》。

③ 《左传·襄公八年》。

死也，谋子驷”，想杀掉他，结果因力量不济，反倒是子驷先下了手，“辟杀子狐、子熙、子侯、子干”。[1] 弑君事件无疑是严重的违礼行为，但由于“政在大夫”，礼行不通，无力惩处弑君者，这当然不能认为违礼弑君仅仅是个舆论谴责问题。郑简公、郑群公子想惩办弑君大夫子驷而未果，证明弑君者必须入刑，只是心有余而力不足而已。这种情况在历代王朝的衰世时屡见不鲜。

3.“礼不下庶人，刑不上大夫”再议

将古代礼刑关系中所包含的阶级性加以不适当地夸大，认为礼只适用于大夫以上的贵族，刑是专门用来对付庶人和奴隶的，这就使得我们在释读周代礼法制度时产生了诸多困难。1980 年代以来，学者们就此问题发表了不少文章，从各个不同角度讨论了“礼不下庶人”和“刑不上大夫”的实质，起到了矫正前失的作用。多数学者认为，西周的礼与刑的区分并不是那么绝对的，礼既然是普遍的行为规范，庶人断无不受礼制制约之理；而对于弑君犯上，越礼逾制的贵族大夫也照样要惩之以刑。这些看法，都有史实可征，不由人们不信。

然而，这个问题上的疑问并没有完全冰释。既然礼是普遍的行为规范，刑也是普遍的处罚手段，那为什么古人又有“礼不下庶人”和“刑不上大夫”之说呢？

笔者认为，这里有一个殊相与共相、个别与一般的关系问题。如所周知，“礼不下庶人，刑不上大夫”一语出自《礼记》的《曲礼》篇。《曲礼》所记乃“《经礼》中之仪文曲折”[2]，并非专论礼的一般原则。“礼不下庶人”，“刑不上大夫”在这里有具体的语言环境，是具体的礼仪规定。这

---

① 《左传·襄公九年》。

② 孙希旦：《礼记集解·礼记卷一》题解。

就是它的殊相，或个别。后人把这句话从《曲礼》中抽出来，作为一个礼制原则，这就不再是一条具体的礼仪规定，而成为普遍适用的礼刑关系的指导思想了。这就是它的共相，或一般。然而，它的殊相与共相，个别与一般之间并不是完全一致的，不能互相代替。我们的一些讨论“礼不下庶人”，“刑不上大夫”的文章，或偏重谈它的殊相意义，或偏重于谈它的共相意义，这就难免不发生歧义。有鉴于此，笔者以为，对“礼不下庶人”、“刑不上大夫”含义的探讨应分成两个层次，即殊相一个层次，共相一个层次。

就其殊相层次而言，我们只能严格按《曲礼》的文义来诠释和理解。一些学者指出，在《曲礼》所记的“礼不下庶人”与“刑不上大夫”一语的中间应读句号，而不是逗号[①]。因此，“礼不下庶人”与“刑不上大夫”在《曲礼》中不是礼专属于大夫，刑只用来对付庶人的对偶句式，而是各依归于一句话，亦即各依归一条礼的原则。故《曲礼》原文应读为：

> “国君抚式，大夫下之；大夫抚式，士下之；礼不下庶人。刑不上大夫，刑人不在君侧。”

前一句讲的是不同等级的人过宗庙之礼。“式”，本指车前抚手横木。“抚式”是一种礼仪规则，方法是：立而乘车，低头抚车前横木，以示敬意。古人也将“抚式”之礼简称为“式”，这是“式”的衍义，即行式礼。此句大意为：国君与大夫过宗庙时，国君在车上行式礼，大夫则应下车；若大夫与士同行过宗庙，则大夫行式礼，士当下车；庶人没有下车之礼。为什么“礼不下庶人”？孔氏疏云：“庶人贫无物为礼，又分地是物，不服

---

① 参见前揭栗劲、王占通：《略论奴隶社会的礼与法》。

燕饮，故此礼不下庶人行也。”[①]这里的“庶人贫无物为礼”云云，已推衍到“礼不下庶人”的共相意义上去了，但孔氏的“此礼不下与庶人行也”一句中的“此礼”二字甚为确当，强调了这句话的具体性，因为庶人本无车可乘，过宗庙当然也不行下车之礼，所以，过宗庙抚式或下车之礼不下及庶人。这就是《曲礼》中所谓“礼不下庶人’的具体含义，或殊相意义。

后一句，“刑不上大夫”与“刑人不在君侧”文义紧紧相连。这两个“刑”字应为同一词义。“刑人不在君侧”，意为：被刑之人不得接近君主。所谓被刑之人当然是受过肉刑的刑余之人。由此可知，“刑不上大夫”之“刑”应为刑辟之刑，刑罚之刑，更确切一点，是指肉刑之刑。因此有的学者认为“刑不上大夫”是指肉刑不上大夫，或宫刑不上大夫[②]。这是有价值的一种推测。

《左传》中有几处对贵族大夫施刖刑的记载。如，庄公十六年：“郑伯治与于雍纠之乱者，九月，杀公子阏，刖强鉏。”[③]又，成公十七年，齐灵公“刖鲍牵而逐高无咎”[④]。但这恐怕是春秋之世礼制崩坏后生出的变例，是礼有潜差的表现。僖公二十八年载：“卫侯与元咺讼，宁武子为辅，鍼庄子为坐，士荣为大士。卫侯不胜，杀士荣，刖鍼庄子，谓宁俞忠而免之。”[⑤]卫侯与元咺君臣之间发生诉讼，到霸主晋国的司法官那里打官司，卫侯败诉后恼羞成怒，将派去代替自己躬坐狱讼的大夫杀之刖之。这实在是暴虐无道，大违礼制，所以霸主国晋人代天子执法，“执卫

---

① 《礼记正义·曲礼上》孔颖达疏。

② 参见李衡梅、吕绍纲：《“刑不上大夫”的真谛何在》，《史学集刊》，1982 年第 1 期。又，李启谦：《再议“礼不下庶人，刑不上大夫”》，《中国古代史论丛》1981 年第 3 期。

③ 《左传·庄公十六年》。

④ 《左传·成公十七年》。

⑤ 《左传·僖公二十八年》。

侯,归之于京师,置诸深室”。[1] 这个案例或可说明,春秋时期的肉刑上大夫正是时君世主们自毁礼制、无法无天的结果。

总之,就《曲礼》的“礼不下庶人”、“刑不上大夫”的具体意义而言,是说的过宗庙抚式或下车之礼不及于庶人,肉刑不及于大夫。有的学者将“下”和“上”训为“卑”和“尊”,变成“礼不卑庶人”,“刑不尊大夫”。[2] 若单从文字训诂上说固然也可通,但具体到《曲礼》的文字环境中,则不好解释了。抚式下车之礼如何谈得上“不卑庶人”?“刑不尊大夫”,即肉刑要上大夫,但这在比较可靠的西周文献和金文中至今还找不到像样的例证。况且,这种“刑过不避大臣”的法家精神在西周礼制时代也缺乏文化氛围。

以上说的是“礼不下庶人”、“刑不上大夫”在《曲礼》中的具体含义,或殊相意义。

所谓其共相意义,是指将它抽象为礼刑关系的一种原则而具有的一般的普通适用的价值。孔疏将“礼不下庶人”解释为“庶人贫无物为礼”的同时,又论证说:

> “礼为有知制,刑为无知设。礼谓酬酢之礼不及庶人,勉民使至于士也。故《士相见礼》云,庶人见于君,不为容,进退走是也。张逸云:非是都不行礼也,但以其遽务不能备之,故不著于经文三百,威仪三千耳,其有事则假士礼行之。”[3]

清人孙希旦解释说:

---

① 《左传·僖公二十八年》。

② 参见汤起康:《“礼不下庶人,刑不上大夫”原意索解》,载《文史知识》1984 年第 7 期。

③ 《礼记正义·曲礼上》孔疏。

> “愚谓庶人非无礼也，以昏则缁币五两，以丧则四寸之棺，五寸之椁，以葬则悬棺而窆，不为雨止，以祭则无庙而荐于寝。此亦庶人之礼也，而曰‘礼不下庶人’者，不为庶人制礼也。制礼有士以上，《士冠》、《士昏》、《士相见》是也。庶人有事，假士礼以行之，而有所降杀焉。盖以其质野则于节文或有所不能习，卑贱则于代物或有所不能备也。”①

关于“刑不上大夫”，郑氏注云：“不与贤者犯法，其犯法则在八议，轻重不在刑书。”②孔疏曰：“五刑三千之科条，不设大夫犯罪之目。所以然者，大夫必用有德，若逆设刑，则是君不知贤也。”③张逸云：“谓所犯之罪，不在夏三千、周二千五百之科，不使贤者犯法也，非谓都不刑其身也，其有罪则以八议议其轻重耳。”元代陈浩注云：“不制大夫之刑，犹不制庶人之礼也。”④

综上所言，所谓“礼不下庶人”，不是没有礼来约束庶人的行为，而是庶人贫穷又无身份，故不制庶人之礼；所谓“刑不上大夫”，不是大夫有罪不处刑，而是不专设惩罚大夫之刑，大夫有罪以八议议其轻重。

近些年来讨论“礼不下庶人”、“刑不上大夫”的论著，意见虽不尽相同，但有不少是与上述所征引的古代各家所注大体一致的。

然而，无论古人今人，这种解释，都已超越了《曲礼》的具体文字环境而在论“礼不下庶人”、“刑不上大夫”的共相含义，是将其作为礼刑关系的一般原则来理解和阐释了。这种做法，是由汉儒开创的，其中首开宏论者当推贾谊。他说：

---

① 孙希旦：《礼记集解·曲礼上》第一之四。
② 《礼记正义·曲礼上》郑注。
③ 《礼记正义·曲礼上》孔疏。
④ 同①《礼记集解·曲礼上》。

> “古者圣王制为等列，内有公卿大夫士，外有公侯伯子男，然后有官师小吏，延及庶人，等级分明，而天子加焉，故其尊不可及也。里谚曰：‘欲投鼠而忌器。’此善喻也。鼠近于器，尚惮不投，恐伤其器，况于贵臣之近王乎！廉耻礼节以治君子，故有赐死而亡戮辱。是以黥劓之罪不及大夫，以其离主上不远也……君之宠臣虽或有过，刑戮之罪不加其身者，尊君之故也。此所以为主上豫远不敬也，所以体貌大臣而厉其节也。……故古者礼不及庶人，刑不至大夫，所以厉宠臣之节也。古者大臣有坐不廉而废者，不谓不廉，曰‘簠簋不饰’；坐汙秽淫乱男女亡别者，不曰汙秽，曰‘帷薄不修’；坐罢软不胜任者，不谓罢软，曰‘下官不职’。故贵大臣定有其罚矣，犹未斥然正以呼之也，尚迁就而为之讳也。故其在大谴大何之域者，闻谴何则白冠氂缨，盘水加剑，造请室而请罪耳，上不执缚系引而行也。其有中罪者，闻命而自弛，上不使人颈盭而加也。其有大罪者，闻命则北面再拜，跪而自裁，上不使捽抑而刑之也，曰：‘子大夫自有过耳！吾遇子有礼矣。’”①

贾谊的这番高论，反反复复阐述了一个中心思想：以礼义治臣下，维护君主尊严和权威。这是一种对秦王朝君主集权和极端专制政治的改造理论。它承袭汉承秦制实行中央集权君主制的现实，又希望融入先秦儒家君礼臣忠的政治主张。照贾谊的说法，古代不光肉刑不上大夫，连死刑也不上大夫，大夫有死罪只是自裁而已。甚至连罪名也另有一套符合礼制的概念，什么“簠簋不饰”、“帷薄不修”、“下官不职”等等。可是这一切统统于史无征。贾谊的礼论只是对秦王朝的重刑苛法之治的反思，决不是西周礼治的历史实际的复述，内中寄托了他托古改制的

---

① 《汉书·贾谊传》。

用心。

自贾谊的礼论一出，汉代以后经学家注礼无不受其影响。班固《白虎通义》云："刑不上大夫者，据礼无大夫刑，或曰挞笞之刑也。"[①]意即挞笞之刑不上大夫。这显然出于贾谊的"上不使捽抑而刑之也"之类的主张。东汉郑玄注《礼记》"不与贤者犯法"，唐孔颖达疏有"大夫必用有德，若逆设刑，则是君不知贤也"等等，也都是仰贾谊"投鼠忌器"说的鼻息。以后，胡寅称贾谊"得圣人之意"[②]，孔希旦《礼记集解》中也直接征引贾谊的"厉宠臣之节"等语，足见其影响之久远。至于郑氏所谓"其犯法则在八议，轻重不在刑书"，倒是发贾谊之所未发。"八议"，出自《周礼》"八辟"之说。《周礼》一书于诸经之中最为晚出[③]，贾谊未得亲见，所以论礼时也没有联想到"八议"。可见，我们现在所见到把"礼不下庶人"与"刑不上大夫'作为一般的礼制原则的各种注解，是以汉儒的礼论为基础逐渐发展、丰富、完备起来的。

当然，这些解释也不能视作完全是汉以后儒者的杜撰，是仅凭他们自己的政治理想在那里臆想说经。他们还是有一定依据的。郑康成驳许慎"无刑不上大夫之事"的意见时，说："凡有爵者与王同族，大夫以上适甸师氏，令人不见，是以云刑不上大夫。"孔颖达同意郑康成的看法，进而又引征文献云：

> "大夫罪未定之前皆在八议，此经注是也。若罪已定将刑杀则适甸师氏是也。凡王朝大夫以上及王之同姓皆刑之于甸师氏，故掌戮云'凡有爵者及王之同族'。有罪则死刑焉是也。若王之庶姓之士及诸侯大夫则戮于朝。故襄二十二年'楚杀令尹子南，尸诸

---

① 班固：《白虎通义・五刑》。

② 转引自丘濬：《大学衍义补・慎刑宪》。

③ 参见《旧唐书・儒学传》。

朝'，是大夫于朝也。……诸侯大夫既在朝，则诸侯之士在市。故《檀弓》云：'君之臣不免于罪，则将肆诸市朝'"。①

郑、孔从《周礼》、《左传》、《檀弓》中搜集到的案例和论述，便是他们把"刑不上大夫"解释为"厉宠臣之节"以及有罪以"八议"议其轻重的依据。他们认为"有罪"是指死罪，这与《曲礼》中的特定含义，即肉刑不上大夫是相一致的。《左传》记述祁奚营救晋上大夫叔向时说："社稷之固也，犹将十世宥之，以劝能者。"②可知按当时礼制惯例，大夫有罪可以原宥。但能否原宥当然要经过"议"。当时大概还没有如《周礼》所载的如此完善的"以八辟丽邦法"的"八议"制度，然郑、孔指出大夫犯法在定罪之前有个"议"的过程，还是有古制根据的。这也与叔向的"先王议事以制"相一致。这就是说，汉代贾谊及其以后的历代注礼家们将"礼不下庶人"、"刑不上大夫"引申为一种普遍适用的一般原则而作出注解时，还是在一定程度上依据《曲礼》中的殊相含义的。

总起来说，"礼不下庶人"、"刑不上大夫"一语，在《曲礼》篇中作为具体礼仪规则与将其上升为一般的普遍的礼制原则，在含义上是有所不同的。前者指过宗庙之礼不及于庶人，肉刑不上大夫。后者指由于庶人身份低贱和贫穷无物，因而不专制庶人之礼，一些礼的具体规定也不及于庶人，但庶人仍在礼制的一体约束之下；而"刑不上大夫"，是指无专门惩罚大夫的刑罚规定，大夫犯罪先按惯例议宥，享有一定的减免特权，但这绝不是绝对的免罪权，大夫犯死罪一般都得处死，只是执行方法、处死场所有所不同。不过，对其共相意义的阐释多为汉以后所逐步发明，不一定都符合古制。就古制的实际情况而言，作为整体的制度

---

① 前揭《礼记正义·曲礼上》孔疏。

② 《左传·襄公二十一年》。

之礼是下庶人的,刑(死刑)也是上大夫的。

4. 儒家的礼论

西周以“尊礼文化”[①]为特点,礼正处于兴盛阶段,人们习以为常,不甚注重对它的研究。降至春秋,礼制出现危机,这才引起人们的关注,对它的理论研究和价值论证也随之发展和深化,从而大大推进了礼的制度和文化的理论化进程。礼制、礼文化在中国古代社会有着深厚丰腴的土壤。春秋战国的礼制危机只是暂时性的,并不意味着礼的消亡,而只是说明礼需要修正、改革,需要新的理论说明。先秦儒家不仅坚持礼,而且坚信礼将复兴,他们是不懈地对礼进行创造性诠释、论证的一派思想家。

儒家的创造性礼论涉及面相当广泛,就其法思想的角度而论,最突出的有以下三点:

第一,将礼区分为本和末两个层次,坚持礼之本。礼之本,即礼的精神实质,礼的全体大用。春秋时期,礼乐崩坏,其主要表现就在礼失其本,流于形式化,时君世主们大多只斤斤于礼之末——仪式。社会上由此而有维护礼之本的呼声。如《左传·昭公五年》,已经大权旁落、地位岌岌可危的鲁昭公至晋会见晋平公,“自郊劳至于赠贿,无失礼”,晋侯称赞他“知礼”,晋大夫女叔齐纠正说:“是仪也,不可谓礼”,并指出鲁昭公将礼的本末倒置了,他对礼下了一个界说:“礼,所以守其国,行其政令,无失其民者也。”[②]又,《左传·昭公二十五年》载:“子大叔见赵简子,简子问揖让、周旋之礼焉。对曰:‘是仪也,非礼也。’”[③]这两处都是将礼与仪相区分,“礼”即礼之本,“仪”即礼之末。这是春秋时代关于礼

① 见范文澜:《中国通史》第1册,人民出版社1979年版,第147—148页。

② 《左传·昭公五年》。

③ 《左传·昭公二十五年》。

的新论之一，是对礼的价值的重新认识和进一步提升，肯定礼是治国之本，规范着国家的根本制度，是政治法律的根本指导原则。

儒家论礼与这一思潮完全一致。孔子认为礼不是“玉帛”、“钟鼓”，又说：“礼，与其奢也，宁俭；丧，与其易也，宁戚。”[①]他的学生曾子对鲁大夫孟敬之说：“笾豆之事，则有司存”[②]，用意是提醒孟敬之，作为主政大臣不必亲自过问礼的细节，而应注重礼之“本”。所以，孔子主张“为国以礼”的“礼”，正是作为“礼之本”的礼；即是守国家、行政令的“天之经”“地之义”之礼；也是约束民、“无失民”，而民必须一体遵行之礼。

先秦儒家殿军荀子集儒家礼学之大成。他“隆礼重法”，主张以礼“正国”：“国无礼则不正。礼之所以正国也。”[③]高度肯定礼的治国安邦价值：

“人无礼不生，事无礼不成，国家无礼不宁。”[④]

荀子又以“分”释礼，将礼比作权衡、绳墨：

“礼者，人主之所以为群臣寸、尺、寻、丈检式也。”[⑤]

荀子的礼论不但处处从“礼之本”的大处着眼，而且还把“礼之本”直接解释为法，创造性地提出了“礼法”范畴：

---

① 《论语・八佾》。
② 《论语・泰伯》。
③ 《荀子・王霸》。
④ 《荀子・大略》。
⑤ 《荀子・儒效》。

“人主者，以官人为能者也……论德使能而官施之者，圣王之道也，儒之所谨守也。传曰：‘农分田而耕，贾分货而贩，百工分事而劝，士大夫分职而听，建国诸侯之君分土而守，三公总方而议，则天子共己而已。’出若入若，天下莫不平均，莫不治辨，是百王之所同也，而礼法之大分也。”①

著名史学家曹聚仁说：“儒家所谓‘礼’，包括政治，外交制度在内。”②政治、外交制度确是“礼之本”，是国家的大法。

第二，坚持“失礼入刑”的礼法之治原则。《论语》中虽然找不到孔子关于“失礼入刑”的直接言论，但结合《左传》来分析，此义自见。孔子对当时社会“上失其道”，忧心忡忡，讥讽谴责之辞在《论语》、《左传》中不乏记载。失道，即是失礼，也是不仁，因为孔子以仁为礼之质，为上者失道，必然导致礼义纲纪废弛，社会失范，犯罪案件增多。对于庶民犯罪，孔子主张“哀矜折狱”，反对“不教而杀”；对于为政大夫失礼违法，孔子则主张惩之以刑，这从他赞赏叔向议刑“不隐于亲”中可以看出。

《孟子》书中谈礼不多，但对于“失礼入刑”的原则，孟子十分肯定：

“一不朝，则贬其爵；再不朝，则削其地；三不朝，则六师移之”。③

“不朝”，就是封国诸侯不行朝贡之礼，说明其对中央王朝有异心，甚至企图搞独立王国。贬爵、削地、移师征讨都是刑的手段。总之是失礼则

① 《荀子·王霸》。《荀子》书中“礼法”凡三见：《修身》篇：“故学也者，礼法也。”《王霸》篇：“礼法之大分也。”“礼法之枢要也。”

② 曹聚仁：《中国学术思想随笔》，三联书店1986年版，第70页。

③ 《孟子·告子下》。

入刑。

荀子的思路也如是：

> “遇君，则修臣下之义，遇乡则修长幼之义，遇长则修子弟之义，遇友则修礼节辞让之义，遇贱而少者则修告导宽容之义。……如是而不服，则可谓訞怪狡猾之人矣，虽则子弟之中，刑及之而宜。”[①]

这里的“义”，指礼义，或者说，指含有义的礼。荀子指出，治国的方法应是先礼后刑，修礼隆礼，以礼治国，以礼导民；违礼失礼，则惩之于刑，虽亲戚子弟亦不宽贷。

第三，赋予礼以新的内涵，将古老的礼进行创造性的改造。这是儒家礼学中最最关键的一点。其突出地表现为孔子的以仁释礼。继孔子之后，孟子直接把以礼治国的王道政治称为“仁政”，荀子虽王霸并称，但仍以王道为高，同孔孟一样，认为“行一不义，杀一无罪，而得天下，仁者不为也”。[②] 孟、荀都是把孔子的仁进一步政治化。先秦儒家大师以仁改造礼，将礼之本提升到新的高度，从而为政治法律制度和法律活动设定了新的价值尺度。

总起来说，先秦儒家的礼论继承了以往礼学的成果，尤其是总集了春秋以降关于礼的理论化之大成，发展成为礼学。这是中国礼文化，也是中国法文化发展中的一个承先启后的环节。如果说，夏商之礼包含了十分浓厚的原始宗教巫术兼杂原始氏族血缘关系，西周之礼以血缘宗法制度为核心，那么，儒家之礼的主要特点是进一步强调礼的普遍价

---

① 《荀子·非十二子》。
② 《荀子·王霸》。

值，并着力阐扬其血缘伦理意义。礼作为“礼法”，既是国家根本制度，又是社会行为规范的总称，还是一切制度和法规范的内在精神与价值标准。礼作为制度是形而下的，是可以改废的，不断改进的；礼作为制度和法的精神与价值标准，又是形而上的，是不可移易的。就前者而论，儒家为后世社会设计了一个根本性的秩序模式；就后者而论，则是提供了一个理想法和法上法，是历朝历代制定法的普遍的价值准则。

结语

现在，我们可以将前面所讨论的关于礼与法、礼与刑的关系分为以下几个层次作一个小结。

第一，在周代，礼是一个复杂的系统，内涵包括原始宗教、习俗、道德、法律之属，外延统揽个人、家庭、国家、社会的行为关系原则和规则，具有全体大用和文化生命整体的特征。因此，礼外无法，法在礼中。从这个意义上可以说，礼法是重合的，礼就是法，概称“礼法”。

第二，礼既包含了道德规范，故在周代，同样不存在礼之外的道德。因此，不仅法在礼中，而且德也在礼中。以礼为外在形式的道德是以宗法伦常为核心的血缘人伦道德，所以，具有法律规范和道德规范双重属性的礼，其法的层面的基本特征同样是宗法伦常性。质言之，礼法是伦理法，或曰宗法伦常法[①]。

第三，礼虽具有法律规范和道德规范的双重属性，但法律之礼与道德之礼并不是一概不能区分的。一般地说，凡应“失礼入刑”之礼属于法律规范，不管其审断结果是否真的“入刑”；而凡失礼后一般情况下不必入刑的礼，则属于道德规范。就前者而言，诸如规范国家政治制度，政体形式，天子、国君、卿大夫等的权利义务及其相互关系，刑事原则及

① 参见本书第三章。

罚则，婚姻家庭及继承制度，田土、山林、河湖等不动产与动产的权益分配与再分配、占有与被占有制度等等，一般地属于法律规范性质；而那些仅关系个人修身或人与人之间的一般性揖让应对礼节仪式之类的礼，则多为道德规范的性质。

第四，“失礼入刑”是周代礼制的基本原则，对于应“入刑”的违礼行为的审断则采取“议事以制”、“原情定罪”的方法。“原情定罪”是对“失礼入刑”之行为罚与不罚、轻罚与重罚的阀门。“失礼入刑”与“原情定罪”构成礼法体系中相互配套的两大原则，也是理解周礼的法的属性的两个关键环节。“议事以制”、“原情定罪”，不是完全由执政者高下在手、任心裁量。断罪判刑还是有基本原则可循的，如《九刑》、《吕刑》等就是这样的刑罚原则和规则性文件，但它们仅是“常刑”，对于具体的犯罪行为和行为人如何适用、如何量刑，还得通过“议事以制”、“原情定罪”而求其“中刑”、“中罚”。

第五，“礼不下庶人”、“刑不上大夫”在《曲礼》中最早出现时，并不是一条体现绝对化的阶级等差规则的对偶句。周礼中并不存在礼不针对庶人、刑不针对大夫的非此即彼的原则。礼是要约束庶人的，违礼大夫也是要入刑的，只是一般情况下不对大夫用肉刑。由于庶人的身份低贱，贫而无物，而礼是依身份等级而各不相同的，所以有些礼不及于庶人，也不为庶人专门制定礼。同样，大夫违礼入刑也有“议”而定罪的法定特权。汉代在矫秦之弊中，将“刑不上大夫”解释为一个普遍的法制原则，提出大夫有罪则“八议”，轻重不在刑书，因其身份高贵、为君主之左右臂膀，不应同庶人犯罪一样地执缚行刑，虽重罪也只是自杀而已。这些都是汉人附会古制而发展起来的理论，既不为古制所实有，也不全代表先秦儒家的主张。

第六，近代自梁启超起，把周代的“为国以礼”称之为“礼治”或“礼治主义”。“礼治”必须重视人的道德素质和才能，强调贤人治国，所谓

"仪刑文王"正是这个意思。但重视人的作用不等于西方法学史上所谓的君主在法之上的那种人治。因此,礼治不能简单归结为"人治主义"。礼治当然也截然不同于西方法学史上与人治相对立的法治或法治主义。但礼包含了法,礼治包含了用法律和刑罚来治国、治吏的内容。因此,如果说法治仅仅是"以法治国"的意思的话,那么,周代的礼治倒是涵摄着"法治"的(注意,打引号的"法治")。这不但是因为礼治体制下并不排斥法,而且还由于这种礼治所追求的是实质上的公正或伦理的正义。贺麟先生早年曾有《儒家思想的新开展》一文,其中写道:

> "有所谓法家的法治,亦有所谓儒家的法治。……以为儒家反法治,以为提倡法治即须反对儒家,皆是不知儒家的真精神,不知法治真意义的说法。"①

贺先生把"法家的法治",定为"申韩式的法治",其特征是严刑峻法、刻薄寡恩、急功好利,"是无情无理的现代法西斯蒂主义的独裁";而所谓"儒家的法治",则是"法治与礼治、法律与道德、法律与人情相辅而行、兼顾并包的。法律是实现道德的工具,是人的自由本性的发挥,绝不是违反道德,桎梏自由的。"②

文中所称的"法治",显然是本世纪以来中国学人所习称的"法治",不是西方法学史原本意义上的与人治相对立的法治概念,实际上仅仅是指用法律来治的纯工具主义的意思。从这样一个"法治"概念上来论儒法两家的治国主张,确如贺先生所言,法家主要表现为严刑重罚的刑治,儒家的礼治之中也含有"法治",即不是唯刑主义、重刑主义的以刑

---

① 贺麟:《儒家思想新论》,南京正中书局 1948 年版,第 14 页。

② 同上。

为治。

澄清在礼法关系上的种种误解，了解周代所谓“礼治”的实质和儒家礼论的真义，对于发掘儒家法思想的各个层面的内容，揭示其内在含义，并予以实事求是的评价，既是重要的一个前提，也是一个重要的方法论问题。

第三章　儒家法思想的特质

这里所讨论的儒家法思想的特质是从文化学意义上来立论的，即指儒家法思想的法文化特质，而非指其阶级性质或社会性质。儒家法思想既是中国古代社会被统治阶级尊奉的政治法律学说，也是占主导地位的法文化形态。作为一种法文化生命形态，它的基本特质是什么，在具体论析儒家人物的法思想前，自有首先加以讨论的必要。

一、儒家法思想是伦理法思想

1. 儒家伦理法

在1980年代中期崛起的文化研究中，学术界曾对中国传统文化，尤其是儒家思想文化的基本特质提出了各种各样的界定，归结起来有一元说和多元说两种。持一元说的学者中，有的认为，"礼"是儒家思想的核心，也是中国传统文化的基本特质；有的论证说，"中庸"才是这个文化的核心和特质；还有一些学者不同意上述观点，他们或概括为"人文主义"，或论定为"典型的理想主义"，或表述为"实用理性"等等；另有的学者则坚持认为，注重人伦关系，"互以对方为重"才是儒家和中国文化的特质。持多元说的学者中又可分为三元说、四元说、七元说等等。所谓三元说是将这种特质归纳为三个"合一"：天人合一、知行合一、情景合一；四元说则是提出四个方面互相并列的特质："刚健有为，自强不息”、“崇德利用，以德育代替宗教”、“德力分离”、“述而不作”；也有的学者归结为这样四点：“空想的理想主义”、“道德人本主义”、“求统一的思维方式”、“直观的理性主义“；同理，七元说者则将其概括为“七大特质”，其中包括：“大一统与多元化两种倾向并存”、“作为主导心理的人世思想”、“以伦理道德为中心的精神支柱”、“朴素的整体观念；注重直接体悟的思维方式”等。[①]

上述各种观点都有其言之成理的合理性，但它们都不是非此即彼的。细细玩味，有其内在的相通之处和共同之点。对儒家思想和中国文化特质的研究并不能代替儒家法思想和中国法文化的特质探讨，后者不能享受前者的现成结论。但文化特质的讨论大大开拓了研究儒家法思想和中国法文化的思路，启迪了儒家法思想研究的智慧，并不失为一种很好的借鉴。

严格地说，法史学界对儒家法思想的研究还未深入地进行其法文化特质的讨论，但现已出版的有关论著中对儒家法思想的特质也还是有各种概括和论述。常见的关于儒家法思想特质的判断主要有以下几种：一是“人治主义”；二是“德治主义、礼治主义和人治主义”；三是“义务本位主义”；四是“家族主义”；五是“皇权主义”；六是“自然法”。[②]

诚然，这些说法都有各自的角度，也有各自立论的道理。如，一和二是从治国方法和原则上讲的，而儒家法思想远非仅仅是个治国方法和原则问题。只从治国方法和原则上来论儒家法思想的特质，显然不

① 相关论著可参见《中国文化研究集刊》第 1 辑，复旦大学出版社 1984 年版；庞朴：《传统文化与现代化》，中国人民大学出版社 1987 年版；成中英：《中国文化的现代化与世界化》，中国和平出版社 1988 年版；汤一介：《中国传统文化中的儒道释》，中国和平出版社 1988 年版；张岱年、陈宜山：《中国文化与文化论争》，中国人民大学出版社 1990 年版。

② 参见《法治与人治问题讨论集》，群众出版社 1980 年；张国华、饶鑫贤主编：《中国法律思想史纲》，甘肃人民出版社 1984 年版；张晋藩：《中国法律史论》，法律出版社 1982 年版；李步云：《法制、民主、自由》，四川人民出版社 1986 年版；李步云：《人治与法治能相互结合吗?》，《法学研究》，1980 年第 2 期；王人博、程燎原：《法治论》，山东人民出版社 1989 年版。

够全面。况且，如前所论，说儒家属人治主义往往是以法家为法治主义而对照起来立论的，而中国古代法学中本没有古希腊罗马法学中那样的法治学说和人治主张。法家所持的君主独裁主义和君主绝对集权主义只能归结为典型的人治，而不是古希腊罗马法学家所推崇的法治，更与西方近代法治学说毫无共同之处。中国先秦儒法两家的论争，并不是人治与法治的对立。从他们都主张君主主义的角度上，虽然也都可以称之为人治，而且法家还更甚于儒家。因此，提出儒家法文化特质属人治主义就没有多大价值，也不能划清它与法家法文化的区别。① 至于其三、四、五的三种说法，确能反映儒家法思想的某方面的品性，但仍显得比较浅层和片面，尚未上升到对其法文化作更有深度的整体的把握和揭示上来。

唯有第六种说法，即"儒家法思想属自然法"的判断，是从儒家之法的法哲学和法文化的高度立论的。但这个立论的真实性却值得怀疑。笔者在第二章中已作了详尽的辨析。众所周知，自然法所体现的，或是外在的先验的理性道德，或是宗教的神的信仰主义道德，而儒家之礼和法的价值旨归却是实实在在的宗法伦理道德。所以，就儒家之法的文化类型而言，不当划归西方自然法，它不是西方自然法的东方分支，而是宗法人伦型和家族伦理型的。简言之，可称之为伦理法②，这也许更

---

① 参见本书第二章第一节。

② 关于儒家法思想的特质属于伦理法的想法，我们酝酿、提出于1980年，先写入了笔者与杨师景凡先生合作的《孔子法律思想简议》一文，以及杨景凡主编的《中国政治法律思想史（教学提纲）》（西南政法学院教学参考书），其中的"先秦儒家"等章节由笔者执笔。两者均由西南政法学院于1981年印行。1982年在拙文《怎样认识和评价孔子的法律思想》（载《法学季刊》1982年第2期）和硕士学位论文《孔子法律思想探微》（载《中国社会科学·未定稿》，1983年第4期，该文又被收入《孔子思想研究论集》，由齐鲁出版社于1987年出版）中作了较为系统的讨论，以向学术界求教。在我们师生合著的《论孔子》及随后修改出版的《孔子的法律思想》中，继续阐述了这一观点。现在看来，当时对如何从文化学的价值论和方法论上认识与把握这一特质还思考得不够，尚没有明确地将孔子和儒家法思想作为一个有机的法文化生命形态来看待，并由此角度论析其伦理法特质。

为恰当。

2. 儒家伦理法生长于特有的文化土壤

孔子和儒家法思想的形成、发展并成为古代中国占主导地位的法文化系统，是由其深厚的社会、政治、经济、文化条件所决定的。

我国进入文明社会以后，原始氏族村社组织并未完全退出历史舞台，血缘关系仍然是维系社会的经济、政治、文化的一条结实的纽带。在长期的历史发展中，一个富有东方特色的、以自然经济为主体的古代宗法性农业社会崛起于神州大地。“农业是整个古代世界的决定性的生产部门。”①我国古代，组织和维持农业生产的基本单位是家庭。家庭是自然经济的社会细胞。一切有利于维系村社制度、家庭关系的原始信仰、习俗和道德规范，不但大都保留下来了，而且得到了长足的发展。上层建筑意识形态各领域无不染上了宗法伦理色彩。宗法制度和农业经济相结合，社会结构和社会关系变得十分简单而又条理清楚。家国一体，“齐家—治国—平天下”一贯到底。这就是古人津津乐道的宗法伦理社会。在这里，孝移作忠，父权延伸为君权，维系血缘家庭的伦理道德同维护政治统治秩序的国家法律完全相通。孝悌为齐家之本，孝悌的人不会“犯上”“作乱”，自然就达到“国治天下平”了。孝悌成了预防犯罪的有力手段，成了平息社会风波稳定统治秩序的定海神针。反过来，不孝不悌便是乱国之源，成了最严重的危害社会的行为，必须当作最危险的犯罪行为予以严惩不贷。所以，我国至迟在殷商就有了不孝大罪，②商以后历代因之。非但如此，血亲成员犯罪，亲戚要负连带责任，连坐、族刑由此而兴。孔子说：“一朝之忿，忘其身，以及其亲，

---

① 《马克思恩格斯选集》第4卷，人民出版社1974年版，第173页。

② 《吕氏春秋·孝行览》，载：“《商书》曰：‘刑三百，罪莫大于不孝。’”

非惑与?”[①]这正是以亲族连带责任的法律原则为后盾,劝告人们不要胡作非为。这样一来,宗法人伦道德问题成了法律问题。孝悌是宗法社会基本的道德规范,也是基本的法律规范了。

儒家确有过分夸大了宗法人伦道德作用的缺陷,但他们的宗法人伦道德学说还是基本上反映了古代宗法农业社会的特点和要求的。在我国由分封制向中央集权制的转化中,宗法制度、等级制度、自然经济并无实质性的变动。孔子和儒家思想以及儒家的伦理法思想在帝制社会中长期被奉为圣人和正统思想,正是由于它植根于宗法农业社会的土壤之中。

3.“伦理”是我国固有的文化范畴

将儒家法思想的文化特质概括为“伦理法”,在一定意义上为的是区别其与西方法文化的不同之处,标明其法文化的民族的、地域的和时代的特色。但有的学者批评说:“伦理”一词仍是西方文化范畴,因此,“伦理法”一说无助于揭示儒家法文化的固有特色。

此论其实不然。

“伦理”一词在我国出现很早,至迟在汉初已经使用。如,《礼记·乐记》云:

> “乐者,通伦理者也。”

东汉郑玄注:“伦,犹类也;理,分也。”唐孔颖达解释说:

> “乐得则阴阳和,乐失则群物乱,是乐能经通伦理也,阴阳万物

---

① 《论语·颜渊》。

各有伦类分理也。”[①]

据此可知，古人所谓的“伦理”是指人所感通的宇宙人生秩序。据段玉裁《说文解字注》，“伦”训为“类”，“类”又可训为“辈”。[②] 辈，引申为同类同等次。在血缘核心家族中，父辈为一伦，兄弟辈又为一伦。“伦”又含有“道”的意义，“道”即规则、道理。如此，“伦理”一词，实指古代宗法社会中以血缘家族为基础的人伦尊卑等级秩序，亦称“伦常”，即人伦之常道。推而广之，也是宇宙万物的大化规则、人类社会的社会秩序。孔子说：“君君、臣臣、父父、子子。”[③]孟子说：“父子有亲，君臣有义，夫妇有别，长幼有序，朋友有信。”[④]荀子说：“君臣、父子、兄弟、夫妇，始则终，终则始，与天地同理，与万世同久，夫是谓大本。”[⑤]凡此各种，均是讲的伦理，或“伦常之理”。它是“修身、齐家、治国、平天下”的基本准则、大经大法。

儒家所昭示的“伦理”一词，与古希腊的“伊苏”(Ethics)一词的词义有所不同。“伊苏”主要指风俗、习尚，而不是家族人伦秩序。如中译本亚里士多德的《伦理学》中“伦理”(即伊苏)便是这样。“伊苏”在中文中译为“伦理”，与我国古代所说的“伦理”是有区别的。这叫作词侨的回国和变异。

在西方文化体系中，将研究道德问题的哲学称为伦理学，而道德主要是一种个人的行为规范。因此，伦理学往往与个人行为相联系，不同于儒家的家族主义伦理范畴。古希腊时代，虽也有相当于中国儒家的

---

① 《礼记正义·乐论》郑注、孔疏。
② 段玉裁：《说文解字注·心部》。
③ 《论语·颜渊》。
④ 《孟子·滕文公上》。
⑤ 《荀子·王制》。

“人伦”、“伦常”一类的观念，但希腊人却宁愿把“人伦”理解为“神伦”，而不是像儒家那样理解为血缘亲情和以此为基准的家族行为规范。因为，希腊人认为人世间的氏族都由群神派生出来，所以一切违反伦常的行为就是渎神，人间社会本无伦常，伦常来自“神伦”。如亚里士多德说，如果把“有意或无意的伤害、杀人、吵架和诽谤”的行为“加到父母或近亲身上，就成为伤天害理的罪恶”，但“由于这个社会原本没有伦常，礼法也就不能以逆伦（渎神）来加重科罚”[①]。不过，人间的礼法虽不能重科这种伤天害理的逆伦者，但他们却逃脱不了神的惩罚。这种观念是西方古代文化中神权法和宗教法思想的渊源。与之不同，儒家“伦理”，却是人的，而不是神的，是家族的道德，而不仅是个人的道德，只有在血缘家族群体中才能确定伦理行为的价值和准则。所以，“伦理”一词，不能视为一个西方文化概念，而是道地的中国文化的固有概念。因此，从严格区分中西“伦理”一词的不同含义考虑，儒家所说的“伦理”，可以明确为宗法伦常或血缘人伦，是一种家族主义伦理。

通过对中国固有的“伦理”一词含义的揭示可知，所谓“伦理法”，是指以儒家思想为指导的中国古代政治和法律之内在文化精神。它以家族主义伦理为基点，将宗法伦常作为法的精神或灵魂：君权是父权的延伸，国是家的扩大，体现家、国一体和君、父一体这样一种基本特点。“伦理法”同西方的“自然法”、“理性法”一样，是一个法哲学或法文化学范畴。它所揭示的中国古代以儒家思想为指导的法思想的基本特质或基本精神，是宗法伦理和家族人伦型的。儒家的伦理法是东方文化的一个部分，它是一种伦理型的法文化形态。

---

① 参见〔古希腊〕亚里士多德：《政治学》，商务印书馆1983年版，第50页。

4. 儒家伦理法的含义和特点

现在，我们可以对儒家伦理法的基本含义作一个大致的归纳了。它至少包括以下三个层面：

第一，儒家伦理法是把宗法家族伦理作为大经大法的法文化体系；

第二，在这个体系中，宗法家族伦理被视为法的渊源、法的最高价值，伦理凌驾于法律之上，伦理价值代替法律价值，伦理评价统率法律评价，立法、司法悉以伦理为转移，由伦理决定其弃取；

第三，在现实的社会生活和政治生活中，以伦理代替法律，伦理与法律之间没有明确的界限，宗法伦理道德被直接赋予法的性质，具有法的效力，从而形成法律伦理化和伦理法律化的双向强化运动。

就第二点含义而言，儒家伦理法就是儒家的理想法、永恒法、最高法，它是法的价值论模式；就第三点含义而言，伦理法既是理想法，同时又是实在法，既是价值的，又是实用的，具有双重性。

儒家伦理法虽然也起到了理想法、正义法、法上法的功能，但它既不是高悬于人类社会之上的至上神法，又不是自在于人类社会之外的彼岸世界的纯粹理性，它是中国古代经济、政治和社会的客观实在的法学结晶，有着它自身的一些特点。

其一为世俗性。它植根于古代的宗法血缘家庭和自然经济、家庭农业为基础的农业社会的深厚土壤之中。其伦理是实实在在的、活生生的世俗伦理，不同于以超凡出世为特征的宗教道德，也有别于那种先验的以“自然正义”为基本内容的理性道德。儒家的世俗伦理不是神秘的信仰，而是安身立命的准则、生活实践的规范。

其二为宗法性。儒家伦理法以血缘情感为心理基础，以宗法人伦为主要内容。其核心是“三纲五常”。古人关于礼的定义有百种之多，让人眼花缭乱，然探其本源，不外是宗法伦常，由此而决定血缘尊卑、政治地位、身份贵贱，决定财产和权力的分配。此即所谓“夫礼者，所以定亲疏，决嫌疑，别同异，明是非也”。[①] 古人说，礼是圣人顺天道、因人情而制作的。顺天道，即顺宗法伦理之道；因人情，即因宗法伦理之情。无宗法，就无从生礼义了。

其三为“法先王”的运思模式。它以“祖述尧舜，宪章文武”相标榜，认定尧舜和文武周公是将伦理价值和法律价值、将天道和人情融为一体的最高典范，是完美的道德和优良的法律的创制者，也是这些道德的化身和这些法律的执行者。“法先王”的运思模式向世人昭示：“先王之道”、“先王之法”是一切现实法的渊源及其最高评价标准和根本价值目标，是国家立法、司法、执法的最终依据。正是这一“法先王”的运思模式，沟通了从理想法到实在法的联系，完成了儒家伦理法同时兼具的这种双重功能。

其四为广泛的强制机制。由于儒家伦理法具有理想法和实在法一身而二任的功能，它进入司法程序就必须有保障救济系统。这个保障救济系统是由古代国家、宗法血缘家庭组织及其文化心理等等共同创造的。它首先是以国家的系统暴力为主要手段的直接政治强制，此外还辅之以国家认可的家庭强制、宗族强制、乡党强制等，形成种种无形的绳索，“天网恢恢，疏而不失”，以保证伦理法的有效运行。

这样，我们就可以把儒家伦理法同自然法、宗教法、规范法等法哲学体系和法文化形态区别开来：

首先，儒家伦理法是道德和法律的混同，不同于规范法。后者是道德与法律相分离，具有严密的法律规范形式。但在人类文明的早期，道德与法律的混同几乎是一切法文化类型的共同特征，摩西律法、伊斯兰

---

① 《礼记·曲礼》。

法等无不如此[①]，非独儒家伦理法仅然。

其次，儒家伦理法是世俗的、宗法的人伦道德与法律的混同。它以血缘情感为基础，以血亲家庭作载体，完全是活生生的、经验的，不同于先验的理性正义或超验的宗教道德。如果说，摩西律法、伊斯兰法以及一切宗教法为了规范人类生活的秩序，而不得不采取曲折的、头脚倒置的形式，不得不借助信仰主义，靠超人的冥冥中的神的力量来树立人类法的权威，那么，儒家伦理法则连这个形式都不需要。伦理法的权威是靠"先王"、"圣人"来维系的，而不必求助于天国的至上神。

第三，儒家伦理法既具有理想法的价值，而又同时具有实在法的功能，沟通两者之间的力量就在于圣人的人格和圣人的政治法律活动。圣人集理想法与实在法于一身，既是理想法的化身，又是实在法最高权威、最高立法者和执法者。而这种沟通的基础则在于天人合一、家国一体的思维模式和政治、社会组织方式。因此，儒家伦理法不同于西方自然法。自然法与人定法是相分离的，它必须通过人定法才能规范人的法律生活。

综上所述，儒家伦理法完全是一个独特的中国式的古老法文化形态。它在思维形式、价值本体、范畴体系、制度结构、运行机制、操作艺术等方面都有着不同于世界上其他各大法文化形态的特色。

二、儒家伦理法的基本精神

儒家伦理法直接渊源于中国古代的宗法制度与自然经济相整合的

① 庞德认为："社会控制的主要手段是道德、宗教和法律。在开始有法律时，这些东西是没有什么区别的，甚至在像希腊那样的文明里，人们也通常使用一个词来表达宗教、礼仪、伦理习惯。调整各种关系的传统方式、城市的立法和所有这一切都被看作一个整体，我们应该说，现在我们称为法律的这一名称，包括了社会控制的所有这些手段。"〔美〕罗思科·庞德著：《通过法律的社会控制》，沈宗灵译，商务印书馆1984版，第9—10页。

社会现实，它全面继承了夏、商、周以来的法文化传统，并在此基础上为适应春秋战国时期的政治大动荡和思想大论争的实际作了有创新意义的阐释与改造。先秦第一代儒家思想家不愧为有远见卓识的思想大师，他们是时代的代表。他们的思想既是现实的反映，又蕴涵着超现实的价值指向。忧患的时代造就了他们忧患的人格；忧患的人格融进了他们那优患的理论。他们的理论属于现实，但更属于未来。他们的理论建树的根本价值在于为大一统的政治法制模式提供了可供选择的思想形态。这种思想形态经统治集团的认可而成为长期占主流地位的统治思想，并在其不断的社会化、政治化、法制化过程中逐步形成为一种法文化的心理积淀和传统，成为中华民族的固有法文化的有机组成部分，而且是起主导价值的部分。这就是说，时代性中蕴含着超时代性，阶级性中寓有民族性、人类性。同世间一切事物无不是特殊性和普遍性的对立统一一样，儒家伦理法的时代的、阶级的特殊中包含着民族的、社会的、人类的一般和普适。

因此，儒家伦理法作为一个法文化类型有些什么样的基本原则和内在精神，是一个值得深析的问题。它有助于我们进一步分析它的法律价值论和方法论，看看它为中国古代社会提供了一种什么样的法思想、法制度、法意识、法观念、法心理、法艺术，为中国民族提供了一种什么样的法文化，从而更好地对儒家法思想作出历史的和价值的评价。

经过排比和筛选，儒家伦理法文化的基本原则和内在精神似可归纳为以下六个方面：天下本位、家族伦理、民本、君主大一统、礼法之治和中庸的法思维方式。

1. 天下本位——儒家伦理法的最高价值目标

儒家“法先王”的法学运思模式为现实社会树立了一种理想法。这种理想法在价值追求上超越了一家一国的利益而指向天下的利益，这就是“大同”世界的“天下为公”之法，或“公天下之法”。它体现了儒家伦理法的终极关怀，儒家思想家总是将“天下”置于个人和国家之上。孟子说：

“不仁而得国者，有之矣；不仁而得天下者，未之有也。”①

荀子论道：

“故可以有夺人国，不可以有夺人天下；可以有窃国，不可以有窃天下也。夺之者可以有国，而不可以有天下；窃可以得国，而不可以得天下。是何也？曰：国，小具也，可以小人有也，可以小道得也，可以小力持也；天下者，大具也，不可以小人有也，不可以小道得也，不可以小力持也。国者，小人可以有之，然而未必不亡也；天下者，至大也，非圣人莫之能有也。”②

可见，在儒家那里，国与天下是有区别的。儒家高扬“天下为公”、“天下归仁”、“天下大同”，从法的价值目标上说，是天下本位，而未停留于国家本位。

近代以来，对于儒家论法和法律以什么为出发点和归宿点的问题，亦即儒家法思想所取的根本立场是什么，法史学界大致有三种看法：一曰“国家本位”，二曰“社会本位”，三曰“国家・社会本位”。细加推究，似均不甚确当。从儒家将天下与国的严格区分来看，还是把天下看得更为根本一些，儒家所持的是天下本位。

① 《孟子・尽心下》。
② 《荀子・正论》。

“天下”是何含义？吕思勉先生说：“古所谓天下者，非真谓普天之下，乃谓中国政教所及耳。”[①]杨伯峻先生说：“一般指中国范围内的全部土地。”[②]诚然都有道理，但过于囿于地理意义，且过于囿于现代建立在科学的世界地理观念上的地理意义。先秦古人由于科学的不发达和认识水平的局限，并不知道我们今天以整个地球为范围叫“世界”，他们所说的“天下”，其所要表达的正是这个地球世界在太阳系的“穹顶之下”的意思，也就是“普天之下”的意思，并不囿于中国土地。

近年，有学者研究周人的“天下”观，认为：“周人眼中的‘天下’，实在相当于我们今天所说的‘世界’”，“天下既然是当时人心目中的‘世界’，自无具体的疆界可言，这与今人的国家观念是很不相同的。”[③]李学勤先生指出：“这个论点说穿似乎平常，却澄清了某些古代史著作里存在的种种混淆。”[④]儒家的“天下”观正是周人“天下”观的继承和发展。周人以“天下”为“世界”，儒家进一步赋予“天下”以政治意义和道德意义。上引孟荀之言“得天下”、“有天下”云云，决非仅指地理意义之天下，而主要是指人民、指民心。他们说：“天下归之之谓王，天下去之之谓亡。”[⑤]这里的“天下”即为“人民”的同义语。“天下”又有道德含义。顾炎武曾对此大加阐发：

> “有亡国，有亡天下。亡国与亡天下岂辨？曰：易姓改号，谓之亡国，仁义充塞而至于率兽食人、人将相食，谓之亡天下。”[⑥]

---

① 吕思勉：《吕思勉读史札记(甲轶·先秦)》，上海古籍出版社 1982 年，第 23 页。

② 杨伯峻：《论语译注·论语词典》，中华书局 1982 年版，第 223 页。

③ 参见赵伯雄：《周代国家形态研究》，湖南教育出版社 1990 年版，第 18 页。

④ 同上书，《周代国家形态研究·序》。

⑤ 《荀子·正论》。

⑥ 顾炎武：《日知录·正始》。

在亭林先生看来,“天下”之存与亡,是有仁义道德的文明与失去仁义道德的野蛮的区分。

总之,儒家的“天下”一词,以地理意义为基本义,兼含有“人民”义、“民心”义、“道德”义。它是王道政治范畴体系中的一个重要概念,集中体现了儒家心系天下的忧患意识和博大情怀,是其伦理法思想的最基本的出发点和归宿点,亦是其最高的价值目标。

2. 家族伦理——儒家伦理法的价值论(之一)

如前所述,作为儒家思想主体的道德论其实就是家族伦理、或宗法人伦。先秦儒家发展到孟学阶段,已把舜塑造为大孝的典型。所以,儒家的“法先王”、“法尧舜”,其中一个特别重要的内涵是效法先王之孝道。孔子认为搞好家庭内的“孝”、“友”关系就是搞好了政治。他引《书》中话说:

> “《书》云:‘孝乎惟孝,友于兄弟,施于有政。’是亦为政,奚其为为政?”①

孟子进而发挥其义说:

> “人人亲其亲、长其长,而天下平。”②

奉行“孝”道就是最好的“为政”之道;人人奉行孝悌之道就能天下安宁太平。《大学》将此理论总结提升为“修身、齐家、治国、平天下”伦理政治纲领。且进一步指出,实现这一“治平”目标,须“壹是皆以修身

---

① 《论语·为政》。
② 《孟子·离娄上》。

为本”[①]。从而在理论上明确了以建设家族伦理作为实现王道政治的基石和始点的思想。这样，儒家就将夏、商、周时代以“不孝”为大罪，必须“刑兹无赦”[②]的罪刑观念发展为一种家族伦理主义的伦理法理论，成为儒家之法的价值论的重要组成部分，并由此延伸出了赞成“父子相隐”、认可“复仇”、子女无异财、罪刑依尊卑身份而定等一系列法律主张。

3. 民本思想——儒家伦理法的价值论(之二)

儒家民本思想是春秋重民观念发展的理论成果。儒家比较关心民瘼，重视民心，认为富国必先富民、立国应先利民，反对不教而驱民上战场、不教而向民施刑杀。孔子的“爱人”[③]、“使民以时”[④]、“因民之所利而利之”[⑤]、“富之”、“教之”[⑥]等主张，孟子的“民贵君轻”说[⑦]、“制民之产”说[⑧]，荀子的“民水君舟”论[⑨]等等，是先秦儒家民本主义的集中表现。民本主义认为，国家的安危、政治的治乱取决于民心的向背；“天之生民，非为君也；天之立君，以为民也”，[⑩]君主应当是万民的保护者，向万民施德政，使万民沐天恩。民本思想是与前述的家族伦理，以及将要论及的君主大一统原则紧密联系在一起的。儒家理解的“民”不是享有主权的人民，也不是作为权利主体的公民，而仅仅是“子民”。君主是全国百姓的最高家长，是“君父”。“君父”统治“子民”，“子民”服从“君

---

① (宋)朱熹:《四书章句集注・大学》。
② 《尚书・唐诰》。
③ 《论语・颜渊》。
④ 《论语・学而》。
⑤ 《论语・尧曰》。
⑥ 《论语・子路》。
⑦ 《孟子・尽心下》。
⑧ 《孟子・梁惠王上》。
⑨ 《荀子・王制》。
⑩ 《荀子・大略》。

父”，完全是天经地义的。君礼臣（民）忠就如家庭内的父慈子孝的伦理关系一样。诚然，所谓以民为本，无非是希望君主为了自身的利益、为了统治阶级的整体的和长远的利益，做一些“视民如子”的表示。但主义也好，学说也罢，都是相比较而存在的。在古代社会，有主张神本的，更有宣扬君本的，相比之下，当然是民本思想更具有文明性。

儒家的民本作为一种政治主张，同时也是法的价值论的又一重要内容。孔、孟、荀对聚敛苛政、滥刑重罚的抨击，要求慎刑省刑以重民命、时使薄赋以宽民力，都是以民本作为法的价值标准的。民本的法律原则实是儒家法思想的精华，是其仁道的直接体现。

4. 君主大一统——儒家伦理法的价值论（之三）

儒家王道政治的一条重要原则是坚持天下统一，反对分裂割据。但他们往往把大一统同尊君权联系在一起。孔子的“礼乐征伐自天子出”[①]，孟子的“定于一”[②]，行仁政而王，“保民而王”[③]，荀子的“隆一而治”[④]、“一天下，财万物”[⑤]等等，都是如此，儒家的君主大一统由于有家族伦理、民本的互补、制约，尚不同于君主独断专制的绝对君主专制主义。按儒家的设计，这君主是圣君、仁君，是万民之父，臣民奉行“以道事君”[⑥]、“从道不从君”[⑦]的原则，对暴君可以“易位”、可以“放伐”、可以“诛杀”[⑧]，这就是所谓的“权险之平”[⑨]。但儒家既然认为“君父”对“子

---

① 《论语·季氏》。

② 《孟子·梁惠王上》。

③ 同上。

④ 《荀子·致士》。

⑤ 《荀子·非十二子》。

⑥ 《论语·先进》。

⑦ 《荀子·臣道》。

⑧ 《孟子·梁惠王下》、《万章下》。

⑨ 《荀子·臣道》。

民”的统治是天经地义的，因此，其尊君、敬君、忠君思想不能不占主导方面。这是“道”中之“经”、之“常”，是原则性；而“谏诤”、“易位”、“放伐”等等只能是“权”、是“变”，是原则性统率下的灵活性。所以，儒家虽然强调为君要“正”，说什么“一正君而国定矣”[①]，可是对如何“正君”、如何定国，却缺乏有力的法律保障机制。“易位”、“放伐”之说固然十分可贵，从法理上肯定了臣民应有选择有道之君，甚至起义的权利，但其具体实施方法和手段已超出法律范围而变成政治解决了。

这就是说，在君主大一统理论中，就君主和法律的关系而论，不是法律在君主之上，而是相反，君主在法律之上。法律由君主所定，法的改修存废唯君命是从，法的运行亦全凭君主权威。在君主政治体系中，可以有万般治民治吏之法，但没有一条制君之律。从这一点上说，儒家的君主大一统同一切君主主义理论一样，都通向人治主义，而不是法治主义。儒家为了防止君主凌驾于法律之上的地位而产生的专制和肆虐，竭力弘扬原始的氏族民主精神和仁学人道主义精神，试图通过提升君主的道德人格，强化对君主的道德评价，以提高臣下的地位和参政的权力。但这些也只能收一时之功，难有长期的可持续的成效，到头来不过是一个个美丽的肥皂泡。总之，儒家并没有找到克服君主滥用权力和由尊君而带来的权力腐败的正确途径，其君主大一统与法家的绝对君主专制主义之间，说到底也不过是五十步与百步的差别，没有本质上的不同。

5. 中庸——儒家伦理法的方法论

孔子以“中庸”为“至德”。《礼记》的《中庸》篇以弘扬中庸主义为宗旨，是儒家的重要经典。“中庸”向被认为是儒家哲学的一个重要范畴。其实，它在儒家法哲学中也同样占有极重要的位置。

---

① 《孟子·离娄上》。

周金铭文、《尚书》中有不少关于“中罚”、“刑中”的记载①。孔子说：“礼乐不兴，则刑罚不中；刑罚不中，则民无所措手足。”②“中罚”、“刑中”，都是讲折狱断罪要公平正直、不枉不纵、无潜无滥、不杀无辜、不诬无罪。可见，中庸是刑事司法的一条原则，一种刑事方法论原则。

孔子指出，中庸的基本含义是“和”，是“无过”也“无不及”。《论语》的“和为贵”、“君子和而不同、小人同而不和”、“过犹不及”③等等论述都发明了中庸的这一含义。《礼记·中庸》也说，中庸就是“致中和”，就是“执其两端，用其于中于民”。郑玄《中庸题解》发挥说，中庸即是“用中为常道也”④。中庸还包含着“权”和“时”两层意思。“权”，指通权达变，讲的是不违背原则的灵活性；“时”，是审时度势，讲的是顺应时势作不离原则的变通处置。对那些死抱礼的教条而不知损益发展的人，孔子讥之曰：“可与立，未可与权”⑤，认为这样仍达不到中庸的要求。孟子更将固执死硬的处事方法斥为“贼道”⑥，意即严重破坏、损害中庸之道。孟子又赞美孔子为“圣之时者”⑦。“时”，在《中庸》篇中称“时中”：“君子之中庸也，君子而时中。”可见，“时”是“中庸”的应有之义。“权”、“时”既要求坚定的原则立场，又要求有预测力，有把握时势的敏锐的洞察力和应变能力，是儒家十分得意也极为精致的方法论原则。

“中和”、“用中”、“无过无不及”、“权”、“时”等，从哲学方法论的角度来看，都是讲如何保持事物的质的稳定性，如何在事物的量的范围内

① 如，《尚书·立政》的“以列用中罚”，《吕刑》中“士制百姓于刑之中”等，《牧殷》铭文的“不中不井(刑)”，《叔夷钟》铭文的“慎中其罚”等。

② 《论语·子路》。

③ 分别见《论语》之《学而》、《子路》、《先进》等篇。

④ 《礼记正义·中庸》郑注。

⑤ 《论语·子罕》。

⑥ 《孟子·尽心上》：“执中无权，犹执一也。所恶执一者，为其贼道也。”

⑦ 《孟子·万章下》。

进行“权”、“时”之变而求事物总体上的质的稳定。它反对极端化、片面性、固执和“乡愿”，以及泯灭矛盾的“同”的思维方法，要求“和而不同”、依时间、地点、条件的变化而权衡利弊、顺应潮流、损益改作。中庸主义体现了求和谐、求适时、求合宜、求稳定的思维方法和行为方法，而这些恰恰是法律方法论中最值得重视的。法律要求一定的稳定性，立法应当顺时因势，司法必须合宜适度。凡此种种都是一个“致中和”、“用中”、“无过无不及”和“权”、“时”的问题，都是中庸的方法论。儒家论法正是以中庸作为方法论来展开它的各个层面的。

如，儒家一方面提倡尊君尊父，宣扬忠、孝，一方面又鼓励臣下“从道不从君”[①]，敢于犯颜直谏，甚至敢于“权险之平”[②]，鼓励卑幼“从义不从父”[③]，力图在两者之间求中和、求中节，形成为儒家处理君臣关系、父子关系的法律准则和行为准则。

又如，孔子主张“宽猛相济”；《吕刑》提出的“刑罚世轻世重”，荀子也加以引证和阐发。他们都表达了这样一种观点：法制的适用要根据时势有所权变，以到达中和、适当、合理。

再如，下面即将论到的德礼法刑的治理模式，也是依据礼法结合、法刑相辅而又有主有次、有本有末以达到和谐、中正、稳定的方法论原则来架构的。

中庸还是古代中国久远的重调解、求和谐的纠纷解决方式的思想资源。

总之，儒家伦理法思想的各个方面都贯注了中庸精神，并赖有中庸方法加以整合，成为一个完整自洽的有机结构和伦理法的学说系统。

---

① 见《荀子》之《臣道》、《子道》篇。

② 《荀子·臣道》。

③ 《荀子·子道》。

6.礼法之治——德礼为主、法刑相辅的治理模式

孔子曾说过“为国以礼”的话，先秦儒家都重礼。因此，谈到孔子和儒家的治国主张，人们几乎都以“礼治”、“礼治主义”[①]相概括。然而，“礼治”究竟是怎么个治法，理解上却很不一致。若以为儒家的以礼治国，就必定排斥以法治国、以刑治国，这至少是一种误解。其实，“礼治”作为一种治国原则和主张，它包含着两对中国古代法的范畴关系：一是礼与法、德与刑；一是人与法。其答案是：礼法并用、德刑相济，但德礼高于法刑；贤人与良法并重，但贤人更重于良法。而贤人就是德礼的人格化。所以两对范畴可合二为一，这就是德礼为主、法刑为辅的治理模式，简而言之，这是一种“礼法之治”。

孔子论治国之道，认为“道政齐刑”，民仅能“免而无耻”，只有“道德齐礼”民才能“有耻且格”[②]。由此奠定了儒家德礼优于政刑，德礼为主、为本、为体，政刑为从、为末、为辅的治国理论原则。孟子论仁政，强调“明人伦”、“教以人伦”，[③]同时又指出，“徒善不足以为政，徒法不能以自行”，[④]应趁“国家闲暇”之时，“明其政刑”[⑤]。荀子极言“隆礼”，又讲“重法”，[⑥]称道古代的“明德慎罚”[⑦]。孔、孟、荀的这些主张，汉儒总结为“德主刑辅”，成为帝制社会长期标榜的治国原则和法制模式。《唐律疏议》以“德礼为政教之本，刑罚为政教之用”两句脍炙人口的政治法

---

① 笔者以为，儒家所主张的还是“礼法之治”，古代中国所实施的也是“礼法之治”。不过，学术领域有时与日常生活领域相似，有些已流传多时且为人们惯习的词语，只要没有太大的阻隔，不妨来个但用无妨。所以，本书有时也沿用“礼治”、“礼治主义”的说法。

② 《论语·为政》。

③ 《孟子·滕文公上》。

④ 《孟子·离娄上》。

⑤ 《孟子·公孙丑上》。

⑥ 《荀子·大略》。

⑦ 《荀子·成相》。

制格言将其作了总结性概括。

德礼为主、法刑为辅是带有治国总方针、总政策性的原则。历代统治者虽每每加以标榜，但没有，也根本不可能付诸行动。尽管如此，却不能否认先秦儒家思想家提出这一原则时主观上的真诚和理论上的积极意义。

若从社会控制、犯罪的预防和矫治的角度来看，德礼为主、法刑为辅带有古人所谓的“标本兼治、重在治本”的政治辩证法，未尝不是一种古老而朴素的综合性犯罪控制学说。

在礼法、德刑关系中还涵摄着一个人与法的关系问题。重德礼、行德教和礼教，自然需要贤人治国，不然，“为上不正”焉能“正人”！所以，孔子要求“举贤才”[①]，认为“为政在人”[②]；孟子强调行仁政必须“尊贤使能，俊杰在位”[③]；荀子更是疾言“有治人，无治法”[④]。他们所谓的“贤人”、“治人”，都应当是遵礼守法的典范，如此方能德高威重，治国安邦。因此，儒家重视“贤人”、“治人”，倒不见得是不要法律和刑罚。但他们在人与法的关系上，确实认为治国的关键是“贤人”、“治人”，而不是法律。后人将儒家的这种主张概括为“任人与任法”的关系问题，重心偏于“任人”这一头。

儒家的以“任人”为主，“任人与任法”相结合的主张，与君主大一统原则、家族伦理原则结合在一起，交互作用的结果，必然导致重人轻法的法律价值倾斜。由于古代中国的君主政治法律理论占主导地位，古代思想家在进行政治法律的理论思考中未能产生法律至上的法治主义理论。所以，所谓儒家的重人轻法，实指他们在理论思考中关注到“贤

① 《论语・子路》。
② 《礼记・中庸》。
③ 《孟子・公孙丑上》。
④ 《荀子・君道》。

人政治”，而未进入法治主义的思想层次。

总而言之，德礼为主、法刑为辅的治理原则包括了德主刑辅、礼法结合、任人与任法结合等法思想内容，其中含有原始的综合治理和社会控制学说的合理因素，含有重视官吏道德素质，把法律强制与德礼教化结合起来的积极价值。从总体上说，这是儒家仁学人道主义、民本思想和礼法之治的产物。正因为儒家重人，倡导“仁者爱人”，倡导民本政治，所以在治国措施和方针政策上逻辑地重视德礼教化，反对不教而杀、不教而罚，以及一味的严刑酷法和刑罚惩办主义。

结语：儒家伦理法的内在结构

天下本位、家族伦理、民本、君主大一统、中庸、礼法之治六个方面构成了儒家伦理法的主要原则，这六者的整合即是这种伦理法文化的内在的基本精神，从而形成为一个自洽圆融的法文化体系生命形态，其结构功能可作简图示意如下：

表一 儒家伦理法结构图

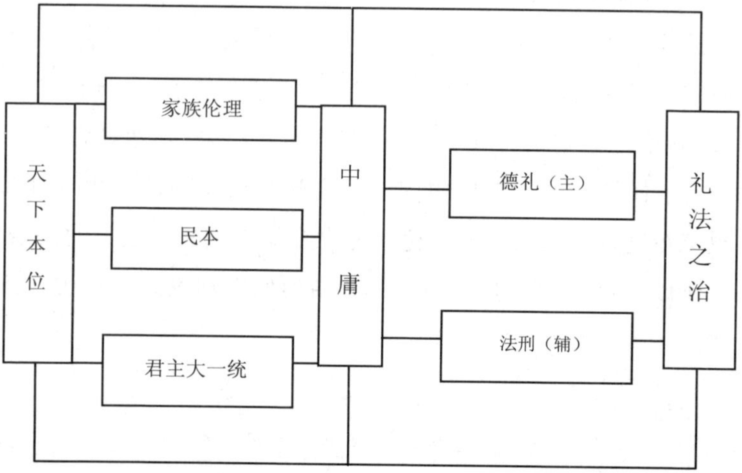

儒家伦理法的上述原则中，以天下本位最为基本，其家族伦理、民本、君主大一统三个方面的法的价值论均为天下本位所派生、所涵摄。

儒家赋“天下”以道德意义。儒家的所谓道德即宗法人伦，或伦常。由是，儒家伦理法的天下本位在一定意义上即是将家族伦理作为法的基点，立足于建立“父父、子子”为主干关系的“齐家”模式，再推广为“君君、臣臣”的“治国”和“平天下”模式，形成严格的不可逾越的贵贱尊卑等级制的政治秩序和法律秩序。在这种秩序体制中，宗法家族伦理与法律规范之间不存在严格的界限。宗法伦理是法的价值标准、法的渊源，也是罪与非罪、罚与不罚，以及罪与罚的轻重缓急的衡器。于是，冷酷的法制暴力蒙上了一层暖融融的血缘亲和的面纱，成为一个富有弹性也十分有效的古东方农业社会的法制秩序系统和法文化类型。

儒家又赋予“天下”以人民和民心的意义。由是，儒家伦理法的天下本位在一定意义上也可以说是以民为法的本位的。民本是孔子仁学人道主义的直接发展，是一种仁学的政治论、法学论。儒家思想家们无一不赞美和弘扬原始的民主精神，并把它与春秋以降的重民思想相结合，提升为“民贵君轻”、“民水君舟”的民本理论。儒家伦理法以民本为价值指向之一，使其法思想的内容中包含了不少人民性的精华和具有恒常性的价值。

儒家的“天下”观中还明显地赋予“大一统”的含义。孔子的“礼乐征伐自天子出”，孟子的“保民而王”和“用夏变夷”，荀子的“一天下，财万物”等，都表达了这种大一统的天下观。儒家的“大一统”是君主主义的大一统。因此，孔子强调对君主应当礼敬，荀子甚至提倡“隆一而治”，“隆一”就是“隆君”。但儒家理论体系中的君主观，是圣王、圣君，不是暴君、独夫民贼。儒家的“大一统”是“王道”大一统，不同于法家的“霸道”大一统和“强道”大一统。所以，先秦儒家的君主大一统虽也导向权威主义，但占主导地位的还是圣人的道德权威，而不是极端化的

“三纲”式的君父权威。不过,它本身包含着走向君父权威的内在因素。大一统的法律价值观和圣人以德化民而得天下的治理方法是儒家伦理法的两个重要基点。

在天下本位的框架中,家族伦理、民本、君主大一统三者相互补充、相互制约。家族伦理得到民本的制约,在理论上不至于导致极端的家天下;同理,其帝制大一统中的君主由于民本思想的软化,也可以避免君主独裁专制的理论误区。但同时,帝制大一统下的民本只能停留在“民水君舟”论的状态之下,而民本与家族伦理的结合,在儒家的法意识中,作为自然人只是“子民”,而缺乏“公民”意识。“子民”不是一个权利性范畴,而是一个义务性范畴。以“子民”范畴为基点的儒家伦理法,只能导向以人伦为中心的家庭本位,权利和义务统一于家庭。这不同于以“公民”范畴为基点、权利和义务统一于公民的西方近代法学。它们是两种不同的法文化系统。

儒家伦理法立足于“人性善”,多数人可以礼教德化,力倡“德礼为主,政刑为辅”的治国模式,人们简称之为“礼治”。这种“礼法之治”经过仁学人道主义的改造,儒家自诩为“良法善治”之道,与法家的“刑治”相对立。重德礼还是重刑罚、教而后诛还是不教而杀,成为古代社会有关治国原则和方法上一个长期纷争不休的问题。

中庸在儒家伦理法中的地位十分重要。伦理法的多种范畴、原则赖中庸得以整合、修复。中庸实为伦理法理论体系得以架构的焊接器,也是这一法文化体系得以运行的润滑剂。可以说,儒家伦理法的各个层面都渗透着中庸精神,它集理想法与实在法于一身的功能是通过中庸来实现的,它的以德礼为主、法刑为辅的治理模式是按中庸的求稳定、求和谐、求中正的法思维方式来设定的。中庸所包含的“权”、“时”观念,还是儒家审时度势以立法、执法的方法论指导。

儒家伦理法以天下为本位,把法的价值目标定得很高,理想主义的色彩太浓。它是迂阔的、空疏的，但却也是现实的、历史的和批判的。近代以来，随着西学东渐而起的对传统文化的反思中，儒家常常被指责为是政治上专制、保守、腐败的维护者。从历史的实际考察，以家庭伦理为根基的帝制社会形成的“三纲五常”对卑幼者的人性的漠视和人身的摧残，其走向极端和僵化的“以礼杀人”恶果，以及君主主义的司法专横和野蛮，无疑同先秦儒家伦理法学说的内在缺陷有着联系，加之统治集团对它的恶的运用，使其越到帝制社会的后期，所起的阻碍社会进步、影响法律更新的负面作用也越大。看不到这一点，对这些负面作用估计不足，是不应该的。但另一方面，先秦儒家思想，它的伦理法学说也往往是历代王朝季世兴起的社会批判思潮，以及社会变动时期的变法维新思潮所能依傍的思想权威，为这些思潮提供了思想武器。看不到这一点也是不够全面的。

总起来说，儒家伦理法思想是一个正、负两种价值共存的思想体系。它的负面作用归结起来主要有两个方面：一是在其法思想体系中找不到“公民”范畴，也没有“公民”意识的生长点，有的只是“子民”范畴、“子民”意识，这是儒家君主大一统原则和家族伦理原则结合的衍生物。二是在儒家关于礼法之治的思考中，偏重于强调圣君贤相和“治人”的作用，而对于置于圣君贤相和“治人”之上的“治法”、“良法”缺乏制度化的建设追求。诚如前述，追根究底，这两方面的问题是中国古代政治、经济、社会历史及文化传统诸因素综合作用的结果，不是儒家思想家的主观臆造，更不存在他们的有意阻抗。恰恰相反，是儒家思想家对上述诸因素交错形成的历史合力的积极适应。

汉代以后，儒家政治思想与法思想成为官方正统思想，这从思想文化发展的角度看，正是说明了儒家思想比起其他学派来，创造了更为适应中国古代社会历史阶段上政治、经济、社会历史和文化传统的思想体系，更为符合当时中国的国情、政情、民情。因此，在秦汉以降近两千年的古代中国，儒家政治思想与法思想既是被官方推崇的统治思想，同时也是独领风骚的主流思想。由此看来，汉代统治者的“独尊儒术”的选择，不应仅仅看作是帝王和统治集团决策层的选择，更不是这些人凭主观好恶的随意选择，而更应看作是历史的选择、民族的选择，是中国古代思想自身发展逻辑的必然归宿。

以下，我们将进入对先秦儒家思想家的法思想的系统研究。

第四章　孔子的法思想

研究孔子的法思想比起研究其他历史人物的法思想来，有着更大的难度。这是因为，首先，有个如何评价孔子其人及其思想的问题；其次，还有个怎样认识孔子的法思想并予以恰当评价的问题。

现在，孔子作为世界文化伟人的地位已为国内外有识之士所共识。但对文化孔子的研究实在还是刚刚开了个头。至少在国内是这样。

孔子的法思想只是孔子思想体系中的一个层面。由于过去一度存在的历史虚无主义和法律虚无主义的严重干扰以及种种误解，孔子法思想的研究竟成了禁区中的禁区。至今它仍是一个迟到的领域，一个薄弱的领域，一个需要不断释疑辨误的领域。

凡是有机会涉及中国法律史、古老的中华法系、中国法文化史领域的人，都能够强烈地感受到孔子思想对它们的影响。这已成为历史的事实。中国法律史、中国法文化史何以有这样的历史事实，其中很重要的一部分原因还是应回到孔子思想体系中去探寻。所以，研究孔子的法思想，既是研究中国法律史、中国法文化史的需要，又是研究孔子及其思想的一个不可忽略的层面。这项研究，无疑应当是中国法律史工作者责无旁贷的任务。

一、孔子生平事迹及有关政治法律活动的一些辨析①

无论是帝制时代的神化孔子，还是“文化大革命”时期的妖魔化孔子，都首先在孔子的出身、生活经历上大做文章。一位死了2000多年的古人，所留下的生平事迹的可靠资料不多，而且有的又真伪难辨，这就使神化和鬼化的伎俩似乎都有了施展的余地。不过，孔子终究不是仅仅存在于人们梦幻中的鬼神。尽管连蹩脚画师也可以涂抹出活灵活现的鬼神，但要把孔子描画成神或鬼，却没有一个成功过。

对于孔子生平事迹，历朝历代，尤其是清代乾嘉时期，许多学者作过认真考辨，其基本线索已理得比较清楚。为有助于探求他的法律学说，特撷取过去和当代学者的一些研究成果，侧重从孔子的政治、法律活动方面，作一简略的介绍。其中也包括笔者自己的一些浅见，并随时作些必要的辨析。

1.身世

孔子名丘，字仲尼，鲁昌平乡陬邑人，即今山东省曲阜市东南。生于公元前551年，卒于公元前479年，享年73岁。②

孔子的先世是宋国贵族，据说还是殷纣王庶兄微子启的嫡系后裔。

① 本节的内容原载杨景凡先生和笔者合著的《论孔子》一书。该书1983年由西南政法学院作为《教学参考丛书》在院内印行。1984年群众出版社正式出版时将书名改为《孔子的法律思想》，删去这一部分。匡亚明先生在大著《孔子评传》中曾称引述过本节一些内容，认为其中有些辨析“论证翔实”、“非常简明确切”。后征得本师杨景凡先生同意，修改后移入这里。

② 即生于周灵王二十一年，鲁襄公二十二年，卒于周敬王四十一年，鲁哀公十六年。从《史记·孔子世家》之说。《春秋公羊传》和《春秋谷梁传》则说生于鲁襄公二十一年，比《史记》早一年。

周公东征，平定武庚叛乱后，微子启受封于宋，后传至宋闵公，其世子弗父何即孔子先祖[①]。弗父何让位于其弟宋厉公，弗父何曾孙正考父"佐戴、武、宣"三君，世为上卿，显赫一时[②]。但这个世卿世禄的家族很快就在贵族间的政治倾轧中败落下来了。正考父之子孔父嘉被宋国另一贵族太宰华督所杀。孔父嘉之后三世，就是孔子的曾祖父孔防叔。孔防叔畏华氏而避居鲁国，改姓孔氏。孔子的父亲陬叔纥，亦称叔梁纥，是鲁国下级武官，曾立过战功[③]。

叔梁纥元配施氏，生有九女，妾生子孟皮，却是个跛子，乃复求婚于颜女征在。时纥已逾花甲之年而颜征在尚是妙龄少女，双双祷于尼山以求子嗣，后果生孔子。相传孔子三岁丧父。《礼记·檀弓上》谓其"少孤"，《史记·孔子世家》称孔子"贫且贱"。孔子自己说："吾少也贱，故多能鄙事"[④]。说明孔子的父亲已是一个破落贵族，他没有从父辈那里继承到贵族的地位、财产和官爵，自己也不曾做过世卿贵族之家的纨绔子弟。曾有一段时间，有的文章总是升高孔子的出身成分，并以此推定其政治立场必然反动，其实是不符合客观史实的。

2."志于学"——兼论"志于学"不训"志于仕"

鲁国是周朝开国元勋周公旦的封地，降至春秋时代，虽然政治上日趋衰弱，但却是一个保留了丰富的历史文物、文化素养较高的诸侯国。相传吴国贤人季札到鲁国，聆听、观赏了周乐，禁不住连声赞叹："美哉！"[⑤]晋国韩宣子出使鲁国，看了鲁国保存的《易》、《象》与《鲁春秋》，

---

① 见杨伯峻：《春秋左传注》昭公七年传注。《孔子家语》谓弗父何为宋襄公子。

② 见《左传·昭公七年》。

③ 《史记》作叔梁纥。《左传·襄公十年》：晋、齐、鲁、宋、卫等国联军进攻一个妘姓小国偪阳，"偪阳人启门，诸侯之士门焉。县门发，陬人纥抉之，以出门者。"

④ 《论语·子罕》。

⑤ 《左传·襄公二十九年》。

也说:“周礼尽在鲁矣!”[1]孔子生活在这样一个有浓厚礼乐文化的社会环境中,从小受到了潜移默化的影响。《孔子世家》记载说:“孔子为儿嬉戏,常陈俎豆,设礼容。”[2]以后,孔子就首先以“知礼”闻名于世,看来并非偶然。鲁世卿孟僖子称孔子是礼学的“达者”,留下遗言,令其二子师事孔子,“而学礼焉”。[3]

贫穷出身的孔子终于成为一代学问大师,除了社会的陶冶,更靠自己主观上的努力。孔子晚年追述他一生的学习、成长过程时说:

> “吾十有五而志于学,三十而立,四十而不惑,五十而知天命,六十而耳顺,七十而从心所欲,不逾矩。”[4]

15 岁就“志于学”,说明他青少年时期就立下了远大的志向。这句话的意思本来是清楚的,可历代经学家们为了神化孔子,偏要作些离奇的解释。他们说,孔子是“生而知之”的圣人,他说自己 15 岁“志于学”,为的是“隐圣同凡,所以劝人”[5]也。这算得上是神化孔子一个典型例子。

现在,有一种观点,认为“志于学”就是“志于宦”或“志于官”。如蔡尚思先生在《孔子思想体系》中说,孔子的“十有五而志于学”,“实际是说从十五岁那年立志要做官”,“可见孔子说志于学,与志于仕或志于宦,意思一样。”[6]粗略地查一下,《论语》论学共 41 章,“学”字凡 53 见,都是学习、学问的意思,没有一处可解作“仕”或“宦”的。因此,若单独

---

① 《左传·昭公二年》。

② 《史记·孔子世家》。

③ 《左传·昭公七年》、《史记·孔子世家》。

④ 《论语·为政》。

⑤ 邢昺:《论语注疏·为政》。

⑥ 蔡尚思:《孔子思想体系》,上海人民出版社 1982 年版,第 8 页。

把“志于学”一句中的“学”字解释为”仕”或“宦”，显然与《论语》论“学”的一贯意义相悖。而且，《子张》篇中所谓“仕而优则学，学而优则仕”的说法，已明确将“仕”和“学”区别运用，若把这句话中的“学”训为“仕”，就根本无法读通。

“志于学”也不限于“学习做官的本领”[①]。《论语》中，“学习做官的本领”有专门的用语，叫“学干禄”。《为政》篇“子张学干禄”章，就是子张向孔子请教“做官的本领”，正因为它与一般的“学”意义不同，所以在“学”字后面加了“干禄”二字加以限制。诚然，孔子以礼、乐、射、御、数为教学内容，教弟子学《诗》、学《礼》之类，同所有的教育宗旨一样，在于培养人才，提高学生的素质和能力。如果有些学生今后进入仕途，他们做官的本领无疑会大有提高，但这是果而不是因。孔子的教学内容毕竟比“学干禄”丰富得多。

孔子主张“学而优则仕”，又说：“学也，禄在其中矣。”[②]鼓励学子们专心学习，做个“学而优”的“士”。他自己曾以积极救世的态度争取从政的机会。他办学的直接目的，也是要造就一批具有德识才学的人才。这些都说明，孔子把求学看作是求仕的必要准备。但孔子鄙视一味求官的“斗筲之士”。对于仕，他的态度是“用之则行，舍之则藏”[③]，“天下有道则见，无道则隐”[④]。用孟子的话来说，就是“可以仕而仕”[⑤]。孔子以这种态度教育和影响他的学生。他曾说：“不患无位，患所以立。”[⑥]意思是：应当担忧的不是没有官做，而是一旦做了官却不能胜任，无所

① 蔡尚思：《孔子思想体系》，上海人民出版社 1982 年版，第 8 页。
② 《论语·卫灵公》。
③ 《论语·述而》。
④ 《论语·泰伯》。
⑤ 《孟子·万章下》。
⑥ 《论语·里仁》。

建树。他又说："三年学，不至于谷，不易得也。"[①]赞扬专心致志地读书而不斤斤于禄位的学习态度。《先进》篇载："子路使子羔为费宰"，孔子批评子路这样做是害了人家的子弟。这大概是因为子羔尚未学成，没有达到可以"学而优则仕"的地步。子路强辩道："有民人焉，有社稷焉，何必读书，然后为学？"这一下，惹得老夫子生了气，斥责他强嘴利舌："是故恶夫佞者。"[②]假如，孔子教学生的学习目的，只是为了做官，那么，子路的做法就完全是对的，孔子不应指责而应该赞成。若如蔡先生所说的"孔子所谓学，也意味着入官府服役"[③]，那么子羔去当费宰正是"入官府服役"，也就是"学"，孔子就不会反对，而子路也不该以"何必读书，然后为学"反诘孔子。因而，子路的话正好说明孔子的所谓"学"，是指读书、求学问，而不是指"入官府服役"，不是以仕代学。这一点，"漆雕开仕"的故事很能说明问题：

> "子使漆雕开仕，对曰：'吾斯之未能信。'子说。"[④]

孔子对学成可以做官的漆雕开不愿为官表示高兴，也可说明他未把做官看作求学的唯一目的。

在孔子看来，还有比做官更高更根本的求学目标，这就是"道"。他反复说：

> "富与贵，人之所欲也，不以其道得之，不处也。贫与贱，人之

---

① 《论语·泰伯》。
② 《论语·先进》。
③ 前揭《孔子思想体系》，第14页。
④ 《论语·公冶长》。

所恶也，不以其道得之，不去也。”[①]

“朝闻道，夕死可矣。”[②]

“士志于道，而耻恶衣恶食者，未足与议也”[③]

“吾道一以贯之。”[④]

“君子谋道不谋食。”[⑤]

“志于道，据于德，依于仁，游于艺。”[⑥]

通观《论语》，孔子教和学的根本目的还是求道。他告诉学生们，“好学”的标准就是使自己归正于“道”：

“君子食无求饱，居无求安，敏于事而慎于言，就有道而正焉，可谓好学也已。”[⑦]

孔门七十二贤人之一的子夏还是能领会孔子“学”的含义的，他说：

“君子学以致其道。”[⑧]

这些都明确告诉我们，孔子的“志于学”就是立志刻苦学习以求得“道”，即“志于道”。孔子从政和求仕都是为了这个“道”，如果“道不

---

① 《论语·里仁》。
② 同上。
③ 同上。
④ 同上。
⑤ 《论语·卫灵公》。
⑥ 《论语·述而》。
⑦ 《论语·学而》。
⑧ 《论语·子张》。

行”，他宁愿弃官不做，即“无道则隐”。从孔子的思想的总体上来考察，“道”的具体内容就是他的“仁”，“道”和“仁”在孔子这里是二而一的范畴。

正由于孔子把求学的最高目标定在“道”和“仁”上，所以他认为可以一起学习的人，不见得都能求“得道”、“志于道”：“可与共学，未可与适道。”[①]同是跟随他学习的弟子，他分为“君子儒”和“小人儒”。[②]“君子儒”便是“志于道”或“志于仁”的学生了。按照这个标准去衡量，他认为弟子中称得上“好学”的，也就是颜回一个人：

“哀公问：‘弟子孰为好学？’孔子对曰：‘有颜回者好学，不迁怒，不贰过。不幸短命死矣。今也则亡，未闻好学者也。’”[③]

“季康子问：‘弟子孰为好学？’孔子对曰：‘有颜回者好学，不幸短命死矣。今也则亡。’”[④]

这样反复称赞颜回“好学”，说明孔子的这一评价是相当确定的。这里的“好学”，显然不是一般的能刻苦读书，而是“志于学”，志于求道和求仁。所以，在众多的门生弟子中，孔子也只赞许颜回为“仁”：

“回也，其心三月不违仁，其余则日月至焉而已矣。”[⑤]

应当注意的是，颜回是个穷书生，一辈子没有做过官。如果说，

---

① 《论语·子罕》。
② 《论语·雍也》。
③ 同上。
④ 《论语·先进》。
⑤ 《论语·雍也》。

“学”就是“仕”,“志于学”即“志于仕”,那么颜回就不应称为“好学”了,孔子称其“好学”,只是因为他“三月不违仁”,具有“不迁怒,不贰过”的合理的人生态度,即学到了“道”,而不是由于他能“志于仕”或“志于宦”。

若拿颜回和子张作一对比,就可以进一步悟到孔子“志于学”的真谛了。子张“学干禄”,可以说是“志于仕”了,但他却被孔门所瞧不起:

> “子游曰:‘吾友张也,为难能也,然而未仁。’”①
>
> “曾子曰:‘堂堂乎张也,难与并为仁矣。’”②

可见,孔子的学生们也都以“志子道”和“志于仁”为高。所以,把“志于学”解为“志于仕”或“志于宦”,似不符合孔子的原意。

学,古写作“斅”,秦以后去代“攴”而写为“學”。③《说文》:“斅,觉悟也。”④它是我国古文字中成字较早的,且有明确字义的古字。《尚书·盘庚》篇就有“盘庚斅于民”。从《说文》等书来看,直到汉代,“学”与“仕”有时确实不分,但不能因此而取消“学”字的独立意义和独立运用。《说文·人部》:“仕,学也。”《说文·宀部》:“宦,仕也。”《礼记·曲礼》有“宦学事师”一句,孔颖达疏引熊氏云:“宦谓学仕宦之事,学谓习学六艺。”⑤孔氏还说:“《左传》宣二年赵盾见灵辄饿,问之,云:‘宦三年矣。’服虔云:‘宦,学也。’是学职事为宦也。”⑥可见,宦训学,指的是“学仕宦之事”、“学职事”,是一种特定意义的学,不同于一般的“习学六艺”之

---

① 《论语·子张》。
② 同上。
③ 《康熙字典》卯集下·攴字部:“篆省作学”。即认为“学”是篆文的写法。
④ 《说文解字注·攴部》。
⑤ 《礼记正义·曲礼上》孔颖达疏。
⑥ 同上。

学。据段玉裁《说文解字注》，古代“事”、“士”、“仕”三字通用，“仕与士皆事其事之谓”，“仕者，习所事也”。[①] 因此，“仕”训“学”，也是指特定的“习所事”，不是“学”的普遍意义。随着社会的进步，语言文字的发展，“仕”与“学”、“宦”与“学”的区分越来越明确，而在孔子的时候这种区分已经形成，所以段玉裁氏在《说文解字注》特意指出：

> “若《论语·子张》篇子夏曰：‘仕而优则学’……《公冶长》篇‘子使漆雕开仕’，注云：仕，仕于朝也。以仕、学分出处，起于此时矣。”[②]

由此看来，古代把仕、宦训为学，指的是“学”的特殊意义，有其特定的学习内容和方法，并非“学”的一般意义，也不是古书中任何“学”字都应训为“仕”或“宦”。《论语》中的“学”与“仕”就不应互训，孔子已将“仕”和“学”分开使用。他的“志于学”，就是立志于学好“六艺”以求得“道”，而不是“志于仕”或“志于宦”。

弄清“志于学”的含义，对于理解孔子的一生的事迹和思想是很重要的。正是由于孔子具有孜孜不倦的求学求道精神，所以他能始终保持乐观、进取的人生观，终于成为中华文化史上继往开来的思想家。他的弟子子贡说自己的老师学无常师：“夫子焉不学？而亦何常师之有？”[③]孔子自己说：“三人行，必有我师焉；择其善者而从之，其不善者而改之。”[④]证之以他向少皞氏后裔郯国国君请教有关“少皞氏鸟名官”的故事[⑤]和“子入太庙，每事问”[⑥]的记载等，足见并非溢美和虚言。

---

① 段玉裁：《说文解字注》的《人部》、《宀部》。
② 同上书《人部》。
③ 《论语·子张》。
④ 《论语·述而》。
⑤ 《左传·昭公十七年》。
⑥ 《论语·八佾》。

郯子朝鲁在鲁昭公十七年，即公元前525年，孔子此时27岁。郯国虽系鲁的附庸国，但其国君还是诸侯贵族身份，孔子当时能见他，说明此时的孔子在鲁国已有些名气了。“入太庙”，诸家解释为进入周公庙助祭，这在当时要有相当的地位才行。崔述《洙泗考信录》将此事系于孔子见郯子之后，即27岁以上，是恰当的。这两件事表明，孔子在30岁左右已有所成就，办学也有了一定规模。所以他说自己“三十而立”。

在孔子30岁到50岁左右的20多年中，鲁国政局不稳：昭公二十五年，季平子逐昭公。八年之后，昭公客死异乡乾侯。定公即位，季氏继续擅政，而阳虎又以陪臣执国命。这样，鲁君、季氏、阳虎之间矛盾错杂，十分尖锐。各种势力都拉过孔子，孔子都没有出仕而潜心于学问和办学，这就是《孔子世家》上说的：

> “故孔子不仕，退而修诗书礼乐，弟子弥众，至自远方，莫不受业焉。”

这段时间，是孔子学问大进，并形成自己比较成熟的思想体系的重要时期，我国文化史上第一个独立的学派——儒家学派渐成气候。

3.从政——兼析“四寸之棺，五寸之椁”和“堕三都”事件

孔子的仕途生涯是坎坷的。50岁以前，他基本上没有担任过显要的行政职务。《孔子世家》说，孔子“尝为季氏史，料量平；尝为司职吏，而畜蕃息”。后世学者都以为这是孔子20岁以后的经历。司马迁在“畜蕃息”以后，紧接一句：“由是为司空”[①]，恐非史实。“季氏史”、“司

① 《史记·孔子世家》。

职吏”,《孟子》书作“委吏”、“乘田”:

> “孔子尝为委吏矣,曰,‘会计当而已矣。’尝为乘田矣,曰,‘牛羊茁壮长而已矣。’”[①]

赵岐注:“委吏”,“主委积仓廪之吏也”;“乘田”,“苑囿之吏也,主六畜之当牧者也”[②]。可见,“委吏”、“乘田”,即后世所谓的仓库会计和畜牧管理员,大概都是季氏的私门属吏。

鲁定公八年,即公元前502年,阳虎反叛季氏失败,携带国宝逃离鲁国[③],政权归季桓子。“其后,定公以孔子为中都宰,一年,四方皆则之;由中都宰为司空,由司空为大司寇。”[④]这是孔子政治上最有作为的几年。定公八年,孔子已50岁。

孔子“为中都宰”时的政迹,《史记》不详。《礼记》的《檀弓篇》载:

> “有子曰:‘夫子制于中都,四寸之棺,五寸之椁。’”[⑤]

有人认为这是提倡厚葬。但《论语》有“丧,与其易也,宁戚”等语[⑥]。后来孔子之子孔鲤死,孔子虽以“吾从大夫之后”自居,然其葬礼的规格只是“有棺而无椁”[⑦]。颜渊死,“门人欲厚葬之”,孔子也明确反对[⑧]。就

---

① 《孟子·万章下》。

② 赵岐:《孟子注·万章下》。

③ 《春秋谷梁传·定公八年》:阳虎“盗窃宝玉大弓。宝玉者,封圭也;大弓者,武王之戎弓也。周公受赐,藏之鲁。”

④ 《史记·孔子世家》。

⑤ 《礼记·檀弓上》。

⑥ 《论语·八佾》。

⑦ 《论语·先进》。

⑧ 同上。

在《檀弓篇》的同一地方，记载着孔子反对丧葬奢靡的话：

“昔者夫子居于宋，见桓司马自为石椁，三年而不成。夫子曰：‘若是其靡也，死不如速朽之愈也。’”①

可见，孔子并不赞成厚葬。“四寸之棺，五寸之椁”，可能是针对当时贵族厚葬之风规定的一个丧礼最高限度。这也许就是他对礼制的改革措施之一。

对此，荀子有个解释很有价值。他说：

“刻死而附生谓之墨，刻生而附死谓之惑，杀生而送死谓之贼。大象其生以送其死，使死生终始莫不称宜而好善，是礼义之法式也，儒者是矣。”②

“刻死而附生”指墨家的薄葬，“刻生而附死”指世俗流行的厚葬，“杀生而送死”是人殉，儒家都是反对的。儒家主张以一个人活着时的贵贱、贫富、血缘等级来决定其葬礼的规格，使其死与其生“称宜”。

“故天子棺椁七重，诸侯五重，大夫三重，士再重，然后皆有衣衾多少厚薄之数，皆有翣蒌文章之等，以敬饰之，使生死终始若一；一足以为人愿，是先王之道，忠臣孝子之极也。”③

---

① 《礼记·檀弓上》。
② 《荀子·礼论》。
③ 同上。

《礼记》也有同样内容的记载[①]。由此反观孔子的“四寸之棺，五寸之椁”，显然并非提倡厚葬，而是一种合乎中节的葬礼规定。正如荀子所说：“三年之丧，何也？……故先王圣人安为之立中制节……”[②]“三年之丧”如是，“四寸之棺，五寸之椁”亦如是，都是“立中制节”的礼法制度，不好以提倡“厚葬”诬之。

孔子担任鲁司寇期间，内政外交上都表现出了非凡的才干，取得了一定的政绩。

鲁定公十年，孔子52岁。是年夏，齐鲁两国国君会盟于夹谷，孔子担任鲁方的相礼，折服了骄横的齐景公。这件事，《春秋》三传和《史记·孔子世家》等都有记载，其中不难看出有夸张文饰成分，但事件的轮廓和主要情节是可信的。在齐强鲁弱的总形势下，孔子有备无患，形成盟会期间局部的优势，善于利用矛盾，以礼服人，不但保全了自己祖国的国格，还不费一兵一卒收回了齐国所侵的“郓、讙、龟阴之田”[③]，表现了他的智勇和胆识。

孔子在内政方面可考的事迹，最突出的莫过于“堕三都”了。三都是三桓的食邑，即季孙氏的费、叔孙氏的郈和孟孙氏的成。当时，三都实际上不在三桓中，而为他们的家臣所盘据。这些家臣凭借自己的军事实力，不但无视三桓的利益，而且常常侵凌三家，左右国政。这就是孔子说的“陪臣执国命”[④]。史载：昭公十四年，南蒯以费叛；定公五年，阳虎囚季桓子及公父文伯；定公八年，阳虎叛鲁；定公十年，“侯犯以郈叛”[⑤]。这些家臣的反叛，使三桓十分苦恼，也削弱了鲁国的力量，不利

---

① 见《礼记》的《檀弓上》、《丧服大记》等篇。

② 《荀子·礼论》。

③ 《左传·定公十年》。

④ 《论语·季氏》。

⑤ 见《左传》昭公十四年、定公五年、定公八年、定公十年。

于国家的统一。孔子为司寇，一度受到季孙氏的信任[①]，便援引“臣无藏甲，大夫毋百雉之城”的法律条文[②]，说服季氏，制定了“堕三都”计划。

堕三都事件，牵涉到孔子、鲁君、三桓、家臣之间的复杂矛盾关系，历来评价各异。较为常见的说法认为，孔子此举是打击新兴势力，维护或复辟奴隶制度。其立论基础，或奉季氏为新兴地主的代表，或认公山不狃等家臣为地主阶级革命派，而且把下级贵族的犯上、僭越、凌上统统看作是革命行动，似乎贵族等级越低，其革命性也越强。小贵族比大贵族革命，大夫比国君革命，如此等等。这类分析标榜遵从唯物史观，其实与唯物史观相悖。阶级固然由个人组成，但个人不一定代表阶级。以人画线，把对某一个个人的态度，而且是一事一时的态度，作为评价历史人物的标准，这不是唯物史观。

据《论语・阳货》篇载，公山弗扰“以费畔”季氏，召孔子，孔子欲往。有人考证说，公山弗扰就是堕三都时受到直接打击的公山不狃。如果此说不错，那就说明孔子在季氏和家臣的尖锐矛盾中曾经有过摇摆。孔子欲应公山弗扰之召时，曾说：“夫召我者而岂徒哉？如有用我者，吾其为东周乎？”[③]断言孔子“为东周”就是要把历史拉回到“西周奴隶制社会”去，这种立论恐非公允。“东周”，不是那个名存实亡的姬周王朝，而是他理想中统一国家的代称。公山弗扰之类家臣反叛私家贵族，有其两重性，两种发展趋势：或“张公室”，或拥兵割据。前者正是孔子欲应召和“为东周”的政治基础，但它仅仅是公山弗扰争取群众的口号，并非他的本意。后者无疑是搞分裂活动，堕三都时，这已成为事实。因此，孔子对季氏和公山弗扰的具体态度虽有变化，但他谋求国家统一，

---

① 《春秋公羊传・定公十二年》：“行乎季孙，三月不违。”

② 《史记・孔子世家》。

③ 《论语・阳货》。

竭力有所作为的政治目标却前后一致。童书业先生论孔子谋堕三都云：

> “盖孔子之图，在客观上实行中央集权官僚制度。如孔子之谋成，则孔子及其弟子得掌鲁政，彼辈受谷禄，无封土，无宗法关系，实为最早之官僚。孔子改革之历史意义，在此部分废弃‘宗法封建’关系而实行不彻底之中央集权官僚制度也。”[①]

从孔子征引“臣无藏甲，大夫毋百雉之城”这条有利于中央集权的法律条文作为堕三都的根据来看，这一持论是能成立的。

堕三都之举最后还是夭折了，孔子、鲁君、季氏三方暂时隐蔽着的矛盾也随之表面化。齐国又采用挑拨离间激化鲁国君臣之间矛盾的做法，送去了 80 名歌舞伎和“文马三十驷”，[②]“季桓子受之，三日不朝”[③]。适逢鲁君郊祭，“又不致膰俎于大夫”[④]，这在当时是严重失礼于臣下的行为。孔子既感到无法施展自己的政治抱负，又有这些体面的借口，便怏怏然离开了鲁国。其时当鲁定公十二年，即公元前 498 年，孔子 54 岁。

4. 出游——兼析孔子适卫的原因

孔子这次离开祖国长达 14 年之久，史称“周游列国”，其情况前人和时贤已有不少考辨和研究，这里想着重谈谈他几次适卫的问题。

孔子离开鲁国后便直奔卫国，落脚于子路妻兄颜浊邹家，卫灵公禄

---

① 童书业：《春秋左传研究》，上海人民出版社 1980 年版，第 90 页。
② 《史记・孔子世家》。
③ 《论语・微子》。
④ 《史记・孔子世家》。

之如鲁，致粟六万。但前后不过10个月左右，卫灵公听信谗言，命公孙余假持兵器出入孔子住所，以监视、威胁孔子，孔子遂去卫。这是第一次适卫。

孔子离卫后，“将适陈，过匡”，匡人见他“状类阳虎”[①]，而阳虎曾暴虐过匡人[②]，于是误把孔子当阳虎围困了5日。脱险后，孔子过蒲，返卫。时间约在鲁定公十三年冬至十四年春。

孔子这次居卫，有见卫灵公夫人南子的事，《论语》和《孔子世家》均有记载。[③] 后儒以为此事太有损于孔子“圣人”形象，于是否认者有之，为之圆通曲说者有之，其实都不足为据。“文革”中搞的批孔运动，又把此事编成类似桃色新闻的小品，更是无稽之谈。“子见南子”及孔子对子路说“天厌之”，都有其具体环境。当时，卫灵公昏庸，南子得宠擅政，她要见孔子，孔子岂有不见之理？作为一个宾客，对实际主政的国君夫人表示礼节性的尊重，也算不上犯什么大罪过。大概见南子后不久，有一次卫灵公与南子同车，使孔子为次乘，“招摇市过之”，孔子“丑之。”于是“去卫，过曹”[④]。这是第二次适卫。

据《孔子世家》，孔子离卫至陈，“居陈三岁”，“及吴侵陈，陈常被寇”，遂去陈，过蒲。蒲人止孔子，孔子弟子们突破蒲人的围困，又适卫。是时，“灵公老，怠于政，不用孔子。”孔子行，将“西见赵简子”，闻赵简子得志而杀贤人，遂临河而叹，返卫。“灵公问兵陈”，孔子讥之。次日，灵公与孔子谈话，有不礼之色。孔子去卫，“复如陈”。这是第三、第四次

---

① 《史记·孔子世家》。

② 《左传》定公六年，瞀派阳虎率兵为猫主晋国伐郑，取匡，抓了许多匡人献给晋国。

③ 《论语·雍也》：“子见南子，子路不说。孔子矢之曰：‘予所否者，天厌之！天厌之！’”《史记·孔子世家》：“灵公夫人有南子者，使人谓孔子曰：‘四方之君子不辱欲与寡君为兄弟者，必见寡小君。寡小君愿见。’孔子辞谢，不得已而见之。……孔子曰：‘吾乡为弗见，见之礼答焉。’子路不说。孔子矢之曰：‘予所不者，天厌之！天厌之！’”

④ 《史记·孔子世家》。

适卫。[1]

从《孔子世家》所记的上述四次适卫来看，在时间、事件、牵涉人物，及情理上，都存在着一些无法解决的矛盾，崔述等人辩之甚详。近人有谓，匡、蒲之难，实为一事；西见赵简子一节，于《论语》不可考，未足信，等等。并有学者认为，孔子去鲁后，居卫五年，至卫灵公卒，遂去卫适陈[2]。

鲁哀公六年(公元前489年)，孔子63岁上，又来到卫国。当时，孔子弟子多仕于卫，卫出公辄欲得孔子为政，然未果。孔子这一次适卫，一住五年，直到最后回归鲁国故乡为止。此系第五次，也是最后一次适卫。

孔子周游列国凡14年，以居卫时间为最长，前后约计10个年头。他去鲁后第一站就到达卫国，最后也自卫返鲁。其中原因何在？孔子自己说："鲁卫之政，兄弟也。"[3]包咸注云："周公、康叔既为兄弟，康叔睦于周公，其国之政亦如兄弟也。"[4]这个解释从历史渊源上说明鲁卫两国的亲密关系。

《左传·定公四年》载，周初封周公长子伯禽于鲁，有"殷民六族"；封康叔于卫，得"殷民七族"，周公"皆启以商政，彊以周索"。可见，鲁卫两国自建国之日起，政治制度、法律制度和文化传统都十分相近。史称，直到春秋末期，卫国还是所谓的君子之国。《左传》襄公二十九年，吴季札北游，"适卫，说蘧瑗、史狗、史鳍、公子荆、公叔发、公子朝，曰：'卫多君子，未有患也。'"[5]《论语》中，孔子也常常称道卫国的仲叔圉[6]、

---

[1] 见《史记·孔子世家》。
[2] 见于朱活：《孔子系年》。
[3] 《论语·子路》、《史记·孔子世家》。
[4] 《论语注疏·子路》。
[5] 《左传·襄公二十九年》。其中，蘧瑗，即蘧伯玉；史鳍，即史鱼。
[6] 仲叔圉，即孔文子。

祝鮀、王孙贾、史鱼、蘧伯玉等是贤人君子。可见，孔子对卫国政治很了解，感情上比较融洽。鲁卫兄弟之政的历史和现实，由此引得孔子产生“如有用我者”的希望来，是孔子多次适卫、长期居卫的一个根本原因。从这里，又派生出一些别的因素，主要有：

第一，卫国尚能用贤。《论语》中，孔子对此有赞许：

> “子言卫灵公之无道也，康子曰：‘夫如是，奚而不丧？’孔子曰：‘仲叔圉治宾客，祝鮀治宗庙，王孙贾治军旅。夫如是，奚其丧？’”[①]

在孔子看来，卫灵公虽然“无道”，但还能任用仲叔圉等贤人，国家因此而得不亡。这与吴季札访卫后得出的结论一致。孔子主张贤人政治，自己也冀图以贤者见用，因此在各诸侯国中，他更重卫国，是在情理之中的。

第二，卫君给孔子较好的礼遇。孟子说：

> “孔子有见行可之仕，有际可之仕，有公养之仕。于季桓子，见行可之仕也；于卫灵公，际可之仕也；于卫孝公，公养之仕也。”[②]

所谓“行可之仕”，即见道之可行而做官，盖指“三月不违乎”季孙氏。“际可之仕”，是说卫灵公对孔子尚能礼贤。“公养之仕”，指卫出公能养贤[③]。“行可之仕”，对孔子来说已成过去。在“累累若丧家之犬”的奔亡之中，能得到“际可”和“公养”礼遇，不但衣食有着，能较安定地讲学，

---

① 《论语·宪问》。

② 《孟子·万章下》。

③ 卫孝公，即卫出公辄。说详朱熹《孟子集注·万章下》，杨伯峻《孟子译注·万章下》。

有时还可以发表一些政见，这对孔子不是没有吸引力的。

第三，卫国有较好的人事关系。如卫大夫遽伯玉、颜雠由等都与孔子过从甚密，《论语》有"蘧伯玉使人于孔子"的记载[①]，孔子居卫时，就住在他们家[②]。

关于孔子第一次适卫主谁家的问题，战国时就有三种说法：一为主颜雠由，二为主医者痈疽，皆见《孟子》书。三主弥子瑕。弥子瑕是卫灵公嬖臣，但未终卫灵公之世就已失宠[③]。孔子主弥子瑕之说始见《吕氏春秋》。该书《慎大览·贵因》篇云："孔子道弥子瑕，见釐夫人，因也。"[④]此外，《淮南子·泰族训》亦云："孔子欲行王道，东西南北七十说而无所偶，故因卫夫人、弥子瑕，而欲通其道。"[⑤]高诱《吕氏春秋注》指出："然此皆战国时人所为也。"[⑥]可见，这种说法也产生于战国时期。但此说漏洞颇多，如釐夫人是谁？按理应是灵公夫人南子，但高诱说，南子"不得谥为釐明矣"。[⑦]《淮南子》完全因袭《吕氏春秋》，而加"东西南北七十说"云云，犹觉浅陋不可信。

对于二、三说，孟子曾力辟之：

> "万章问曰：'或谓孔子于卫主痈疽。……有诸乎？'孟子曰：'否，不然也；好事者为之也，于卫主颜雠由。弥子之妻与子路之妻，兄弟也。弥子谓子路曰：孔子主我，卫卿可得也。子路以告。

---

① 《论语·宪问》。

② 《史记·孔子世家》说孔子曾"主遽伯玉家"。但崔述《洙泗考信录》认为其时遽伯玉已不在人世。

③ 见《韩非子·说难》。

④ 《吕氏春秋·慎大览·贵因》。

⑤ 《淮南子·泰族训》。

⑥ 高诱：《吕氏春秋·慎大览·贵因》注。

⑦ 同上。

孔子曰：有命。’”[1]

这段文字告诉我们，孔子住进颜家之后，弥子瑕曾自恃与卫灵公的特殊关系，通过子路拉孔子改住他家，被孔子以“有命”两个字冷冷地回绝了。《孟子》成书比《吕氏春秋》早得多。孟子在否定“主痈疽”说时，顺带驳斥了当时的好事者造作孔子与弥子瑕交游的蜚语，《吕氏春秋》的作者对孟子的批驳不加任何分析，却在拿不出一条新证据的情况下，把好事者的造作升格为“道弥子瑕，见釐夫人”，此不可信之一。其二，《史记》成书又在《吕氏春秋》和《淮南子》之后，但《孔子世家》只字不提弥子瑕。可见，司马迁也不相信这种“好事者为之”的说法。这又可证明孟子驳得在理。

现在有一种说法，认为孔子之所以适卫，是想走子路亲戚的门路做官。孔子主颜雠由的事，《孔子世家》作“主于子路妻兄颜浊邹家”。雠由与浊邹是否一人，子路在卫国是否有两个做大官的妻兄弟——颜浊邹和弥子瑕，如今都还是个未知数。崔述就怀疑《史记·孔子世家》。他认为，当从《孟子》主颜雠由之说，而颜浊邹非子路妻兄，是太史公“因弥子瑕为子路僚婿而误也”[2]。照崔述的说法，孔子在卫，不但政治上而且生活上都未曾利用子路亲戚的方便条件，其实，即使颜雠由即颜浊邹，他和弥子瑕同为子路的连襟，又有碍于孔子什么呢？孔子一行仓促离鲁适卫，暂时借住子路亲戚家；颜雠由作为比较了解孔子的卫大夫，或向卫灵公推荐介绍，这都是合乎情理的事。不过，有关系并不等于热衷于“关系学”。孔子当时在齐、鲁、卫等地区，已有较大名声，没有这一条，再有门路，他在卫国也难以立足。再说，若是要找门路的话，那么，

---

① 《孟子·万章上》。

② （清）崔述：《洙泗考信录》卷二《适卫》。

弥子瑕如此殷勤地拉拢，孔子何不顺水推舟？但他却径住颜家。这个选择说明，孔子交往有自己的标准，他尊重自己的人格，有坚定的人生态度。

孔子“周游列国”，颠沛流离达14年之久。他怀着“天下无道”的忧患意识，抱定“知其不可而为之”的救世情怀，栖栖惶惶，历尽艰难，但始终直面人生，积极进取，不懈地追求自己的志向。“周游列国”，体现了孔子对社会、对人类、对天下的终极关怀。这是中国文化的人道、理性和超越，是孔子的人格和智慧。

5. 归鲁——孔子与“六经”

鲁哀公十一年（公元前484年），孔子带着奔波的劳倦、失意的痛楚，也带着对未来的不灭的希望，对历史的沉重的责任感，对人生的新的感悟，回到了他那梦魂萦绕的祖国。这时，孔子已是68岁的垂垂老翁。“七十而从心所欲不逾矩。”至此，他的思想体系已经完全成熟，对天道、人道的把握臻于自如。

孔子归鲁后，鲁君尊为“国老”，但实际上并不想推行孔子的政治主张。孔子虽不时对鲁国时政发表些见解，但也不再直接从事政治活动。[①] 他把自己的主要精力倾注于教育和学术事业：整理文献典籍、总结理论研究心得、精心培养青年学生，从而为保存和弘扬中华传统文化做出了不可磨灭的伟大贡献。

太史公说：“孔子以诗书礼乐教，弟子盖三千焉，身通六艺者七十有二人。”[②]“三千”之说，是形容孔子弟子之众，办学之盛，实际数字很难说有那么多。不过，孔子晚年时弟子益多，应是事实。《史记·仲尼弟

---

① 《史记·孔子世家》：“然鲁终不能用孔子，孔子亦不求仕。”

② 《史记·孔子世家》。

子列传》所列的子游、子夏、子张、曾参等，都少孔子40多岁，冉孺、曹卹、伯虔、公孙龙等少孔子50多岁。该列传中有年龄可考的孔子弟子22人中，年少于孔子四五十岁以上的有11人，占一半。他们应属孔子晚年的学生。

《诗》、《书》、《礼》、《乐》，加上《易》和《春秋》，后人称为"六经"。孔子与"六经"的关系，也是学术界的一大悬案。如《春秋》一书，《左传》作者首先提出孔子修《春秋》说①，孟子甚至说孔子"作春秋"②。司马迁因其说，在《孔子世家》中说孔子"乃因史记作《春秋》"。对此，后人有信有不信。梁启超认为："确经孔子手定者惟《春秋》耳。"③杨伯峻先生则认为："孔丘实未尝修《春秋》，更不曾作《春秋》。"④对于"六经"与孔子的关系，司马迁肯定得较多，除《春秋》外，他在《孔子世家》中还认为：孔子编次了《书》、删订了《诗》，编定或修订了《礼》、《乐》，并"序《彖》、《系》、《象》、《说卦》、《文言》"，即《十翼》，就是说《易传》也基本上是孔子作的。对他的说法，后人也有信有不信，但其说影响很大。

现在，说"六经"都出自孔子之手⑤，或断定孔子与"六经"毫无关系⑥，都为学术界多数人所不取。孔子因教学需要，对流传下来的古代文献、史籍加以或多或少的整理、编次，乃至删繁去芜、筛选存菁，作为教本，这不是不可能的⑦。在做这些工作中，他有意无意地贯注进了自

---

① 见《左传·成公十四年》。

② 《孟子·滕文公下》。

③ 前揭梁启超：《饮冰室合集·专集》之五十《先秦政治思想史》，第65页。

④ 杨伯峻：《春秋左传注·前言》。

⑤ 如康有为在《孔子改制考》中称："凡'六经'皆孔子所作，昔人言孔子删述者，误也。"

⑥ 如钱玄同认为，"孔丘无删述或改作'六经'之事"，《古史辨》第1册，《答顾颉刚先生书》。

⑦ 周予同先生在《"六经"与孔子的关系问题》一文中认为，"孔子既然设教讲学，学生又那么多，很难想象他没有教本。毫无疑问，对于第一所私立学校来说，现成的教本是没有的……我以为，孔子为了讲授的需要，搜集鲁、周、宋、杞等故国文献，重加整理编次，形成《易》、《书》、《诗》、《礼》、《乐》、《春秋》六种教本，这种说法是可信的。"《周予同经学史论著选集》。

己的思想、观点，这完全是有可能的。“述”和“作”，原本无法截然分开。“述而不作”的话，有人说是出于孔夫子的自谦，有人说是为了掩盖他托古改制的真实意图，等等，总之是不符合孔子一生学术活动的实际情况的。事实上，孔子在向学生讲解“六经”中，也就注入了他的看法。这些看法，经过门弟子们的继承发扬，到战国秦汉陆续写成文字。所以，诸如现存的最早出现的解释“六经”的文献，像《易传》、《公羊传》、《谷梁传》、《礼记》、《毛诗》等，很难说与孔子没有一点因缘，完全不反映孔子的思想。不过，这些书非一人一时之作，经孔门弟子及其隔代、三代、N代弟子的口耳相传，内容往往真伪杂陈，固然不能否认其中保留有孔子当初讲解“六经”的观点、心得、言论，但具体运用时很难鉴别哪些是孔子的思想，不能不倍加谨慎。

总之，孔子在保存我国古代文化方面功不可没。除《乐经》无文字传世外，《诗》、《书》、《礼》、《易》、《春秋》在后世得到如此的广泛流传和重视，都与他的名字有关。在人类文化史上，像孔子这样对一个民族，乃至对全人类产生如此深远而强烈影响的思想家，是罕见的。中国固有文化以孔子为代表，不是人为的过誉之辞。孔子的学说，是包藏着历史文明瑰宝，需要下功夫研究并在批判继承中创新弘扬的历史遗产。如果从民族文化和人类文化的发展史上看问题，并把视野移到东西方文化日益交融的前景上，那么，中华之有孔子，实为民族的骄傲。孔子实为中国文化史上继往开来的一大文化伟人。中国之成为文化中国，当推孔子的贡献最为杰出。

二、孔子法思想研究的问题讨论

研究孔子的法思想，劈头就会遇到这样的问题：孔子有没有法思想？有多少法思想？它的研究价值如何？应当承认，这些问题的产生不是没有来由的。

由于孔子在中国文化史和中国思想史中的特殊地位，因而怎样认识和评价孔子的法思想，所涉及的就绝非仅仅只是孔子本人法思想的有无、多寡及评价问题，而是一个关系到如何研究中国法思想史，以及怎样去把握中国古代法思想和法文化，怎样清理中国法文化的历史遗产等的重要问题，所以应当首先有一个合理的回答。

此外，对孔子法思想的讨论和评价，不能不涉及到孔子一生政治活动中与法律问题密切相关的两大悬案——讥晋刑鼎和“七日而诛少正卯”。那些流布甚广的对孔子及其法思想做出的研判和评价，诸如“孔子反对公布成文法”、“主张人治、反对法治”、“以言论罪杀害革新派人物少正卯”等等，正是依据对这两个事件作了某种辨析后得出来的。因此，在这里也不得不进行再辨析。

1. 孔子反对晋刑鼎再辨析

在“儒家法思想研究的方法论检讨”一章中，笔者说到，“县法象魏”之制是远早于郑刑书、晋刑鼎的公布成文法方式，孔子从未有过反对。因此，认为孔子反对晋刑鼎就是反对公布成文法的说法，似大有可商榷的余地。以此立论为基点进而推演出来的一些结论，诸如，公布成文法是“新兴地主阶级法制改革的标志”，孔子反对铸刑鼎就是“反对以公布成文法来推行法治为特征的封建法制改革”，从而“维护‘贵贱不愆’的奴隶制度”，是“反动”，是“倒退”，等等，则更是难以站得住脚的。

应当承认，铸刑鼎的问题有一定的复杂性，三言两语难以说清。为了论述的方便，现将《左传》关于晋铸刑鼎的一段文字照录如下：

“冬，晋赵鞅、荀寅帅师城汝滨，遂赋晋国一鼓铁，以铸刑鼎，著范宣子所为刑书焉。仲尼曰：‘晋其亡乎！失其度矣。夫晋国将守唐叔之所受法度，以经纬其民，卿大夫以序守之，民是以能尊其贵，贵是以能守其业。贵贱不愆，所谓度也。文公是以作执秩之官，为被庐之法，以为盟主。今弃是度也，而为刑鼎，民在鼎矣，何以尊贵？贵何业之守？贵贱无序，何以为国？且夫宣子之刑，夷之蒐也，晋国之乱制也，若之何以为法？'蔡史墨曰：'范氏、中行氏其亡乎！中行寅为下卿，而干上令，擅作刑器，以为国法，是法奸也。又加范氏焉，易之，亡也。其及赵氏，赵孟与焉。然不得已，若德，可以免。'"①

《左传》是本好书，但有个毛病，就是好作预言。文中的"晋其亡乎"、"范氏、中行氏其亡乎"等语，显然也是一种预言，是看到了晋亡、范氏、中行氏其亡的《左传》作者所编，当时的人不可能作这样大胆的假设。所以，这段文字在可信程序上是要打点折扣的，况且，说孔子反对晋铸刑鼎也只是这样一个孤证，用孤证为前提作逻辑推演不能不取慎重的态度。现在，我们姑且认为孔子确实说过类似这样的话。但从整段话的文义来看，不是说明孔子反对法的公布，反对治国要用法，而是侧重在非议刑鼎所铸之法的内容。

（一）关于"唐叔之所受法度"和"被庐之法"

孔子的话中提到晋国建国以来的三个法度："唐叔之所受法度"、"被庐之法"、夷蒐之法。孔子赞成前两个法，独反对夷蒐法，更不同意把它铸之于鼎。原因何在？让我们先来看看他所称道的前两个法。

《左传·定公四年》载，成王的同母弟叔虞受封于唐（后改为晋）时，周公"命以《唐诰》"，这大概就是"唐叔之所受法度"。《唐诰》原文早佚，与它差不多同时颁布的《康诰》，提出了"明德慎罚"的法制原则，这是周

① 《左传·昭公二十九年》。

公的固有思想,《唐诰》当不离其宗。在当时,这无疑是进步的法律主张。孔子“德主刑辅”的观点就是与此一脉相承的。

“被庐之法”作于晋文公四年(公元前 633 年)。晋文公曾在外流亡 19 年之久,有丰富的政治经验。他上台后,积极准备称霸,采取了一些利民、惠民的改革措施,使晋国迅速出现了“政平民阜,财用不匮”[①]的局面。文公四年,楚师北上围宋,宋向晋告急,晋楚争霸,势在必战。于是,晋文公在被庐这个地方举行大蒐礼。《左传》上叙述了文公的改革和这次蒐军的经过及所取得的称霸成效:

> “晋侯始入而教其民,二年,欲用之。子犯曰:‘民未知义,未安其居。’于是乎出定襄王,入务利民,民怀生矣。将用之。子犯曰:‘民未知信,未宣其用。’于是乎伐原以示之信。民易资者,不求丰焉,明征其辞。公曰:‘可矣乎?子犯曰:‘民未知礼,未生其共。’于是乎大蒐以示之礼,作执秩以正其官。民听不惑,而后用之。出谷戍,释宋围,一战而霸,文之教也。”[②]

在被庐蒐军时,晋文公“作三军,谋元帅”,一些元老重臣如赵衰、狐偃等,有举贤让贤之风。这就是孔子主张的“礼让为国”[③]。在第二年的晋楚城濮之战中,晋文公严格执行被庐之法,大将颠颉自恃有长期从亡之功,违反军令,即杀之“以徇于师”;“祁瞒奸命”,也杀之“以徇于诸侯”;戎右舟之侨擅自“先归”,又杀之“以徇于国”。《左传》借“君子”之口赞文公说:“其能刑矣,三罪而民服”[④]。

---

① 《国语·晋语四》。
② 《左传·僖公二十七年》。
③ 《论语·里仁》。
④ 见《左传·僖公二十八年》。

总起来说，晋文公所进行的政治、法制改革精神是：教民、利民、示信、示礼、别上下，顺少长、明贵贱、举贤才、严赏罚。“被庐之法”正是这种精神的集中体现，是一个重礼轻刑的法，在实践中也取得了“一战而霸”的良好效果，所以为孔子所称道。

（二）关于夷蒐之法和“乱制”

夷蒐在鲁文公六年（公元前621年），上距被庐之蒐12年。孔子说它是个“乱制”，为什么？据杜预说，夷蒐时，“一蒐而三易中军帅，贾季、箕郑之徒遂作乱，故曰乱制。”[①]一蒐“三易”主帅，真可谓朝令夕改。特别是第三易，发生在蒐军完毕，晋襄公宣布“狐射姑（即贾季）将中军，赵盾佐之”之后，适逢太傅阳处父出使归国，胁迫晋君“改蒐于董”，收回成命，改任赵盾为中军主帅，狐射姑作辅佐，恰好倒了个位。问题在于，阳处父这样做并不是为了举贤，而是出于私情，因他本是赵盾之父赵衰的属下大夫，“故党于赵氏”。这种权臣擅国、任人唯亲的做法终于酿成了晋国的大乱。夷蒐的当年秋天，贾季“杀阳处父”[②]。第三年，前二“易”中被“易”下来的箕郑父、先都、士縠、梁益耳等人又起而“作乱”[③]。凡此种种，说它是“乱制”，名副其实。

赵盾执政后搞的法共有九条：

> “制事典，正法罪，辟狱刑，董逋逃，由质要，治旧污，本秩礼，续常职，出滞淹。”[④]

据杨伯峻先生解释，“制事典”，谓制定办事章程或条例，有今之行

---

① （晋）杜预：《春秋左传集解·昭公二十九年》注。

② 《左传·文公六年》。

③ 《左传·文公八年》。

④ 《左传·文公六年》。

政法规的性质;“正法罪”,相当于后世制定刑罚律令,即叔向“诒子产书”中所说的“不为刑辟”的刑辟,是罚罪之法;“辟狱刑”,指审理刑事方面积压的案件;“董逋逃”,意为督察追捕逃亡的罪犯;“由质要”,即财物买卖以质剂作为凭证;“治旧污”,指肃清、惩治为政中的污秽;“本秩礼”,是说贵贱尊卑按原有的秩礼规定的次秩执行,不得僭越;“续常职”,与《论语·尧曰》的“修废官”相似,意为任命官吏继续废阙了的衙门工作使之恢复正常;“出滞淹”,亦即《论语·尧曰》的“举逸民”,指选拔被滞阻于民间的贤能之人出任官爵。[①]

赵盾搞的这个法,虽然礼的成分大为减少,刑的内容增加不少,与孔子重礼轻刑的观点不甚符合,但总的来看还是没有完全弃礼而任刑。所以,孔子所斥的“乱制”,不见得是指赵盾之法的内容。“乱制”之“乱”,主要是夷蒐时完全违背了大蒐礼的礼制,同时是指“宣子之刑”的内容。那么,“宣子之刑”是怎样一个法呢?

(三) 关于“宣子之刑”

《左传》关于晋铸刑鼎的那段记载中,引孔子非难的话中有“宣子有刑,夷之蒐也”一句。如上面所述,晋夷蒐时,是赵宣子赵盾“始为国政”,主持修法,据此,则铸之于鼎的这个“宣子之刑”,当为赵宣子所为。但《传》文又一言断定荀寅之刑鼎乃“著范宣子所为刑书焉”。那么,“宣子之刑”的“宣子”,究竟是赵宣子赵盾,还是范宣子士匄呢?

有一种意见说,范宣子直接参与了文六年赵宣子领导的制法工作,赵宣子是总主持人,范宣子是修刑书的部门主持人,所以,“宣子之刑”即“范宣子所为刑书”,是范宣子在夷蒐时制作的。[②]

史载,范宣子于晋悼公十年(鲁襄公九年,公元前564年)始“佐中

---

① 参见杨伯峻:《春秋左传注》文公六年传注。

② 见冯友兰:《中国哲学史新篇》第一册,人民出版社1982年版,第123页。又蔡尚思:《孔子思想体系》也肯定范宣子在公元前621年,即夷蒐时制定了“刑书”,该书第70页。

军”，相当于副执政的地位。只有这时，才能具备主持一个部门的修法工作的资格，说他在夷蒐时就协助赵盾制“刑书”，于史无征。又考范宣子卒于晋平公十年（公元前548年），时距夷蒐已74年，若他在夷蒐时就能主持“刑书”的制定工作，起码也应是20多岁的人了。可是，据《左传》成公十六年（公元前575年）记载，晋楚鄢陵之战，范宣子的父亲范文子（士燮）佐中军，主退，他劝父亲进攻，范文子骂他：“童子何知焉！”说明他当时年纪不大。杨伯峻先生也说，范宣子“时尚幼，班位不高”①。而文六年又早于成十六年46年之久，哪有成十六年“时尚幼”的“童子”，反能在46年前参与制法活动的呢？所以，说范宣子主持了夷蒐“刑书”的制定，也只是揣测之辞。②

荀寅在刑鼎上“著范宣子所为刑书焉”的做法，被蔡史墨指责为“又加范氏焉”，言下之意，是范宣子代人受过。对此，杜预有个注解，值得重视。他说：

> “范宣子所用刑，乃夷鬼之法也。夷鬼在文六年，……”③

杜注实际上指出，所谓“范宣子所为刑书”，就是“范宣子所用刑”，即范宣子执政时一度承用过的“夷蒐之法”。

根据《左传》所记，这个“夷蒐之法”应是赵盾所制的那九条。但孔子言“宣子之刑”，杜预称“范宣子所用刑”，《传》文称“范宣子所为刑

① 杨伯峻：《春秋左传注》成公十六年传注。

② 友人刘恒焕先生作“《宣子之刑》考”，认为“用范家教子的口头语作证据”无法驳倒“冯、蔡之说”。他用“数学上寻求某个函数极值的原理”证明，夷蒐时范宣子的年龄“不可能大于13岁”，认为他“协助赵盾制法的说法那就应该是错了”。刘文还认为，《宣子之刑》是一部“弃礼”的法典，“是晋国刑典开始从《夷蒐之法》脱颖而出的‘单行本’”，不能看成是《夷蒐之法》的一部“子法”，见刘恒焕：《〈郭偃之法〉与〈宣子之刑〉考》，载《中国法律史国际学术讨论会论文集》，陕西人民出版社1990年版）。

③ 杜预：《春秋左传集解》昭二十九年注。

书”，都强调了它是“刑”，是“刑书”，可见不会是承用赵盾之法的全部，而是只用了其中的刑的部分，即“正法罪”、“辟狱刑”、“董逋逃”三项。这样一来，连赵盾之法中尚保留的一点礼也被废弃，而一任刑治了。这自然与孔子的主张大相径庭，要被其视为“乱制”了。

晋自赵盾执政后，六卿擅权，政局混乱，几十年未见有蒐军制法的事。范宣子上台伊始，承用夷蒐旧法，情理所然，即便有所修改，亦以夷蒐法为蓝本，只及枝叶，未动根本，所以虽名为“范宣子所为刑书”，实质与夷蒐法之刑大同小异，故孔子断言“宣子之刑，夷之蒐也”。由于夷蒐是“乱制”，范宣子后来也不再承用，这就有了绵上之蒐。《左传》襄公十三年载，晋侯在绵上蒐军，命范宣子将中军，他让贤了。《传》文称：

> “晋国之民是以大和，诸侯遂睦。君子曰：‘让，礼之主也。范宣子让，其下皆让。……晋国以平，数世赖之，刑善也夫！’”①

看来大有被庐之蒐的遗风。

杜预说，晋国“常以春蒐礼改政令”②。杨宽先生《古史新探》也说，晋国的“大蒐礼具有制定和颁布法律”的功能③。因此，绵上之蒐实际是对夷蒐之法的废弃。所以，杜预又说：

> “范宣子刑书，中既废矣，今复兴之，是成其咎。”④

这样看来，晋刑鼎所铸的是一个范宣子一度承用过而又被自己废

---

① 《左传·襄公十三年》。
② 杜预：《春秋左传集解》僖公二十七年注。
③ 见杨宽：《古史新探·大蒐礼新探》。
④ 杜预：《春秋左传集解》昭公二十九年注。

弃了的废法。可以设想，如果荀寅等人铸一个晋文公的被庐之法，或范宣子绵上之蒐时那个“刑善也夫”的法，孔老夫子恐怕是不会加以非议的。由此也可窥见，孔子反对铸刑鼎不见得是反对法和法的公布。

（四）关于“擅作刑器，以为国法，是法奸也”

晋刑鼎系公元前513年（鲁昭公二十九年，晋顷公十三年）所铸。当时，晋国的执政赵鞅和另一个叫荀寅的下卿领兵在汝水边上筑城，向晋国百姓征铁铸造了这只刑鼎。《左传》载孔子讥刑鼎的话后，紧接着记有蔡史墨同样性质的批评。蔡指出，赵鞅参与铸刑鼎是出于“不得已”。对此，杜预注云：

> “铸刑鼎本非赵鞅意，不得已而从之。”①

对赵鞅为何不愿意铸刑鼎，史籍虽没有直截了当的交待，但仍然可以寻到其中的原委。昭公二十五年，赵鞅造访郑国，曾向郑子大叔问礼，子大叔向他大谈了一通子产关于礼的高论：“夫礼，天之经也，地之义也，民之行也。”赵鞅听了佩服得五体投地，赞叹道：“甚哉，礼之大也！”子大叔又进一步发挥说：“礼，上下之纪，天地之经纬也，民之所以生也，是以先王尚之。故人之能自曲直以赴礼者，谓之成人。大，不亦宜乎！”赵鞅当即立下誓言：“鞅也，请终身守此言也。”②这件事发生在铸刑鼎前四年。终身守子大叔之言，实际上就是守礼。发誓守礼的赵鞅不愿意铸一个弃礼任刑的刑鼎，是情理中的事。

荀寅又何许人也？荀寅即中行寅，与范吉射是姻亲。荀、范均在晋六卿之列。《国语·晋语》载：“中行、范氏不恤庶难而欲擅晋国。”③刘

① 杜预：《春秋左传集解》昭二十九年注。

② 此处引文均见《左传·昭公二十五年》。

③ 《国语·晋语三》。

向《新序》说，荀寅“以苛为察，以欺为明，以刻为忠，以计多为善，以聚敛为良”，他的“舟车饰”、“赋敛厚”，因此，“民怨谤诅”。[①] 1972年山东临沂汉墓出土的《孙子兵法》佚文《吴问》篇载有孙子分析范氏、中行氏被灭亡的原因。孙子指出，范氏、中行氏的田亩面积小，但税收重，养的士又多，农民负担很重，怨声载道。其中有这样几句：

> “范、中行氏治国，以八十步为畹（即宽字），以百六十步为畛（即亩字），而伍税之。其制田陕（即狭字），置士多。伍税之，公家富；公家富，置士多，主骄臣奢，冀功数战，故曰先亡。”[②]

“伍税之”就是税率为十分之五。按周礼规定，税率应十分之一，称“什一之税”。所以鲁哀公收十分之二的税，孔子的学生有若就批评他重了[③]。相比之下，荀寅的“伍税之”，当然是严重的“厚敛”了。这些史料说明，荀寅是个“不恤庶难”，厚敛百姓、骄奢淫逸、为政苛刻，又野心很大的落后贵族，他的所作所为，是与春秋以来重民的时代潮流背道而驰的，也是违背当时仍通行的礼的原则的。

由上可知，赵鞅和荀寅对礼的态度是不同的。赵鞅立誓做个“自曲直以赴礼”的“成人”，尽管他实现自己誓言的诚意有多少还可以怀疑，但在六卿激烈争权之际，他是标榜礼的，毕竟不像荀寅那样公然弃礼虐民。这无疑是他不同意铸刑鼎的重要原因。

众所周知，法是提升为国家意志的统治阶级意志，不是个别统治者的任性胡来，立法必须经由国家以某种方式加以认可。荀寅铸的这个刑鼎，既然连握有晋国行政和立法大权的执政赵鞅都出于“不得已”，而

① 刘向：《新序·杂事第一》。

② 银雀山汉墓竹简整理小组编：《孙子兵法·吴问》，文物出版社1976年版。

③ 《论语·颜渊》：“哀公问于有若曰：‘年饥，用不足，如之何？’有若对曰：‘盍彻乎？’曰：‘二，吾犹不足，如之何其彻也？’对曰：‘百姓足，君孰与不足？百姓不足，君孰与足？’”

实际上给予了否定性评价，那就不可能视为晋国合乎程序的正常立法。荀寅是个下卿，无权立法。所似，蔡史墨非议这个刑鼎时说："中行寅为下卿，而干上令，擅作刑器，以为国法，是法奸也。"这段话值得重视。"法奸"，即奸法、擅权立法。仅从立法程序和立法权限上说，"晋刑鼎"就是个不合法之法、非法之法。

再就"晋刑鼎"的内容来看。从赵鞅重礼而不赞成铸刑鼎的态度中，我们可以察知，孔子批评这个刑鼎"失度"，是个"乱制"，其主要原因，是它背离了礼制的精神，行虐政，厚赋敛，搞严刑重罚，是个弃礼任刑的"败法"。

论事应当论人。我们也很难设想，像荀寅这样一个违背春秋以来重民的时代精神的贵族，会致力于进步的社会改革和法制改革，或开创什么新的法律制度。若论改革，就赋税轻重和对农民的政策而言，在当时的晋六卿之中，还数韩、赵、魏三家的改革比较彻底一些，而范、中行、智氏三族则保留了较多的苛税虐民的统治方式。如果说他们有先进与落后之分，那么，先进一方理应是韩、赵、魏三家[①]。荀寅铸刑鼎，把主张严刑峻罚的"宣子之刑"宣布为"国法"，是企图作为自己贪得无厌地残酷掠夺人民的护身符，以便"合法"地镇压与他抗争的农民。铸刑鼎以后仅仅16年（公元前497年），荀、范二族就被赵鞅逐出晋国。[②] 这是他们开历史倒车、丧尽民心的应得下场，这件事本身也对传统的铸刑鼎评价提出了讽刺性的反证。

（五）关于"民在鼎矣，何以尊贵"

从孔子讥刑鼎的那段话看，似乎他反对铸刑鼎的主要理由，是担心刑鼎一成，"民在鼎矣，何以尊贵？贵何业之守？贵贱无序，何以为国？"乱制不乱制倒在其次。其实，这两个问题是不可分的。诚然，孔子是要

---

① 参阅刘泽华、杨志玖等：《中国古代史》（上）；童书业：《春秋左传研究》中的《三家分晋形势之造成》等条目。

② 见《左传·定公十三年》。

维护贵贱有序的统治秩序的。但主张“贵贱不愆”并不等于是反对法，或反对公布成文法，更不能因此就一口咬定他就是“奴隶主阶级代言人”。就古代中国法而言，其首要价值不是现代法理学最推崇的权利，而是秩序，通过维护社会秩序而最终维护统治秩序。不管是孔子的“礼让为国”，还是荀寅的刑鼎治国，都是为了维护有利于巩固统治地位的贵贱秩序。不能设想，法一经公布，贵族的尊严就扫地了，老百姓就可以据法与贵者争讼了，贵贱就无序了。孔子的时代不会产生这样的法。孔子和荀寅等人的分歧，并不在于要不要贵贱等级秩序，而在于如何保持贵贱等级秩序。孔子认为，像荀寅那样聚敛无度、刑罚无度，必然会弄到“贵贱无序，何以为国”的地步，这不幸被他言中了。

所谓“民在鼎矣”，有的解释成：人民手中有了刑鼎上刻写的刑书作依据，可以与贵族争讼，不再需要尊敬贵族了。这不是望文生义，便是对成文法公布后司法制度的理想化。其实，“民在鼎矣”，即“民在刑矣”。因为，此鼎不是别的鼎，而是“刑鼎”。荀寅欲以刑为治，民岂不在刑威之中！贵族官吏弃礼任刑，在孔子看来正是“为上不正”、“上失其道”，民何能于心中对其产生尊敬之情?！孔子并不认为贵族可以不守法，为所欲为。他强调“卿大夫以序守之”，于是，“民是以能尊其贵，贵是以能守其业”，这就是“上好礼，则民莫敢不敬”[①]的礼治。当然，贵族所守之法应不失“度”，所谓“度”，包括赋敛有度、刑罚有度，实际上，是企图使统治阶级与被统治阶级、贵者和贱者、富者和贫者保持在一个统一体中。他认为，这正是夷蒐“乱制”所做不到的。

有的论著说：“唐叔之所受法度”和“被庐之法”都是“奴隶制法”[②]，孔子唯独称赞它们有“度”，可见是“维护奴隶制度的”。如果这种推论

---

① 《论语·子路》。

② “唐叔之所受法度”和“被庐之法”的性质，在学术界尚有不同认识。如祝瑞开先生在其《先秦社会和诸子思想新探》一书中就说，“被庐之法是晋文公制定的“新的封建‘法令’”。

能够成立,那么孔子绝口称道尧舜,又怎样去推论呢?难道可以推定他是要回到上古原始社会?!再说,就我们已知的“唐叔之所受法度”和“被庐之法”的内容来看,又有哪些是可以定性为“奴隶制法”的?!恐怕不大可能。退一步说,这两个法即便是“奴隶制法”,也不能断言,孔子称道它们就是“复辟奴隶制”,而孔子反对的夷蒐法和刑鼎就必定是“新兴地主阶级法”。孔子维护什么性质的社会,要从其全部思想来加以考察,不能从非刑鼎一段话来作逻辑推演。

至于认为晋刑鼎是否创立了一种罪与刑一体的新的“律法”制度的问题,我们在第二章中已作了讨论,无须复述了。概而言之,孔子讥刑鼎,并不是反对公布成文法,正如明代丘濬所说,孔子讥刑鼎,是“以为范宣子所为非善耳,非谓圣王制法不可使人知也”[①];荀寅铸刑鼎,不能说明是一次新的法制改革,孔子持反对态度,是坚持礼制的一贯立场的表现,其中也含有反对虐民、严刑重罚的合理因素。

2.关于“七日而诛少正卯”的再辨析——兼论孔子不是言论罪的创始人

《荀子·宥坐》篇所记“孔子为鲁摄相,朝七日而诛少正卯”一事,历来聚讼纷纷。研究孔子的法思想,不得不对此事加以讨论。

孔子杀少正卯的故事,首见于《荀子》,转述、阐扬于《史记》、《说苑》、《淮南子》、《白虎通德论》、《汉书》、《论衡》、《孔子家语》等书。南宋朱熹第一个站出来表示怀疑。自此之后,辨伪的人不断,论证的人也不休。细加考察,不难发现,历史上关于孔子杀少正卯问题的争论,都是当时现实政治的一定折射。它有两个显著的特点:

其一,在古代社会,辨伪也好,论证也罢,都同尊孔联系在一起。先

---

① 丘濬:《大学衍义补》卷一百二。

秦两汉直到魏晋隋唐的人，都认为少正卯是“佞贱之人”[①]，把杀少正卯与“汤诛尹谐，文王诛潘止，周公诛管叔，太公诛华仕，管仲诛付里乙，子产诛邓析、史付”[②]相提并论。誉为“圣人之诛”。其实，尹、潘、华、付、史等五人之诛，于史皆无征。但在尊孔者的眼里，孔子既为圣人，也该有等同于汤王、文王、周公一样除暴安民的业绩。所以，都以杀少正卯为实有。继朱熹而后，怀疑孔子杀少正卯的人越来越多。清代学者崔述、梁玉绳等人对此事进行了详尽考辨之后，做出了否定性结论，可以说是集了辨伪派之大成。他们认为，春秋时代，杀一大夫决非易事，并从否认有杀少正卯之事进而否认有少正卯其人。但这种否定仍然是从尊孔的立场出发的。他们的逻辑是：孔子这样的圣人绝不会轻易杀人。如崔述引《论语》中孔子“焉用杀”等语后说：“圣人之不贵杀也如是，乌有秉政七日而遂杀一大夫者哉！……此乃申、韩之徒言刑名者诬圣人以自饰，必非孔子之事。”[③]

其二，近代以来，关于诛少正卯的争论仍与现实的政治需要和文化思潮紧密相连。如清末洋务派文人陈玉澍论证其有，是为了反对康、梁变法维新，认为康有为就是当代的少正卯，非杀不可。“五四”时代，易白沙、吴虞等断定其有，旨在反对尊孔读经，“打倒孔家店”。至于“文革”中“四人帮”横行的那几年，批判孔子杀少正卯的文字充斥大小报刊，显然是为了扩大所谓批孔的声势，为对广大知识分子实施法西斯镇压制造舆论。

出于尊孔的需要也好，出于批孔的需要也好，说来说去，都在一定程度上被政治左右了学术。不过，也不可否认，前人在这个问题的研究中，进行了大量冷静而客观的史料剔抉和分析，事件的基本面貌和来龙

① 刘向：《说苑·指武》。
② 《荀子·宥坐》。
③ （清）崔述：《崔东壁遗书·洙泗考信录》卷二《为鲁司寇下》“辨诛少正卯之说”条。

去脉已比较清楚，其中也不乏真知灼见。现在，对孔子诛少正卯一事的讨论，应该也必须回到认真严肃的科学研究上来。这几年来发表的孔子研究的著述，大多认其为伪，但也有一些人肯定其真。从争论所持的史料根据来看，都是前人提到的，并没有什么新的发现。看来，这个问题的解决，光靠征引资料似已无济于事。我们应当把它同孔子的整个思想体系，同当时广阔的社会背景联系起来加以分析，也许会有所裨益。

首先，从法律宗旨上说，杀少正卯是为了惩罚思想犯罪，维护思想的一统，而孔子的时代无此种社会条件和政治需要。崔述等指出，孔子“不贵杀”是有道理的。从《论语》中，并不能找到孔子“七日而诛少正卯”的理论根据和思想根源。据《荀子·宥坐》篇，孔子诛少正卯的理由是五条：“一曰心达而险，二曰行辟而坚，三曰言伪而辩，四曰记丑而博，五曰顺非而泽。”大意为：思想上有自觉的纲领，明白通晓，然而十分险恶；行为极端不正又固执不悛；言论十分错误但很会巧辩且极具蛊惑力：专门收集阴暗面的材料而且记述得广博非常；一贯赞同和支持错误的言行而且加以润色提高。这五条，除第二条“行辟而坚”外，基本上属于思想意识的范畴，犯这五条要受诛，反映了统治阶级为了维护自己的思想意识形态而镇压不同政见和异端思想的法律主张。

思想的一统和政治一统往往是一致的，而且前者由后者派生并加以保障。孔子的时代，王权式微，学术下移；许多知识分子当着国君、执政大夫的面，敢于大谈什么“国将兴，听于民；将亡，听于神”①，“社稷无常奉，君臣无常位”②等等。这样直截了当的指责，在秦始皇统一中国

---

① 《左传·庄公三十二年》。
② 《左传·昭公三十二年》。

后是不可想象的。就是比较“温良恭俭让”的孔子本人也经常批评齐、卫、鲁等国君主和季氏等权势者们违礼、厚敛、多欲、好杀等等。他周游列国，稍不遂意，就不辞而别，各国实权人物也拿他没有办法，更没有因此而追究他。这都说明，当时是一个思想解放、言论自由的时代。此后直到战国末期，还没有出现统一的政权和统一的政治思想钳制人民，因此，出现了百家争鸣的学术繁荣局面，社会上也一度形成了“士贵而王者不贵”的风气。

孔子本人无疑那个时代思想解放风气的受益者，从而有仁学的创立和儒家学派的形成。他也是思想解放之风的推动者和践行者。孔子说：“天下有道，则庶人不议。”[①]这话说得很巧妙：“不议”的前提是“有道”。而孔子认为当时之世，“天下无道”，庶人当然可以“议”，应该“议”。所以，孔子实际上在提倡庶人议政。这可征之于他对子产不废乡校的高度评价。[②] 一个赞成庶人议政的思想家怎么会因少正卯有些过火的议政言论而要砍他的人头呢？“诛少正卯”的故事与孔子的思想主张是相冲突的。

由此看来，孔子的时代并无惩罚思想犯罪的社会条件和政治需要，孔子思想中找不到主张因言获罪还要处死的痕迹。所以，《荀子》以前的儒家经书和子书中，如《论语》、《孟子》、《春秋》、《左传》、《国语》等，均无杀少正卯的案例出现。这一故事肇始于《荀子・宥坐》篇，是值得深思的。

其次，少正卯之类的思想犯应受诛的主张出自荀子学派，而荀子学

---

① 《论语・季氏》。

② 《左传・襄公三十一年》载：“郑人游于乡校，以论执政。然明谓子产曰：‘毁乡校，何如？’子产曰：‘何为？夫人朝夕退而游焉，以议执政之善否。其所善者，吾则行之；其所恶者，吾则改之，是吾师也，若之何毁之？我闻忠善以损怨，不闻作威以防怨。岂不遽止？然犹防川：大决所犯，伤人必多，吾不克救也；不如小决使道，不如吾闻而药之也。’……仲尼闻是语也，曰：‘以是观之，人谓子产不仁，吾不信也。’”

派的主张则来自他们的时代。唐人杨倞以为,《荀子》书的《宥坐》以下五篇"皆荀卿及弟子所引《记》、《传》杂事",非荀子手著。这些杂事在流传过程中,无疑有真有伪,有损有益,如果当作被记录的历史人物的思想引用,不能不取慎重态度。但有些材料,虽非史实,倒的确反映了记录者自己的思想观点。孔子杀少正卯这条史料就是如此。

荀子学派形成于战国晚期,社会不但产生了统一的愿望,而且具备了统一的条件。所以,荀子继承孔子的大一统思想,明确提出了"一天下,财万物"[①]的王政主张。荀子在为未来的"王政"设计政治法律制度时,非常强调思想上的统一。他已不像过去的诸子那样只是排斥与自己直接对立的学派和思想观点,而是凡属自己师承以外的学派一概抨击,他的《非十二子》等篇就是这种性质的政论文。杀少正卯这个案子也就在可能实现政治一统的社会条件和思想一统的愿望中由隐而显、由缺而圆了。钱穆先生指出:"少正卯即十二子之化身","荀卿先倡非十二子之论于前,其徒乃造为孔子诛少正卯之事于后,战国事如此例者甚多"。[②] 这确实是一个精当的分析。《荀子》书中,与《宥坐》篇有关杀少正卯这段文字相类似的地方不止一两处,为了进行比较,特将这段文字抄录如下:

> "孔子为鲁摄相,朝七日而诛少正卯。门人进问曰:'夫少正卯鲁之闻人也,夫子为政而始诛之,得无失乎?'孔子曰:'居!吾语女其故。人有恶者五,而盗窃不与焉:一曰心达而险,二曰行辟而坚,三曰言伪而辩,四曰记丑而博,五曰顺非而泽。此五者,有一于人,则不得免于君子之诛,而少正卯兼有之,故居处足聚徒成群,言谈足

---

① 《荀子·非十二子》。

② 钱穆:《先秦诸子系年》卷一《孔子行摄相事诛鲁大夫乱政者少正卯辩》,商务印书馆1935年《大学丛书》本,第22—24页。

以饰邪营众，强足以反是独立，此小人之桀雄也，不可不诛也。”①

对比一下《荀子》书中类似的文字就可以知道，少正卯这样的人该杀是荀子及其学派的一个一贯的、成熟的思想。《荀子》书中不乏内证。如，《王制》篇：

“贤能不待次而举，罢不能不待须而废，元恶不待教而诛，中庸民不待政而化。……故奸言、奸说、奸事、奸能、循逃反侧之民，职而教之，须而待之，勉之以庆赏，惩之以刑罚，安职则畜，不安职则弃。……才行反时者死无赦，夫是之谓天德，是王者之政也。”②

文中的“奸言”、“奸说”、“奸能”，指违反礼义的思想、言论、学说、才能，基本属于思想意识范畴之内。这里虽还没有明确提出按思想言论定罪的主张，虽还主张“职而教之”，“须而待之”，但已将它们同“奸事”、“循逃反侧之民”列在一起，归入“庆赏刑罚”之内，若“不安职”，即教而不从，仍入“弃”之列。所谓“才行反时”，即才能和行为违背时政，其范围不甚明确，但正因不确切，则可扩而大之，凡“奸言”、“奸说”、“奸能”之类均可囊括于内，并无不妥。荀子认为对这种人应“死无赦”。总之，思想言论“反时”谓之“奸”，教而不从，则入于刑罚。可见，思想言论“反时”已成为犯罪要件。而《宥坐》篇中的少正卯，在荀子及其门人看来，不正是这样一个散布“奸言”、“奸说”的“才行反时者”吗？

又如，《非十二子》篇：

“……多言无法而流湎然，虽辩，小人也。故劳力而不当民务，

① 《荀子·宥坐》。

② 《荀子·王制》。

谓之奸事；劳知而不律先王，谓之奸心；辩说譬谕，齐俗便利，而不顺礼义，谓之奸说。此三奸者，圣王之所禁也。知而险，贼而神，为诈而巧，言无用而辩，辩不急而察，治之大殃也。行辟而坚，饰非而好，玩奸而泽，言辩而逆，古之大禁也。”①

这里定为“圣王之所禁”的“奸事”、“奸心”、“奸说”的所谓“三奸”中，三分之二为思想言论之禁。而列入“古之大禁”的“行辟而坚”四条，与《宥坐》篇“言伪而辩”、“行辟而坚”五条文字相近。后者显系脱胎于前者。这说明，荀门弟子编《宥坐》篇，虽然文字上作了润色，但惩罚思想言论这一主张实秉承于《非十二子》篇。

如果说，《非十二子》篇的“古之大禁”一说还不是明确的以思想言论定罪的犯罪学用语的话，那么，在《非相》篇中，以思想言论来定罪的表述就十分确切了。文中写道：

“凡言不合先王，不顺礼义，谓之奸言，虽辩，君子不听，……听其言则辞辩而无统，用其身则多诈而无功，上不足以顺明王，下不足以和齐百姓，然而口舌之均，噡唯则节，足以为奇伟、偃卻之属；夫是之谓奸人之雄。圣王起，所以先诛也，然后盗贼次之。盗贼得变，此不得变也。”②

“口舌之均，噡唯则节”，意为：说话动听，无论是说多说少都很适当。适当什么？读下文，可知是指很适当地表达出“奇伟”、“偃卻”的意思。“奇伟”是自夸自大之状；“偃卻”，是高傲的样子。总起来，这句话

① 《荀子·非十二子》。
② 《荀子·非相》。

所斥责的就是“奸言”、“辞辩”。荀子将此类人定为“奸人之雄”，认为其罪重于“盗贼”，因为“盗贼”尚可教化，而“不合先王，不顺礼义”的“奸言”出自思想上的自觉，不可教化，所以必“先诛”而后快。荀子在这里已明确地将思想言论上的“不合先王，不顺礼义”定为大罪重罪。而这段话中的“奸人之雄”，在《宥坐》篇中被其弟子们演化为“小人之杰雄”，文字相类，意思相通。只是《宥坐》篇中已有了一个具体的对象——少正卯；又有了一个完整的绘声绘色的故事——孔子诛少正卯。

很明显，《宥坐》篇中的诛少正卯只是上述各节文字的完整化和故事化。它把惩罚思想犯罪这一原则演化为杀少正卯这样一个实际案例。而杀少正卯一案的出现，正是适应了惩罚言论和思想犯罪以实现集权政治需要。它与孔子的思想体系不类，倒和荀门的学说合拍。荀门的这一主张又来自于他们的时代。后来，这一主张经过韩非在理论上的发扬，到荀子的另一个学生李斯，终于把杀少正卯的故事由虚而实，付诸行动，而且杀的不是一个，是460多个。汉唐以后，中央专制政权对思想的禁锢越来越紧，杀少正卯也就成了各朝维护正统思想，甚至大兴文字狱的理论依据和法律准则了。

综上所述，我们的结论是：“七日而诛少正卯”，非孔子所能为，非孔子时所需为。

3. 孔子与法

现在可以回过头来讨论孔子对法的态度及其法思想的特质了。

研究孔子的法思想，同研究其整个思想一样，基本的资料自然是非《论语》莫属。但翻开《论语》，却找不到一个与我们现在所说的法律概念相同的“法”字。那是否能得出结论，说孔子与法无干，或孔子无丰富的法思想呢？有的朋友正是这样立论的[①]。然而，这种看法却是值得

① 见程天权：《孔子法律思想立疑》，载《法学杂志》1985年第4期。

商榷的。

在孔子的时代,法的概念是蕴含于其他概念之中的。如,“刑”的概念,当时就包括两种意义,狭义的“刑”即今之刑罚、刑杀,广义的“刑”相当于今天的“法”字。这两种含义《论语》中均存在。《为政》篇“道之以政,齐之以刑”的“刑”字属于狭义的刑罚概念,而《里仁》篇“君子怀刑,小人怀惠”的“刑”字则具有广义的法的意义。

“怀”,《说文》注:“思念也。”①朱熹《论语集注》说,“怀刑”就是“畏法”。② 刘宝楠《论语正义》解作“日儆于礼法”。③ 杨伯峻《论语译注》译为“关心法度”。④ 他们都将“君子怀刑”的“刑”理解为广义的“法”。总起来说,所谓“君子怀刑”,就是强调治国理政的“君子”应当关心法度,注重国家法制的建设及其健全的运行。

有的学者认为,先秦汉语中“刑”多假借“型”。“型”,本义为模型、型范,引申为典型、榜样、楷模。因此,“君子怀刑”,当读为“君子怀型”,指君子思念古今的一些名君、圣贤⑤。孤立地看,这种训解未尝不可。但《论语·里仁》此章全文是:“君子怀德,小人怀土;君子怀刑,小人怀惠。”这里的“怀刑”与“怀德”相应相称,属同一个思维层次。“刑”和“德”均已超出以较具体的名君、圣贤为特定对象的取物状人式的思维层次,而是从名君、圣贤的行为和人格中概括出来的道德、制度范畴,属抽象思维的层次。这样,若把“怀刑”译为思念名君、圣贤,“怀德”就难以译出与之相应的意思了。再从古文字上说,“刑”在先秦有两种字源,一为“㓝”,《说文》云:“罚罪也。”⑥这就是今之刑罚。《论语》的“导政齐

---

① 《说文解字注·心部》。
② 朱熹:《论语章句集注·里仁》。
③ 刘宝楠:《论语正义·里仁》。
④ 杨伯峻:《论语译注·里仁》。
⑤ 见刘桓:《“君子怀刑”解》,载《孔子研究》1990年第3期。
⑥ 《说文解字注·刀部》。

刑”之刑，即为此种意义上的刑。另一古字就是“型”。“型”，确应训为典型、榜样。然而，这是什么样的典型、榜样呢？《说文》云：“型，铸器之法也。”[①]铸器需要有个规矩，即范，或型范，没有规矩，不能成方圆。引申出来，人的行为、国家的政治都得有个规矩，有个型范。这个规矩、型范，就是法。“刑”与“型”互为假借字。所以段玉裁《说文解字注》在“刑，罚罪也”之后，云：“假借为典㓝字。从刀幵。《易》曰：‘幵者，法也。’”[②]又在“型，铸器之法也”之后，写道：“假借㓝字为之。……《诗·毛传》云：‘㓝，法也。’”[③]“刑”与“型”相互假借后，在古书中孤立地就字解字，可能会失其本义。朱熹、刘宝楠等古人，及今人杨伯峻的注释是完全得孔子原意的，是正确的。“君子怀刑”，意为：君子应儆于礼法，关心法制，带头循礼守礼法。孔子要求“君子怀刑”，表明他是关心和重视法制，而不是反对和漠视法的。

孔子一再告诫为政执法者们：“政者，正也”。[④] “其身正，不令而行；其身不正，虽令不从。”[⑤]这都含有要求在上位的统治者以身作则，将自己的行为纳入国家法制轨道，关心国家法度的意思。细检《论语》，孔子始终是以自己理解的法和法价值对统治集团及其个人进行严肃的法律评价，对他们的违法失度行为进行无情的抨击，他对各级贵族违礼坏法，对社会出现的种种失序现象怀着极大的恐惧和忧虑，并致力于重建社会的正常法律秩序。

正是基于此点，孔子反对一味的严刑重罚，反对违背礼和法的规定对人民滥施刑杀：“刑罚不中，则民无所措手足。”[⑥]说明孔子主张刑罚

---

① 《说文》，卷十三“土部”。

② （清）段玉裁：《说文解字注》卷四“刀部”。

③ 同上书，卷十三“土部”。

④ 《论语·颜渊》。

⑤ 《论语·子路》。

⑥ 同上。

要得"中",即合法度、适当。他批评"刑罚不中",不是一概地反对刑、反对惩罚犯罪。

孔子作为一个面对现实的思想家和以救世为己任的政治活动家,他并没有放弃刑杀这个有效的治国工具。《左传·昭公十四年》所载的晋国的两个贵族——邢侯和雍子争夺鄐地田产所有权一案中,由于这些贵族们"为上不正",徇私卖法,酿成为一起重大的流血案件:雍子自知理亏而献纳女儿于代理司法官叔鱼,"买直"而求胜诉;叔鱼曲法舞弊,强判邢侯败诉;邢侯目无国法,在朝廷上擅杀叔鱼和雍子。对这一案件,叔向并未因为叔鱼是自己的异母弟而稍示宽恕,他引"皋陶之刑"来定罪判刑,坚决主张:"三人同罪,施生戮死可也。"[①]"施生戮死",按《国语》的解释,即是"杀其生者而戮其死者"[②],就是处死邢侯,将已死的叔鱼和雍子戮尸示众。孔子后来谈到叔向的上述处理意见,十分赞叹,说:

> "叔向,古之遗直也。治国制刑,不隐于亲,……杀亲益荣,犹义也夫。"[③]

他不但不反对以法严厉惩治这三个违法贵族,而且特别强调"治国制刑"应恪守"直"的司法道德,应"不隐于亲",丝毫不考虑"刑不上大夫"之类的礼制。

孔子做过鲁国司寇,专门执掌刑政。他的这一段事迹虽未能一一流传下来,但从古书中依然可知:孔子执法严肃认真、公平无私,做坏事的人都怕他,不敢为非作歹。如荀子说:

---

① 《左传·昭公十四年》。
② 《国语·晋语九》。
③ 《左传·昭公十四年》。

"仲尼将为司寇，沈犹氏不敢朝饮其羊，公慎氏出其妻，慎溃氏逾境而徙，鲁之粥牛马者不豫贾，必蚤正以待之也。"①

汉代董仲舒也称道孔子为司寇时——

"至清廉平，路遗不受，请谒不听，据法听讼，无有所阿，……断狱屯屯，与众共之，不敢自专。"②

司马迁在《史记》中写到孔子的这一段业绩时也说：

"孔子在位听讼，文辞有可与人共者，弗独有也。"③

荀子是战国时人，董仲舒和司马迁也去春秋战国之世不远，他们的话虽有溢美之辞，但不至于纯属虚构。因为，就连儒家的反对派韩非也称：

"仲尼为政于鲁，道不拾遗。"④

因此，笼统地断言孔子反对法，轻视以法制维系社会秩序，似失之简单。

孔子主张"为国以礼"⑤，这便是"礼法之治"，现在习惯性地称之为

① 《荀子·儒效》。
② 《春秋繁露·五行相生》。
③ 《史记·孔子世家》。
④ 《韩非子·内储说下》。
⑤ 《论语·先进》。

“礼治”。然而，重视礼和“礼治”并不见得是反对法和刑。

如前所述，礼，是古代社会普遍适用的行为规范的总称，是一个融道德与法律、宗教与习俗于一体的交错重叠的文化生命整体。对于礼的性质，伦理学史家着重论述其道德属性，法律学史家发现其具有法律属性，可谓是见仁见智，各有千秋。实际上，就现存的礼经而论，我们很难从字面意义上将各条礼逐一分属于道德或法律及其他。这些礼的条款的性质，往往要在对违礼行为的处理结果上才能明确地显示出来。如果对某一违礼行为，不论何人何时违反同一条礼则，其后只是舆论谴责和道德训诫了事，那么，这条礼则就一般地表现为道德规范的性质；如果对一种违礼行为，通常是施以国家强制性的处罚，直至动用最严厉的刑罚手段，即失礼要入刑；或者虽然违反同一条礼则，但由于行为人的身份不同或时空条件不同，有处以刑罚有不处以刑罚，那么，只要有一例入刑，不论其他违反这一礼则行为的实际处断结果是否入刑，一般地说，这条礼则应视为法律规范的性质。与“失礼入刑”相配套的，是古代“眚灾肆赦，怙终贼刑”①、“义刑义杀”②、“原情定罪”等司法原则和定罪量刑制度。因此，礼包含着法，法在礼中，礼外无法，礼思想中渗透着法思想。舍礼而去寻求古代中国之法，舍礼学而谈中国古代法学，无异于缘木求鱼，必然会埋没，甚至曲解我国古代法及其丰富的法思想。则言之，这是一种“礼法”，其制度是一种礼法制度，其思想是一种礼法思想。③

春秋以前的古代社会，社会关系比较简单，有了礼这样一种包罗万象的社会规范体系，就足以调整各种社会关系，维护社会秩序了。

春秋中后期出现了礼崩乐坏的局面。但在政治生活中，礼仍然是

---

① 《尚书·舜典》。

② 《尚书·康诰》。

③ 详见本书第二章第五节，以及第六章中关于荀子的“礼法论”。

臧否人物、权衡利弊的主要准则，司法实践中也仍然运用“出礼入刑”的原则，因此多数思想家和政治家，包括管仲、子产一类的改革人物，也都打着礼的旗号。正如顾炎武在其史学名著《日知录》中所说的，“春秋时犹尊礼重信”[①]。孔子就是在这样的社会背景下仍然坚持礼制和礼治的一位思想家。但他对礼作了新的解释，作了损益和改造。

西周时期，“敬天”、“天命”、“天德”、“天罚”观念盛行，礼学从属于宗天神学。孔子总结并高扬了西周以来的重民思想，把眼光主要转向人事，对鬼神存而不论。他在学术思想上的最大贡献是创立了仁学，纳仁入礼。孔子所论之礼，已将其从天上拉回人间，成为有血有肉的宗法人伦之礼，以仁为内在精神和生命力的礼。如孝礼，周人以孝祖为德的重要内容，强调祭祖之礼，有诸如“天子七庙、诸侯五庙、大夫三庙、士一庙、庶人祭于寝”[②]之类的礼制。孔子则论孝说：

> “子生三年，然后免于父母之怀。夫三年之丧，天下之通丧也。”[③]

他着重从血缘心理基础上说明孝不过是一种亲子之情，是子女对三年依偎于父母之怀的这种养育之恩的报答。这样的孝礼，首先属于世俗的宗法人伦道德的范畴，同时又成为处理与家族关系有关的法律问题的准则。如孔子提出的“父为子隐，子为父隐”[④]的孝礼，就已涉及到诉讼问题了。诚然，孔子并没有指出不相隐的行为应作何种处罚，也未制定出一条“同居相容隐”的法律条文，但他提出了一个维护孝道、不违背

---

① 顾炎武：《日知录·周末风俗》。

② 见《礼记》之《王制》、《祭法》，《孔子家语·庙制解》等。

③ 《论语·阳货》。

④ 《论语·子路》。

孝礼的诉讼原则。既然父子之间有罪互相隐瞒是道德的，那么，父子之间在诉讼中无举证责任、犯了罪可以互相藏匿，以逃脱法律制裁便都是合法的。于是，在道德与不道德的评价中，合法与违法、罪与非罪的界限也就明确了。可见，孔子所论之礼即包含了法。

通常认为，礼讲的是等级差别，不是罪刑观念。但等级差别不是空泛的，它体现为“君君、臣臣、父父、子子”[①]的政治秩序，而这一等级秩序决定着相对应的权利和义务的承担，决定着定罪量刑，所以也就是法律秩序。它不但包含了罪刑观念，还体现为一种广义的法的观念。法定权利和义务的有无多寡、犯罪与否和刑罚的轻重，都要服从于等级，与等级名分相一致，这正是礼的要求，也是礼制之下的法的要求，即礼法的要求。

那么，孔子是否算得上一位有系统的法思想的思想家呢？诚然，孔子不是法律专门家，而是一位“百科全书”式的伟大的思想家。他最杰出的贡献在于提出了仁的学说，仁是其全部思想的核心（详论见后），是他思考各种问题，包括法的问题的逻辑起点和价值指向。孔子主张重德轻刑、以德去杀，反对“不教而杀”、要求刑罚得中、实行哀敬折狱等等，无不贯彻了仁道、忠恕的精神。“仁”这个概念不仅具有哲学意义、伦理意义、政治意义，而且也融入了法的意义。孔子的法思想也是以仁为核心来展开的。他不是一个职业法律学家，更不是一个职业型的具体实在法的立法者或律学家，因而其对法的关心和思考，不在提出某些具体的法制建设措施，或刑事的、民事的、婚姻家庭的以及立法、司法的具体原则和条文，而是着重于从政治哲学、人生哲学、理想法、正义法的高度，比较“德礼政刑”的优劣、确立先王之法的法律价值标准、抨击严刑峻罚的虐政和竭泽而渔的苛政、歌颂“直道”的司法原则，设计“无讼”

① 《论语·颜渊》。

和长治久安的社会蓝图和法制理想，从而为古代中国法和法文化的中国道路、中国模式奠定了基础。他所要创制的是以“仁”为核心“大经大法”，是一位古代中国根本性的礼法制度的设计师。凡此种种，说明孔子的仁学思想母体中包容了法的思想体系。孔子的法思想是其仁学中的一个固有的重要的层面，一个子体系。

4. 孔子的法思想是伦理法思想

历来对孔子法律学说的种种非议，也是同孔子思想的本身特点有关的。孔子在我国历史上第一个把宗法人伦道德意识系统化，他的仁学是以宗法人伦道德论为基础的思想体系。孔子在伦理学上的杰出成就一定程度上掩盖了他的其他思想，特别是法思想的光辉，以致中外许多思想界的大师，往往把他说成是一位道德论者。王充称他是“道德之祖”[①]，实属失之表面；黑格尔断言孔子“只有一些善良的、老练的、道德的教训”[②]，也显然是一叶障目。

前已论及，儒家法思想的法文化特质不宜归结为“人治”、“德治”与“礼治”，也不是“自然法”，而是一种伦理型的法文化，是“伦理法”。[③]孔子作为儒家的始祖，对儒家伦理法思想起了奠基和导向作用。我们对儒家伦理法的认识，最早还是从对孔子法思想的思考和研究中得来的。

同古希腊、古罗马不同，我国古代缺乏职业的法学家阶层，没有专门的法学著作。历史上有见地的思想家的思想体系，都是综合型的思想体系，即所谓“文史哲不分”、“政经法兼包”，其中或多或少包含了关于法的思考。因此，研究我国古代思想家的法思想不能离开其整体思

---

① 王充：《论衡·本性篇》。

② 〔德〕黑格尔：《哲学史演讲录》第1卷，商务印书馆1982年版，第90页。

③ 详见本书第三章。

想。只有把握整体才能更深刻地理解它的部分。所以，我们应当从孔子思想整体来认识孔子法思想的特质。

孔子是一位积极救世的思想家，《论语》中记载了他的救世思想，在整个古代社会中确确实实发挥了政治教科书、法律教科书的作用。《论语》中的一些言论、原则，二十四史《刑法志》反复加以引用，被历代统治者奉为圭臬。孔子法思想不能只从《论语》字面上去找，而更要从字里行间去找，透过字面去找。《论语》是一部语录体著作，各章各篇之间并无必然联系。它是一部无逻辑体系的书。但这不等于说《论语》所反映的孔子思想是无逻辑体系的。

从《论语》可知，孔子创立了一个以宗法人伦道德论为主体的思想体系——仁学。其哲学、政治、教育等思想都被纳入了仁学之中。正如不少孔子研究者所指出的，孔子的哲学是伦理哲学，孔子的政治学是伦理政治学，孔子的教育学是伦理教育学. 他的法思想也同样从属于他的宗法人伦的道德论。他认为，远古社会纯朴，道德水平高，没有犯罪，也用不着法律。后来道德衰微，产生了犯罪和刑罚，人们才制定了礼法。在他看来，尧舜之法是圣人之法，最好也最完善，是现实社会法制的典范。治国不应诉诸政和刑，而应首先依靠德和礼，应当先教后杀，应当"富之"、"教之"，政刑只是济德教之穷，应服从于德礼。因此，"父子相隐"是符合人伦道德的，应当认为是"直"的、合法的；听讼断狱不仅仅是为了弄清本案，而是要达到"知耻"的教化作用，使人们耻于争讼。凡此种种，说明孔子是以宗法人伦道德作为思考法的起源、本质、作用、发展趋向等问题的出发点和归宿点的。孔子法思想同仁学的特点一致，是宗法伦理型的法思想，是伦理法。

孔子的仁学和其哲学、政治、法律、教育等思想之间是整体与部分、母系统与子系统的关系。整体不是部分的算术相加。不能把孔子的仁学母体看成是一个西瓜，可以断然切下哲学、政治、法律、教育等互不相关的块块。它们是一个复杂的网络结构:各部分都覆盖整体,部分之间又互相交叉重叠;整体的内容特点贯彻于各部分之中,各部分又不独立于仁学母体之外。仁学的概念术语也往往有多义性。它们可能同时含有哲学意义、政治意义、法律意义、教育意义等,也可能只含有其中的一两种意义,但多义概念几乎都含有伦理这一重要意义。孔子法思想与仁学母体不可分离,与其它子系统密切相联,它以宗法人伦道德论为基础和主干,伦理法是其贯彻始终的、主要的和本质的特征。

在世界诸多文明史上,法律曾长期未能脱离宗教和神学。我国早在公元前5世纪,就出现了孔子那种"不语怪力乱神"[①]、对鬼神存而不论的以人为中心的道德论,和由于道德人伦的渗入而使神无立足之地的伦理法学说,基本上摆脱了宗教和神学,这在古代法学史上是难能可贵的。英国法学史家亨利·梅恩在其《古代法》一书中说过,古代社会的法律尚未脱离宗教规范而单独存在,只有中国能超越此点[②]。诚然,中国古代法律学也承认"天"的权威,如《尚书·大禹谟》的"天秩有礼"、"天讨有罪",汉人引申为"圣人因天秩而制五礼,因天讨而作五刑"。[③]这"天"是懂人情世故的伦理的天,而不是高玄莫测的宗教的天。早在1980年,陈朝璧先生著文把它称之为"天理",并指出,以"天理"作为法的理论根据,以合乎"天理"作为立法的指导思想,不同于一般古代法的"神授主义",这是中华法系的一大特色[④]。中华法系能比世界上其他法系更早地甩开宗教和神学,并始终未成为神学的奴婢,与孔子伦理法思想的影响是分不开的。

---

① 《论语·述而》。

② 转引自瞿同祖:《中国法律与中国社会》,第250页。

③ 《汉书·刑法志》。

④ 见陈朝璧:《中华法系特点初探》,载《法学研究》,1980年第1期。

三、仁——孔子伦理法思想的逻辑起点和价值本体

在中华民族文化发展史上,仁的思想有着突出的地位。孔子,则是仁学思想体系的创始人,并以他的仁学雄踞世界级思想家和文化名人之列。因此,探讨孔子的法律思想不能不从他的仁学说起。孔子关于法律的学说原本就是他的仁学母体的一个有机组成部分。

1. 仁——我国古代关于人的学说

孔子生活的春秋末期,社会开始进入了一个大动荡、大变革的历史时代。这种动荡和变革导致了思想和观念的急剧更新。其中最为突出的是非人道的人祭、人殉受到了社会舆论的普遍谴责。它产生的一个直接结果,是在公元前384年秦献公一即位时,颁布了"止从死"①的新法令。尽管野蛮的人殉事实上苟延残喘到了古老帝制社会的末期②,但它作为一种普遍的、天经地义的制度被社会所否定,被人们所非议,并终于以法律形式作了第一次明确的禁止,毕竟表明人们对人神关系的认识发展到了一个新的高度——由神为主转变为以人为主。社会发现了人,人发现了自身的价值。这决不是统治者突然的良心发现,而是社会经济和社会政治、思想发展的必然结果。如果从周人高扬"以德配天"的思想算起,这个由神而人的过程,也经历了500多年的漫长历史。

---

① 《史记·秦本纪》。

② 明天顺八年(公元1464年)正月,英宗病危时下诏:"用人殉葬,吾不忍也。此事宜自我止,后世勿复为。"(赵翼《廿二史札记》)说明在此之前,明代帝王死后仍用人殉。又,史载:清太祖努尔哈赤死后,太妃纳喇氏和另两名庶妃殉葬。直到康熙年间,遂又明令禁止殉葬,后才废。

如果说，周初"以德配天"的思想直接产生于"殷鉴"，那么，春秋时代的重人思想则有着远为广阔深刻的社会背景。这是由于生产力的发展提高了劳动力——人的价值，而一线劳动者们的逃亡、怠工，一次又一次的暴动更显示了"人"的社会力量①。正是生产斗争和阶级斗争，成为推动重人思想迅速发展成熟的两个轮子。人的解放已成为时代的趋势。而人的地位和价值的每一步提高，就是神的地位和价值的进一步下降。《左传》上有关这方面的记载很多。

桓公六年，随国季梁谏其君曰："夫民，神之主也，是以圣王先成民而后致力于神。"②

庄公三十二年，虢国君主派史嚚等祭神，史嚚却反对说："虢其亡乎！吾闻之：国将兴，听于民；将亡，听于神。神，聪明正直而壹者也，依人而行。"③

僖公十六年，有五颗陨石坠于宋国境内，又有六只鹢鸟（水鸟）后退着飞过宋都。宋襄公以为是凶兆。周内史叔兴却说："是阴阳之事，非吉凶所生也。吉凶由人。"④等等。

这些被广泛引用的史料向我们展示：一个人文思想勃兴的灿烂时代开始了。

与此同时，统治集团中稍有头脑的成员终于在严酷的现实中或多或少地意识到：惠民、利民者存，弃民、残民者亡，民心的向背关系着国家的安危，自身的命运。民本思想产生了。

---

① 如，公元前641年，梁国"民惧而溃，秦遂取梁"，梁亡（《左传·僖公十九年》）；公元前624年，"沈溃"（《春秋·文公三年》）；公元前550年，陈庶民暴动，"役人相命，各杀其长"（《左传·襄公二十三年》）；公元前478年和前470年，卫工匠暴动见《左传》之《哀公十七年》、《哀公二十五年》。

② 《左传·桓公六年》。

③ 《左传·庄公三十二年》。

④ 《左传·僖公十六年》。

当时的齐国有个田成子，采取大斗出小斗进的办法借粮给穷人，收买笼络人心，与齐景公“争民”，连周秦之民都唱着歌儿“往归田成子”。齐景公着了慌，向晏婴讨办法。晏婴教齐景公对付田成子的手段仍是“惠民”：

> “近贤而远不肖，治其烦乱，缓其刑罚，振贫穷而恤孤寡，行恩惠而给不足，民将归君，则虽有十田成氏，其如君何？”①

民重要到了要“争”的程度，说明世道确实是变了。“争民”的斗争，需要运用各种手段，经济的和政治的、法律的和思想的，这就迫使一部分诸侯、大夫之类的贵族统治者们不得不调整某些社会关系，改变某些传统政策，其结果却促进了新的生产关系的生长和宗周制度的瓦解。也就是在同一过程中，原始的简单的“仁’字被孕育成了新的意识形态体系②。这就是孔子创立的博大精微的仁学。

仁学的创立，标志着中华民族认识史上由神本位过渡到了人本位，由神道发展到了人道。仁学本身的发生史就证明，它是我国古老的关于人的学说。

孔子的仁论正牢牢地把握住了仁的这一特性。

孔子的仁论集中体现在《论语》一书中。综观《论语》论仁，大致可分为四类，都是说的人。

第一类，论仁“为众德之总”。孔子把一切美好的品德，如孝、悌、

---

① 《韩非子·外储说右上》。

② “仁”字出现较早，刘节《古史考存》、商承祚《殷虚超契类编》、杨荣国《中国古代思想史》认为，殷商时就有“仁”字，甲骨文中写作“尽”、“足”等。但近人多疑之。清儒阮元提出“周官礼后始造‘仁’字”之说，于省吾等从之。刘蔚华在《论仁学的源流》（《齐鲁学刊》1982年，第1—2期）一文中认为，“仁最早出现于春秋初期”。诸说皆以为“仁”字早于孔子时代。

忠、信、恭、宽、敏、惠、智、勇、诚、敬、刚、毅、木，讷、直、义、好礼、忠恕、中庸等等，统统涵摄在仁之中，而将“巧言令色”之类的坏品德摈之于仁之外[①]，赞美人格的尊严和高尚，鼓励人践履仁德，做一个自重、自爱、自立的人。

第二类，论仁人。孔子许微子、箕子、比干、伯夷、叔齐、管仲、子产、颜回等人为仁。他们当中，有的是道德情操高尚的“志士仁人”，有的是为国家和民族立下丰功伟绩的政治家。这里特别值得注意的是孔子对管仲、子产、颜回的评价。

管仲“不知礼”[②]，不但不以死报答他的主人公子纠，反而成为公子纠的政敌齐桓公的相[③]，所以孔门的高足子路和子贡都认为管仲“未仁”。孔子却高度评价管仲的业绩：

> “管仲相桓公，霸诸侯，一匡天下，民到于今受其赐。微管仲，吾其被发左衽矣。”[④]

连声说“如其仁，如其仁”[⑤]。子产在郑国执政，“其养民也惠，其使民也义”[⑥]，孔子称道他是“惠人”[⑦]。子产不毁乡校，孔子更是大加赞赏：

> “以是观之，人谓子产不仁，吾不信也。”[⑧]

---

① 《论语·学而》：“巧言令色，鲜矣仁！”
② 《论语·八佾》。
③ 见《论语·宪问》。
④ 《论语·宪问》。
⑤ 同上。
⑥ 《论语·公冶长》。
⑦ 《论语·宪问》。
⑧ 《左传·襄公三十一年》。

乡校议政,大概是原始氏族民主制的一种遗风,是重视民意的开明做法。

当时,既有子路、子贡对管仲是否仁人的怀疑,又有"谓子产不仁"的人,可见存在着一种陈腐的观念。孔子则不同,他注重的是民"受其赐",是民主议政。就是说,只要在惠民、重人方面有突出的功绩,都可以誉之为仁。这是孔子的仁学的重人、重民的新义。

至于颜回,不过是一个住在"陋巷"、刻苦读书、道德品格极好的穷弟子,孔子许其仁,说明仁是涵盖了一切人的。孔子说:"三军可夺帅也,匹夫不可夺志也!"[①]承认"匹夫"有"志",且"不可夺"、不可欺,是对一切人的人格的承认和尊重。所以,仁不是贵者尊者的专利品,而具有人类学意义上的人学性质。

第三类,论"爱人"。孔子以"爱人"释仁[②],并进而将"爱人"界说为"泛爱众"[③]、"博施于民而能济众"[④]、"节用"[⑤]、"使民如承大祭"[⑥]等。这说明"爱人"的"人"泛指一切"圆胪方趾"的自然人,仁爱具有普遍的人类之爱的意义。应予注意的是,孔子论仁者"爱人",主要是针对有位者们说的。"爱人"政治就是爱民政治、民本政治。"节用"、"博施"、"济众"等等,主体是为政者,客体是民,是老百姓。所以孔子说:"君子学道则爱人,小人学道则易使也。"[⑦]这里的"君子"和"小人"显然是等级概念。只有处于统治地位的"君子"才需要讲"爱人"的德政,只有学得了"道"的开明的"君子"才能够实施"爱人"的德政。被统治的"小人"无位

① 《论语·子罕》。
② 《论语·颜渊》:"樊迟问仁,子曰:'爱人。'"
③ 《论语·学而》。
④ 《论语·雍也》。
⑤ 《论语·学而》:"节用而爱人。"
⑥ 《论语·颜渊》。
⑦ 《论语·阳货》。

可言，也说不上行什么“爱人”之政，即使“学道”，也不过当好一个“易使”的良民。可见，“爱人”中贯彻着鲜明的阶级利己性。“爱之能勿劳乎！”[①]爱百姓是为了役使百姓，“爱人”是为了利己。这正是民本政治的含义。即便如此，“爱人”终究是把人当作人来统治，是在承认人的地位和价值的基础上来统治，是看到了人、重视人的表现。

第四类，论践行仁的方法。在这一方面，孔子谈得最多的是“忠恕”：

> “夫仁者，己欲立而立人，己欲达而达人。能近取譬，可谓仁之方也已。”[②]
>
> “己所不欲，勿施于人。”[③]
>
> “我不欲人之加诸我也，吾亦欲无加诸人。”[④]

总起来说，就是要推己及人，将心比心，自己不愿意的事情也不要强加于人，自己喜欢的东西要想到别人也喜欢。“忠恕”并不是把人与人、人与己一一拉平，而是有宗法伦常的差等和尊卑贵贱的差别的，但它毕竟包含着人格自重和尊重对方人格的合理内容。如果眼中根本不把对方看作是“人”，又何来“己所不欲，勿施于人”呢？又何需去立人达人呢？所以，“忠恕”的为仁之道，实在是一种为人做人、重人爱人之道。

综上所述，重视人、关心人的精神实渗透于《论语》论仁的各主要章节。阮元《〈论语〉论仁论》云：

---

① 《论语·宪问》。

② 《论语·雍也》。

③ 《论语·颜渊》。

④ 《论语·公冶长》。

“春秋时孔门所谓仁也者，以此一人与彼一人相人偶而尽其敬礼忠恕等事之谓也。”①

“相人偶”，指二人以上的互相关系。仁，就是正确处理人际关系的原则，是古代关于如何做人为人、使人成为人、使政治法律合乎人道的学问。

2. 仁与礼

在孔子的仁学中，仁—礼关系是个很重要的问题。在孔学研究中，仁与礼孰主孰从又曾是一个长期争论不休的问题。

孔子说：

“克己复礼为仁。一日克己复礼，天下归仁焉。”②

看起来，“复礼”好像是“为仁”的目的，仁服从于礼，以礼为标准。

但是，孔子对“不知礼”的管仲，却仍誉为仁，说明仁并不受礼的限制。他还说：

“人而不仁，如礼何？人而不仁，如乐何？”③

这句话，刘宝楠的解释是：

---

① （清）阮元：《揅经室一集》卷八《〈论语〉论仁论》。

② 《论语·颜渊》。

③ 《论语·八佾》。

> “礼乐所以饰仁，故惟仁者能行礼乐。”[①]

由是观之，则仁高于礼，不仁就不懂礼乐，不过徒有繁文缛节而已，所以仁为礼的标准。

然而，这样各据一两条孤立的语录来论定仁与礼何者为本，怕是永远也说不清楚的。

在分析孔子思想中关于仁与礼何者为本的问题上，我们应当坚持两种方法论，一是整体观，一是发展观。

从整体的观点看孔子思想体系，就会发现，孔子的仁，并不和礼相脱离，更不与礼相对立，仁的精神正是通过礼的节文来体现的。这就是孔子学说的仁—礼结构。在他看来，没有礼的节文，也是不成其为仁的。所以：

> “恭而无礼则劳，慎而无礼则葸，勇而无礼则乱，直而无礼则绞。”[②]

恭、慎、勇、直都是仁的德目，失去礼的节制，都会产生流弊。但另一方面，孔子又强调，礼的节文须以仁为基础，这便是“人而不仁，如礼何”，从而提出了以仁“损益”礼的思想：

> “殷因于夏礼，所损益，可知也；周因于殷礼，所损益，可知也。

---

① （清）刘宝楠：《论语正义·八佾》。

② 《论语·泰伯》。

其或继周者，虽百世，可知也。”[①]

一世是30年，“百世”得3000年，这是喻时间的久长。孔子以“损益”两字来预言周代以后“百世”的礼制变化，若从礼的政治制度和体制层面上说，显得有些保守。但他明确承认有“继周者”，明言周王朝是可“继”的，而且是周王室还存在的情况下说周是可以“继”的，这“继”的办法，就如同殷之继夏、周之继殷那样，也就是改朝换代，而不是姬姓周王朝“子子孙孙”、“天祚永存”。所以，郑玄注云：“‘世’，谓易姓之世也”[②]。汉代今文学家从中发现了“新王必改制”的思想[③]。孔子不抛弃礼，易姬周而起的新王也还是尊礼的，但必须以礼之质纠周之文。这个“质”，就是仁。孔子对周礼的“损益”，就是“损”去不符合仁的、不把人当人看待的部分，“益”进重视人的内容。若从礼的文化之民族性传承层面而言，他的“损益”论则不失为是一个睿智的见解。

《论语》记载着孔子对“僭礼”行为的诸多抨击，论者每征之以为孔子思想以礼为本、保守落后的例证。为阐析方便，兹一一陈述如下。

一是关于“八佾”之责：

“孔子谓季氏，‘八佾舞于庭，是可忍也，孰不可忍也？’”[④]

---

① 《论语·为政》。

② 转引自刘宝楠：《论语正义·为政》郑注。又见于《太平御览》卷五百廿三引《论语郑氏注》。

③ 见董仲舒：《春秋繁露·楚庄王》。

④ 《论语·八佾》。

按礼，天子祭祀用八佾舞，共八行，每行八人，八八六十四人；诸侯用六佾，四十八人；大夫用四佾，三十二人。季氏把鲁君的宫廷舞队抽调到家庙来跳八佾舞，是僭天子之礼。故孔子严加抨击。

二是关于《雍》彻之讥：

“三家者以《雍》彻。子曰：‘相维辟公，天子穆穆，奚取于三家之堂？’”①

“彻”，此处训“去”，通“撤”。② 依礼，天子祭祀完结后唱《雍》这首诗来撤除祭品，季孙、仲孙、叔孙这三家贵族祭祖时，也唱《雍》诗来撤祭。孔子加以讥评，说：“《雍》诗上说，‘助祭的是诸侯，天子庄严肃穆地主祭’，这些话，用在三家祭祖的大堂上，有哪一点意义是可取的呢？”

三是对季氏的旅泰山之叹：

“季氏旅于泰山。子谓冉有曰：‘女弗能救与？’对曰：‘不能。’子曰：“呜呼！曾谓泰山不如林放乎？’”③

旅泰山，即祭泰山神。周代礼制，只有天子和诸侯才有旅泰山的资格。季氏旅泰山，是僭礼行为。其时冉有正为季氏家臣，孔子叫他加以阻止，冉有说自己办不到。孔子叹道：“难道泰山之神还不如那个叫林放的人懂礼吗？”意为：泰山神不可能接受季氏的祭祀，因为这种祭祀不合规格。

---

① 《论语・八佾》。

② 参见《康熙字典・寅集下・彳字部》。

③ 《论语・八佾》。

四是讨陈恒之请：

“陈成子弑简公。孔子沐浴而朝，告于哀公曰：‘陈恒弑其君，请讨之。’公曰：‘告夫三子！’孔子曰：‘以吾从大夫之后，不敢不告也。君曰‘告夫三子’者！之三子告，不可。孔子曰：‘以吾从大夫之后，不敢不告也。’”①

这里记载的是齐国“陈氏代齐”的故事。② 陈成子杀了齐简公，孔子斋戒沐浴后朝见鲁哀公，请哀公出兵讨伐。哀公叫他去向季氏等三家报告。孔子又去报告季氏他们，季氏等不同意出兵。从《宪问》篇的记载来看，孔子请讨陈恒，原因主要是陈恒以臣弑君。但《左传》所载与此不同：

“甲午，齐陈恒弑其君壬于舒州。孔丘三日齐〔斋〕，而请伐齐三。公曰：‘鲁为齐弱久矣，子之伐之，将若之何？’对曰：‘陈恒弑其君，民之不与者半。以鲁之众加齐之半，可克也。’公曰：‘子告季孙。’孔子辞，退而告人曰：‘吾以从大夫之后也，故不敢不言。’”③

① 《论语·宪问》。

② “陈氏代齐”，即“田氏代齐”，也叫“田陈篡齐”。齐国是姜太公吕尚的封地，国君为吕姓。公元前671年，陈国公族内乱，陈公子完为避祸奔逃至齐国，至齐国后为齐国田氏之祖，(“陈”“田”本为一字)。春秋晚期，齐公室衰微，田氏坐大。前481年，田乞之子田恒(田成子)杀齐简公与诸多公族，另立齐平公，把持政权，又以“修公行赏”争取民心。前391年，田成子四世孙田和废齐康公。前386年，田和放逐齐康公于海上，自立为国君，同年为周安王册命为齐侯。前379年，齐康公死，姜姓齐国绝祀。田氏仍以“齐”作为国号，史称“田齐”。陈成子即田恒，亦称田成子。

③ 《左传·哀公十四年》。

从这段文字看，孔子是想乘齐发生宫廷政变，国内动荡，民心不稳之际，讨伐陈恒，改变鲁国长期受齐侵略的局面。究竟何种说法是真，或是否二者兼而有之，尚可讨论。

在对孔子的仁礼关系主张的讨论中，常有人依据这些材料指出，孔子思想以礼为主，并认为，上述材料证明孔子顽固维护周礼，政治上落后、反动。这种指评是以肯定季氏和陈恒为所谓“新兴地主阶级革新派”，以僭礼和弑君为了不起的革新行为作基础和价值标准的。假如这一说法能够成立，那么，季氏在逐走昭公之后的十几年内独掌鲁政，定应干一番革故鼎新的事业。可事实上，他却无所作为，鲁政也一如既往。陈恒杀简公擅齐政后，马上“选齐国中女子长七尺以上为后宫，后宫以百数，而使宾客舍人出入后宫者不禁”[①]，这也算不上是“新兴地主阶级的改革”措施。

僭礼和弑君，不一定只有“奴隶主阶级”才反对。孔子承认“易姓”而反对“弑君”，赞成“损益”而非议“僭越”，不能不加分析地一概斥为反动。况且，礼的“僭越”与搞革新，两者有质的区别。僭用天子之礼虽然也颇为大胆，但未尝不是贵族们图享受、讲排场、穷奢极欲的表现。至于在礼的普遍“僭越”中，导致了旧礼的废弃，旧秩序的崩坏，因而客观上有助于社会思想的解放和社会制度的改革，那不是僭礼者的本愿。这样说，并不是要断定季、陈也是落后贵族。从《左传》可知，陈恒曾与齐景公进行“争民”的斗争，晏婴说：“陈氏虽无大德，而有施于民。”[②]季氏一族，其祖先曾“世修其勤”，而“鲁君世从其失”，因此，“季氏出其君，而民服焉。”[③]这些资料说明，他们与春秋的重民思潮倒不违背。但到季桓子、季康子时，一味多欲、“聚敛”，不见得是革新派。在社会危机时

① 《史记·田敬仲完世家》。
② 《左传·昭公二十六年》。
③ 《左传·昭公三十二年》。

代,他们考虑的是如何满足个人的权势欲和对财富的贪欲,并没有表现出自己的远大政治见识。

前面说过,重民思潮的兴起与仁学的产生有着直接的联系,然而,季、陈二氏的思想毕竟没有上升到仁学的高度,就世界观而言,他们并不比孔子进步。所以,这些故事不是论证孔子以礼为本的铁证。

《八佾》篇载:

> "子夏问曰:'"巧笑倩兮,美目盼兮,素以为绚兮。"何谓也?'子曰:'绘事后素。'曰:'礼后乎?'子曰:'起予者商也!始可与言《诗》已矣。'"①

"巧笑倩兮"两句见《诗经·卫风·硕人》,意为:"有酒涡的脸笑得多么美,黑白分明的眼睛好不妩媚!""素以为绚"是句逸诗,意为:"洁白的底子再加色彩才更鲜艳",此处引申为:一个人本质已美,又娴于仪容,善于衣饰,更成其端庄俊美。子夏不明其意,孔子告诉他:好比绘画,必须有一个洁白的底子,然后才能绘出美丽的图画,这就是"绘事后素"。子夏马上领会到"礼后"的道理。"礼后乎"一句,杨伯峻《论语译注》译为:"礼乐的产生在(仁义)以后。"②这"仁义"二字加得恰当。孔子对子夏"礼后"的心得大加称赞,表明在他的仁—礼结构中,仁先于礼,仁为质,为内在的精神,礼为用,为外在的节文。仁,是孔子学说的核心。

在《论语》中,孔子常以知礼自居:

---

① 《论语·八佾》。

② 杨伯峻:《论语译注·八佾》,中华书局1980年版,第25页。

“夏礼，吾能言之，杞不足征也；殷礼，吾能言之，宋不足征也。”①

对于周礼，他不但了解而且赞美：

“周监于二代，郁郁乎文哉！吾从周。”②

他还毫不客气地反驳那些说他不知礼的人：

“子入太庙，每事问。或曰：‘孰谓鄹人之子知礼乎？入太庙，每事问。’子闻之，曰：‘是礼也。’”③

但是，孔子从未敢以仁自誉，还坚辞别人以仁誉己。

“若圣与仁，则吾岂敢？”④

可见，在孔子的心目中，礼易仁难，仁高于礼，也重于礼，比礼更根本。

从发展的观点来看，孔子对仁礼关系的认识有着一个变化发展的过程。

春秋战国之际，社会思潮正经历着由礼而仁的演进、飞跃。如，孔子说的“克己复礼为仁”，可能是较早出现的一种成说，是孔子早期对仁

---

① 《论语·八佾》。
② 同上。
③ 同上。
④ 《论语·述而》。

礼关系的认识。《左传》载：楚灵王汰侈，在乾溪筑章华之台，奴役百姓，侮辱诸侯，闹得民怨沸腾，众叛亲离，最后自杀了事。孔子评论说：

> "古也有志：'克己复礼，仁也。'信善哉！楚灵王若能如是，岂其辱于乾溪？"①

"克己复礼仁也"既是孔子引用的"古志"，说明不是他自己的创见，他只是沿用成说。这种成说反映了仁的早期意义。当时的人们把仁引进政治领域，开始大概是为了给礼注进一些新内容，纠正礼的形式化倾向，以维护传统的礼制。但仁的思想一经提出，就具有它的独立意义，特别是当它和春秋时期的重民思潮结合起来后，就迅速突破了礼的框框，礼反要符合仁的精神，或者说，仁成为新的制礼标准。于是，以仁辅礼发展成了以仁摄礼、以仁释礼。"人而不仁，如礼何"，正是这种发展的成果。这样一个由尊礼到重仁的社会思想发展过程，也许可以对《论语》中有关仁礼关系的某些矛盾说法提供一个方面的说明。

孔子早年学礼、"知礼"，而且"立于礼"，以其礼学闻名于世。如果孔子评价楚灵王在乾溪自杀的话是在当时说的，那么，其时孔子大约为23岁，在思想上把礼看得更重，所以随口引来"克己复礼仁也"的"古志"。大约在中年以后，孔子创立仁学，脱颖而出，思想上产生了由礼而仁的飞跃，沛然成为仁学大师，形成了独立的仁学思想体系。仁，成为了他中年以后思想体系的核心。② 可见，孔子在社会思潮的新陈代谢中，并不是冥顽不化，而是能够把握时代的脉搏，顺应思想发展的潮流，积极推进而不是阻碍思想的更新，并基本上站在了社会思潮的前头，领

① 《左传・昭公十二年》。

② 参见张秉楠：《孔子传》，吉林文史出版社1989年版。

导思潮的前进。要之，他开始提出仁的思想来，是为了救礼，试图改变贵族阶层中那些“僭礼”、越礼、使礼流于形式的弊端，给礼灌注一种仁的生命力。但以仁救礼、辅礼的结果，却产生了思想革命的效果，手段超过了目的，礼再也容纳不了仁的思想，仁学遂独立于礼学而成为一种新的思想体系。[①]

因此，从孔子思想的自身发展程度上来把握，从总体上来说，还是他的仁学更为根本一些。孔子之成为孔子，孔学之成为孔学，起决定意义的是其仁学，而不是礼学。礼学，主要表现为孔子对传统思想的继承；仁学，则主要表现为他对传统思想的发展和创新。唯其如此，孔子之礼学是经过仁的“损益”改造的礼学，不是周礼的全盘照搬，在文化的传承保守中有维新；而孔子之仁是不与礼相脱离，更不与礼相对立的仁，仁的精神正是通过礼的节文来体现的，在文化的创新中有因循。这大概就是孔子的“中庸”的文化意蕴之所在！

恩格斯曾经称赞海涅，说他从被推崇为普鲁士王国国家哲学的黑格尔体系中，从“教授们”的“迂腐晦涩的言语后面”、“笨拙枯燥的语句里”，看到了“隐藏着的革命”。并指出：

> “按照黑格尔的思维方法的一切规则，凡是现实的都是合理的这个命题，就变为另一个命题：凡是现存的都是应当灭亡的。”[②]

把孔子同黑格尔简单类比是不恰当的。但我们不妨也以同一规则思考一下孔子仁学的固有逻辑。在他称颂尧舜政治的字里行间，在他提出“继周”和“损益”思想的背后，不也有这样一句隐隐作响的潜台词：

---

① 参见李泽厚：《中国古代思想史论・孔子再评价》，人民出版社 1985 年版。

② 恩德斯：《路德维希・费尔巴哈和德国古典哲学的终结》，载《马克思恩格斯选集》第4卷，人民出版社 1972 年版，第 210—212 页。

现实的政治是不合理的，周礼是应当改造的。表面风平浪静的保守命题中深潜着波涛汹涌的“革命”逻辑。

总起来说，孔子学说的仁—礼结构中，对现存的礼制有维护的一面，也有破坏的一面。它所维护的是宗法制度的贵贱尊卑和政治、伦理、法制原则，这在我国古代，无论是先秦还是秦汉以后的社会，其基本原则都是需要的，与社会制度的性质无决定意义的必然联系。它所破坏的是蔑视人的那些社会关系、统治原则和经济方式，这些又多少摇动着宗周分封制政治的思想意识、传统习惯和统治秩序。孔子学说中，既有以仁辅礼的内容，又有以仁率礼的主张。然而，整体上说，发展地看，孔子思想的核心是仁不是礼。

钱穆先生发明《论语》“人而不仁如礼何”一章旨意云：

> “孔子言礼，重在礼之本，礼之本即仁。孔子之学承自周公，周公制礼，孔子明仁，礼必随时而变，仁则亘古今而无可变。”①

以仁为本、为主、为精神；以礼为用、为辅、为载体。这便是孔子思想中“仁—礼”结构的要义。我们也应该从这样一个基点来理解孔子关于法的思想和言论。

3. 仁与法

仁学，作为孔子提出的关于人的学说，包含着把人当作人来治理以及怎样进行治理等方面的内容，从而形成了孔子仁学的法思想层面。而这一法思想的层面则是通过“仁—礼”结构来展现的。

首先，在孔子以仁“损益”礼的思想中包含着对法的“损益”。

---

① 钱穆：《论语新译·八佾》。

对于时尚的形式主义的礼，孔子颇感不满：

“礼云礼云，玉帛云乎哉？乐云乐云，钟鼓云乎哉？”①

礼流于形式就未免虚浮，即“文胜质则史”②。“史”，作浮夸言③。纠正的办法是尚质。孔子以仁为质，力图对礼有所改进，用他的话来说是“损益”。这突出表现在把重视人的精神贯注于礼之中，改造旧礼中不把人当作人的部分。他铿锵有力的“三军可夺帅也，匹夫不可夺志也”④的宣言中，“志”固然指志向、理想，是人之为人的人格，而不是人权。但人格和人权都是人的属性，对人格的肯定和尊重基于对人的重视，从而也多少折射着对人之为人的权利的肯定，对非人道的法律和制度的批判、否定，以及对重人的新制度的向往和设计。下面是两则众所周知的例子：

一是反对人殉。孔子是站在春秋时代谴责人殉的进步思潮的前列者之一。《礼记·檀弓》载：

“孔子谓为刍灵者善，谓为俑者不仁，不殆于用人乎哉？”⑤

《孟子》书中所记载的孔子对“为俑者”的抨击几乎是诅咒：

“仲尼曰：始作俑者，其无后乎！”⑥

---

① 《论语·阳货》。
② 《论语·雍也》。
③ 刘宝楠：《论语正义·雍也》：“史……或讥为浮夸者是也。”
④ 《论语·子罕》。
⑤ 《礼记·檀弓下》。
⑥ 《孟子·梁惠王上》。

“为俑”、“作俑”，指俑殉。历史上，以俑殉代替人殉，本是一个进步。但古人，包括孔子在内，却认为人殉是由俑殉引发出来的，所以孔子诅咒俑殉，正是因为其“象类生人”①而深恐引出人殉，反对俑殉是为了反对人殉。孔子“谓为俑者不仁”，也就是讥人殉为“不仁”。不仁即不礼。郑玄在此作了一个注：“孔子善古而非周”②。“非周”，就是在人殉问题上反对周礼，主张废除以人殉为合法的周礼，立不搞人殉的新礼，使礼符合“重人类”③的仁道精神。

二是问人不问马。《论语》载，有一次，孔子家里的马厩着了火，孔子退朝归家听说后便着急地问：“伤人乎？”而“不问马”④。郑玄注此章时揭示说，孔子问人不问马，表明了他“重人贱畜”⑤的思想。住在马棚里养马的人称“圉人”，是家奴或雇佣。孔子把他们当人看，重人不重马，不能不说是对过去的重畜贱人的旧的礼的一种改造。

此外，孔子对礼的“损益”改造还表现在：提出“道之以德，齐之以礼”，要求对人民一体施以德礼，反对严刑重罚；主张“举贤才”、“学而优则仕”，以改变周代世卿世禄的用人制度；创办私学，以代替衰落的“学在官府”的旧制度，等等。孔子在对礼的这种“损益”中，也为法的“损益”提出了方向和原则，包含了法的维新的思想。而这种“损益”、维新都是以仁为指导的。

其次，孔子在以仁对礼的褒贬中包含了对法的价值评价。

从《春秋》、《左传》、《国语》等先秦古籍可知，春秋时期，对人物的品评和事件的价值判断，都以“礼也”“非礼也”作结论。这种礼的评价包

---

① 王充：《论衡·薄葬篇》。

② 《礼记正义·檀弓下》。

③ 赵岐：《孟子注》“始作俑者，其无后乎”章，注文云：“仲尼重人类。”

④ 《论语·乡党》。

⑤ 《论语注疏·乡党》。

含了法的评价，代替了法的评价。孔子创立仁学，开始以仁作为一切人和事的价值评价的标准，其中也包含了法的价值标准。

管仲相辅齐桓公称霸诸侯，“一匡天下”，孔子誉之为仁，体现了要求国家权力统一、法制统一的法律价值指向。

《论语》载：“仲弓问仁”，孔子答有“使民如承大祭”[①]；“子张问仁”，孔子答有“恭，宽，信，敏，惠”，又说：“惠则足以使人”[②]；子产执政，“其养民也惠，其使民也义”，孔子誉为“惠人”[③]，子产不毁乡校，又誉为仁人[④]。如此等等，要求对人民实施一套轻徭薄赋的法律政策和制度，体现了立国以民为本位的法律价值指向。

《阳货》篇载，宰我认为“三年之丧”制度的丧期太久，孔子斥之为“不仁”[⑤]；《学而》篇云：“孝弟也者，其为仁之本与！”[⑥]《子路》篇以为“父为子隐，子为父隐”是“直”的行为[⑦]，“直”自然是仁的。这就是说，“三年之丧”的规定，“父子相隐”的做法是合乎孝道的，体现了“仁之本”。它表示了一种宗法家族主义的法律价值指向。

以上所述的法制统一观、民本主义、家族主义，以及其他等等，都是仁学的固有内涵，是孔子对传统的礼进行仁的解释、仁的改造、仁的统

---

① 《论语·颜渊》。

② 《论语·阳货》。

③ 见《论语》的《宪问》、《公冶长》两篇。

④ 见《左传·襄公三十一年》。

⑤ 《论语·阳货》：“宰我问：‘三年之丧，期已久矣。君子三年不为礼，礼必坏；三年不为乐，乐必崩。旧谷既没，新谷既升，钻燧改火，期可已矣。’子曰：‘食夫稻，衣夫锦，于女安乎？’曰：‘安。’‘女安则为之。夫君子之居丧，食旨不甘，闻乐不乐，居处不安，故不为也。今女安，则为之！’宰我出，子曰：‘予之不仁也！子生三年，然后免于父母之怀，夫三年之丧，天下之通丧也。予也有三年之爱于其父母乎？’”

⑥ 《论语·学而》：“有子曰：‘其为人也孝弟，而好犯上者，鲜矣；不好犯上，而好作乱者，未之有也。君子务本，本立而道生。孝弟也者，其为仁之本与！’”

⑦ 《论语·子路》：“叶公语孔子曰：‘吾党有直躬者，其父攘羊，而子证之。’孔子曰：‘吾党之直者异于是：父为子隐，子为父隐，直在其中矣。’”

摄而架构起来的一个法律价值体系，“仁”则是这个价值体系的核心，是价值本体，是孔子思考法的问题的逻辑起点。

四、孔子伦理法思想的基本原则

孔子的仁学，是一个以仁为核心的多层次的思想体系。法思想只是其中的一个层面。仁，作为孔子思考法的问题的逻辑起点和价值本体，首先衍化为一些含有政治哲学和法哲学意义的基本原则。这些基本原则是连接仁和具体的礼法、德刑问题以及刑事的、民事的、诉讼的、政事的等各个方面的立法、司法问题的中介。它们包括：民本主义原则、家族伦理本位的原则、相对的君主主义的原则、中庸主义的原则、天下大同的理想法原则，等等。

1. 民本主义原则

春秋时代的重民思想的发展是仁学产生的思想土壤。而孔子的仁学，从政治思想和法思想角度言，也首先体现了重民精神。孔子说：

> “民之于仁也，甚于水火。”①

指出了老百姓盼望仁政，比需求水火还迫切。表现了孔子的忧民之心。

《尧曰》篇载：

> “所重：民、食、丧、祭。”②

---

① 《论语・卫灵公》。
② 《论语・尧曰》。

就是说：孔子所重视的有四件事：人民、粮食、丧礼、祭祀。可见，在他心目中，民居首位。居第二位的“食”，实际上仍属民范围之内的问题。“丧”和“祭”之所以受到孔子的重视，其原因可以用曾子的一句话求之：

> “慎终追远，民德归厚矣。”①

“慎终”，就是办好父母的丧事，“追远”，就是搞好祖先的祭祀。从孔子“宁俭”、“宁戚”的主张看，他之重丧和祭，并非在仪式上的隆重和费用的铺张，而是注重内心的敬和诚。使“民德归厚”。这与过去用丧祭讨好神灵，以求得神的庇佑的旧意识已有区别。所以，孔子重丧祭之礼，引礼下庶人，与他的民本精神是一致的，或者说，是当时条件下，他的民本思想的一种表现。

《颜渊》篇也载：

> “子贡问政。子曰：‘足食、足兵、民信之矣。’子贡曰：‘必不得已而去，于斯三者何先？’曰：‘去兵。’子贡曰：‘必不得已而去，于斯二者何先？’曰：‘去食：自古皆有死，民无信不立。’”②

这段话在1970年代的“评法批儒”运动中曾大受诟病，“批儒”者们硬说孔子“去食去兵存信”是不管老百姓死活，搞唯心主义。这是厚诬古贤一个典型例子。“足食”、“足兵”、“民信”，是孔子的三条施政纲领。“足食”，指国家有充足的粮食储备；“足兵”，指国家有足够的军备。《汉

① 《论语·学而》。
② 《论语·颜渊》。

书·刑法志》云:“税以足食,赋以足兵。”可见,“足食”、“足兵”需建立在充足的赋税的基础上,即是说,都取之于民。所以,三者之中,尤以“民信”为最。因为,有了“民信”,才能“足食”、“足兵”,才养得起军队,才会有充足的粮食储备,国家才不会灭亡。在孔子看来,取信于民是立国之本。“上好信,则民莫敢不用情。”①统治者能为民立信,才能得民心,才能聚民,才能使民,也才能立国。而苛税重赋,竭泽而渔,失信于民,丧失民心,必定亡国。“批儒”者们正好颠倒了是非。“去食去兵存信”才是关切民生的重民政策。

孔子经常抒发自己的忧民之心。在泰山旁,一位农妇向他哭告说,她的公公、丈夫、儿子先后葬身虎口,但因为这荒山野岭中“无苛政”,所以纵有虎害,仍不愿离去。他当即愤然地向学生们指出:

> “小子识之!苛政猛于虎也!”②

孔子的“忠恕”之道,有一条原则叫“己所不欲,勿施于人”③。“勿施于人”,也包括“勿施于民”,体现着民本精神。汉人对此作了解释:

> “己恶饥寒焉,则知天下之欲衣食也;己恶劳苦焉,则知天下之欲安佚也;己恶衰乏焉,则知天下之欲富足也。知此三者,圣王之所以不降席而匡天下。故君子之道,忠恕而已矣。夫处饥渴,苦血气,困寒暑,动肌肤,此四者民之大害也。大害不除,未可教御也。四体不掩,则鲜仁人;五藏空虚,则无立士。故先王之法,天子亲

---

① 《论语·子路》。
② 《礼记·檀弓下》。
③ 《论语·颜渊》。

耕，后妃亲蚕，先天下忧衣与食也。”①

孔子认为，“从政”应做到“尊五美”、“屏四恶”。“五美”是：“惠而不费，劳而不怨，欲而不贪，泰而不骄，威而不猛。”这些都在尊奉和发扬之列。孔子还解释说：“惠而不费”的办法是“因民之所利而利之”；“劳而不怨”的办法是“择可劳而劳之”，②这也就是他反复强调的“使民以时”、“使民如承大祭”等惠民重民原则。“尊五美”、“屏四恶”的政治，是从民本思想出发的。

《荀子》书载孔子回答鲁哀公的话：

“且丘闻之，君者，舟也；庶人者，水也。水则载舟，水则覆舟。”③

这段话又见于《荀子》的《王制》篇，所不同的是“君者”前面冠以“《传》曰”两字。“且丘闻之”和“《传》曰”的说法表明，把君民关系比作舟水关系是当时的成语，孔子赞同这种观点，他的那些重民言论，正是建立在以舟与水喻君与民这样一个认识基础上的。诚然，主张水载舟，庶人载君，意味着为君主政治的合法性、正当性辩护，但看到了水（庶人）能覆舟（君），无疑是对人民力量的一种肯定，应承认是当时的进步思想。

在孔子的仁学法思想体系中，民本主义是其立法、司法和守法思想

---

① 《韩诗外传》卷三。

② 《论语·尧曰》：“子张问于孔子曰：‘何如斯可以从政矣？’子曰：‘尊五美，屏四恶，斯可以从政矣。’子张曰：‘何谓五美？’子曰：‘君子惠而不费，劳而不怨，欲而不贪，泰而不骄，威而不猛。’……子张曰：‘何谓四恶？’子曰：‘不教而杀谓之虐；不戒视成谓之暴；慢令致期谓之贼；犹之与人也，出纳之吝谓之有司。’”

③ 《荀子·哀公》。

的一个重要前提和基础。它体现于其他具体的法主张之中，形成孔子法思想重人和讲人道的仁的精神：相信人，教育人，不认为有天生的罪犯，把庶人犯罪的主要责任归结为“上失其道”[①]，因而重在道德教育感化和禁犯罪于未萌，不取刑罚威吓主义；重视人的价值，立法上主张宽简，执法上要求“中罚”，不用重刑主义；要求以“忠恕”的仁道来“哀矜折狱”[②]；追求“无讼”的理想境界，这是民本主义的最高目标，等等，这些还将在以后各节具体阐述。

2. 家族伦理本位原则

家族伦理的行为规范是孝。孝以血缘关系为基础，这种观念的产生可以上溯到原始氏族公社。在我国，孝很早就同法和刑结下了不解之缘。《吕氏春秋》引佚《商书》：

> “刑三百，罪莫重于不孝。”[③]

《尚书·康诰》载：

> “元恶大憝，矧惟不孝不友。……乃其速由文王作罚，刑兹无赦。”[④]

“矧（音审）惟”，亦是。意为：那些罪大恶极者，亦是不孝不友之人。应

---

① 《论语·子张》：“上失其道，民散久矣。如得其情，则哀矜而勿喜。”

② 《论语·子张》：“孟氏使阳肤为士师，问于曾子。曾子曰：‘上失其道，民散久矣。如得其情，则哀矜而勿喜。’”

③ 《吕氏春秋·孝行览》。

④ 《尚书·康诰》。

当迅速按照我们(周)文王所制定的刑法,对他们严惩不贷。

可见,在殷周时期就有了不孝罪,惩罚特别严重。

孔子用仁的思想对古老的孝礼作了补充、修改和发展。

首先,提高了孝的道德境界。孔子认为,孝最根本的要素是心理上的"敬",而不是物质上的"养"。他反复说:

"今之孝者,是谓能养。至于犬马,皆能有养;不敬,何以别乎?"①

"色难。有事,弟子服其劳,有酒食,先生馔,曾是以为孝乎?"②

当时社会上一般人所行之孝,其内容主要是"养":年轻人多出力做事,让老年人先喝酒、吃饭。"养",只不过是等而下之的孝③,孔子认为这是连犬马都做得到的。他提出"孝"的新境界:"敬"、"色"。"敬",指对待父母态度上要恭敬虔诚;"色"是孝子侍奉父母时发自内心的愉悦容色。《礼记·祭义》说:"孝子之有深爱者必有和气,有和气者必有愉色,有愉色者必有婉容。"④这是"色难"的"色"的最好注脚。

"敬"和"色"的行孝标准,并不是要儿女完全当父母的驯顺的奴隶。孔子的"父父—子子"血缘等级秩序里,含有父不父,则子不子的意思;他的"忠恕"之道中,包括着"所求乎子,以事父"的原则,总之是要求父慈—子孝。他主张对父母有所劝谏而又不违逆:

① 《论语·为政》。

② 同上。

③ 《礼记·祭义》:"孝有三:大孝尊亲,其次弗辱,其下能养。"

④ 《礼记·祭义》。

"子曰:'事父母几谏,见志不从,又敬不违,劳而不怨。'"[①]

"几谏",就是委婉地劝谏。当然谏而不从,绝不许忤逆,必须"不违"、"不怨"。但"几谏"总还是属于"敬"、"色"中的应有之义。这是孔子以仁释孝的新义。

其次,论证了孝的心理基础。从《礼记·王制》篇的"宗庙有不顺者为不孝,不孝者君黜以爵"来看,殷周时期严惩不孝罪的立法和司法根据,与其说是为了维护人世间的伦常,不如说更着重于维护祖宗的威严。所以那时候的孝,以祖宗神崇拜为主要形式和手段。孔子论孝则着重说明孝的心理基础,如以"三年……免于父母之怀"的亲子之情来论证"三年之丧"。这比企求于对祖宗神的敬畏要高明得多。刘向《说苑》道破了这一点:

"子生三年,然后免于父母之怀,故制丧三年,所以报父母之恩也。"[②]

这一解释比较得当。行三年之丧,只是寄托哀思,报答养育之恩,并无神秘之处。这样的孝已冲破神的束缚,而成为一种人伦;已不是神道主义,而正是体现了古代人道主义,或曰宗法家族伦理主义。这是孔子仁学的心理基础,亦是仁学对孝礼作出重新解释而产生的又一新义。

第三,沟通了孝与忠的联系。《为政》篇载,有人问孔子为何不参与政治,孔子答道:

---

① 《论语·里仁》。
② 《说苑·修文》。

“《书》云：‘孝乎惟孝，友于兄弟，施于有政。’是亦为政，奚其为为政？”①

西周封邦建国，“宗子维城”，家与国是同一个政治实体，治家与治国完全是一致的。因此，孝友就是为政，《书》中所云的道理是显而易见的。春秋以后，周天子失去了天下共主地位，家与国已经分离了。孝友还可不可以为政呢？回答是不同的。

《国语·晋语》记晋献公宠妾骊姬在献公面前谗害太子申生的话：

“吾闻之外人之言曰：‘为仁与为国不同。为仁者爱亲之谓仁，为国者利国之谓仁。’故长民者无亲，众以为亲，苟众利而百姓和，岂能惮君？”②

按照这个“外人”对“仁”的理解，“爱亲”（孝）与“利国”（忠）是绝对对立的。孔子的看法则不同，他认为在新的社会历史条件下，它们仍然是可以沟通的，治好了家也就是从事政治了。他引的是《书》中旧说，达的是自己的新意。“是亦为政，奚其为为政？”这一个反问，重新肯定了宗法制度以及家族主义伦理道德与政治的一体关系：从伦理观念上看，“孝”是“忠”的基础，“忠”是“孝”的延伸，所以“孝慈则忠”③；从政治实践上看，“家”是“国”的细胞，君权是父权的放大，所以，“迩之事父，远之事君”④，“出则事公卿，入则事父兄”⑤。孝作为伦理观念是孔子伦理政

---

① 《论语·为政》。
② 《国语·晋语一》。
③ 《论语·学而》。
④ 《论语·阳货》。
⑤ 《论语·子罕》。

治学说的一个基本思想，而作为行为规范又是他伦理政治的实践起点。这样，孔子就在旧的同姓血缘基础上的君父一体制崩溃之际，为确立新的非同姓血缘的君父一体制奠定了理论基础。这是孔子仁学对孝的补充、修改而发明出来的第三层新义，为此后两千多年君主政治、法制的“修齐治平”纲领提供了理论说明。

古老的孝礼经过孔子的仁学的创新性诠释，就得到了新的理论生命，成为中国古代伦理政治的一大立足点。《孝经》上说：

> “夫孝，天之经也，地之义也，民之行也。”[①]

孝被抬高到了无以复加的地位。“明王之以孝治天下也”[②]，这成了君主政治的一大传家衣钵。

孝在古代伦理政治中这种举足轻重的地位，使它成为维护这种政治的基本法律规范之一。可想而知，如果法律上守不住孝这道防线，那么，整个宗法制度及在它基础上所建筑起来的政治制度就会倒塌下来。在孔子法思想中，家族伦理是一根最坚实的支柱，维护孝是立法、司法的基本宗旨之一，孝也是决定罪与非罪、罪轻与罪重以及是否惩罚和惩罚轻重的重要依据。不孝被视为严重危害社会的犯罪。

孔子的家族伦理主义法思想表现在：

刑事方面，如对复仇的认可。《礼记·檀弓》[③]载：

---

① 《孝经·三才》。

② 《孝经·孝治》。

③ 《檀弓》篇成书较早。张岱年教授认为，研究孔子的资料，除《论语》外，惟《左传》、《孟子》中引用的孔子言论和《檀弓》篇。语见其《先秦哲学史料考略》，载《中国哲学史研究》1981年第1期。又见其《中国哲学史史料学》，三联书店1982年版，第32页。

"子夏问于孔子曰:'居父母之仇如之何?'夫子曰:'寝苫,枕干,不仕,弗与共天下也。遇诸市朝,不反兵而斗。'曰:'请问居昆弟之仇如之何?'曰:'仕弗与共国。衔君命而使,虽遇之不斗。'曰:'请问居从父昆弟之仇如之何?'曰:'不为魁,主人能则执兵而陪其后。'"①

原始部落社会的同态复仇在我国古代一直有着生命力,"杀父之仇不共戴天",成为伦理评价和法律评价的普遍准则,父仇不报便是大不孝,将不容于社会。为了复仇,可以蔑视国法,甘冒任何法律惩罚的风险。而法律在复仇的面前,在孝的伦理高墙面前,也多方退步。复仇原宥的原则,实际适用至清末以前。这一切与孔子的复仇言论有一定关系。

民事方面,如卑幼无财权。亦见《檀弓》篇:

"未仕者不敢税人,如税人,则以父兄之命。"②

郑玄注:"不专家财也。税,谓遗予人。"③《礼记》又载:

"子云:……父母在,不敢有其身,不敢私其财,示民有上下也。……父母在,馈献不及车马,示民不敢专也。"④

卑幼无财权,为的是维护家产制。它是秦汉后法律惩罚"别籍异财"的立法渊源。

---

① 《礼记·檀弓上》。
② 同上。
③ 《礼记正义·檀弓上》郑注。
④ 《礼记·坊记》。

婚姻家庭方面。《论语》虽不载孔子这方面的言论，但散见于《经》、《传》的有关材料很多。如对婚礼的讲究，在聘、娶等环节上都有繁琐的礼节。说明孔子在婚姻家庭方面，一定同意过或主张过不少行为规范。吕振羽先生说："关于'女子七出'[①]的条文，至少其原则上已存在于孔丘的当时。"[②]

孔子家族伦理主义法思想的一个特点是注意发扬孝的道德戒律作用，使之成为预防犯罪的有力手段，这与殷周以来只重视严惩不孝罪的消极惩罚主义大相径庭。他的学生有子说：

> "其为人也孝弟，而好犯上者，鲜矣；不好犯上，而好作乱者，未之有也。"[③]

孝在犯罪预防中的功能可以从两方面来说明：

一方面，在宗法制度下，尊长对卑幼有天然的教令权，子女对父母的孝要做到"无违"。[④] "三年无改于父之道"。[⑤] 而父与君相通，敬父的孝与敬君的忠自然也相通，对父母起敬行孝的人，对君主也就能诚惶诚恐地事君以礼。一个孝子是不会犯上作乱的。这是孝的积极防患作用。

另方面，孝的观念与重不孝罪、株连亲族等家族伦理本位的立法、司法原则相结合，又有消极防患作用。"身体发肤，受之父母，不敢毁

---

① "七出"，又称"七弃"、"七去"。《大戴礼记·本命》："妇有七去：不顺父母去，无子去，淫去，妒去，有恶疾去，多言去，窃盗去。"《唐律疏议》所载"七出"为："一无子，二淫佚，三不事舅姑，四口舌，五盗窃，六妒忌，七恶疾。"

② 吕振羽：《中国政治思想史》，人民出版社1981年版，第97页。

③ 《论语·学而》。

④ 《论语·为政》。

⑤ 《论语·学而》，又见《论语·里仁》。

伤，孝之始也"[1]，一旦犯罪受刑，肢残体损，此大不孝之一；辱没祖宗，冒犯神灵，此大不孝之二；父母兄弟枉受株连，重至殃戮，此大不孝之三。所以孔子说：

> "一朝之忿，忘其身，以及其亲，非惑与？"[2]

"一朝之忿"属于激愤、激情的心理状态。这是劝告那些有激情犯罪可能、或行为不计后果、企图以身试法的人念及亲情，三思而行。

《礼记》中的一段话可以帮助我们进一步理解孝的犯罪预防功能：

> "父母全而生之，子全而归之，可谓孝矣。不亏其体，不辱其身，可谓全矣。故君子顷步而弗敢忘孝也。……壹举足而不敢忘父母，壹出言而不敢忘父母。壹举足而不敢忘父母，是故道而不径，舟而不游，不敢以先父母之遗体行殆。壹出言而不敢忘义母，是故恶言不出于口，忿言不反于身。不辱其身，不羞其亲，可谓孝矣。"[3]

按照孝的理论，为子之道，首先应"扬名于后世，以显父母"[4]，也就是光宗耀祖，这是大孝。不能如此，也应保全父母留给自己的肉体，不使父母受到羞辱，更不应使父母因自己犯罪而受到株连。这种孝的紧箍咒，加上株连家族亲戚的刑罚惩戒，在防止犯上作乱方面的作用确是很奏效的。不过，孔子凭借现行法律中的株连、族刑来劝导、警戒人们

---

① 《孝经·开宗明义》。
② 《论语·颜渊》。
③ 《礼记·祭义》。
④ 《孝经·开宗明义》："立身行道，扬名于后世，以显父母，孝之终也。"

不要为非，并不等于他本人赞同这种酷刑。

3. 相对的君主主义原则

在孔子的仁学中，实行民本政治的主体是君主，君主又是全国的最高家长。民本主义——家族伦理主义——君主主义，三位一体。

孔子说：

> “天下有道，则礼乐征伐自天子出；天下无道，则礼乐征伐自诸侯出。自诸侯出，盖十世希不失矣；自大夫出，五世希不失矣；陪臣执国命，三世希不失矣。天下有道，则政不在大夫。天下有道，则庶人不议。”①

这是孔子观察、研究历史和现实得出的结论。齐桓公称霸，“礼乐征伐自诸侯出”，自桓公以降，历十世至简公为陈恒所杀。晋文公称霸，逮九世，六卿擅权。这都是孔子亲见的。他还以鲁国的情况加以印证：“禄之去公室五世矣，政逮于大夫四世矣，三桓之子孙微矣。”②鲁自季文子擅政，“礼乐征伐自大夫出”，至季桓子为家臣阳虎所执，从鲁公室方面看，共经历了宣、成、襄、昭、定五公，这就是“禄之去公室五世矣”；从季氏方面言，共经历了文子、武子、平子、桓子四代，凑个整数，“五世希不失矣”。季氏家臣南蒯、公山弗扰、阳虎都先后“执国命”，但“三世希不失矣”。孔子认为这都是“天下无道”的表现。“礼乐征伐自天子出”的“天子”，并不专指当时的东周天子。孔子周游列国，却一次也没有去朝拜那个穷处洛邑的季世“共主”，说明对其不感兴趣，不抱希望。

① 《论语·季氏》。
② 同上。

孔子这段话中提到的擅礼乐征伐者，有诸侯，有大夫，还有家臣。他曾称道过齐桓、晋文，他和他的学生都和季氏搞过合作，对公山弗扰之类的陪臣，孔子也寄过希望。他终于看到他们都不能久长，悟出了“礼乐征伐自天子出”的道理。“天下无道”，意味着天下无法，一切政治法律秩序都乱了。孔子说：“天下有道，丘不与易。”[①]“易”，意为变易。他试图改变这个无道的天下，建立“礼乐征伐自天子出”的政治秩序和法律秩序。这正表达了他统一的愿望。他的这一愿望在《孟子》书中说得最为明确：

> “孔子曰：‘天无二日，民无二王。’”[②]

《礼记》的《曾子问》和《坊记》也都引孔子此语，文字有所变更：“天无二日，士无二王。”可见不一定抄自《孟子》，或另有所本。这更增加了孔子曾出此语的概率。这种思想，汉人称之为王道大一统，实际上是建立在农业经济上的中央集权君主政治。

《论语·尧曰》篇载：

> “谨权量，审法度，修废官，四方之政行焉。兴灭国，继绝世，举逸民，天下之民归心焉。”[③]

汉人说，这是“孔子陈后王之法”[④]。“谨权量、审法度”是“同律度、量、

---

① 《论语·微子》。
② 《孟子·万章上》。
③ 《论语·尧曰》。
④ 《汉书·律历志》。

衡";"修废官",即加强国家机关的职能;"兴灭国,继绝世",指延续历史上已经黜灭朝代的祖宗血食,如周封夏之后于杞、封商之后于宋,等等。"逸民"是什么人?《论语》自有解释:"逸民:伯夷、叔齐、虞仲、夷逸、朱张、柳下惠、少连。"[①]看来都是些怀才不遇的人,所以"举逸民"就是"举贤才",即举天下之才为我所用。这个政治主张,以周制为蓝本,似乎含有极大的保守性。但是蓝本毕竟是蓝本,在当时的历史条件下,它的大方向是主张统一。还是汉人得其真谛:孔子是在为"后王"设计政治法律制度。他的王道大一统君主政治思想是符合历史潮流的。

春秋时代,祸乱相寻,社会极不安定。据统计,春秋 243 年中,有文字记载可寻的大小战争达 480 多次。司马迁说"弑君三十六,亡国五十二,诸侯奔走不得保其社稷者不可胜数"[②]。旷日持久的战争,走马灯一样的宫廷政变,给人民带来了深重灾难。孔子面对这个大动乱的社会,明确表示他的政治主张:统一比战乱好。而且,他希望不走战争统一的道路。所以,他称誉管仲相桓公"九合诸侯"、"一匡天下"的功绩时,特别加了一句:"不以兵车。"说齐桓公创霸业"不以兵车",并不符合事实,只能看作是孔子寓王道于霸道的一种政治理想。

主张国家统一,而且统一于一个君主之下,是当时进步思想家们寻求社会出路的共同主张。墨子的"尚同"就是君主主义的同义语,它为韩非所继承,并发展为极端的君主专制论。

孔子的君主主义与他们有所不同。

首先,在孔子的君主主义政治法律学说中可以找到"禅让"和"吊民伐罪"的影子。《论语》中,孔子极称尧、舜、禹:

---

① 《论语·微子》。

② 《史记·太史公自序》。

> “巍巍乎，舜禹之有天下也而不与焉！”①

“不与焉”的“与”，意为私有、享受。尧、舜、禹有天下而不据为己有，隐含有公天下的禅让之意。

《尧曰》篇首章载：

> “尧曰：‘咨！尔舜！天之历数在尔躬，允执其中。四海困穷，天禄永终。’舜亦以命禹。”②

“天之历数在尔躬”，是告诉舜，天命已落到了你的头上。这段传说，所弘扬的是“保民而王”的思想，它是禅让说的理论基础。

《尧曰》篇接着讲商汤和周代的故事：

> “予小子履敢用玄牡，敢昭告于皇皇后帝：有罪不敢赦。帝臣不蔽，简在帝心。朕躬有罪，无以万方，万方有罪，罪在朕躬。”③
>
> “周有大赉，善人是富。‘虽有周亲，不如仁人。百姓有过，在予一人。’”④

第一段是汤放桀后祭祀上天的祝词。“予小子履”是汤的自称。“有罪不敢赦”，语气很像是指放伐夏桀的事。第二段是周翦商后大封诸侯时告天之祷辞。肯定成汤和文武周公，等于否定夏桀和殷纣之类

---

① 《论语·泰伯》。

② 《论语·尧曰》。

③ 同上。

④ 同上。

的暴君。“大道既隐，天下为家”[①]，禅让制度行不通了，于是有征诛说的产生。“万方有罪，罪在朕躬”，“百姓有过，在予一人”，这都是打着“天命”的招牌，自居全民利益保护人的地位，进行“吊民伐罪”的堂皇言辞。这种思想就是《易传》中的“革命”观点：

“天地革而四时成。汤、武革命，顺乎天而应乎人。”[②]

当然，这“革命”二字指革去天命，即汤伐桀、武王伐纣。

赞美汤、武“革命”，同韩非斥责“汤、武为人臣而弑其主”[③]，正相对立。这种对立，是在共同承认君主主义政治法律学说和君主制度前提之下的对立。其对立的焦点在于：孔子把君主制放在民本位之上，以仁为价值准则；而韩非则放在君本位之上，否定以仁为价值准则。

其次，在孔子的君主主义政治法律学说中，持有一种相对主义的君臣关系的主张。孔子主张“事君尽礼”[④]，所以宁肯违众而“拜下”[⑤]。

那么，能不能把孔子的“君君、臣臣、父父、子子”等同于后来君主专制社会“三纲”中的两纲——“君为臣纲”、“父为子纲”呢？毋庸置疑，孔子主张忠君，但正像他提倡父慈—子孝是两相对应的一样，也要求君礼—臣忠两相对应。上述所引“事君尽礼”的话，只讲到了臣下事君的态度问题，并未讲君主这方面又应如何对待臣下，也就是说并未全面论述君臣关系，只讲了“臣臣”，没有讲到“君君”。正当而合理的君臣关系应当怎样？孔子告诉鲁定公：

---

① 《礼记·礼运》。
② 《易传·革卦·彖辞》。
③ 《韩非子·忠孝》。
④ 《论语·八佾》。
⑤ 《论语·子罕》：“拜下，礼也；今拜乎上，泰也。虽违众，吾从下。”

“定公问：‘君使臣，臣事君，如之何？’孔子对曰：‘君使臣以礼，臣事君以忠。’”①

这才是兼论了君和臣两个方面的权利与义务。而且，这种君礼—臣忠的立论次序，隐约地透露出，前者是后者的前提和条件：君有礼，才有臣尽忠。它否定了要求臣下单方面地绝对驯服于君主的观点。

如果君有过，或君不像君，君使臣不以礼，臣下又怎么办？从《论语》看，可取的态度有两种：

一是谏诤：

“子路问事君。子曰：‘勿欺也，而犯之。’”②

“犯”，即犯颜直谏。

二是离去：

“微子去之。”③

对于微子因纣王无道，不可共事而离去的做法，孔子表示赞成。他自己也这样做：

“齐人归女乐，季桓子受之，三日不朝，孔子行。”④

① 《论语·八佾》。
② 《论语·宪问》。
③ 《论语·微子》。
④ 同上。

孔子感到自己在鲁国执政者那里已不被信用，又受了不礼待遇，无法再共事下去时，不得已而离开祖国。

总起来说，可谏则谏，不可谏或谏而不听，则去。这就是“大臣”应取的态度：

“所谓大臣者，以道事君，不可则止。”[①]

《论语》中还有“用之则行，舍之则藏”[②]，“天下有道则见，无道则隐”[③]，都申述了这一原则：忠君，但不是愚忠。这一点，还可征之于孔子许有违礼行为的管仲为仁人：管仲和召忽同事公子纠，公子纠在同公子小白（齐桓公）争夺王位中失败被杀，召忽殉节，管仲不但不死，反而出任齐桓公之相，这连孔子的学生子贡、子路看来也是有乖君臣大义的。孔子却反诘道：“岂若匹夫匹妇之为谅也，自经于沟渎，而莫之知也？”[④]意思是说：难道要管仲像普通百姓一样守着小信小节，在小山沟中自杀，还要没有人知道吗？这在当时确实是醒人耳目的卓识。

在我国，君主制延续了很长的历史时期，它曾经是合理的、进步的。因为在古代农业经济条件下，在特定的空间和时间内，只能产生“君君、臣臣、父父、子子”的政治秩序和政治体制，也只有这样的政治秩序和政治体制，才有利于社会的安定和发展。可是，同样的君主主义，又有不同的形式：一般君主主义不同于君主专制主义；民本位的君主主义不同于君本位或神本位的君主主义。孔子的君主主义，在一定程度上承认，君、臣在人格上有某种意义的平等，在权利和义务上是相互的，不是片

① 《论语・先进》。
② 《论语・述而》。
③ 《论语・泰伯》。
④ 《论语・宪问》。

面的，君臣关系是相对的，不是绝对的，不是“君要臣死，臣不得不死”，也不是“皇恩浩荡，臣罪当诛”，相比之下，是当时比较进步的政治法律学说。这是孔子仁学法思想的又一理论新义。

4. 中庸主义原则

在我国思想史上，也是孔子第一次提出了“中庸”这一范畴：

> “中庸之为德矣，其至矣乎！民鲜久矣。”①

照《礼记·中庸》和郑玄《礼记正义》的注解，“中庸”就是“致中和”、“用中为常道”。

中庸主义并不是折中主义，或调和主义。春秋时代，有一对很重要的哲学范畴：“和”与“同”。孔子说：

> “君子和而不同，小人同而不和。”②

周太史史伯是这样解释这一对范畴的：

> “夫和实生物，同则不继。以它平它谓之和，故能丰长而物生之。若以同裨同，尽乃弃矣。”③

可见，“和”是在矛盾的对立中求统一、求一致，故能“生物”，促进事物的发展。“同”，则是泯灭矛盾，无原则、无是非的折中主义和调和主义。

---

① 《论语·雍也》。
② 《论语·子路》。
③ 《国语·郑语》。

近人杨树达释“和”曰：

> “事之中节者皆谓之和，……和今言适合，言恰当，言恰到好处。”①

“和”，即“中节”，即“中和”，即“恰到好处”。“恰到好处”，是事物的最佳状态。“和”，不过是中庸的另一种通俗的表达形式。中庸是与折中主义的“同”相对立的范畴。

“同”在政治上的表现是“乡愿”。孔子说：

> “乡原，德之贼也。”②

孟子进一步阐发此意：

> “……阉然媚于世也者，是乡原也。……非之无举也，刺之无刺也，同乎流俗，合乎污世，居之似忠信，行之似廉洁，众皆悦之，自以为是，而不可与入尧舜之道，故曰‘德之贼’也。”③

“乡愿”，是一种媚世求荣，明哲保身，无是无非，貌似公正，实则毫无原则，随风倒，与世俗同流合污的好好先生。孔子对其十分厌恶，斥之为危害道德的蟊贼。足见其反对调和主义、折中主义的“同”和“乡愿”的态度是十分坚决的。

“中庸”在孔子的仁学中，首先是一种极高明的道德价值论和至大

---

① 杨树达：《论语疏证·学而篇第一》，上海古籍出版社1986年版，第28页。

② 《论语·阳货》。

③ 《孟子·尽心下》。

至微的方法论原则，是一种切实的人生体验和生命艺术。同时，它也是普遍的政治法律价值论和立法、司法的方法与艺术。政治秩序和法律秩序贵在稳定，而稳定的政治和法律的有序状态正是妥善地处理社会各个利益集团的矛盾的结果，即“以它平它”而至于“和”的结果。这便是以“中和”的方法实现“中和”的状态，也就是以“中庸”的方法达到“中庸”的状态。

从政治法律角度而言，维护现存秩序恰恰是法律的价值目标。论者云，法律的最高价值、核心价值是“权利”。这一论断搁在当代社会，作为一家之言，可以站得住。但放在古代社会则不行。人类社会的价值标准是随着人类社会文明的进步而水涨船高的。法的价值也是如此。在古代中国，法的首要价值是“秩序”。“中庸”正是这样一种维护秩序的价值论和方法论。

《论语》及其他有关孔子的资料表明，孔子把“中庸”运用到了政治法律领域的各个方面。

孔子指出，宽猛、张弛之道就是一种中庸主义的政治法律方法和艺术。

> “仲尼曰：‘……宽以济猛，猛以济宽，政是以和。’”①
>
> “一张一弛，文武之道也。”②

“和”，即中和、中庸。关于“文武之道”，孔颖达疏云：“喻民一时须劳，一时须逸，劳逸相参，……则文武得其中道也。”③“中道”，即中和、中庸之道。

---

① 《左传·昭公二十年》。

② 《礼记·杂记》。

③ 《礼记正义·杂记下》孔疏。

孔子主张“直道”执法，众恶必察，众好必察[①]，自己为司寇听讼，不阿不专，广泛听取意见，据法断案，在理论上和司法实践中都反对“乡愿”的做法，坚持“中庸”的司法诉讼原则。

至于孔子谴责聚敛苛政、严刑滥罚，要求实行税率为“什一”的“天下之中正”[②]的赋税和“刑罚中”的刑事司法政策，更是中庸主义法律论的直接体现。

孔子的“中庸”，越来越受到后儒的推崇，汉时有了《中庸》篇，并被誉为得孔学嫡传的思孟学派的经典，宋儒又把《中庸》列为“四书”之一，着力表彰。中庸思想成为中国思想的重要内容，也是中国传统政治法律的价值观、思维方法论原则和操作艺术。

5.天下大同的理想法原则

中华民族自古以来就怀有天下为公、大同世界的崇高的社会理想。《礼记·礼运》篇中对此作了第一次完整的、生动的阐述：

> “大道之行也，天下为公，选贤与能，讲信修睦。故人不独亲其亲，不独子其子。使老有所终，壮有所用，幼有所长，矜寡孤独废疾者，皆有所养，男有分，女有归。货恶其弃于地也，不必藏于己；力恶其不出于身也，不必为己。是故谋闭而不兴，盗窃乱贼而不作，故外户而不闭。是谓大同。”[③]

它实际上是以传说中的原始公有社会为蓝本来描绘理想中的“大同”社会图景。古人，不只是孔子，也不只是《礼运》篇的作者，不少著名

① 见《论语·卫灵公》。
② 见《公羊传·宣公十五年》。
③ 《礼记·礼运》。

思想家都有美化原始公社制的言论，表现出不同程度的“复古”情调。这不能看作是他们仅仅在发思古之幽情。在《家庭、私有制和国家的起源》中，恩格斯这样写道：

> “文明国家的一个最微不足道的警察，都拥有比氏族社会的全部机关加在一起还要大的‘权威’；但是文明时代最有权威的王公和最伟大的国家要人和统帅，也可能羡慕最平凡的氏族首长所享有的，不是用强迫手段获得的，无可争辩的尊敬。”①

古代学术尚未破解社会发展规律的密码，古人也无法理解凌驾于社会之上的以暴力为特征的国家权力产生的历史必然性和合理性。对于专制君王的淫威和官吏的权力滥用的反感，往往引起他们对传说中的自由、平等的原始社会的美好回忆。思想家在编造未来人类社会幻想的时候，也不可避免地把它当作可资借鉴的模式。正如恩格斯在另一处所指出的，在他们看来：

> “这种十分单纯质朴的氏族制度是一种多么美妙的制度呵！没有军队、宪兵和警察，没有贵族、国王、总督、地方官和法官，没有监狱，没有诉讼，而一切都是有条有理的。”②

在世界各民族的认识史上，关于原始社会的传说和神话往往成为表达本民族理想的形式，这决不是偶然的。人们对往古的合理和美好一面的回忆和颂扬，正意味着对现实社会的不平和丑恶的一面的不满

---

① 前揭《马克思恩格斯选集》第 4 卷，第 168 页。

② 同上书，第 92 页。

和诅咒。而在一进入阶级社会就生活在君主制下的中华民族祖先，面对王权的威严，又不时凌受暴君的祸害，“以古讽今”往往成为他们的一种理论的和政治的斗争策略。“天下为公”、大同世界的理想，作为一种社会思想提出来，绝不是要求复辟原始野蛮社会，而是设计一个理想的社会制度，表达了对美好未来的追求和向往。事实也正是这样，《礼运》篇中由“小康”社会进至“大同”世界，是中华民族对美好社会理想追求的最好表达方式。

《礼运》篇把“大同”这段话系于孔子名下，不见得可靠。但在孔子思想中已涉及到“大同”之说，孔子仁学蕴含着“大同”思想，则是可以肯定的。①

孔子“祖述尧舜，宪章文武”②。尧舜时代就是所谓的“天下为公”、帝位禅让的“大同”时代。禹、汤、文、武、周公则是“小康”之世：“天下为家”，征暴安民，“刑仁讲让”，是王权时代。而孔子生活的社会则连“小康”也不如。因此孔子的这种“祖述”和“宪章”，同样是寄托理想的表达方式。他礼赞尧舜，正是讴歌“大同”。从《论语》看，孔子认为，“博施于民而能济众”③，“修己以安百姓”④，是比仁德还高的圣德，“尧舜其犹病诸”⑤。这话不过是极言尧舜之外无人可以做到，当然更是大同社会的政治境界了。在尧舜时代，“选贤与能”，“讲信修睦”，谋闭不兴，盗贼不作，外户不闭，是“天下为公”的理想政治状态，亦即是“无法之法”的政治状态。但现实社会不具备这样的条件，所以他要努力提倡“仁”与礼、

---

① 对于大同思想的归属，历来说法不一，总起来有三家：墨家说、道家说、孔子说，都持之有故，言之成理。情况可能是这样：“大同”说融合了儒、墨、道等诸家的思想资料而产生，而孔子则完全可作为这种思想的源头和代表。

② 《礼记·中庸》。

③ 《论语·雍也》。

④ 《论语·宪问》。

⑤ 同上。

德。他的“四海之内皆兄弟也”[①]，“老者安之，朋友信之，少者怀之”[②]等思想，与大同社会的“不独亲其亲，不独子其子”、“老有所终，壮有所用，幼有所长，矜寡孤独废疾者，皆有所养”等，如出一辙。可见，孔子确是把大同世界、“天下为公”作为崇高的理想来追求的。

孔子的民本主义原则、家族伦理原则、“中庸”原则、相对的君主主义原则等都是对现实社会的法律思考，他的大同理想则给现实社会的政治贯注了“天下为公”的理想法的法律价值追求。因此，他的法思想总是倾向于重教化，着眼于陶冶民风，反对严刑重罚。

五、孔子法思想的主要内容

按现今法学学科的分类，孔子所论之法的内容涉及到立法、司法、执法、守法等领域，以及法理的、民事的、行政的、经济的、刑事的、诉讼的等方面，多是一些具体的观点和主张。他们都是孔子的仁学的法思想基本原则——民本主义、家族伦理本位、相对的君主主义、中庸主义、大同的理想主义的体现，是其仁的法律价值本体的延伸和辐射。这些关于法的具体观点和主张的本身可能不见得是完整的，尤其是从现代法学理论水平的高度来俯视它则更是如此。但它们与仁的法律价值本体论、仁—礼结构的法思想基本原则一起，构建了孔子法思想的完整体系，形成为孔子仁学的法思想层面一个相对独立的子系统。它们是孔子法思想的第三层次。

1.“正名”——关于政治统治的合法性思考

孔子说“正名”这番话的背景是这样的：公元前491年，卫灵公死，

---

① 《论语·颜渊》。
② 《论语·公冶长》。

灵公孙辄即位,是谓出公。出公任用子路、子贡等孔子弟子,可能还有请孔子主持国政的意思,于是,过了三年,孔子回到卫国。就在去卫国的路上,孔子向子路谈了他的"正名"主张:

"子路曰:'卫君待子而为政,子将奚先?'子曰:'必也正名乎!'子路曰:'有是哉,子之迂也!奚其正?'子曰:'野哉,由也!君子于其所不知,盖阙如也。名不正,则言不顺;言不顺,则事不成;事不成,则礼乐不兴;礼乐不兴,则刑罚不中;刑罚不中,则民无所措手足。故君子名之必可言也,言之必可行也。君子于其言,无所苟而已矣。"①

孔子的这番议论,显然不是讲如何正确用词,纠正名不副实的纯逻辑修辞问题,也不是谈论什么高玄的哲理。孔子的话,是针对卫国宫廷政变表达自己的政治主张。

卫灵公生前十分昏庸,把太子蒯聩逐出卫国。他死后,一部分卫国贵族以灵公遗命的名义拒绝蒯聩回国继位,而拥戴蒯聩之子辄为国君。晋国乘机武装护送蒯聩回国向其儿子夺回王位。一时间,骨肉之间兵刃相见,父子乱伦,君臣无序。在孔子看来,他们两个都是名不正、言不顺。所以,他认为要搞好卫国政治,必须从"正名"开始。换句话说,就是要摆正"君君、臣臣、父父、子子"的伦理政治秩序,使卫国君臣父子间君像个君,臣像个臣,父像个父,子像个子。刘宝楠《论语正义》说:"正名指蒯聩之事"②,是可取的。

蒯聩和辄究竟谁对谁不对,我们没有必要去评论。③ 但任何一个

① 《论语·子路》。

② 刘宝楠:《论语正义·子路》。

③ 《公羊传》和《谷梁传》对此各持一说。《公羊传》哀公二年评价说:"父有子,子不得有父也。"认为辄不对。《谷梁传》哀公二年却说:"辄不受父之命,受之王父也。信父而辞王父,则是不尊王父也。其弗受,以尊王父也。"认为辄以王父命辞父命,有理。

统治者要维护自己的统治地位，总得有一套统治秩序，有一套维护自己统治合法性、正当性的说法。一句话，总得使自己的统治“名正言顺”。实际问题的解决，必须先得有个合乎当时法律和道德观念的名分标准。孔子所谓的“正”卫国君臣父子之“名”，无非是叫他们像伯夷、叔齐、泰伯等古代贤人那样“礼让为国”，君礼臣忠，父慈子孝。这种礼治原则，在当时的卫国根本不能实现，所以子路说他“迂”。

然而，正是孔子的“正名”说，提出了一个重要的政治统治和统治权力的合法性原则。“名正言顺”的“名正”，指获得最高权力和统治地位的正当性、合法性。很明显，当时的卫国，无论是辄“以王父命”继承王位，还是蒯聩依仗晋国之力从儿子手中夺回他认为本属于自己的王位，都缺乏统治的合法性、正当性。不过，“正名”命题一经提出，就已超出了对卫国王位之争就事论事的范围，而成为一种具有普遍价值的统治合法性理论。

孔子认为，“名正”才能“言顺”，才能兴礼乐、中刑罚。说明“正名”关系到礼、刑问题。简言之，只有具备“名正”的统治合法性，才能合法地获得制礼乐、定刑罚的立法权。我国古代，不管是先秦社会，还是秦汉及其以后社会，君主都是最高的立法者，天子口含天宪，言出法随，天子立言就是立法，他的意志就是国家意志，法的兴废最后都由君主一人决定。这是当时的历史条件造成的。在这种情况下，正君就是正法，君的名分“正”，制法就有权威，才能令行禁止；君的名分不正，出言就不顺，法也就等于零。像当时的卫国，蒯聩认为自己是当然的君主，可以出令布宪，辄也说自己是奉祖父遗命为王，应当出令布宪，那当然会乱套，出现名不正、言不顺、事不成、礼乐不兴、刑罚不中、百姓无所措手足的现象。可见，政治统治的合法性问题是一个国家能否实现良法善治的先决条件。这是孔子“正名”理论的价值所在。

细加析分，孔子“正名”说，不只是要求统治权力具有程序上合法性，还包含着实质合法性的内涵。“正名”的落脚点是“民”有所措手足。也就是说，不能让老百姓成天生活在连手脚都不知道怎么安放的恐惧之中。可见，这“正名”之所谓“正”，是要名副其实，即以君主之“名”来“正”君主之实，君要像个君，也就是“君君”。说到底，君主应当有君德。“德”便是孔子“正名”说内含的实质合法性。

“正名”的实质合法性比它的程序合法性更重要。举例说，秦始皇上台不存在程序合法性问题，也做到了“礼乐征伐自天子出”，看上去“名正”而“言顺”，但礼乐不兴，刑罚不中，“赋敛亡度，竭民财力，百姓散亡”①，“刑者甚众，死者相望”②。显然，这样的统治不具有正当性和合法性。孔子的“正名”说，绝对不支持秦始皇式的暴君专制。他心目中的“天子”，不是秦始皇那样的专制皇帝，而是尧舜之类大仁大德的圣君。

从理论上说，“正名”说的归宿是论证君主主义政治统治的合法性，但君主政治要受到民本主义和家族主义等原则的制约。君主权力在其血缘家族内继承，这主要是个程序合法性问题。君要有君德，施民以仁，这是个实质合法性问题。这样，孔子“正名”说，倒不至于陷入为暴君专制独裁统治撑起合法性保护伞的泥坑。

2.“导德齐礼”——德刑关系论

德刑关系曾是中国古代法律思想史上历久不衰的一个讨论热点。孔子提出了颇具代表性的一种观点：重德轻刑。这集中反映在他说的下面这段话中：

“道之以政，齐之以刑，民免而无耻；道之以德，齐之以礼，有耻

---

① 《汉书·董仲舒传》。

② 同上。

且格。”①

文中的“道”，即“导”，“道之以政”就是“导之以政”。用这段话来证明孔子只讲德礼，反对政刑，实是误解。孔子的立论是有针对性的。当时确存在着一种“道政齐刑”的政见和做法，如齐国由于受刖刑的人太多，以至于“国之诸市，屦贱踊贵”②，即市场上的鞋子便宜而假肢昂贵，生动地反映了统治者试图以刑杀威吓人民来减少犯罪，维护统治秩序。孔子明确反对这种主张，他认为，“道政齐刑”的办法最多只能暂时地禁人为非，但却不能使人民懂得犯罪是可耻的，因而不可能使人不再去犯罪。他指出，只有“道德齐礼”，才能使老百姓“有耻且格”，自觉地不犯罪。孔子讲的不是不要政刑，而是不满足于政刑，反对独任政刑、迷信政刑，其宗旨即为重德轻刑。

其他典籍中也记有孔子的类似这一观点的言论。《左传》载：

“仲尼曰：‘善哉！政宽则民慢，慢则纠之以猛。猛则民残，残则施之以宽。宽以济猛，猛以济宽，政是以和。’”③

《礼记》也说：

“子曰：‘……张而不弛，文武弗能也。弛而不张，文武弗为也。一张一弛，文武之道也。’”④

---

① 《论语・为政》。
② 《左传・昭公三年》。
③ 《左传・昭公二十年》。
④ 《礼记・杂记》。

这里的“猛”政、“张”道，指兵、刑。孔子承认要用“猛”政、“张”道，说明他不废政刑，不根本否认“道政齐刑”的办法。但“猛”与“宽”、“张”与“弛”，在孔子的思想体系中并不是各占百分之五十的。童书业先生曾以为，“宽猛相济”的话“与《论语》所载孔子之言弗类”①。从《论语》看，孔子确实少谈“猛”和“张”，而更强调“道德齐礼”。这主要是从挽救时弊出发的，所以多讲“宽”政和“弛”道，对“猛”和“张”则采取存而不论的态度，对一味主张刑杀、诉诸“猛”政者还坚决予以抨击。

《颜渊》篇记有孔子与鲁执政季康子的两次争论：

“季康子患盗，问于孔子。孔子对曰：‘苟子之不欲，虽赏之不窃。’”②

“季康子问政于孔子曰：‘如杀无道，以就有道，何如？’孔子对曰：‘子为政，焉用杀？子欲善而民善矣。……’”③

面对社会矛盾激化，盗窃犯罪增多的现实，季康子一类执政者所持的，实际上是杀一儆百、“道政齐刑”、以杀止杀的观点。孔子则认为，下面的窃盗是上头的统治者多“欲”、贪得无厌逼出来的，所以只要为政者们自己“不欲”，施行德政，就是奖赏人们去偷窃也不会有人干，这便是“子欲善而民善矣”。孔子的办法正是“道德齐礼”的办法。“焉用杀”，不是一概反对杀。孔子说：

“不教而杀谓之虐；不戒视成谓之暴；慢令致期谓之贼；……。”④

---

① 童书业：《春秋左传研究·子产治郑之改革》，上海人民出版社1980年版，第88页。

② 《论语·颜渊》。

③ 同上。

④ 《论语·尧曰》。

可见，所谓“焉用杀”，是反对“不教而杀”，是希望执政者不要动辄就想到“杀”这一种办法。

鲁迅先生这样写道：

> “要防‘奴隶造反’，就更加用‘酷刑’，而‘酷刑’却因此更到了末路。……酷的教育，使人们见酷而不再觉其酷，……人民真被治得好像厚皮的、没有感觉的癞皮一样了，但正因为成了癞皮，所以又会踏着残酷前进，这也是虎吏和暴君所不及料，而即使料及，也还是毫无办法的。”①

孔子总结历史的和现实的经验，感到“道政齐刑”式的“酷的教育”不能长久，提出重德轻刑的主张，这种眼光，是当时的当权者们所不能企及的，在古代社会，不失为一种比较开明和人道的法律主张。

重“道德齐礼”，轻“道政齐刑”，即重德轻刑的思想，在西周称作“明德慎罚”，汉儒概括为“德主刑辅”。它是孔子在德刑关系上贯彻始终的一个基本思想，诸如他提出的“刑罚中”、“哀矜折狱”、以“富”“教”预防犯罪等主张，都是重德轻刑的延伸和展开。而孔子的重德轻刑思想，则是他那仁学体系的固有内容，尤其是仁学人道主义和民本主义的体现。

3.“为政在人”——人与法的关系论

《礼记・中庸》篇载：

> “哀公问政。子曰：‘文武之政，布在方策。其人存，则其政举；

---

① 鲁迅：《南腔北调集・偶成》，《鲁迅选集》第3集，中国青年出版社1991年版，第242页。

其人亡，则其政息。……故为政在人。'"[①]

译成现代汉语，意为：周文王、周武王的为政之道早已载于文书，定为法典。若有道德高尚的贤人主政，他们的为政之道就能得到推行、发扬；若没有这样的贤人主政，则他们的为政之道就会阻塞、湮灭。所以，能否实行文武之政的关键在人。

"为政在人"的"人"，不是普通之人，也不指时君世主，而是那些"仁以为己任"[②]的"仁人"、"贤人"。荀子为此专门创造了一个法律术语："治人"。他说："有治人，无治法。"[③]他的"治人"指能将国家治理好的人，与"仁人"、"贤人"在内涵和外延上差不多。荀子的所谓"治法"即三代圣人之法，包括"布在方策"的"文武之政"。先秦儒家从孔子到荀子，在人与法的关系问题上的观点基本上是一致的。

孔子主张"为政以德"、"为国以礼"。他在《中庸》"为政在人"一章中告诉鲁哀公的"文武之政"，指周文王、周武王的德政。这种德政虽然也有典章制度，但那是死的东西，能否实行，完全依赖于执政之人是否贤能。按照孔子的这个逻辑，治国重在任人而不是任刑。而他的任人，也就是任德、任贤。后来，战国的法家批判了这种主张，认为应当任法而不任人，"不务德而务法"[④]。而法家的任法，说到底不过是任刑。这样就形成了中国政治法律史上任人还是任法、任刑的长期争论。

在我国古代，君主握有生杀予夺的大权，凌驾于法律之上。从理论学说上看，无论是儒家的任人，抑或是法家的任法、任刑，也都以承认君主主义为前提，所以说不上有真正的法治主义和人治主义的对立斗争。

---

① 《礼记·中庸》。
② 见《论语·泰伯》。
③ 《荀子·君道》。
④ 《韩非子·显学》。

但仅就儒法两家学说比较，儒家任人，重德轻刑；法家任法、任刑，重刑轻德。正是在这样一种人与法的关系问题的角度而言，也许可以沿用梁任公伪儒家主"人治"、"德治"和法家主"法治"、"刑治"的说法。但它们决非现代法学意义上的人治与法治范畴，不得已使用它们时，应打上引号，以示区别。

孔子以为国家必得"治人"而治，无疑是典型的"贤人政治"。这种主张，把社会的治乱、法律的运行、人民的祸福统统系于少数救世的贤人之身，是一种英雄史观。它的目的，不过是要"最后得出一个答案：应该由贵人、贤人和智者来统治"①。在君主制社会里，既然没有公正的法律，又怎能有公正的"治人"呢？所以，历史上那些被誉为"清官"、"循吏"的"治人"，说到底，也不过是君主制度的守护神。但绝不能因此就说贪官比清官好，明君贤相比昏君奸相还坏。历史上出现的一种思想应当用历史本身来说明。在孔子时代和孔子以后很长的时期里，与"治人"相对的是奸人、佞人，"贤人政治"的对立面是暴君政治、法西斯政治。当人类处在还不可能摆脱君主政治的历史条件下，他们欢迎"治人"、"贤人"，完全是正当的、积极的。进步的思想家们赞美"贤人政治"，讴歌"治人"思想，也正是他们可贵的人民性的表现。孔子提出的"为政在人"的"治人"主张，含有改良君主主义政治的善良愿望。在法律观上，它给了这样一种启迪：在良好的法律创制以后，应当重视为政执法官吏的选择，注重他们的品德。其实，重视执政官和司法官的选拔，是当代民主法治的应有之义。

4."富之"和"教之"——犯罪预防理论

如果说，法家的法律观重在惩罚犯罪，而且是重刑轻德，那么，儒家的法律观则重在预防犯罪。这种重预防的理论风气也开自孔子。

---

① 前揭《马克思恩格斯全集》第7卷，第307页。

首先，孔子奠定了犯罪可以预防的理论基础，这就是他的人性论。孔子说：

“性相近也，习相远也。”①

“性”，指人的先天秉赋和情性。孔子认为，性是所有的人大体相同的，不存在什么质的差异。“习”，指后天的习染，包括教育、环境、家风、习俗、传统的影响，以及个人学习的勤惰和努力程度等。在孔子看来，社会上各种人的人生道路、发展方向和结局之所以千差万别，主要在于“习”的不同。既然承认“性相近”，那就必然在理论上否定有天生的圣人或天生的罪犯。诚然，孔子的人性论是粗线条的，也是抽象的，但毕竟给后人开启了这样一种思考和研究方向：从人本身，从人的后天的“习”来探究犯罪的原因和犯罪心理的形成，从而也就排除了犯罪是人的本性的先天决定论，为犯罪可以预防、罪人可以教化提供了理论先导。孔子在公元前5世纪就提出这样的思想，在人类犯罪预防学上是应当占有一席之地的。

在西方的犯罪学中，从早期的颅相学到当代的“XXY型”染色体异常说等等，都笼罩着犯罪先天决定论的阴影。在我国古代的许多思想家那里，包括大多数法家人物在内，常用“奸民”、“邪民”、“贼民”、“贱民”一类字眼来贬斥、辱骂人民，认为对这类人不适用教化和预防，只能用刑，甚至严刑来惩罚。但我们翻遍一部《论语》，却找不到一个这样的字眼。两相比较，我们不能否认孔子这种正视并颂扬人生、肯定并重视人的价值的仁学人性论，以及由此为基点的积极预防和控制犯罪的理论，是有一定合理成分的。

---

① 《论语·阳货》。

其次，孔子分析了犯罪的原因。要预防和控制犯罪，须先弄清犯罪的原因。我们从《论语》探求，可知孔子经常谈到的导致庶民犯罪的原因主要有两条：一是老百姓“穷”。他说：“贫而无怨难，富而无骄易”[①]，“小人穷斯滥矣”[②]。孔子敏锐地看到了贫穷的老百姓很难不生怨恨，也就在一定程度上承认了这种怨恨的内容的合理性，以及由贫而怨，进而“穷斯滥”，破罐子破摔的心理发展的必然性。“小人穷斯滥矣”的小人，是个道德概念，指道德品质不高的人。孔子认为，像他的学生颜渊那样的“君子”，有高尚的道德情操，重义轻利，即使穷困到住在“陋巷”，“饭蔬食，饮水”，也能“乐在其中”，“独善其身”，是不会犯罪的。但“小人”可不行。这些人一旦穷愁潦倒，便无所不为。从这些言论中，说明孔子已意识到贫穷是产生犯罪的根源。

另一条是“为上不正”。孔子对鲁国执政季康子说：“子帅以正，孰敢不正”[③]；“其身正，不令而行；其身不正，虽令不从”[④]。这些话都隐含有：庶民的“不正”、“不从”，甚至犯罪，主要责任是执政者们自身“不正”，即俗话说的“上梁不正下梁歪”。他对为上者的指责，有时是颇为辛辣的。季康子因鲁国盗窃犯罪增多，于焦头烂额之际跑去向孔夫子讨教，孔子劈头一句：“苟子之不欲，虽赏之不窃。”[⑤]还有一次，也是这个季康子问孔子：“如杀无道，以就有道，何如？”意为：杀掉不守规矩的坏人，以亲近好人，能否把国家治理好？孔子立刻否定：“焉用杀？子欲善而民善矣。”[⑥]这无异于指着季康子的鼻子批评他多“欲”和不“善”。在孔子看来，正是季康子一类执政者的重赋敛财，伤民残民，才闹出个

① 《论语·宪问》。
② 《论语·卫灵公》。
③ 《论语·颜渊》。
④ 《论语·子路》。
⑤ 同①。
⑥ 同上。

“小人穷斯滥”的局面，百姓流离失所，衣食无着，犯罪焉得不多！他的高足曾子对其这一看法心领神会，作了一个概括：“上失其道，民散久矣。”[①]孔夫子师徒的这种认识，多少触及到了当时的社会实际，是难能可贵的。

再次，孔子提出了教育预防理论的基本原则和措施。这就是“富之”—“教之”、先富后教：

> “子适卫，冉有仆。子曰：‘庶矣哉！’冉有曰：‘既庶矣，又何加焉？’曰：‘富之。’曰：‘既富矣，又何加焉？’曰：‘教之。’”[②]

这段话是孔子在去卫国的路上对其学生冉有说的。一路上，他们看到人口很多，冉有便问：人多了，接着应做些什么？孔子说：“富之。”。冉有又问：富了以后，又怎么办呢？孔子说：“教之。”。“富之”、“教之”，先富后教，这不失为一个比较开明，也是脚踏实地的办法。问题是，孔子没有，也不可能找到一个使人民致富的良方。若问如何“富之”，说来说去，无非是劝诫统治者懂得“百姓足，君孰与不足？百姓不足，君孰与足”[③]的道理，试图说服他们“使民以时”[④]、“因民之所利而利之”[⑤]，不搞“苛政”和“聚敛”。这对于以鱼肉人民为乐事的统治者来说，不过是对牛弹琴。它们所留下的，是孔子反对过分剥削和竭泽而渔的开明主张，以及其中所表现出来的一个有远见的思想家以民为立国之本的民本思想境界。这一切在历史上有着一定的进步意义。

---

① 《论语·子张》。

② 《论语·子路》。

③ 《论语·颜渊》。

④ 《论语·学而》。

⑤ 《论语·尧曰》。

孔子很重视“教之”，曾严词斥责惯于搞“不教而杀”的统治者：“不教而杀谓之虐。”[①]“教”的内容是德和礼。所谓“道之以德，齐之以礼，有耻且格”，就包含了以德教、礼教禁犯罪于未萌。孔子反对动辄诉诸刑杀，搞威吓、恐怖、严刑重罚来控制犯罪。德礼教育与刑罚威吓主义的不同之处在于，它重在启发人的理性自觉，让人们从“克己”、“内省”、“自律”、“自讼”中修养完善的人格，达到自重、自庄、自敬、自爱的道德境界，在现实世界，而不是到冥冥世界中去求得心理的平衡和精神的满足，从而获得人生的意义，消弭犯罪的念头。

从现代刑法学的学理上分析，孔子的观点有点片面性，他夸大了犯罪的一般预防的意义，而忽视了犯罪的特殊预防的作用。这是孔子的“迂”。但孔子的“迂”不是没有道理的。当时，各诸侯国的统治者正是在“杀无道”的堂皇饰辞下，一味地严刑滥杀。如前所引，由于齐国受刖刑的人太多，以致市场上鞋子跌价而假足昂贵，所以有“屦贱踊贵”的说法。可见，孔子的“迂”中又透出了他反对酷刑滥刑的积极面和重民精神。

《管子》书称：“仓廪实而知礼节，衣食足而知荣辱。”[②]提出了法纪观念和道德观念赖以树立的物质基础问题。其见解当然是极不错的。但若以这一命题来否定孔子的富教原则，也不见得妥当。因为它的重点是讲了应该“富”的一面，没有同时强调“富”了以后还应当“教”的一面。实际上，“礼节”和“荣辱”都不可能是富而自“知”、自生的。不富而教，没有“知”的基础，会流于空谈；富而不教，也不具备“知”的条件，仍不完全。作为一种试图预防和控制社会犯罪问题的一般原则和方法，还是“富之”、“教之”、先富后教更为全面一些。

---

① 《论语·尧曰》。

② 《管子·牧民》。

复次,孔子提出了一整套道德律令作为礼教和德教的内容。在以德礼之教预防犯罪中,孔子提出的一系列道德律令,是他关于犯罪预防对策体系和犯罪社会控制的综合性措施之一。其中,首要的一条是"孝"。孔子认为,一个孝子应做到:"父母唯其疾之忧。"[1]就是说,除了他患病以外,父母对他的其余一切全可放心。这样的孝子,当然更不会有犯罪的事发生。孝的道德教化和作为孝的物质载体的家庭,是孔子预防和控制犯罪的对策体系中的有力杠杆。在宗法社会里,以孝来稳定家庭,以稳定家庭来稳定社会,无疑是能奏效的。

除孝的道德律令外,还有如:

"三戒":

> "君子有三戒:少之时,血气未定,戒之在色;及其壮也,血气方刚,戒之在斗;及其老也,血气既衰,戒之在得。"[2]

少戒色,指青少年应预防性罪错;壮戒斗,指青壮年应预防打架斗殴侵害生命身体方面的犯罪;老戒得,指老年人应克制物欲,预防经济方面的犯罪。孔子的"三戒",在一定程度上揭示了年龄与犯罪的某种联系,从个人预防的角度总结了一个人如何保持早节、中节和晚节的人生经验。

"三友":

> "益者三友,损者三友。友直,友谅,友多闻,益矣。友便辟,友善柔,友便佞,损矣。"[3]

---

① 《论语·为政》。
② 《论语·季氏》。
③ 《论语·季氏》。

孔子告诫人们：同正直者、诚实守信者、见闻广博者三种人交朋友，于己有益；同谄媚奉承者、当面拍马背后毁谤者、利嘴巧舌夸夸其谈者三种人交友，于己有损。朋友，是传统社会的五伦之一，孔子很看重，在《论语》中讲了许多交友之道。我们的择友标准当然与孔子有所不同，但慎重择友，对一个人，特别是对青少年的健康成长无疑是有益的，甚至是关键的。那种“哥们义气”式的交友，交一些酒肉朋友，往往会把一些天真的青少年拖进犯罪团伙，是值得人们警惕的。

“三乐”：

> “益者三乐，损者三乐。乐节礼乐，乐道人之善，乐多贤友，益矣。乐骄乐，乐佚游，乐晏乐，损矣。”①

孔子指出，有三种不同的快乐：以得到礼乐的调节为快乐，以宣扬别人的好处为快乐，以交了不少贤能朋友为快乐，是三种有益的快乐；以骄横为快乐，以游手好闲、佚荡忘返为快乐，以沉湎淫渎、迷恋酒色为快乐，是三种有害的快乐。经验证明，以三种有害的快乐为快乐的人，往往会走向犯罪的深渊而不能自拔。“益者三乐”中的“乐节礼乐”，包含音乐舞蹈要有节制的意思在内，即要“节乐”。孔子在“节乐”方面有不少言论。他主张“乐则《韶》舞”②，“恶郑声”③。因为《韶》舞“尽美矣，又尽善也”，而“郑声淫”，所以必须坚决禁止这种淫乐。“郑声”，是起源于郑国的一种流行乐曲。孔子“恶郑声”，说明他的“乐教”标准很高。就像现时的流行歌曲，一概排斥是错误的。但对于那些毒害青少年的诲淫诲盗的录像片之类，我们应该“恶”之。这也许是孔子“恶郑声”给我

---

① 同上。
② 《论语·卫灵公》。
③ 《论语·阳货》。

们的正面启迪。

“九思”：

> “君子有九思：视思明，听思聪，色思温，貌思恭，言思忠，事思敬，疑思问，忿思难，见得思义。”①

这里的“见得思义”，就是不取不义之财，与“老戒得”的意思相同。“忿思难”，指发怒时应考虑到它会带来什么后果。犯罪心理研究告诉我们，有的人在强刺激下产生暴怒而失去理智，会导致严重的犯罪，这便是激情性犯罪。孔子要求人们用道德礼义来控制自己的情绪，提高理性自觉和素养，不被激情所俘虏，这对预防激情性犯罪是有意义的。上文曾引《颜渊》篇孔子劝告人们的话：“一朝之忿，忘其身，以及其亲，非惑与?!”其本意就是要求人们用孝来控制自己的“忿”的激情。这段话可以说是“忿思难”的一个注脚。

孔子提出的种种道德律令，都渗透了家族伦理的思想内容，有它的时代性和局限性，但无一不是人生智慧的结晶，闪烁着启迪人的理性自觉和人格自重的光辉，经过辩证的扬弃，作为一种人生警句，值得人们珍惜。

除了这些道德律令之外，孔子最重视的还是以礼律己教人。他说：

> “博学于文，约之以礼，亦可以弗畔矣夫！”

这句话首见于《雍也》篇，再见于《颜渊》篇。《子罕》篇载颜渊称誉孔子语，也有“博我以文，约我以礼”，《里仁》篇还有“以约失之者鲜矣”一句，

---

① 《论语·季氏》。

文义相同，可见是孔子反复强调的。这说明他对以德礼教育预防犯罪很有信心。“弗畔”，指不会离经叛道。在古代社会，非礼无法，儒经被视为大法，所以，“弗畔”也包含着不违背礼法、不会违法犯罪的意思。孔子的“教之”，不外乎学文约礼，即德教和礼教。德、礼之教就是古代的法制教育和道德教育。所谓“道之以德，齐之以礼，有耻且格”，就包含了用德礼之教禁犯罪于未萌。《大戴礼记》上说：

> “凡人之知，能见已然，不能见将然。礼者，禁将然之前，而法者禁于已然之后。是故法之用易见，而礼之所为生难知也。……礼云礼云，贵绝恶于未萌，而起敬于微眇，使民日徙善远罪而不自知也。”[①]

大戴和小戴两部《礼记》上翻来复去叙述了各种礼的防患作用。如：

> “朝觐之礼，所以明君臣之义也。聘问之礼，所以使诸侯相尊敬也。丧祭之礼，所以明臣子之恩也。乡饮酒之礼，所以明长幼之序也。昏姻之礼，所以明男女之别也。”[②]

因此，“有不孝之狱则饰丧祭之礼”，“有弑狱则饰朝聘之礼”，“有斗辨之狱则饰乡饮酒之礼”，“有淫乱之狱则饰昏礼享聘也。”[③]如若不然，那就会：

---

① 《大戴礼记·礼察》。
② 《礼记·经解》。
③ 《大戴礼记·盛德》。

“昏姻之礼废，则夫妇之道苦，而淫辟之罪多矣。乡饮酒之礼废，则长幼之序失，而争斗之狱繁矣。丧祭之礼废，……则君臣之位失，诸侯之行恶，而倍畔侵陵之败起矣。”①

这些话不一定是孔子说的，但可以印证孔子强调德礼的用心，说明以德礼预防犯罪的必要性。

综上所述，孔子关于犯罪的预防和社会控制思想，是要求从社会、家庭、物质、精神、教育、道德、礼义、执政者的表率作用等各个方面建立一种预防和控制犯罪的机制，并着重从人的心理层次上和道德人格高度根除犯罪意识。这些主张，多少蕴含着人类同犯罪作斗争的实践经验总结，是一种有价值的古代社会综合治理的理论探索和知识结晶。

5.“刑罚中”——刑法观与刑罚观

在我国法律史上，“刑中”思想产生很早。以史料证之，至少自周代开始就已把“中”作为刑罚原则来运用了。《尚书》载有周公的教诫：

“兹式有慎，以列用中罚。”②

“列用中罚”，意为：“列用中常之罚，不轻不重。”③在《吕刑》篇里，“中”字凡十见，除“罔中于信”的“中”应解作“忠”外，其余九个都是折狱持平、不枉不纵、不潜不滥、无所偏袒、公正中直的意思。如：

“士制百姓于刑之中。”

① 《礼记·经解》。
② 《尚书·立政》。
③ 《尚书正义·立政》。

"故乃明于刑之中。"

"非佞折狱，惟良折狱，罔非在中。"

"明启刑书胥占，咸庶中正。"

"民之乱(治)，罔不中听狱之两辞，无或私家于狱之两辞。"[①]

此外，周金铭文中也出现"中罚"的思想，如西周恭王时器《牧殷》有"不中不井"，"井"即"刑"[②]。东周齐灵公时器《叔夷钟》有"慎中其罚"，等等。

孔子说：

"礼乐不兴，则刑罚不中；刑罚不中，则民无所措手足。[③]

这是继承了周代"中"的刑罚思想，也是他的中庸主义指导政刑得出的结论。中庸主义指导刑事政策，就是要求以用中折狱为常道。什么是"刑罚中"？《管子》书说："决狱折中，不杀不辜，不诬无罪。"[④]可作为这种刑事政策的注解。

孔子的时代，统治者胡作非为，刑罚何止失中，简直是无法无天，乱砍乱杀。连孔子的得意门生公冶长也不能幸免，曾锒铛入狱：

"子谓公冶长：'可妻也。虽在缧绁之中，非其罪也。'以其子妻之。"[⑤]

---

① 均见《尚书·吕刑》。

② 郭沫若说："凡金文刑字均作井。"其说见《西周金文辞大系图录及考释》(上编)关于《大盂鼎》的考释。

③ 《论语·子路》。

④ 《管子·小匡》。

⑤ 《论语·公冶长》。

“虽在缧绁之中，非其罪也”，说明是个冤案。孔子作为老师，不但为其辩白，还决定把自己的女儿嫁给他。这一举动，不仅是对公冶长人品的最大肯定，更意味着老夫子对执政者滥施刑罚的淫威表示了公开的蔑视和抗议。

《公冶长》篇紧接上一章的内容是：

> “子谓南容，‘邦有道，不废；邦无道，免于刑戮。’以其兄之子妻之。”①

“邦无道，免于刑戮”，意为，在政治昏乱的情况下，他懂得怎样避免牢狱之灾。孔子竟将能“免于刑戮”作为挑选侄女婿的一个条件，这又从另一个角度说出了当时刑罚之滥，即使孔子的贤弟子们，也并非人人都能躲避得了这种淫刑的。

《泰伯》篇也记有曾子的一桩佚事：

> “曾子有疾，召门弟子曰：‘启予足！启予手！《诗》云：「战战兢兢，如临深渊，如履薄冰。」而今而后，吾知免夫！小子！’”②

曾子是孔门最崇孝道的弟子，行事谨小慎微，以“吾日三省吾身”为格言，但竟也在生命弥留之际，说出这样凄惨的话：看看我的脚！看看我的手！（它们都还是完好的）从今以后，我才知道自己可以免于刑戮了！由此可见，在当时的严刑峻罚之下，老百姓抬手动脚即触刑网，常

① 南容即南宫括。孔门七十二贤人之一。孔子嫁侄女给南容的故事又见《论语·先进》篇，其文云：“南容三复白圭，孔子以其兄之子妻之。”足见孔子十分欣赏这位弟子。

② 《论语·泰伯》。

恐招来断头裂足之祸，成天生活在胆战心惊之中。《左传·昭公三年》载晏婴所揭示齐国"国之诸市，屦贱踊贵"的滥刑情况，断不止齐国所独有。鲁昭公三年即公元前539年，时孔子十三四岁，在他的"所见世"之中。有鉴于此，孔子特别强调"刑罚中"。

怎样做到刑罚中呢？把《论语》所论归结起来，大致是：

一要"兴礼乐"。"礼乐不兴，则刑罚不中。"这是因为，礼不仅是刑的指导原则，而且也是中与不中的标准。《荀子》说："曷谓中？曰：礼义是也。"[①]《礼记》亦称："礼乎礼！夫礼所以制中也。"[②]只有合乎礼的才叫"中"，当然只有"兴礼乐"才能中刑罚。

二要行宽惠之政。由于当时社会刑罚失中的主要倾向是酷严，所以孔子提倡以宽惠公平纠严刑滥刑。他把"宽"誉为"五德"（恭、宽、信、敏、惠）之一，常告诫为上者们："宽则得众。"[③]又说："公则说。"[④]这个"公"就是公平，办事公平，老百姓才会高兴。他还不无讽刺地抨击那些在上位的人说：

> "居上不宽，……吾何以观之哉？"[⑤]

孔子还主张"赦小过"[⑥]。朱熹《论语集注》注云：

> "过，失误也。大者于事或有所害，不得不惩，小者赦之，则刑

---

① 《荀子·儒效》。
② 《礼记·仲尼燕居》。
③ 《论语·阳货》，又见《尧曰》。
④ 《论语·尧曰》。
⑤ 《论语·八佾》。
⑥ 《论语·子路》。

不滥而人心悦矣。”①

“赦小过”就是搞宽政。孔子不否认必要的时候用“猛政”，但他更欣赏“威而不猛”②。前引《左传》“宽猛相济”的话，据《左传》载，其说话背景是：

“郑子产有疾，谓子大叔曰：‘我死，子必为政。唯有德者能以宽服民，其次莫如猛。……故宽难。’”③

及子产卒，“大叔为政，不忍猛而宽”，到了郑国“多盗”，才悔不听子产之言，而复用猛政。于是，才有孔子“宽猛相济”的话。从中庸之道的大原则上讲，自然是“宽以济猛，猛以济宽，政是以和”，只宽不猛，或只猛不宽，都是不符合“和”，不符合“中庸”。但从子产的话分析，他心目中还是以“宽”为高，以德服民为上，只是身处季世，为“宽难”，才不得已而用猛。孔子对于子产，更是闭口不谈他“猛”的一方面，而不断颂扬他的宽和惠。其实，这都是针对时弊而发，意在借重子产而劝时君世主行宽惠之政，其用心可谓良苦！

三要“察”。孔子主张：

“众恶之，必察焉；众好之，必察焉。”④

这是刑中的认识论前提。孟子发挥说：

---

① 朱熹：《论语章句集注·子路》。
② 《论语·述而》。
③ 《左传·昭公二十年》。
④ 《论语·卫灵公》。

“左右皆曰可杀，勿听；诸侯大夫皆曰可杀，勿听；国人皆曰可杀，然后察之，见可杀焉，然后杀之。”[①]

这种态度，后世称之为“慎刑”。孔子说过，“片言可以折狱者，其由也与？”[②]“片言”，即单辞，是无法断狱的，所以《吕刑》篇规定“听狱之两辞”[③]。孔子说这话是为了告诫子路，因子路虽诚实直率，但失之急躁鲁莽，容易导致片言折狱。其主旨是要求子路谨慎地审察“两辞”，准确折狱量刑。

四要“权”。“权”，权衡利弊、知权达变之谓权，指不背原则的灵活性、变通性。孔子说，“可与立，未可与权。”[④]“立”，当然是“立于礼”，但“立”而无“权”，依旧不得“中”。“权”又与“时”相通，“时”，指合时宜，审时度势，权衡处之。《中庸》说：“君子之中庸也，君子而时中。”可见，“时中”是中庸的应有之义。孟子说，孔子之为人，“可以速而速，可以久而久，可以处而处，可以仕而仕”，是“圣之时者也”。[⑤]“权”和“时”，是讲行事须依时间、地点、条件而异。譬如说，“宽猛相济”和“一张一弛”，什么时候应“猛”或“张”，什么时候应“宽”或“弛”，就是一个“权”或“时”的问题。该猛不猛，该宽不宽，或应弛不弛，应张不张，都是违反“权”和“时”的，也就不得中罚。

量刑要根据形势需要也叫“权”或“时”。《吕刑》篇载：

“轻重诸罚有权。刑罚世轻世重，惟齐非齐，有伦有要。”[⑥]

---

① 《孟子·梁惠王下》。
② 《论语·颜渊》。
③ 《尚书·吕刑》。
④ 《论语·子罕》。
⑤ 《孟子·万章下》。
⑥ 《尚书·吕刑》。

“世”是30年，这里是比喻一定的时间段。“齐”，整齐、划一，这里含有公平、公正的意思。“伦”和“要”，指条理、纲要、要领、原则。大意是：刑罚适用固然要统一，但其轻重应有所权衡而适度变通，有一定的灵活性。也就是说，刑罚应根据时势的变化，遵行正条，而又明察治乱要领，推究人伦情理，时轻时重，在一致、公平中而有所不同，在有所区别中体现公平和一致，但它们却都符合法律规定的条理和原则。

孔子提出的“权”和“时”的主张，从刑法思想上评价，是继承《吕刑》而又使之更具理论高度了。

《礼记》中说：“爱百姓故刑罚中，刑罚中故庶民安。”[①]这大约是从孔子“刑罚不中，则民无所措手足”发展引申来的。孔子的“刑中”主张直接体现了他的民本主义精神。

6.“哀矜折狱”——刑事司法主张

“哀矜折狱”出自《论语》所载曾参之言：

> “曾子曰：‘上失其道，民散久矣。如得其情，则哀矜而勿喜。’”[②]

意思是说：为上不正，荒淫无道，人民不信任他们，民心久已散乱了。(因此，庶民犯罪日益增多)(你们)折狱断案如能审察案件实情，不要自以为能，沾沾自喜，而应该“哀矜”之心：哀民之不幸，矜民之不得教化而陷于罪。古人将此称作“哀矜折狱”。《吕刑》写作“哀敬折狱”，又称“惟良折狱”，旨意相同。《尚书大传》托孔子之名解释说：

---

① 《礼记·大传》。
② 《论语·子张》。

“听讼，虽得其指，必哀矜之，死者不可复生，断者不可复续也。”①

现在，要弄清曾子的话是否得于孔子口传，《尚书大传》的解释是否为孔子在向其门弟子们传授《尚书》时所说，都已不可能，但从孔子主张的“为政以德”、“政者正也”、“赦小过”、“焉用杀”等观点求之，可证曾子说的“哀矜勿喜”的话是反映孔子的折狱思想的。它以民本主义为指导，体现了孔子仁学的司法人道主义原则。

后儒将“哀矜折狱”标榜为“恤刑”。在长期的君主专制司法制度下，时常有些思想家加以弘扬和提倡，把《论语》的“哀矜勿喜”这一章重新注释一番，以讥讽时弊。如明代丘濬就说：

“后世民之所以易于散者，以上无聚之之道故也。饥寒迫身则散，徭役烦扰则散，赋敛重多则散。散则无情，无情则无义，无情无义则健讼之风起而争夺之祸作矣。此治狱者得狱之情必加之哀矜而不可喜也。哀者，悲民之不幸；矜者，怜民之无知；勿喜者，勿喜己之有能也。呜呼！圣门教人，不以听讼为能，而必以使民无讼为至。”②

几千年来，那些不顾个人安危平反冤狱、为民请命的人奉行的正是这种“哀矜折狱”的司法人道主义原则。

“哀矜折狱”是一种社会批判主义的刑法思想。它同孔子反对“不教而杀”一样，把庶民犯罪的主要责任归结为“为上不正”、“上失其道”，

① 见《孔子集语·论政》。
② 丘濬：《大学衍义补》卷一百六。

对时君世主的虐政持谴责、批判态度，这在古代社会中无疑有着一定的积极意义。

“哀矜折狱”是同重刑主义相对立的刑法思想，它要求司法官吏在认真弄清案件的实情之后，还要予以“哀矜”同情之心，考虑庶民犯罪的社会原因。这就同那种一味强调乱世用重刑，迷信以严刑重罚来整肃社会秩序的“以刑止刑”主张，以及舞文曲法、故入人罪、草菅人命的做法大相径庭。

“哀矜折狱”又是一种法定刑和非法定刑相结合的刑法思想。所谓“哀矜”，就是在量刑时将“上失其道”而导致“民散”作为犯罪的社会原因考虑在内，对犯罪人分别情况予以一定的宽赦。这是上节说到的“轻重诸罚有权”，倾向于非法定主义刑罚主张。不过，在孔子和儒家的刑法思想中，非法定刑主义只是其中的一个层面，它是同“刑罚中”、司法“直道”等层面联系在一起的，而“刑罚中”、司法“直道”从思想倾向上说，则属于法定刑主义。这样，非法定刑主义和法定刑主义在孔子和儒家的法律思想中形成互补结构，不可割裂，它们都服从于，也服务于仁学，并受到诸如民本主义、家族主义等法律根本原则的调节。

7.“父子相隐”——诉讼原则①

“父子相隐”是孔子最先提出来的：

① 本节是针对20世纪50—80年代对“亲亲相隐”全盘否定的情形来立论的，虽然也说到它是对“孝亲权利”的一种承认，但远不够理直气壮。这次修订，并未将原文推倒重写。本人对“亲亲相隐”的认识，有一个发展过程。2000年以后，也还就此问题写过一些专文，认为“相隐”是属于私权范围内的家属亲权对于国家公权的一种抗御。有关论文已收在《礼法传统与中华法系》一书中，中国民主法制出版社2016年版。

“叶公语孔子曰：‘吾党有直躬者。其父攘羊，而子证之。孔子曰：‘吾党之直者异于是：父为子隐，子为父隐。——直在其中矣。’”[1]

“直躬者”之“直”是事实本相的直。所谓“眼见是真”、“直肠子”、“直来直去”之类的说法，都是这样一种“直”。孔子说：“直而无礼则绞。”[2]郑注：“绞，急也。”[3]“绞直”，是一种缺乏礼法约束的急躁而率直的“直”。其实，“直”，是一个道德范畴，有勇者之直，智者之直，仁者之直。“绞直”之“直”，往往说话尖刻，出口伤人，是不道德的。“直躬者”之“直”，尽管还不是“绞直”，但却不符合仁者之直。孔子以“父子相隐”为“直”，是孝者之直，也是仁者之直。从伦理评价来看，“父子相隐”是孝，孝是道德的，凡合道德的也就是合法的，是“直道”之直。而孝者之直，也是仁者之直。倒是不相隐会受到道德的谴责，甚至法律的惩罚。[4] 以“孝”为直，以为“父子相隐”才是符合礼法的“直”道，这是以礼率法、以伦理屈法的伦理法之典型例证。

但孔子也不是在一切犯罪问题上提倡“相隐”。叔鱼徇私卖法，叔向主张戮其尸，孔子就赞扬叔向“不隐于亲”、“杀亲益荣”。[5] 可见，“攘羊”的事可以“隐”，应当“隐”，徇私卖法的事就不能隐，不当隐。

在孔子的法思想体系中，“父子相隐”与“不隐于亲”又是互补的，是一个思想整体的两个层面。“父子相隐”是有限度的，允许相隐的只是小义。在关系到国家、君主、国法等所谓大义上，不但不能“相隐”，还应

① 《论语·子路》。

② 《论语·泰伯》：“恭而无礼则劳，慎而无礼则葸，勇而无礼则乱，直而无礼则绞。”

③ 《论语正义·泰伯》郑注。

④ 如，清律规定：“子告父、若取告不实，子当处绞刑，若取告属实，子亦受杖一百，徒三年之刑”。

⑤ 《左传·昭公十四年》。

当“大义灭亲”。因此，我国历代法典虽都采用了孔子提出的这一诉讼原则，规定“同居相为隐”，[①]然而立刻作了“但书”：“谋反”、“谋大逆”、“谋叛”不在其内。[②]

战国法家曾批判和反对父子相隐的原则。商鞅变法，“令民为什伍，而相牧司连坐。不告奸者腰斩，告奸者与斩敌首同赏，匿奸者与降敌同罚”[③]，不但不用相隐之道，而且重罚相隐之人。法家的立论旨在加强君主独裁专制，又与其重刑主义相联系，消极面不宜低估。

汉儒在阐述自己的法律观时，曾一再高唱“父子相隐”的调子，形成了对商、韩否定这一原则的否定之否定的思潮，这其中有没有必然性呢？汉儒从这一原则中发现了什么？这些问题，是值得加以探讨的。桓宽《盐铁论》云：

> “今废其德教，而责之以礼义，是虐民也。《春秋》曰：‘子有罪，执其父；臣有罪，执其君，听失之大者也。’今以子诛父，以弟诛兄，亲戚相坐，什伍相连，若引根本之及华叶，伤小指之累四体也。如此，则以有罪诛及无罪，无罪者寡矣。……故为民父母以养疾子，长恩厚而已。自首匿相坐之法立，骨肉之恩废，而刑罪多矣。父母之于子，虽有罪犹匿之，其不欲服罪尔。闻子为父隐，父为子隐，未闻父子之相坐也。闻兄弟缓追以免贼，未闻兄弟之相坐也。闻恶

---

① “亲亲相隐”由主张而成为司法原则进而成为刑事立法法律条款有个过程。汉宣帝地节四年，宣帝下诏确立了“亲亲相隐”的司法原则。隋唐时期，正式入律。《唐律疏议·名例》规定“同居有罪相为隐”，其后为《宋刑统》、《大明律》、《大清律》等承袭。

② 《唐律·名例律》第46条规定：“诸同居，若大功以上亲，及外祖父母、外孙，若孙之妇，夫之兄弟及兄弟妻，有罪相为隐。部曲奴婢为主隐，皆勿论。即漏其事，及擿语消息，亦不坐。其小功以下相隐，减凡人三等。若犯谋叛以上者，不用此律。”“犯谋叛以上者不用此律”，即“十恶”中的前三项：谋反、谋大逆、谋叛三类犯罪不得容隐。

③ 《史记·商君列传》。

恶止其人，疾始而诛其首恶，未闻什伍之相坐。”①

“盐铁会议”召开于西汉昭帝始元六年，即公元前 81 年。这段文字告诉我们，西汉自公元前 202 年刘邦立国至此时历 120 多年里，商鞅所定的“亲戚相坐，什伍相连”的“告奸”、“连坐”之刑事法律政策一直在施行。正是由于“盐铁会议”上，贤良文学对这种泯灭人性的刑事法律政策的齐声谴责，才有 15 年后于汉宣帝地节四年（前 66 年）确认“亲亲相隐”司法原则的诏书：“自今子匿父母，妻匿夫、孙匿大父母，皆勿坐，其父母匿子、夫匿妻、大父母匿孙、罪殊死皆上请廷尉以闻。”②

“告奸”、“连坐”是君主专制制度的痼疾，“亲亲相隐”又会不利于侦察破案，决不是汉宣的一纸诏书可以一劳永逸的。东晋元帝时，河东卫展为大理，从他的上书中可知，拷讯逼供嫌疑犯亲属的现象在那时普遍存在，且有皇上“诏书”为合法依据：

“今施行诏书，有考子正父死刑，或鞭父母问子所在。近主者所称《庚寅诏书》：举家逃亡，家长斩。若长是逃亡之主，斩之，虽重犹可。设子孙犯事，将考祖父逃亡，逃亡是子孙，是父祖婴其酷。伤顺破教，如此者众。相隐之道离，则君臣之义废；君臣之义废，则犯上之奸生矣。”③

这些史料说明，在法制酷严的社会条件下，“父子相隐”是一种同“告奸”、“株连”、“缘坐”、“族刑”等非人道主张相对立的诉讼原则和刑

① 《盐铁论 · 周秦》。
② 《汉书 · 宣帝纪》，又见《汉书 · 刑法志》。
③ 《晋书 · 刑法志》。

罚原则，并对后者起着某种缓冲作用。它要求对社会成员的家庭、人身和孝亲权利给予一定的承认。孔子"父子相隐"的主张，还是我国古代法律不得令亲属为证[①]的立法根据，与民国《刑事诉讼法》中亲属无举证责任的诉讼原则也有某种历史的联系。[②]

8."直道"——司法道德观

孔子将"文武之政"能否举兴，三代良好的典章制度能否施行，系之于"治人"。这"治人"自然应具有高尚的司法道德。在这方面，孔子谈得最多的是"直道"。他常常以"直"誉人，以"不直"讥人。如：

> "直哉史鱼！邦有道，如矢；邦无道，如矢。"[③]

史鱼是卫国大夫，曾屡次劝谏卫灵公斥退佞人弥子瑕，但灵公不听，于是史鱼在临终时留下遗言，叫儿子在其死后不要"治丧正堂"，进行"尸谏"，灵公终于被迫纳谏。后人称誉史鱼"生以身谏，死以尸谏，可谓直矣"。[④]"如矢"，指像箭一样直射出去而不绕弯。孔子称赞史鱼不管国君"有道"还是"无道"，都直言敢谏。可见，"直"是一种公平正直、胸怀坦白、无私无畏的政治品格和为人德行。

在古代，"直"还是一种司法原则和司法道德。《诗经·小雅·大东》有"周道如砥，其直如矢"一句，唐章怀太子李贤说，"如砥"当为"贡

---

① 《唐律·断狱律》："其于律得相容隐，即年八十以上，十岁以下，及笃疾，皆不得令其为证。违者，减罪人罪三等。"

② 中华民国二十四年(1935年)公布，三十四年(1945)十二月修正的《刑事诉讼法》第十三章《人证》第167条规定："证人有左侧情形之一者，得拒绝证言：一、现为或曾为被告或自诉人之配偶五亲等内之血亲、三亲等内之姻亲或家长家属者。……"

③ 《论语·卫灵公》。

④ 《韩诗外传》卷七第二十一章。

赋平”,“如矢”是指“赏罚中”。[①] 这里的“周道”即文武周公之道,“其直如矢”,意为以直道折狱,赏罚得中,不偏不倚,无冤无滥。孔子就十分赞美这种“直道”执法的精神:

> “柳下惠为士师,三黜。人曰:‘子未可以去乎?’曰:‘直道而事人,焉往而不三黜?枉道而事人,何必去父母之邦?’”[②]

“士师”,即司法官。“三黜”,就是多次被撤职罢官。“三”,言其多,不一定限于三次。这个故事是说,柳下惠做司法官时,公平正直地处理案件,结果得罪了权贵,多次被罢官。有人劝他:“您难道不可以离开鲁国吗?”他回答道:“正直地做事,到哪里都会受到被撤职的待遇的;如果昧着良心,不正直地办事,又何必要离开自己的祖国呢?”柳下惠是当时的贤人,孔子对他的遭遇很不平,曾批评鲁国权贵臧文仲“知柳下惠之贤而不与立也”[③]。柳下惠的这番话,深刻地揭露了当时社会的无道和司法的黑暗,也表达了他自己宁肯丢掉乌纱帽也决心“直道”执法的态度。《论语》记录柳下惠的故事,说明孔子对“直道”执法的提倡和赞扬。上文曾经引述,叔向“治国制刑,不隐于亲”,孔子誉之为“古之遗直”。他自己任鲁国司寇时,“据法听讼,无有所阿”,也是恪守“直道”的司法道德的。

综上所述,“直道”作为一种司法原则和司法道德,要求执法官吏不徇私情、不避亲疏、不媚权贵、刚正不阿、依法办事、执法如山。司法无疑具有阶级性和时代性,但司法作为一种职业,却也有自己特定的一般职业道德。孔子提倡的“直道”执法,其中就蕴含了很有积极意义和恒

① 《后汉书·郭陈列传》李贤注。

② 《论语·微子》。

③ 《论语·卫灵公》。

常价值的司法道德内容。

9.轻徭薄赋——财政赋税方面的法律主张

轻徭薄赋是中国古代社会中先进思想家们的一贯主张，而且往往成为农民起义号召群众的政治口号。这一思想的产生是和孔子的名字联系着的。孔子提出“使民以时”[①]、“使民如承大祭”[②]、“劳而不怨，……择可劳而劳之”[③]、“使民也义”[④]，包含了减轻徭役负担的内容，而反对聚敛，就是主张薄赋。农业生产有着极强的季节性，小农经济又是异常脆弱的，统治阶级滥用民力，徭役无度，再加上重赋搜刮，就必然使大批农民破产，以农业经济为基础的国家也就失去了立国之本。历代农民起义都是在这种情况下爆发的。当然，春秋末期的孔子并不完全认识这一社会治乱规律，但他要求在农闲季节才征发劳役，要求减轻一些赋税，却是符合农业社会的特点的，客观上反映了农业生产者的愿望。

孔子反对聚敛的态度是很坚决的。除了严辞抨击“苛政猛于虎”外，《论语》又载：

> “季氏富于周公，而求也为之聚敛而附益之。子曰：‘非吾徒也。小子鸣鼓而攻之，可也。’”[⑤]

冉求帮助季氏敛民聚财，气得孔子要与他断绝师生关系，并发动学生们

---

① 《论语·学而》。
② 《论语·颜渊》。
③ 《论语·尧曰》。
④ 《论语·公冶长》。
⑤ 《论语·先进》。

要以敲着战鼓出征一样的气势去责问这个叛道者。这真是非同小可的事，说明孔子把赋税的轻重问题看得很严重，当作一条惠民的根本政策。《礼记·大学》篇说："财聚则民散，财散则民聚。"春秋时期的社会政治正是这样一种状况。

季氏在冉求帮助下搞这次聚敛，大概就是《左传·哀公十一年》所说的"用田赋"。"用田赋"，通常理解为按田亩征收军赋。有的著述认为这是承认土地私有权的新制度，孔子反对它是属于"奴隶主阶级破坏新兴地主阶级改革"的性质。究竟怎样看呢？

对鲁国"用田赋"，《左传》有如下记载：

> "季孙欲以田赋，使冉有访诸仲尼。仲尼曰：'丘不识也。'三发，卒曰：'子为国老，待子而行，若之何子之不言也？'仲尼不对，而私于冉有曰：'君子之行也，度于礼。施取其厚，事举其中，敛从其薄。如是，则以丘亦足矣。若不度于礼，而贪冒无厌，则虽以田赋，将又不足。且子季孙若欲行而法，则周公之典在；若欲苟而行，又何访焉？'"①

季孙让冉有去拜访孔子，是想借重孔子的"国老"身份以"用田赋"，没想到再三发问，孔子就是不表态，私下还把冉有狠狠地教训了一顿，明确表示反对。孔子反对的主要理由是这样三句话："施取其厚，事举其中，敛从其薄。""事举其中"，就是说，事情要办得适当，是孔子中庸原则在财税立法上的运用。从孔子的话看，他认为田赋的剥削量太重，不"中"，用田赋是"贪冒无厌"，是聚敛。他反对的只是这一点。

---

① 《左传·哀公十一年》。《国语·鲁语下》亦载有冉有拜访仲尼问用田赋一事，大意与《左传》同，但季孙作季康子。

孔子的话中有“则以丘亦足矣”一句。“丘”，即“丘甲”、“丘赋”制度[①]。《左传·成公元年》：“为齐难故，作丘甲。”范文澜说：“就是一丘出一定数量的军赋，丘中人各按所耕田数分摊，不同于公田制农夫出同等的军赋”[②]他认为“作丘甲”是军赋改革。又，《左传·昭公四年》：“郑子产作丘赋。”杨伯峻《春秋左传注》云：“丘赋疑与鲁成公元年之丘甲同意，谓一丘之人出军赋若干。”[③]童书业《春秋左传研究》也说：“作丘赋盖为增加军赋，亦当时不得已之事，非此不足以待强邻。鲁为齐难故作丘甲，亦如是矣。”[④]“丘甲”、“丘赋”的改革，《左传》不但没有异议，还在一定程度上为之圆通。孔子誉子产“仁”和“惠”，说明他不反对这种改革，这里又说“丘亦足矣”，更见其取赞成态度。可见孔子对当时赋税制度方面的一些新法令、新政策并非一概反对，他的原则是薄敛。照例，军赋应是“有军旅之出则征之，无则已”[⑤]。“丘甲”就是在强齐压境的情况下才实行的，现在又在“丘甲”基础上“用田斌”，无端增加了赋税量，无怪乎要被孔子斥为“聚敛”，加以反对了。

在税率上，孔子主张用“彻”法，收十分之一的税。他的学生有若的话反映了这一点。

“哀公问于有若曰：‘年饥，用不足，如之何？’有若对曰：‘盍彻乎？’曰：‘二，吾犹不足，如之何其彻也？’对曰：‘百姓足，君孰与不

---

① 参阅杨伯峻：《春秋左传注》哀公十一年传注；赵光贤《周代社会辨析》附录之六《鲁用田赋解》。但钱穆《周官著作时代考》认为，此“丘”字即孔子自称，同上文“丘不识也”之丘，意为“照我看来也尽够了”(原文载《燕京学报》11 期，此转引杨伯峻《春秋左传注》哀公十一年传注)，然与上下意思不连贯，恐未当，故不从。

② 范文澜：《中国通史》第一册，人民出版社 1978 年版，第 139 页。

③ 杨伯峻：《春秋左传注·昭公四年》。

④ 童书业：《春秋左传研究·子产治郑之改革》，上海人民出版社 1980 年版，第 86 页。

⑤ 《国语·鲁语下》。

足？百姓不足，君孰与足？'"[①]

鲁国当时已收十分之二的税，哀公还嫌不足，想在饥年增加赋税，受到有若的反对。孟子说："夏后氏五十而贡，殷人七十而助，周人百亩而彻。"[②]可见，"彻"是周法，很可能就是《左传》哀公十一年孔子说的"周公之典"。《公羊传》宣公十五年云："什一者，天下之中正也。"[③]大概"彻"法在孔子看来符合"事举其中"的原则。

"百姓足，君孰与不足"的话，是"水能载舟亦能覆舟"思想在经济政策上的表现。它的积极意义在于，反对竭泽而渔，使老百姓所受的压迫剥削相对地轻一些，能在起码的生活条件下进行再生产。这种思想，就是仅仅从保证财源、如何处理经济生产与财政收入的关系上看，也有值得肯定之处。一个思想家能关心百姓的足与不足，无疑是难能可贵的。

六、孔子伦理法思想的内在结构及其评价

如果把孔子以仁为核心的思想体系看成是一个博大的母体系，那么，他的伦理法思想不过是这个仁学母体派生出来又从属于母体的一个子体系。这个子体系与母体系的特点一致，性质相同，内容上有不少重叠与交错，但它毕竟是一个独立的结构。它通过仁与礼、仁与孝、仁与忠恕、仁与中庸、仁与大同、礼与法、德与刑、仁与君民关系、仁与君臣关系等环节，展开为以仁为基础的多层次理论结构：仁是这个理论的逻辑起点和价值本体；民本主义、家族伦理本位、相对的君主主义、中庸主

① 《论语·颜渊》。
② 《孟子·滕文公上》。
③ 《春秋公羊传·宣公十五年》。

义，以及大同的理想法是这个结构的支柱，是其五个方面的基本的法思想原则，五者之间又互为条件，互相制约，成为孔子法思想的中介层次；最后是有关立法、司法、守法以及刑、民、诉等方面的具体主张和观点，如正名、道德齐礼、为政在人、富之教之、刑罚中、哀矜折狱、父子相隐、直道、轻徭薄赋等等，孔子的仁的思想通过五大基本的法的原则指导并贯注于这些主张和观点之中。为明白起见，试作图示如下：

表二　孔子伦理法内在结构图

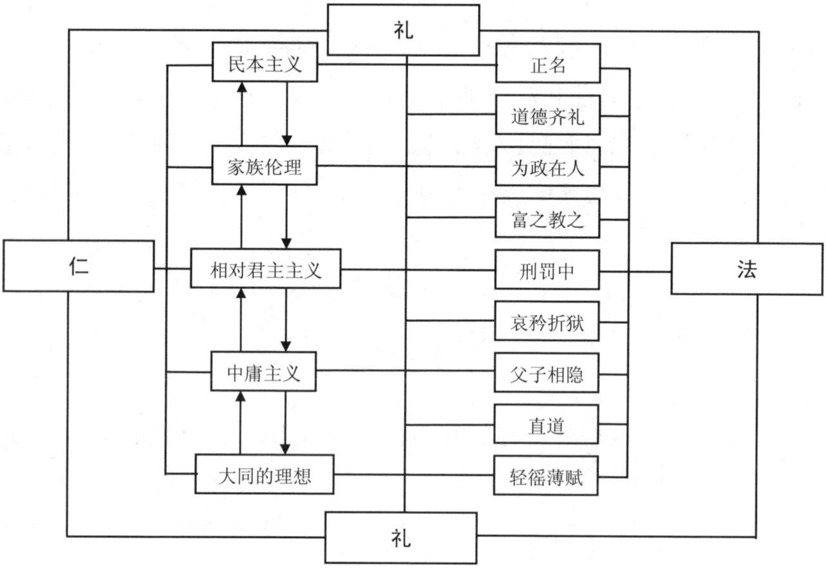

孔子的法思想同它的仁学母体一样，存在着内在的矛盾。这种矛盾突出地表现在民本主义与家族伦理本位的互相冲突上。民本主义要求重民惠民、民贵君轻，家族伦理的基本信条却是尊父卑子，它和君主主义相结合，把父子关系推演为君臣关系，奉君为“君父”，视民为“子民”，“子民”必须听命于“君父”，而父尊子卑就可以直接推导出，并有力地维护重君轻民、君贵民贱。孔子及受孔子思想影响的中国传统法思想缺乏健康的公民意识，一直盘桓于“子民”意识之中，概由于此。民本主义是在仁的本义上衍生出来的政治法律原则，循此发展，必然导致“泛爱众”和平等原则，从而威胁并破坏作为家族伦理载体的宗法制度，而家族伦理原则却恪守“亲亲”之义，牢牢地把“爱”控制在血缘差等之内，把“仁民”框定在等级阶梯之上。民本原则要求为民请命，以“直道”执法，“不隐于亲”，但天下孝子却必须“父子相隐”，义无反顾地实施“复仇”，结果是法屈于亲。如此等等。

大体上说，孔子法思想中主要体现民本主义和大同理想的诸因素含有较多的人类性、民主性的内容，而着重体现家族伦理和君主主义的诸因素则渗透着较多的专制、保守因素。中庸主义则作为法律思维方法论和法律艺术，表现为极高的法律智慧。正是中庸主义的思维方法论和法律智慧，使孔子法思想中的这些既对立又统一、既互相排斥又互相依存的原则、主张和观点组成为一个有机的整体。它们当中谁也不能在这个体系内单方面地膨胀，谁也不能游离于这个体系之外，其积极面和消极面共生共存、不离不弃。它们共同形成中国古代政治法律文化的民族性特色。其中比较显著的有以下三个方面：

首先，重人事轻鬼神，讲人道合天道，主张制定优良的人间法，而不取神创法。孔子将法律解释成圣人的创制，而不是高玄莫测的冥冥中的鬼神的意志，也不是宗教的教义，表现出了高度的法律理性精神，从而促成了中华法系较早地脱离了神权的樊篱。然而，孔子所强调的理性是宗法制度中家族伦理理性。人不是神的奴隶，却是血缘家族的奴隶。人不是神造的，却是父母造的。人是人，但不是单个的人，而是家族的人。他不是父便是子，不是兄便是弟，不是夫便是妻。人有人的人格，但这人格首先是为父的人格，为子的人格，为兄的人格，为弟的人格，为夫的人格，为妻的人格。因此，孔子的仁，并未激扬个人权利意识，而是将法律上的权利和义务统和于家庭之内，并通过家长去行使。

这与以自然人，即原子型的个人作为权利与义务承担者的西方近代法治的理念与方式相异趣，却是古代中国人关于法的思维的基点，是治国原则和方法的出发点和归宿点。

其次，仁道高于王权，唐虞三代的圣人之法高于时君世主的当时之法。孔子推崇“天下为公”的理想法，对于“上失其道”的当今社会中由“僭礼”者、多欲者们所立之法讥刺甚多，从而，激扬了以理想法评价现实法，倡立公天下之法，废私天下之法的法律价值指向和法律理论思维模式，提升了中国古代思想家们在法律理论思维中的批判主义精神。然而，孔子以唐虞三代为理想法的法律价值观和思维模式，又含着礼法因革“百世可知”和法律文化保守主义，在一定程度上窒息了他的法律批判主义中损益、改良、维新和变革的活力，并在后世的政治实践中不断被运用为阻碍改革的理论依据。

第三，注意上层建筑各个部门、意识形态各个领域的互相配合并发挥它们在治国中的综合协同作用。孔子不相信刑罚万能，反对诉诸刑杀威吓，主张法律和道德、政治和教育、经济和行政等等紧密结合起来，使它们在治国中交织成一个整体，形成有效的社会控制和犯罪预防机制。孔子的这方面思想，具有古老的综合治理学说的特征，成为一种有正面价值的治国智慧。然而，孔子的综合治理学说又夸大了宗法家族主义的伦理道德的作用，不可避免地产生消极面。在理论上，它会阻碍法律与道德的分门立户，不利于法律作为一门专门的学科得以发展；在实践上，往往偏重于道德义务，而漠视法律权利，使人们只知为“子民”而不知为“公民”，结果，不仅为统治者提供了伪善和欺骗的理论依据，并在造就人们逆来顺受和把幸福寄托在少数圣人贤人的德政之上的毫无实际意义的耐心方面准备了说教。

孔子的法思想自其诞生之时起，经过长达400年左右的肯定否定、消沉复兴的历史劫难，在西汉中后期终于成为为占统治地位的法思想。

其后又经过汉魏两晋南北朝的动荡和筛选，至隋唐之世全面确立为法律的指导思想和原则，正式地礼典化、律典化。尽管汉唐之时及后世推崇的法律学说是经过改塑的孔子学说，但中华法系毕竟是儒家思想为指导的法系，中华法系毕竟是儒家的立法。这固然是历代统治阶级的选择，但它同时也是民族的选择、历史的选择、法文化的选择。而这一选择始终跟随着、陪护着我们民族的法的历史，影响着我们民族的法价值观和法心理、法的知识论和方法论、法律行为方式和法律艺术。它是包袱，同时也是财富。

孔子的法思想作为古代中国的官方统治思想已经成为历史，在西法东渐的冲击下，它的体系已经塌陷。但这还不是问题的全部。孔子的法思想作为其仁学的有机组成部分，在中国历史上长期占主导地位，同整个仁学一起构成我国民族文化品性，其中不乏积淀为整个民族的法文化心理结构的因素。也就是说，体现孔子法思想的政治和法制的那个载体硬件可以打碎，也已经打碎，再难复生。但已内化为民族心理的法文化结构却难以消亡，即便破碎了也能起死回生。

一个具有悠久历史的伟大民族的文化发展，不会脱离自身固有的文明大道。作为文明内容之一的法文化也是如此。我们今天的法制首先是当代政治文明和法律文明的产物，但同时也是中华民族文明发展的产物，是中国式的，它同过去的法制、法思想、法意识以及法文化心理结构有着不可割断的历史联系。如果从这个角度来探讨孔子的法思想，那么，不但对我们伟大民族的文化史，特别是其法文化史的系统研究有着重要的理论意义，而且对现实的社会主义中国的法制建设和法文化建设可以起到“酌古鉴今”的作用。

第五章　孟子的法思想

一、孟子生平——其法思想的时代背景与个性条件

孟子名轲，邹国（今山东邹城）人。关于他的生卒年代，众说纷纭，比较合理的说法是生于公元前 372 年（周烈王四年），卒于公元前 289 年（周赧王二十六年），享年 84 岁。

1. 孔学传人

孟子原是鲁国公族后裔。春秋时，鲁桓公有三个庶子——孟孙氏、叔孙氏、季孙氏，号称"三桓"，世擅国政。那还是孔子在世之时的事情了。后来，"三桓"衰微，孟孙氏的后代旁支便改姓孟，其中一支迁居邹，即为孟子之祖。

孟子的父亲名激，母亲姓仉（音掌，zhǎng）。他的父亲一代，已经家道中落。孟子早年丧父，他的成长得力于母教。传说中的"孟母三迁"、"断织教子"等故事说明了这一点。

孟子的老师究竟是子思本人还是子思的弟子，有过不少争论。子思是孔子嫡孙。从时间上看，孔子之子孔鲤，先于孔子而卒，时在公元前 483 年（鲁哀公十二年），假如当时的子思才 10 岁，到孟子出生时，也已过一百一十余年，子思应是一百二十多岁了。他若要当孟子的业师，

起码还得活上 15 年以上，这是不可能的事。所以，司马迁说孟子“受业子思之门人”①是可信的。孟子自己也说：“予未得为孔子徒也，予私淑诸人也。”②“私淑”，说明未能成为及门弟子。依孟子对孔子和孔学的崇敬态度，如果他直接受业于子思，一定会明确说出的。大概他老师的知名度不高，才这样含糊其辞。不过，从学术思想上说，孟子服膺子思，形成“思孟学派”。孟子对孔子更是尊崇备至，赞美说：“出于其类，拔乎其萃，自生民以来，未有盛于孔子也。”③他以学习、继承、弘扬孔子学术思想、道德人格为己任，明确表示：“乃所愿，则学孔子也。”④立志做孔学传人。孟子思想与孔子、子思一脉相承，历史上将他们定为儒家主流，称之为“孔孟之道”，不是没有道理的。可以说，孔子之成为中华文化宗师，时代的圣人，是由孟子率先推尊的，中国人的孔子信仰也是由孟子带头建立起来的。

2. 动荡的天下，争鸣的时代

孟子生活在战国中期。距他出生前 31 年，发生了春秋战国之交的一件重大政治事件——“三家分晋”（公元前 403 年）。而“田氏代齐”则只早于孟子出生 14 年（公元前 386 年）。孟子之时，七雄兼并之势已定。赵岐在注解《孟子》时描述当时形势说：

> “周衰之末，战国纵横，用兵争强，以相侵夺；当世取士，务先权谋，以为上贤；先王大道，陵迟隳废；异端并起，若杨朱、墨翟放荡之

---

① 《史记·孟子荀卿列传》。
② 《孟子·离娄下》。
③ 《孟子·公孙丑上》。
④ 同上。

言,以干时惑众者非一。”[①]

这段话是站在儒家立场上说的,不过对当时的时势还是概括得比较简明扼要。这种时势,从政治上来说,是“用兵争强”,天下动荡;从学术上来说,是“异端并起”,百家争鸣。

战国时期,战争频繁,规模越打越大,孟子斥责说,“争地以战,杀人盈野;争城以战,杀人盈城”[②],其破坏性可想而知。兼并战争的直接受害者是人民,“民之憔悴于虐政,未有甚于此时者也。”[③]孟子比较关心民瘼,也竭力主张天下统一和安定,但反对穷兵黩武,不赞成武力兼并的“霸道”。

诸侯为了逐鹿中原,一要国富,二要兵强。富国强兵成为时代的主题,各国变法都以此为直接目的,各种权谋学说都以此取合诸侯。司马迁说:

“当是之时,秦用商君,富国强兵;楚、魏用吴起,战胜弱敌;齐威王、宣王用孙子、田忌之徒,而诸侯东而朝齐。天下方务于合纵连衡,以攻伐为贤。”[④]

据梁启超先生考证,商鞅入秦时,孟子约 11 或 12 岁;商鞅被杀时,孟子约 34 岁;苏秦合纵时,孟子约 40 岁;孟子游梁时,公孙衍、张仪皆先后相梁。[⑤] 孟子对这些“霸道”权谋之术深恶痛绝,斥之为“民贼”,认

① 赵岐:《孟子章句·题辞》。
② 《孟子·离娄上》。
③ 《孟子·公孙丑上》。
④ 《史记·孟子荀卿列传》。《史记》原文。“衡”通“横”。
⑤ 梁启超:《论孟子遗稿》,载《学术研究》1983 年第 5 期。

为应当惩诸刑罚。

“今之事君者皆曰，‘我能为君辟土地，充府库。’今之所谓良臣，古之所谓民贼也。……‘我能为君约与国，战必克。’今之所谓良臣，古之所谓民贼也。”①

“故善战者服上刑，连诸侯者次之，辟草莱，任土地者次之。”②

孟子的这些话完全是针对法家“霸道”政治说的，他主张实行“王道”政治，省刑薄敛，藏富于民，养民教民，效法先王，行“仁政”统一天下。这就不能不被当时的诸侯视之为“迂远而阔于事情”。③

但正是由于诸侯们“权谋取士”、“攻伐为贤”，为各种学派提供了施展本领的政治舞台，形成了一个比较宽松的学术环境，由是“异端并作”，百家蜂起，诸子争鸣。在孟子看来，如果说在实际政治中最有害的是法家的“霸道”政治，那么在学术思想领域中最有影响因而也最有危害的则是墨家和杨朱学派的主张：

“圣王不作，诸侯放恣，处士横议，杨朱、墨翟之言盈天下。天下之言不归杨，则归墨。杨氏为我，是无君也；墨氏兼爱，是无父也。无父无君，是禽兽也。……杨墨之道不息，孔子之道不著，是邪说诬民，充塞仁义也。仁义充塞，则率兽食人，人将相食。”④

于是，他仿效孔子作《春秋》褒贬天下的办法，要担当起批判邪说、捍卫

① 《孟子·告子下》。
② 《孟子·离娄上》
③ 《史记·孟子荀卿列传》。
④ 《孟子·滕文公下》。

先王之道的历史责任：

> “孔子成《春秋》而乱臣贼子惧，……我亦欲正人心，息邪说，距诐行，放淫辞，以承三圣者。”[①]

总的来说，孟子是以仁义之道拒杨墨的“为我”、“兼爱”之说，以仁政之王道摈法家之霸术以救乱世。他一生所做，观其大者，不外是昌明仁义学说和推行仁政王道两件事。他生于忧患，也在忧患中成就了自己的学术和人格。

3. 行道救世

孟子走了一条和孔子基本相同的人生道路：教书、游历、著述，其目的都是行道救世。

大约在30岁左右，孟子便收徒讲学，先后有学生几百人。他说，“君子”一生有三件值得快乐的事情，“得天下英才而教育之”[②]，便是其中之一。这时候，孟子逐渐形成了他以“仁政”为特色，以仁义为内核的思想体系。

中年以后，孟子怀着远大的政治抱负，带着弟子游历各国，推行他的“仁政”主张，度过了20多个春秋。这期间，他先后到过齐、宋、滕、梁（魏）、鲁等国。

孟子第一次到齐国是在一开始出游的时候。当时，齐国在齐威王的治理下，人才济济，国富民强，大有争霸中原的势头。孟子很可能与齐威王见过面，但《孟子》书中没有提到过齐威王。大概是齐王无意接

---

① 《孟子·滕文公下》。

② 《孟子·尽心上》。

受他的仁政主张，孟子便离开了齐国。临行时，齐王馈金一百镒，孟子却拒绝接受，认为这等于用金钱收买他。

宋国是孟子游历的第二站。其时，宋王偃刚嗣位，宣称要实行仁政，孟子便高兴地去了。可一到宋国，见宋王偃淫于酒色，左右缺少贤人，感到不易推行仁政，不久便离宋返邹。

孟子返回邹国，正值邹鲁两国交战，邹国的官吏牺牲了33个，老百姓却没有一个为官吏去死难的。邹穆公为此问政于孟子，孟子直率地回答说：这是因为你平时不关心百姓，百姓终于找到一个报复的机会了。如果实行仁政，百姓自然会爱护上级，情愿为他们的长官牺牲的。① 邹穆公听了很不高兴，停止了对孟子的馈赠，孟子师生生活无着，至于绝粮。

这时，滕文公的父亲去世，便派人去邹国向孟子请教如何为国君办丧事，孟子主张厚葬久丧。② 第二年（约公元前324年），滕文公嗣位，派人到邹国请孟子去滕国。孟子在滕国备受尊敬。滕文公向他请教如何实行仁政，孟子认为最紧迫的是关心人民，他提出了施行“井田”制度以确保人民恒产的方案。

由于滕国是个很小的国家，孟子感到难有大作为。公元前320年，已53岁的孟子来到了魏国。魏国自公元前340年迁都大梁（今开封市）后，又称梁，当时的国王叫梁惠王。魏国在战国初魏文侯当政时是最强的国家之一。梁惠王系魏文侯之孙，在他统治期间，国势日削：东败于齐，太子申及大将庞涓被杀；西败于秦，公子卯被俘，割河西之地七百里以求和；南辱于楚，连失八城。③ 梁惠王招贤纳士，以图报仇雪耻，

---

① 见《孟子·梁惠王下》。

② 见《孟子·滕文公上》。

③ 见《孟子·梁惠王上》。

重霸中原。他见到孟子,劈头便问:“何以利吾国?”[①]孟子以仁义作答,要梁惠王减轻刑罚和赋税,实行仁政,还批评他好战。头一回见面,孟子对梁惠王就没有好印象。他对自己的学生说,梁惠王是个“不仁”的国君。[②] 孟子的仁政主张完全不合梁惠王的胃口,当然不会被采纳。第二年,梁惠王逝世,梁襄王即位。孟子断定这位新国君更无所作为,于是离梁去齐。

孟子第二次来到齐国时约已55岁。当世国君齐宣王好招贤纳士,齐稷下学宫,一时称盛,邹衍、淳于髡、慎到、田骈、环渊等著名学者云集于兹,宣王赐以第宅,食以上大夫之禄。孟子到齐,宣王待为客卿,优礼有加。孟子也对齐宣王寄予希望。然而,齐宣王想的是效法齐桓公、晋文公,图谋霸业,孟子却对他大讲“保民而王”、“与民偕乐”、“制民之产”的仁政和王道。这就不能不被野心勃勃的齐宣王视为迂阔之论。实际上,齐宣王尊重孟子,只是把孟子当作一位德高望重的学者,博个礼贤下士的美名。

公元前314年,燕国发生内乱,齐宣王出兵伐燕,仅仅30天便攻占了整个燕国。可是秦、赵、楚等国出面干涉,准备伐齐救燕。孟子劝齐宣王立即把军队撤出燕国,送还重器,遣返俘虏,与燕国商议另立新君。[③] 宣王不听。第二年,燕国和各诸侯联军大败齐军。这件事使孟子感到齐宣王并不打算实行自己的主张,齐宣王也觉得在孟子面前有些惭愧。有一次,孟子将去朝见宣王,恰好宣王派人来说,他本来准备来看望孟子的,因有小疾不能来,希望孟子去朝见他。孟子一听火了,称疾不朝。他对人说:天下最尊贵的东西有三件:爵位、年龄和道德。国君哪能凭爵位轻视我的年龄和道德?!一个有作为的国君,一定有

① 见《孟子·梁惠王上》。
② 见《孟子·尽心下》。
③ 见《孟子·梁惠王下》。

“不召之臣”。大王有事要商量，可以亲自到我家里来。[①] 这一下，孟子把齐宣主搞得下不来台，自己在齐国也待不下去了，于是决定返回家乡。他回绝了齐宣王和其他人的劝留，带领学生们离开临淄。在齐国边境画县，孟子一行住了三夜，意在等待齐宣王改变主意，召他回去，用他的主张。但他的愿望落了空，只好怀着依恋和失望的心情起程南下。

4.晚年著述

公元前311年，孟子62岁，结束了漫长的游历生活，回到了家乡，从此不再外出。孟子心怀救世的抱负和志向，但屡遭挫折，政治上很不得志。晚年，他便像孔子一样，潜心著书立说，在弟子万章等人的协助下，编定《孟子》七篇。

关于《孟子》这部书的作者，古来说法很多，争来争去，大多数人还是认为主要是由孟子手定的，虽有万章等人参加，但孟子是主要作者，司马迁说的“退而与万章之徒序《诗》、《书》，述仲尼之意，作《孟子》七篇”[②]，是符合实际的。汉人认为还有孟子《外书》四篇，七篇只是内篇。但经考证，孟子《外书》是伪造的，且到南宋已佚失。明末姚士粦自称得到的所谓《外书》，其真实性大可怀疑。[③]

---

① 见《孟子·公孙丑下》。

② 《史记·孟子荀卿列传》。

③ 据《汉书·艺文志》载，《孟子》七篇之外，另有《外书》四篇。这是关于《外书》的最早讯息。东汉赵岐表示怀疑，在《孟子章句·题辞》说：“又有《外书》四篇，《性善辨》《文说》《孝经》《为政》，其文不能弘深，不与内篇相似，似非《孟子》本真，后世依放而托之者也。”此后《外书》不传而逸失。宋代学人提到《孟子外书》不少，据说熙时子（刘攽）曾为《孟子外书》作注，但经考证，均为伪作。明代万历年间，姚士遴称自己得熙时子（刘攽）注《孟子外书》四篇，乃伪上加伪。清乾隆年间，吴骞将其偶然得见的姚士遴《孟子外书》四篇刊刻，此书得以保存至今。

二、“舜窃父而逃”——从一则虚构的故事看孟子的法观念[①]

在正面研讨孟子的法思想之前，我们先来探视一下在孟子思想的深层结构中的法观念。

《孟子・尽心上》“桃应问”章，通过孟子弟子桃应的设问和孟子的回答，假想了一个“舜窃父而逃”的故事。

原文如下：

> “桃应问曰：‘舜为天子，皋陶为士，瞽瞍杀人，则如之何？”
>
> 孟子曰：‘执之而已矣。’
>
> ‘然则舜不禁与？’
>
> 曰：‘夫舜恶得而禁之？夫有所受之也。’
>
> ‘然则舜如之何？’
>
> 曰：‘舜视弃天下犹弃敝蹝也。窃负而逃，遵海滨而处，终身欣然，乐而忘天下。’”[②]

这则故事的大意是：

桃应问：在舜当天子的时候，皋陶为司法官。假定舜的父亲瞽瞍杀人犯了法，那应该怎么处理呢？孟子回答道：皋陶会毫不犹豫地把瞽瞍

---

① 1990年代末至2010年代，学术界围绕儒家“亲亲相隐”问题展开过一场讨论，其中也包括如何评价《孟子》书中的“舜窃父而逃”故事等。讨论的各方观点详见郭齐勇主编：《儒家伦理争鸣集——以“亲亲互隐”为中心》，湖北教育出版社2004年版。本人一直关注并继续这一问题的研究，有关文字收在拙著《礼法传统与中华法系》中，中国民主法制出版社2016年版。

② 《孟子・尽心上》。

抓起来。桃应又问:舜难道不去阻止吗?孟子说:舜为什么要阻止呢?!皋陶抓人是有法律根据的。桃应追问:那么舜怎么办呢?孟子说:他将抛弃天子之位,像丢掉一只破烂了的草鞋那样毫不足惜,而把父亲偷偷地背出监狱,逃到远远的海滨住下来,快快活活地过一辈子,享尽天伦之乐,把曾经贵为天子享有天下的事忘得干干净净。

这当然是一个完全子虚乌有的故事。在孟子和儒家的理想王国和理论体系中,舜首先是"大孝"的典范,接过尧禅让的帝位后,又是一位大公无私、关心民瘼,从而也备受人民爱戴的圣明天子。皋陶则是一位执法如山、断案如神的司法官。由皋陶来处理舜的父亲瞽瞍的杀人案,把舜集大孝子和大圣王于一身的身份冲突推到了极端,极富戏剧性,极具典型意义,从中可以窥见孟子推崇的"先王之法"的精义,及其思想深层结构中的法观念。

在孟子的回答中,包含着两层意思,或者说反映了其两个方面的法观念。

一是有罪必罚。"杀人"的瞽瞍,必须"执之",皋陶这样做是"有所受之",舜不得"禁之"。皋陶"所受"的是什么?当然是"先王之道"、"先王之法"。所以他才这样理直气壮。这就是说,凡违法犯罪,必须依法惩处,舜虽贵为天子,父亲犯法,也不能以权徇私,加以庇护,或请托说情,阻止司法官执法。人们说,"八议"等特权法思想和制度出自儒家,但这一故事说明,至少孟子本人不曾直接提倡过这样的思想和制度。

一是孝高于法。舜毅然"弃天下",将父亲"窃负而逃","遵海滨而处,终身欣然,乐而忘天下。"这里告诉我们,舜的"窃负而逃",是凭一个孝子的个人身份而不是凭天子的公职身份。因为作为一个孝子,他绝不忍心眼睁睁地看着自己的父亲受囹圄之苦、斧钺之刑。孟子认为,舜在天子之尊和孝子之心不能两全的时候,必然会很自觉很乐意地选择后者。舜的行为是违背国法的,因而只能偷偷地干,只能远远地逃到海滨去居住。海滨是政令不能到达的地方。孟子在这里表明了这样一种主张:对于一个人来说,家庭血缘伦理和义务高于国家法律,高于国家和天下的利益。因为,当舜为了对犯了罪的父亲尽孝道而不惜"弃天下"的时候,他不仅舍弃了天子之位,而且也抛弃了做一个天子的责任,抛弃了他的人民。孔子曾有"父子相隐"的主张。孟子的"窃负而逃"与"父子相隐"在法律意识、法律价值观上是相同的,但走得更远。

以上两层意思表面上看来是非常矛盾的,前者要求严格维护法律的权威,后者则不惜违背和破坏法律。但孟子认为它们是统一的:作为君父(包括一切官吏和国君),必须严格执法和守法,忠于职守,不能以权徇私;作为人子,必须恪尽孝道,必要时不惜代价,包括个人的尊荣,亦可以不顾国家法律和利益。照后来的说法,这是忠和孝的矛盾,所谓"忠孝不能两全。"中国古代法律思想和法律制度,总是想调和这对矛盾。所以有"亲亲相隐"、"复仇"、"存留养亲"等等问题的讨论和有关规定。但终中国古代社会之世,也没有真正解决好这个问题。然而,中华法系及其法文化的许多特征,却围绕这个问题而得到了充分的展现。孟子本人触及到了这个问题,但并没有找到解决问题的办法。所以,他设想的"舜窃负而逃",只是舜个人采取的一种法律行为,至于如何在法律制度上保证舜既能继续当天子,又能尽到孝道,孟子连想也没有去想。但孟子却为后人留下了这样一种法律思考课题:立法应取家族本位,并使天下利益和家族利益尽可能地结合起来。

后来,宋司马光作《疑孟》,断言"桃应问"章"特委巷之言,殆非孟子之言也"。他提出了四个疑问作为证据:

其一,舜是大圣人,"能以孝和谐其亲,使之进进以善自治而不至于恶也,如是则舜为子瞽瞍必不杀人矣";其二,舜"若不能止其未然,使至于杀人,执于有司,乃弃天下窃之以逃,狂夫且犹不为,而谓舜为之乎?"

其三，他认为，“瞽瞍既执于皋陶矣，舜恶得而窃之？虽负而逃于海滨，皋陶犹可执也。若曰皋陶外虽执之以正其法，而内实纵之以予舜，是君臣相与为伪以欺天下也，恶得为舜与皋陶哉？”最后，他又说，舜为天子，“天下之民戴之如父母，虽欲遵海滨而处，民岂听之哉！是皋陶之执瞽瞍得法而亡舜也，所以亡益多矣。”[①]

司马光作《疑孟》是与王安石歌颂孟子[②]对着干的，有其政治意图，这里暂且不论。就学术上言，司马光的“质疑”也太拘泥于具体细节了，完全没有把握孟子那种理想主义和批判主义的理论体系和理论气魄。分析司马光产生这些疑问的原因主要有两个：一是头脑中认定了舜是大圣人，不可能出现如此事件，连假设也不行，也是亵渎。二是用秦汉以后中央集权制君主政治和法制现实及观念作为模式，来认定这类事件不合法理和情理。相比之下，孟子的思想倒比司马光要大胆和实际得多，他敢于把舜的父亲比作杀人犯，将圣人和圣人之父分开。司马光也把握不住孔孟把家族伦理价值置于国家法律价值之上的原始儒家之法的精义。在孟子看来，舜“窃负而逃”，恪尽孝道，上合天道，下顺人情，虽皋陶之法、万民之愿，不能夺之。这就是法理，也就是情理。

孟子主张“仁政”，舜是实行“仁政”的“圣王”，舜“不禁”皋陶逮捕自己犯法的父亲，这是“仁政”的应有之义。“仁政”以教养人民为首务，教养的目的是让人民“明人伦”。因此，舜的“窃负而逃”，从另一方面说，也是一种“明人伦”的身教，看起来是“弃天下”，弃政，实际上是“从政”，行“仁政”，行仁法。孔子说：“《书》云：‘孝乎惟孝，友于兄弟，施于有

---

① 《温国文正司马公集》卷七十三。

② 王安石：《孟子》诗云：“沉魄浮魂不可招，遗编一读想风标；何妨举世嫌迂阔，故有斯人慰寂寥。”（《临川集》卷三十二）王荆公又作《孟子解》十四卷，称誉孟子为“大人”、“圣人”，将孟子与孔子并提，说：“孔孟如日月。”在王氏的推动下，《孟子》列入科举考试科目。

政。'是亦为政,奚其为为政?"[①]孟子深得孔子此道真谛。因此,这则故事表面上看来荒诞不经,实质上与孟子仁政思想体系一致,并可以从中窥见孟子仁政之法中的儒家精神及其个性特征。

三、仁政学说——孟子法思想的母体

孔子创仁学,倡德政。孟子把两者结合起来,发展出了具有完整体系的政治法律理论——仁政学说。孟子的全部思想都通过仁政理论框架加以运思和阐发,仁政学说是孟学的特色所在,也是孟学的精微所在。孟子那"窃负而逃"的法观念,及其对法的各种思考,都是仁政学说的一个层面。孟子的法思想,依附于仁政,服从于仁政。质言之,孟子之法,是仁政之法。因此,理解和把握孟子的法思想,必须从其仁政学说的整体开始。

孟子的仁政学说,恢宏博大,内容丰富,并建构成一个具有内在逻辑的理论图式。撷其要旨,以下几项尤须特别提出。

1.天下大一统观

天下大一统是儒家王道政治的直接价值指向和基本思维方式,也是孟子仁政学说的现实政治纲领和目标。孟子游梁,梁襄王突然发问:"天下恶乎定?"孟子以三个字从容相答:"定于一。"[②]坚定地认为,天下只有实现统一才能安定。孔子创春秋大一统学说,尊周而称霸,赞赏管仲和齐桓、晋文的霸业。孟子鉴于时势不同,损益孔学而提出"尊王黜霸"论,声称"仲尼之徒无道桓、文之事者"[③],贬管仲放弃王道而满足霸

---

① 《论语·为政》。
② 《孟子·梁惠王上》。
③ 同上。

政，“功烈如彼其卑也”。并对其学生公孙丑说：“以齐王，由反手也。”[①]意为，以齐国为依托用仁政来统一天下，实行王道，易如反掌。话中隐含着孟子自己的志向和抱负：如见用于齐，将用仁政定天下于一统。他又首明“用夏变夷”[②]之说，力主用华夏先进文化和文明去改造落后国家和地区，共享王道一统的安定和富庶，而反对国与国之间的武力征服。

2.“民贵君轻”论

“民贵君轻”是孟学中最为令人惊心动魄的一大宣言：

> “民为贵，社稷次之，君为轻。”[③]

这是孟子对春秋以来重民思想的大总结、大升华。民比社稷（国家政权）重要，比君更重要，民是国家之本，民心向背是国家和君主的安危之所系。这不啻是一种伟大的天下意识。

孟子的仁政学说，核心是个“民”字，王道仁政，要在“贵民”。轻民、贱民、残民，便无王道可言，亦无仁政可言。因此，孟子论天下大一统，强调的是“不嗜杀人者能一之”；论君道，强调的是“保民而王”[④]、“为民父母”[⑤]、“与民偕乐”[⑥]；论治国，强调的是“民事不可缓也”[⑦]。而凡此种种重民言论，均以“民贵君轻”的君民关系论为基础。孟子仁政学说的

---

① 《孟子·公孙丑上》。
② 《孟子·滕文公上》。
③ 《孟子·尽心下》。
④ 《孟子·梁惠王上》。
⑤ 《孟子·滕文公上》、《孟子·梁惠王下》。
⑥ 《孟子·梁惠王上》。
⑦ 《孟子·滕文公上》。

其他各项,也都贯注着“民贵君轻”的精神。从这个意义上说,孟子的仁政学说,完全可以说是一种民本主义的政治法律学说。

3. 辅贤伐暴的君臣关系论

既然天下之本是民,国家之本也是民,那么臣下就不应当是君主个人的奴仆,为臣的进退和对君的态度,应以天下、人民利益为转移。因此,孟子设计的君臣关系是:君贤则克尽臣职相辅弼;君不贤,则谏则诤;谏而不听,贵戚之臣可将君“易位”,异姓之臣可弃君而“去之”:

> “齐宣王问卿。孟子曰:‘王何卿之问也?’王曰:‘卿不同乎?’曰:‘不同。有贵戚之卿,有异姓之卿。’王曰:’请问贵戚之卿。’曰:‘君有大过则谏,反覆之而不听,则易位。’王勃然变乎色。曰:‘王勿异也。王问臣,臣不敢不以正对。’王色定,然后请问异姓之卿。曰:‘君有过则谏,反覆之而不听,则去。’”①

对于昏君、暴君,甚至可以“放逐”,可以“诛伐”:②

> “齐宣王问曰:‘汤放桀,武王伐纣,有诸?’孟子对曰:‘于传有之。’曰:‘臣弑其君,可乎?’曰:‘贼仁者谓之贼,贼义者谓之残,残贼之人谓之一夫。闻诛一夫纣矣,未闻弑君也。’”③

---

① 《孟子·万章下》。

② 见《孟子·尽心上》。

③ 《孟子·梁惠王下》。又见《孟子·尽心上》:“公孙丑曰:‘伊尹曰:予不狎于不顺。放太甲于桐,民大悦。太甲贤。又反之,民大悦。贤者之为人臣也,其君不贤,则固可放与?’孟子曰:‘有伊尹之志,则可;无伊尹之志,则篡也。’”

这里的要害是提出了“暴君放伐论”。其言辞尖锐激烈，振聋发聩。值得注意的是，孟子的“暴君放伐论”是在君主专制独裁体制刚刚显露迹象之时提出来的，而欧洲直到十六七世纪才有暴君放伐论的倡兴。这不能不说明孟子眼光的敏锐和忧患的深刻，也足见其理论的价值。它使后来的所有专制君主感到恼恨，[①]其在中国政治法律思想史上的意义不容低估。

4.“取于民有制”和“正经界”的养民富民说

“取于民有制”和“正经界”是孟子劝导滕文公实行“仁政”王道政治时提出的治国方略，是他仁政学说中两条基本的经济纲领。“取于民有制”是讲税赋制度。孟子说：

> “取于民有制。……夏后氏五十而贡，殷人七十而助，周人百亩而彻，其实皆什一也。彻者，彻也；助者，藉也。”[②]

孟子告诉滕文公，夏的“贡”法、商的“助”法、周的“彻”法，税率都为“什一”，即十取其一，这是定制。

“正经界”，具有明确物权的意义。农业社会最根本的物权是土地，土地是农民的命根子。孟子对此看得很准。他说：“民之为道也，有恒

---

① 最典型的例子莫过于朱元璋。洪武五年（公元1372年）朱元璋偶览《孟子》，当他看到“君之视臣如土芥，则臣视君如寇仇”那一段时，不禁勃然大怒，下令将孟子逐出文庙殿外，不得配享。又下令：如有谏者“以大不敬论”。只有刑部尚书钱唐一人抬棺死谏。第二年，朱元璋不得已下诏，孟子仍配享孔庙。洪武二十七年（公元1394年），朱元璋命人对《孟子》进行删节，共删掉《孟子》85条，几乎占全书的三分之一，并将剩下的内容编为《孟子节文》一书，下诏作为科举取士正本。参见《明史》卷139《钱唐传》，及黄润玉：《宁波府简要志》、黄溥：《闲中今古录》、黄瑜：《双槐岁钞》卷1“尊孔卫孟”条。

② 《孟子·滕文公上》。

产者有恒心，无恒产者无恒心。”[①]要使老百姓“有恒产”，就得明确土地的归属。所以他强调，仁政，“必自经界始”：

> “夫仁政，必自经界始。经界不正，井底不钧，谷禄不平。是故暴君污吏必慢其经界。经界既正，分田制禄可坐而定也。”[②]

“经界”明确了，可以保证老百姓的“恒产”免遭侵夺，以满足基本生活需要，王道政治也就有了基础。

5.“明人伦”的教民说

“恒产”是仁政的经济基础。本着孔子“富之”、“教之”的治国理论，孟子对滕文公讲了怎么“正经界”后，接着就指出应“教以人伦”：

> “教以人伦，父子有亲，君臣有义，夫妇有别，长幼有叙，朋友有信。”[③]

人伦，指人在同类中应有的条理、顺序。用今天的话说，是人与人，人与社会相互关系中应遵循的行为规则及其中含有的道理。古代中国处于长期血缘纽带维系的宗法家族社会中，孟子把“人伦”具体化为五伦：父子、君臣、夫妇、兄弟、朋友。所谓“明人伦”，就是严明这五对人之间及他们在社会上的等级秩序及其原则，遵循应有的行为规范。“五伦”的概念是孟子最先提出来的。孟子相信，人是可以向善的，相信可以通过教育引导和弘扬人的善性。这种教育，以“人伦”教育为中心内

---

① 《孟子·梁惠王上》、《孟子·滕文公上》。

② 同上。

③ 《孟子·滕文公上》。

容。他的“明人伦”,就是通过“教以人伦”而彰明“五伦”。按照孟子的仁政图式设计,“五伦”秩序端正了,便可以“家齐”“国治”“天下平”。这是儒家思想家梦寐以求的“修齐治平”王道政治。它创始于孔子,成型于孟子,完善于思孟学派的另一代表作——《中庸》。

6.“明政刑”的法制观

行仁政不靠刑罚驱使,但亦不废刑,且须有法律制度加以确认和规定,孟子说:

> “国家闲暇,及是时,明其政刑。”①

“政刑”,即政令和刑罚,泛指国家法制。这是告诫时君世主,必须趁国家无内忧外患之时,抓紧法制建设。法制建设应当如何进行?涉及孟子的整个仁政学说的法思想,是我们以下所要着重加以讨论的。

上一节的“明人伦”,相当于“道之以德,齐之以礼”,是“王道政治”的前一半。这里的“明政刑”,则是“道之以政,齐之以刑”,属于“王道政治”的另一半。两者合起来,便是“德礼政刑”。在治国原则和方略上,孟子秉承于孔子。

7.“舍生取义”的人生价值观

我们每读《孟子》书,常常为下面这些文字而心潮澎湃:

> “生亦我所欲也,义亦我所欲也;二者不可得兼,舍生而取义

---

① 《孟子·公孙丑上》。

者也。”[1]

“富贵不能淫，贫贱不能移，威武不能屈，此之谓大丈夫。”[2]

孟子的这些话，铿锵有力，掷地有声，千古常新，揭示了人生价值的真谛，提升着中华民族的精气神。

生死关头有个“义”字，利害面前也有个“义”字。“舍生取义”同“重义轻利”在价值取向上是一致的。孟子劝梁惠王说：“王何必曰利？亦有仁义而已矣。”[3]

对孔孟的义利观存在不少误解。有种说法，认为孟子“何必曰利”是反对讲物质利益，甚至把中国古代社会后期生产力上的落后、市场经济不发达归罪于孔孟的“重义轻利”、“舍生取义”，有悖原意，也非平心之论。孟子讲“薄税敛”、讲“恒产”、讲“深耕易褥”、“通工易事”等等，在如何使“黎民不饥不寒”上，[4]建言甚多，并非不关心人民的基本利益。其实，“重义轻利”同“贵民轻君”相通，是重民利而轻君利，是试图让统治者们大公义而小私利。重民利就是行仁政，就是义。而义利之“义”与“舍生取义”之“义”，内涵也是一样的。“舍生取义”，取的是王道之义、仁政之义，归根结底，是取“民利”之义。这是天下之利，长远之利；在孟子看来，一个臣子，不取合暴君，或离去或易位或放或伐，都是不惜荣辱祸福生死的“舍生取义”的价值取向，也是“重义轻利”行为。他为时人和后世树立了不少“重义轻利”的先哲以为模范，其中一个是伊尹，他十分称道：

“伊尹耕于有莘之野，而乐尧舜之道焉。非其义也，非其道也，

---

① 《孟子·告子上》。
② 《孟子·滕文公下》。
③ 《孟子·梁惠王上》。
④ 同上。

禄之以天下，弗顾也；系马千驷，弗视也。非其义也，非其道也，一介不以与人，一介不以取诸人。”[①]

伊尹后来以天下为己任，成就商汤的王道政治。他这种谋天下之公利和非其义一介不取的行为，便是孟子“重义轻利”的注释。其实，“重义轻利”讲的是政治学，而不是，至少不主要是讲经济学。孟子强调治国应用贤人，贤人之贤就在于他们确立了“舍生取义”的人生价值观。

8.性善论

孔子对人性问题所论不多。孟子“道性善”[②]，明确肯定人性是“善”的。他的根据是，人人都有与生俱来的“四端”：

“恻隐之心，仁之端也；羞恶之心，义之端也；辞让之心，礼之端也；是非之心，智之端也。”[③]

“四端”即“仁、义、礼、智”四种“善”的萌芽状态，是人“不学而能”、“不虑而知”的“良能”、“良知”[④]，或者说，是人的道德本能和道德直觉。孟子反复强调，“仁义礼智根于心”[⑤]，“非由外烁我也，我固有之也。”[⑥]即是说，“仁义礼智”这四种道理是由“四端”扩充发展起来的。

“四端”虽人皆有之，但有的能保持发扬，有的却会失掉。能保持发扬者，便有了“四德”，成为“先知先觉”的“君子”和“圣人”，是施行仁政

① 《孟子·万章上》。
② 《孟子·滕文公上》。
③ 《孟子·公孙丑上》。
④ 《孟子·尽心上》。
⑤ 同上。
⑥ 《孟子·告子上》。

的“治人者”；不能保持发扬者，便成为缺乏“四德”的“小人”，只能成为接受仁政的“治于人者”，其中也不乏成为反对、阻碍仁政的桀纣之类的“残贼之人”和盗跖一类的“贼民”。因此，如何保持和扩充“四端”，便是孟子仁政学说所要讨论的一个重要问题。行仁政必须从保持和扩充人的“四端”做起。孟子的全部学说，就是以人性善的道德论为基础的。他的“四端”说，从人的先天内在本质和主体自觉的角度为仁政提供了人性基础：既然人人都有“善端”，只要“君子以仁存心，以礼存心”[①]，“以不忍人之心，行不忍人之政，治天下可运之掌上”[②]，仁政何愁不能实现呢！

结语：仁政图式

孟子仁政学说是一个整体，有自己的内在结构和联系。试作图示如下：

表三　孟子仁政图式

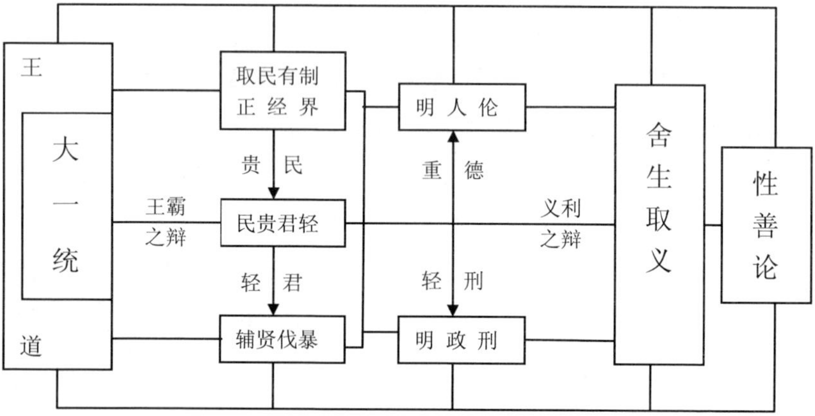

① 《孟子·离娄下》。
② 《孟子·公孙丑上》。

在这个图式中，王道大一统是孟子仁政学说的政治理想和远大目标；这个学说的理论核心在于“民贵君轻”的民本主义，它是通过孟子的“王霸之辩”加以明确和论证的。孔子时代，倡导重民政治主要是反对殷周的重神政治和半重神政治，而批判君主独裁政治是次要的。孟子之世刚好倒过来，因为君主独裁政治的理论已经出现，其实际政治中的祸害也露了端倪，所以孟子的民本主义政治以抨击君本位的君主独裁政治为首务。“取民有制”和“正经界”以及“辅贤伐暴”是“民贵君轻”论的直接延伸，也是民本政治的两项最关键的保证措施，前一项是经济制度，后一项是政治制度。前者以“保民”为宗旨，后者明“轻君”之意。其中，“取民有制”是消极的“保民”，“正经界”以定“恒产”是积极的“保民”。同样，在君臣关系上，谏君、正君、离暴君而去是消极的“轻君”，易位、放伐暴君是积极的“轻君”。“保民”、“轻君”都是明仁义、行仁政的手段，它们也需要有法制加以明确和规定，“贼仁”“害义”者还应当有所惩罚，因此要“明政刑”。但孟子的仁政学说的旨趣是重德轻刑的，孟子所强调的是“明人伦”，也就是加强血缘情感，倡导宗法伦理，巩固家庭这一个社会、政治和经济的基本载体。“舍生取义”是行仁政的道德法则，是实行仁政的“先知先觉”者们必须具有的人生价值观。“舍生取义”不是空洞的，它要通过仁政的其他各项措施、各个方面体现出来。孟子力辟王道霸道之相殊，又力辨义与利之关系，斥杨朱“为我”之学，拒墨翟“兼爱”之说，彰明儒家仁义，以及“重义轻利”的原则，从而为“舍生取义”的人生价值论砌入了理性基石。

孟子的仁政学说被太史公批评为“迂远而阔于事情”[1]，当时的诸侯们也多相排斥，但孟子本人孜孜以求，为此奋斗一生。这除了靠他的远大理想、不屈不挠、坚韧不拔的伟大人格作为精神支柱外，还基于他

---

① 《史记·孟子荀卿列传》。

对人性的认识。“孟子道性善”[①]，对人具有实行仁政的“良知”、“良能”坚信不疑。他的“仁政说”正是建立在“性善论”的基础之上的。所以，如果说孟子的仁政说“迂”，不切实际，那么，它从根基处就“迂”了，“迂”就迂在他的“性善论”上。诚然，把人性说成是善的，同把人性说成是恶的一样，都不符合事实。但如果把人性假定为恶，从而就得有各种防范恶的社会制度和规则，由此而成为严密而健全的法治生长点。这是西方法治学说的人性论基础。

我国先秦法家提出“人性自私论”。韩非子说，人“皆挟自为心”[②]，人与人之间都是相互算计、利用。这与西方启蒙思想家创立法治论时将人性假设为恶不同。法家是把人性的阴暗面无限夸大为一种实然，基于这一立场而提出的治国策略便只有“赏罚”二字：“人生有好恶，故民可治也；人情者有好恶，故赏罚可用。”[③]“凡治天下，必因人情。人情者，有好恶，故赏罚可用。”[④]于是，诸如告奸、诬陷、指鹿为马、连坐、轻罪重罚等等一系列违反公平正义的权谋和阴术大行其道，破坏人类基本道德不以为耻反而为荣，并可以因之而得赏，其结果，将使人不成其为人，社会不成为社会，何谈“法治”二字?!

把人性说成是善的，固然难以给全社会性的法治奠定必要基石。因而，儒家治国的着重点在以德礼扬善而不在以政刑惩民。它没有导入法治之路，但不乏良法追求，亦不缺善治智慧。孟子“性善论”中蕴含着对人类、对人生执着的热爱和博大情怀，其以“性善论”为基础的仁政学说中包容着对社会、对政治怀有的远大理想和崇高使命感，他所提出来的一系列重视民产、关心民瘼的朴素人道主义方针、措施，都体现了

① 《孟子·滕文公上》。
② 《韩非子·外储说左上》。
③ 《商君书·错法》。
④ 《韩非子·八经》。

孟子人类思想家的品格，体现他对人类的善的渴望与追求。这一切都毫无疑问将在人类思想史上永放光辉。

四、仁政之法
——孟子法思想的主要内容

孟子所论之法，是仁政之法。他的法思想是仁政学说的一个层面，通过孟子的仁政图式，可以看到其法思想的基本内容。

1.“法先王”——法的渊源、理想法

“法先王”的内容并不限于法，但首先包括法。思想家在论证自己的思想体系和思想内容时，往往会去依傍一个已经取得了社会认同的权威，这在法思想史上也是屡见不鲜的。所不同的只是他们所依傍的对象：有的是虚无缥缈的神；有的是变幻莫测的大自然；有的是已故的普遍受人敬仰的先贤；有的是所谓至高无上的人类理性。孟子则是“先王”。他“言必称尧舜”[①]，“法先王”就是“法尧舜”，此外还有禹、汤和文、武、周公。

孟子反复说：

> “遵先王之法而过者，未之有也。”[②]
>
> “诸侯有行文王之政者，七年之内，必为政于天下矣。”[③]
>
> “师文王，大国五年小国七年，必为政于天下矣。”[④]

---

① 《孟子·滕文公上》。

② 《孟子·离娄上》。

③ 同上。

④ 同上。

在他看来,“先王之道”是大一统的王道政治,是尽善尽美的政治;“先王之法”是大一统的良法,也是尽善尽美之法。所以他说:“我非尧舜之道,不敢以陈于王前。”①这就为他的仁政学说和仁政之法找到了最有权威的依据。现实社会各诸侯国的政治和法制都须与“先王之道”、“先王之法”相符合,不然在孟子的眼里就成了虐政,成了非法之法,是可以大张挞伐的。请看他的斥责:

> “规矩,方员之至也;圣人,人伦之至也。欲为君,尽君道;欲为臣,尽臣道。二者皆法尧舜而已矣。不以舜之所以事尧事君,不敬其君者也;不以尧之所以治民治民,贼其民者也。”②
>
> “为政不因先王之道,可谓智乎?”③

孟子还竭力说明“先王之法”是得到“天”的同意的。王位继承是国家的大法。儒家提出了“禅让说”和“征诛说”。孟子说,尧禅舜、舜禅禹、汤征桀、武王伐纣,都是“天”赞成的:

> “昔者,尧荐舜于天,而天受之;暴之于民,而民受之。”④
>
> “天与贤,则与贤;天与子,则与子。”⑤

孟子的“天”是自然的天,而非宗教之天。“天”实际上是虚悬的,实实在在起作用的还是“民”。所以,孟子引《太誓》的“天视自我民视,天听自

---

① 《孟子·公孙丑下》。
② 《孟子·离娄上》。
③ 同上。
④ 《孟子·万章上》。
⑤ 同上。

我民听”[1]来说明天意是顺应民心的。说穿了，天意就是民意，天心即是民心，“天受之”便是民受之，天与之也是民与之。这样的“天”成了民意、民心的代名词，成为伦理的天。那么，怎么才能得到“天”的认可即“民”的喜欢呢？自然是行仁政、行仁义之法。“行仁政而王，莫之能御也。”[2]这就是“保民而王”。[3]

兜了一个大圈子仍然回到了问题的起点：“天”上就在“民”间，“先王之法”即是保民之法。但这么一来，孟子的仁政以及仁政之法便得到了有力的论证，赋予了神圣的意义。孟子通过“法先王”在实在法层次之上设置了一个理想法层次。实在法必须服从于理想法，理想法指导实在法，这是孟子所力图说明的逻辑。而他的理想法的实质，就是“人伦”，就是仁义、孝悌之属。理想法即是伦理法。孟子的理想法是圣人创制的。这些经他塑铸的理想化的圣人是以“爱民”、“保民”的神圣责任为制法宗旨的。孟子的这种圣人制法的主张与“主权在民”的立法思想具有质的不同，但多少带有一点古老原始民主制思想的折射，从而也是走向“主权在民”的立法思想的一个历史阶梯。在孟子的时代，理想化的圣人立法比现实社会的专制君主立法要来得“民主”一些。

2.“仁义”与“孝悌”——法的价值论

孔孟学说以宗法道德论作为基础。他们的法思想也基于这种道德之上。什么是良法？什么是恶法？立法、执法、守法的根本准则是什么？法的目的何在？价值指向在何处？他都从宗法伦理道德角度寻找答案。仁义和孝悌便是孟子仁政之法的最高范畴，法的根本价值指向。

---

① 见《孟子·万章上》。
② 《孟子·公孙丑上》。
③ 《孟子·梁惠王上》。

（一）仁义

孔子的仁学以“仁”为“众德之总”，“义”居于从属地位。孟子仍然以仁为主，但仁义并重，有仁必有义，言仁必称义。这是对孔子仁学的发挥，扩大和补充了孔子关于“仁”的含义。梁启超说：“‘仁义’二字，为孟子一切学问总宗旨。”[①]评价甚为确当。

孟子对“仁”有明确的意见：“仁者爱人。”[②]“义”是什么？“仁”与“义”的关系怎样？《孟子》书中有多处表述：

> “仁之于父子也，义之于君臣也。”[③]
> “亲亲，仁也；敬长，义也。”[④]
> “仁之实，事亲是也；义之实，从兄是也。”[⑤]

在全部宗法关系中，父子之间血缘最亲，感情层次和伦理层次也最高，父子之爱是最高层次的爱，要爱到“孝”的程度，所以孔子以孝悌为“为仁之本”[⑥]。孟子深得孔子之意，把“仁者爱人”直接归结为“亲亲”。即所谓“仁之实，事亲是也”。“事亲”也就是孝。所不同的是，孟子把“敬长”、“从兄”的道德规范——悌，从“仁”中提取出来，归属于“义”。这样一来，爱的差等性就更明显了。在孟子那里，“仁”具有独立意义，“义”则只能依附于“仁”。他将“仁”“义”并提，但“义”次于“仁”，后于“仁”，孟子说：

---

① 梁启超：《饮冰室合集·文集》第二集《读孟子界说》，中华书局1988年版，第18页。
② 《孟子·离娄下》。
③ 《孟子·尽心下》。
④ 《孟子·尽心上》。
⑤ 《孟子·离娄上》。
⑥ 《论语·学而》。

“仁，人心也；义，人路也。”[1]

“仁，人之安宅也；义，人之正路也。[2]

“义”的本义含有“宜”的意思。[3] “宜”，即合理、恰当、适宜。孟子提倡的“义”，是根据“仁”的精神恰当地处理人与人关系的行为准则和方法，是伦理社会中按照“仁”的精神延伸出去的一条最适宜道路。这样，除父子关系之外，社会上的其他关系都可以用“义”的准则来处理了。

尤其值得重视的是，孟子把“君臣”关系也归属于“义”——“义之于君臣也”，这就肯定了君臣关系是父子关系的放大和延伸。在以宗法为基础的大一统集权国家中，君主是全国百姓的最高家长，他们之间的关系是“君父”和“子民”关系。这样，本来属于赤裸裸地对立的统治与被统治、压迫与被压迫的关系便蒙上了一层温情脉脉的软绵绵的伦理保护层。于是，以剑和火维系的君主权力摇身一变为“君父”仁民和“子民”忠君的道德义务。所以孟子说：“未有仁而遗其亲者也，未有义而后其君者也。”[4]这是孟子为君主制度提供的伪善和欺骗。但这只是问题的一个方面。另一方面，“义之于君臣也”这一命题的提出，又为他论证君臣关系的相对性提供了更大的自由度。孔子曾提出了“君使臣以礼，臣事君以忠”[5]的君臣关系相对性原则。这一原则到孟子手里就不再像孔夫子那样“温良恭俭让”了。他把“义”同“仁”一起作为对统治者进行道德评价和法律评价的尺度，在君臣关系上确立了“君义臣忠，君不义则臣不必忠”这样一个以恩报恩、以牙还牙的原则：

---

① 《孟子·告子上》。
② 《孟子·离娄上》。
③ 段玉裁:《说文解字注》“我部”。
④ 《孟子·梁惠王上》。
⑤ 《论语·八佾》。

“君之视臣如手足，则臣视君如腹心；君之视臣如犬马，则臣视君如国人；君之视臣如土芥，则臣视君如寇仇。”①

由此又发展出“暴君放伐论”，其根据就是“仁义”：

“贼仁者谓之贼，贼义者谓之残，残贼之人谓之一夫。闻诛一夫纣矣，未闻弑君也。”②

如果我们把孟子“仁义”说的第一个方面称之为对现存统治秩序作论证性的方面，而把其第二方面称之为批判性的方面，那么，它的重点是在后者而不是前者。孟子祭起“仁义”这面旗帜，锋芒主要是向着执政者的。不管是大夫还是国君，他都一概唯“仁义”是问。他的“暴君放伐论”，不但确认统治者中的“不仁”“不义”者是有罪的，而且认定为是可诛可杀的。孟子的这些论断不仅仅是一种社会批判思想，而且也是一种法思想。它在法思想上的意义在于提出了一种独特的政治合法性价值评价。

评价现实社会政治统治合法性，及其法制和法律秩序的最高标准是什么？孟子认为是“仁义”。按照当时社会的法制，君位是世袭的，君臣地位是固定的，孟子却说，“不仁”“不义”的君主可以撤换，可以放逐，可以讨伐，君臣可以“易位”。这样做的依据只有一条：“仁义”。“贼”、“残”原是刑事犯罪概念，如《左传・文公十八年》的“毁则为贼”。孟子却说：“贼仁者谓之‘贼’，贼义者谓之‘残’”。这就给传统的犯罪概念作了新的解释，从而在一定程度上改变了罪与非罪的界限。他对行为是

① 《孟子・离娄下》。
② 《孟子・梁惠王下》。

否犯罪的评价尺度也是“仁义”。

古希腊和罗马的法学家竭力论证存在一种凌驾于实在法之上的自然法，它是评价实在法的最高标准。孟子则把“仁义”说成是实在法必须遵循的至高无上的原则。东西方思想家在地理位置上相隔何止万里，但在法的探索和思考中却确实存在着这种形式上的相似。不过，古希腊和罗马的自然法学家置于实在法之上的是自然规范的总和，是正义和理性，孟子却是宗法伦理。

孟子以“仁义”为法的最高价值和将“仁义”凌驾于实在法之上的思想，为后世进步思想家评判政治统治的合法性、批判恶的实在法提供了武器和方法，也给我们民族的政治法律的评价标准与方法，及其法心理留下了很深的痕迹。

（二）孝悌

在宗法社会中，孝是处理父子关系的准则，悌是处理兄弟关系的准则。孟子认为，孝和悌的关系，本质上就是仁和义的关系（“仁之实，事亲是也；义之实，从兄是也”）。从伦理哲学上看，仁义与孝悌相当于一般与个别、普遍与特殊的关系。孟子说：

> “为人臣者怀仁义以事其君，为人子者怀仁义以事其父，为人弟者怀仁义以事其兄，……然而不王者，未之有也。”①

他津津乐道的王道政治就是伦理政治。伦理政治的行为规范，除了“仁义’就是“孝悌”了。

把伦理政治的治国纲领表述得最完整的是《礼记·大学》篇。作者写道：

---

① 《孟子·告子下》。

“古之欲明明德于天下者，先治其国；欲治其国者，先齐其家；欲齐其家者，先修其身；……身修而后家齐，家齐而后国治，国治而后天下平。”[①]

然而它的基本骨架在《孟子》中早已构造完毕。孟子说：

“君子之守，修其身而天下平。”[②]

“人人亲其亲，长其长，而天下平。”[③]

“天下之本在国，国之本在家，家之本在身。”[④]

所以，郭沫若先生认为：《大学》篇“修齐治平的四条目，分明是由《孟子》演绎出来的”。[⑤]

“修身”的目标是达到“仁义”的道德境界。“齐家”主要是处理好父子兄弟关系，这就得靠孝和悌。“孝悌”是“仁义”在家庭关系上的体现。至于夫妇关系，在男尊女卑的父权家庭中倒不见得很难处理，且有了“义”的规范，就完全可以包容，做到“夫义妇顺”。于是，家庭成为自然经济、伦理社会的基本单位，“齐家”成为建设伦理政治的起点。这样，“孝悌”在诸道德规范中的地位就特殊起来了。不能孝悌，断无仁义。一般寓于个别之中，仁义寓于孝悌之中。所以，孟子说：“尧舜之道，孝悌而已矣。”[⑥]这就是“孝悌”虽是“仁义”的表现但又必须特别单独地加

① 《大学》。

② 《孟子·尽心下》。

③ 《孟子·离娄上》。

④ 同上。

⑤ 郭沫若：《十批判书·儒家八派的批判》，《郭沫若全集》历史篇第二卷，人民出版社1982年版，第140页。

⑥ 《孟子·告子下》。

以提倡的道理。到了汉儒，甚至说："夫孝，天之经也，地之义也，民之行也。"[①]倡导"以孝治天下"。[②]

"孝悌"在伦理政治中的这种重要地位，必然使它们同"仁义"一样成为一个基本的法价值标准和法规范。试想，一旦孝悌的堤防决了口，整个宗法制度、家产制经济结构，以及以家为本的政治上层建筑岂不是都将倒塌下来?！而为了维护孝悌这道堤防，仅仅靠道德的信仰显然是远远不够的，而必须诉诸法律的强制。情况正是这样。以孝悌作为立法、司法的基本原则，作为区分罪与非罪、轻罪与重罪，以及是否惩罚和惩罚轻重的重要依据，是孟子仁政之法的基本内容之一。也是我们把孟子的法思想称之为伦理法思想的又一条重要理由。

需要说明的是，把孝作为法规范，视不孝为严重的犯罪行为这种法观念和法制度，远远产生于孟子之前。孟子在这个问题上主要是因袭，当然也作了一些自己的论证和发挥，集中表现在两个方面：

首先，对复仇的默认。孟子说：

"吾今而后知杀人亲之重也；杀人之父，人亦杀其父；杀人之兄，人亦杀其兄，然则非自杀也，一间耳。"[③]

大意是说，杀死别人父兄，对方必然会寻仇报复，反过来杀死自己的父兄，这样，虽然不是亲手杀死自己的父兄，但同亲手杀父兄也相差不到哪里去。"一间耳"，形容相距很近。这段话的意思是告诫人们不要犯罪，不要好勇斗狠杀人父兄，但这种告诫是以现实存在的复仇行为作为前提的。他不得不承认冤冤相报的复仇现象历来已久，现实社会

① 《孝经·开宗明义》。
② 同上。
③ 《孟子·尽心下》。

也时有发生。孟子并不明确反对复仇。历汉唐明清，古代法律对复仇时禁时松，司法中对复仇案犯或惩或赦，同孟子和儒家的这种默认复仇，既不明确赞成又不公然反对的态度不无关系。

其次，以孝的伦理和亲情预防犯罪。

孟子默认复仇的落脚点是告诫人们不要犯罪，是将孝的伦理和孝亲情感作为控制和预防犯罪，尤其避免恶性犯罪的一大法宝。孟子认为，世上有五种不孝行为，其中排在第五的是“好勇斗狠，以危父母”。[①]“好勇斗狠”属于激情犯罪。为什么“好勇斗狠”会危及父母？这显然是由于现实社会的法律规定和法律观念中确认复仇、株连及家庭连带责任。一人因“好勇斗狠”而严重犯罪，就会累及无过亲人负连带责任，甚至广受株连，如果是斗杀、戏杀或误杀他人，则会招致被杀亲人的复仇。孟子正是以此为基点来论述孝道的。他默认复仇，已如上述。对于株连、族刑，孟子持坚定的反对立场。但这里讨论的是控制和预防激情犯罪问题，他只是以复仇和株连的现实存在为背景，以孝的伦理和亲情为武器，奉劝人们理性克制，不要发生一念之差的激情性犯罪。这种办法，在古代礼法社会中一直管用，现在也在延续。

再次，鼓励背法匿父。他和他学生桃应所假设的舜将父亲“窃负而逃”的故事，将孔子的“子为父隐”发展到了背法匿父，这样，就为社会提供了一个法的价值指向：以孝率法，法屈于孝悌之类的伦理道德。

3. 省刑慎罚——刑法观和刑罚观

刑法以国家的名义规定什么行为是犯罪、将承担何种刑事责任并科以什么样的刑罚惩罚的法律规范的总和。在林林总总的各种法律规

---

① 《孟子・离娄下》。这五种不孝行为是：“惰其四支，不顾父母之养，一不孝也；博弈好饮酒，不顾父母之养，二不孝也；好货财，私妻子，不顾父母之养，三不孝也；从耳目之欲，以为父母戮，四不孝也；好勇斗狠，以危父母，五不孝也。”

范中，刑法的强制性最大，是以国家的系统暴力为后盾的强制。它也是成型并成熟得最早的法律规范，与国家共生。中国古文献中记载下来的最早的法律形式便是“礼与刑”。刑法的基本特点在于，维护掌握国家政权的统治集团之统治利益。但如何维护，在众多利益中选择什么样的利益加以维护，却是大有讲究的。正是在这一点上，孟子仁政学说中有自己的答案。大体言之，孟子仍然弘扬孔子的刑法观，他们对现实社会的罪与刑、刑和罚主要不是论证性、解释性的，而是批判性的。孟子尤为突出。

（一）不仁不义是最严重的犯罪

《孟子》一书，虽也涉及到一些如何惩罚下层“贼民”的内容，但大量的是谴责上层统治集团、政府和官吏的犯罪。如前所述，孟子以“仁义”作为最高的法律价值，作为区分罪与非罪的标准，因此，凡是违背“仁义”的行为，在他看来便都是严重的犯罪行为。孟子据此特别为人们确认了一条“先王之法”——“诛不仁”：

> “舜流共工于幽州，放驩兜于崇山，杀三苗于三危，殛鲧于羽山，四罪而天下咸服，诛不仁也。”①

循此，他把那些“争地以战”、“争城以战”的诸侯、大夫们一概斥为“率土地而食人肉”，应当“罪不容于死”。② 那些“为君辟土地，充府库”、“为君约与国，战必克”的谋臣武将，诸侯们视之为“良臣”，他斥之为“民贼”。③ 他主张：“善战者服上刑，连诸侯者次之，辟草莱、任土地者次

① 《孟子·万章上》。

② 《孟子·离娄上》。

③ 《孟子·告子下》。

之。”[①]至于像桀纣之类的暴君则只是“残贼之人”，可诛可杀。

孟子的上述一切论述向人们揭示：当时社会最严重的犯罪行为不是一般的下层盗贼，而是上层不仁不义而祸国殃民的行为。

孟子并不是看不到“贼民”的危害性。《孟子》书中有一处提到了“贼民”问题。值得注意的是，整部《孟子》中仅此一处。他是这样说的：

> “不仁而在高位，是播其恶于众也。上无道揆也，下无法守也，朝不信道，工不信度，君子犯义，小人犯刑，国之所存者幸也。故曰，城郭不完，兵甲不多，非国之灾也；田野不辟，货财不聚，非国之害也。上无礼，下无学，贼民兴，丧无日矣。”[②]

“贼民”的成分很复杂，其中包括起义人民。人民起义能够推翻腐败王朝，所以孟子说：“贼民兴，丧无日矣。”不过孟子指出“贼民”问题的严重性的着眼点仍在谴责“在高位”者“不仁”。在他看来，正是由于“上无道揆”、“君子犯义”、“上无礼”，才导致“下无法守”、“小人犯刑”、“下无学”，由是才有“贼民兴”，国破家亡死无葬身之地那是活该。也就是说，破坏社会秩序的直接威胁虽然来自“贼民”，但其根源主要还是统治集团自身无礼无法的暴政、虐政，“贼民”的兴起正是上头的暴虐之政逼出来的。

孟子的批判性的刑法思想的意义在于：第一，它指出，犯罪不仅仅是一般百姓触犯体现统治阶级意志的刑律的行为，还包括统治集团、政府、官吏，直至君主自身严重背弃“仁义”的行为，而且后者是更为严重的犯罪；第二，它揭示了“官逼民反”的道理，从而为解决社会犯罪，稳定

---

① 《孟子·离娄上》。

② 同上。

社会秩序提出了另一条思路：不是靠严刑重罚镇压一般的下层犯罪者，而是应当首先矫治统治集团本身"贼仁害义"的犯罪行为。孟子的这些思想在中国历史上曾产生过很大的影响。

（二）"不嗜杀人"

孟子竭力宣扬"以不忍人之心，行不忍人之政"。[①] 这里的"行不忍人之政"，当然包括了行不忍人之刑、行不忍人之罚在内。他指出："民之憔悴于虐政，未有甚于此时者也。"[②]"虐政"的表现，一个是滥杀无辜，再一个是重赋敛财。所以孟子提出了"省刑罚"和"薄税敛"[③]作为"仁政"的两项措施。孟子诅咒"今夫天下之人牧，未有不嗜杀人者也"[④]的社会现实，大声疾呼："杀一无罪非仁也。"[⑤]他提出："无罪而杀士，则大夫可以去；无罪而戮民，则士可以徙。"[⑥]对滥杀无辜表示应有的抗议。

与孟子同时的商鞅，在秦国变法，制定和实施"连坐"、族刑等刑罚原则。孟子则真诚得近乎迂腐地向好战好杀的诸侯宣传周文王"罪人不孥"[⑦]的刑罚原则，明确反对那种罪及妻子、株连三族的残酷刑罚。孟子认为，杀人必须审慎，要经过仔细调查，征求国人的意见。他说：

"左右皆曰可杀，勿听；诸侯大夫皆曰可杀，勿听；国人皆曰可

---

① 《孟子·公孙丑上》。

② 同上。

③ 《孟子·梁惠王上》。

④ 同上。

⑤ 《孟子·尽心上》。

⑥ 《孟子·离娄下》。

⑦ 《孟子·梁惠王下》。孟子对齐宣王说："昔者文王之治岐也，耕者九一，仕者世禄，关市讥而不征，泽梁无禁，罪人不孥。老而无妻曰鳏。老而无夫曰寡。老而无子曰独。幼而无父曰孤。此四者，天下之穷民而无告者。文王发政施仁，必先斯四者。""罪人不孥"是周文王针对夏商"罪人以族"的原则，提出的与之相反主张，体现了刑罚思想的文明和进步。

> 杀，然后察之，见可杀焉，然后杀之。故曰，国人杀之也。如此，然后可以为民父母。”①

可见，他是不主张搞司法武断专横的。

孟子告诫那些野心勃勃地企图统一天下的诸侯：只有“不嗜杀人”，才能定天下于一统：

> “如有不嗜杀人者，则天下之民皆引领而望之矣。诚如是也，民归之，犹水之就下，沛然谁能御之?!”②

“不嗜杀人”，即不走以武力征服的统一方式，而采取以德服民，得民心者得天下的路子。

（三）“教而后诛”和“不教而诛”

孟子对贼仁害义的诸侯的斥责，诅咒他们“罪不容于死”，只是提高到原则上来加以分析而已，在实际的刑事政策上，他同孔子一样，主张“教而后诛”。从这一点看，孟子的刑法观也有现实主义的一面。他诘问学生万章：

> “子以为有王者作，将比今之诸侯而诛之乎？其教之不改而后诛之乎？夫谓非其有而取之者盗也，充类至义之尽也。”③

“充类至义之尽”，朱熹解作：“推其类，至于义之至精密之处而极言

---

① 《孟子·梁惠王下》。

② 《孟子·梁惠王上》。

③ 《孟子·万章下》。

之耳。”[①]全句意为：将诸侯那种不仁不义、厚敛重赋、夺民之财的行为斥之为盗，是将这种行为推演到与盗贼同类性质这样一个极高的原则上来说的。这样，孟子以反问的句式肯定了“教之不改而后诛”这一“圣王之法”的原则。正如赵岐所说，此章“言必教之，诛其不改者也”[②]。“教而后诛”的原则，是孟子乃至先秦儒家的一般刑事政策原则，不光适用于被孟子斥为“罪人”的诸侯、大夫，也适用于一般的平民犯罪。这是由他的“性善论”决定的。

但孟子同时也指出，对那些“御人于国门之外者”，应当“不教而诛”[③]。“御人于国门之外’，即在国都郊区拦路抢劫。他认为，对此类盗贼应当立即诛杀，不适用“教而后诛”原则。他引用《尚书·康诰》中的古老刑法原则加以论证：

> “康诰曰：‘杀越人于货，闵不畏死，凡民罔不譈。’是不待教而诛者也。”[④]

还说，这是一条“殷受夏，周受殷”，三代相沿不改的法律，今天也不应当改变。[⑤]

孔子批评时政说：“不教而杀谓之虐”[⑥]，但没有同时许诺过“不待教而诛”。孟子对此作了修改，或者说补充，指出对严重侵害人身和财产的罪犯应当立即惩处，“不教而诛”。从而为统治者们严惩所谓盗贼提供了理论说明。这又是孟子的批判主义和理想主义的刑法理论中所

---

① 朱熹：《孟子章句集注·万章下》。
② 赵岐：《孟子注·万章下》。
③ 《孟子·万章下》。
④ 同上。
⑤ 同上。
⑥ 《论语·尧曰》。

包容的现实主义的一例。

（四）“生道杀民”

“生道杀民”是孟子提出的一条重要的省刑、慎刑原则。他在《尽心》篇中说：

> “以生道杀民，虽死不怨杀者。”①

对“生道杀民”的解释，历来颇有歧义。一说本于赵岐《孟子注》。赵氏云：

> “杀此罪人者，其意欲生民也，故虽伏罪而死；不怨杀者。”②

宋儒孙奭又进一步疏解说：

> “国君杀戮其罪人者，以其恐有害于民，故杀之，而意有在于欲生其民也。是则罪人被杀，虽死且不怨恨杀也。”③

这就是说，杀掉有罪的人，是为了维护社会秩序，使其他的人免受侵害。但问题在于，国君为了“生民”而杀罪人，罪人本人何来的死而无怨？难道他们倒是具有以一死而谢天下的崇高精神境界的正义之士？这在情理上委实不通。

另一说认为“生道杀民”是“刑期无刑，以杀止杀”之意。杨伯峻先生《孟子译注》即取此义。“刑期无刑，以杀止杀”与西方出现的一般预

---

①　《孟子・尽心上》。

②　赵岐：《孟子注・尽心上》。

③　孙奭：《孟子正义・尽心上》。

防主义，[1]即威吓主义刑法理论相类似，同法家的“以刑止刑”不相二致。但它与孟子刑法思想的精神不符。“生道杀民”的主要着眼处也不在“以杀止杀”上。且这种理解同样无法解释伏罪而死的罪人本人为何“不怨杀者”的问题。

再一说，以欧阳修为代表。他在《泷冈阡表》中追记母亲给他讲述的其父“夜烛治官书”一段故事：

“汝父为吏，尝夜烛治官书，屡废而叹。吾问之，则曰：‘此死狱也，我求其生不得尔。’吾曰：‘生可求乎？’曰：‘求其生而不得，则死者与我皆无恨也；矧求而有得邪，以其有得，则知不求而死者有恨也。夫常求其生，犹失之死，而世常求其死也。’”[2]

欧阳修的意思是说，其父在处理死刑案件时，十分注意索求罪人有无可以从轻处罚、把死刑改为生刑的情节，如果没有，那么被处死刑者确系罪有应得，罪人死而无怨，他自己由于没有错杀人也不留下什么遗憾了。这种理解较好地解决了被杀的人为何无怨的问题。“无怨”是因为他不能怨。文中抨击了当时社会滥刑重刑、“常求其死”的司法现实：“夫常求其生，犹失之死，而世(应作‘况’—引者注)常求其死也。”这种理解比较符合儒家一贯提倡的恤刑主义。“生道杀民”是孟子“以不忍人之心，行不忍人之政”的仁政在刑事方面的一种具体化，即要求统治者行不忍人之刑，行不忍人之罚，在审判中应存“常求其生”之心，慎重办案，反对不负责任，草菅人命，甚至故入人罪，“常求其死”。“生道杀

① 一般预防主义的刑法理论认为，刑法的任务在于，对犯罪人施以严厉的惩罚，从而在社会一般人中发生震慑威吓作用，使他们不致走入犯罪歧途。所以，一般预防主义也称之为威吓主义。它又以报应主义刑罚观为基础。

② 欧阳修：《居士集》卷二五《墓表六首·泷冈阡表(熙宁三年)》。

民”如《论语》中的“与得其情，则哀矜而勿喜”在精神上是相通的。诚然，欧阳修的这种看法也有不足之处，主要是没有说明对死狱者的“求生”之道的具体内容。

将上述关于“生道杀民”的三种意见作个比较，可知它们的主要分歧点是在对“生道”一词的理解上。前两种看法主要是将“生道”从全社会的角度加以释读，理解为“广大人民生存的原则”[①]。第三种看法则是从犯罪者个人的角度将“生道”理解为司法官对于未决死刑犯的“求生”之道。但这两者之间不是截然对立的。因为，所谓“求生”无道的罪大恶极者，定是严重危害社会“生道”的罪犯，杀之必然对其他人产生儆效作用，也有利于广大人民的生存。

于是，又有第四种意见。朱熹说：

> “彼有恶罪当死，吾求所以生之者而不得，然后杀之以安其众而历其余。此‘以生道杀之也’，亦何怨之有?!”[②]

朱熹对“生道”的理解与欧阳修基本相同，但指出将“求所以生而不得”者“杀之”后，可以产生“安其众而历其余”的社会效果。

丘濬十分赞同朱熹的意见，称引之后又作进一步的发挥：

> “天地之大德曰生。……盖死之所以生之也，苟非其人实有害于生人，决不忍致之于死地。死一人所以生千万人也。是故，无益于生人必不轻致人于死。”[③]

---

① 见刘方元：《孟子今译·尽心上》，江西人民出版社 1985 年版。

② 转引自丘濬：《大学衍义补·慎刑宪·总论制刑之义》(下)。

③ 同上。

这段话明确地指出，之所以求罪人之“生道”而不得，是由于他“实有害于生人”，主观恶性很大，不杀不足以平民愤。

第四种解释基本上采纳了第三种意见作为基点。既回答了被杀者为什么“无怨”的问题，又进一步补充了第三种意见，找到了对罪人的“求生”之道与普罗百姓的生存之道之间的有机联系。这就是：罪人的“求生”之道的有还是无，最终以对广大民众的生存之道的危害程度为转移。

这种理解折衷了前三种意见，是比较符合孟子思想原意的，抓住了“生道杀民”中所曲折体现出来的孟子仁政之法的仁义价值观、民本主义和恤刑慎刑思想等。孟子特别提出“生道杀民”，是有明确针对性的，因为当时社会虐政横行，到处是“无罪而杀士”、“无罪而戮民”，其主旨在于反对滥杀，避免冤假错案。

综上分析，“生道杀民”一句的意思是：（执政者）遇到死狱，应以“求其生”之道来审慎审理，最大限度地避免冤假错案，确系罪大恶极，求其生而不得，为了广大民众的生存，不得已而将其处死，那么，其处死确系罪有应得，无从怨恨了。

4.养民教民——犯罪原因及其预防的学说

同孔子一样，孟子有着丰富的关于犯罪原因和预防的思想，这也是孟子法思想中较有积极意义的成分之一。

孟子关于犯罪原因和预防的思想基于他的“性善论”。孟子生活之世，诸侯之间杀人夺地的兼并战争连年不断，但他竟能透过灭绝人性的残杀和血肉狼藉的现实发现人性本是善的。我们且不论“性善论”在哲学上应作如何的评价，这一发现本身却可以表明孟子对人生的重视和热爱，也表明了他对社会前途的信心和乐观、进取的心理状态。

既然人性是善的，那么犯罪就不可能是人的固有本性，罪犯就不是天生的。这就为他从主观和客观两方面分析犯罪的原因铺平了思路。《告子》篇有这样一个借喻：牛山原来是林木繁茂的，这是它的本性，后来被“斧斤伐之”，刚刚长出一点苗叶来，“牛羊又从而牧之”，结果变成光秃秃的，失去了山的本性。[①] 孟子认为，人也是同样的，他们失去了“善端”，也是这样被“伐之”、“牧之”的缘故。这个借喻，隐含了这样的哲理：人性的堕落，人的变坏是自戕的结果。

但人的善良天性为什么会被“伐之”、“牧之”呢？孟子的眼光移到了外在方面。他说：

> “富岁，子弟多赖；凶岁，子弟多暴，非天之降才尔殊也，其所以陷溺其心者然也。”[②]
>
> “民之为道也，有恒产者有恒心，无恒产者无恒心。苟无恒心，放辟邪移，无不为已。”[③]

这说明，孟子已敏锐地意识到了物质生活条件、客观经济环境与犯罪之间的联系，指出了犯罪增多的客观原因是民“无恒产”。他说：

> “圣人治天下，使有菽粟如水火。菽粟如水火，而民焉有不仁者乎？”[④]

这种认识同《管子》书上的“仓廪实则知礼节，衣食足则知荣辱”是一致的。值得注意的还在于，孟子还看到了“富岁，子弟多赖”的一面，

---

① 《孟子·告子上》。
② 同上。
③ 《孟子·滕文公上》。
④ 《孟子·尽心上》。

他似乎同时意识到“礼节”观念和“荣辱”观念不是富而自知的。所以，孟子预防犯罪的政策仍然遵循孔子“富之”、“教之”的原则。

“富之”方面，孟子提出了要使老百姓有“恒产”。所谓“恒产”，在农业社会里，主要指土地。孟子的方案是，使每个有“八口之家”的农户都有“五亩之宅”、“百亩之田”，使其“仰足以事父母，俯足以畜妻子，乐岁终身饱。凶年免于死亡”。[①] 孟子认为，有了这样一份“恒产”，就可以保证他们基本的生活条件，“然后驱而之善，故民之从之也轻。”[②]孟子指出，没有这样的“恒产”和基本的生活保障，老百姓“惟救死而恐不赡，奚暇治礼义哉？”[③]“及陷于罪，然后从而刑之，是罔民也。”[④]对统治者提出了严厉的批评。

“教之”方面，孟子明确提出应“设为庠序学校以教之”[⑤]。教的目标是“明人伦”[⑥]。“人伦”教育就是孔子强调的德教、礼教，是仁义孝悌的伦理道德教育。孟子说：“申之以孝悌之义，颁白者不负戴于道路矣。”[⑦]又说：“人伦明于上，小民亲于下。”[⑧]于是，犯罪不会发生，社会也就安定了。

孟子关于控制和预防犯罪的学说，在思想上是极其宝贵的，在实现中却又是极为无奈的，根本无法实施。犯罪的发生除了他所指出经济上和教育上的原因之外，更是由存在着深刻的社会制度性病因。他不可能揭示犯罪产生的社会阶级根源，时代的和阶级的局限制约了他的

① 《孟子·梁惠王上》。
② 同上。
③ 同上。
④ 同上。
⑤ 《孟子·滕文公上》。
⑥ 同上。
⑦ 《孟子·梁惠王上》。
⑧ 《孟子·滕文公上》。

视线。先秦儒家孔子、孟子和荀子在预防犯罪方面的美好设想，秦汉以后演化为“德礼为政教之本，刑罚为政教之用”[1]的传统保留在中华法系中，成为中华法系的一大特色。平心而论，孟子关于时君世主对民众不养不教就是“罔民”的指责，是尖锐而深刻的，在一定程度上反映了社会现实和人民的呼声。

5.“薄税敛”和“制民之产”——经济方面的法律主张

经济制度是孟子仁政的一个重要方面。他关于经济及赋税等方面的法律政策和主张也都是在“仁义”的总原则下提出的。“制民之产”是积极的仁政之法，“薄税敛”是稳健的仁政之法。

（一）“薄税敛”

在财政税赋制度方面，孟子强调“取于民有制”[2]，反对聚敛、重赋，主张“薄税敛赋”[3]，并把它作为仁政的一项重要的“富民”政策。他说：

> “易其田畴，薄其税敛，民可使富也。”[4]

对农业的税赋标准，孟子主张九分取一和十分取一：

> “耕者九一。”[5]
>
> “野九一而助，国中什一使自赋。”[6]

---

① 《唐律疏议·名例》。
② 《孟子·滕文公上》。
③ 《孟子·梁惠王上》。
④ 《孟子·尽心上》。
⑤ 《孟子·梁惠王下》。
⑥ 《孟子·滕文公上》。

"野"指郊区,"国中"是城内和近郊区。"助",相当于劳役地租形式,"自赋"即贡法,是实物税。他主张,远郊农业地区实施西周时期制定的井田制,九百亩为一井,分为九份,各一百亩,采取八份私田共耕一份公田的劳役地租之法。而城内和近郊工商业地区则实行十取其一的实物税法。孟子还说:

> "有布缕之征,粟米之征,力役之征。君子用其一,缓其二。用其二而民有殍,用其三而父子离。"①

这就是说,"布缕之征,粟米之征,力役之征"这三种赋税方法只能用一种,不能同时用二或用三,不然百姓就会饿死,父子就会自顾不暇,各相离异。

总的说来,孟子是主张轻徭薄赋的,但也不是轻得没有限度。当农家白圭提出"二十取一"的税率主张时,他就不同意。认为这种税率只有在北方落后闭塞的貉国才行得通。并说:

> "欲轻之于尧舜之道者,大貉小貉也;欲重之于尧舜之道也,大桀小桀也。"②

这也就是孔子的"事取其中"③的意思。可见,"取于民有制",是严格地按照他想象中的尧舜所定的税法办事,不轻也不重。这说明,孟子的赋税法律主张并没有落入空想。

---

① 《孟子·尽心下》。
② 《孟子·告子下》。
③ 《左传·哀公十一年》。

(二)“制民之产”

“制民之产”[1]就是使老百姓有“恒产”。它具有土地立法的意义。著名的前辈史学家吕思勉先生指出:“孟子论政治,首重制民之产。”[2]这是由于,农民以土地为生命之源、生存之本,无“恒产”则无“恒心”,若不能制民“恒产”,一切仁政便是无本无源之海市蜃楼,无由推行。孟子说:

> “五亩之宅,树墙下以桑;匹妇蚕之,则老者足以衣帛矣。五母鸡,二母彘,无失其时,老者足以无失肉矣。百亩之田,匹夫耕之,八口之家足以无饥矣。”[3]

可见,孟子的“制民之产”是要使一个“八口之家”的农户获得和保持“五亩之宅”、“百亩之田”的“恒产”,从而造成千千万万稳定的自耕农。后来的政治史和经济史证明,这正是古代中国以农立国最坚固的经济基础,也是最靠得住的民本政治基础。

孟子认为,“制民之产”的办法是“正经界”,即搞井田制:

> “方里而井,井九百亩,其中为公田,八家皆私百亩,同养公田;公事毕,然后敢治私事,所以别野人也。”[4]

孟子把井田制看得很重要,认为老百姓失去“恒产”就是因为井田制被

---

① 《孟子·梁惠王上》。
② 吕思勉:《先秦学术概念》,东方出版中心1985年版,第82页。
③ 《孟子·尽心上》。
④ 《孟子·滕文公上》。

破坏的缘故。所以他强调:“夫仁政,必自经界始。”[①]

以井田制来保证“制民之产”,形式上看是恢复西周的土地制度,所以孟子常常受到坚持或复辟:“奴隶制度”的抨击。其实井田制对于孟子来说,不过是一种“已死的先辈们的传统”。他借用这种制度,也是企图“演出世界历史的新局面”。[②] 古人不懂人类历史发展的规律,他们对往古的所谓美好和合理的制度的颂扬,是为了诅咒和发泄对现存制度的不满。孟子的历史观表面上是向后看的,他试图用“正经界”来限制“暴君污吏”侵夺农民的田地也只能沦为空想。但他希望制民之“恒产”而且必须保障这份“恒产”不使丧失的目的本身却绝不含糊,且具有合理成分。在漫长的古代农业社会中,广大农民是否有“恒产”,是社会治乱、王朝兴衰的一个标志或基本的原因。这个规律,被孟子敏锐地预见到了。孟子“制民之产”和“正经界”的结果,是要达到“八口之家”有“五亩之宅”、“百亩之田”以及“五母鸡、二母彘”,使得“死徙无出乡,乡田同井,出入相友,守望相助,疾病相扶持,则百姓亲睦”。[③] 这是古代农业自然经济下农民最基本的物质生产和社会生产条件,是古代中国农民世世代代追求的小康之梦,也是古代那些懂得农民疾苦的诗人们乐于咏唱的田园诗!所以,孟子“制民之产”的土地立法主张所要建立和巩固的是古代农业社会的经济基础,而不是去复辟西周的“王田”制度。

(三)其他鼓励农业和保护环境的法律主张

古代农业社会中长期积累起来的一套有利于农业经济发展的规定,孟子也纳入“仁政”之中加以提倡。如:

---

① 《孟子·滕文公上》。

② 前揭《马克思恩格斯选集》第1卷,第603页。

③ 《孟子·滕文公上》。

"春省耕而补不足,秋省敛而助不给。"[①]

"不足"、"不给",都是匮乏、无力供给的意思。孟子主张,政府有关部门应当在春天去农村察看农民的耕作情况,发现诸如缺少种子下种,或缺乏劳动力和畜力耕作的"不足"之户应给与补助;到了秋天,则应下去视察收获情况,对于遇到天灾人祸而导致绝收、歉收的农民应予以周济,使他们不至于流离失所。

他还提出十分细致周全的保护农林牧生态环境方面的具体主张:

"不违农时,谷不可胜食也;数罟不入洿池,鱼鳖不可胜食也;斧斤以时入山林,材木不可胜用也。"[②]

这是对古人顺天则时、与大自然保持和谐状态的经验总结,就是今天看来也不乏科学的成分。

《礼记》的《王制》篇、《月令》篇有关于农林牧生产应适应季节时令而作为的详细记载。

"獭祭鱼,然后虞人入泽梁,豺祭兽,然后田猎。鸠化为鹰,然后设罻罗,草木零落,然后入山林。昆虫未蛰,不以火田,不麛,不卵,不杀胎,不殀夭,不覆巢。"[③]

《月令》篇按照一年12个月的时令,详细记述政府应遵循的祭祀礼仪、职责、法令、禁令。其中写道:

① 《孟子·告子下》、《孟子·梁惠王下》。
② 《孟子·梁惠王上》。
③ 《礼记·王制》。

“孟春之月……禁止伐木。毋覆巢，毋杀孩虫、胎夭、飞鸟。毋麛毋卵。”①

“仲春之月……毋竭川泽，毋漉陂池，毋焚山林。”②

关于《月令》篇的成书时间，有人说是战国作品，有人认为是两汉人杂凑撰集的，迄难定论。对于《王制》篇也同样聚讼纷纷，有认为反映某些商代制度，清儒皮锡瑞则论定为孔门弟子所作。孟子关于“不违农时”的法律政策主张或有本，但不见得直接源自《月令》、《王制》。他的主张比后者概括得更有高度也更加明确。可以说，制定和实施严格的时令制度和时令法制是先秦儒家及其后学一以贯之的思想主张。

（四）“通工易事”

对农业以外的其他行业，孟子也主张采取轻税甚至免税的政策，加以鼓励，其原则是“通工易事”。如：

“市，廛而不征，法而不廛，则天下之商皆悦，而愿藏于其市矣；关，讥而不征，则天下之旅皆悦，而愿出于其路矣。”③

意思是，在市场上划出一块地方给商人储藏货物，但不征税；如果货物滞销，就依法征购，不使积压；国家设立关卡，对往来的人只稽查不征税。当时，诸侯国林立，各自树关设卡，雁过拔毛，以邻为壑。取消或降低关税、开放市场和畅通物流是发展商品经济的关键环节，商业的繁荣才能促进和涵养农业的发展。孟子提出的这些法律主张，显然是有利于商业发达兴旺。我们知道，商鞅变法的一个重要措施是“重农抑商”，

① 《礼记·月令》。
② 同上。
③ 《孟子·公孙丑上》。

孟子的主张与之不同，是重农，但不轻商抑商，是以商促农、以商养农。这在孟子那个时代应该说是相当了不起的主张，符合社会发展的需要。

《礼记》中也有类似于孟子的主张：

> “古者公田借而不税，市廛而不税，关讥而不征，林麓川泽以时入而不禁，夫圭田无征。用民之力，岁不过三日。田里不粥，墓地不请。”①

这至少可以说明，不抑商，制定鼓励市场开放、货物流通的商业法律与政策是先秦儒家及其后学的传统主张，把秦汉以后统治者实行“重农抑商”政策的责任摊到孔孟和儒家头上，可能是搞错了对象。

6. 贤人和良法并重——人法关系论

最能表达孟子关于人与法的关系的主张的是下面这两句对偶性的话：

> “徒善不足以为政，徒法不能以自行。”②

对于这一命题，孟子自己作了明白的解释。“徒善不足以为政”，指的是这样一种情况：“今有仁心仁闻而民不被其泽，不可法于后世者，不行先王之道也。”③孟子又说：“尧舜之道，不以仁政，不能平治天下。”④

---

① 《礼记·王制》。
② 《孟子·离娄上》。
③ 同上。
④ 同上。

后一句是对“徒法不能以自行”作了进一步的阐发。显然，孟子所说的“法”是“先王之道”、“先王之法”。“先王之法”必须通过“仁政”才能施行，而行“仁政”须有“仁者”，这就很自然地引出了“惟仁者宜在高位”①的结论。孟子谴责当时法纪败坏的现象说：

> “上无道揆也，下无法守也，朝不信道，工不信度，君子犯义，小人犯刑，国之所存者幸也。”②

他认为这种现象的产生是由于为政执法者“不仁”的缘故：

> “不仁而在高位，是播其恶于众也。”③

孟子通过上述逻辑竭力向时君世主证明贤人治国掌法的重要性。

那么，怎样做到“惟仁者宜在高位”呢？对国君，孟子要求他们用“仁义”端正自己：

> “君仁，莫不仁；君义，莫不义；君正，莫不正。一正君而国定矣。”④

这是继承了孔子“正名”和“为政以德”的思想。在君主政治制度中，一国之君的“正”或“不正”，关系到政治统治的正当性、合法性问题，也确是政治清明还是污浊的关键。孟子的“正君”思想一直受到后儒的

---

① 《孟子·离娄上》。
② 同上。
③ 同上。
④ 同上。

推崇。汉儒还发展出“正太子”主意。[①] 历代大儒求为帝师或太子师，无非是冀希望于“正君”、“正太子”。这样的苦心孤诣在历史上也留下了不少君仁臣忠做佳话，但于根本制度的改进却无补于事。

在选拔官吏上，孟子坚持孔子“举贤才”的主张，要求做到“贤者在位，能者在职”，“尊贤使能，俊杰在位”。[②]

过去有些研究孟子思想的论著断言，孟子的“徒善”、“徒法”之论是“典型的人治论”。诚然，君主政体从本质上说都属于人治制度，因为君主一人高居于一切之上，也在法律之上。孟子是个君主主义者，理当归属于人治论者之列。

本书第二章中已论述，春秋战国时期的法家并非法治主义，儒法两家在思想上的根本分歧不是人治主义与法治主义的对立。若从君主主义的角度上评价，法家更甚于儒家何止十倍、百倍！法家是君本位的极端独裁专制君主主义者，儒家则是民本位的相对君主主义者。依此而论，法家为极端的人治论者。因此，仅仅从孔孟主张君主主义的角度论定他们是人治主义者，对于把握和剖析他们的政治法律思想的内在本质意义不大。古代中国在政治法律思想上不曾走上法治主义与人治主义相对立斗争的发展路线，也并不存在法治主义的政治法制实践。

至于仅仅就孟子的“徒善”、“徒法”之论而言，则很难依此而一言定论为“人治论”，正如不能从孔子言论中单单提取其“为政在人”一语而定性其是“人治主义者”一样。因为孟子在这里强调的是执政者品德“善”对于为政的重要性，是强调治国应任用有仁德的贤能之人。他并没有说有了“善”，有了仁人贤人就可以不要法，更没有说过仁人贤人应当高居于法之上的意思。相反，孔孟所称的仁人贤人都有一个起码的品德：尊

---

① 贾谊：《新书·治安策》：“天下之命，县于太子，太子之善，在于早谕教与选左右。夫教得而左右正，则太子正矣，太子正而天下定矣。”

② 《孟子·公孙丑上》。

礼守法。孟子塑造的舜在身为天子时不能以权势阻止皋陶执己之父。

孟子认为一个有仁心的臣下对君主的过错应当负起谏诤的责任。谏诤的内容，自然包括要求君主循礼遵法在内。他说：

> “入则无法家拂士，出则无敌国外患者，国恒亡。”①

“法家拂士”，指执掌国法的大臣之家，敢于谏诤的辅拂之士。在孟子看来，没有这样敢于担当的“仁人”处在“高位”，国家就会灭亡。孟子向他的学生介绍的伊尹就是这样的“法家拂士”：

> “太甲颠覆汤之典刑，伊尹放之于桐，三年，太甲悔过，自怨自艾，于桐处仁迁义，三年，以听伊尹之训己也，复归于亳。”②

这就是著名的“伊尹放太甲”故事，是孟子关于“独夫”、“民贼”可“殊”可“放”可“易位”的一则具体案例。商王太甲即位后忘乎所以，破坏商汤王制定的大法，伊尹谏之不听，将其放逐于桐，严加教诲。三年后，太甲改过自新，伊尹将其迁回国都亳城，还政于太甲。孟子的学生公孙丑就此故事问他：难道一个贤臣就可以放逐不贤的君主吗？孟子回答说：

> “有伊尹之志，则可；无伊尹之志，则篡也。”③

“伊尹之志”，即孟子称道的“法家拂士”之仁心仁志。孟子通过这一故事要告诉他的学生的道理在于：第一，法高于君，重于君，坏法之君可

---

① 《孟子·告子下》。
② 《孟子·万章上》。
③ 《孟子·尽心上》。

放，国之大法不可“颠覆”；第二，有仁心仁志的贤臣是国家法度的捍卫者、稳定者。

因此，孟子重视仁人贤人的作用，但并无轻视法的作用。“徒善”、“徒法”之论不同于轻视法律的“人治论”，而是仁人与良法兼备论、兼重的“良法善治”论。

君主制不是不要法。任何国家制度都得靠法制。与其他君主制，如法家的君主制不同的是，孟子所向往的仁政的君主制需要的是良法，即较能体现其本阶级长远利益、整体利益的所谓“先王之法”，或仁政之法，同时还强调要有能够理解、执行这种法的具有仁心仁德的贤人（官吏）。孟子提出的“徒善不足以为政，徒法不能以自行”，正是君主制下一种比较全面、清醒和稳妥的治国之术。这实际上就是汉以后形成的礼与法、德与刑相结合，任人与任法相辅相成的治国模式的雏形。他不仅初步总结出了君主制下实现长治久安的一般模式，而且说到了一条千古有用的政治经验：应当高度重视政府官员、司法官员的个人品德和素质。孟子关于“惟仁者宜在高位”的思想，还包含了反对无所作为的庸俗懒惰之人、不学无术的谗馅不肖之辈、衣冠禽兽的伪善刁滑之徒为政执法、祸国殃民的合理因素。这也就是历史上代不绝书的“循吏”和“酷吏”之分。对于尚处在无权地位的小农经济体制下的广大农民和其他劳动人民来说，他们欢迎“清官”和“循吏”是完全可以理解的。孔孟的“贤人”思想的又一积极意义也正在于此。

这里的问题在于，如果遇到了太甲这样恣意践踏国家大法的无道暴君，又没有“伊尹之志”的大臣，该怎么办？而且，有无“伊尹之志”，仍是一个良心判断，而不是一种可操作的制度规范。所以，“伊尹放太甲”固然是维护良法的善治之举，却未臻建立良法善治之制。

7. 爵禄与禅让、征诛——合法性及政事法制构想

政治统治的正当性、合法性是古今中外有历史担当、有人类关怀的思想家不能回避的重大问题，先秦儒家正是这样的思想家。如果说，孔子的“正名”的合法性思考还比较宏观，那么孟子的“禅让”、“征诛”说就具体多了，规范性和可操作也强得多。孟子关于政治合法性和政事法制的论述和评价大抵以周礼为标准，但亦有相当超越周礼的内容。前者以等级爵禄制为代表，后者以王位继承法为特例。

（一）爵禄制

孟子对周代以分封等级制为基础的爵禄制度作过一番研究，并作了详细的介绍：

> “天子一位，公一位，侯一位，伯一位，子、男同一位，凡五等也。”①

——这是讲天子及其所分封的大小诸侯的等级。接着说：

> “君一位，卿一位，大夫一位，上士一位，中士一位，下士一位，凡六等。”②

——这是讲诸侯国内贵族官僚的等级。以下继续说：

> “天子之制，地方千里，公、侯皆方百里，伯七十里，子、男五十

① 《孟子·万章下》。
② 同上。

里，凡四等。不能（即“不够”。——引者）五十里，不达于天子，附于诸侯，曰附庸。天子之卿受地视（即“比”，意为“相当于”。下同。——引者）侯，大夫受地视伯，元士受地视子、男。”[①]

——这是讲天子及其各诸侯国和宗主国中央朝廷的各级贵族依其等级所授封土的数量。以下转入爵禄制：

“大国地方百里，君十卿禄，卿禄四大夫，大夫倍上士，上士倍中士，中士倍下士，下士与庶人在官者同禄，禄足以代其耕也。次国地方七十里，君十卿禄，卿禄三大夫，大夫倍上士，上士倍中士，中士倍下士，下士与庶人在官者同禄，禄足以代其耕也。”[②]

从孟子的这番追述看，周代贵族俸禄的等级以爵位高低为根据，而俸禄的数量与土地的收获相联系：

下士的俸禄与庶人当官者的俸禄相同，其数量相当于一个农夫耕种一年的收入。按井田制一个农夫分田百亩，上等农夫可养活 9 人，其次可养活 8 人，中等的可养活 7 人，其次可养活 6 人，下等的可养活 5 人。[③] 依此计算，下士及庶人为官者的俸禄可养活 5—9 人，中士加倍，为 10—18 人，上士再加倍，为 20—36 人……其余可类推。

我们不厌其烦地引述《孟子》的上述文字，其意不在考证孟子所言周代爵禄制究竟有多少真实性，也无意一一推算出周代各级贵族的俸禄数量，而主要是为了就此表明，孟子对自天子、国君至各级从政贵族、官吏的爵位和俸禄等级制度的重视。他在作这番追述之前就已说明，

---

① 《孟子·万章下》。

② 同上。

③ 参见《孟子·万章下》。

这个制度正是诸侯想竭力废弃和破坏的："诸侯恶其害己也，而皆去其籍。"[①]他追念周礼的这一旧制度，含有对国家和社会的有序状态、制度的严密性和有效性的向往，以及对诸侯以一己私利而导致社会失范、无序的忧患。

周代的分封制、等级制、爵禄制都有一套相应的保障运作机制，它是周礼的重要构成部分。在这里，礼绝不只是温情脉脉，而表现为系统的暴力和严厉的赏罚。孟子对此十分乐道：

> "天子适诸侯曰巡狩，诸侯朝于天子曰述职。……入其疆，土地辟，田野治，养老尊贤，俊杰在位，则有庆；庆以地。入其疆，土地荒芜，遗老失贤，掊克在位，则有让。一不朝，则贬其爵；再不朝，则削其地；三不朝，则六师移之。是故天子讨而不伐，诸侯伐而不讨。"[②]

但是，这一个保障运作机制已不灵验了，被破坏了。肇祸者首先是五霸。五霸挟天子以令诸侯，"搂诸侯以伐诸侯"，"故曰，五霸者，三王之罪人也。"[③]其次是"今之诸侯"、"大夫"。"五霸"尚尊周秉礼，齐桓公与诸侯的"葵丘之会"，立下五条盟誓，不准违犯周礼，称为"五禁"，但"今之诸侯皆犯此五禁"，所以，"今之诸侯，五霸之罪人也。"[④]而"今之大夫"，一味逢迎和助长诸侯的罪恶，所以他们又是"今之诸侯之罪人"。[⑤]

总之，在孟子看来，一切都无序了，正是诸侯、大夫们毁坏了周之礼

---

① 《孟子·万章下》。
② 《孟子·告子下》。
③ 同上。
④ 同上。
⑤ 同上。

法。他希望恢复严格的等级式爵禄制秩序，并有力地保障其实施。这一愿望若从加强政事方面的法制建设角度言，不是没有合理因素的。其实，等级制并非必然落后和反动，在古代那种低下的社会生产力水平下，在当时社会发展的历史现实性上，等级制有其存在的合理性和进步性，因为它保障了社会的有序状态。

实际上，孟子称述周代爵禄制及其保障机制，并不等于是要复辟姬周王朝。北宋思想家李觏读到孟子言“五霸者，三王之罪人也”时，大为光火地说：

> “吾以为孟子者，五霸之罪人也。五霸率诸侯事天子，孟子劝诸侯为天子。……孟子当周显王时，其后尚且百年而秦并之。呜呼！孟子，忍人也，其视周室如无有也。”[①]

李觏对孟子的指责，说明他并不理解孟子以民为本的“王道”君主主义思想。但他看到，孟子称周制并不是死硬地维护周礼，而是“劝诸侯为天子”，为诸侯谋新制。李觏的这一看法并不错。

孔子曾宽容管仲的“不知礼”，鉴于他有“九合诸侯”之功而“如其仁”。[②] 孟子却对管仲颇多微辞。当公孙丑对孟子称赞管仲辅佐国君称霸，晏子辅佐国君扬名，他们两人值得后世学习和效法时，孟子不但不赞同，而且讥诮说：你真不愧是齐国人，只知道管仲、晏子。[③] 孟子最后表达了他小视管仲的真实想法：“以齐王，由反手也。”[④]他认为，管仲得到齐桓公如此高度的信任，其志向却仅仅停留在帮助齐桓公称霸于

---

① 李觏：《直讲李先生文集·常语》。

② 见《论语》之《八佾》、《宪问》篇。

③ 见《孟子·公孙丑上》。

④ 《孟子·公孙丑上》。

诸侯，而没有辅助齐桓公统一天下，成就王道。孟子认为，当时由齐国来统一天下，是易如反掌的事。

孟子这一“劝诸侯为天子”的思想在“禅让”、“放伐”中体现得更为明显。

孟子称周制的合理内核在于，国家在政事方面必须严格规定贵族官吏的等级、俸禄，必须强化对贵族官吏的法律控制和对僭越礼法等级行为的矫治，确保社会秩序、政治秩序的有效运作。

（二）禅让与放伐

如果说，在爵禄制问题上，孟子还只是隐约地显露其“劝诸侯为天子”的话，那么，在王位继承问题上，孟子则直截了当地“劝诸侯为天子”了。

王位继承法曾是周公旦“制礼作乐”的重要内容。他确立了嫡长子继承制度，并身体力行，摄政七年后还政成王。这在我国历史上传为美谈。在此后长达两千多年的中国古代史上，嫡长子继承被视为天经地义的政治统治合法性之常法，凡是要打破这一常规常法的王位继承事件，总难免旷日持久的政治清洗和血雨腥风的政变过程，而且还不得不编造一套套符合合法性、正当性的理论和故事。这又反证了周公创制礼法的影响之久远。

孟子并不反对这种制度，但这种制度造成的不能传贤的弊端他是看到了的。因此，他提出的补救之法，目的是希图让仁德贤能者继天下大位。他的补救之法是什么呢？两个字：“禅让”。

禅让之法在孔子那里已见端倪，孟子就借孔子之言来说明尧舜禅让确有其事：“孔子曰，‘唐虞禅……”[①]他进一步细化了“禅让”的规则和程序，提出“禅让”的成立要有三个方面条件：

---

① 《孟子·万章上》。

首先是受禅者本人有贤德。这是禅让的基本条件，也是设计这一制度根本目的。禅让就是让贤。尧禅舜，舜禅禹，舜禹都是贤能之人。

其次是要得到“天”和“民”的同意。孟子说，“天子不能以天下与人”，“昔者，尧荐舜于天，而天受之；暴之于民，而民受之”①，于是才让位于舜。征求“天”、“民”同意的具操作规程是：

> “使之主祭，而百神享之，是天受之；使之主事，而事治，百姓安之，是民受之也。”②

这颇有点类似于试君制：让未来的接班人先“主事”，看能否治理好天下。据说，舜就这样被尧试用了28年，禹也先试干了17年。③ 因此，舜受禅是“天与之，人与之”，非“尧以天下与舜”④。而“天视自我民视，天听自我民听”⑤，天的同意，说到底还是人民拥护、赞成。所以，孟子的“禅让”，可以说是依民意行禅让。实际上，禅让法是试图使其得民心者得天下、行仁政者得天下的政治统治合法性理论法制化。

“禅让”要得到“天”和“民”同意的这一条件很是关键。孟子之世，还真发生了一幕禅让闹剧。燕国国君子哙将王位禅于相国子之，燕国立即发生内乱。孟子指出，燕国的禅让违背了“天子不能以天下与人”的原则，“子哙不得与人燕，子之不得受燕于子哙。”⑥可见，“禅让”须依民意是孟子禅让之法的基本原则。

第三是要有天子的推荐。孟子说，舜、禹都靠贤德的圣君的推荐而

---

① 《孟子·万章上》。
② 同上。
③ 参见《孟子·万章上》。
④ 《孟子·万章上》。
⑤ 《尚书·泰誓》
⑥ 《孟子·公孙丑下》。

继天下，孔子就没有遇到这样的机会。

“匹夫而有天下者，德必若舜禹，而又有天子荐之者，故仲尼不有天下。”[①]

孟子的禅让之法是和平让位，对社会秩序和民生资源的维护最大，耗费的政治、经济和社会成本最小，但虽然美好且设计得不错，可在“争地以战”、“争城以战”的现实社会中有谁相信?! 在“朕即国家”、有王权就有一切的“家天下”君主政治制度中，又有谁会自愿放弃王位?! 孟子也似乎看到了禅让法行不通，所以承认王位继承中可以采取非常手段。

一是“征诛”。如“汤放桀，武王伐纣”。[②] 二是“易位”。如“君有大过则谏，反复之而不听，则易位”。[③] 但行使“易位”法权的只限于“贵戚之卿”。三是“变置”。如“诸侯危社稷，则变置”。[④] “变置”，即废旧君，立新君。“变置”是由天子掌握的法权，由上而下进行，与“易位”不同，“易位”是由下而上。

“禅让”也好，“征诛”、“易位”、“变置”也好，就王位继承制度而言，虽也属不同的解决国家权力交替或政治危机的模式，但其手段很难实现法律化，尤其难以进行法律操作。这是由孟子法思想的君主主义决定的，是其君主主义与重民思想相结合的产物。

8. 执中权时——法的方法论

孔孟在中庸观上是一致的。但孟子提出和论述了“权”、“时”两个

---

① 《孟子·万章上》。
② 《孟子·梁惠王下》。
③ 《孟子·万章下》。
④ 《孟子·尽心下》。

范畴，对如何实践中庸，怎样“执中”的问题作了新的探索，补充和发展了孔子的中庸思想。

关于“权”，孟子说：

> “执中为近之。执中无权，犹执一也。所恶执一者，为其贼道也，举一而废百也。”①

“执一”，是死板固执、不知变通的机械论和形而上学思想方法。这种方法抓住一点而不及其余，必然损害仁义之道，也无法达到“执中”。“权”，是灵活性。它看到了事物是运动变化的，要求在坚持原则性的前提下承认灵活性，达到在变动中把握平衡，实现“中道”。

“时”，与“权”相同，也是讲的灵活性。不过“时”主要是从适应时势、审时度势、不失时机、明时务识大体方面来讲灵活性的。孟子称赞道：“孔子，圣之时者也。”②这句赞美辞同时告诉人们，“时”不是人人能做得到，做得好的。“时”，是思想方法，也是一种极高超的政治法律操作艺术。

实行“权”、“时”的灵活性不能损害原则性。这些原则就是仁、义、孝、悌、礼等。对此，孟子再三作了申明：“非仁无为也，非礼无行也”；③“大人者，言不必信，行不必果，惟义所在。”④孟子举出了不少“权”、“时”的实例。如“男女授受不亲”是“礼”，“嫂溺，援之以手”是“权”；⑤孔子周游列国，“可以速而速，可以久而久，可以处而处，可以仕而

---

① 《孟子·尽心上》。
② 《孟子·万章下》。
③ 《孟子·离娄下》。
④ 同上。
⑤ 《孟子·离娄上》。

仕”[1]，都做得恰到好处，符合“中道”，这是“时”。

执中权时属于一般的方法论，不局限于法的领域。但由于法的问题的广泛性和复杂性，因此，它不仅适用于法律领域，而且作用格外突出。《孟子》书中有很多这方面的例子。

娶妻“必告父母”，这是礼，用现今的法律术语来说，是婚姻成立的一大要件。但舜的后母妒，父瞽瞍昏，异母弟象嚣顽，“告则不得娶”，故“不告而娶”，这是“权”。因为还有一条礼：“男女居室，人之大伦也。”[2]而“不孝有三，无后为大”，[3]废“人之大伦”，是最大的“不孝”。以“孝”权之，舜“不告而娶”正是符合“人之大伦”的根本礼义的。

“诛不仁”是先王之法的一大原则，舜据此“四罪而天下咸服”[4]。但对于自己那不仁的异母弟象，却“封之有庳”为诸侯。这也是权，依据的是“亲亲”的礼义原则：“仁人之于弟也，不藏怒焉，不宿怨焉，亲爱之而已矣”，不然，“身为天子，弟为匹夫，可谓亲受之乎？”[5]这实际上是在法的天下本位主义和家庭本位主义二者之间权衡以求“中道”。前述的皋陶将瞽叟“执之”，而舜又将其“窃负而逃”的虚构故事，所体现的也是天下之法与家庭本位主义之间的执中权衡。

有人说，封象于有庳，是孟子在提倡“家天下”、“私天下”，是“一人得道，鸡犬升天”，是“最大的腐败”。其实，“家天下”就是当时的政治制度，孟子思想没能摆脱时代的局限，封象之举不过是按礼法制度办事。这等故事发生在今天当然是腐败，在孟子时代却是制度安排而已。[6]

---

① 《孟子·万章下》。

② 《孟子·万章上》。

③ 《孟子·离娄上》。

④ 《孟子·万章上》“舜流共工于幽州，放驩兜于崇山，杀三苗于三危，殛鲧于羽山：四罪而天下咸服，诛不仁也。”

⑤ 《孟子·万章上》。

⑥ 参见拙著《礼法传统与中华法系》，中国民主法制出版社 2016 年版。

此外，如“徒善不足以为政”与“徒法不能以自行”；“教而后诛”与“不待教而诛”；坚持什一之税，反对“二十取一”的“貉道”和重赋厚敛的“大桀小桀”之虐政，等等，都有赖于执中权时在其间调节。孟子就是运用这一法的方法论，构建他的仁政之法的体系的。

五、孟子法思想的特点与价值

孟子思想直承孔子，其法思想亦是如此。历史上确实存在着“孔孟之道”，“孔孟之道”中涵摄着孔孟之法。它们构成了原始儒家思想和儒家之法的主体。

说孟子仁政之法与孔子法思想相一致，是就其基本精神和思维方式而言。孟子的仁政之法仍然有孟子的独特创新。

孟子仁政之法以“性善论”为基础，为孔子法论所阙如。他高扬“法先王”的旗帜，首明“民贵君轻”之法义，又疾呼“正经界”、定“恒产”作为行仁政之始，皆系孔子法论所未逮。他的天下意识更为强烈，家族伦理本位观念益显明确，作为“内圣外王”之学说主体的“修齐治平”纲领亦经孟子之手而得初步厘定。尤其突出的是，孟子由重民轻君，美仁政非暴政，发展到赞扬“汤武革命”，谠论诛不仁伐不义讨民贼，点燃了社会批判主义和批判恶的实在法的火炬，实为此后中华两千年古代史上不绝如缕的法律社会批判主义思想和抨击君主专制“非法之法”之渊薮。

孔孟的法论，均作多元展开又不离其本，此本即为血缘宗法伦理，孔子倡明于先，孟子发扬于后。其余天下本位、民本思想、君主主义、批判精神等等均以此为心理基点和价值标准。荀子批评孟子“略法先王而不知其统”，[1]这也许是荀子有了门户之见。其实，在法思想方面，孟

① 《荀子·非十二子》。

子是“法先王”而有其“统”的，他深得“先王之道”的精义，这就是血缘伦理、仁义孝悌，以此为法的最高价值。世论孟学系孔学正宗，观其仁政之法，确与孔子仁学的法思想一脉相承。比较孔孟二位哲人的法论，就思想体系言，孔子博大，恢宏而扼要，孟子完备，磅礴而直捷；就思想内容言，孔子简易而深邃，孟子丰富而充实；就思维方法言，孔子圆通而周密，孟子凌厉而中肯。孔子重推陈，孟子重出新；孔子功在开创，孟子功在完善。儒家“内圣外王”之学，至孟子而规模具备。

孟子的仁政及其法思想，从内容到体系均属古代轴心文明时期具有东方血缘宗法色彩的思想范畴。他铸塑的“先王”不过是保留血缘氏族民主的明君；“仁义”、“孝悌”等原是中国古代血缘社会和农村自然经济的反映，是血缘社会里家国一体的理想法，孟子将之提升为永恒的法价值。孟子“法先王”的法源论，对周制的种种赞美，都说明其法思想具有坚持“三代”礼法传统的保守主义特征，他的“贵民”说、诛暴说等等批判主义的法论，并非鼓动下层民众揭竿而起的造反理论，而是民本位君主主义的改良理论。

战国时期，七雄并起，兼并战争烽火连天。他们已经不满足于“劝诸侯为天子”了。七路诸侯用不着“劝”，个个拼着吃奶的劲争“为天子”。孟子的“劝”是以“仁政”而王天下，走“王道”路线。这时候不能不被视为迂阔之论，因为比霸道更崇拜暴力的“强道”正横行天下。但不论以什么手段让天下“定于一”，“定于一”的天下总得有“定于一”的政制和法制。这就是法的领域中不得不面临的时代课题之一。具体而言，是要将三代封邦建国体制的旧礼法改铸为中央集权制的新礼法，将诸侯国各自为政、不尽一致的旧礼法，改造为“大一统”的新礼法。这种改铸对其先辈们的法统用不着全部打碎，而主要是进行继承和改良。

这仍然是一个“得天下”和“治天下”的区别，一个“马上”和“下马”的选择。实现了“定于一”的局面，不管你愿意不愿意，最终还是得回到孟子“定于一”那套以“仁政”相标榜的治国理论上。这就是“孔子为汉立法”的由来。这里的“孔子”并非仅限于孔子一人，而是一种代称，包含孟子、荀子和其他先秦儒家。孟子所提出的“仁政”之法正是适应这样的时代需要的改良主义的法思想。他和孔子一起，奠定了秦汉以后古代中国君主政治社会的法制模式、法的价值理论和范畴体系，以及法的思维方法。作为一个时代的法思想的拥有者，他的创造性智慧、他的承上启下的思想功绩、他的法思想中蕴含的良法善治追求、现实批判主义精神和贵民轻君的人类性价值，永远能启迪后人，是常研常新的法思想文化宝库。

第六章　荀子的法思想

荀子堪称先秦后期儒家泰斗，其学术集儒家之大成，采百家之所长。他的法思想以礼法论为核心，故亦可称之为礼法思想，内容繁富、结构完整。介绍和研究荀子的礼法思想，不能不涉及到先秦整个法思想，特别是儒家法思想的主要内容，不能不比较诸子法思想，特别是儒法两家法思想的异同。这样，对荀子法思想的阐述，若按其本身的范畴和命题来展开，也许更有利于揭示这个思想的原貌，从而不失为一种有益的尝试。故本章拟以荀子的礼法论为主干，围绕礼法论逐次分析其性恶论、“法后王”论、王霸论、德刑论、富国论（法与经济论），“治人”与“治法”论中蕴涵的法思想。

一、荀子和荀学

荀子名况，字卿，战国时赵国郇邑人（今山西省临猗县一带）。据传系周郇伯公孙后裔，故又氏孙，人称孙卿。古籍中对其生平事迹的记载十分粗略，且错讹甚多。诸多的考证文字各有所持，莫衷一是，人们大致推断他的主要的政治、学术活动约在公元前298年（周赧王十七年、秦昭王九年、齐湣王三年）至公元前238年（秦王政九年）之间。

1. 游学、从政

《史记·孟子荀卿列传》和刘向《七略别录·孙卿子叙录》均称，荀子“年五十”始到齐国“游学”，应劭《风俗通义·穷通篇》则云：“齐威王、宣王之时，孙卿有秀才，年十五始来游学，至襄王时，孙卿最为老师。”学术界多从应劭之说。有人还以此推算：齐威王卒于公元前320年，假定荀子此时到齐游学，年方一十五岁，则其出生约在公元前334年。[①]

在齐游学期间，荀子曾北上燕国，但没有得到燕王哙的重用，复回齐稷下学宫。齐宣王时，稷下学宫大盛，孟子亦于此期间到达齐国。孟、荀二人很可能相遇于学宫，只是荀子当时还是个未成名的青年学子。终齐宣王之世，荀子已届“三十而立”之年，学问上也崭露头角。齐湣王即位后，一度灭宋畏楚，西摧三晋而却强秦，矜功骄横，以刑为威，稷下诸先生谏而不听，纷纷逃散。公元前284年，燕、楚、魏等五国伐齐，燕将乐毅攻入临淄，齐湣王出逃，反被楚军杀死。荀子约于此前南奔至楚。[②]

公元前279年，齐收复失地，迎立襄王。襄王“尚修大夫之缺”，恢复稷下学宫。荀子又回到稷下，时年50岁左右。此时，慎到、田骈等老一辈稷下学者皆已去世，荀子“最为老师”，且“三为祭酒”，[③]执掌学宫，成为当世最德高望重的大学者。

齐襄王时，王后擅政，佞臣当朝。荀子曾对齐相[④]指出了“女主乱之宫，诈臣乱之朝，贪吏乱之官”[⑤]的严重局势。最后自己也为谗言所

---

① 见向仍旦《荀子通论》，福建教育出版社1987年12月第1版。关于荀子的生年，说法很多。郭沫若《中国史稿》以为是公元前313年。汪中《荀卿子通论》断为公元前298年。

② 据《盐铁论·论儒》。

③ 《史记·孟子荀卿列传》。

④ 北京大学《荀子》注释组《荀子新注》（中华书局1999年版）以为此齐相即田文（孟尝君）。《荀况评传》（载《中国古代著名哲学家评传》）等从之。据《史记·孟尝君列传》，田文相齐湣王，后受谗去职。《强国》篇“荀卿子说齐相”一章，有“女主乱宫”等语，似与齐湣王时政局不合。又有“相国舍是而不为”等批评齐相之辞，亦与田文之事迹有左。此章疑为荀况在齐襄王时批评政治的言论。齐相不当是田文。

⑤ 《荀子·强国》。

害，难以有所作为，只好再次离去。

公元前266年，秦昭王用范雎为相，荀子应聘入秦，《荀子》书的《儒效》、《强国》等篇保存了荀子入秦后与秦昭王、应侯范雎等论政的言论。荀子称道秦国已是“治之至也”的同时，劝他们应“节威反文”。[1] 刘向说：“昭王方喜战伐，而孙卿子以三王之法说之，及秦相应侯，皆不能用也。”[2]

荀子在秦国停留时间不长。公元前262年，春申君黄歇出任楚相。荀子至楚，春申君任为兰陵令。时间约在公元前256年楚灭鲁之时。《史记》载：“春申君相楚八年，为楚北伐灭鲁，以荀卿为兰陵令。”[3]但荀子不久便遭到谗言中伤和排挤。有人在春申君面前挑唆：过去汤以七十里，文王以百里，而王天下。今荀子是天下贤人，你藉以百里之势，“窃以为不便。”[4]于是，春申君客客气气地辞退了荀子。荀子返回故乡赵国。

赵孝成王待荀子以上卿之礼。荀子尝与临武君议兵于赵孝成王前，弟子李斯等也在座。他指出“王者之兵”不贵“权谋势利”，关键在于“附民”，在于“隆礼贵义”。[5] 赵孝成王和临武君听后虽喝彩称“善”，但并不重用荀子使之能一展抱负。

春申君不愧为“战国四君子”。不久，他又请荀子回去继任兰陵令。公元前238年，春申君被李园杀害，荀子废居兰陵，著书立说，直到老死。《荀子》的《成相》篇公认为是荀子晚年所写，内有“人主无贤，如瞽无相何伥伥”以及“世之愚，恶大儒，逆斥不通孔子拘。展禽三绌，春申

---

① 《荀子·强国》。

② 刘向、刘歆：《七略别录·孙卿子叙录》。

③ 《史记·春申君列传》。

④ 见《战国策·楚策》。

⑤ 《荀子·议兵》。

道缀基毕输”等句，痛切地吟出了其身处逆境、极不得志的遭遇和晚年的悲凉。

2.学术成就

荀子留下的著作颇丰。流传至西汉，刘向校雠皇室秘籍时，见到的《荀卿书》凡322篇，去其重复，编定为32篇。唐杨倞将各篇次序作了调整，并分为20卷，作了注解。这就是现今流传的《荀子》一书。自杨倞以后，经王先谦等继续考订，认为其中《大略》、《宥坐》、《子道》、《法行》、《哀公》、《尧问》六篇系荀门子弟所记。梁启超、郭沫若、张岱年先生还认为，非荀子自著的还应加上《君子》、《仲尼》两篇。[①] 总的看，《荀子》一书绝大部分篇章出自荀子本人，少数为弟子杂录，或羼入了后人的附益。但全书基本上反映了荀子本人的思想，是研究荀子思想的可靠资料。

清人汪中《荀卿子通论》云："荀卿之学出于孔氏，而尤有功于诸经。"他考证说：《毛诗》可能是荀子传承于子夏一系再转授鲁人大毛公的；《鲁诗》、《谷梁春秋》是由荀子门人浮丘伯传授下来的；《韩诗外传》中引"《荀卿子》以说诗者四十有四"，简直是《荀子》的翻版；《左氏春秋》是荀子从曾申（即曾参）一系中得传后再传授于张仓，仓又传贾谊的；至于《礼》，更是荀子之长，《大戴礼》的《礼三本》、《劝学》直接出于《荀子》的《礼论》、《劝学》，《大戴礼》的《曾子立事》篇与《荀子》的《修身》、《大略》二篇，《小戴礼记》的《乐记》、《三年问》、《乡饮酒义》篇与《荀子》的《礼论》、《乐论》篇等都有相同文字。他的结论是："六艺之传赖以不绝者，荀卿也。"[②]梁启超赞同说："汉代经师，不问为今文家古文家，皆出

---

① 参见郭沫若：《十批判书·荀子的批判》，《郭沫若全集》历史篇第二卷，人民出版社1982年版。张岱年：《中国哲学史史料学》，三联书店1982年版。

② 汪中：《荀卿子通论》。

荀卿。"[1]郭沫若也认为："汉人所传的《诗》《书》《易》《礼》以及《春秋》的传授系统，无论直接或间接，差不多都和荀卿有关，虽不必都是事实，但也并不是全无可能。"[2]荀门子弟赞美其师云："今之学者，得孙卿之遗言余教，足以为天下法式表仪。"[3]儒经的传授确是荀子的一大贡献。

荀子一生从事教学，弟子一定很多，但尚可考者除韩非、李斯外，只有毛亨、浮丘伯、张苍、陈嚣等。贾谊是他的再传弟子。[4]

3. 荀子是先秦儒家的一个新派

荀子属儒家还是法家，或别的什么家，至今仍有一些分歧。汉代大儒董仲舒"作书美荀卿"。[5] 扬雄认为孟、荀的区别只是"同门异户"。[6] 唐代韩愈称道荀子为"大醇而小疵"。[7] 可见，汉唐学人都把荀子作为儒家看待。

宋代理学崇尚理性，不遗余力地扬孟抑荀，指荀子为"异端"，必欲逐之儒学之门外而后快。但亦有如王应麟等曲为维护。他据《荀子·非十二子篇》中非十二子，在《韩诗外传》中引述时只非其中十子，独少子思、孟子，从而断言："荀卿非子思、孟子，盖其门人如韩非、李斯之流，托其师说以毁圣贤。"[8]王氏的看法未免失之表面。其实，荀子批评思孟不只是《非十二子》中的一段话，而是贯彻全书的，其《性恶》、《解蔽》等篇均有这方面的文字。

---

① 梁启超：《清代学术概论》。

② 郭沫若：《十批判书·荀子的批判》。

③ 《荀子·尧问》。

④ 转引自王蘧常：《荀子新传》，《中国历史文献研究集刊》第二集。

⑤ 见刘向《荀卿书序》。

⑥ 扬雄：《法言·君子》："至于子思孟轲诡哉，曰吾于孙卿与，见同门而异户也。"

⑦ 韩愈：《读荀》。

⑧ 王应麟：《困学纪闻》。

清代诸儒大多将荀子归入儒家。汪中、王先谦自不必说，郝懿行甚至盛赞《荀子》“其学醇乎醇”，[①]不同意韩愈“大醇小疵”之说。《四库全书》将《荀子》列入“儒家类”，并在《总目》中评价说：“况之著书，主于明周礼之教，崇礼而劝学。……平心而论，卿之学源出于孔门，在诸子中最为近正，是其所长；主持太甚，词义或至于过当，是其所短。”认为韩愈“大醇小疵”之说可以作为“定论”。又指出，荀子非子思、孟子，“其在当时，固亦卿之曹偶，犹朱陆之相非，不足讶也。”[②]

清末民初思想家对荀子评价较高，如章太炎就誉称“荀况学过孔子”。[③] 但他们也基本上肯定荀子在思想流派上应归属儒家。

将荀子明确派定为法家，并且几乎形成一边倒的极不正常现象的，是在二十世纪七十年代中期“文化大革命”中的所谓“评法批儒”运动期间。“文化大革命”结束之后，荀子学派属性问题一度引起讨论。极大多数学者仍然肯定荀子应归属儒家。近几年有人提出，荀子既不是法家，也不是儒家，而是黄老学派，[④]但应者寥寥。

我们认为，荀子学术尽管有那么一点驳杂，但杂而有统，其主旨是弘扬周孔德礼之教和王道仁政。他以儒家学说为主，综罗百家，所创的是一个儒家的新派，而不是流入儒家之外的其它学派。他对思孟学派的批判，正像他对“子张氏之贱儒”、“子夏氏之贱儒”、“子游氏之贱儒”的批判一样，是儒家内部不同派别之间的学术分歧。且荀子于孟子，有批判也有吸收。

范文澜先生研究经学发展过程后指出，孔子创立经学之后，其发展可分两支：仁义和礼乐。孟学重于继承仁义的精神，成为宋代性理学派

---

① 郝懿行：《荀子补注》，《与王引之伯申侍郎论荀卿书》，载王先谦：《荀子集解》上册。

② 《四库全书总目提要》卷九十一·子部一〇儒家类一。

③ 章太炎：《訄书·订孔》。

④ 见赵吉惠：《荀子非儒家辩》(1987 年孔子学术讨论会论文)。

的渊源。荀子着重继承礼乐的精神,成为汉学的渊源。[①] 这里虽然只是就经学说的,但对我们很有启发。从学术思想和文化精神来分析,孟学注重仁义,讲求向内用力;荀子注重礼乐,讲求以礼义制约人心。孟学比较接近儒家“内圣外王”正统;荀学重外不重内,从儒学角度论,难免“小疵”之讥,但仍瑕不掩瑜。此外,孟学比较“迂阔”,理想主义色彩很浓;而荀学比较贴近实际,特别是中央集权政治的实际,现实主义的倾向较为明显。因此,在秦汉以后的帝制王朝社会政治实际中,孟子名高而只是虚悬一格,荀学名卑却实地流行。无怪乎谭嗣同大呼:“二千年来之学,荀学也,皆乡愿也。”[②]其实,秦汉以后的儒学,不但非孔学、孟学原型,亦非荀学原型,其偏失之处不当归罪于荀子。

4. 荀子法思想有自己的特色

在儒家“道统论”者眼里,荀学是“大醇小疵”,然而这正是荀学的特色之所在。

荀子生活在战国末期大一统中央集权的帝制政治局面行将形成之际。秦凭借“气力”,厉行法家强国之术,雄视中原、吞并八荒之势已定。其时再无周道可尊,亦无霸道可黜。学术上尽管还存在“百家异说”,[③]但百家对强权政治的依附性越来越大,再不可能有孟子“后车千乘”、“传食诸侯”、“说大人,则藐之”的气派了。荀子长期侨居稷下,虽尊为“祭酒”,实际上不过一名“食客”。他两次作兰陵县令,也不再能像孔、孟的“可以仕则仕”那种“圣之时者”那样洒脱和自由了。荀子实际上已差不多成为准中央集权政治的小官僚。所以荀子的学说已融入了较多的论证君主权威的官僚理论,在重民思想、仁义王道及其批判精神等方

① 参见《范文澜历史论文选集·中国经学史的演变》,中国社会科学出版社1979年版。

② 谭嗣同:《仁学》。

③ 《荀子·解蔽》。

面比孔、孟都有不同程度的消退。在政治法律思想方面，荀子隆礼而又重法、重赏罚，将礼的规范性、强制性特别加以强调，建立了自己的礼法论、德刑论；他提出性恶论与孟子性善论相对抗，为论证圣人创制礼法以制约和矫治人性提供了理论依据；他尊王道也称霸道，与孟子的“尊王黜霸”论相径庭，为论证隆礼重法、明德慎罚的法制原则和赏罚的作用开了方便之门，再加上他的“制天命而用之”的天道观等，形成了对孔、孟思想及其法思想体系的改造，适应了走向统一的帝制中央集权政治的需要。

有人以为，荀子架起了由礼到法的桥梁。其实，韩非的理论和李斯的实践并不是荀子学说的必然发展和必然归宿，秦王朝的政治不是荀子所设计的新政模式。汉代的“霸王道杂之”的政治现实与荀学的“尊王称霸”的主张也不完全是一回事。董仲舒的新儒学与荀学确有不少相通之处，但其以阴阳五行、“天人感应’为经纬的理论体系，性三品说及“《春秋》决狱”之类并非继承荀子而来。

要之，荀学的特色和独创在于：一是使原始儒学政治化、官僚化、可操作化；二是调合礼法，释礼为法，将“三代”的原始礼法学发展为适应帝制大一统的新礼法学。由此而为汉代新儒学打开了通道，提供了范式。从这个意义上说，荀子是汉代新儒学的开创者，帝制时代正统法律思想的理论探索者和先驱者。他不是由儒到法的桥梁，而是由儒兼法、释礼为法、以礼纳法的新礼法学的导师。

二、性恶论与法

礼和法都是用来规范人、矫治人的。那么人为什么离不开礼法？人是什么？人性是怎么样的？这几乎是春秋战国时期较有成就的思想家们理论思维的一个出发点。荀子对这一问题的思考更为系统，他的结论是:“人之性恶”。

1.“性”和“伪”

荀子先给“性’来了一个“正名”:

“生之所以然者谓之性。性之和所生,精合感之,不事而自然谓之性。”①

“凡性者,天之就也,不可学,不可事。”②

“性者,本始材朴也。”③

“性者,吾所不能为也。”④

一句话,“性’是与生俱来的人的自然本能,如“目可以见,耳可以听”⑤之类。

本来,人性既如耳听目视,“本始材朴”,也就无所谓善,无所谓恶。但荀子偏要说人性是恶的,这是由于他在性中引入了另一概念:“情”。

“性之好、恶、喜、怒、哀、乐,谓之情。”⑥

“情”与“欲”相联。“情’是“性”的实际内容,“欲”是“情”的外在表现。

---

① 《荀子·正名》。
② 《荀子·性恶》。
③ 《荀子·礼论》。
④ 《荀子·儒效》。
⑤ 《荀子·性恶》。
⑥ 《荀子·正名》。

"性者，天之就也；情者，性之质也；欲者，情之应也。"[①]

荀子断言人之性是恶的，其根据就在人有情欲。"恶"是通过情欲表现出来的。他说：

"今人之性，生而有好利焉，顺是，故争夺生而辞让亡焉；生而有疾恶焉，顺是，故残贼生而忠信亡焉；生而有耳目之欲，有好声色焉，顺是，故淫乱生而礼义文理亡焉。"[②]

荀子在这里把人性之恶的情欲表现分为三种："好利"、"疾恶"、"耳目之欲"。试分述之。

先说"耳目之欲"。这是一种感官上的情欲。《性恶》篇云：

"目好色，耳好声，口好味，心好利，骨体肤理好愉佚，是皆生于人之情性者也。"[③]

"今人之性，饥而欲饱，寒而欲暖，劳而欲休，此人之情性也。"[④]

可见"耳目之欲"，多为"饮食男女"之类的人生基本需要。

关于"利"欲。"耳目之欲"一旦超过了基本需要的限度，就成为一种奢华的物质享受，成为对财富的占有欲和贪欲。这就是"好利"。荀子列举了"好利"的表现：

---

① 《荀子·正名》。
② 《荀子·性恶》。
③ 同上。
④ 同上。

“夫人之情，目欲綦色，耳欲綦声，口欲綦味，鼻欲綦臭，心欲綦佚，此五綦者，人性之所不免也。”①

“綦”，极也。“五綦”，即五种感官都追求最好的享受。这就超出了一般的“耳目之欲”了。

“人之情，食欲有刍豢，衣欲有文绣，行欲有舆马，又欲夫余财蓄积之富也，然而穷年累世不知足，是人之情也。”②

“不知足”，更是一种贪得无厌的追求财富的“好利”情欲了。

关于“疾恶”。“疾恶”指的是一种妒忌心理，举凡妒贤忌能、妒富忌贵等皆是。“疾恶”出于“好利”，实是“耳目之欲”和“好利’之欲的孪生情欲。

荀子又把人性之恶归结为“好荣恶辱，好利恶害”③两方面的情欲。前者是精神方面的，可称之为荣誉欲，后者是物质方面的，可称之为物质欲。上述“耳目之欲”、“好利”、“疾恶”基本上属于“好利恶害”的物质欲方面，但也寓有荣誉欲的因素。

此外，荀子又指出了另一类恶的情欲：权力欲、威势欲。有了权力，占有了天下，驾凌于一切之上，就“兼有”一切，财富、荣誉等等什么都有了。荀子说：

“夫贵为天子，富有天下，是人情之所同欲也。”④

---

① 《荀子·王霸》。
② 《荀子·荣辱》。
③ 同上。
④ 同上。

"夫贵为天子,富有天下,名为圣王,兼制人,人莫得而制也,是人情之所同欲也,而王者兼而有是者也。……名声若日月,功绩如天地,天下之人应之如景响,是又人情之所同欲也,而王者兼而有是者也。"①

人人都想有权势,能"兼制人"。荀子的性恶论如果仅仅到此为止,那真可谓痛快淋漓,将"以德配天"、"保民而王"之类的神话击得粉碎,将统治阶级的权力崇拜一丝不挂地曝了光。然而,荀子这些揭示只是为了建立他的理论体系,而他的理论又是为了阐发王道政治,从而给本阶级制造新的幻想。正是在这一点上,荀学与法家之学分道扬镳。

归结起来,荀子把人性之恶的情欲分成了四类:耳目之欲、利欲、疾恶,以及权力欲。荀子说,这儿类恶的情欲人人都有:

"故虽为守门,欲不可去,性之具也。虽为天子,欲不可尽。"②

"千人万人之情,一人之情是也。"③

"凡人之情者,尧、舜之与桀、跖,其性一也;君子之与小人,其性一也。"④

换言之,在性恶面前个个一样,人人平等。

荀子的上述看法有两个明显的错误。其一,七情六欲是人的正当生理需要和心理现象,实是人的自然属性,这些所谓的"耳目之欲",何恶之有!其二,"好利"、"疾恶",以及占有欲、权力欲等情欲并不是先天

① 《荀子·王霸》。
② 《荀子·正名》。
③ 《荀子·不苟》。
④ 《荀子·性恶》。

所生，万人一样，而是后天形成，各不相同的。它们属于社会性的范畴，与自然性不是一回事。

荀子论述人性是恶的，只不过是指出人性中含有恶的基因，这只完成了他性恶论的一半，而且不是重要的一半。重要的在于，他据此提出了人性应当改造、可以改造及如何改造的理论，这就是关于"伪"的学说。

什么是"伪"？

过去有些人不通古训，把"伪"误以为真伪之伪。这样一来，荀子的性恶论就读不通了。唐杨倞拨乱反正，作注云："伪，为也。凡非天性而人作为之者，皆谓之伪。"杨倞对"伪"作了正确的解释：伪即人为。[①] 其实，《荀子》书中原本就作了这样的"正名"。

> "心虑而能为之动谓之伪。虑积焉、能习焉而后成谓之伪。"[②]
>
> "不可学、不可事而在天者，谓之性；可学而能、可事而成之在人者，谓之伪；是性伪之分也。"[③]

"心虑"、"虑积"等等，说明要经过深思熟虑；"能习"、"可学"、"可事"，指思虑后所采取的一种改造恶性、趋向于善的坚持不懈的行为。可见，"伪"是人类的自觉的能动性。荀子把这种行为的结果——"成"，涵摄在"伪"之中。所谓"能习焉而后成"、"可事而成"，即指人们对性之恶的情欲的自觉改造行为达到了预期的效果，获得了成功，使之成为善了。

---

① 亦有学者把荀子的"伪"说成是"伪装"，认为"其善者伪也"，即"善"是"伪装而成"的。见林剑鸣：《法与中国社会》，吉林文史出版社 1988 年版，第 79 页。"伪装"之"伪"与真伪之"伪"同义，即假的意思，恐非荀子原意。

② 《荀子·正名》。

③ 《荀子·性恶》。

这一点，在研究荀子性恶论中恰恰被长期忽视了。因此，指出“伪”即“人为”，自然是正确的，但却是不够的。“伪”不只是一般的“人为”，而是特指人们改造恶的本性的一种自觉的能动性，并且还是一种获得了成功的改造效果的自觉的能动性。由此，我们才能体味到荀子在其“伪”的学说中所包含的关于人性应当改造、可以改造及如何改造的思想的深蕴。所以，荀子的性恶论实在应称之为“性恶可伪论”，或“性伪论”才恰当。

2. 性恶论与性善论

荀子在《性恶》篇中开宗明义亮出自己的观点：“人之性恶，其善者伪也。”矛头直接对准性善论。文中还一再指名道姓地批判孟子，说他提出人性善是要“去圣王，息礼义”，指责孟子的性善论“无辨合符验，坐而言之，起而不可设，张而不可施行”，[①]是一派空洞的大话。正因为如此，性恶论最为后来倾向心性之学的儒生所诟病，即便是确认荀子为儒家而为之辩护的人，也不得不承认其性恶论“诚未免于理未融”，说它不过是荀子的一个理论论证上的策略，而不关他的理论体系：“然卿恐人恃性善之说，任自然而废学，因言性不可恃，当勉力于先王之教。”[②]这样的辩护是无力的。性恶论是荀学的有机组成部分，是其理论大厦的基础。荀子真诚地相信并全力论证人性是“恶”的，而且以“恶”和“化性起伪”为基点建构了自己的全部学说。

善与恶是一双相对立道德范畴。孟子说，人生来有“仁义礼智”四种“善端”，这是先验的道德观。荀子说，人生来有许多“恶”的情欲，这仍是先验的道德观。区别只在于一个讲先验的道德是“善”的，一个讲

① 《荀子·性恶》。

② 《四库全书总目提要》卷九十一·子部一〇·儒家类一。

先验的道德是“恶”的。

孟子说：“口之于味也，有同耆焉；耳之于声也，有同听焉；目之于色也，有同美焉。”[①]“男女居室，人之大伦也。”“好色，人之所欲”，“富，人之所欲”，“贵，人之所欲”，“天下之士悦之，人之所欲也。”[②]“贵者，人之同心也。”[③]说明孟子并不否认人有“耳目之欲”，也不否认人有好利欲、荣誉欲、权力欲。但他不认为这些是与生俱来的人性，也不把“耳目之欲”看作是恶。

可见，孟荀的对立，首先是由于他们对“性”有各自的理解。但很难说荀子把“耳目之欲”等物质性的本能要求归于性，就是唯物主义人性观，就具有更多的人民性。因为，若从比较方法上言，孟子也高度肯定人的物质生活要求的正当性，虽然他没有把它称之为“人性”。从理论角度上说，以情欲为人性，并认定是恶的，同以“四端”为人性，并认定它是善的，两者同样是片面的、抽象的人性论。

孟子说，将“善端”保持住，而且不断发扬光大，使之扩充起来，“人皆可以为尧舜”[④]；荀子说，“恶”并不可怕，可以用礼义来“化性起伪”，这样，“涂之人可以为禹”，[⑤]“涂之人百姓，积善而全尽谓之圣人”。[⑥] 可见，他们的出发地点不同，所要到达的目的地却是相同的，都着眼于修身成圣。

孟子认为，守善扬善，固然需要个人存心、养性、尽心、知性，同时也靠良好的教育和良好的政治法制。荀子则指出，“化性起伪”固然要归功于“圣人”的“礼义之化”，“师法”的正确教导，以及“君上之势”、“法正

---

① 《孟子·告子上》。

② 均见《孟子·万章上》。

③ 《孟子·告子上》。

④ 《孟子·告子下》。

⑤ 《荀子·性恶》。

⑥ 《荀子·儒效》。

之治”、“刑罚之禁”等外部的强制和促进，但也有赖于个人的努力学习和修身。他们二人虽然着重点有所不同，但其方法、途径上仍基本上是相通的。

因此，孟荀在人性问题上的分歧，看起来似乎是在字面上的对立，一个持性善，一个持性恶。其实，关键是在理论要旨上的异趣，对人的信念上的差别，对社会和国家治理的原则、方法上的不同。

孟子“道性善”，引导人们向内努力，扩充“善端”，认为这是顺应人性。政治法制亦应顺人性，“以不忍之心，行不忍之政”，实施仁政和仁政之法。荀子定人性为“恶”，认为必待礼义师法而化恶为善。因此重视外在的强制，政治法制是用来矫治人性的，“化性起伪”须靠王道政治、王者之法。他虽也认为人可以通过后天的学习和礼义师法的制约成为君子，但由于完全抽掉了人的内善依据，善全靠从外向内灌输，因此，实际上对人的自我改造能力已不像孟子那样有信心了。

荀子的“性恶论”同法家的“性自私说”、“性自为说”的前一半——人性是恶的，是接近的，但后一半却有根本的不同。这就是：荀子指出人性恶，是为了“化性起伪”，使之为善；而法家认为，人性无法改变，也不必花气力去改变，教化等一切都是徒劳的。既然人性是“好利恶害”的，那就用赏罚两种手段足以对付了，严刑峻法可以使人不敢顺性为恶。正是这后一半的不同，显示了荀子性恶论的儒家基本属性：把着眼点放在人性的改造、人的教化上，而不是对人性的桎梏、对人的惩治上。

西方近现代法治学说是建立在假设人性恶的基点之上的。尽管不是人人都恶、都会做违法犯罪的事，甚至大多数人不是这样的，但法律的预设必须完备，制约机制必须有力，矫治体系必须严密。孟子持性善论，固然在出发点上就同这样的近代法治理论相径庭了，荀子从性恶论出发却也没有走上这一条法治之路。个中原因自然很多，主要的一点就在于，荀子提出性恶论，旨意不在设置以法为手段的完备严密的防范体制，而在说服人们服从礼义，致力于教化，再向内努力节制情欲，从而“化性起伪”。两种方法，两条道路都可以达到维护社会秩序的目的，但它们的途径毕竟是不同的。至于法家从人性“自私”、“自为”出发，强调君主应有绝对权威，实行严刑重罚、轻罪重刑，使人们在高压的震慑下颤栗自危、不敢违法，从而维持社会秩序。这与西方近代法治论可以说是形似而实乖，相距难以道里计。说穿了，法家重视的不是法治，而是君主的权势和刑杀之治。这是顺便交待的一点。

3. 性恶论与荀子法思想的基调

荀子的性恶论，特别是其核心部分——人性改造论，或“化性起伪”论，是荀子法思想的逻辑起点，并决定着其法思想的个性特点。

首先，既然人生来就有恶的基因，因而犯罪是有着内在的人性根据的。由此决定了荀子的犯罪原因论有着不同于孔、孟的特点：肯定人的恶的情欲是导致犯罪的原初的内在心理驱动力。而这也是荀子对社会犯罪原因提供的一个新的解释。

其次，由此也就指明：预防和控制犯罪必须正本清源，改造人性，“化性起伪”。但改造人性并不是去掉人的情欲，只是使这种情欲得到节制。“欲虽不可去，求可节也。”[①]怎样才能合理地并且有效地节制情欲呢？荀子对这个问题的探讨，形成他那综合性的犯罪预防和控制理论。

第三，荀子指出，矫治人性的最有力的手段是“礼义”。无礼义则不能“化性起伪”，从而也就不能治国理政，因而，“国之命在礼”[②]。这样，荀子就从人性论出发，确立了礼在治国中为本为主的地位。荀子的全

① 《荀子·正名》。
② 《荀子·强国》。

部学说，归根到底可以说是关于礼的学说。荀子的法思想，也是以礼为核心的礼法思想体系。

第四，“礼义”从何而来？荀子的回答是：圣人所生。圣人为了矫治人性，不但“生礼义”，而且“制法度”。

> “故圣人化性起伪，伪起而生礼义。礼义生而制法度。然则礼义法度者，是圣人之所生也。”①

可见，荀子也是从“化性起伪”论出发来解决法律制度的起源问题的。

第五，“化性起伪”实际上是立足于对人的改造，而不是对人的惩罚。对人的改造就应有足以为人表率的人。所以，“生礼义”必须是“圣人”，学习礼义必须有“师法”。“礼者，所以正身也；师者，所以正礼也。”②君主本人也应“以修身自强”③。总之，以礼为治国之本，必然有赖于圣君贤相，而且应当“贵师重傅”，一句话，必然导致贤人政治。这就是荀子“有治人无治法”这一命题的由来。

总之，荀子从“化性起伪”，改造人性出发，提出了自己关于礼法的起源、作用，礼法的关系等法思想的基本观点，形成了自己的犯罪原因学说、犯罪预防和控制学说、“治人”学说等。性恶论实在是荀子思想体系的一块理论基石，同样也是其法思想的立足之地。

法家思想家多主人性自私自为说。人性自私自为亦即人性恶。但他们认为人性是无法改造、也无须改造的，君主的治国之本就在于利用人的自为心，实行赏罚两种手段使之驯服。所以法家的法思想重刑而轻德、迷信权势、法术而轻视师法之教。荀子持性恶论，但其法思想却

---

① 《荀子·性恶》。
② 《荀子·修身》。
③ 同上。

仍然归本儒家而与法家迥然有别，关键就在于他希冀于人性的改造，主张“化性起伪”。“化性起伪”论为荀子的法思想定下了理论基调。

三、“法后王”论与法

荀子与孔、孟一样，依傍圣人来论述自己的政治法律主张，批评时君世主。由于荀子生活于“上无贤主，下遇暴秦”[①]的政治急剧转折时期，纵横、名辩、权谋、术数之家“不法先王，不是礼义”[②]，蔑视尧、舜、禹、汤、文、武、孔子之道，而“四世有胜，兵强海内，威行诸侯”[③]，即将射鹿定鼎的秦国在荀子看来却只是“末世之兵”[④]，只会“以力兼人”[⑤]，绝无圣王观念。在君主专制体制业已基本形成，君主个人独裁淫威渐烈之时，直陈己见将冒更大风险，如荀子门人所谓，荀子是“怀将圣人之心，蒙佯狂之色，视天下以愚”[⑥]，不得不采取明哲保身的办法。正是在这样一种政治、学术的氛围之下，荀子比孔、孟更多地称引先贤。不过，他所标榜却是“法后王”。

1.“法后王”与“法先王”

荀子提出“法后王”从表面上看是直接针对着思孟学派的“法先王”的：

---

① 《荀子·尧问》。
② 《荀子·非十二子》。
③ 《荀子·议兵》。
④ 同上。
⑤ 《荀子·强国》。
⑥ 《荀子·尧问》。

“略法先王而不知其统，……是则子思、孟柯之罪一也。”[①]

“逢衣浅带，解果其冠，略法先王而足乱世；术谬学杂，不知法后王而一制度，不知隆礼义而杀诗书。……是俗儒也。”[②]

对荀子的“法后王”，历来看法不一，影响较大的可分三家：一是唐代杨倞，以为“后王”即“当今之王”，或“近时之王”。[③] 后人亦时有持之。二是认为后王指三代圣王，尤其是文、武。如清儒刘台拱、王念孙均以为指文、武。[④] 冯友兰先生也说：“‘后王’指的是三代之中最后之王。那就是周文、武。”[⑤]有些学者则把“后王”的范围定得较宽，或说“包括文、武、周公和孔子在内”[⑥]，或指“三代之王”[⑦]，或以为“指商汤、文武”[⑧]。这些说法大同小异，可归为一家。三是以郭沫若为代表，认为，荀子的“法后王”和孟子的“尊先王”，“毫无区别”。“先王”和“后王”是相对的称呼，孟子称“先王”，因他们先于梁惠王、齐宣王等时君故称“先王”；荀子称“后王”，因他们后于神农、黄帝故称“后王”。[⑨] 这就是说，“后王”即“先王”，实际上包括尧、舜、禹、汤、文、武、周公。

二十世纪六七十年代有不少文章曾在“后王”问题上大加发挥。他们基于“后王”为“当今之王”一说，断言荀子“法后王”是主张厚今薄古，适应社会进步潮流，推尊改革之君，反对复古倒退，等等。这种看法无疑是缺乏根据的。荀子自己就大言“复古”：

---

① 《荀子·非十二子》。

② 《荀子·儒效》。

③ 见(清)王先谦：《荀子集解·儒效》，载《诸子集成》第二册，中华书局1954年版，1984年重印。

④ 见《荀子集解·非相》注。

⑤ 冯友兰：《中国哲学史新编》(第二册)。

⑥ 任继愈主编：《中国哲学发展史》先秦，人民出版社1983年版，第675页。

⑦ 刘泽华：《先秦政治思想史》，南开大学出版社1984年版，第417页。

⑧ 向仍旦：《荀子通论》。

⑨ 郭沫若：《十批判书·荀子的批判》，载：《郭沫若全集》历史篇第二卷，第232页。

“王者之制，道不过三代，法不贰后王。道过三代谓之荡，法贰后王谓之不雅。衣服有制，宫室有度，人徒有数，丧祭械用，皆有等宜。声，则凡非雅声者举废；色，则凡非旧文者举息；械用，则凡非旧器者举毁。夫是之谓复古，是王者之制也。”[①]

凡音乐舞蹈、服饰文彩绘画、礼器械具之类，不合三代规格者，一概毁灭。这样的复古，不可谓不彻底了。不但礼之质（“道”）要合三代，连礼之仪（“声”、“色”、“械用”等），也要合古制。这比起孔孟的先王观，真有过之而无不及。所谓厚今薄古，反对复古等等臆断可以不攻自破，全是牵强之辞。

“后王”也显然不是当世之君。当世之君中，荀子最称道的是秦国国君，誉之为“治之至也”。[②] 但批评它不行王道，应当“节威反文”。秦尚如此，六国更不足道。当世之君没有一个可以效法的。至于“五霸”，荀子虽不像孟子那样的贬斥，但仅承认其霸业，从未将他们排进王道的座次，更说不上纳入“法后王”之内了。

从“道过三代谓之荡，法贰后王谓之不雅”两句看，荀子的“法后王”大致以三代为限。《非相》篇云：“欲知上世，则审周道。”在三代之中，他确实比较重视周道。但“法后王”却决不限于文、武、周公。《正名》篇开首写道：

“后王之成名：刑名从商，爵名从周，文名从《礼》。”

可见，“法后王”含有将三代礼乐典章制度择优而从的意思。“法后

① 《荀子・王制》。
② 《荀子・强国》。

王”甚至还包括孔子和子弓：

> “今夫仁人也，将何务哉？上则法舜、禹之制，下则法仲尼、子弓之义，……”①

章太炎先生认为，荀子法后王就是推尊孔子：“荀子所谓后王者，则素王是；所谓法后王者，则法《春秋》是。”②这一理解可能失之偏颇。且看荀子是怎么颂扬孔子的：

> “孔子仁知且不蔽，故学乱(治)术足以为先王者也。……故德与周公齐，名与三王并，……”③

可见，他的法孔子，是因为孔子与三代圣王德齐名并，法孔子即是法三王。

要之，对荀子的“后王”应作比较宽泛和灵活的理解，范围大致包括三代以降的圣王和贤人，如汤、文、武、周公、伊尹、孔子等，我们不必一定要局限于某一人或某几人。

荀子的“法后王”绝不与“法先王”对立。他提出了“法后王”的主张，但并没有提出反对“法先王”的思想。恰恰相反，他极称先王，主张“法先王”。

查《荀子》书，称“后王”凡 12 处，称“先王”凡 14 处。其他有：称颂“尧禹”9 处，“尧舜”6 处，“禹汤”3 处、“汤武”9 处，“禹舜”1 处，“尧舜禹汤”1 处，“三代”1 处，“三王”2 处；又有赞颂尧 5 处、舜 6 处、禹 7 处、汤

---

① 《荀子・非十二子》。
② 《章太炎政论选集・尊荀》，中华书局 1977 年版。
③ 《荀子・解蔽》。

5 处、文王 6 处、武王 5 处、周公 9 处。从数字可以看到，荀子称先王多于称后王，颂尧舜禹多于颂文武周公。

但荀子为什么不像孟子那样笼统地以先王称之，而是分出先王和后王来？有一种较为常见的解释，认为是由于他与思孟之间的学派之争。这自然是一个原因，但并不是唯一的和主要的原因。

其实，荀子自己作过多次表白：

“圣王有百，吾孰法焉？故曰：文久而息，节族久而绝，守法数之有司极而褫。故曰：欲观圣王之迹，则于其粲然者矣，后王是也。彼后王者，天下之君也，舍后王而道上古，譬之是犹舍己之君而事人之君也。故曰：欲观千岁，则数今日；欲知亿万，则审一二；欲知上世，则审周道；欲知周道，则审其人所贵君子。故曰：以近知远，以一知万，以微知明。此之谓也。”①

荀子“审周道”的目的是要“知上世”，只因上世太久远，“文”（指礼法制度）“节族”（指礼乐节奏）已经失传，不如后世“粲然”。况且它们都保留在后世的礼乐法制之中。因此，必须采取“以近知远”的办法。所以，荀子的“法后王”，不排斥“法先王”，不是“法先王”的反命题，而正是为的“法先王”，明先王之道。“法后王”是荀子学说的一个方法论，而不是其本体论或价值论命题。“法后王”只是“法先王”的一种好方法，一条捷径。这一方法叫作“以类度类”②。

“以类度类”，即根据同类事物的一般属性去推知其中的个别事物。这是一种演绎推理的认识方法，荀子极为重视。他说：“以类行杂，以一

① 《荀子·非相》。
② 同上。

行万。”[1]即掌握了“类”的原则就可以对纷纭复杂的特殊情况和各种特殊事物加以推理判断。这一方法亦适用于认识历史经验。因为“百王之无变，足以为道贯”[2]，他们属于同类。“类不悖，虽久同理。”[3]“法后王”便是这一方法的实际运用。《成相》篇云：“文武之道同伏羲”，“至治之极复（效法）后王”，讲的便是通过“法后王”可以达到“以近知远，以一知万，以一微知明”，正确地把握“先王之道”。

荀子批评孟子“略法先王而不知其统”[4]，“统”，又叫“统类”，指纲领、原则、一般规律。荀子说：

> “故学者，以圣王为师，案以圣王之制为法，法其法以求其统类，以务象效其人。”[5]

这里明确指出：“法先王”应寻求它的纲领、原则。可见，荀子并非反对孟子“法先王”，而是讥其“法先王”不得法，粗枝大叶，浅尝辄止，而未探求先王之道之珠玑。他以为，救孟子之蔽在于“法后王”，通过“法后王”才能真正把握“先王之道”，得其统类，才能很好地“法先王”。所以，荀子所持正是“先王观”，而不是什么“后王观”。硬派定荀子的“后王”是时君世主，全不明荀子“法后王”的主旨。

由此，我们也就不难理解，荀子在提出“法后王”的同时，为什么又反反复复地阐明“法先王”之意，并一再抨击不法先王之谬。尤其是《成相》篇，学术界多认定为荀子晚年成熟之作，代表着荀子学术上的最终

---

① 《荀子·王制》。
② 《荀子·天论》。
③ 《荀子·非相》。
④ 《荀子·非十二子》。
⑤ 《荀子·解蔽》。

成就和观点。其中颂扬“圣王”之处，均明确表示是指尧、舜、禹等先王。文中还备称伏羲、益、皋陶、后稷、契、夔、羿等古代先贤。

总之，荀子倒是真诚地“法先王”的。在他的眼里，“后王”是“先王之道”的传承者、彰明者、弘扬者。“法后王”正是“法先王”。这便是荀子的逻辑，便是他“法后王”所要昭示的道理。因此，我们完全无须纠缠于什么“先王”、“后王”这些称谓上的差别，统视之为“法圣人”，就足以抓住其思想的本质了。

2. 法圣人与理想法

荀子法圣人所表现出来的“复古”主张尽管十分坚决、彻底，但这只是问题的一个方面。另一方面，他又承认“损益”，主张“应变曲当”、“与时迁徙，与世偃仰”[①]，并说：“若有王者起，必将有循于旧名，有作于新名。”[②]这样一来，后王之制自然不完全是“先王之道”的复制或翻版，必然添加了新的内容。荀子的“复古”高调未尝没有托古改制的意思在内。即所谓“善言古者必有节于今”[③]，“复古”是为了鉴今，乃至变今。一句话，寓维新于复古之中。

其实，荀子“法后王”所推求的“先王之道”，正是经他改铸，“与时迁徙”了的“先王之道”，成为适应时代需要的“先王之道”——大一统中央集权制的政治和法制原则。同孔、孟的“尊先王”一样，荀子通过法圣人，试图为他所设计的这些原则找到最终根据，依傍至上权威，树起无上的价值目标。一句话，荀子法圣人是要确立他的“理想法”。

首先，荀子提出了圣人创制礼法说。社会、国家需要礼法是由于人们“性恶”，应当“起伪”，但礼法原不是天作的，而是圣人为“化性起伪”

---

① 《荀子·儒效》。
② 《荀子·正名》。
③ 《荀子·性恶》。

的目的而特地创制的。这样，荀子和孔、孟一样，确立了圣人的最高创制权，这是儒家将理想法置于实在法之上，将“圣王”置于时君世主之上，批判和改造恶的实在法的共同手法。

其次，荀子通过法圣人确立了法制大一统的原则。

> “君子审后王之道，而论于百王之前，若端拱而议。推礼义之统，分是非之分，总天下之要，治海内之众，若使一人。”[①]
>
> “一天下，财万物，……舜禹是也。”[②]

在荀子看来，“推礼义之统”、“总天下之要”、“一天下”等等都是“舜禹”等圣王的功绩，也是圣王的制度。当今和后世“百王”必须遵循。

第三，荀子反复论述说，“先王之道”是“仁义之统”[③]或“礼义之统”，“儒者法先王，隆礼义”[④]，“先王之道，仁之隆也”[⑤]，一再抨击别人“不法先王，不是礼义”[⑥]，从而明确揭示出，“先王之道”的本质是“礼义”，或“仁义”；法圣王，就是法礼义或法仁义；“礼义”或“仁义”是其理想法的价值核心，亦即一切实在法及现实社会法律活动的价值依据和价值标准。

最后，荀子借托圣王的名义，阐述了所谓的“圣王之制”、“王者之法”等，从刑事、民事、行政、经济等等方面为现实社会的法制设计了具体内容。

荀子称誉道：

---

① 《荀子·不苟》。
② 《荀子·非十二子》。
③ 《荀子·荣辱》。
④ 《荀子·儒效》。
⑤ 同上。
⑥ 《荀子·非十二子》。

“圣人备道全美者也，是县天下之权称也。”[1]

为人类树立圣人的道德人格，为社会树立圣人的政制法制。这便是荀子的法圣人。他托名圣人所要树立的道德人格，是君主制度下士大夫的道德人格，自然，其中亦含有人之为人的一般人类学意义的基本人格。同样，他托名圣人所要树立的理想法，是中央集权君主制的理想法，代表的是统治阶级的整体利益和长远利益，无疑，其中也含有维护和保障社会稳定、人们生产生活秩序以及生态平衡的合理成分。

同孔、孟一样，荀子的“圣人”既是“礼义法度”的创制者，又是“礼义法度”的实施者。理想法并不是虚无缥缈的一个“外在”，既不是天上之物，也不是天外之物。它就在圣人人格之中，圣人政治之中。圣人集理想法与实在法于一身，集应然与实然于一身。因此，“法圣人”，不仅是以圣人之法为法，而且还要以圣人一生所想、所言、所行为法，即以圣人为法。诚然，这已不仅仅是个法思想的问题，但对于荀子，乃至整个儒家，舍此之外也别无其它的法思想可寻。这原本就是儒家所论之法，是儒家法思想的特有思维方式。

比起孟子来，荀子法圣人的理想法的理想主义已大大淡化，但毕竟还是坚持认为有一个高悬于实在法之上的理想法，与他的学生韩非、李斯不同。韩、李与其他法家思想家一样，只讲现实法，不讲理想法。这一点也是儒法两家法思想的一大区别。

四、王霸论与法

“内圣外王”、“修齐治平”、伦理立国是先秦儒家思想家精心绘制的

---

① 《荀子·正论》。

一幅王道政治的理想国蓝图。孔子构画轮廓,孟子浓墨重彩。荀子的"圣人之治"、"法后王"所追求的也是这种王道政治。不过,他不是一个只知描红、照样画葫芦的画童,而是挥洒自如、善于改作创新的大师。他的王霸论是先秦儒家王霸关系论的总结,与其法思想的关系极大。

1. 王道、霸道与强道

荀子以前,孔子、孟子依据统治者所实施的对内对外基本方针政策所反映的对待人民的态度及其带来的后果,将其区分为王道、霸道两种。荀子的区分标准没有什么改变,但分类稍为复杂一些,大致分为三类:王道、霸道和强道。他在《王制》篇中用了相当的篇幅分别论述了"用强者"、"霸者"、"王者"三种基本国策的不同内容。归总起来是:

> "王夺之人,霸夺之与,强夺之地。夺之人者臣诸侯,夺之与者友诸侯,夺之地者敌诸侯。臣诸侯者王,友诸侯者霸,敌诸侯者危。"①

荀子又将这三类政治所代表的政治道德分别概括为"义"、"信"和"权谋":

> "故用国者,义立而王,信立而霸,权谋立而亡。"②

将这两段话联系起来就不难解读了。"夺之人",是争取人心,靠的是仁义,为王道政治;"夺之与",是结好诸侯,靠的是信誉,为霸道政治;

---

① 《荀子·王制》。
② 《荀子·王霸》。

“夺之地”，是攻城略地，吞并邻国，靠的是权谋和气力，为强道政治。王道、霸道、强道都会带来各自的政治后果。行王道者王天下，这便是“臣诸侯者王”，“义立而王”。行霸道者称霸诸侯，这便是“友诸侯者霸”，“信立而霸”。接下来的“敌诸侯者危”，“权谋立而亡”，都是行强道政治的后果。荀子认为这是一种亡国之道，万不可取。

《王制》篇中还有一段话，对政治类型的划分稍有不同：

> “故修礼者王，为政者强，取民者安，聚敛者亡。故王者富民，霸者富士，仅存之国富大夫，亡国富筐箧、实府库。”①

这是把对人民的态度和这种态度所带来的后果结合起来区分为王、强、安、亡四类。“修礼”，即上节说的“法先王，隆礼义”，也就是“夺之人”，“义立而王”，实行富民政策，结果是“王天下”。“为政”，相当于孔子说的“道之以政，齐之以刑”，指重视政治制度和政令的执行，实行富国强兵政策，只关心士的利益，其结果是称霸诸侯。“取民”，指小恩小惠取悦民心，只考虑士大夫的利益，结果只可维持国家的暂时安宁。至于对人民横征暴敛，就必然亡国。

以上两种分类中，王、霸是共有基本类型，其余的强、安、危、亡有所交错，强道政治从其最终结果来说仍是危、亡。因此，荀子在《王制》篇的最后把政治类型归结为五种：王、霸、安存、危殆、灭亡，并又进而分成两大类：“王者”与“亡者”，“制人”与“人制之”。在他看来，霸道、强道、安存等不过是一种暂时的过渡的形态，要么向前发展进入王道，要么停滞和倒退，最终走向危亡。由此可以看到，荀子仍是个王道主义者。他对政治类型的区分虽然与孔、孟有所不同，但主旨是相同的：赞美王道。

---

① 《荀子·王制》。

下面我们再来看看荀子对王道、霸道、强道及它们关系的论述。

在对王道的理解方面，荀子与孟子没有什么不同。他指出，王道政治，是以仁义取天下，“行一不义，杀一无罪，而得天下，仁者不为也。”[①]这完全与孟子同调。他又说：“汤、武非取天下也，修其道，行其义，兴天下之同利，除天下之同害，而天下归之也。……天下归之之谓王，天下去之之谓亡。”[②]这同孟子的“民归之，犹水之就下，沛然谁能御之”[③]，如出一辙。

荀子与孔孟不同的是，在霸道之下又分出了强道，以及安存、危殆、灭亡之类。安存、危殆、灭亡之道为荀子所鄙弃。强道是从孔孟所论的霸道中分流出来的。荀子论霸道说：

> “德虽未至也，义虽未济也，然而天下之理略奏矣，刑赏已诺信乎天下矣，臣下晓然皆知其可要也。政令已陈，虽睹利败，不欺其民；约结已定，虽睹利败，不欺其与。如是，则兵劲城固，敌国畏之；国一綦明，与国信之。虽在僻陋之国，威动天下，五伯是也。……是所谓信立而霸也。”[④]

从这些话看，荀子对霸道的评价比孟子要高得多。孟子虽也说过“霸者之民驩虞如也，”[⑤]但总体上是贱霸黜霸的。荀子虽也说过，“仲尼之门，五尺之竖子，言羞称乎五伯”[⑥]，与孟子说的“仲尼之徒无道桓、

---

① 《荀子·王霸》。
② 《荀子·正论》。
③ 《孟子·梁惠王上》。
④ 《荀子·王霸》。
⑤ 《孟子·尽心上》。“驩虞”，即欢娱。
⑥ 《荀子·仲尼》。

文之事者"[1]相同,但这主要是为了提高王道。在同一篇中,荀子仍然赞扬"齐桓公有天下之大节","管仲之能足以托国"[2],又说:"管仲之于桓公,可谓次忠矣。"[3]与孟子一概鄙薄桓、文和管仲是有区别的。"德虽未至","义虽未济",并非全无德义。所以,从总体上看,荀子是肯定霸道,甚至称许霸道,把它当作王道的次生形态、过渡形态、补充形态的。他说:

"故君人者,立隆政本朝而当,所使要百事者诚仁人也,则身佚而国治,功大而名美,上可以王,下可以霸。"[4]

这话的意思是,假若作君主的能隆礼义于朝堂,能任用仁人作宰相,那么,一旦时势成熟,便可王天下,时势未具,最低限度也可以称霸诸侯。可见,荀子并不过分贬霸道,认为行王道者可以兼含霸道,霸道可以成为迈向王道的台阶。

最能表明荀子关于王霸关系的观点的是他所屡次申述的一个近乎政治公式的观点:

"隆礼尊贤而王,重法爱民而霸。"[5]

霸道得到了"重法爱民"的高评价,这在先秦儒家中确是第一次。有的论著将荀子的这种王霸关系论概括为"王霸并立"、"王霸并重",或"王

---

① 《孟子·梁惠王上》。
② 《荀子·仲尼》。
③ 《荀子·臣道》。
④ 《荀子·王霸》。
⑤ 见《荀子》之《强国》、《天论》、《大略》篇。

霸结合”等等，细究起来，似乎并不恰当。因为，荀子总的还是以王道为高，霸道则只能等而下之，他并未将二者“并立”、“并重”，也谈不上将二者“结合”或“综合”成什么新的道。荀子尊崇王道，肯定和称许霸道。他的王霸关系论，或可概括为尊王称霸。

荀子把秦国划归哪一类，是霸道还是强道，学术界意见不大一致。根据荀子对王、霸、强、安、存、危、亡的分类对号入座，将秦国归属于强道一类可能要恰当一些。

请看荀子对强道的阐述：

> “挈国以呼功利，不务张其义，齐其信，唯利之求，内则不惮诈其民而求小利焉，外则不惮诈其与而求大利焉，内不修正其所以有，然常欲人之有。如是，则臣下百姓莫不以诈心待其上矣。上诈其下，下诈其上，则是上下析也。如是，则敌国轻之，与国疑之，权谋日行，而国不免危削，綦之而亡，齐闵、薛公是也。”①

这里集中揭示了强道政治“唯利之求”的狭隘功利主义的特点和上下相诈，“敌国轻之”，“与国疑之”，国力日削，反强为弱，走向灭亡的后果。

在《王制》篇中，荀子详细分析了强道政治由强而弱而亡的过程：由于好攻伐，“以力胜”，造成别国人民大量死伤，引起他们同仇敌忾，“日欲与我斗”。“以力胜”的结果也使本国人民大量死伤，引起他们的憎恶，“日不欲为我斗”，诸侯莫不怀交接怨而不忘其敌”，乘强国之隙而发动进攻。结果，“地来而民去，累多而功少”，“强者之所以反弱也”，“大者之所以反削也。”这是“知强大者不务强”。怎么才叫“知强大者”而能“务强”？荀子说：“全其力，凝其德，力全则诸侯不能弱也，德凝则诸侯

① 《荀子·王霸》。

不能削也”，这才是“常胜”之道。[①]

荀子关于强道的这一番议论正好给秦国对内对外方针政策作了一个抽象概括。他虽然举出齐闵、薛公作为行强道而弱亡的例子，未列入秦国，那是因为秦尚未走到这一步。他在与赵孝成王、临武君议兵时，说齐是“亡国之兵”，魏是“危国之兵”，秦“最为众强长久”，是强国之兵：

> “故齐之技击不可以遇魏氏之武卒，魏氏之武卒不可以遇秦之锐士，秦之锐士不可以当桓、文之节制，桓、文之节制不可以敌汤、武之仁义。”[②]

荀子排出顺序为：亡（齐）—危（魏）—强（秦）—霸（桓、文）—王（汤、武）。这是从军事的角度将秦排在霸道之后的强道之中。荀子指出，秦国虽“四世有胜”，“威动海内，强殆中国”，但“諰諰然常恐天下之一合而轧己也”[③]。问题就出在“以力胜”，伤民太甚，积怨太多，出路是“力术止，义术行”，“节威反文”。他认为，对于秦国来说，当务之急不是“益地”，而是“益信”：“益地不如益信之务也。”[④]告诫秦统治者应由“盖地”的强道转变为“益信”的霸道，再进一步向“义术行”的王道发展。

综上所述，荀子对秦国政治的肯定是把它置于强道这一层次上的有条件的肯定。他认为，秦国政治尽管已类似于“治之至”，“然而县之以王者之功名，则倜倜然其不及远矣。”[⑤]秦统一天下后却产生了“二世而亡”的历史大悲剧，人民怨恨，天下叛离是一个根本性的原因。秦亡

---

① 见《荀子·王制》。
② 《荀子·议兵》。
③ 《荀子·强国》。
④ 同上。
⑤ 同上。

之时，上距荀子对秦政的批评不过三十多年，可见荀子“节威反文”的劝诫确具远见卓识。

荀子认为，强道是弱亡之道，是不可取的。但他并不一概否定“力”的意义。“力”是大一统的保证，所以他主张“用强者”应“全其力”，同时又“凝其德”，以“力”为依托实行王道政治。他生当战国末世，不能像孟子那样“迂远而阔于事情”，高唱理想主义的调子，而不能不走向务实主义之路。在《王制》篇中，荀子详尽地论述了强道、霸道、王道之后，紧接着说：

“知此三具者，欲王而王，欲霸而霸，欲强而强矣。”[①]

有的论者认为，由此可证明荀子是主张王、霸、强兼用之的。这是一个误解。荀子的意思是：我现在已将王、霸、强三种治国政策讲清楚了，关键就在你时君世主如何选择，选择王道者成王，选择霸道者成霸，选择强道者成强，一切皆由自取。下文说：“具具而王，具具而霸，具具而存，具具而亡。”[②]也是这个意思，强调时君世主们自己选择好正确治国政策的重要性。这是《天论》篇“君子敬其在己者，而不慕其在天者”的思想的具体运用。《王制》篇的结尾处，把这个意思说得最明白不过了：

“此五等者，不可不善择也，王、霸、安、存、危殆、灭亡之具也。善择者制人，不善择者人制之；善择之者王，不善择之者亡。夫王者之与亡者，制人之与人制也，是其为相具也亦远矣。”[③]

① 《荀子·王制》。
② 《荀子·王制》。
③ 同上。

荀子希望时君们选择的是王道（“善择之者王’），而不是王、霸、强兼用。

荀子在将王、霸，强三道对比分析时说：

> “彼王者不然，仁眇[1]天下，义眇天下，威眇天下。仁眇天下，故天下莫不亲也。义眇天下，故天下莫不贵也。威眇天下，故天下莫敢敌也。”[2]

仁义是王道之本。“威”，是以力量为基础的。“王者”之威，是王道的应有之义，并非兼用了霸道、强道才有的。有人把这段话当作王、霸、强三道并立、兼用的证据，似不妥帖。

总起来说，荀子坚持和崇尚王道，一定程度上肯定和称许霸道，把它作为王道的补充和走向王道的一个台阶。至于强道，他视之为危殆、灭亡之道。不过，若及时改弦更张，“力术止，义术行”，则不失为实行王道的基础，但这时已不成其为强道了。

所以，荀子在《荀子》一书中所论之政是王道之政，所论之制是王道之制，所论之法是王道之法。即帝制“大一统”社会的政治法律制度。荀子的王霸之辩与他的礼法之辩完全是一致的，二者互为因果，互为表里。王霸论是礼法论的政治原则，礼法论是王霸论的理论深化。“隆礼尊贤而王，重法爱民而霸”，表明他的政治思想和法思想的理论体系的特征是：隆礼重法，尊王称霸。

2. 王道政治的法的基本原则

荀子崇尚王道政治，崇尚“法先王”的“圣人之治”。这二者原是一

---

① 眇，王念孙以为“高远之称”，见（清）王先谦：《荀子集解・王制》。

② 《荀子・王制》。

回事。“王道”就是“先王之道”。

“王道”或“先王之道”是现实社会生活各个方面的范式、法则。政治、经济、法律、道德、教育、用人、外交等等都须用“王道”来衡量。这样，“王道”便是现实政治制度和法律制度的指导思想、原理、原则。法制的“王道”原则的主要内容是：

（一）隆礼

“礼者，法之大分，类之纲纪。”①

法，由礼而生，因礼而定，辅礼而行。“法先王”的本质在于“隆礼义”。“礼义”是王道政治及其法制的最高原则。王道政治，就是礼义政治，这是与春秋的霸道政治、法家的强道政治的根本区别所在。

（二）隆君

“君者，国之隆也；……隆一而治，二而乱。”②

王道政治是大一统的君主主义政治。荀子借先王的名义来推行“大一统”的君主主义政治。但“隆一而治”的政治法律制度绝不是舜禹的政治原型，也不同于孔、孟那种“君礼臣忠”，以周制为基本模式的中央与地方分权的相对君主主义政治。荀子强调的是“一”：“一天下”“权出一者强，权出二者弱”③，已走向了中央集权的君主主义政治。它与

---

① 《荀子·劝学》。
② 《荀子·致士》。
③ 《荀子·议兵》。

法家所提倡的“权者,君之所独制也”[1],君主“独制四海之内”[2]的中央集权的君主绝对专制主义政治虽有区别,但已相接近。中央集权的君主主义是荀子王道政治下法制建设的政治基点。这个问题,下面讨论其行政方面的法律主张时还要涉及。

(三)“民水君舟”

王道政治应以“养万民”、保民为旨归。同孔、孟一样,荀子法思想中的君主主义原则受到他重民思想的一定制约。

> “天之生民,非为君也;天之立君,以为民也。”[3]

这一著名言论集中体现了儒家思想家的民本主义精神,为秦汉以后批判君主专制弊端的思想家所重视,并一再称引。它可以引申出孟子的“民贵君轻”,也可以生发到黄宗羲的“民为主,君为客”。不过,荀子本人未对此作进一步的升华,却只是墨守的“民水君舟”论:

> “君者,舟也;庶人者,水也。水则载舟,水则覆舟。”

这一论述在《荀子》书中出现了两次,一次在《王制》篇,前冠以“《传》曰”;一次在《哀公》篇,前冠以“且丘闻之”。“丘”,当然是孔子。“民水君舟”之论,像《传》这类古书中已有明确记载,孔子也已经听说过,并接受之,赞扬之,可见并非荀子的发明。不过有一点可以肯定,在思想史上,是荀子第一个反复地宣扬了它。

我国两千多年帝制社会里的所谓“明君”,如唐太宗李世民之属,在

---

① 《商君书·修权》。
② 《韩非子·有度》。
③ 《荀子·大略》。

统治期间出现过所谓“太平盛世”,政治相对安定一些,经济相对繁荣一些,原因自然是多方面的,其中之一,是同他们在一定程度上接受了“民水君舟”论,实行了一些利民措施分不开的。值得注意的是,他们绝不会赞同孟子的“民贵君轻”论,但可以接受“民水君舟”论。可以说,“民水君舟”论对中国古代政治法律的思想体系和实践活动是发生过一定的实际影响的。

然而,从思想发展史的角度上分析,“民水君舟”论比起孟子的“民贵君轻”论,在对待人民的态度上,不是前进了,而是倒退了。前者的重心在君不在民,后者的重心则在民不在君;前者是为君着想的君主本位主义,后者则是贵民重民的民本位主义;前者属于现实功利主义的政治理论范畴,还带着君主主义政治权术论的味道;后者属于理想主义政治理论的范畴,含有批判现实主义的价值指向。荀子抛开孟子的“民贵君轻”而退守“民水君舟”,反映了战国后期中央集权君主专制制度的发展,也说明了荀子法思想体系中君主主义因素对重民思想因素制约力的增强。

(四) 隆父

同孔、孟一样,荀子把王道政治的逻辑起点建立在家族伦理之上,把君臣关系看作是父子关系的延伸,将社会等级、政治上的统治与被统治关系说成是家庭血缘等级的扩展:

> “君者,国之隆也;父者,家之隆也。”①

荀子在谈到对君主要行三年丧礼时,提出的理由是:君为民之父母,其功德还高于父母:

---

① 《荀子·致士》。

“《诗》曰：‘恺悌君子，民之父母。’彼君者，固有为民父母之说焉。父能生之，不能食之；母能食之，不能教诲之；君者，已能食之矣，又善教诲之者也，三年毕矣哉！”①

说天下百姓的衣食、教育是君主赐予的，显然是倒果为因。这里征引这段文字，在于说明，荀子是用血缘伦理来论证君主制度的合理性、正当性和必然性。

荀子认为，从搞好家族血缘伦理入手，实行王道政治是很容易的。他详细回忆了乡饮酒之礼的程式后，很自信地说：

“吾观于乡而知王道之易易也。……贵贱明，隆杀辨，和乐而不流，弟长而无遗，安燕而不乱。此五行者，足以正身安国矣。彼国安而天下安。故曰：吾观于乡而知王道之易易也。”②

因此，王道政治必然要重视家族血缘伦理建设。

“君臣不得不尊，父子不得不亲，兄弟不得不顺，夫妇不得不欢。少者以长，老者以养。故天地生之，圣人成之。”③

“君臣，父子、兄弟、夫妇，始则终，终则始，与天地同理，与万世同久，夫是之谓大本。”④

“若夫君臣之义，父子之亲，夫妇之别，则日切磋而不舍

① 《荀子·礼论》。
② 《荀子·乐论》。
③ 《荀子·大略》。
④ 《荀子·王制》。

也。”①

这几段话，似已露出点“三纲”的苗头。不过，荀子虽认为这些关系是重要的、永恒的，是王道政治的“大本”，但尚未把它们看作是绝对的。在荀子看来，唯唯诺诺地只知服从父命，至多是小孝，依礼义的要求去处理父子关系，才是“大孝”：

“孝子所以不从命者三：从命则亲危，不从命则亲安，孝子不从命乃衷；从命则亲辱，不从命则亲荣，孝子不从命乃义；从命则禽兽，不从命则修饰，孝子不从命乃敬。故可以从而不从，是不子也；未可以从而从，是不衷也；明于从不从之义，而能致恭敬、忠信、端悫以慎行之，则可谓大孝矣。《传》曰：‘从道不从君，从义不从父’，此之谓也。”②

因此，荀子所论的父子关系还未曾发展到极端的父为子纲，正如他所论的君臣关系也不同于法家的绝对的君主专制主义一样。他的家族伦理主义与君主主义之间同样是互相支撑又互相掣肘的，而礼义则是它们的精神核心。

综上所述，“隆礼”的礼治主义，“隆君”的“大一统”中央集权君主主义，以及“民水君舟”的重民主义和“隆父”的家族血缘伦理主义，即是荀子由王霸论而确立起来的法思想的四大基本原则。

3. 王道政治在政事方面的法律主张

古代国家不存在现代国家的行政立法。但其关于王位继承、政府

① 《荀子·天论》。
② 《荀子·子道》。

机构设置及职权划分、官吏的选用、考绩等方面的规定，具有类似于宪法行政法的性质。荀子关于政事法制方面的主张是按他的王道政治来构想的。

（一）禅让

禅让涉及到国家最高权力的来源、交替方式和王位的继承等方面，实质上是一个政治统治的合法性、正当性问题。荀子曾驳斥“尧、舜擅让”的说法，认为它是“虚言”，是“浅者之传，陋者之说也”①。“擅”，杨倞注：“擅与禅同。”②诸家均无异议。“擅让”即禅让。那么，是否荀子反对禅让说呢？

在《正论》篇中，荀子有一大段评述世俗流行的禅让说的文字：天子势高位尊，“无敌于天下”，能禅让给谁呢？再说，天子“道德纯备，智惠甚明”，在他的治理下，“天下无隐士、无遗善”，还有什么理由要禅让天下呢？那么，是否“死而擅之”呢？荀子说，在圣王生前，“决德而定次，量能而授官”，大家“各得其宜”，无禅让可言；等到圣王死后，若无继起的圣王，谁还能接受禅让呢？当然，能治理天下的圣人是一定会有的，他或是圣王的儿子，或是三公大臣，但他们出来继位，不过是“以尧继尧”，不是什么禅让。圣王用不着博取禅让的名声。接着，荀子又驳斥了“老衰而擅”的说法。他认为，只有诸侯有老衰退休，天子是不存在退休制度的，因此，“有擅国，无擅天下”。

骤然一看，荀子是在否定孟子的禅让说。但细细品味，问题出在荀子把禅让内涵作了改变。他说：

“天下有圣而在后子者，则天下不离，朝不易位，国不更制，天

① 《荀子・正论》。

② （唐）杨倞：《荀子注・正论》。

下厌然与乡无以异也；以尧继尧，夫又何变之有矣？”[1]

就是说，圣王的儿子贤能则传子，这是像尧一样的新圣人继承尧的大位，国家制度、政策，百官的位秩，均无改变。这叫“继”而不叫禅。

接下去说：

“圣不在后子而在三公，则天下如归，犹复而振之矣，天下厌然与乡无以异也；以尧继尧，夫又何变之有矣？”[2]

这是说，若新圣人不是原来圣王的儿子，而是三公大臣，那么他继位当天子，就会使国家重新振兴，像过去一样。这仍然是“以尧继尧”，国制没有什么改变。也不叫禅让而是“继”。

接着又说：“唯其徙朝改制为难。”[3]唯一难办的事是变更朝廷内的位秩，改革国家制度。看来，荀子只把“徙朝改制”称为“禅让”。

孟子说：“天与贤，则与贤；天与子，则与子。”[4]“与子”，他称为“继”，与“贤”则称为“禅”。他借孔子之口说：“唐虞禅，夏后殷周继，其义一也。”[5]荀子说的“天下有圣而在后子者”，即是孟子说的“天与子”；而“圣不在后子而在三公”即是“天与贤”。孟子称前者为“继”，后者则叫“禅”，而目的却是相同的：择贤能的人继承王位。这原本是清清楚楚的，并不难理解。但荀子偏要别出心裁，说两者都是“继”，结果反而越搞越糊涂。

---

① 《荀子·正论》。
② 同上。
③ 同上。
④ 《孟子·万章上》。
⑤ 同上。

实际上,荀子仍然是赞成禅让的。他的晚年之作《成相》篇可以为证,只是他绝口不提这个“禅”字。

“尧、舜尚贤身辞让。”

“尧让贤,以为民,泛利兼爱德施均。”

“尧授能,舜遇时,尚贤推德天下治。虽有贤圣,适不遇时孰知之?”

“舜授禹,以天下,尚德推贤不失序。外不避仇,内不阿亲贤者予。”

“劳心力,尧有德,……举舜甽亩,任之天下身休息。”①

话不多,但对禅让已歌颂尽情,并言简意赅地说明了行禅让的条件:

首先是本人“贤”、“能”,与孟子所论相同。

其次是“遇时”。这可谓是荀子发孔孟所未发之新意。孟子只说到贤能的人必须得到天子的推荐,②这虽含有“机遇”的意思,但不明确,也不恰当。荀子提出“遇时”就要广泛深刻得多。有德者不一定能当圣王,贤能的人能王天下,或能见用于世,还有个时势问题、机遇问题。这是他客观分析社会问题的收获,也是他因自身的遭遇而总结出的痛切体会。他的弟子们说:“天下不治,孙卿不遇时也。”③他自己就怀才不遇。

第三,“不失序”。“序”泛指秩序、条理,此为“推贤”而施行禅让之法的原则,内容为“外不避仇”、“内不阿亲”。

---

① 均见《荀子·成相》。

② 《孟子·万章上》:“匹夫而有天下者,德必若舜禹,而又有天子荐之者,故仲尼不有天下。”

③ 《荀子·尧问》。

孟子论禅让时特别强调要得到“天”和“民”的同意。对此，荀子只字未提。荀子主张“天人相分”，让贤的事自然用不着去征求“天”的意见了。至于“民”，在荀子那里已成载舟之水，不再具有比君更重要的地位，当然可以置之不顾。这就是孟荀二人在禅让说上最有实质性的区别。

质言之，荀子不言“禅”，是为了尊君，为大一统君主专制准备理论说明。只是他尚未彻底地摆脱孔孟寓革命意义于“禅让”的禅让说，保持了儒家精神。到他的弟子韩非就完全转变到否定“禅让”的君主专制理论上来了：“舜逼尧，禹逼舜，汤放桀，武王伐纣，此四王者，人臣弑其君者也。”[①]法家将尧舜禅让视同汤武“革命”，一概斥为“人臣弑其君”，推崇王位世袭的“家天下”君主集权专制制度。

（二）“权险之平”

“权险之平”，郭沫若先生释为：“权其险侧使归于平正。”[②]其实，荀子自己的解释已很明确：

> “夺然后义，杀然后仁，上下易位然后贞，功参天地，泽被生民，夫是之谓权险之平，汤、武是也。”[③]

可见，“权险之平”便是孟子的“征诛”说。荀子激烈驳斥“桀纣有天下，汤、武篡而夺之”的“世俗”之论：

> “诛暴国之君若诛独夫……汤、武非取天下也，修其道，行其义，兴天下之同利，除天下之同害，而天下归之也。桀、纣非去天下

① 《韩非子·说疑》。

② 郭沫若：《十批判书·荀子的批判》。

③ 《荀子·臣道》。

> 也，反禹、汤之德，乱礼义之分，禽兽之行，积其凶，全其恶，而天下去之也。天下归之之谓王，天下去之之谓亡。故桀、纣无天下，而汤、武不弑君，由此效之也。汤、武者，民之父母也；桀、纣者，民之怨贼也。”①

荀子还说：“诛桀、纣若诛独夫。”②同孟子唱着一个调。

那么，提出“桀、纣有天下，汤、武篡而夺之”的“世俗之为说者”是谁呢？原来正是荀子的学生——法家韩非。正是韩非，站在家天下世袭制的绝对君主专制主义立场上，批判儒家的“禅让”说和“征诛”说：

> “尧、舜、汤、武，或反君臣之义，乱后世之教者也。尧为人君而君其臣，舜为人臣而臣其君，汤、武为人臣而弑其主、刑其尸……”③

荀子和韩非师徒二人的观点在这里发生了尖锐的对立。它表明，荀子没有失去儒家的立场。他看到人民也可以变成“覆舟”之水，承认人民有抛弃暴君归向圣君的自由。“法圣人”和“民水君舟”论正是“权险之平”的理论灵魂。

（三）“从道不从君”和谏、争、辅、拂

在君臣关系方面，荀子的基调是要求臣下尊君、忠君，“尊主安国尚贤义”，“上能尊主下爱民”。④ 在《臣道》篇中，他将臣下划分为“大忠”、“次忠”、“下忠”、“国贼”四类加以褒贬，极力提倡臣下对君主应当尽

---

① 《荀子·正论》。
② 《荀子·议兵》。
③ 《韩非·忠孝》。
④ 《荀子·成相》。

“忠”。但他又大力弘扬孔子的“谏”，提出了“通忠之顺”、“从道不从君”，以及鼓励臣下“谏、争、辅、拂”等主张。

“君有过谋过事，将危国家、殒社稷之俱也，大臣、父兄有能进言于君，用则可，不用则去，谓之谏；有能进言于君，用则可，不用则死，谓之争；有能比知同力，率群臣百吏而相与强君挢君，君虽不安，不能不听，遂以解国之大患，除国之大害，成于尊君安国，谓之辅；有能抗君之命，窃君之重，反君之事，以安国之危，除君之辱，功伐足以成国之大利，谓之拂。”①

“谏”是批评君主的过错，不采纳就辞职；“争”是死谏，不留退路；“辅”是率领群臣强迫君主矫正错误；“拂”，杨倞注：“抗拒也”，指不惜抗逆君命，借用君权而保国安民的行为。荀子举例说，信陵君窃符救赵对于魏君来说就已经做到“拂”了。他说：

“争然后善，戾然后功，出死无私，致忠而公，夫是之谓通忠之顺，信陵君似之矣。”②

“通忠之顺”是一种出以公心，不顾个人安危，违背君主意志而为君主建立功勋的行为，它排除了对忠的阻塞而使忠君之道畅通。可见，“通忠之顺”就是“拂”。

荀子极力赞扬“谏、争、辅、拂”的为臣之道：

---

① 《荀子·臣道》。
② 同上。

“故谏、争、辅、拂之人，社稷之臣也，国君之宝也，明君之所尊厚也，而暗主惑君以为己贼也。”①

臣下遵循“谏、争、辅、拂”之道，便是“从道不从君”②。

不过，荀子对“谏、争、辅、拂”是附有“但书”的：应视君主的情况而定——

“事圣君者，有听从无谏争；事中君者，有谏争无谄谀；事暴君者，有补削无挢拂。迫胁于乱时，穷居于暴国，而无所避之，则崇其美，扬其善，违其恶，隐其败，言其所长，不称其所短，以为成俗。”③

“成俗”就是习俗。这实际上是“明哲保身”的为臣之道。照这一“成俗”去办，谏、争、辅、拂只适用于“中君”、“明君”；最多加上昏庸而不暴戾的君主。这又是荀子学说适应中央集权的君主专制主义之一例。在这种适应中带有了曲学的因素。

在君主专制制度下，君臣关系不可能纳入法制轨道，谏、争、辅、拂很难有法律保障。荀子也主要是从君、臣的道德人格角度来阐述它的。不过，“从道不从君”命题的提出，客观上给君臣关系确立了行为的价值标准，其中包括评价忠与奸、功与罪的法的价值标准。谏、争、辅、拂之臣，由于逆君违上，往往被贬被杀，被专制君主定为“罪臣”，然历代有良心的臣子仍前仆后继，虽百死犹未悔，他们所追求的，正是那个高于君主的“道”。他们青史留名，千古永芳，后人对其行为作如此评价的依据也就是这个“道”。

---

① 《荀子·臣道》。

② 同上。

③ 同上。

在君主专制社会里，君主的意志就是敕令，“从君”也就是从法。但在荀子看来，有高于君主意志的法上之法，这个法就是“道”。这样，荀子就在君臣关系上区分出了实在法和理想法，或实然法和应然法。“从君”即服从实在法，“从道”是遵循理想法。谏、争、辅、拂便是臣下在政治上遵循理想法的法律行为方式。这种以“道”命名的理想法的内容，揭开来看仍然是臣下对君主，对社稷，对国家、对百姓、对天下的“忠”，一种至高至真的道义担当。这样理想法就是伦理法。

（四）“尚贤使能”的选才用人原则

在春秋战国时期，提倡“尚贤使能”，不论其本意如何，客观上有利于突破“世卿世禄”，为“大一统”的官僚政治制度鸣锣开道。孔子呼吁“举贤才”在前，墨子高扬“不党父兄，不偏富贵”[①]在后。荀子的“尚贤使能”论，很有些糅合各家的倾向，但最终旨趣基本上还归儒家。

荀子给“尚贤使能”原则设定了一个最具权威的创制者——先王：

> “故尚贤使能，等贵贱，分亲疏，序长幼，此先王之道也。”[②]

“等贵贱”，显然是针对“世卿世禄”的；“分亲疏，序长幼”，是法家“不别亲疏”的反命题，要求通过“尚贤使能”确立新制度的血缘等级秩序。前一条重于破，后二条重于立。怎么立？荀子给出了答案：

> “论德而定次，量能而授官，皆使人载其事而各得其所宜。上贤使之为三公，次贤使之为诸侯，下贤使之为士大夫，是所以显设之也。”[③]

---

① 《墨子·尚贤中》。
② 《荀子·君子》。
③ 《荀子·君道》。

按周制，三公、诸侯、大夫、士各级贵族的等级秩序基本上以与周天子血缘的亲疏而定，荀子则要求以贤能的程度来定，以贤能为标准来进行财产和权力的重新分配。这一主张顺应了社会历史的变化，反映了在“能者不得治，贤者不得使”[1]的社会现实下，荀子一类的新派人物的政治要求。但这不是什么“先王之道”，而是假借“先王之道”名义的改制。

《荀子》书中有些地方说，“贵贤”是一种致霸之术，如“贵贤者霸”，但另一些地方又说，“尊贤”属于王道政治的内容，如“隆礼尊贤而王”。这些说法乍一看飘忽不定，其实是一致的。荀子说，人主对于贤人，“大用之，则天下为一，诸侯为臣；小用之，则威行邻敌。”[2]就是说，王道、霸道都必须“尚贤使能”，区别只在“尚”和“使”的程度不同。“尚”者上也，是无上的尊崇，无保留的“大用之”。“使”是使用，役使、驱使都在其列。“贵贤”之“贵”，是觉得人才难得，能为自己成就霸业带来丰硕的利益而有使用价值，那只是“小用之”。

那么，贤与不贤，衡量的标准是什么？荀子认为是礼：

> “其取人有道，其用人有法。取人之道，参之以礼；用人之法，禁之以等。”[3]

“用人之法”是下一步要讨论的内容。关于“取人之道”，荀子认为，应当在“礼”的面前机会均等，应当“外不避仇，内不阿亲”[4]，“内不可以

① 《荀子·尧问》。
② 《荀子·君道》。
③ 同上。
④ 《荀子·成相》。

阿子弟，外不可以隐远人”[①]，打破身份界限，唯贤是举：

> “贤能不待次而举，罢不能不待须而废，……虽王公士大夫之子孙也，不能属于礼义，则归之庶人；虽庶人之子孙也，积文学，正身行，能属于礼义，则归之卿相士大夫。”[②]

这看起来有点法家商、韩的气魄。但荀子却留下了一个长长的尾巴：

> “贤齐，则其亲者先贵；能齐，则其故者先官。”[③]

显然，这是由孔子的“亲亲”、孟子的“急亲贤之为务”[④]一直拖下来的儒家传统尾巴。儒家的尚贤原则是受到其宗法血缘伦理主义的制约的。荀子亦不例外。

（五）关于相制的理论设想

荀子特别提醒君主，“尚贤使能”的关键之处在于选择相才。他引“汤用伊尹，文王用吕尚，武王用召公，成王用周公旦”[⑤]的故事为例，说明了相的举足轻重的地位：

> “能当一人而天下取，失当一人而社稷危。”[⑥]

---

① 《荀子·君道》。
② 《荀子·王制》。
③ 《荀子·富国》。
④ 《孟子·尽心上》。
⑤ 《荀子·王霸》。
⑥ 同上。

“强国荣辱在于取相矣。身能，相能，如是者王”[①]

他的设想是，相为百官之长，总理政事：

“相者，论列百官之长，要百事之听，以饰朝廷臣下百吏之分，度其功劳，论其庆赏，岁终奉其成功以效于君。当则可，不当则废。[②]

“当则可，不当则废”，指相握有考绩、任免官吏之权。相的地位如此重要。因此，荀子认为君主只要做好三件事：“论一相，陈一法，明一指”[③]，即选择一位贤相，颁布一部统一的良法，明确一个治国的要指、方略，其他事情均由相去操劳，自己可以“垂衣裳而天下定”。[④]

儒家教人终身追求的德业，一是为王者师，二是为王者相。师、相两个方面的学说，在孔孟那里均未臻完备，经荀子手而得到宣明、弘大，并成系统。荀子的相论，隐含着君相共治的倾向，对原始民主政治怀着美好的回忆，对行将到来的中央集权君主政治和官僚体制寄着善良的希望。中国帝制社会中的种种相论，如唐代李泌的“主相造命”论[⑤]，明末清初王夫之的“君相可以造命”论[⑥]，黄宗羲的宰相与天子“同议可否”论[⑦]，都含有否定君主独裁专制、改良君主政体的积极意义。从思

---

① 《荀子·王霸》。

② 同上。

③ 同上。

④ 同上。

⑤ 李泌，字长源，唐肃宗一度倚重为师，德宗时拜为宰相，据《新唐书·本传》载，李曾说：“夫命者已然之言，主相造命，不当言命，言命则不复赏善罚恶矣。桀曰：‘我生不有命自天’，武王数纣曰：‘谓已有天命’。君而言命，则桀纣矣。”

⑥ 王夫之：《读通鉴论》卷二十四，《船山全书》第10册，第936页。

⑦ 黄宗羲：《明夷待访录·置相》。

想渊源关系上说,它们未尝不受到荀子的影响和启迪。但这些相论,从荀子一开始,就没有,也不可能把着眼点放到寻找制约君主的制度和力量上,因此实在不过是君主理论的一点补阙纠偏,所以与近代的宪政思想,如国家权与政府权的分离理论以及分权学说仍是不同质的两种思想体系。

(六)“用人之法”

荀子在提出其相论的同时,又强调君主应有“用人之法”,应“陈一法”,应“正法以齐官”①。这些都是说的治官吏之法,即今之行政法的一部分。

上文征引荀子之言,谓“用人之法,禁之以等”。“等”指严格的上下等级限制及各个等级官吏的职责规定。其具体做法是:

> “行义动静,度之以礼;知虑取舍,稽之以成;日月积久,校之以功。”②

“稽”、“校”都是指考察官吏的实际政绩,以此定官吏的赏罚升降。也就是《成相》篇说的“言有节,稽其实,信诞以分赏罚必。”荀子认为,有了这样的“用人之法”,官吏就不敢胡作非为,吏治可得清明:

> “君教出,行有律,吏谨将之无铍滑。下不私清,各以所宜舍巧绌。”③

“铍滑”的“铍”通“颇”,意即邪恶;“滑”通“猾”,意即狡诈。“无铍滑”,就

---

① 《荀子·富国》。
② 《荀子·君道》。
③ 《荀子·成相》。

是官吏不敢胡作非为。

荀子告诉君主,应当用人不疑,除据法"稽"、"校"之外,不要听信群小,派小人时时监视,处处掣肘:

"今人主有六患:使贤者为之,则与不肖者规之;使知者虑之,则与愚者论之;使修士行之,则与污邪之人疑之。"①

反对以不肖者制约贤者,用这种以人制人的方法控制官吏,而主张制定"用人之法",使各级官吏"行有律"。从中可以看到荀子具有某种以法治吏的想法,但在学说上尚很不完整。

(七)关于官制的设想

《王制》篇的"序官"一章,王先谦认为原本是一篇,由于"经传写杂乱不可考"②,只好暂系于《王制》之下。荀子大概系统研究过大一统王道政治的官制问题。

"序官"中罗列"宰爵"、"司徒"、"司马"、"大师"、"司空"、"治田"、"虞师"、"乡师"、"工师"、"讴巫"、"治市"、"司寇"、"冢宰"、"辟公"共 14 种官职的职责和权限。其中一半左右可以在今本《周礼》中找到相同的名称,其职责也大体一致。其余的名称不同,但按其所掌职责仍可在《周礼》中寻到相类似的官职。可见,荀子的"序官"是有所本的。

"序官"中所列各官的职责和权限如下:

宰爵:

"知宾客,祭祀飨食牺牲之牢数。"③

① 《荀子·君道》。
② 王先谦:《荀子集解·王制》。
③ 《荀子·王制》。

宰爵，俞樾认为与秦汉时的“主爵中尉”差不多。其职掌相当于《周礼》“天官冢宰”的一部分职权，主管接待国宾和国家级的祭祀活动。

司徒：

> “知百宗城郭立器之数。”[①]

“宗”，指宗族，“百”形容其多。各级贵族的城廓、器用按级别各有等数，皆由司徒职掌。司徒是最高民政长官。

司马：

> “知师旅甲兵乘白之数。”[②]

“乘”，古代车战中的四马一车为一乘；“白”同“佰”，即一百人，是古代军队的编制。司马为最高军事长官。

大师：

> “修宪命，审诗商，禁淫声，以时顺修，使夷俗邪声不敢乱雅。”[③]

大师，即太师，为乐官之长。荀子在《乐论》中又专论其职责。“审诗商”，王引之以为“商”即“章”，“审诗商”便是“审诗章”。[④] 其实，“审诗商”包括审查诗词和曲调。“商”为古代音乐六律之一，此代指乐曲。以

① 《荀子·王制》。
② 同上。
③ 同上。
④ 见王先谦：《荀子集解·王制》。

下“禁淫声”,是审查乐曲后凡属淫声者禁之,可见若只审查歌词(诗章)还不足以知其声是否淫。

司空:

> “修堤梁,通沟浍,行水潦,安水藏,以时决塞;岁虽凶败水旱,使民有所耘艾。”①

司空是主管农田水利的最高长官。

治田:

> “相高下,视肥墝,序五种,省农功,谨蓄藏,以时顺修,使农夫朴力而寡能。”②

治田即司田,是主管农业生产的官吏。其职责为:察看地势的高低、土地的肥瘦,指导农民因地制宜并按时播种黍、稷、豆、麻、麦五种作物,检查农民劳动的收成,认真抓好粮食储备,及时修订农业政策、法令,教导农民一心一意致力于农业而不去从事其他的技能。

虞师:

> “修火宪,养山林薮泽草木鱼鳖百素,以时禁发,使国家足用而财物不屈。”③

“修火宪”,修订防火的法令。虞师是主管山林湖泊及各项副业生产的

---

① 《荀子·王制》。
② 同上。
③ 同上。

官吏。《周礼》“地官司徒”属下有“山虞”、“泽虞”等官，虞师是他们的总称。

乡师：

“顺州里，定廛宅，养六畜，闲树艺，劝教化，趋孝弟，以时顺修，使百姓顺命，安乐处乡。”①

乡师是基层的地方行政官。

工师：

“论百工，审时事，辨功苦，尚完利，便备用，使雕琢文彩不敢专造于家。”②

“辨功苦”，指辨识产品的好坏；“尚完利”，指注重产品的坚固耐用。工师是管理手工业生产的官吏。

巫觋：

“相阴阳，占祲兆，钻龟陈卦，主攘择五卜，知其吉凶妖祥，伛巫跛击之事也。”③

《周礼》“春官宗伯”属下有“卜师”、“司巫”、“男巫”、“女巫”等各种专司原始宗教占卜的神职人员。“伛巫跛击”的职能与之相同。“伛”是驼背，“跛”是瘸子；“巫”是女巫；“击”通觋，是男巫。荀子写《非相》篇挞伐

① 《荀子·王制》。
② 同上。
③ 同上。

“相人之形状、颜色而知其吉凶、妖祥”的相形之术，但这里又赞成阴阳、占卜、龟蓍之事。概“巫觋”为朝廷认可的宗教神职人员，相形之术者民问游巫。两者相当于今之正教与邪教之别。

治市：

> “修采清，易道路，谨盗贼，平室律，以时顺修，使宾旅安而货财通。”[①]

“修采清”，据俞樾解释，“采”同“採”，为“埰”之误。埰，是秦晋方言，即冢，俗称坟墓。“清”，《说文·广部》：“厕，清也。”所以，“修采清”，就是修理清扫坟墓、厕所。“平室律”，诸家解释皆不得要领。《荀子新注》据《王霸》篇“质律禁止而不偏”文义，解“室律”为“质律”[②]。“质律”，即质剂，货物买卖的契约文书。所以“平室律”，是公平议定物价，签订买卖契约。治市即司市，是管理城镇市场的官吏。

司寇：

> “折愿禁悍，防淫除邪，戮之以五刑，使暴悍以变，奸邪不作。”[③]

司寇是主管司法行政和审理狱讼的最高长官。

冢宰：

> “本政教，正法则，兼听而时稽之，度其功劳，论其庆赏，以时顺

① 《荀子·王制》。

② 北京大学《荀子》注释组：《荀子新注·王制》。

③ 《荀子·王制》。

修，使百吏免尽，而众庶不偷。”①

“冢宰”就是宰相，与《周礼》“天官冢宰”所述职责大致相同。上述荀子所论相制已见其详。宰相为全国最高行政长官，故下文云：“政事乱，则冢宰之罪也。”

辟公：

“论礼乐，正身行，广教化，美风俗，兼覆而调一之。”②

“辟公”，即诸侯。值得注意的是，荀子所论的“辟公”，已不同于周代分封制下握有一国政治、法律、军事、财政大权的独立邦国的国君，其职责已不涉及政事，主要是对一方人民进行礼乐教化、端正风俗。故下文云：“国家失俗，则辟公之过也”，而不把失政的责任归于他们。

总起来说，荀子所论“序官”中各种官吏的职责，已明显体现了“大一统”中央集权君主制下的官僚体制。所以，“序官”的最后，荀子又回到王道“大一统”上：

“全道德，致隆高，綦文理，一天下，振毫末，使天下莫不顺比从服，天王之事也。……天下不一，诸侯俗反，则天王非其人也。”③

从“序官”看，君臣之间的关系还是比较宽松的，仍含有某种氏族民主制的因素，甚至将“天王”也放到“序官”的系列之中。这样的官制官规除了政治法律思想史上的意义之外，是不可能被行将到来的君主政制及

① 《荀子·王制》。
② 同上。
③ 同上。

其官僚制度采纳的。

五、礼法论

礼法论是荀子法思想的核心。荀子的法思想就是礼法思想。

荀子言性恶，落脚点在于崇尚礼义以“心性起伪”；荀子的“法后王”、“法圣人”，目的是要时君世主“隆礼贵义”；荀子尊王道政治，实质上是宣扬礼法之治。因此，舍礼法论便无荀学可言，更无荀子法思想可言。

先秦儒家都讲礼，但有各自的特点。孔子以仁救礼，以仁释礼，从而改造了礼，给古老的礼注入了仁的精神，创仁—礼思想体系，礼从此有了文化生命价值而得以延绵不断。孔子以后，孟子主要发展孔子的仁学，推仁学为仁政，以礼义行仁政；荀子则主要发展孔子的礼学，以礼法之治载王道。荀子把礼与法相会通，将礼作了法的解释，开礼法一体论之先河，为秦汉以后两千年政治法律制度提供了理论指导，也设计了基本模式。可以说，孔子之礼是经荀子之手而与“大一统”君主政制相衔接的。

1. 礼的属性论

礼是古代社会行为规范的总称，是一个集宗教、伦理、法律、习俗为一体的复杂的综合体。礼作为国家的大经大法和社会成员的生活秩序细则，是很早就出现的法意识，并成为周人“出礼入刑”的礼刑之治思想基础。所以，荀子释礼为法，不完全是他个人的创见，其中相当一部分是对前人的继承。他自己的创造性解释主要是将“分”这一具有法律权利意义的范畴引入了礼学，从而明确揭示了礼具有法的属性。也由于此，使荀子在论及各类礼时每每暴露出自己的新意，将前人那些经验的零碎的以礼为法的意识升华到理性高度，作出理论概括。

（一）“分”——礼的本质属性

荀子指出，人类社会之所以能够组成并正常运转，关键在于有“分”，否则，“群而无分则乱”①，而“分”的标准和程序皆须依礼而定。“分”是礼的主要功能，也是礼的本质属性。这就是所谓的“辨莫大于分，分莫大于礼”。② “辨”，别也③，“乐合同，礼别异”④。“分”与“别”同义，都受礼的制约。

“分”，读作 fen，意为本分、职责，实际内容是等级名分。据荀子所论，“分”大致包括以下四类：一是君臣上下之分。若“无君以制臣，无上以制下，天下害生纵欲”⑤，必然产生争斗。二是知愚、少长、老弱之分。不然，则“强胁弱”、“知惧愚”，“民下违上、少陵长”，“老弱有失养之忧，而壮者有分争之祸矣”。⑥ 三是职业之分。使“能不能兼技，人不能兼官”，如果“职业无分”，“则人有树事之患，而有争功之祸矣。”⑦四是“男女之合，夫妇之分。”如果无“夫妇之分，婚姻聘内送逆无礼”，“则人有失合之忧，而有争色之祸矣。”⑧

可见，“分”是荀子构想王道政治的政治制度、行政制度、官吏制度、经济制度、婚姻制度及有关法律规定的依据。

“分”的实质是确定权力和财产的分配；定“分”的最基本依据则是人的身份，这种身份取决于宗法血缘关系。以上两点是把握荀子“分”的学说的关键。

---

① 《荀子·王制》。
② 《荀子·非相》。
③ 见梁启雄：《荀子简释·非相》引杨倞注。
④ 《荀子·乐论》。
⑤ 《荀子·富国》。
⑥ 同上。
⑦ 同上。
⑧ 同上。

在古代宗法社会，等级名分制度就是身份制度，它以宗法血缘关系而定。所谓“人道莫不有辨”[①]，即是指人类有父子、男女的人伦之别。[②]荀子说：

> “亲亲、故故、庸庸、劳劳，仁之杀也。贵贵、尊尊、贤贤、老老、长长，义之伦也。行之得其节，礼之序也。”[③]

“庸”，功也。“庸庸”，按功论功。“仁之杀”，即仁的差等。“义之伦”，指义所含的道理。这段话意思是说，将“亲亲”、“尊尊”这二套体现仁和义的行为规范实行得恰到好处，便是礼所规定的社会秩序。“礼之序”，即“分”和“别”，是以宗法血缘为基本依据来决定人的身份差别，进而决定人的政治和经济上的权利和义务。故云：

> “制礼义以分之，使有贫、富、贵、贱之等。”[④]
>
> “曷谓别？曰：贵贱有等，长幼有差，贫富轻重皆有称者也。”[⑤]

政治上的统治（贵）与被统治（贱），经济上的占有（富）与被占有（贫），都以身份而定，身份的区分，含有权利和义务的有无、多少的区分，身份的确立包括了权利和义务关系的确定。

荀子反复强调“分”的重要，“分”才有社会，才有秩序，才有“和一”：

---

① 《荀子·王霸》。

② 《荀子·非相》篇云：“夫禽兽有父子而无父子之亲，有牝牡而无男女之别。故人道莫不有辨。”

③ 《荀子·大略》。

④ 《荀子·王制》。

⑤ 《荀子·礼论》。

“故先王案为之制礼义以分之，使有贵贱之等，长幼之差，知愚能不能之分，皆使人载其事而各得其宜，然后使谷禄多少厚薄之称，是夫群居和一之道也。”①

这段话的前一半讲以礼义确定身份等级，后一半讲以身份确定权力和财产的分配。“定分”后“各得其宜”，就是荀子所理解的社会制度的合理秩序，即“群居和一之道”。他牢牢抓住了政治权和财产权的有无、多少、厚薄这一“分”的实质，所以他说：

“少事长，贱事贵，不肖事贤，是天下之通义也。”②

在他看来，这种统治与被统治、占有与被占有、服侍与被服侍的关系，是完全合理且永恒的制度。

荀子的“分”，包含着所有权意义，内蕴权利意识。但它们都未能发展成为相对独立的法律范畴，仍然是以身份差别作基础，作标准，并裹夹在身份制度的外壳之中的。在宗法血缘社会中，阶级关系、政治关系、经济关系等都寓于身份关系之中，并为身份关系所掩盖。所以，身份制度实为国家根本性的一项制度，身份关系本质上是法律关系。荀子以“分”释礼，正是抓住了礼的最本质性的属性——礼就是中国的古代法，说得确切一些，礼是身份法。

马克思在谈到古代社会的法律时写道：

“在这种社会关系以及与之相适应的生产方式所借以建立的

① 《荀子·荣辱》。
② 《荀子·仲尼》。

自然形成的不发达的状态中，传统必然起着非常重要的作用。……在这里，并且到处都一样，社会上占统治地位的那部分人的利益，总是要把现状作为法律加以神圣化，并且要把习惯和传统对现状造成的各种限制，用法律固定下来。……如果一种生产方式持续一个时期，那么，它就会作为习惯和传统固定下来，最后就被作为明文的法律加以神圣化。”①

礼，就是这样一种“习惯和传统”。它以“亲亲”、“尊尊”之义维系以宗法血缘等级为核心的身份制度，限制着现状。而荀子的以礼制分，正反映着将“习惯和传统”、“作为明文的法律加以神圣化”的要求。

“分”作为法律权利概念使用，早于《荀子》书的有《慎子》与《商君书》。②

《慎子》载：

“一兔走街，百人追之，贪人具存，人莫之非者，以兔为未定分也。积兔满市，过而不顾，非不欲兔也，分定之后，虽鄙不争。”③

《商君书》也讲了这个关于兔子的故事，接着作了一个理论概括：

“故名分未定，尧、舜、禹、汤且皆如鹜焉而逐之；名分已定，贪

① 马克思：《资本论》第 3 卷，人民出版社 1975 年版，第 893—894 页。

② 据前人考证，《慎子》之《逸文》“杂取《鬻子》、《墨子》、《韩非子》、《战国策》诸书”，不一定出自慎到之手（钱熙祚：《慎子·跋》）。《商君书》的《定分》篇非商鞅所作，其写作年代不会早于商鞅死后 30 年，即在公元前 348 年以后（高亨《商君书注释·定分篇解题》）。因此，我们只能大致推定它们比《荀子》早一些。

③ 《慎子·逸文》。

盗不取。”[①]

这两则文字的核心是讲“定分止争”，但都没有讲怎么才能“定分止争”，尤其是没有回答用什么标准去“定分”。“定分”已含有某些权利观念，但关键是如何分配和实现权利。荀子的“分”，利用了《慎子》和《商君书》这些法的思想资料，但其着力点是解决怎样“定分”、依据什么来“定分”的问题。这是他在礼法思想上的重要成果。

其一，荀子明确地把“分”与礼联系起来，解决了“定分”的标准问题。这无论从礼学角度还是从法思想的角度都有重大的影响。一方面，“分”被纳入了传统的礼，权利的分配主要依“亲亲”、“尊尊”的血缘身份制度而定，对古代社会而言，这是最简捷明快的“定分”办法，也是最干脆利落的“止争”手段，最能有效地稳定社会秩序。依血缘关系而定的身份差序格局，在古人心目中，既是简单明白可操作的，又是神圣和神秘莫测的，具有不可怀疑不可挑战性，属于那种“天经地义”的“天道”、“天性”安排。从后来的历史事实看，成为古代中国社会经济政治基础的“家产制”制度，正是这种依礼“定分止争”的结果。另一方面，“分”一旦引进礼中，同时也改造了古老的礼，给礼输入了权利的新义，强化了礼的法律属性。荀子的依礼定分，再不是周代贵族世袭之礼。这在后来的历史发展也结出了果实，从秦汉的“五经博士”、汉魏的“律博士”，进展到隋唐的科举取士，逐渐从制度上突破血缘身份的旧礼，但又仍在礼法制度之中，且以礼部为执行机关。相对于法家置礼于不顾而标立“分”之新义，荀子依礼“定分”这一思路，似乎显得因循保守，但却适应了中国古代社会宗法血缘结构的实际，为中国古代法——礼法的独特发展道路作了理论奠基。凡事久必生弊，弊多则亡。随着生产

① 《商君书·定分》。

力的进一步发展和社会的进步，身份制必然成为障碍，“家产制”相应退出历史舞台，依礼“定分”被现代权利法律制度所替代。此是后话。

其二，《慎子》和《商君书》虽然提出了“定分止争”的法律功能价值说和法的本质说，但还停留在经验性的比喻上，荀子则将其向理论化、系统化方面大大推进了一步。这不仅表现在荀子解决了“定分”、“明分”的依据和标准问题，还进一步阐明了谁来“定分”和怎样“定分”等关于“分”的主体、原则和方法等问题。荀子指出，“定分”、“明分”之权应掌握在圣人、人君手中：“宇中万物，生人之属，待圣人然后分也”①，“人君者，所以管分之枢要也。”②荀子还提出了一个“分”的原则：“维齐非齐”：

> “分均则不偏，势齐则不壹，众齐则不使。有天有地而上下有差，明王始立而处国有制。夫两贵之不能相事，两贱之不能相使，是天数也。势位齐而欲恶同，物不能澹则必争，争则必乱，乱则穷矣。先王恶其乱也，故制礼义以分之，使有贫富贵贱之等，足以相兼临者，是养天下之本也。《书》曰：‘维齐非齐。’此之谓也。”③

“维齐非齐”本是《尚书》中古语④。“维齐”是整齐划一，“非齐”是不齐不一。意思是，没有绝对的整齐、平均、平等，只能有差异的整齐、平均、平等，整齐、平均、平等存在于不整齐、不平均、不平等之中。《尚书·吕刑》讲的“维齐非齐”，是指刑罚的适用应当根据罪犯主观恶意的有无、轻重，以及犯罪行为发生时的客观情势、社会治乱状态等而有所权衡、有所变通，不能搞一刀切。荀子将其引入到“定分”之上，成为普

① 《荀子·礼论》。
② 《荀子·富国》。
③ 《荀子·王制》。
④ 《尚书·吕刑》：“轻重诸罚有权。刑罚世轻世重，惟齐非齐，有伦有要。”

遍适用的礼法原则和方法。他指出,"定分"的实质在于"使有贫、富、贵、贱之等"。"等",是差别和等级,就是"非齐"。这个"非齐"是在"维齐"下的"非齐",不是毫无控制的"非齐",不是无限扩大的"非齐"。就是说,在财产和权力上要实现有差别的平衡,既不是绝对的平均、平等,又不是无节制地扩大贫富差列。"维齐非齐",是荀子提供的依礼"定分"的原则和方法,其中蕴含着治国理政的高超智慧和艺术。

(二)由以"分"释礼到释礼为法

荀子引"分"入礼,使古老的礼学有了一番新气象。前人留下的繁琐的礼的资料以及那些经验性的十分零碎的以礼为法的观点,从而可以有一个释礼为法的理论性的概括和总结。

纵观荀子所论之礼,大致可归为三类:礼节仪式、人伦道德、国家制度和社会制度。试分述之。

第一,礼节仪式类。《大略》篇所论"亲迎之礼",《礼论》篇所论"三年之丧"的"丧礼"等,均属于礼仪。它们是周礼的吉、凶、军、宾、嘉等各种礼制的外在仪式。在古代社会,礼仪制度决不是可有可无,可以这样可以那样的小事一桩,它的作用在于保障血缘家族制度,明确以身份制度为基点的宗法等级和政治等级"名分",体现着血缘亲和关系,财产和权力关系等礼的内在本质。质言之,礼仪之礼,虽是一种外在的仪式上的"名分",却体现着本质的身份、财产、权力的"明分",因而有着不可移易性和程式化、制度化的特点,有不少内容是由礼书或政令明确规定的,属于成文的礼典。例如,《周礼》是一部关于中央王朝官制的礼典,《仪礼》则是一部集古礼之大成的礼典。另一些虽然只是相沿已久的习俗,却具有法律规范的属性,或明或暗地显示着国家强制性,这部分礼,就是我们通常所谓的习惯法。

礼节仪式之礼,在荀子礼论中是比较因循的层面,不是他的礼学的主体。当然,荀子也没有完全照搬周礼或其它古礼的仪式,多少有点自己的改作。譬如,他在坚持三年之丧的同时,就激烈地反对人殉,说“杀生而送死谓之贼”。[①] 反对人殉尽管是孔子的改作,但荀子至少是赞同这样的改作而不同意古代的杀殉之礼的。

第二,人伦道德类。《荀子》书中,从人伦道德属性的角度论述礼的言论也不在少数。如:

> “礼也者,贵者敬焉,老者孝焉,长者弟焉,幼者慈焉,贱者惠焉。”[②]

敬、孝、弟、慈、惠等都是道德范畴。这里讲的礼无疑是道德意义上的礼。但这些道德不是一般的社会道德,更不是宗教道德,而是宗法社会的人伦道德。他在《君道》篇中说,“为人君”应当“以礼分施,均遍而不偏”,“为人臣”应当“以礼待君,忠顺而不懈”,“为人父”应当“宽惠而有礼”,“为人子”应当“敬爱而致恭”,“为人兄”应当“慈爱而见友”,“为人弟”应当“敬诎而不苟”,“为人夫”应当“致和而不流,致临而有辩”,“为人妻”应当“夫有礼则柔从听侍,夫无礼则恐惧而自竦。”这里把君臣关系也纳入父子、兄弟、夫妻的人伦关系之列,演化为人伦中的一伦。

总之,忠、孝、弟、慈、惠等等道德都是礼的表现,礼是诸德之总。忠、孝等等是道德的个别,礼是道德的一般,也是最高的道德。荀子对礼的道德义的最大赞美是称礼为“人道之极”:

> “故绳者,直之至;衡者,平之至;规矩者,方圆之至;礼者,人道之极也。”[③]

---

① 《荀子·礼论》。
② 《荀子·大略》。
③ 《荀子·礼论》。

“人道之极”，又叫作“道德之极”：

“礼者，法之大方，类之纲纪也，故学至乎礼而止矣，夫是之谓道德之极。”[①]

“人道”是相对于“天道”、“地道”而言的，是人之为人的道理、准则。“人道”也就是人伦。礼被誉为“人道之极”，或“道德之极”，即是最高的人伦道德。绳、衡、规矩等等都是人类社会具体的行为规范。在先秦著作中，它们常常是法律规范的代名词。[②] 将礼与绳、衡、规矩、法、类等法律规范名称对比着说，并赞之为“人道之极”和“道德之极”，这样的礼已超出了伦理学中一般意义上的道德范畴的范围，而同西方法学史上永恒的“道德法则”的含义相近了。就是说，礼作为“人道之极”，是其它行为规范，包括法律规范的渊源、评价标准和价值目标。将“礼者法之大分”和“分莫大于礼”两句话联系起来考虑，可知礼作为“分”的价值标准也就是作为“法”的总纲。而作为“价值标准”和“总纲”的这部分礼不是别的，就是“人道之极”的礼。可见，荀子论礼的道德义时，最终还是将它引向了法律义，礼是永恒的“道德法则”，是人类社会一切法中的最高法、法上法，是“定分”、“明分”的最高价值标准。

第三，国家制度和社会制度类。首先，确认统治集团内部各级贵族、官吏以及中央与郡国、天子与诸侯之间的等级名分、权利义务关系之“分”的礼制，实质上是一种国家制度。“天子外屏，诸侯内屏，礼

---

① 《荀子·劝学》。

② 如《商君书·修权》：“先王县权衡，立尺寸……故法者，国之权衡也。”《定分》篇“法令绳墨”并提。《慎子·佚文》：“有权衡者，不可欺以轻重……有法度者，不可巧以诈伪。”《申子·佚文》：“君必有明法正仪，若悬权衡以称轻重，所以一群臣也。”《韩非子》中有“法不阿贵，绳不挠曲。”(《有度》)“无规矩之法，绳墨之端”(《奸劫狱臣》)等说法。

也”①，属于宫庭建筑制度之礼；“天子山冕，诸侯玄冠，大夫裨冕，士韦弁，礼也”②，属于服饰制度之礼。这些均为重要的“明分”之礼，亦即“明分”之法，凡有违犯，是决不宽容的。李悝《法经》中规定“大夫之家有侯物，自一以上者族”，便是明证。

《正论》篇中说：

> “故诸夏之国同服同仪，蛮、夷、戎、狄之国同服不同制。封内甸服，封外侯服，侯、卫宾服，蛮夷要服，戎狄荒服。甸服者祭，侯服者祀，宾服者享，要服者贡，荒服者终王。日祭、月祀、时享、岁贡、终王，夫是之谓视形势而制械用，称远近而等贡献；是王者之制也。”③

这里的“服”，是服事于中央王朝的意思。这是一条有关国家制度性的古礼，内容是确定各类诸侯国对于中央王朝应尽义务之“分”。它出自《国语·周语》。原文后面还有“刑不祭，伐不祀，征不享，让不贡，告不王”等出礼入刑的文字，④可见是具有国家强制力的刚性法律规范。

---

① 《荀子·大略》。

② 《荀子·大略》。

③ 《荀子·正论》。

④ 《国语·周语上》原文：“夫先王之制：邦内甸服，邦外侯服，侯、卫宾服，蛮、夷要服，戎、狄荒服。甸服者祭，侯服者祀，宾服者享，要服者贡，荒服者王。日祭、月祀、时享、岁贡、终王，先王之训也。有不祭则修意，有不祀则修言，有不享则修文，有不贡则修名，有不王则修德，序成而有不至则修刑。于是乎有刑不祭，伐不祀，征不享，让不贡，告不王。于是乎有刑罚之辟，有攻伐之兵，有征讨之备，有威让之令，有文告之辞。布令陈辞而又不至，则增修于德而无勤民于远，是以近无不听，远无不服。”这一礼法制度，在《尚书》中也有记载。如《尚书·禹贡》：“五百里甸服，百里赋纳总、二百里纳铚、三百里纳秸服、四百里粟、五百里米。五百里侯服，百里采、二百里男邦、三百里诸侯。五百里绥服，三百里揆文教、二百里奋武卫。五百里要服，三百里夷、二百里蔡。五百里荒服，三百里蛮、二百里流。”

其次，礼还规范着统治阶级与被统治阶级之间的权利义务之“分”，以及社会上各行各业的职业分工之“分”和各级官吏的职权之“分”，这部分礼不仅是国家制度，也是社会制度。《王霸》篇云：

“君臣上下，贵贱长幼，至于庶人，莫不以是为隆正。然后皆内自省以谨于分，是百王之所同也，而礼法之枢要也。然后农分田而耕，贾分货而贩，百工分事而劝，士大夫分职而听，建国诸侯之君分土而守，三公总方而议，则天子共已而止矣。出若入若，天下莫不平均，莫不治辨，是百王之所同，而礼法之大分也。”①

“枢要”、“大分”，意为关键、总纲，即是国家和社会的根本制度。

作为国家和社会的根本制度的这一部分礼，已被赋予根本法的性质。所以，荀子将它抬到了无以复加的高度：

“国无礼则不正，礼之所以正国也，譬之犹衡之于轻重也，犹绳墨之于曲直也，犹规矩之于方圆也，既错之而人莫之能诬也。”②

“礼者，治辨之极也，强固之本也，威行之道也。”③

“故人之命在天，国之命在礼。”④

“礼岂不至矣哉！立隆以为极，而天下莫之能损益也。”⑤

“正国”，即规定国家的根本制度。这样的礼是“国之命”，是“人莫

① 《荀子·大略》。
② 《荀子·王霸》。
③ 《荀子·议兵》。
④ 《荀子·强国》。
⑤ 《荀子·礼论》。

之能诬”的，“天下莫之损益”的，显然，只有根本法才具有这样的地位和性质。荀子在《劝学》中提出“不道礼宪……不可以得之也”的命题，其中的“礼宪”一词，正是对于礼具有宪章和根本法意义的认识结晶。

夏、商、周三代之礼原本都具有根本法的性质，古人也有这方面的论述，较为著名的如《左传·隐公十一年》载“君子”言：

“礼，经国家，定社稷，序民人，利后嗣者也。”①

荀子关于礼的根本法意义的论述集前人之大成，有了一个新的理论高度。

从对荀子所论之礼的主要类型的分析可见，荀子通过以“分”释礼，将礼所含的法的属性着力作了揭示，使其由隐而显，由约而明，由零碎而集中，由经验性的感知而上升为理论性的总结。《荀子》书中出现了不少具有法度、法则含义的名词来说明礼的属性，从正面将礼解释为法。这些名词除已提到的“衡”、“绳墨”、“规矩”之外，还有“检式”、“经纬”等。

“检式”，见于《儒效》篇：

“礼者，人主之所以为群臣寸、尺、寻、丈、检式也。”②

“检”与“式”，王念孙认为都是法度。③ 这句话的意思是：礼是君主制定出来的衡量群臣的法度。

“经纬”，出自《劝学》篇：

“将原先王，本仁义，则礼正其经纬、蹊径也。”④

---

① 《左传·隐公十一年》。

② 《荀子·儒效》。

③ 见王先谦：《荀子集解·儒效》注。

④ 《荀子·劝学》。

此句是说，礼是人们体认先王旨意，追求仁义精神的正确的行为规范和途径。“经”，是直线；“纬”，是横线。“经纬”，就是规矩、规范。《左传·昭公二十九年》载孔子语：“夫晋国将守唐叔之所受法度，以经纬其民。”“经纬其民”，即以法规法则管理民众。

综上所述，荀子礼学的最大特色在于通过以“分”释礼，从而将礼释为法。

2. 礼法一体论

荀子释礼为法的理论成果，在于创立了礼法一体论。具体表现在：提出了“礼法”范畴；确立了“非礼无法”的原则；论述了“隆礼重法”的礼法关系。

（一）“礼法”

对于具有国家强制性行为规范的称谓，在荀子之前有“刑”、有“法”、有“礼”，以及“典”、“诰”、“宪”、“彝”、“谟”、“则”、“范”等，荀子以“分”释礼，礼法成为一体，提出了“礼法”这一新范畴：①

---

① 《商君书·更法》也出现过“礼法”字样：“前世不同教，何古之法？帝王不相复，何礼之循？伏羲、神农教而不诛；黄帝、尧、舜，诛而不怒；及至文、武，各当时而立法，因事而制礼。礼法以时而定，制令各顺其宜，兵甲器备各便其用。”研究者一般把《商君书》成书的时间大致定于前260年至前233年之间。这与荀子的活动时间（前298—前238年）多相重叠。《更法》篇出现秦孝公谥号，是《商君书》中比较晚出的一篇。它与《荀子》出于同一时段的可能性是存在的。不过，我们无从断定究竟是荀子还是《商君书·更法》的作者首先使用“礼法”一词。从《更法》全文来看，其作者还只是偶尔地、习得性地使用“礼法”一词，未成为表达全篇思想的主要词汇。所以，有《商君书》研究专家认为，《更法》篇中的“礼法”仍为“礼”和“法”两个词。如，张觉先生在《商君书校疏》（知识产权出版社2012年版）中，将“礼法以时而定，制令各顺其宜”标点为“礼、法以时而定，制、令各顺其宜”。与之不同，荀子则是自觉地在“礼法”的学理层面上运用它，创制为全新的“礼法”范畴，从而上集先秦礼法学之大成，下启秦汉礼法学和礼法制度之新篇。

“故学也者，礼法也。”①

“礼法之大分也。”②

“礼法之枢要也。”③

“礼法”一词，不是“礼”和“法”两个概念的机械重叠、简单相加，也不同始于两汉的以礼释法、礼融于律那种“礼法合一”状态的礼与法。它是荀子对国家政治制度、法律制度的一种质的界定，是他对礼的改造，对法的属性的高度把握。荀子将礼作了法的解释，这种解释所得出的关于礼和关于法的新认识就反映在“礼法”这一范畴之中。荀子很重视“正名”，“礼法”一词绝非他随便使用的一个名词，而是他为中央大一统君主制度设计的政治法律模式。“礼法”一词，作为荀子首创的新名，它所要透露的是这样一种消息：未来的中央大一统君主制国家的法制是“礼法”，而不是摈法于外的单纯的礼，或无礼统率的单纯的法。因此，“礼法”即法，就是一个双音节的法概念，一个法哲学范畴。中国古代法的发展历史证明，只有“礼法”这个范畴，才能准确地表达中国古代法的全体大用，才能揭示中国古代法的特质。质言之，中华法系是“礼法”，是“礼法法系”。中国古代法的律、令、典、刑等等只是礼法的外在形式。还是深懂中西法律异同的翻译家能得其中奥义。吴寿彭先生在翻译亚里士多德《政治学》的“诺谟”（nomos）一词时说：

“在近代已经高度分化的文字中实际上再没有那么广泛的名

① 《荀子・修身》。

② 《荀子・王霸》。

③ 同上。

词可概括'法律'、'制度'、'礼仪'和'习俗'四项内容;但在中国经典时代'礼法'这类字样恰也常常是这四者的浑称。"①

正是荀子这位思想大家,第一个发明有如此广泛概括性的"礼法"一词来表达中国古代法!这一定名,意味着中国古代法有了准确定性和定位,功莫大焉!

(二)"非礼无法"

荀子释礼为法,不仅表现在将"分"引入于礼,揭示了各类礼制中固有的法的意义;而且在于发现了违礼即是违法的内在逻辑。前者还只是对礼具有法的属性的静态把握,后者则进入到对礼的法的属性的动态把握。这两者的结合才是荀子的完整的礼法观,完整的礼法统一论。

荀子通过对传统的礼制的客观分析,敏锐地发现了礼与法之间的相辅相成的动态联系状态,并十分精辟地概括出了一条原则——"非礼无法":

"故非礼,是无法也。"②

荀子论礼是"表"时也说:

"礼者,其表也,先王以礼表天下之乱,今废礼者,是去表也。"③

---

① 〔古希腊〕亚里士多德著:《政治学》,吴寿彭译,卷三章十六译注一,商务印书馆1965年版,第170页。

② 《荀子·修身》。

③ 《荀子·大略》。

“废礼”即“去表”，同“非礼”即“无法”是一个思维模式。

“非礼无法”中，“非礼”，指违礼、背礼、弃礼等一切毁损、破坏礼制的行为。“无法”不是没有法，而是无视法律、目无法纪。“非礼无法”，以对礼的态度来定性，以行为的合礼与非礼来定性。它包含两层互相联系的层面：

其一，就立法而言。立法必须以礼为指导，以礼为准绳，合礼即是良法，非礼便入恶法，违礼之法只能是非法之法，优良的法只能是“礼法”。

其二，在执法、司法层面。既然“非礼”即是“无法”，那么，这种“无法”行为当然应承担法律责任，其后果十分严重，那就是刑罚侍候了。这叫作“出礼入刑”[①]。

这里涉及到一个“礼法”是不是法的问题。

现代法理学有一个比较刻板的定义：一切法律规范都须具备“假定、指示和制裁”三个要素。“假定”、“指示”都属于规范性规定。法律必须具有规范性，但有规范性的行为准则却不一定都是法律，因为习俗、道德、宗教等也具有规范性。严格意义上的法律，其区别于其它行为规范的主要标志，是其国家强制性，即违反法律规范就会受到“制裁”。“礼法”既然是一个包含法律、制度、礼仪、习俗，以及宗教、祭祀、家法族规等的综合性规范体系，与这一现代法律定义有相当的不一致。那些礼仪、习俗等等，若在违反之后没有一一对应“制裁”这一条，若只有道德谴责、舆论批评等等，那么，照这一法律定义，充其量不过是社会学意义上广义的无牙齿的所谓“活法”而已。

荀子再怎么了不起，也无论如何不会具有这样的现代法理学知识。

---

① 见王充：《论衡·谢短》篇云：“出于礼，入于刑，礼之所去，刑之所取。”又，《后汉书·陈宠传》：“礼之所去，刑之所取。失礼则入刑，相为表里者也。”

不过，他的“非礼无法”已接触到违礼即违法并必须加以“制裁”的问题。荀子说：

“遇君则修臣下之义，遇乡则修长幼之义，遇长则修子弟之义，遇友则修礼节辞让之义，遇贱而少者则修告导宽容之义。无不爱也，无不敬也，无与人争也，恢然如天地之苞万物。如是则贤者贵之，不肖者亲之。如是而不服者，则可谓訞怪狡猾之人矣，虽则子弟之中，刑及之而宜。”①

这叫作先礼而后刑。导之以礼、修之以礼、教之以礼，依然我行我素，非礼违礼，虽亲戚子弟亦不免于刑。所以，只要行为一入“非礼无法”，这种以国家系统暴力为内容的强制立时可见。“礼法”中的诸如制度、礼仪、习俗等等行为规范，不论成文与否，可能不会每一条对应着规定其违反后的“制裁”结果，但决不是没有制裁。制裁是刑和罚的任务。在荀子的“礼法”体系中，刑和罚的规则在制度、礼仪、习俗之外，那是狭义的法律。荀子的“非礼无法”，经过后代的完善，成为一个通行于中国古代两千多年的铁则：“非礼无法，出礼入刑”。

再回过头来讨论“活法”问题。

其实，把礼俗、习惯等“活法”排除在法外的那个法律定义，主要反映法典学派、规范法学的学说。事实上，不论中国，还是西方，古代社会的“法”包含范围都很广泛，也都存在“活法”。创立“社会控制论”学说而闻达于世的美国法学家罗斯科·庞德这样写道：

“社会控制的主要手段是道德、宗教和法律。在开始有法律

① 《荀子·非十二子》。

> 时，这些东西是没有什么区别的，甚至在像希腊城邦那样先进的文明中，人们也通常使用同一个词来表达宗教礼仪、伦理习惯、调整关系的传统方式、城邦立法，把所有这一切看作一个整体；我们应该说，现在我们称为法律的这一名称，包括了社会控制的所有这些手段。”①

庞德不是第一个这样论定法律的法学家。凡是重视历史、文化、社会环境对法律起作用的学者都持同样的观点。前面提到的《论法的精神》的作者孟德斯鸠，在奠立“三权分立”为中心的西方国家学说和法学理论的同时，还认为风俗、习惯由地理环境所决定，其对社会秩序的规范作用一点也不亚于规范主义的制定法。被喻为“自由奠基人”的法国另一位启蒙思想家卢梭，是“法律面前人人平等”的倡导者，对习俗也有着同样的尊重：

> “这种法律既不是铭刻在大理石上，也不是铭刻在铜表上，而是铭刻在公民的内心里；它形成了国家的真正宪法；它每天都在获得新的力量；当其他的法律衰老或消亡的时候，它可以复活那些法律或代替那些法律，它可以保持一个民族的创制精神，而且可以不知不觉地以习惯力量代替权威的力量。”②

世界上那些古老而具有悠久丰厚历史文化的民族都会存在这样大量的“活法”。卢梭、孟德斯鸠的法兰西民族如是，中华民族也是这样。

荀子的“礼法”范畴十分准确地表达了中国古代法的样态。礼法中

---

① 〔美〕罗斯科·庞德著:《通过法律的社会控制》，沈宗灵译，商务印书馆 1984 年版，第 9 页。

② 〔法〕让-雅克·卢梭:《社会契约论》，何兆武译，商务印书馆 2003 年版，第 70 页。

礼俗、习惯和地方性风尚不但是法，而且是先民心中的“宪法”，其中还含有高于那些制定法的“天理”“人情”，它们是制定法的法上之法。

(三)“隆礼重法”

礼法的一体并不是绝对的合二为一，将礼与法的界限全盘抹去，而是有区别的统一。荀子释礼为法，而礼仍然是礼，是礼法之礼；荀子以法释礼，纳法于礼，以礼率法，而法仍然是法，是礼法之法。因此，礼法一体论中仍然有礼法关系需要明确，需要讨论。

《荀子》书中“隆礼尊贤而王，重法爱民而霸”的话分别见于《强国》、《天论》、《大略》，凡三次。若以此而论定荀子所主张的是“礼法并重”，并不确当。荀子以“隆礼”为王道，以“重法”为霸道，王霸虽不相排斥，但他崇尚的还是王道。同理，礼法虽可互补并用，却仍有本末之分，并没有“并重”，礼更尚于法。所以他说，礼乃是“法之大分，类之纲纪”①。《劝学》篇中论学礼隆礼的重要性时说：

“故隆礼，虽未明，法士也；不隆礼，虽察辩，散儒也。”②

“法士”，即能严格执法、守法的士人；“散儒”，是不懂得也不能够严格执法、守法的庸俗读书人、读死书的人。“察辩”，指明察善辩，听讼决疑自然也包括在内。虽能“察辩”但“不隆礼”的“散儒”，也就是那些“不知法之义而正法之数者”③，他们只知死抱法律条文但却从根本上违背了法义，所以也不能真正地守法、执法。这段话，显然是强调“隆礼”比知法更为重要，更为根本。

《成相》篇中有一段论述礼法关系的名言：

---

① 《荀子·劝学》。

② 同上。

③ 《荀子·君道》。

“治之经,礼与刑,君子以修百姓宁。明德慎罚,国家既治四海平。”①

乍一看,是将礼与刑并立为治国的两大根本。但值得注意的是,后面紧跟着来了一句“明德慎罚”,其文其义与前一句相贯通。“明德慎罚”出自《尚书·康诰》,意为崇尚德教,慎用刑罚,反映周公旦重德轻刑、依德用刑的治国方略。“礼与刑”只是讲治国应具备这样两种手段,“明德慎罚”才讲到两者的关系。前后相较,可知荀子思想中,德礼法刑之间有轻重、本末之差,并非半斤八两,不分轩轾。

荀子说,“礼义生而制法度”②,可见,他以礼义为法度的渊源,创制法制的根据。又说,“礼者,节之准也。”③“节”,此指具体的法律规定④。“节之准”,即法律的标准。这个标准就是礼。凡此种种说明,荀子尽管大大提高了法的地位和作用,在先秦儒家中,首倡“隆礼重法”,但礼法之间,他仍以礼为先、为本、为重,保持着儒家的传统精神。这一点,在把握荀子的礼法一体论中是至关重要的。

3. 礼法构成论

在荀子的礼法一体论中,礼法的结构大致分为五个层次:“礼义”、“法义”、“法数”、“类”、“刑”(即罚)。

(一)“礼义”

荀子论礼法,使用得最多的名词是“礼义”。“礼义”一词不是荀子所始创,《孟子》书中就出现了。如孟子论民无恒产,不能有恒心时说:

---

① 《荀子·成相》。

② 《荀子·性恶》。

③ 《荀子·致士》。

④ 梁启雄:《荀子简释·致士》引《礼记·乐记》,注:“节,法度也。”

"此惟救死而恐不赡，奚暇治礼义哉。"[1]不过，《孟子》书中，使用得最频繁的概念是"仁义"，不是"礼义"。而荀子的"礼义"，在许多地方也完全可以换成"仁义"，如："道者，礼义辞让忠信是也"[2]，"积礼义而为君子"[3]，"人无礼义则乱，不知礼义则悖"[4]，等等，将这些句子中的"礼义"写为"仁义"，也是恰如其分的。荀子自己有时也这样换着使用，如"礼义法正"，他又称之为"仁义法正"。同在一个《性恶》篇中，就有"明礼义以化之，起法正以治之"之说；又有"凡禹之所以为禹者，以其为仁义法正也"之句。因此，荀子的"礼义"与孔子的"仁"，孟子的"仁义"有着相同的一面，着重在揭示礼法的精神和原则。但"礼义"又毕竟不同于"仁义"，不完全是孟子的"仁义"范畴的同义重复。荀子论仁义与礼义的关系时说：

> "先王之道，仁之隆也，比中而行之。曷谓中？曰：礼义是也。"[5]

这段话说的是：先王之道是仁的最高表现，应按照适中的原则去实行它。什么是适中的原则呢？就是礼义。在这里，礼义与仁不相等同，礼义是达到仁的一种符合中的原则的行为标准，比"仁义"更具有规范性和制度性的属性。所以，"礼义"虽不是荀子的创造，但也赋予了新义。

（二）"法义"

荀子的"法义"是与"法数"一起提出的。"法义"即"法之义"，指法

---

① 《孟子·梁惠王上》。
② 《荀子·强国》。
③ 《荀子·儒效》。
④ 《荀子·性恶》。
⑤ 《荀子·儒效》。

的精神、原理、原则，相当于现今的法理。“法义”与“礼义”相通、相叠。荀子说，“制礼义以分之”[①]，又说，“生礼义而起法度”[②]。由此可知，“法度”中所含的“法义”就是“分”。“法义”渊源于“礼义”，以“礼义”为指导。所以“法义”与“礼义”相一致，“法义”即‘礼义”。不过，这个命题不能反过来说，认为“礼义”也即是“法义”。“礼义”与“法义”相比，价值层次更高，更为根本一些。

（三）“法数”

“法数”又叫“法之数”或“数”，指法律条文。荀子说：

> “不知法之义而正法之数者，虽博，临事必乱。”[③]

这是告诫君主应知“法之义”而不斤斤于“法之数”。荀子论礼法，尤重“法义”，他批评慎到“尚法而无法”，“不可以经国定分”[④]，就是认为慎到只抱着“法数”：

> “慎子蔽于法而不知贤；……由法谓之道，尽数矣。”[⑤]

“由法谓之道”，是说只从法律条文来讲道。荀子指出，这样做的结果，法就成为没有法义的一堆条条款款，所以虽然“尚法”，却是“无法”。

《荀子》书中，属于法数层次的概念，还有“政令”、“法则”、“度量”、“绳墨”等等。《非相》篇载：“起于上所道于下，政令是也。”可见，政令是

---

① 《荀子·王制》，又见《荀子·礼论》。
② 《荀子·性恶》。
③ 《荀子·君道》。
④ 《荀子·非十二子》。
⑤ 《荀子·解蔽》。

君主、国家机关向下发布的行政命令，相当于今之行政法规一类的法律条款。《儒效》篇说："礼节修乎朝，法则、度量正乎官。"这里的"法则、度量"是关于官吏职责和考核，并对其违法渎职行为加以惩罚的法律规定，即属于治吏之法。《王制》篇中的"王者之法"、"王者之制"，从内容看，多为经济、赋税方面的一些具体的法律规定，也当属于法数这一层次之内。

（四）"类"

"类"，外形、性质相似的事物称之谓"类"。所谓"同声相应，同气相求"[①]，"物以类聚，物以群分"[②]。这一概念首见于《论语》的"有教无类"。[③] 但它并不是孔子思想体系的重要范畴，更未具有法律意义。墨子较多地使用"类"这一概念，并有"知类"、"察类"、"同类"等等说法，成为其逻辑学思想体系的基本范畴。"类"，在墨学具有推理、类推、类比等意思。它是一个逻辑方法，有时也带有某种法律意义，如："义不杀少而杀众，不可谓知类。"[④]这个"类"，可以理解为法义。但总的说，"类"在墨子那里不是法律术语。

荀子继承墨子的"类"概念，不过其使用范围远远超出逻辑学，而发展为礼法论的重要范畴，赋予了明确的法律意义。如：

> "其有法者以法行，无法者以类举，听之尽也。"[⑤]
>
> "王者之人，饰动以礼义，听断以类，明振毫末，举措应变而不穷，……"[⑥]

---

① 《周易·乾》。
② 《战国策·齐策三》。《易经·系辞上》作"方以类聚，物以群分。"
③ 《论语·卫灵公》。
④ 《墨子·公输》。
⑤ 《荀子·王制》。
⑥ 同上。

"庆赏刑罚，通类而后应。"[1]

"类"必须符合礼义，是"听断"的依据。"法数"，即法律条文再多，不可能穷尽一切。"类"可以济法律条文之穷，补法律条文之所不足，故能"明振毫末"，"应变而无穷"。所以荀子的"类"，在其礼法论中，即是礼类、法类，相当于后世的律典中的法例、律例，是听讼断狱的法律原则，统率法律条文的法律精神。"类"，也包括根据法律原则作出的案例。这些案例虽然在法律条文中找不到可以对号入座的具体条款，是依法律原则推类而制定的，即"无法者以类举"，从而收到"明振毫末，举措应变而不穷"的效果。所谓"庆赏刑罚，通类而后应"，就是说，赏罚必须得当、合理，符合礼法原则，即合"类"，不赏无功，不罚无罪，人们才会顺服，才能收到赏罚的效果。

荀子论述"法义"、"法数"和"类"的关系时说：

"人无法则怅怅然，有法而无志其义则渠渠然，依乎法而又深其类，然后温温然。"[2]

"怅怅然"，形容无所适从的样子。"有法而无志其义"，即只知"法数"而不懂得"法义"。"渠渠然"，形容局促不安的样子。"温温然"，是得心应手的样子。这段话是说，执法者只有遵循法律条文又懂得其中的法理，从而能够类推，补救法律的不足，才能将国家治理得得心应手。

（五）"刑"

"刑"在先秦一向有两种解释，一为法律，二为刑罚。《荀子》书中，

---

① 《荀子·大略》。
② 《荀子·修身》。

“刑”字频繁出现，不像孔子、孟子那样少谈刑。这是荀子法思想的一个特点。荀子论刑，基本上作为刑罚概念使用，如“赏不欲僭，刑不欲滥”①，“刑称罪则治，不称罪则乱”②等。连《礼论》中的“刑法有等，莫不称罪”的“刑法”一词，亦是“刑罚”的意思。还有《成相》篇中的那句名言：“治之经，礼与刑，……”。一些法律思想史教材上把“礼与刑”说成是“礼与法”。其实，夏、商、周“三代”的法律形式就是“礼与刑”，法在礼中，礼外无法，出礼则入刑。这个“刑”依然是刑罚。这是荀子在称颂“三代”的治国模式。

综上所述，荀子的“礼法”有五个层次：法的渊源和价值标准，他归之于“礼义”；法理，他称之谓“法义”；法律条文，他叫作“法数”；法例和案例，他总称为“类”；以及刑罚。在法的理论、原则和法的内部结构的研究上，荀子可以说已涉足了真正的法理学领域，不但超过了孔孟，而且也胜于诸子，就连他的学生韩非论法，也主要致力于“法数”和刑罚两个层面，对“法义”和“类”则未加注意。但荀子对法本身的独立研究和对法的性质把握方面留下了很大欠缺，如始终未能对法下一个界说，我们只能从他关于礼的定义中去寻找他对法的本质的理解。这方面确又逊色于韩非。

4. 礼法起源论

荀子的礼法起源论基于其性恶论。因为人之性恶，所以需要礼义来教化，法律来制约；因为人之性恶，社会上就生出争夺祸乱，所以需要有礼法来规定权利义务的界限。前者可称之为“化性起伪”说，后者又叫作“明分使群”说。

---

① 《荀子·致士》。

② 《荀子·正论》。

(一)“化性起伪”说

《性恶》篇中,荀子以问答的形式直接讨论了礼法的起源问题:

“问者曰:‘人之性恶,则礼义恶生?’应之曰:‘凡礼义者,是生于圣人之伪,非故生于人之性也。’”①

如此自觉地正面提出礼法的起源问题来讨论,在先秦诸子中并不多见,在儒家中则是第一人。荀子以论辩的方式开门见山指出:礼法并非产生于人性本身,而是产生于人性的改造之中。接着,他对“生于圣人之伪”这一命题作了解释,提出了他的“化性起伪”说:

“故圣人化性而起伪,伪起而生礼义,礼义生而制法度。”②

就是说,圣人创制礼义法度,是为了“化性起伪”;正是由于人性恶,需要起伪,所以才要礼义法度。为了进一步说明礼法产生于“起伪”这个道理,荀子举例说:

“假之人有弟兄资财而分者,且顺情性,好利而欲得,若是则兄弟相拂夺矣;且化礼义之文理,若是则让乎国人矣。”③

这个例子是个假定。假定有兄弟分家产的事发生,如果顺着他们的情性,个个都好利而欲得,其结果必然是兄弟相互争夺;如果能接受礼义的节制教化来定分,那么就会互相谦让乃至把财利让给普通人。于是,

---

① 《荀子·性恶》。
② 同上。
③ 同上。

荀子总结道：

> “今人之性恶，必将待圣王之治，礼义之化，然后皆出于治，合于善也。”①

由于人性是恶的，从而必须“化性起伪”。荀子以此来说明礼法产生的必要性和必然性，是发前人所未发的关于礼法的起源的一个创造性解释。他的落脚点是要论证“圣人”创制礼法，尽管这种观点在古代思想史上并不新鲜，“圣人”、“圣王”原本是他们为了演好时下的活剧而借用的理想权威。所以，无论“先王”、“后王”，还是“圣人”，都是他们树立代表理想法的最高权力，享有最高的创制权。因此，可以这样的理解荀子的意思：礼法是为“化性起伪”所必须的，并得到最高权力的认可或由最高权力创制的，是符合理想法的。这应该是我们从荀子那被神秘的“圣人”外壳所包裹着的“化性起伪”说中剥离出来的关于法的起源的合理因素。

（二）“明分使群”说

荀子指出，人为万物之灵，“最为天下贵”，原因在于“人能群”②。“群”，是荀子发现的标志人的社会性、组织性的重要范畴，指人类能按一定的社会秩序组织在一个共同体中。但人为什么能群呢？这个问题如果叫孟子来回答，那就是，人性是善的，只要将“善端”弘扬广大，“老吾老而及人之老，幼吾幼而及人之幼”，便可以和和睦睦地生活在一起。荀子持性恶论，认为人与人相处，顺其天性，必生争夺，破坏“群”。因此，人之群，便要使其不能争，不敢争。荀子由此引出了礼法的起源

---

① 《荀子·性恶》。

② 见《荀子·王制》。

问题：

“人何以能群？曰：分。分何以能行？曰：义。”①

何谓义？荀子说：“义者循礼。”②可见，义，即礼义。以礼义为指导对人的身份等级及其相关权利义务作出规定，就是“分”。人之“能群”就建立在“分”的基础之上，有分则群，无分则乱。

“故人生不能无群，群而无分则争，争则乱，乱则离，离则弱，弱则不能胜物；故宫室不可得而居也，不可少顷舍礼义之谓也。”③

人一旦“弱”而“不能胜物”，也就到了人将不人的地步了。无分就无群，无群就无社会，无社会就人将不人。可见，礼义法度是人须臾也离不得的。荀子把人必须有礼义来定分才能组成社会称之为“明分使群”：

“……离居不相待则穷，君而无分则争。穷者患也，争者祸也。救患除祸，则莫若明分使群矣。”④

“离居不相待则穷”，意为人与人之间不互相依靠，各顾各、自顾自就必然困穷无法活下去。这就是上一段引文中“离则弱，弱则不能胜物”的意思。

“明分使群”，荀子又称之为“群居和一之道”。前已征引。

① 《荀子·王制》。
② 《荀子·议兵》。
③ 《荀子·王制》。
④ 《荀子·富国》。

荀子以“明分使群”说明礼法的起源，包含着这样一些内容：

首先，礼法随人类社会的产生而产生。人类区别于动物在于“能群”，“群”即组成为社会，有群即有分，有分即有礼义法度，礼法是社会的产物。

其次，礼法是为维护社会的正常秩序，即“群居和一”而制定的。

第三，礼法是“先王”创制的。前面说过，这含有对法律的产生须有某种最高权力认可或制定的睿智猜测。

恩格斯在其名著《家庭、私有制和国家的起源》中，对国家和法的起源作了精彩的论述：

> “国家是社会在一定发展阶段上的产物；国家是表示：这个社会陷入了不可解决的自我矛盾，分裂为不可调和的对立面而又无力摆脱这些对立面。而为了使这些对立面，这些经济利益互相冲突的阶级，不致在无谓的斗争中把自己和社会消灭，就需要有一种表面上驾于社会之上的力量，这种力量应当缓和冲突，把冲突保持在‘秩序’的范围以内；这种从社会中产生但又自居于社会之上并且日益同社会脱离的力量，就是国家。”①

马克思主义法学理论认为，法与国家同时产生，为“把冲突保持在‘秩序’的范围以内”，国家就得认可和制定法律。这些法律以社会公正的面目出现来“缓和冲突”，使对立的阶级不致于在“无谓的斗争中把自己和社会消灭”，从而保障和维护统治阶级的长远的、根本的政治和经济利益。这就是所谓法律秩序的真实内容。

因此，私有制的出现，利益集团的对立和阶级斗争，才有“缓和冲

① 《马克思恩格斯选集》第4卷，人民出版社1972年版，第166页。

突”而不致于同归于尽的需要，才是法的起源的真正原因。国家和法不是“圣人”所生，与人性善恶无本质关系，也并非人类社会一开始就有的。这些真理性的认识，荀子的时代是绝不可能达到的。不过，荀子将礼法说成是“群居和一之道”，却富有启迪意义。他隐隐约约猜到了礼法是为了把社会敌对双方的冲突“保持在‘秩序’的范围以内”而产生的，是为调和及控制争夺，保持社会稳定和秩序而制定的。

“和实生物，同则不继。”[①]古人的这句名言道出了中华文化的博大精深。这个“物”，指万事万物，包括国家，也包括法律。法律是互相对立斗争的双方或多方斗而不破、求稳定、求秩序的产物，是“和”的产物。荀子的“和一”两字深谙其义。

诚然，这个“和”，不是利益上半斤八两的对等享有，不是政治上的平起平坐。在私有制社会，统治阶级与被统治阶级的政治和经济地位不能并立，必须一个服从另一个、统治另一个，并以法的形式规定下来，这便是“秩序”。荀子曾说：

> “夫两贵之不能相事，两贱之不能相使，是天数也。”[②]

这话所要证明的，就是社会上必须有贵使贱、贱事贵、统治者统治被统治者、被统治者服从统治者的所谓礼法秩序。这种礼法秩序应以保持贵者能继续统治下去，而贱者能生活得继续可以被剥夺、被统治这样一个范围或一个界限之内。荀子的“明分使群”论和“群居和一之道”，在关于法的起源和本质的认识史上的价值应予肯定。

---

① 《国语·郑语》。
② 《荀子·王制》。

5. 礼法适用论

荀子以礼法为治国的根本。在治国实践中，怎样运用礼法，有些什么原则、方法和艺术，他都有过不少论述。为了讨论的方便，这里把它们归入“礼法适用论”加以介绍。

（一）“君制变”、“臣谨修”和大儒“统类”

“臣谨修，君制变”一语出自《成相》篇。意为，臣下严谨地循守法令，君主掌握法令的变革权。君主变革法令必须遵循礼义，所以，荀子反复强调君主应当“起礼义”才能“制法度”：

> “请问为人君？曰：以礼分施，均遍而不偏。”①

就是说，君主应当坚持以礼义治国，将其普遍地实施而无有偏废。荀子认为，礼义是定“分”的总纲领，而君主又是定“分”的关键，是“管分之枢要”②。总之，君主的责任是隆礼义制法度，掌握礼法的创制权、变革权。

“臣谨修”说的是官吏的职责。《君道》篇讲“官人守数”，《非相》篇讲“守法数之有司极而褫”，都是说的官吏应以守法执法为己任。《王霸》篇有一大段区分君臣的不同职权的话：

> “若夫贯日而治平，权物而称用，使衣服有制，宫室有度，人徒有数，丧祭械用皆有等宜，以是周挟于万物，尺、寸、寻、丈，莫得不循乎制度数量然后行，则是官人使吏之事也，不足数于大君子之

① 《荀子·君道》。
② 《荀子·富国》。

前。故君人者，立隆政本朝而当，所使要百事者诚仁人也，则身佚而国治，功大而名美，上可以王，下可以霸。”①

“官人使吏之事”，即掌管各项具体事务的各级官吏的职责。其内容主要为严格遵循等级礼制和法律条款，维护社会秩序。“贯日而治平”，即日以继夜地处理各种事务。荀子指出，各级官吏遵循礼法制度，处理日常事务，这些事情不值得在君主面前去一一陈述，君主也无须亲自过问。“大君子”，指有德才的君主。他所应当注重的是为国家确立正确的政治原则和制度，选择“仁人”总领“百事”。“立隆政本朝而当”，意为国家确立最高的政治原则和制度，并都很恰当。这自然是指制定礼法。“要百事者”，即总领百事者，指“相”。这段话所含的精神要旨，还是“臣谨修，君制变”六个字。

荀子还强调，官吏谨守法数是不能有什么变通的。他在《荣辱》篇中按身份等级将人分成“天子”、“诸侯”、“士大夫”，“官吏”、“庶人”、“奸人”六类，其中讲到官吏的职责时说：

“循法则，度量、刑辟、图籍，不知其义，谨守其数，慎不敢损益也……是官人百吏之所以取禄秩也。”②

此外，在《儒效》篇谈到“雅儒”时也说：

“法后王，一制度，隆礼义而杀诗书，其言行已有大法矣；然而明不能齐法教之所不及，闻见之所未至，则知不能类也；知之曰知

① 《荀子·王霸》。
② 《荀子·荣辱》。

之，不知曰不知，内不自以诬，外不自以欺，以是尊贤畏法而不敢怠傲：是雅儒者也。”[①]

这段话分三层意思。第一层是说雅儒的言行已符合礼法。“大法”，指最高法，即礼法。“杀诗书”的“杀”，王先谦《荀子集解》引郝懿行注：“杀，盖敦字之误。”[②]“敦诗书”，即用功地学习诗书。第二层是说雅儒不能统类，解决不了法律所不及的复杂问题、意外事件、疑难案件。第三层，自“知之曰知之”以后，讲雅儒能严守法数，不能有丝毫损益。“畏法”，即儆法，严守法律。

荀子又按学问、德能才识将人分为“俗人”、“俗儒”、“雅儒”、“大儒”四类。[③] 同样认为“雅儒”式的人才是充任官吏之才，其“言行已有大法”，却只能谨守法数而不能知类、统类。他指出，“知类”、“统类”唯“大儒”能办到。在《儒效》篇中，论述“雅儒”之后，紧跟着是赞美“大儒”的文字：

“法后王，统礼义，一制度，以浅持博，以今持古，以一持万，苟仁义之类也，虽在鸟兽之中，若别白黑；倚物怪变，所未尝闻也，所未尝见也，卒然起一方，则举统类而应之，无所儗㤈，张法而度之，则晻然若合符节。是大儒是也。”[④]

“儗㤈”，即疑怍、疑惑的意思。“晻然”，即奄然，完全相符合的意思。就是说，大儒能以礼义为指导，依礼义的原则“举统类”而应变万端，正确

① 《荀子·儒效》。
② 《荀子集解·儒效》。
③ 见《荀子·儒效》。
④ 同上。

处理各种闻所未闻、见所未见的奇怪事件、疑难案件；只要是符合“仁义”的事情，即使被混杂于鸟兽之中，也能像辨别黑白一样将它辨认出来。

《儒效》篇中还说：

“志安公，行安修，知通统类，如是则可谓大儒矣。”①

“大儒”乃是有出以公心的思想，有高尚的德行操守，有以礼义为基本原则，通晓各类事物，处理各种问题的智慧的大才。大儒不同于仅能充任守法官吏的雅儒，而是国家栋梁之才。荀子紧接着又说：

“大儒者，天子三公也。”②

即，大儒是充任天子手下的三公（司马、司空、司徒）的人才。换言之，“三公”才能知类、统类。

这样，在荀子以礼法治国的体制中，就形成了三个层次：君主以礼义定分制变；大儒、三公以礼义统类应变；雅儒、百官谨守法数。

这个理论与法家不同。法家无论商鞅还是韩非，都强调君主的绝对立法权，君主以下的君臣百官只能守君主之法，这就是所谓的“以法为教”、“以吏为师”。但对于法律所不及的事项怎么办，他们没有作出回答。所以从法制的体制来说，有不完备之处。事无巨细皆决之于君主，事实上也是不可能的。荀子曾批评这种体制是“身劳而国乱，功废而名辱，社稷必危”③。

---

① 《荀子·儒效》。

② 同上。

③ 《荀子·君道》。

前面说过,“类”在法律意义上有法例、案例的涵义。荀子的大儒“举统类”,指大儒能够依照礼义、法义对疑难案件、缺乏法律条文作审判依据的案件进行类推定谳,创造案例。这其实是一种古老的相似于现在所说的判例制度,属于我国远古原始民主制的残存。在成文法制定之前,判例是基本的法律形式。成文法制度兴起,判例降而为次。法家更主张完全废弃判例,故对“类”的问题不加讨论。儒家崇德尚礼,倡导重民政治,故承认判例制度。

荀子最重师道。他所颂扬的大儒,出则天子三公,入则天子师傅。大儒之论,寄托着荀子的理想。大儒,实为荀子一类儒家知识分子的化身,是他们的自我价值认定。大儒“举统类”之说,相似于西方法制史上的“法官造法”,实际上是与君主争司法权,并通过判例又涉足立法权。后来,汉儒董仲舒著《春秋决事比》,今文家搞“春秋决狱”,都是仿效荀子的大儒“举统类”的做法。所以,提倡判例,往往是对君主专制权力、君主司法权、立法权的一种挑战,也是一种补救。看上去平常,却隐含“革命”意义。

从法制的角度而言,成文法一成难变,也不可能包罗万象,法律生活又变化无穷,以判例作补充,对法制的完善大有益处。同时,判例的确立无现成法条可作依据,须以礼义、法理、道德、习惯求其曲直,非一般官吏可以为之。故荀子要求官吏谨守法数,唯大儒方可举其“统类”,以解决疑难案件。这是一个比较切实的构想。

荀子《成相》篇最后一节唱道:

“臣谨修,君制变,公察善思论不乱。以治天下,后世法之成律贯。”①

① 《荀子·成相》。

“律贯”，即今之法律系统，此释为法制传统较妥。这章歌词的大意是：臣下严谨守法，君上掌握法的变革权，公正地查验又善于思索，使君臣职守的这一分工原则不乱。以此治理天下，后世君主将起而效法使这一原则成为治国的法制传统代代相传。

荀子的自信没有落空。他设想的君主以礼义定分制变，三公（大儒）以礼义统类应变，百官（雅儒）谨守法数的礼法适用原则，确实变成了“后世法之成律贯”。试看西晋刘颂的论述：

> “君臣之分，各有所司。法数必奉，故令主者守文；理有穷塞，故使大臣释滞；事有时宜，故人主权断。”①

“主者”，即主管官吏。“守文”指恪守法律条文，即荀子所谓的“法数”。“主者守文”，就是说，司法官吏判案必须严格遵守法律条文。“大臣释滞”即由大臣解决疑案难案，解释法律，使之畅通无阻。“人主权断”，与荀子的“君制变”大旨相同。刘颂的这一理论与荀子之间有着明显的思想传承关系。整个帝制社会，凡各个朝代的法制正常时期，也大致是这个格局。“后世法之成律贯”，确是高明的预言。

（二）士以上“以礼乐节之”，庶人“以法数制之”

关于礼法的适用对象，荀子说：

> “由士以上则必以礼乐节之，众庶百姓则必以法数制之。”②

如何才算“以礼乐节之”？这一章的开头是这样写的：

---

① 《晋书·刑法志》。

② 《荀子·富国》。

> “礼者，贵贱有等，长幼有差，贫富轻重皆有称者也。故天子袾裷衣冕，诸侯玄，裷衣冕，大夫裨冕，士皮弁服。德必称位，位必称禄，禄必称用，由士以上则必以礼乐节之……”①

可见，“礼乐节之”的内容，一是天子至上各级贵族的服饰礼仪必须与身份相称；二是德、位、禄三者要相符合。后者的精神实质是要举贤才，即有德者在位，在位者得禄。这两项内容在荀子的礼法治国体制中都属于国家根本制度。所以，“以礼乐节之”的实际意义，是用礼法来调整士以上的贵族和官吏的行为及相互关系。

“法数”，即法律条款。前已详述。怎样才叫“以法数制之”？同一章接下来是这样写的：

> “……众庶百姓则必以法数制之。量地而立国，计利而畜民，度人力而授事；使民必胜事，事必出利，利足以生民，皆使衣食日用出于相揜，必臧余，谓之称数。”②

大意是：根据土地的大小来划分行政区域（“立国”，本义是建立封国，此实指建立政区），估计收益的多少来畜养人民，按照各人能力大小来授予工作；使人民都能胜任他们的工作，所有的工作都能有相应的收益，这些收益又足以养活人民，使人民的衣食费用的支出和收入相平衡，并且又适时地有余粮储藏，这就叫作合乎法数。以现今的法律结构来看，这里所说的“法数”主要指地方行政组织法、赋税法、劳动法等方面的行政法规和经济法规。“法数”是礼法上的一个层次。所以，“以法数制

---

①　《荀子·富国》。

②　同上。

之”，也就是用礼法对众庶百姓加以约束。

这一章的最后，荀子总结道：

“故自天子通于庶人，事无大小多少，由是推之。故曰：朝无幸位，民无幸生。此这谓也。”[①]

“朝无幸位”，指士以上“以礼乐节之”，使德、位、禄相称，不存在侥幸得到职位、无功受禄的官吏；“民无幸生”，指众庶百姓“以法数制之”，都“事必出利”，没有游手好闲、白吃饭的人。荀子指出，这都是正确适用礼法的结果。“由是推之”的“是”，系代称，指礼法。从天子到庶人，一切大事小事，都将按礼法去办理。

前面说过，礼法是分层次的，士以上的贵族官吏节以“礼乐”，主要指礼法中的根本原则和根本制度部分。庶民百姓制之以“法数”，主要是礼法中的具体条款规定部分。荀子在《议兵》或亦有与之相同的说法：

“故凝士以礼，凝民以政；礼修而士服，政平而民安；士服民安，夫是之谓大凝。”[②]

用礼规范士人来增强其凝聚力，用政约束人民来增强其凝聚力，这时的“政”，包括政治措施、政令等，“法数”亦在其内。这个“政”，与“裕民以政”，“平政爱民”中的“政”，含义相同，是荀子的礼法之治之“政”，而不是仅仅说的“刑政”。

---

① 《荀子·富国》。

② 《荀子·议兵》。

总起来说，士以上“以礼乐节之”和庶人“以法数制之”，并不是对贵族只适用礼不适用法（刑），对庶人只适用法（刑）不适用礼。荀子说：

> “礼之生，为贤人以下至庶民也，非为成圣也。”①
>
> “治民不以礼，动斯陷矣。”②

在《富国》篇中谈到“节用以礼，裕民以政”时也说：

> “上以法取焉，而下以礼节用之。”③

即，统治者应按礼法规定收取赋税，而下民亦应以礼法规定的标准节约费用。这些言论，共同表达一个意思：庶民要服从于礼，礼是治民的必用手段。如果把众庶百姓“以法数制之”理解为庶民只适用于法数不适用礼，这些话就无法解释通了。

有些论著，将荀子的“礼乐节之”和“法数制之”与《礼记·曲礼》中的“礼不下庶人，刑不上大夫”拉在一起，说是荀子主张对士以上的贵族只用礼，而对庶民百姓只用刑来镇压威慑。其实，真还不能这样理解。

《曲礼》中的“礼不下庶人，刑不上大夫”不是一个对偶句。“礼不下庶人”，说的是经过贵族宗庙之礼，庶人无车，故不必行下车之礼。“刑不上大夫”，说的是大夫犯罪不施加肉刑，但不是不加惩处。撇开这些考古常识不说，单就礼与刑的适用对象上论，也不能作绝对化的解读。在西周时期，庶人受制于礼，大夫违礼犯罪亦入于刑。学术界已有不少

---

① 《荀子·大略》。

② 同上。

③ 《荀子·富国》。

文章作过正确的分析论证[①]，此其一。其二，荀子的“法数”一词是不能仅仅等同于刑罚的，已如上述。且荀子关于刑罚的适用，也不是只针对庶民。这一点，将在下面的德刑论中讨论。总而言之，“以法数制之”不可以看作是刑罚只用来惩治庶民。

至于为什么对士以上的人可以“以礼乐节之”，而庶民则应“以法数制之”，荀子没有正面的说明。若将之与“君制变”、“臣谨修”的原则联系起来，倒不难悟到其中的缘由。

在荀子的身份、德行、才智等级阶梯上，君主能“生礼义制法度”，大儒、三公能“统类”，雅儒、百官只可守“法数”。这几类人都是能“隆礼义”的，自然可“以礼乐节之”。庶民百姓是劳动者，在荀子看来，不仅身份卑贱，而且才智低下，只能用简要明确易懂的法律条款规范其行为，使之服从礼教，免于刑戮。即所谓“礼者，众人法而不知，圣人法而知之”[②]。“众人”，即普通人、庶民。“不知”，不知礼中的道理，亦即不懂礼义。《荣辱》篇在依次论述天子、诸侯、大夫、官人百吏之后，轮到庶人时说：

> “孝弟原悫，軥录疾力，以敦比其事业，而不敢怠傲，是庶人之所以取暖衣饱食，长生久视以免于刑戮也。”[③]

其内容是说：庶人只要能做到孝悌忠厚诚实，勤劳（“軥录”，同劬碌，勤劳的意思），舍得花气力，以努力搞好自己的事业，就可以保障衣食饱暖，免于刑戮得以长寿而终天年。这些话的意思与《富国》篇的“民必胜事，事必出利”等说法相通。可见，对庶民百姓“以法数制之”，可使

① 参见前第二章第五节。

② 《荀子·法行》。

③ 《荀子·荣辱》。

他们行为“称数”，以“免于刑戮”。

6. 礼法损益论

礼的“损益”论是由孔子最先提出来的[①]，也是孔子最早付诸行动的。他的以仁释礼，是殷周以来对礼的一次革命性的损益和改造。荀子的以“分”释礼，是继孔子以后对礼的又一次损益和改造。损益论实际上是古老的“日新论”[②]，体现了中国文化“日日新”的精神和气象。荀子论礼的损益时说：

> “礼者，断长续短，损有余，益不足，达爱敬之文，而滋成行义之美者也。”[③]

把“损有余，益不足”仅仅理解为在经济上使贫富之间不要悬殊太大，并非确当。这里讲的损益是礼制的一项具有普遍意义的原则。损益的标准是在仪式上足以表达爱敬，行为处处符合礼义。

荀子的礼法损益论主要内容有两个方面：一为“应变”说，二为“中道”说。“应变”是礼法损益的目的；“中道”是礼法损益的原则。

（一）“应变”

“应变”是与“不变”相对应的。荀子认为，礼义是“百王之无变”的“道贯”[④]。因此，“法先王”、“隆礼义”，这是不能变的。

---

① 《论语·为政》载，子曰：“殷因于夏礼，所损益，可知也；周因于殷礼，所损益，可知也。”

② 《易·大畜》：“日新其德”。《礼记·大学》引“汤之盘铭”：“苟日新，日日新，又日新。”

③ 《荀子·礼论》。

④ 《荀子·天论》。

"三王既已定法度，制礼乐而传之，有不用而改自作，何以异于变易牙之和，更师旷之律。无三王之法，天下不待亡，国不待死。"①

但这只是问题的一个方面。另一方面，荀子看到时代的变化，礼法亦须有所损益，"应变曲当"，"与时迁徙，与世偃仰"②。《哀公》篇还借孔子之口，称之为"应变不穷"。

在荀子看来，这种"应变"能力只有"圣人"、"大儒"之类的人才具备，圣人才能"修百王之法，若辨白黑，应当时之变，若数一二"③。他也一再论证，大儒才能"统类"。"类"是在法的领域中用以"应变"的一种法律形式。

关于法制方面"应变"的具体方法，荀子所论有二。一是对"旧法"，择善而用：

"循其旧法，择其善者而明用之，足以顺服好利之人矣。"④

二是改订新法。他说：

"今圣王没，名守慢，奇辞起，名实乱，是非之形不明，则虽有守法之吏，诵数之儒，亦皆乱也。若有王者起，必将有循于旧名，有作于新名。"⑤

---

① 《荀子·大略》。
② 《荀子·儒效》。
③ 同上。
④ 《荀子·王霸》。
⑤ 《荀子·正名》。

“旧名”、“新名”不是法律范畴，但包容了法的内涵。荀子指出，在世道大乱，先王的礼法也被搞乱之时，虽有严格守法的官吏，一心讲述典章制度的儒生，也无补于事，而必须根据先王的旧法，来制定新的礼法。

总起来说，荀子的“应变”说，是继承中有所创新，以适应时势的变化。

（二）“中道”

“中道”即中庸之道，用中之道。《荀子》书中，有“中事”、“中说”、“中和”、“中流”[①]等等提法。“中道”是儒家之法中具有法哲学层次的一个重要原则。孔子提出“中庸”范畴，孟子也有“时中”之说。荀子的“中道”说，从法的角度而言，有两点值得一提。其一，以“中”为听断原则。如：

> “公平者，听之衡也；中和者，听之绳也。”[②]

以“中”为听断原则，是《尚书》等儒家视为经典的著作和周代礼器铭文中一再宣明过的，它的基本精神是要求定罪量刑时做到公平正直，罚当其罪，不畸轻畸重。荀子主张“刑称罪”，实是对这一“中听”原则的继承和展开。

其二，以“中”为立法、“应变”原则。这实际上是孟子“时中”思想的继续。如荀子谈到“道贯”始终不变，但随着朝代兴衰，社会“一废一起”，亦须有贯彻这个“道”的“应变”措施，若“不知贯，不知应变”，社会就会发生动乱。如何才能做到既“知贯”又“知应变”呢？荀子强调了“中”：

---

① 见《荀子·儒效》、《王制》、《论礼》等篇。

② 《荀子·王制》。

“故道之所善，中则可以，畸则不可为，匿则大惑。”[①]

“畸”是离了道，“匿”是违背了道，“中”是与道相符合。不管社会如何“一废一起”，掌握了“中”的“应变”原则，就不失道的一贯精神，社会也就不会产生祸乱。

怎样才能把握住这个“中”？“中”本身有没有一个可以遵循的依据？荀子作了肯定的回答：

“曷谓中？曰：礼义是也。”[②]

这似乎陷入了一个同义重复的怪圈：礼法的损益“应变”必须以“中”为原则——“中”就是依照礼义的精神去把握住一个最恰当、适宜的标准。其实，只要我们联系到荀子的礼法构成层次，这个似乎存在的怪圈便消失了。礼法的损益、“应变”主要是指其类、法数、刑罚等层次；而礼义则是贯注于礼法各个层次之中的“道”，是变中之不变的一贯精神原则，即所谓“百王之无变，足以为道贯”[③]，或曰：“千举万变，其道一也。”[④]荀子认为，只有遵循这个“道贯”，礼法的损益、“应变”才能得当，才能守“中”。也就是说，知法之义才能知法之数，“隆礼义”才能“举统类”。所以，从理论体系上说，荀子的礼法损益论是有其自圆的逻辑的。

7. 礼法特质论

这里所讨论的礼法特质，是指荀子礼法思想的法文化特质而言。

---

① 《荀子・天论》。
② 《荀子・儒效》。
③ 《荀子・天论》。
④ 《荀子・儒效》。

台湾王洁卿先生著《中国法律与法治思想》一书，内有一节专论荀子“自然法则之观念”，认为“荀子崇礼、重礼治，……儒家称自然法为‘礼’，故礼亦即自然法也。”[①]台湾学者陈弱水在《立法之道——荀、墨、韩三家法律思想要论》一文中也说荀子的礼是自然法：荀子论礼为辨是非、明善恶、决曲直之尺度与绳墨，人道之极也。因此，“礼是人类世界中应然性、规范性真理的显现”，“礼是根据某些价值上的准则制定的，而这些准则具有客观性、同一性与固定性。”[②]其他台湾学者也有相同的看法[③]。另一些台湾学者不赞成自然法说，认为荀子的礼法思想属于“法实证主义”，其礼法“只不过是为了预设的特殊目的，透过圣王之意志而选取的价值体系。此外，并无超越人世之客观的、固定的应然性与规范性的绝对正义或形而上的绝对真理为其指引。在实定法上，也无执以为批判现实规范的普遍律法。现实而具体规范的合理基础，立于权威者以己意认定的正义之中。”[④]

关于“儒家自然法”问题，本书第二章第二节已做过讨论。概而言之，儒家有形上层面的理想法、正义法、法上法，但其形式上不同于自然法。又在第三章中提出，就其文化特质而言，儒家之法是伦理法而不是自然法。这里单就荀子的礼法论，作一微观上的补论。

（一）礼法与天人关系

荀子的天人关系论很有特点，既讲“天人相分”，又主张“天人相参”，形成两个方面辨证统一的宇宙观。

---

① 见王洁卿的《中国法律与法治思想》，台湾三民书店 1982 年版，第 170 页。

② 见《天道与人道》，台湾联经出版公司印行，第 83 页。

③ 参见耿云卿的《先秦法律思想与自然法》，台湾商务印书馆，第 71 页。又，俞仁寰《从类字透视荀子政治思想之体系》一文，认为荀子的“类”是“广义的自然法”。

④ 见黄源盛：《从法思想史的观点看荀子的礼法思想方法》，载《法学丛刊》第 125 期，1987 年 1 月。

荀子教人“明于天人之分”[①]。“天人之分”的“分”等同于“明分使群”之“分”，意为本分、职责。就是说，天与人各有自己的职责。“天人相分”即天人分职，各尽其责。

荀子还“天”以自然世界的本来面貌，指出，“列星随旋，日月递炤，四时代御，阴阳大化，风雨博施”，都是依自然规律运动变化而产生的自然现象，荀子称之为“天职”，即天的职责，其特点是“不为而成，不求而得”[②]。人应当“不与天争职”，治理国家才是人的职责，非天的职责，所以“治乱非天也”[③]。

但天与人又是相及的。“所志于天者，已其见象之可以期者矣。”[④]大意是说，天是可以认识的，这就是根据已经显现出来的自然现象预测未来的变化。因此，人在天的面前不是无所作为的，人可以“制天命而用之”[⑤]。“天命”，指自然规律。“制天命”，不是制服“天命”，去与天争职，而是参与天地的变化，即所谓天人相参。荀子说：

> “天有其时，地有其财，人有其治，夫是之谓能参。”[⑥]

这是对《周易》天地人“三才”并立，人能参天地赞化育的思想的继承。

这样，荀子将天、地、人看成一个既相分又相及的大系统，人不在天人系统之外，天也不在天人系统之上。人与天不是两个世界，而是一个世界。这一思维方式，就排除了西方那种置于人的世界之上或之外的自然法观点的生长基础。它不存在天与人，自然法与人定法的二元对

---

① 《荀子·天论》。
② 同上。
③ 同上。
④ 同上。
⑤ 同上。
⑥ 同上。

立思维模式。

荀子进一步提出，礼是天人系统中共同适用的行为规范：

> “礼有三本：天地者，生之本也；先祖者，类之本也；君师者，治之本也……故礼，上事天，下事地，尊先祖而隆君师，是礼之三本也。”①

这里的“事天”、“事地”，虽是讲的祭祀天地，但也说明在天人系统中除礼法之外，不存在其他行为准则。

《王制》篇中说，只有礼义，或以礼义为根本的君子才能参天地：

> “天地者，生之始也；礼义者，治之始也；君子者，礼义之始也。为之，贯之，积重之，致好之者，君子之始也。天地生君子，君子理天地；君子者，天地之参也，万物之总也，民之父母也。无君子，则天地不理，礼义无统，上无君师，下无父子，夫是之谓至乱。”②

“君子”是个泛称，有圣人人格的君主、大儒均在其内。在荀子看来，天人相参，唯君子才有资格。君子是礼义的根本；实行礼义，贯彻礼义，积累礼义，在礼义上达到完善的地步，又是君子的根本。所以，君子参天地，实为君子以礼义参天地。无君子则无礼义，无礼义也无君子，参天地更无从谈起了。

总之，礼义非天所属，非天所生，与天无关，它只是君子参天地，或理天地、事天地的指导原则、行为规范。所以，荀子又论曰，礼义属于人

① 《荀子·礼论》。
② 《荀子·王制》。

道，不是“天道”，也不是“地道”：

> “道者，非天之道，非地之道，人之所以道也，君子所以道也。”①

“道”，是一个表示规律、原理、原则的范畴。“道也者何也？曰：礼义辞让忠信是也。”②荀子明确肯定，礼义之“道”是“人道”。如果可以把“天道”、“地道”看作是存在于人类社会之外的那种自然法则的话，那么，荀子以礼为“人道”，恰恰是否定了其自然法属性。前已引述，荀子还认为礼义是“人道之极”，礼义法度都是圣人创制的。可见，礼法属于制定法、人定法，不是自然法。

（二）礼法与人伦

荀子以“分”释礼，而“分”的基点立于宗法血缘之上，首先是人伦之分。

> “人生不能无群，群而无分则争……不可少顷舍礼义之谓也。能以事亲谓之孝，能以事兄谓之弟，能以事上谓之顺，能以使下谓之君。”③

这里所要揭示的便是：“分”、“礼义”的真正内容就是明确孝悌忠信等等人伦道德规范。荀子说：

> “君臣、父子、兄弟、夫妇，始则终，终则始，与天地同理、与万世

① 《荀子·儒效》。
② 《荀子·强国》。
③ 《荀子·王制》。

> 同久，夫是之谓大本。故丧祭、朝聘、师旅，一也。贵贱、杀生、与夺，一也。君君、父父、子子、兄兄、弟弟，一也。农农、士士、工工、商商，一也。”①

礼有三本，三本之本则是君臣、父子、兄弟、夫妇这些人伦。人伦才是荀子心目中的永恒法则，“与天地同理，与万世同久”。它的外在表现有四个方面：一是“丧祭、朝聘、师旅”，即丧礼、祭礼、朝聘礼和军礼。二是“贵贱、杀生、与夺”。贵贱，即贵贱有别，是以身份确定权力和财产；杀生、与夺，是以礼定赏罚，属于刑事法。三是“君君、臣臣、父父、子子、兄兄、弟弟”，即以礼明君臣、父子、兄弟之“分”，确定双方的权利与义务。四是“农农、士士、工工、商商”，这属于社会分工，以礼确定农、士、工、商四类人的职责之“分”。

荀子又说：

> “程者，物之准也；礼者，节之准也。程以立数，礼以定伦。”②

“程”，指度量衡器。程确定物的标准，礼确定法度的标准；有了程就可以明确物的数量，有了礼就可以明确君、臣、父、子的人伦等级秩序。“礼以定伦”，即以礼为人伦法则，伦理法则。

伦理法不同于自然法。它不是凌驾于人类之上的正义体系，不在冥冥之中，不在上帝手中；它又不独立于人类社会之外，不自在于彼岸世界。它只是人(君子)参天地的指导原则和行为准则，就在现实的天人系统之内，在日常切近的人伦关系之中，表现为君臣、父子、兄弟、夫

---

① 《荀子·王制》。
② 《荀子·致士》。

妇等人伦等级秩序。

伦理法也不同于实证主义所理解的实在法、规范法。荀子礼法中的“法数”、“刑”两个层次，具有比较严格的规范性，而“礼义”、“法义”等层次的规范性就不明显，它们属于“道”的范畴，类同于西方的永恒的道德法则，具有法哲学意义上的理想法的含义。礼法是圣人创制的，也是圣人实施的，圣人集理想法与制定法，集应然与实然于一身，从而构成完善的“先王之道”，是现实社会的时君世主立法的渊源和治国的标准。这样，形成了圣人之法对现实法，圣人权威对现实权威的批判意义。

儒家政治与儒家之法在秦汉以后的帝制社会中，常常对现实政治和现实法保持一定的批判精神，其奥秘即在于孔、孟、荀树立了一个理想的圣人权威，还确立了一个理想的圣人之法，陶冶了托古改制、以古讽今、以古谏今、“从道不从君”的政治法律文化价值取向。宋儒所谓“为天地立心”，可谓深得其义。所以，儒家政治、儒家之法并不总是与时君世主相一致的，并不都是为现实政治和法制作论证的。儒家的伦理法试图体现的是政治统治的合法性，及其长远利益和整体利益。然而，各朝各代政治统治的代表却并不是都能时时、处处代表这种长远的、整体的利益的，他们往往以为手握权杖便可为所欲为，破坏“群居和一之道”。这便形成了“天下之法”与“一家之法”，法的公义与私意的斗争。秦始皇对儒生的借古讽今大为光火，怒不可遏地宣布“以古非今者族”，并终于制造焚书坑儒事件，便是这种斗争的一个典型例证。

荀子的礼法将“礼义”、“法义”和“法数”、刑罚统合一体，其以人伦为内容的伦理法、理想法与规范法、实在法交织杂糅，偏重于关注前者的以为同于西方之自然法，着意于揭示后者发现它更趋同于西方之实证主义法学。与孔子的仁—礼结构之法、孟子的仁政之法相比，荀子礼法论的实证法、规范法意识要强得许多，但仍然把“礼义”、“法义”置于礼法体系的最高层次，其内涵是宗法血缘人伦，在表达方式上更不同于自然法，它既不在人类之上，也不在人类之外，而在人的日用之中。就其法文化特质而言，仍然属于儒家伦理法。

六、德刑论

荀子的德刑论是其礼法论的一个部分。考虑到这部分在内容上的一些独特性，故将它分割出来讨论。

1.德刑关系说

荀子对德刑关系的看法，以《成相》篇“明德慎罚”一章表述得最为清楚。前已讨论过，“明德慎罚”乃是德主刑辅、德本刑用的意思。在《议兵》篇中，荀子明确否定和批判了以庆赏刑罚为治国主要手段的主张。

他指出，人若只是为了得到奖赏才去做事，那么遇到“害伤”自己利益的事就不干了，所以“赏庆、刑罚、势诈”不能使人贡献自己的一切力量，以致于牺牲自己的生命。他批评时君世主治民往往不讲“礼义忠信”，用“赏庆、刑罚、势诈”威逼臣民，为自己获取“功用”。结果，一旦大敌当前，让被逼的臣民坚守孤城时就必然叛变，与敌交战时就必然败北，劳苦受辱时就必然逃离，君主的统治地位就会忽然之间崩溃，“下反制其上”。荀子以此告诫统治者说：

> “故赏庆刑罚势诈之为道者，佣徒粥卖之道也，不足以合大众、美国家，故古之人羞而不道也。”①

---

① 《荀子·议兵》。

荀子对以刑罚为治国理民手段的否定和批判，显示了他与法家思想的区别。紧接下来，他从正面提出一个治国的原则："厚德音以先之……然后刑于是起矣"：

"故厚德音以先之，明礼义以道之，致忠信以爱之，尚贤使能以次之，爵服庆赏以申之，时其事、轻其任以调养之、长养之，如保赤子。政令以定，风俗以一。有离俗不顺其上，则百姓莫不敦恶（即憝恶，怨恨）、莫不毒孽（痛恨），若祓不祥（祓，音 fú，弗，消除），然后刑于是起矣……然后百姓晓然皆知循上之法，象上之志而安乐之，于是有能化善、修身、正行、积礼义、尊道德，百姓莫不贵敬，莫不亲誉，然后赏于是起矣……雕雕焉（形容清楚的样子）县贵爵重赏于其前，县明刑大辱于其后，虽欲无化，能乎哉？"①

以上是荀子设计的礼法治国方法和原则：先导之以德礼，爱之以忠信，尚贤使能使之各得其所，再用爵赏加以勉励，不误农时，减轻负担，使百姓得到调养。如此而后倘有人违背礼法不服从统治，百姓们就会痛恨他们，像要除掉妖祸一样地消除他们，这时候便可以对他们施加刑罚了。荀子还进一步告诉统治者，赏刑是为了促使百姓服从教化，即所谓的"明刑弼教"。

"厚德音以先之……然后刑于是起矣"的德刑关系框架，不仅仅是先德后刑，还包含着德主刑辅。儒家的德政、礼治、"仁政"，都不排斥法和刑。"明德慎罚"的"罚"，是德政之罚，为德政体制的组成部分。这一点，经荀子的阐发而更加明确。荀子曾说：

① 《荀子·议兵》。

“挚国以呼礼义而无以害之，行一不义，杀一无罪，而得天下，仁者不为也，栎然扶持心国且若是其固也！……之（其）所以为布阵于国家刑法者，则举义法也……”①

“义法”这一概念，又是荀子的新创。“义法”，即礼法，不过它仅在这儿使用过一次，就其具体语言环境而言，这“义法”是指刑法，可以理解为符合礼义的刑法，优良的刑法。“行一不义，杀一无罪，而得天下，仁者不为也。”这句话在《荀子》书中出现过两次，另一次在《儒效》篇。它与孟子的“杀一无罪非仁也”的原则完全一致，且在强调仁德礼义的语气上则更为坚决。足见孔、孟、荀在德刑关系上的态度基本上是一致的。而荀子“明德慎罚”的理论彰明，为前进到汉代正统法律思想的“德主刑辅”模式铺就了阶梯。

2. 犯罪理论

（一）罪名

在《修身》篇中，荀子对一些违法行为作了如下“正名”：

“……伤良曰谗，害良曰贼。……窃货为盗，……保利弃义谓之至贼……”②

“谗”、“贼”、“盗”等都是古有的罪名，荀子作了自己的解释。孟子曾有“贼仁者谓之‘贼’，贼义者谓之‘残’”③的说法，完全以仁义作定罪标

① 《荀子·王霸》。
② 《荀子·修身》。
③ 《孟子·梁惠王下》。

准。周公旦作《誓命》，有“毁则为贼，掩赃为藏，窃贿为盗，盗器为奸”[①]的规定。周公的这些罪名释义更接近于刑法学理，伦理定罪的色彩不浓。

荀子对罪名的释义是兼收并蓄。他的“窃货为盗”系“窃贿为盗”的翻版，是纯粹的刑法意义上的罪名。但“伤良曰谗，害良曰贼”中的“良”，却是个道德范畴。“保利弃义”，即孟子说的“贼仁害义”，“至贼”指最严重的犯罪。可见，“谗”、“贼”、“至贼”三种犯罪是以损害仁义道德为犯罪要件的。荀子与孟子在罪名释义上是有相通之处的，都赞成以道德定罪，以伦理定罪。

荀子的罪名释义对周公的犯罪理论又有所发展。周公以“毁则”，即破坏法则为“贼”，这显得有些宽泛，难以把握。“毁则”可以构成犯罪，但不一定都构成“贼”罪。“贼”罪在中国古代始终是一种危害统治政权的政治性犯罪，若按“毁则为贼”定罪，难免扩大化。荀子的“害良曰贼”就把范围缩小多了，也确切多了。这是时代发展所使然。

（二）思想言论罪

荀子的犯罪理论中，最突出的一点是他对思想言论罪的肯定和论述。“伤良曰谗”，其实就含有以言论定罪的意思，即以言论伤害善良的人，或亵渎仁义道德的行为叫作“谗”罪。

《荀子·宥坐》篇编了一个以思想言论治罪的寓言故事：孔子诛少正卯。我们在“孔子的法思想”一章中已作了详细考论：孔子诛少正卯完全是子虚乌有的；孔子的时代还没有以思想言论定罪杀人的社会条件和社会需要；以思想言论定罪杀人也不符合孔子的思想行为。因此，诛少正卯，“非孔子所能为，非孔子时所需为”。[②] 只有到了荀子的时

---

① 见《左传·文公十八年》。

② 参见本书第四章《孔子的法思想·关于七日而诛少正卯》。

代——战国晚期，社会不但产生了统一的愿望，而且具备了统一的条件。

荀子适应时代的需要，明确提出了“一天下，财万物”①的王道政治大一统主张，并进而提出了“总方略，齐言行，壹统类”②的王道思想大一统纲领。正是在君主制大一统的时代条件下，在荀子这种政治、思想、文化的王道大一统理论之中，才有以思想言论定罪的主张的滋生土壤。而且，它确实被荀子提出来了。《荀子》书中的《非相》、《非十二子》、《王制》等篇都是荀子手定的著作，其中不乏以思想言论定罪的文字，而且其用字、口气与《宥坐》篇十分相似，可以看作是荀子主张以思想言论定罪来杀掉像少正卯一类的思想反对派的内证。这些是以作为内证的文字，我们在“孔子的法思想”中已作了详尽的引证和分析。

诚然，《宥坐》篇非荀子亲著，而是出于其门弟子之手。孔子“朝七日而诛少正卯”的故事或许并非荀子亲自编定的。从荀子主张以思想言论定罪到编造出一个犯思想言论罪的少正卯被孔子诛杀的完整故事，需要一段较长的时间，这是一个将理论从一般回到个别，且写成个案的过程。这个故事化、个别化、案例化的程序很可能是由荀门弟子完成的。

冯友兰先生认为，用暴力统一思想的主张“也许”是“荀况一派中接近韩非、李斯的人所有”，“孔丘诛少正卯的这个故事也许就是他们编造出来的”③。这一见解极有启迪意义。荀子本人是惩罚人的思想言论的倡导者。他的弟子，很可能是以韩非、李斯为代表的一派人，又将他的这一主张完善、发展，编造出了孔子诛少正卯这一绘声绘色的故事，以假借孔子的思想权威来宣传、扩大这种主张。到了李斯相秦时，终于

---

① 《荀子·非十二子》。

② 同上。

③ 见冯友兰的《中国哲学史新编》第2册，人民出版社1984年版，第411页。

凭借秦始皇统一天下实行君主专制集权之势，把惩罚人的思想言论的法律主张变成法律实践，坑杀了持不同政见的儒生460多名，这就是中国历史上以思想言论定罪从理论到实践的完成过程。

3. 犯罪的原因和预防

儒家和法家的法思想中都有关于罪刑方面的内容，但两者之间又有较大的区别。如果说，法家的罪刑论的重点和特点是其刑罚论，而且是其重刑论的话；那么，儒家则是以其犯罪论，尤其是以其关于犯罪的原因和预防理论作为自己罪刑论的重点和特点的。法家讲严刑必罚、轻罪重刑、以刑止刑、禁于已然；儒家讲导德齐礼、富之教之、明刑弼教、禁于未然。儒家关于犯罪原因和预防理论分析，在其思想中熠熠生辉，是其含有较多的人民性精华的部分。孔孟如此，荀子也基本上是这样。

诚然，荀子与孔、孟在犯罪原因和预防理论上，有一致也有不一致。不一致之处主要是在对犯罪的人性根源理解不同。孔子认为犯罪是因后天坏的习染而起，并尤其强调“上失其道”、为上不正是庶民犯罪增多的主要原因；孟子否认人性中有天生的犯罪基因，因为人性是善的，人的犯罪乃是人性自戕或受外界摧残的结果。

荀子持“人之性恶”的观点，力图为犯罪找到人性方面的内在根据。但他认为人性不是一成不变的，所以，犯罪不是人性的必然结果。他指出，一个人若是“纵性情而不足问学，则为小人矣”[①]。即是说，犯罪是人在主观上放纵“性情”所致；相反，如果能“谨注错，慎习俗，大积靡，则为君子矣”[②]。“注错”，即措置。“谨注错”，意思是谨慎地约束自己的

---

① 《荀子·儒效》。

② 同上。

行为，措置循礼。这也就肯定了犯罪是可以预防的。这样，荀子就以其性恶论为基点，建立了自己的犯罪原因和预防学说。但在犯罪原因和预防的基本观点方面，荀子与孔、孟多相一致。他们的一个共同特点，是综合性。

（一）综合的犯罪原因说

荀子指出，犯罪具有人性的内在根据，这就是恶的情欲，若顺其发展，必然导致“争夺”、“残贼”、“淫乱”之类的严重社会犯罪：

> “今人之性，生而有好利焉，顺是，故争夺生而辞让亡焉；生而有疾恶焉，顺是，故残贼生而忠信亡焉；生而有耳目之欲，有好声色焉，顺是，故淫乱生而礼义文理亡焉。然则从人之性，顺人之情，必出于争夺，合于犯分乱理而归于暴。”①

但是，恶的情欲只是犯罪的可能性，并非一定走向犯罪。由恶的主观情欲而发展为犯罪的行为，尚须有多种外部条件的作用。于是，荀子首先提到了经济因素。这样，荀子与孔、孟虽开始于不同的人性论出发点，然而却立即迈向了同一方向：从经济和政治上寻找犯罪的原因。荀子说：

> “欲恶同物，欲多而物寡，寡则必争矣。”②

大意是：人们都有饮食男女的同样物质欲望，都同样厌恶死亡贫苦，由于物质占有欲太多而物质财富匮乏，所以就必然产生争夺祸乱。“欲恶

---

① 《荀子·性恶》。

② 《荀子·富国》。

同物”，是荀子“性恶论”得出的结论。“欲多”出于人性恶，但“欲多”只有加上“物寡”，才会有争斗、有犯罪。荀子由此开始研究犯罪的物质或经济原因。

孔、孟所说的犯罪经济原因主要是指庶民的物质生活贫困，荀子的“物寡”则并无明确的主体指称。穷人“物寡”，富人何尝不以为自己“物寡”；有个人的“物寡”，也有社会的“物寡”。韩非说，“当今之世”是“人民众而货财寡”[1]，这是说的社会性的“货财寡”。荀子这种笼统的“物寡”说是可以通向韩非的社会“货财寡”说的。因此，仅仅指出犯罪有经济原因还不足以区分儒家和法家。关键在于，荀子和孔、孟一样，没有停留在经济方面的现象分析上，而是进一步深入挖掘了造成“物寡”的原因。

在《正论》篇中，荀子写道：

“凡人之盗也，必以有为，不以备不足，则以重有余也。”[2]

意为，人之所以盗窃财物，必定有所目的，不是为了补充自己的不足，就是为了更多地得到一些财物。这是把贫穷者的“备不足”和富余者的“重有余”相提并论，一概说成是对财货的恶的占有欲，是盗窃。由此也反映出荀子笼统的“物寡”说的理论错误。不过，荀子意在以此引出自己的论题：“物寡”的产生，盗窃的发生，主要责任是为上不正。他紧接着说：

“故圣王之生民也，皆使当厚优犹知足，而不得以有余过度。故盗不窃，贼不刺，狗豕吐菽粟，而农贾皆能以货财让；风俗之美，

① 《韩非子·五蠹》。
② 《荀子·正论》。

男女自不取于涂，而百姓羞拾遗。故孔子曰：'天下有道，盗其先变乎！'……夫乱今然后反是：上以无法使，下以无度行，知者不得虑，能者不得治，贤者不得使。若是，则上失天性，下失地利，中失人和；故百事废，财物诎，而祸乱起。王公则病不足于上，庶人则冻馁羸瘠于下；于是焉，桀纣群居而盗贼击夺以危上矣。"①

至此，荀子触及到了社会犯罪的因中之因，即造成人们放纵"性情"、"物寡"的政治原因。这时，他和孔、孟的思路才真正走到了一起。

荀子指出，"圣人"养育百姓的办法，是使他们都富裕并知足，而不能超过限度地占用财物。如此就不会有盗窃。而如今乱世的做法恰好相反，君主不按法制发布政令，臣民也就不按法度办事，王公贵族担心的是财物不能满足自己的奢华，老百姓只能受饥挨冻挣扎于水深火热之中。于是，像桀纣一类暴虐昏庸的人会大量出现，盗贼就会到处抢劫财物危害统治。这些话的重点是责备统治者不按"圣人"养民的办法来制定政策法令，自己带头破坏法制，贪得无厌。

孔子曾把鲁国多盗的责任归到季康子之类的执政者的"多欲"②。孟子批评时君世主"为政不因先王之道"，说："上无道揆也，下无法守也，朝不信道，工不信度，君子犯义，小人犯刑，国之所存者幸也。"③荀子的"上以无法使，下以无度行"这段话，意思与孔、孟所说的完全一致，文句也与孟子之语相似。他们的本意在于说明，庶民犯刑，天下祸乱，盗窃增多，责任在于天下失道，为上不正，是统治者逼出来的。荀子进而分析道：

---

① 《荀子·正论》。
② 《论语·颜渊》："季康子患盗，问于孔子。孔子对曰：'苟子之不欲，虽赏之不窃'。"
③ 《孟子·离娄上》。

“多积财而羞无有，重民任而诛不能，此邪行之所以起，刑罚之所以多也。上好义则民暗饰矣，上好富则民死利矣。”①

就是说，统治者赞美财产富有的人而看不起贫穷者，加重人民的负担并惩罚不能胜任这种负担的人，这是犯罪产生、刑罚增多的原因。所以，上头的人“好义”，老百姓在无人看到的地方也会端正自己的行为；上头的人“好富”，老百姓就会不顾生命地去追求私利。接着，荀子还引用当时的“民语”形象地说明“上好富则民死利”的情况：

“民语曰：‘欲富乎？忍耻矣，倾绝矣，绝故旧矣，与义分背矣。’上好富，则人民之行如此，安得不乱。”②

“民语”即流行于民间的俗语。这首“民语”的大意是：想变得富有吗？那就不要顾及廉耻吧！那就不要顾及性命吧！那就和老朋友绝交吧！那就与礼义分道扬镳吧！荀子认为，这都是“上好富”的缘故。

在《富国》篇中，荀子将这一观点亮得更为明确：

“今之世而不然，厚刀布之敛以夺之财，重田野之税以夺之食，苛关市之征以难其事。不然而已矣，有掎挈伺作，权谋倾复，以相颠倒，以靡敝之，百姓晓然皆知其污漫暴乱而将大危亡也。是以臣或弑其君，下或杀其上，粥其城，倍其节，而不死其事者，无它故焉，人主自取之也。”③

---

① 《荀子·大略》。
② 同上。
③ 《荀子·富国》。

君主们不仅“厚刀布之敛”、“重田野之税”、“苛关市之征”，断了人民的生路，而且伺机挑剔(“掎挈”、音 jǐqiè，挑剔)欺诈，玩弄阴谋权术搞颠覆，颠倒是非黑白，败坏了世道，因而弑君、杀上、卖城、背叛等等行为的发生，实在是“人主自取”的。这一揭露是何等痛快淋漓！何等尖锐深刻！

由上可知，荀子分析社会犯罪的原因时兼顾了人性的、经济的、政治的、教化的各个方面，而将主要责任归结为统治者，是“上以无法使”，厚敛重赋、不养不教，才逼使“下以无度行”，庶民犯罪。他的分析方法和结论都是儒家传统式的，是一种古代综合型犯罪原因学说。

(二) 综合的犯罪预防和社会控制学说

孔子提出了以“富之”、“教之”原则为主的犯罪预防思想。孟子对“富”、“教”的具体内容和实施政策、办法作了比较多的充实、发展：

> “不富无以养民情，不教无以理民性。故家五亩宅，百亩田，务其业而勿夺其时，所以富之也。立大学，设庠序，修六礼，明七教，所以道之也。《诗》曰：‘饮之食之，教之诲之’，王事具矣。”[①]

孟子有“五亩之宅”、“百亩之田”、“谨庠序之教”[②]等仁政措施来保障“富”和“教。

荀子同样遵循着“富”、“教”原则，其“富”、“教”内容与孟子的大体相同。他与孔、孟的区别，以及对孔、孟的补充和发展主要表现在三个方面：

第一，荀子既然以为人之性恶是犯罪的内在根源，因而控制和消灭犯罪必须以“化性起伪”为最终目标，即以治性为本。持“性善论”的孟

---

① 《荀子·大略》。
② 见《孟子·梁惠王上》。

子将人性求善与社会对犯罪的预防和控制看成是一致的、同向的。荀子则刚好相反，把它们看成是反向的、对抗的。“化性起伪”的人性可改造论，即是说，预防社会犯罪不是基于对人性的善的正面弘扬，而是对人性之恶的逆向改造。因而，他比孔、孟更重视外在的制约，更强调礼义之化、师法之教和法律和刑罚的一般预防作用。

第二，“富”、“教”原则及其措施虽也具有预防犯罪、控制犯罪的意义，但却并非是真正的严格的犯罪学意义上的犯罪预防学说，说它是一种社会学意义上的社会治理学说，也许更恰当些。而荀子则在“富”、“教”原则之下具体讨论了一些犯罪学意义上的犯罪预防问题。

第三，孔、孟的犯罪预防学说虽然带有综合的犯罪社会控制理论的特色，但这个综合性特色在孔、孟那里还只能得其义，见其影，尚未具其形。这是理论认识的规律所使然。荀子则在理论体系上有所发展，初步具备了古代犯罪社会控制理论的综合型模式。

这个理论模式的内容和内部结构如何呢？我们还是遵从荀子自己的论述来作分析。荀子写道：

> “故古者圣人以人之性恶，以为偏险而不正，悖乱而不治，故为之立君上之势以临之，明礼义以化之，起法正以治之，重刑罚以禁之，使天下皆出于治合于善也。是圣王之治而礼义之化也。”①

这段话可以概括为一个基点、四大措施。一个基点：矫治人性，化性起伪；四大措施：“君上之势”、“礼义之化”、“法正之治”、“刑罚之禁。”诚然，四者之间并非割裂，也并非无统，彼此并立。其中，“君上之势”为四者之统，礼义、法正、刑罚三者之间亦有本末、轻重、缓急之分，从而形成

① 《荀子·性恶》。

一个有机的整体。

首先，“君上之势”。

“君上之势”属于政治措施。“立君上之势以临之”，是要给社会以君主统治下政治一统的强制性稳定感。由于荀子要求的君是“圣君”，其道德人格和道德威势还能给人们造成一种信仰和心理寄托。这在古代社会中对于社会的稳定无疑是至关重要的。而社会的稳定本身就大大堵塞了犯罪滋生的通道。这大概就是荀子说的“隆一而治”①的道理。

荀子说过，“救患除祸，则莫若明分使群矣”。② 谁来“明分”？自然是君主，“人君者，所以管分之枢要也”③。无“君上之势”，就不能“明分”，社会焉能稳定？因此，“立君上之势”实为安定社会、控制犯罪的第一要件。

“立君上之势”的另一种作用是“制臣”：

> “无君以制臣，无上以制下，天下害生纵欲。”④

“制臣”，就是治吏。荀子看到庶民犯罪往往由于为上不正、吏治不清。因此，“制臣”在犯罪的预防和控制中显得十分重要。但荀子虽然提出了“制臣”的问题，对于如何“制臣”却无更多的说明，未形成系统的以法治吏的理论。在他看来，只有靠“君上之势”才得“制臣”、肃清政风、整顿吏治。他说：

> “朝廷必将隆礼义而审贵贱，若是，则士大夫莫不务节死制者

---

① 《荀子·致士》。
② 《荀子·富国》。
③ 同上。
④ 同上。

矣……士大夫务节死制，然而兵劲。百吏畏法循绳，然后国常不乱。”[①]

这仍然是在孔子的“君礼臣忠”中兜圈子。可见，荀子的“制臣”是儒家式的，不是法家式的。

靠“君礼臣忠”来端正政风只能是存在于儒家思想家头脑中的幻想。不过，荀子把“君上之势”与“明分”、“制臣”联系起来，组织到控制犯罪的政治措施中去，还不失为是一种可贵的探索。在荀子思想中，“立君上之势”——“定分”——“制臣”——社会安定——消弭犯罪，形成为一个有机的因果链。他有一段典型的论述：

“圣王在上，分义行乎下，则士大夫无流淫之行，百吏官人无怠慢之事，众庶百姓无奸怪之俗，无盗贼之罪，莫敢犯上之禁。”[②]

在这个因果链中，“圣王”处于最关键的地位，是实现“无盗贼之罪”之果的因中之因。

其次，“礼义之化”。

“礼义”原本是礼法的一个层次。但作为荀子“圣人之治”体系中的“礼义之化”，是与“法正之治”、“刑罚之禁”并立的，可见这“礼义之化”，主要是指道德教化措施。在荀子的犯罪预防和社会控制理论中，政治、经济、法律等手段主要作用在于堵漏设防，只能算作治标措施，道德教化则属于治本之计，旨在提高人的道德自觉，使人明耻敬己。

荀子关于“礼义之化”方面的言论颇多，如以礼“正身”、以师“正礼”[③]等等。上引《大略》篇中的“不教无以理民性”，其中“教”的具体做

---

① 《荀子·君子》。
② 同上。
③ 见《荀子·修身》。

法是:"立大学,设庠序,修六礼,明七教"。"六礼",指冠、婚、丧、祭、乡、相见六类礼的礼节规定;"七教",是关于正确处理君臣、父子、兄弟、夫妇、长幼、朋友、宾客七种人与人关系方面的礼仪节文之教。"六礼"、"七教"之说,将孔子的"为国以礼",整肃"君君、臣臣、父父、子子"的等级秩序具体化了。

下面,我们试以荀子关于丧礼和劝人禁止私斗的论述为例,看看他是怎样阐明"礼义之化"的。

在《礼论》篇中,荀子不厌其烦地讲述了丧礼的重要性及其一整套繁缛的礼节。

> "礼者,谨于治生死者也。生,人之始也;死,人之终也;终始俱善,人道毕矣。故君子敬始而慎终,终始如一,是君子之道,礼义之文也。夫厚其生而薄其死,是敬其有知而慢其无知也,是奸人之道而倍叛之心也。"①

在荀子看来,重视丧礼,将丧礼办得认真,实际上就会在社会上起到一种教化作用:"敬始而慎终",激励人们"终始俱善"。如果有人不能善终,违法犯罪,则不但活着有受刑之苦,有受辱之羞,死了也摈之于正常的丧礼规格之外,开除族籍,蒙受"至辱":

> "刑余罪人之丧,不得合族,独属妻子,棺椁三寸,衣衾三领,不得饰棺,不得昼行,以昏殣,凡缘而往埋之,反无哭泣之节,无衰麻之服,无亲疏月数之等,各反其平,各复其始,已葬埋,若无丧者而止,夫是之谓至辱。"②

---

① 《荀子·礼论》。
② 同上。

“刑余罪人”死了不办丧礼，草草埋葬了事，这同正常人死后隆重办丧礼形成强烈的对照。于是，正常人死后的丧礼越隆重，两者的反差越大，对“刑余罪人”及其家属的心理压力也越大，而对社会上的颂善贬恶的教化导向作用也就越大。由于古代宗法社会血缘家庭意识极浓、家庭荣誉感极强，丧礼正是强化家族意识的极好手段。一人犯罪，自己受刑蒙辱不说，还得辱没宗族和祖宗神灵，家人含耻，即使死了，妻子儿女也得人格降等，无资格办丧礼。这样的礼的文化氛围，对人们的行为和心理就有一种无处不在、无时不有的规范力、约束力和感召力。丧礼如此，冠、婚、祭、乡、相见等礼节也都有这种功能。

礼，无论从其法律义，还是就其道德义来说，都是一种家族本位的行为规范。亲亲、尊尊是礼的精神所在。[①] 在古代礼法社会中，一个人的存在，他的行为，不仅是代表他自己，而且代表他的家族，甚至主要关联他的家庭的利益和荣辱。个人有生有死，家庭、家族世代血脉相承；个人是小我，家庭、家族是大我。因此，个人不能不时时考虑家族共同体利益，不能不小心谨慎，顾及行为的后果。丧礼及冠、婚、祭、乡、相见等六礼的设定，都是要加强家族、村社的亲和力和个人的责任感。荀子对“斗者”的劝告也是基于礼的亲亲、尊尊之义的。荀子说：

> “斗者，忘其身者也，忘其亲者也，忘其君者也。行其少倾之怒，而丧终身之躯，然且为之，是忘其身也；室家立残，亲戚不免乎刑戮，然且为之，是忘其亲也；君上之所恶也，刑法之所大禁也，然且为之，是忘其君也。”[②]

① 《荀子·大略》云：“亲亲、故故、庸庸、劳劳，仁之杀也；贵贵、尊尊、贤贤、老老、长长，义之伦也；行也得其节，礼义序也。”

② 《荀子·荣辱》。

孔子曾告诫私斗者:“一朝之忿,忘其身以及其亲,非惑与。”[①]荀子这一长段非私斗的话,仍遵循着孔子的逻辑,但说理更为具体、明晰。与孔子不同的是加了“忘其君”一条,这是荀子重“君上之势”的思想体系所决定的。在宗法政治格局中,君被视为父之延伸,所以荀子非私斗的说理基点仍在“忘其亲”上。

先秦时代,民风敦厚、粗犷,社会上私斗、私力救济现象较多。私斗、私力救济成了破坏社会秩序、导致恶性犯罪的重要因素。各派思想家们也都十分关心这个问题。商鞅变法,立严刑禁私斗,“为私斗者各以轻重被刑”[②],力图使民怯于私斗,勇于耕战。韩非将“侠以武犯禁”作为造成社会动乱的原因之一,主张对“养游侠私剑之属”诛之不贷,使国内“无私剑之捍,以斩首为勇”[③]。一句话,商、韩的主张是以严刑重罚堵塞私斗。

儒家的办法与之不同。他们虽也赞同私斗应为“刑法之所以大禁”,但并不主要依靠刑罚来禁私斗,而是以刑禁作为基点来施行劝导以收礼化之功。荀子的这段劝言中,“忘其身”、“忘其亲”均为不孝,“忘其君”则是不忠。他试图以亲亲、尊尊的忠孝大义感化那些私斗者,使他们良心发现,归化礼义,做孝子贤孙,忠顺良民。由此也可见儒家以德礼化民与法家“以刑去刑”的旨趣相异之所在。

丧礼等等礼节,在今天看来,似乎过于繁文缛节,且不乏粗俗;亲亲、尊尊,也含有宗法性的糟粕。但在古代社会,它是一种信仰,是文明的组成部分,曾是先民的骄傲,是当时社会得以正常运转的润滑剂。不然,秩序就会失控,社会就会失范。正如《礼记》作者所说:

---

① 《论语·颜渊》。
② 《史记·商君列传》。
③ 《韩非子·五蠹》。

“故礼之教化也微，其止邪也于未形，使人日徙善远罪而不自知也。”①

信仰是一种超越时空、超越政治的文化力。繁文缛节的丧礼所表达的“慎终追远”之义，正是中华民族先民对“人是什么”、“人从哪里来，要到哪里去”的终极关怀。信仰的力量是不可战胜的。

其三，“法正之治”。

“法正”即“法政”。孔子云：“政者，正也。”②“法正”，指以礼义为指导原则而制定的政治法律制度，亦即“礼义生而制法度”中的“法度”。“起法正之治”，意味着荀子所希冀的犯罪控制是一种具有制度化、法律化的机制，即以法律手段来控制犯罪。“法正之治”在预防犯罪方面的作用主要在于，君主制定明确的法律、法令，规定人们应该做什么，怎样做，规定违背法律的后果，从而知所趋避，遵从法律，免于犯罪。正如《王霸》篇所说：

“制度以陈，使令以挟；官人失要则死，公侯失礼则幽，四方之国有侈离之德则必灭。”③

国家政治法律制度业已公布，政策法令已经完备（“挟”，周洽，完备），官吏违反法令则处死，公侯违背礼法则囚禁，四方诸侯搞分裂则灭其国。这是对付贵族、官吏的“法正之治”。对庶民更是如此。

“雕雕焉县贵爵重赏于其前，县明刑大辱于其后，虽欲无化，能

① 《礼记・经解》。
② 《论语・颜渊》。
③ 《荀子・王霸》。

乎哉?”①

前头摆着爵赏,后面扬着刑罚,赏和刑都明白清楚地悬挂出来,老百姓还敢不听从教化吗?这已含有驱民于刑赏的意思,与法家思想有一点相通了。

最后,“刑罚之禁”。

刑罚是控制犯罪的最后一道防线。荀子将“法正”与“刑罚”分作两处来说,可见是意识到了“法”与“刑”的区别的。他又把“刑罚之禁”作为“圣人之治”的最后一项措施,说明他对刑罚的性质和功能有自己的一贯认识,这就是前面说过的“明德慎罚”、“明刑弼教”。

荀子之前的商鞅和荀子的学生韩非认为,只有“重刑轻罪”,才能使犯罪者本人不能再重新犯罪,并给社会上的人们以极大的威吓和恐惧,不敢去犯罪,从而达到“以刑止刑”的目的。荀子不赞成重刑政策,认为罪刑相当才能发挥刑罚的预防效应。他对刑罚在预防犯罪上的作用有段很精彩论述:

> “……明道而钧分之,时使而诚爱之,下之和上也如影响,有不由令者,然后诛之以刑。故刑一人而天下服,罪人不邮其上,知罪之在己也;是故刑罚省而威行如流,无它故焉,由其道故也。古者帝尧之治天下也,盖杀一人、刑二人而天下治。传曰:‘威厉而不试,刑措而不用’。此之谓也。”②

从这段话看,荀子意识到刑罚对于犯罪的预防作用可分两个方面:

---

① 《荀子·议兵》。
② 同上。

"刑一人而天下服",相当于现代刑法学关于刑罚一般预防作用的学说:社会上的人从政府对犯罪的惩罚中看到有罪必罚、刑罚得当,受到震慑,也受到教育,心悦诚服地遵守法令、服从统治。"罪人不邮("邮",怨恨)其上,知罪之在己也",说明犯罪者本人知罪服法,不怨恨惩罚他的官吏,愿意痛改前非,这在现代刑法学中称之为刑罚的特殊预防作用。

至此,荀子关于犯罪预防和社会控制的理论构想的轮廓已清楚地呈现出来了。它可以作如下图示:

表四　荀子犯罪原因与预防结构图

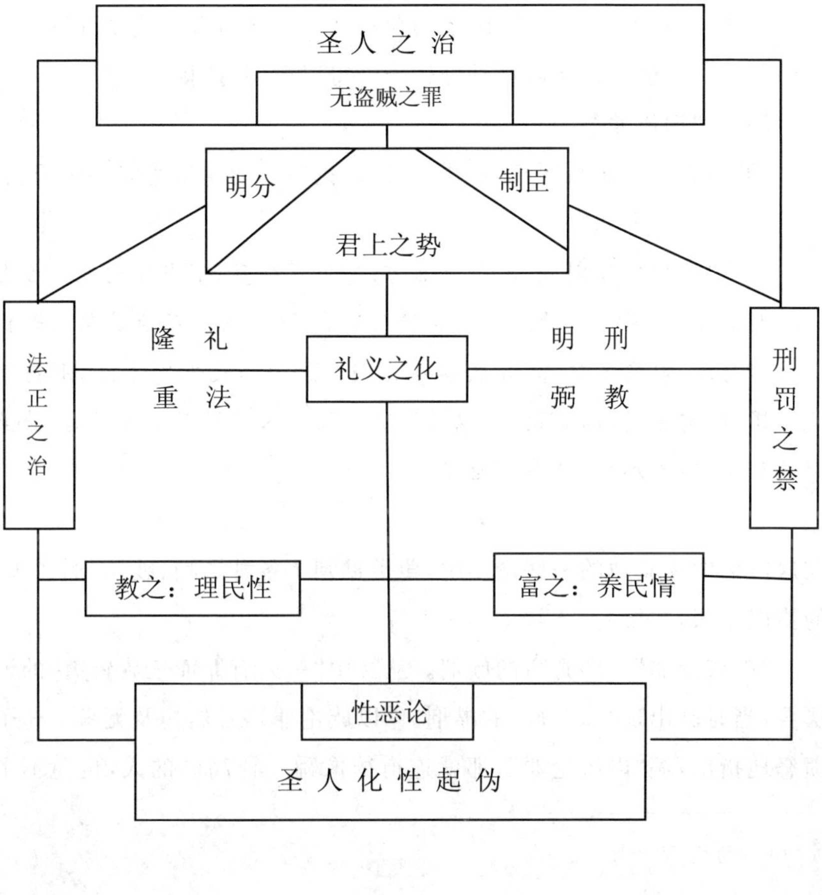

综上所述，荀子将孔子提出的“富之”、“教之”来预防犯罪的思想作了充实，使其内容更为丰富，结构臻于完善，初步具备了运用政治的、经济的、道德的、法律的等各种手段对犯罪进行综合的社会控制的结构模式。这在古代犯罪学理论上是一个进步。以孔、孟、荀为代表的儒家关于犯罪预防和社会控制的思想对中国古代政治和法制发生过久远的影响，蕴含着许多积极的可资借鉴的因素。

4.刑罚原则

与孔、孟相比，荀子正面阐述刑罚的文字要多得多。儒家的许多重要刑罚原则和刑事司法政策是经荀子而得以彰明、播扬的。

（一）“刑当罪”

“刑当罪”，即罪与刑相当，罚当其罪，犯罪与刑罚相适应。荀子说：

> “故刑当罪则威，不当罪则侮；爵当贤则贵，不当贤则贱。古者刑不过罪，爵不逾德。故杀其父而臣其子，杀其兄而臣其弟。刑罚不怒罪，爵赏不愈德，分然各以其诚通。……乱世则不然，刑罚怒罪，爵赏逾德，以族论罪，以世举贤。故一人有罪而三族皆夷，德虽如舜，不免刑均，是以族论罪也。……”①

在这段话中和其他的一些论述中，荀子批判了各种影响、破坏“刑当罪”的错误主张，主要有：

“以族论罪”。即野蛮的族刑。从文中“一人有罪而三族皆夷”的说法看，当时已出现“夷三族”的酷刑。“以族论罪”，必然罚及无辜。荀子愤怒地指出，搞“以族论罪”，那就连道德像舜一样高尚的人，也免不了

---

① 《荀子·君子》。

受株连而与犯罪者同样被刑被杀。他告诫统治者说："以族论罪，以世举贤，虽欲无乱，得乎哉！"[1]

株连。族刑是以株连为基础的。荀子反对族刑，实际上把株连在一起加以抨击了。从时间上推算，他该知道商鞅在秦推行的"连坐法"。《荀子》书中虽未正面提起，但反对的态度还是十分清楚的。"杀其父而臣其子，杀其兄而臣其弟"，前者指舜殛禹之父鲧而任用禹来继父之职继续治水的故事，后者说的是周公旦诛管叔、蔡叔而封其弟康叔于卫的故事。荀子提及这两个故事所要表明的意思是：父兄有罪当诛，其子、弟贤能仍当任用，不应受株连。这种只惩罚犯罪者本人的刑罚主张在古代社会是代表文明、向上趋势的，反映了荀子的合理、公正和人道的法理观、刑罚观。

株连、族刑都是基于家族本位的刑事原则，但却是家族本位的恶的运用。荀子的法观念也是家族主义的，同孔、孟没有本质区别。但从孔、孟到荀子，先秦儒家都坚持反对株连和族刑。由此也可知家族本位主义法律观的两种不同运用：儒家用来作为教化的基础；法家用来作为刑罚的基础。

象刑。"象刑"之说，出自古文《尚书》的《舜典》、《益稷》等篇。[2] 对"象刑"解释，历来不曾统一，主要有三种说法：一说认为是象征性刑罚；二说认为悬挂施刑图象，使人们知所警戒；三说认为是借天命而作五刑，训"象"为取法天象之意。《荀子》书中记载的是第一种说法：

"世俗之为说者曰：'治古无肉刑，而有象刑。墨黥；慅婴；共，艾毕；菲，對屦；杀，赭衣不纯。治古如是。'"[3]

---

① 同上。

② 《舜典》："象以典型"。《益稷》："皋陶……方施象刑惟明"。

③ 《荀子·正论》。

“墨黥”，以墨画犯人的脸代替黥刑，“慅（cǎo，草）婴”，让犯人戴用草作帽带的帽代替劓刑。“共”，即宫刑。“艾（yi，义）毕”即芟韠（bì，必）。芟，割也；韠，朝服上的蔽膝。意为：割去犯人衣服上的蔽膝以代替宫刑。“菲”，即剕刑。“對（fěng 音讽），屦（jù，具）”。“對屦”，麻鞋。即让犯人穿戴麻鞋代替剕刑。“赭（zhě，者）衣不纯”，指没有衣领的赤褐色的衣服。即让犯人穿上无领的赭衣代替死刑。

荀子直截了当地否定了这种“象刑”的说法：“是不然”，并批判道：

“以为治邪？则人固莫触罪，非独不用肉刑，亦不用象刑矣。以为轻刑邪？人或触罪矣，而直轻其刑，然则是杀人者不死，伤人者不刑也。罪至重而刑至轻，庸人不知恶矣，乱莫大焉。”①

他设置了两个反问句，从两个方面批判了“象刑”之说。其一，如果说，“象刑”是为了标榜社会治理得好，那么，人们既然没有触犯刑法，则不但肉刑不当用，象刑也不当用。其二，如果说，“象刑”是为了标榜用“轻刑”来治国，那么，若有人犯了罪，不论轻罪重罪都一概减轻刑罚，结果就会造成杀人的罪犯不用偿命，伤害人的罪犯不用受刑事处罚，这种犯罪极重而刑罚极轻的做法，会使平常人不懂得犯罪应负相应的刑事责任，就会产生莫大的祸乱。

荀子否定古代使用过象征性刑罚，旨在批判无原则的轻刑观点，阐述罪刑相当的重要性。他主张“杀人者死，伤人者刑”，以为这样才罚当其罪。他接着上文论述道：

“凡刑人之本，禁暴恶恶，且征其未也。杀人者不死，而伤人者

---

① 《荀子·正论》。

不刑，是谓惠暴而宽贼也，非恶恶也。故象刑殆非生于治古，并起于乱今也。……夫德不称位，能不称官，赏不当功，罚不当罪，不祥莫大焉。昔者武王伐有商，诛纣，断其首，县之赤旆。夫征暴诛悍，治之盛也。杀人者死，伤人者刑，是百王之所同也，……”①

这里，荀子进一步说明了刑罚的根本目的是“禁暴恶恶，且征其未也”，即禁止暴虐行为，反对作恶，并且通过惩罚犯罪警戒于未然。为此，罪刑必须相当，如果“罚不当罪”，等于是纵容暴虐、宽宥恶贼，后果不堪设想。所以，他指出，象刑这种说法并不是产生于古代那种安定的时代，而是当今昏乱之世才编造出来的。荀子反复提到“杀人者死，伤人者刑”，固然是要强调“刑当罪”的原则，但亦掺着一种报复刑的意识。

（二）“法胜私”

“法胜私”，意即法不徇私，不以私情害法。这是“刑当罪”的必要保证。荀子解释道：

“怒不过夺，喜不过予，是法胜私也。《书》曰：‘无有作好，尊王之道；无有作恶，遵王之路。’此言君子之能以公义胜私欲也。”②

文中的“《书》曰”引自《尚书·洪范》，大意是：不要凭个人的私好或厌恶来办事，应完全遵照圣王制定的礼法去做。荀子在这里提出了一个带有普遍性的法律价值标准：“以公义胜私欲”。什么是“公义”？不同时代，不同利益集团有不同的内容，但必定包含有值得借鉴的刑事司法审判学上的一般原则和经验。如，不以个人的喜怒好恶损害法律、出入人

---

① 《荀子·正论》。
② 《荀子·修身》。

罪。荀子特别提出了"怒不过夺,喜不过予",这已涉及到司法审判心理和司法伦理方面的问题。应该说,荀子的讨论是很有价值的。法律乃社会、历史、文化等因素综合而生,其中所体现的统治阶级意志也是集体的意志,不是个人,包括君主个人意志的产物。刑事司法中严格执法正是实现法律公正以稳定社会秩序,从而也就维护了统治阶级的整体利益和长远利益。可见,"以公义胜私欲",还包含着将统治阶级的长远的和整体的利益置于暂时的、局部的、个人的利益之上的原则。在《成相》篇中,荀子反复吟诵着这一原则:

> "进退有律,莫得贵贱孰私王?"
>
> "刑称陈,守其银(通"垠"),下不得用轻私门。罪祸有律,莫得轻重威不分。"
>
> "下不私情,各以所宜舍巧拙。"①

此外,他在《荣辱》篇中论及"诸侯"的职责时,提出了"听断公";在谈到"官人百吏"的职责时,要求"谨守其数,慎不敢损益。""数",即上文说到的"法数",指法律条款。中央集权君主制强调司法统一,有所谓"法史守法,死生以之"的司法审判职责规定,与荀子的"谨守其数"有直接的思想联系。

法制的破坏,莫过于自上犯之。这是历代政治家和思想家反复总结过的一条经验。荀子的这些歌词和言论,是着意写给君主和官吏们看的。他们的不"私王"、"轻私门"、"不私情"、"听断公"是做到"法胜私"或"以公义胜私欲"的关键。

"法胜私",还包括刑及子弟的精神。《非十二子》篇中说,统治者隆

---

① 均见《荀子·成相》。

礼尊贤,“如是则贤者贵之,不肖者亲之。如是而不服者,则可谓订怪狡猾之人矣,虽则子弟之中,刑及之而宜。”[1]就是说,亲属中人但有“订怪狡猾”者,也要处以刑罚。

法家的刑法观中,以“刑无等级”最具积极价值。“刑无等级”,则法不阿贵。儒、法两家在这一点上有相通之处。荀子的“法胜私”、“以公义胜私欲”,从刑罚角度说,也许不如商鞅、韩非的“刑无等级”来得痛快,但其理论概括力却更强,也更准确,更符合司法公正的价值要求。如果“刑无等级”是重刑主义下的“刑无等级”,那并不符合“公义”,而且往往隐藏着惊人的阶级“私欲”,或执法集团少数人乃至个人的“私欲”。相比之下,还是荀子的“法胜私”更接近司法真理,不仅历代法制建设具有一定的指导意义,而且在法学理论发展史上有着不可抹杀的贡献。

(三)“宁僭无滥”

“宁僭无滥”是当时的成语。荀子作了详细转述:

> “赏不欲僭,刑不欲滥。赏僭则利及小人,刑滥则害及君子。若不幸而过,宁僭无滥;与其害善,不若利淫。”[2]

这段话原出自《左传·襄公二十六年》[3],荀子转述时改动了几个字,但原意未变。这也许是他用战国后期的语言重新作的解释,读起来文义的确比《左传》原文来得明白易懂些。荀子称引这段文字,说明他赞同这一思想。

---

① 《荀子·非十二子》。

② 《荀子·致士》。

③ 《左传·襄公二十六年》原文为:“归生闻之:善为国者,赏不僭而刑不滥。赏僭,则惧及淫人;刑滥,则惧及善人。若不幸而过,宁僭无滥。与其失善,宁其利淫。……故《夏书》曰:‘与其杀不辜,宁失不经’,惧失善也。”

赏罚由律、罪刑相当，即“赏不欲僭，刑不欲滥”，这是刑事司法的基本原则，而“宁僭无滥”只是在一时无法做到赏罚由律、罪刑相当情况下的一种特殊措施，一种权宜之计，所以也是一种假定，如果遇到疑难案子，不可能断得与法律一一相称的话，那么宁可赏过了头，不可罚过了头，因为赏过了头，无非是不该赏的小人得利，而刑罚过了头就会冤枉好人。“宁僭无滥”的原则与古文《尚书·大禹谟》的“罪疑惟轻，功疑惟重”完全一致，体现了轻刑、慎刑的思想。

近现代刑法学理论提出“法无明文不为罪”，主张“罪刑法定”、“无罪推定”，疑罪不是从轻，而是根本不该处刑，应当无条件释放。因此，按近现代刑罚思想而论，“罪疑惟轻”之类的慎刑主张仍然非慎刑、非人道，仍是错误的。这是时代的差异和法律文明的发展所注定了的。“文化革命”期间对那种“事出有因查无实据”的案件，或长期挂起，或搞所谓“不能重判，不能不判”等做法，不能说与古老的“罪疑惟轻”观念没有联系。但若将价值座标放到荀子时代，那么，“罪疑惟轻”、“宁僭无滥”就值得肯定。商鞅、韩非的“重刑轻罪”，李斯的“深督轻罪”，汉代酷吏的“缓深故之罪，急纵出之诛”，在审判实践中只能造成疑罪从重、轻罪重刑、无罪冤判。相比之下，荀子在战国后期一片重刑主义的喧嚣声中重新提倡和阐扬“宁僭无滥”，其积极意义不言自明，它是荀子坚持儒家仁道精神的一个表现。

（四）省刑慎刑

省刑慎刑是儒家的传统刑罚主张。荀子的“刑当罪”、“法胜私”、“宁僭无滥”等主张都体现了省刑慎刑的意向。他反复强调“无罪不罚”[①]，“行一不义、杀一无罪，而得天下，不为也”[②]，也都蕴含着这一意向。

---

① 《荀子·王制》。

② 《荀子·儒效》。

《仲尼》篇中这样写道：

“故圣王之诛也、綦省矣。文王诛四，武王诛二，周公卒业，至于成王则安无诛矣。”①

这是借三代故事直接表述省刑主张。

荀子告诫听讼官吏说：

“听之经，明其请，参伍明谨施赏刑。显者必得，隐者复显民反诚。”②

“请”即“情”。“明其请”，是说听讼断狱的要害在于搞清案件的客观情况和案犯的主观心理动机等情节。“参伍”“即“三、五”，泛指反复多次。“参伍明谨施赏刑”，意为反复多次地查清案件，并谨慎地施行赏罚。听断能如此，那么，光天化日之下发生的大案、要案一定可查清，隐秘的疑案、难案也可使其真相显露出来，老百姓就归于诚实了。在这段歌词中，荀子不仅提出了“谨施赏罚”的慎刑主张，还指出了“明其请”、“参伍明”的慎刑措施。

（五）“治则刑重，乱则刑轻”

“刑罚世轻世重”见于《尚书·吕刑》篇，是很古老的刑事政策原则。意即应根据社会情势的不同而适用刑罚，有时宜轻，有时宜重。但究竟什么情况下宜重，什么情况下宜轻，《吕刑》并无说明。《尚书》的《孔氏传》和《周礼·秋官·大司寇》的看法是：“刑新国用轻典”、“刑平国用中

---

① 《荀子·仲尼》。

② 《荀子·成相》。

典”、“刑乱国用重典”。郑玄解释说：新国为新辟地立君之国，人民未习惯于礼教，故应用轻典；平国系承平守成之国，故应用常行之法，即中典；乱国乃篡弑叛逆之国，为惩恶罚罪，故须用重典。[1] 后代统治者从中得出了“乱世用重典”的结论。曹操的“治定之化，以礼为首；拨乱之政，以刑为先”[2]，已得其意。朱元璋更是旗帜鲜明：“吾治乱世，刑不得不重。”[3]

但荀子的主张与上述相反。他从“刑当罪”的原则出发，指出：

> “刑称罪则治，不称罪则乱。故治则刑重，乱则刑轻。犯治之罪固重，犯乱之罪固轻也。《书》曰：‘刑罚世轻世重’。此之谓也。”[4]

这就是说，治世对犯罪的惩罚应重，乱世则应轻。即治世用重典，乱世用轻典。李奇对“治则刑重，乱则刑轻”两句话作过这样的解释：“世所以治乃刑重，所以乱乃刑轻也。”[5]北京大学《荀子》注释组《荀子新注》从之，释作“社会安定是由于刑罚重，社会混乱是由于刑罚轻。”[6]如果纯从语法角度看，也并非谬误。但这样一来，却是倒果为因，本是因为社会安定，所以要以重刑惩罚犯罪，变成了因为以重刑惩罚了犯罪，而社会才如此安定。于是，荀子成了重刑主义者，与其学生韩非、李斯同流了。这与荀子的整个刑法思想基本倾向不同。

回过头来说。其实，把“刑罚世轻世重”说成是“乱世用重典”，或者相反，像荀子那样，说成是“治世用重典”，都不见得穷尽了它的内涵。

---

① 见《尚书正义·吕刑·孔疏》。

② 《曹操集·以高柔为理曹掾令》。

③ 《明史·刑法志·律令》。

④ 《荀子·正论》。

⑤ 见王先谦：《荀子集解·正论》。

⑥ 《荀子新注》，中华书局1971年版，第290页。

这两种对立的理解未必都符合“刑罚世轻世重”的本义,“世轻世重”未必是那么非此即彼。“世轻世重”的刑事原则在刑事司法实际中的运用可能有着更多的灵活性和复杂性。譬如说,治世有时宜重、有时宜轻,乱世也同样,有时宜重,有时宜轻。这也未尝不符合“世轻世重”。总之,是要从实际出发加以掌握。这又有赖于统治集团的法律操作艺术和经验了。

因此,“乱世用重典”和“治世用重典”皆非不刊之论。它们都只是反映了理解者本人的刑事政策思想。而就荀子的“治则刑重,乱则刑轻”的主张看,至少有以下两点是值得注意的:

第一,治世,犯罪者少,但却是冒天下之大不韪,主观恶性可能更大,适用重典,被刑的绝对人数不多,对社会的震慑力则很大,有助于发挥刑罚预防犯罪的功能。而乱世民心散乱,犯罪者多,但主观恶性不见得很大,适用轻典,被刑者亦可减少,许多犯罪不很严重的人因此而得到宽宥。所以,荀子的这一主张比起“乱世用重典”来,似更能体现出儒家省刑、慎刑、恤刑的意向,也与孔子以来的儒家思想家将世乱和庶民犯罪的主要责任归结为“上失其道”的犯罪原因论更相合拍。

第二,荀子把“治则刑重,乱则刑轻”系于“刑称罪”之下,换言之,“治则刑重,乱则刑轻”是“刑称罪”的一种表现或保证。由此可知,“刑称罪”并不是机械地按法律条文判刑,而是一个动态过程,应依照社会时势发展变化情况及时调整刑事政策。治世应重,乱世可轻,表面上有失法条,实际上刑与罪正好相称。这一主张与《尚书》中的“刑故无小,宥过无大”①,“眚灾肆赦,怙终贼刑”②,以及后来的“论心定罪”或“原情

① 见古文《尚书·大禹谟》。意为:故意犯罪虽小也要严惩,过失犯罪虽大也可宽恕。

② 见《尚书·尧典》。意为:如果是过失犯罪,虽然造成严重后果,但只是偶然犯之,无主观恶性,可以赦免;如果是故意犯罪,又怙悛不改,则应严加惩处。

定罪”属于同一个刑罚学思想体系。如果说，“罪祸有律，莫得轻重威不分”[1]，是罪刑法定主义倾向；那么，“治则刑重，乱则刑轻”就其发展趋势上说，则当归于非法定刑主义倾向。而这两种倾向都在“刑称罪”、“法胜私”的统率之下，形成一种罪刑法定与非法定的互补机制。按照荀子的理论体系，这种互补机制的实现又是与上述“礼法适用论”中所揭示的大儒和三公“统类”、雅儒与百吏“谨守法数”的礼法适用原则相配套的。从刑事政策和刑事司法原则来看，荀子的这些主张不无辩证的和合理的因素。诚然，中华法系的形成，中华法系的刑事司法原则形成为法定刑和非法定刑的互补机制，都远在荀子之后。然而，正是荀子的上述思想观点，为中华法系的刑事司法原则提供了思想资料和法文化的营养。

（六）教而诛

反对“不教而诛”也是儒家一贯的刑事政策原则。荀子基于其“化性起伪”说，强调教的地位，坚持教而后诛的理论立场。《宥坐》篇记有一段孔子为鲁司寇时重视教化，谴责不教而杀的故事：

> “孔子慨然叹曰：‘呜呼！上失之，下杀之，其可乎？不教其民而听其狱，杀不辜也。三军大败，不可斩也；狱犴不治，不可刑也，罪不在民故也。嫚令谨诛，贼也；今生也有时，敛也无时，暴也；不教而责成功，虐也。已此三者，然后刑可即也。”[2]

荀子门生所记载的这段孔子言论，大概得之荀子的转述。它与《论语·尧曰》的“不教而杀谓之虐”一章大意相同，文句相类。荀子的这一转

---

① 《荀子·成相》。

② 《荀子·宥坐》。

述，表明自己是完全赞成孔子的主张的。

但如前所述，人性既然是恶的，人们接受礼教就缺乏了自觉的内在动力，礼义靠从外向内灌输，成效终难十全。所以，荀子的思想深处已埋有怀疑教化的潜意识。反映到教与刑的关系上，他除了承袭孔孟反对“不教而诛”的观点之外，又特意加上了一个“但书”：不可“教而不诛”。后者是孔孟未曾言及的。这倒不是因为孔孟主张对犯罪的人只教不杀，或忘记了说，而是因为反对“不教而诛”，绝非主张教而不诛，实已包含了教而后诛，但不明说反对“教而不诛”，其用意是为了更好地强调对“不教而诛”的否定。荀子两个方面都说到了，既反对“不教而诛”，也反对“教而不诛”，看起来比较全面，实际上在教与刑的关系上，教的主导地位已经在跌落。且看荀子所论：

> “故不教而诛，则刑繁而邪不胜；教而不诛，则奸民不惩……”①

对“奸民”，荀子以为是不可能教化，因而也无须教化的。这是他的性恶论中本已包含着的内容。他曾为尧、舜辩护说，尧的儿子丹朱，舜的异母弟象的品德不好，不能认为尧舜不能教化，而是他们自己不可教化：

> “尧、舜者，至天下之善教化者也，南面而听天下，生民之属莫不振动从服以化顺之。然而朱、象独不化，是非尧、舜之过，朱、象之罪也。尧、舜者，天下之英也；朱、象者，天下之嵬、一时之琐也。……尧、舜者，天下之善教化者也，不能使嵬琐化。何世而无嵬，何

① 《荀子·富国》。

时而无琐，自太皞、燧人莫不有也。”①

“嵬”，指奸诈的人；“琐”，指行为卑鄙的人。嵬琐之人任何时候都有，连尧、舜这样善教化的人也无法使之教化。嵬琐的人犯罪受诛；自然不在“不教而诛”之列，其中的罪魁祸首，则应立诛不赦，故荀子又有“元恶不待教而诛”②的主张。

反对“不教而诛”，但不能“教而不诛”，并强调“元恶不待教而诛”，这便是荀子关于教与刑关系理论的三个层次。将它与荀子的其他刑罚原则、主张及预防犯罪的学说联系起来观察，可以发现荀子刑法理论的一些特色：既保持儒家重教育、重预防的刑法理论的基本特点，又大大加重了刑罚的地位，正面肯定和重视刑杀的作用，与孔、孟的刑法论有所不同。如前所论，在刑法理论上，儒家的特点在犯罪预防论，法家的特点在刑罚论。荀子的刑法理论以儒家为本，又兼容了法家。荀子在中国法思想发展史上起到了由儒兼法的先师作用，这也是一个例。

5.军法原则

儒家论仁、论礼，亦论兵。儒家论兵，以荀子为最。荀子论兵，将兵与刑联系起来讨论，具有了相当于现今之军法的性质。荀子关于军法的主张，还只是一些原则性的意见，集中在《议兵》篇答临武君问“王者之军制”这一章中，其主要内容有三个方面：

（一）“顺命为上”，严惩不从军令者

“将死鼓，御死辔，百吏死职，士大夫死行列。闻鼓声而进，闻

① 《荀子·正论》。

② 《荀子·王制》。

金声而退，顺命为上，有功次之；令不进而进，犹令不退而退也，其罪惟均。”[①]

军人以服从命令为天职。军令如山，军队必须有高度的组织性、纪律性，绝对服从命令，统一指挥，步调一致，方能出奇制胜，取得战争主动权。所以对于一个士兵，“顺命为上，有功次之”，即服从命令是第一位的，杀敌立功尚在其次；若欲争功抢先，“令不进而进”，与“令不退而退”一样，会破坏作战部署，造成严重后果。所以，“其罪惟均”，即两者所犯的罪一样严重，当然，也应得到同样的惩处。

荀子在讨论战士应服从军令时，特别强调“顺命为上，有功次之”，是有所针对的。商鞅变法，驱民于耕战，唯以杀敌立功为上；“五甲首而隶五家”[②]，人民必须勇于作战杀敌，才能从国家那里得到奖赏，非此别无它路[③]，完全以杀敌首级多少为论功行赏的唯一依据[④]，由此培养出了“秦之锐士”[⑤]，使秦国“四世有胜”。商鞅同“齐之田单”、“楚之庄娇”、“燕之缪虮”四人，“是皆世俗之所谓善用兵者也”，荀子批评他们的用兵之道，“未及和齐也”，是“掎契司作，权谋倾覆，未免盗兵也。”[⑥]即乘机抓住敌方的弱点，玩弄权术使敌人颠覆，这样的军队只能说是“盗兵”。可见，荀子的“顺命为上”是针对商鞅等人的有功为上，斩首为上

① 《荀子·议兵》。

② 同上。

③ 《荀子·议兵》：“秦人……使下之民所以要利于上者，非斗无由也”。

④ 《商君书·境内》：“其战，百将、屯长不得斩首（据高享《商君书新笺》，“不得斩首”，当作“不得首，斩”）得三十三首以上盈论，百将、屯长赐爵一级”（“盈论”，指达到了国家规定的斩敌首级的数量）“能攻城围邑，斩首八千已上，则盈论；野战，斩首二千，则盈论。吏自操及校以上大将尽赏”。士兵“能得〔甲〕首一者，赏爵一级，益田一顷，益宅九亩，一除庶子一人，乃得人兵官之吏”。

⑤ 《荀子·议兵》。

⑥ 同上。

而提出的。在他看来，“顺命为上”是汤武“仁义”之兵的军法原则。

（二）“不屠城”，不杀无辜百姓

> “不杀老弱，不猎禾稼……。凡诛，非诛其百姓也，诛其乱百姓者也；百姓有扞其贼，则是亦贼也。……殷之服民所以养生之者也无异于周人。故近者歌讴而乐之，远者竭蹶而趋之，无幽闲辟陋之国，莫不趋使而安乐之，四海之内若一家，通达之属莫不从服，夫是之谓人师。……不屠城，不潜军，不留众，师不越时”。①

就是说，打败敌军，攻陷敌国后，不杀害那里的老弱，不践踏那里的庄稼，若有所诛杀的话，不是要杀那里的百姓，而是要杀那些祸乱那里的百姓的人；当然，百姓中有掩护乱贼的人，那就应该与乱贼一样受诛。应像周武王，周公那样，使归顺周朝的殷朝遗民与周朝自己的人民在生活上享受同等待遇。所以，生活在周朝附近的人歌颂周朝的军队，欢迎它的到来；离得远的人不惜长途跋涉投奔周朝的军队；无论多么偏僻边远的国家，都愉快地为周朝效劳，真是四海之内若一家，整个天下没有不归顺于周朝的。“人师”，即人们的表率、榜样。“不屠城”，指不要毁坏敌方的城池，不屠杀那里的百姓；“不潜军”，是不搞偷袭；“不留众”，即不把军队久留于外，不当占领军；“师不越时”，指用兵不要超过规定的时间。

这段话的核心思想在于：“凡诛，非诛其百姓也，诛其乱百姓者也”。“不屠城”、“不杀老弱”、“不猎禾稼”等等都是不“诛其百姓”的体现。这一主张在战国时期提出来是很有积极意义的。当时战乱连年，孟子的所见是“杀人盈城”、“杀人盈野”；《老子》作者所见是“大军过后，必有凶

---

① 《荀子·议兵》。

年”，略地屠城，无辜百姓惨死于铁蹄兵刃之下。荀子有见于此，主张在“军制”中规定“不屠城”、“不杀老弱”、“不猎禾稼”等等，无疑是同情人民，珍惜生命财产的表现。荀子的主张中，“不潜军”一条也许脱离了战争实际，不大符合“兵者，诡道也”[①]的用兵之术。但总的来看，荀子主张的是建设一支堂堂正正的仁义之师。

（三）“服者不禽”，善待俘虏

对于敌军中放下武器的俘虏和不进行抵抗的逃兵怎么办？荀子主张：

> “……服者不禽，格者不舍，奔命者不获。……以故顺刃者生，苏刃者死，奔命者贡”。[②]

大意是：不战而退表示归服的敌人不加捉拿，抵抗的敌人不放弃打击，来投诚的敌人不当俘虏看待。“顺刃”，亦即不战而退。“苏刃”的“苏”通“傃”，向也。“苏刃”，即顽固抵抗。“奔命者贡”的“贡”，一说为献，即将投诚的敌人献给上级；一说系“置”之讹。“置”训为“赦”[③]，意即将投诚者赦免。后一说与“奔命者不获”的文义相近，较为符合荀子原意。

以上关于善待俘虏的军法原则与“不屠城”的原则相一致，也是比较合理且具积极意义的主张。

综上所述，荀子的军法观点是其礼法关系论、德刑关系论在“军制”问题上的运用，是服从于创建“仁义之兵”以实现王道政治这一理想目标的。

---

① 《孙子兵法·始计》。
② 《荀子·议兵》。
③ 见梁启雄《荀子简释·议兵》引刘师培注。

七、富国论与法

“富国论”是荀子经济思想的代名词。它在荀子思想中占有较大比重，其中涉及到不少经济法制的内容。

上节已经说到，荀子同孔、孟一样，肯定犯罪的经济原因，重视经济手段，具体地说就是“富民”措施在预防犯罪中的作用。荀子时代，自然不会有什么经济立法。然而中国古代社会，以农为立国之本，国家十分注重处理农业与手工业、商货、交通运输业，以及农业生产内部与农业相关的牧畜、水利、山林、渔猎等业态的关系，由是而有古代调整经济的法律政策和有关的法律规定。荀子的“富国论”中，如实地反映了这一方面的内容，设计了他那王道政治的经济法律政策和法令法规。

1. 经济法律政策的指导原则

（一）义利“两有”和“义胜利”

儒家重义轻利，荀子亦不例外。但他的义利观与孔孟有所不同，赋予了新的内涵。

> “义与利者，人之两有也。虽尧、舜不能去民之欲利，然而能使其欲利不克其好义也。虽桀、纣亦不能去民之好义，然而能使其好义不胜其欲利也。故义胜利者为治世，利克义者为乱世。上重义则义克利，上重利则利克义。故天子不言多少，诸侯不言利害，大夫不言得丧，士不言通货财；有国之君不息（“息”，繁殖）牛羊，错质之臣（“错质”，委贽）不息鸡豚、家卿不修币，大夫不为场圃；从士以上皆羞利而不与民争业，乐分施而耻积臧。然故民不困财，贫窭者

（窭，音ju，据，贫穷）有所窜其手。”①

这是《荀子》书中关于义利关系问题最为集中的一段文字，也很表现荀子所持的观点。

首先，荀子肯定“义与利”为“人之两有”，缺一不可；礼义、伦理道德与经济、物质生活应当并存。这是对孔、孟义利观的一个突破。孔、孟着重从伦理领域来讨论义利问题，尽管也肯定人的物质需求是正当的，但尚未正面提出“欲利”为人所必需。

其次，荀子认为，义利问题的核心是“义胜利”还是“利克义”。可贵的是，他没有把这个核心问题局限在个人范围之内，看成是一个纯粹的主观世界中的人性问题或个人道德问题，而是从整个社会、国家的角度着眼，看成为一个社会问题、政治问题，提出，“义胜利者为治世，利克义者为乱世”。这就在一定程度上超越了孔孟义利观的范围。义利之辩固然是君子小人的价值尺度，荀子也有“君子道其常（常，指礼义），而小人计其功”②的言论，但认为它不仅仅是，甚至不主要是个人道德范围内的事，它还应是，并且首先是治世、乱世的价值尺度。

第三，荀子进一步指出，是“义胜利”还是“利克义”的关键在统治阶层自身，“上重义则义克利，上重利则利克义”。这是荀子讨论义利问题的目的。“从士以上皆羞利而不与民争业”，可以说是对孔子“君子喻于义”的新解。“君子喻于义”，原也含有不与民争利的意思，荀子把它明确了。

古代帝制社会，君主将天下视为自己的家产。制度的体制决定了统治者必然与民争利。包括荀子在内的儒家思想家的种种劝诫统治者

---

① 《荀子·大略》。
② 《荀子·天论》。

“重义轻利”的话都是徒劳的。但这并不影响他们思想的价值。正因为在集权专制体制下，统治者享有以政治权力争财牟利的特殊方便，所以祸害也更大。历代官商祸国，豪强兼并，班班在史。荀子提出天子不繁殖牛羊、委贽于君的臣下不繁殖鸡猪，上卿不钻营钱财，大夫不经营农场、菜园，用现在的话说，政府官吏及其家人不得从事经济实业。这不能不说是具有先见之明的见解。过去有人总将儒家的义利之辩贬之为迂腐之见，说成是否定人民的物质需求。其实是一种误解。儒家之义利观，以天下为本位、以民为本位，牟天下之利、牟百姓之利即义，牟个人之利、牟一家之利即利。“重义轻利”原则，无论是作为一种君子人格理论，还是成为一种政府官吏在经济方面的从政道德准则，或是制定为可操作的官员从政法律规范，都具有不可否认的正面价值，有益于国家的长治久安。

（二）民富而后国富

重在富国还是重在富民，是儒法两家经济政策的一大区别。

孔子以使民“富之”为先。《论语》有“百姓足，君孰与不足”[①]的观点。孟子的“制民之产”、省赋薄敛，使“老者衣帛食肉，黎民不饥不寒”[②]，亦以富民为仁政之急务。孔孟的这一思想总括起来便是：治国以富民为本，民富国自富。商鞅驱民耕战，为国家“致粟帛多者，复其身”[③]，经济政策立足于富国，且不惜亏民以富国。到了韩非就公开反对“足民”了：“今以为足民而可以治，是以民为皆如老聃也。”[④]荀子呢，他写《富国》篇，专论富国、足国之道，其基本思路是：国富基于民富，民富而后才有国富。国富论实质上是富民论。故提出“节用裕民”：

---

① 《论语·颜渊》。

② 《孟子·梁惠王上》。

③ 《史记·商君列传》。

④ 《韩非子·六反》。

“足国之道，节用裕民，而善臧其余。节用以礼，裕民以政。彼裕民故多余，裕民则民富，民富则田肥以易，田肥以易则出实百倍。上以法取焉，而下以礼节用之。……轻田野之税，平关市之征，省商贾之数，罕兴力役，无夺农时，如是则国富矣。夫是之谓以政裕民。”①

荀子不像商鞅、韩非那样专注于富国、反对足民，一切经济、法律政策都为富国而设；也与孔、孟的只谈富民，不正面讨论如何富国有所不同。他的主张是：“节用裕民”以使“民富”，“民富”而后“则出实百倍”，“上以法取”，从而达到国富。这虽然仍是孔子“百姓足，君孰与不足”的逻辑，却从正面论述了国富的必要性问题，提供了民富国才富，民富以后还须解决国富的道理和路径。

富民是儒家重民主义的必然。富民与富国不是对立的。通过富民而富国，民富国强，富民才能更有保障，实现富民和富国的良性循环。但由富民而富国，与采取亏民、敛民的手段以富国，是不同经济政策的对立，是儒家民本位君主主义与法家君本位君主主义的区别之一。荀子的“富国”论，强调富民而后富国，其基本的思想倾向归于儒家一边。

（三）重农而轻商

在古代社会，农业是人们“生存与一切生产一般最先决的条件”②。这就是古代重农主义产生的土壤。重视农业，奉行重农主义，儒法两家均然。但商鞅、韩非所持的是重农抑商主义，以农为本业，以工商为末业，主张用严厉的政治法律手段打击工商业：“事末利及怠而贫者，举以为收孥”③，“夫明王治国之政，使其商工游食之民少，而名卑以寡，趣本

---

① 《荀子·富国》。

② 马克思：《资本论》第3卷。

③ 《史记·商君列传》。

务而趋末作。”[①]儒家中，孔、孟都是重农而不抑商，且主张采取一些政策性的照顾措施扶持工商业。如孟子的“市廛而不征，法而不廛”、“关讥而不征”等等[②]。荀子的观点介于二者之间。简言之，是重农而轻商。他在《富国》篇中提出“省商贾之数”，认为“工商众则国贫”，“田野县鄙者财之本也”[③]。《君道》篇又重申这一观点：

“省工贾，众农夫……是所以养生也。”[④]

可见，荀子已显露出农业是本业，农业才能生财养生，工商不能生财养生，只能使“国贫”，要限制其发展的思想。因此他有“强本节用”[⑤]、“务本禁末”[⑥]的主张。但这“禁末”，主要是禁止私下的奢侈品制造和买卖，即“使雕琢文章不敢专造于家。”[⑦]荀子不把工商业明确列入“末业”加以禁止，是他与商鞅的不同点。他并未走到重农而抑商、禁商这一步。

《荀子》书中还有许多言论表明荀子是不一概禁止工商业的。他在论述社会分工时，并不否认从事工商业是社会职业分工的需要，并且肯定工商业承担着社会的经济职能，商贾、百工也有自己的职业专长。如：《儒效》：“众人者，工、农、商贾也。”并说：

---

① 《韩非子·五蠹》。

② 《孟子·公孙丑上》。大意为：市场中的商舍不征税，货物按照规定办法出售的不收税。国界设关口但只缉察行旅而不征关税。

③ 《荀子·富国》。

④ 《荀子·君道》。

⑤ 《荀子·天论》。

⑥ 《荀子·君道》。

⑦ 《荀子·王制》。

> “相高下，视墝（墝，qiāo，音敲：土壤坚硬贫瘠）肥，序五种，君子不如农人；通财货，相美恶，辩贵贱，君子不如贾人；设规矩，陈绳墨，便备用，君子不如工人。”①

又如，《王制》篇：“农农、士士、工工、商商，一也。”《荣辱》篇：“可以为工匠，可以为农贾，在注错习俗之积耳。”还说：

> “故仁人在上，则农以力尽田，贾以察尽财，百工以巧尽器械。”②

再如，《王霸》篇：“农分田而耕，贾分货而贩，百工分事而劝，士大夫分职而听……”③

从上述言论来看，荀子肯定士、农、工、商的社会分工的必要性，从而确认工商业的社会经济地位。这一点，可与孔、孟的工商观相通。此外，在具体的工商业政策和法律政策上，荀子更多倾向于儒家传统而与法家相异趣。因此，把荀子的农商关系观定为重农轻商也许比较恰当。

2. 经济方面的法律主张

荀子有关经济方面的法律政策和法律主张是其义利关系原则、富民而后富国的原则、重农而轻商的原则的具体化、政策化和法律化，而其基本内容则与孔、孟的主张相同。《荀子·王制》篇的“王者之法”、“圣王之制”两个章节主要是讲经济制度和有关法律内容的。现分述如下。

---

① 《荀子·儒效》。
② 《荀子·荣辱》。
③ 《荀子·王霸》。

（一）收什一之税

“王者之法，等赋，……田野什一，……相地而衰征”。[①]

“等赋”，指按土地等级规定赋税。“相地而衰征”，起始于管仲治齐，内容是考察土地的好坏制定赋税等级来收税。可见，“等赋”是按土地好坏等级来收赋税，其税率为十分之一。这是比较轻的。荀子有很多反对聚敛的言论。如：

“聚敛者亡。……聚敛者，召寇、肥敌、亡国，危身之道也。”[②]

“今之世而不然：厚刀布之敛以夺之财，重田野之税以夺之食，……”[③]

他提出“轻田野之税，省刀布之敛”[④]，“上以法取”[⑤]的“节用裕民”措施，以期“民富”。“田野什一”便是“以法取”之“法”的具体规定，即收十分之一的田税。这个税率与孔孟是一致的。

（二）不夺农时

农业生产具有极强的时令性，又须按节令操作，“春耕、夏耘，秋收、冬藏，四者不失时，故五谷不绝，而百姓有余食也”[⑥]。为保证有足够劳动力适时投入农耕，必须减轻农民的劳役负担。所以，荀子提出“罕兴

① 《荀子·王制》。
② 同上。
③ 《荀子·富国》。
④ 《荀子·王霸》，又见《富国》。
⑤ 《荀子·富国》。
⑥ 《荀子·王制》。

力役，无夺农时”[1]。这也就是孔子“使民以时”的主张。

（三）“关市几而不征”

这一条与孟子的“关讥而不征”相同，是有利于货物流通的商业政策。《荀子》书中两次提到这一政策：

> “王者之法，……关市几而不征，……通流财物粟米，无有滞留，使相归移也。”[2]

“相归移”，指财物粟米等得到相互流通和交换。

> “关市几而不征，质律禁止而不偏，如是，则商贾莫不敦悫而无诈矣。……商贾敦悫无诈，则商旅安，货财通，而国求给矣。”[3]

“质律”，即质剂，是古代货物买卖的契约文书。“质律禁止而不偏”，指处理买卖纠纷以质律为凭，禁止投机钻营，公正而不偏。

这两条资料表明，荀子主张政府应以法律手段调整商品贸易，在税收方面给商人以某种优惠。“通流财物粟米”，“商旅安，货财通”等句，都是对商业活跃社会经济生活作用的肯定。所以，荀子虽在农商关系上有重农轻商的原则性意见，但在商业政策和有关立法上却又更多地继承了孟子的主张，而且比孟子还说得具体些。

（四）“山林泽梁，以时禁发而不税”

这是荀子“王者之法”的又一内容。他在《王制》篇中提出：“山林泽梁，以时禁发而不税。”意思是，上山伐木，下湖泊筑堤梁捕鱼，都必须按

---

① 《荀子·富国》，又见《王霸》。
② 《荀子·王制》。
③ 《荀子·王霸》。

季节进行，春夏禁止，秋冬开放，但不征税。这一规定又在“圣王之制”一章中作了具体说明：

> “圣王之制也：草木荣华滋硕之时，则斧斤不入山林，不夭其生，不绝其长也；鼋鼍鱼鳖鳅鳣孕别之时，罔罟毒药不入泽，不夭其生，不绝其长也；……污池渊沼川泽，谨其时禁，故鱼鳖优多，而百姓有余用也；斩伐养长不失其时，故山林不童，而百姓有余材也。”[①]

中华民族先民很早就总结出了按四时季气来安排农林牧渔生产活动的经验[②]。荀子上述主张也是这种经验的组成部分。他将其奉为“王者之法”、“圣人之制”，以表示其重要性和至上性。“山林泽梁，以时禁发”的规定除了其有利于国计民生的意义之外，实还具有保护生态环境平衡的意义，可视为古代的自然环境保护法规。

荀子关于法与经济关系的看法，包括其中以农业生产为中心的经济立法主张，与《周礼》、《礼记》中的有关资料是一致的，但比较零碎，不够系统，看来主要是总结周代的经济制度和经济方面的法律规定形成的，也因袭了一些陈说，较少创新。他的一些经济理论观点和原则性主张，与孔、孟之间既有相承相因的一面，又有一定的突破，兼容了法家的一些观点，从而为以儒兼法提供了理论准备。

八、“治人”论

“治人”与“治法”的关系实质上是人与法的关系。先秦儒家都强调

---

① 《荀子・王制》。

② 参见《管子・四时》，《吕氏春秋》十二纪，《礼记・月令》。

贤人在治国中的作用，因而通常被划入“人治”思想之列。且认为在“人治”思想中，荀子的主张最突出最典型。原因是，首先，他提出了“治人”与“治法”这对范畴；其次，他认为“有治人，无治法”，说话干脆，态度鲜明。其实，这种判断和评价值得商榷。

本书在第二章第一节关于“人治与法治”的讨论中曾提出，将古代中国的思想家、政治家归入“人治”派与“法治”派加以评价并不确当。若说中央集权的君主制度必然导致人治，或中国两千年帝制政治事实上就是人治。这种判词尽管绝对正确，然而，对于我们准确认识和深刻把握古代中国的治国方略及法律思想有意义吗？毫无意义。谁都知道，人治与法治是近代中国人学习西学西法引入的一对范畴。这是一对相对立而产生、相比较而存在的范畴。既然两千年政治都是人治，那么，所谓“存在一条法治与人治对立斗争的主线”完全是虚构的。事实上，法家非法治，秦政更不是法治政治。古代中国在政治法律的思维方式方法上，压根就没有往人治与法治对立斗争的路径上去走。先贤们提倡“圣人之治”、“贤人之治”、“王者之法”、“天下之法”、“王道政治”，一句话，追求的是良法善治。

具体到荀子的“治人”论，倒是一个很好的法思想史研究案例。如所周知，荀子是先秦儒家中最重视法和刑的，他竟会如此主张“人治”吗?！这其中是否还有些谜底未被揭开呢？如，“治人”与“治法”的含义究竟是什么？“有治人，无治法”的话是否有具体指向？荀子能否归入“人治”派？这些问题都还是值得讨论的。

1.“治人”和“治法”

从字面上看，“治人”，谓能将国家治理好的人；“治法”，是使国家安定的法制、法令。荀子说：

> “故有良法而乱者，有之矣；有君子而乱者，自古及今，未尝闻矣。传曰：‘治生乎君子，乱生乎小人。’此之谓也。”①

可见，“治法”即“良法”；“治人”即“君子”。荀子论“君子”的作用时写道：

> “君子者，治之原也。官人守数，君子养原。”②

“数”即前述之“法数”。何谓“原”？《王制》篇“王者之人”章说：

> “王者之人，饰动以礼义，听断以类，明振毫末，举措应变不穷，夫是之谓有原，是王者之人也。”③

这样看来，有“原”就是有礼义，有类，能明察秋毫，应变万端，决狱听讼时有法者能依法，无法者能举类，但都不违背礼义。可见，“原”就是礼义，译成现代话语，即原则，是治国理政的根本。“王者之人”，杨倞注云：“王者之佐”④，指能够辅佐王者实施王道政治的人。“王者之人”才“有原”，又说“君子养原”，所以“王者之人”即“君子”，亦即“治人”。荀子又在《儒效》篇的“人论”一章中指出，唯有大儒“能知通统类”，能为“天子三公”。因此，这“治人”又是具有“大儒”的道德智慧的人。

“治法”既是“良法”，所以又与“乱法”相对应：

---

① 《荀子·王制》，又见《致士》。

② 《荀子·君道》。

③ 《荀子·王制》。

④ 王先谦：《荀子集解·王制》。

"无国而不有治法,无国而不有乱法。"①

"乱法"就是恶法。"良法"又是什么样的法呢?据荀子的礼法论可知,"良法"就是"礼法",或称"道法"。"君子也者,道法之总要也。"②"良法"又可称之为"王者之法"③。

在先秦思想家中,荀子是明确提出"良法"与"乱法"概念的第一人。

综上所述,"治人"即"君子",即"王者之人",不同于人治范畴;"治法"即"良法","王者之法",也不是法治范畴。荀子,以及整个儒家,乃至所有先秦思想家,包括法家在内,并没有像古希腊罗马思想家那样,提出过人治与法治的范畴。《管子》书和《韩非》中的"以法治国",《商君书》中的"垂法而治"或"缘法而治",都是讲君主应用法律来治民、治吏、治国,官民有犯则在君主之法面前一体受罚。并不是亚里士多德设计的雅典式民主政制下的法治。

2."有治人,无治法"

那么,如何理解"有治人,无治法"?《荀子》中对其有一大段解释:

"有乱君,无乱国;有治人,无治法。羿之法非亡也,而羿不世中;禹之法犹存,而夏不世王。故法不能独立,类不能自行,得其人则存,失其人则亡。法者,治之端也;君子者,治之原也。故有君子,则法虽省,足以遍矣;无君子,则法虽具,失先后之施,不能应世之变,足以乱矣。不知法之义而正法之数者,虽博,临事必乱。故明主急得其人,而闇主急得其势。急得其人,则身佚而国治,功大

---

① 《荀子·王霸》。

② 《荀子·致士》。

③ 《荀子·王制》。

而名美，上可以王，下可以霸；不急得其人，而急得其势，则身劳而国乱，功废而名辱，社稷必危。”①

这段文字可以分两层来理解：

第一，是对慎到一派重势思想的批判。《非十二子》批评慎到、田骈“尚法而无法”。在法家看来，“尚法”必须重势。君主无权势、威势，就不能行法。慎到，以及以后的韩非，都告诫君主注重“势”的重要性。荀子则认为，君主“急得其势”，而用非其人，失去了有力的辅佐，自己“身劳”不说，还会造成国家的危乱，成为“乱君”。

第二，法纵然优良，但只是“治之端”，法不能离开执法之人自己独立起作用。夏禹之法固然是“良法”，虽仍存在，但夏朝却早已亡国，原因就在禹的后代不能尊奉禹之法。所以，有“治法”不一定有治国、治世。

荀子的“有治人，无治法”这一论断是有前提的。这就是先有“治法”的存在。所谓的“羿之法非亡也”、“禹之法犹存”，以及《荣辱》篇的“三代虽亡，治法犹存”，都是这个意思。另如《天论》篇云：

“百王之无变，足以为道贯。……贯之大体未尝亡也，乱生其差，治尽其详。”②

“道贯”，指一贯的原则；“大体”，是道的主要内容。既然百王之“道贯”，其“大体”未亡，治乱的关键就在于能否正确运用，就在于运用它的人。“差”是不能正确运用，“详”是正确的运用。这要取决于人。

---

① 《荀子·君道》。
② 《荀子·天论》。

总起来说，“有治人，无治法”，是针对法家的重势尚法不重人而言的；其本意不是否定“治法”，更不是治国可以不要法；恰恰相反，治国必须有“良法”，有三代之“治法”；但“治法”不能自然而然使国家得到治理，须得“治人”方能得到实行，收到好的成效。荀子说：

“故道王者之法，与王者之人为之，则亦王；道霸者之法，与霸者之人为之，则亦霸；道亡国之法，与亡国之人为之，则亦亡。”①

他追求的是“王者之人”行“王者之法”的王道政治，既须有“治人”，又须有“治法”、“治人”与“治法”相配。所以，“有治人，无治法”，所要强调的只是，“治法”不能独自起作用，只有靠“治人”才能得以实施。不能理解为治国只要有“治人”，不需要“治法”，或要人治，不要法治。实质上，荀子把自己一类知识分子诩为“大儒”，是真正的“王者之人”。“有治人，无治法”，是为“大儒”参政呐喊，替求为王者之师、王者之相提供理论论证。

3.“治人”重于“治法”

与古希腊罗马思想家相比，先秦思想家们既没有明确提出过人治与法治的范畴，也没有自觉地进入到讨论人治与法治谁优谁劣的理论思维领域。荀子以“有治人无治法”为核心的人法关系论，不好归结为人治论，也不是人治与法治并重论。如果一定要说个什么论，那就是“治人”重于“治法”论。

这种“治人”重于“治法”论，是在先有“良法”的前提下，强调贤人治国、“大儒”治国，强调统治阶层的道德人格和才能智慧。这与孔子的

① 《荀子·王霸》。

"为政以德"是一个思路。荀子的"良法"、"治法"或"王者之法",是与恶法、乱法、"霸者之法"、"亡国之法"相对立的,是他理想中的三代"圣人之法"。这一"良法"观念,无论就当时的时代需要来说,还是就其法理学理论价值来说,都是值得肯定的。它比法家的"法虽不善犹愈于无法"[①]要站得高些,看得远些。此外,为政执法强调用贤才,要求有"治人"来行"治法",这一点也并不错。古往今来,国家兴衰,政治得失,与统治集团是否有贤能之人主政大有关系。

但是,以上的评价都是撇开荀子礼法思想的体系,将其"治人"、"治法"关系的观点抽取出来讨论的。而实际上,"治人""治法"思想是荀子礼法思想体系中的一个有机组成部分,是无法割裂开的。荀子所祈求的不过是圣君贤相型的大一统君主主义政治。且不说这种理想的贤君贤相型政治是根本无法实现的,而就其理论设计的本身来看,显然是偏重"治人"的作用,而忽视了法制的作用。诸如怎样创制"良法",怎样保证"治人"得到任用等等,荀子都缺乏制度化、程序化的理论思考。所以他虽也重视"治法"在治国中的作用,但还停留在圣君贤相也要使用"治法"来治国的工具论意义上。法既然是工具,因此,关键就在使用工具的人。所以,"治法"只能是"得其人则存,失其人则亡",国家之于君子,也只能是"得之则治,失之则乱;得之则安,失之则危;得之则存,失之则亡"[②]。从这个意义上,荀子的"治人"重于"治法"的主张实质上是一种君主主义的"人治论"。正如前面说到的,帝制政治归根到底是一种人治政治。

问题在于,荀子的这种"人治"论却并不与法家的"以法治国"论对立。"以法治国"同样是一种工具主义的法律价值观。荀子说,"治法"

---

① 《慎子·威德》。
② 《荀子·致士》。

是圣君贤相实现王道政治的工具；商、韩说，严刑重罚是君主驾驭臣民，搞强道政治的工具。荀子的“治法”要靠君子来进行，法家的刑罚要靠君主的威势来推行。他们的法律价值观相同，法的思维方法也无二致。荀子和商、韩的区别，甚至先秦儒家与法家的区别，在君主主义上只有程度的差异，没有本质的不同；在法律工具主义上，也只有枝节的不同，没有根本的差别。法家的“以法治国”云云，从其法思想的体系上说，本质上也是人治论，而且是君本位的绝对君主专制主义的极端人治论。相比而言，荀子及其整个先秦儒家，所持的是民本位的相对君主主义的人治论。要之，法家政治必然走向恶法酷刑的暴虐之治，而儒家则比较追求良法善治的王道政治。故而，从法治与人治相对立作为价值尺度和思维方式来评述儒法两家，并不符合中国古代法的制度史和思想史实际，难以揭示其中的奥妙。

九、荀子礼法思想的体系及其启示

战国晚期，百家争鸣已近尾声，学术综合之风兴起。荀子以“大儒”自诩，力排异说，评析诸子，同时也就吸纳百家，综合学术，形成为先秦后期儒家中独特的一大家——荀学。荀子法思想作为荀学的一个重要层面，同样也显出其综合性的特点，内容丰富而又博杂。它以性恶论为理论基础，以“化性起伪”作立论要旨，以法圣人为人生理想和政治理想，鼓励个人践履圣人人格，推动社会走向王道政治，从而建立起理想法的法律价值指向和法学运思模式。他首次提出“礼法”范畴，创立礼法一体说，改造礼的内涵使之与法相通，扩充法的内涵使之与礼一致。这一过程便是以“分”释礼、释礼为法，进而以礼兼法、以礼率法、纳法入礼的礼法一体化过程。在此基础上，他又系统论述了礼法的构成、起源、适用、损益等等法理学基本问题，从中总结出“隆礼重法”、“非礼无法”等重要礼法原则。这是对中国古老的礼文化和法文化的一种创造性转化工作。

礼法论是荀子法思想的理论核心。他的法思想就是礼法思想。其德刑论实是礼法论的一个组成部分，其有关法与经济、“治人”与“治法”等问题上的观点，实是礼法论的进一步展开。礼法论与王霸论相辅相成，它们的共同的纲领是：“隆礼尊贤而王，重法爱民而霸”。这里所重之“法”乃是礼法之法，不是刑名法术之刑。荀子又将“爱民”原则纳入霸道，于是也就改铸了霸道。所以，荀子“隆礼重法”而以礼为先、为帅，尊王称霸而以王道为高、为主。

荀子的王道政治以礼法之治、君主政体、重民思想、家族本位为基本政治原则，这四者也是其王道政治的法制原则。但荀子在这些原则中融入了霸道，甚至强道的一些内容。他的君主政体是中央集权的君主政体，他的重民思想不再提“民贵君轻”，而退守“民水君舟”。王道政治即“圣人之治”，是荀子的最高政治理想，也是其礼法思想的理论归宿，与其“法后王”（即法先王、法圣人）的法的价值指向相衔接。

总起来说，荀子的礼法思想，从性恶论、“化性起伪”说出发，到王道政治、“圣人之治”结束，形成一个自成整体的理论结构。我们亦作图示如下。其内容及联系虽难一一列出，表述也未能一一尽妥，但其主要成分及相互关系尚可彰明（见图）。

荀子思想及其法思想的综合性特点，表明他已成为社会思潮交替点上的思想家，他的思想也已成为社会思潮交替时期的思想。他是摸准了社会脉搏的一位思想家。质言之，他是先秦儒家思想及其法思想的终结，是大一统中央集权君主主义思想及其法思想的起点，荀子创造性学术研究的一生及其得出的结论，原本已经是向社会宣布了这样一个学术信息：单一的儒家仁义之学和片面的法家刑名法术之学都不应再是学术思想发展的主流。荀子开一代风气之先，成为释礼为法、以儒

表五　荀子礼法思想结构图

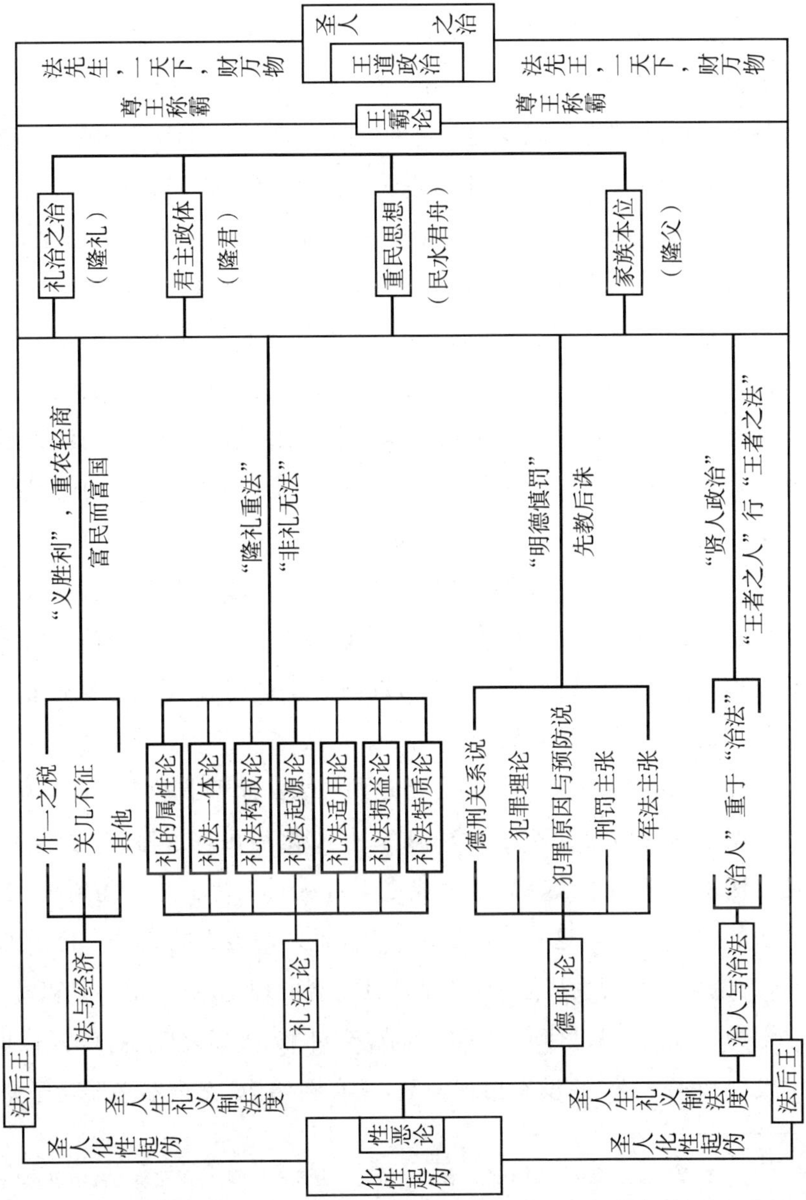

兼法的时代导师。

但时代却给他开了一个大玩笑。社会没有给他提供一个实践自己思想的舞台，学术思潮也没有完全按照荀子的思维路子径直发展下去。政治生活的现实与思想家们制造的幻想之间存在着何等的差距！历史的路，思想的路总是那么曲折多变。统治阶级经常误会自己忠实的思想代表。荀子的弟子显然不止韩非和李斯。从《荀子》书的《宥坐》、《法行》、《尧问》等篇看，确有一些弟子遵循着他的教诲，继承着他的事业，续写着他的文章，追随着他的脚步，发扬着他的学风，然而却没有形成大的气候，更说不上标领时代风骚，汇成时代主潮。相反，倒是韩非和李斯这两个悖离荀学客串法家门墙的荀门弟子，以集大成的法家学说和法家政治一跃而成为时代的宠儿。他们那君主"独断"、"独治"的中央集权绝对君主专制主义的政体构想和理论设计，"信赏必罚"、"刑无等级"、"重刑轻罪"、"以刑去刑"的刑赏学说，抱法处势持术以驭臣治吏、制下役民的治国主张，都十分适合以秦王政为代表的统治集团那充分自信、傲视一切、野心勃勃、急功近利的胃口和心理。这不是荀子的时代。他的时代还没有到来。

因此，我们不可以因为荀子当过两位大法家韩非和李斯的老师，因为先秦学术的历史过程是荀学（儒家礼学）之后出现了韩、李之学（法家刑名法术之学和集法、势、术大成之学），从而说荀子是由儒到法、由礼到法的桥梁。[①] 不，这不是问题的实质，而只是历史的表象。荀子的思想，无论从其客观发展趋向，还是从其主观的理论愿望，都不是以韩、李之学为目标的。从慎到、申不害、商鞅到韩非、李斯之间，就其学术思想的发展线索来看，并没有出现断裂，不存在鸿沟，完全不必要荀子来作

① "桥梁"之说，海内外荀子研究者多有持之。台湾王洁卿《中国法律与法治思想》一书云："荀子之政治思想，既重礼教，又重法治，而为由礼至法之桥梁也。"

伐或架桥。韩李之学在学术观点上显然出自慎子、申、商之学，或可再加上战国黄老之学、《管子》中的早期法术之学等，而不是出自荀学。要之，荀子之前有前期法家之学，无荀子照样会有集法家大成的后期法家之学，这是由法到法，而不是由儒到法，并不以荀子为桥梁。

荀子所开创的释礼为法，以儒兼法的思路和学风，大约经过五六十年的停滞，直到西汉中期才再度昌明。这一思路和学风的发展，出现了以儒家思想为主体，吸收和融合百家的学术思潮，并最终形成长达两千年帝制时代的正统思想及其法思想。汉代今文经学家们宣称“孔子为汉制法”，事实是，孔子经荀子而为汉制法。郭沫若指出，汉代儒家总汇百家，而荀子实开其先河。[①] 由此一点而论，梁启超所谓“二千年间宗派屡变，壹皆盘旋荀学肘下”[②]，亦无不当。

孔子创仁—礼结构的法思想，为中国古代法思想和中华法系确立了伦理法的基本特质；荀子则为伦理法的进一步立足生根和生长发展找到了最适宜的法律形式和载体——礼法，开创了礼法一体、礼法结合的法文化发展模式。

荀子礼法思想作为一个思想体系，免不了真伪杂陈，良莠俱生，既蕴藏有以“分”释礼的法律权利意识的觉醒，具有古代社会治理系统工程模式的综合刑犯罪控制学说等积极内容，也存在着“非礼无法”、以思想言论定罪等消极因素。历史发展的车轮，早已将荀子礼法思想远远甩在时代的后面。如今它只能作为我们在思想文化领域中进行借鉴的对象。而借鉴什么和怎样借鉴，除借鉴者的世界观、方法论等因素外，还要取决借鉴者自身所处的时代要求。就今天而论，荀子礼法思想为我们提供的一个重要启示在于：法制的发展、法思想的发展，必须遵从

① 见前揭郭沫若：《十批判书·荀子的批判》。

② 见前揭梁启超：《清代学术概论》。

历史形成的国情。

先秦儒、墨、道、法诸子百家，从历史的高度来看，都是中国智慧的结晶，都是从各个角度去寻求中国政治、中国经济、中国法制、中国道德、中国社会、中国文化发展的最佳道路。中国思想文化终于走上以儒家为主流融汇百家之学的道路，这是中国古代政治、经济、社会、文化等等合力的结果，是历史的选择，是民族的选择，这个民族在当时已经有了两三千年的文明史。而荀子释礼为法，以礼率法、以礼兼法的成功探索和创造性思路，恰恰符合了这种选择。作为一个思想家来说，这是他给自己民族、给历史文化所能作出的最宝贵的贡献。站在今天的高度，这一选择不可避免地包含了诸多荒谬和失误，都是可以同情理解的。从荀子一生所从事的严肃的学术研究可知，先辈们是依据着自己生活的历史条件，也就是现今所说的国情而慎重地使用这种选择权的。人们只可在顺应历史中创造自己的历史，并在历史的延续中经过一代一代负责任的选择形成和展现自己民族的个性、文化的个性、法的个性，等等。

因此，选择符合自己国情并同时符合人类文明发展方向的法制发展模式和法文化发展道路，是每一代人都会遇到的时代课题，也正是我们这一代遇到的时代课题。今天，我们正处在中国走向世界、世界走向中国的伟大历史时期，结合中国当下实际和世界文明发展趋势，创造性地总结中国的古代和近现代法思想、法文化，借鉴和吸收西方的法思想、法文化，建设具有中国特色的法制体系和法思想文化体系，这是我们时代应有的选择之一。

这是一个前所未有的跨世纪、跨民族、跨国界、跨文化的高度综合的时代。今天的综合与荀子曾经作过的综合无疑有着巨大的历史差距，有着质的不同。但荀子运用的选择和综合的智慧却可以给予我们今天的选择和综合提供许多有益的启迪。智慧是民族的财富、文化的结晶。智慧的历史联系是无法割断的。这种智慧告诉我们的便是:法制的建设、法的发展应当尊重民族的历史,尊重民族的文化,符合自己的国情和民情,以此作为新的综合的基点,作为新的创造性转化的起点,并使这种综合和转化既具有历史的连续性,又具有历史性的质的飞跃性。因此,一切因循守旧的观点,以及视历史为虚无,置民族文化于不顾和急于求成的观点,都是要不得的。

孔子的仁—礼结构之法,孟子进之为仁政之法,荀子集大成而昌明礼法。先秦儒家关于法的思想的发展历程由是终结。这是人类轴心时代的中国创造,是轴心时代中国创造的主流思想体系。它影响着中国思想的品格,决定着中华文化的价值取向,给中华法系准备了精神和灵魂。他们提出的那些闪耀着智慧之光的主张,诸如:圣人之法,王道政治,德礼政刑,礼法之治,仁民爱物,富之教之,慎刑恤刑等等,造就了一个良法善治思想宝库,被后来者反复地赞许和征引,成为后世构建治国理政方略的不刊之论,也是历朝历代志士仁人确立和评析当时立法、执法和司法大政方针及相关活动优劣、成败的权衡和尺度。

1949年,德国思想家卡尔·雅斯贝尔斯出版了他的名著《历史的起源与目标》。书中第一次把公元前800年至前200年期间称之为人类文明的"轴心时代"。正是这一时期,在中国、西方和印度等地区同时出现了人类文明精神的重大突破,各个文明都出现了伟大的精神导师——古希腊有苏格拉底、柏拉图、亚里士多德,以色列有犹太教的先知们,古印度有释迦牟尼,中国有孔子、老子……他们提出的思想原则塑造了不同的文化传统,也一直影响着人类的生活。他指出,这些轴心时代所产生的文化一直延续到今天。在此后人类历史的每一次新飞跃前,都要回过头去,看看轴心时代的先哲们是怎么说的,从中获得希望,为重新出发提供了精神原动力。他把这种回忆和重新认识轴心期的做法叫作"复兴"。

在中国,在法思想和法文化领域,有资格担任中华民族精神导师的只能是原始儒家的先哲——孔子、孟子、荀子。从秦汉开始,帝制政治和法制的每一次维新,中华法系的一步步走向成熟,连其在西法冲击下的衰落过程中,都在回头寻找这些先哲们的教导,从中获得启迪和新知,来演出当下的活剧。这就是本书在后面几章所叙述的主线。

第七章　儒家法思想的历史嬗变(一)

儒学研究者们将儒学思想史划分为三个时期:先秦的孔子、孟子、荀子为第一期儒学,也称为原创期儒学;宋明理学和心学为第二期儒学;民国时期以熊十力、梁漱溟、冯友兰等为代表的现代新儒学则为第三期儒学。

原创儒学是华夏文明自上古以降两千多年发展的综合性理论成果,奠立了中华文化的基本特性与价值取向,成为世界文化史上称为"轴心时代"的中华文化形态,与古希腊文化、两河流域古巴比伦文化、古印度佛教文化比肩而立。第二期儒学既吸纳了中国本土道教文化,又整合了从印度传来的佛学精华,是东方文化的综合性发展成果。换言之,是以儒学为母体对东亚和南亚两种"轴心文化"进行创造性综合的理论成果。鉴于儒学这种"万物并育而不相害,道并行而不相悖"的包容精神,"海纳百川"的吸纳能力,"日新又新"的内生性创新发展潜能,她应当还有第三期发展的可能,那就是吸纳西方海洋文明的市场经济、商贸精神,以及政治民主和法治文化。

从儒家法思想研究的角度思考,更赞成把以董仲舒为代表的汉代儒学作为儒学发展的第二期。宋明理学则为儒学的第三期。汉代儒学以经学形态推进儒学的更新发展,通过"经义决狱"、以经注律、以律释经,促进了法律的儒家化和儒学的法律化。汉代儒学直承荀学综罗百家的学术传统,吸纳阴阳、黄老、刑名法术之学等,以儒学为主体冶百家学术于一炉,成为整合先秦百家之学的理论成果,从而开创了儒法合流、礼入于律、以礼率律、礼法合一的进路,在中华法系的发展史上迈出了决定性的一步。

从本章开始讨论第二、三期儒学的法思想、中华法系及其相关的礼法体制等问题。本章从纵向度和横向度上擘划出三个专题,作宏观上阐述。

一、从禁绝到"独尊"——儒家法思想在秦汉之际的"之"字形发展

公元前221年,秦灭关东六国,建立了统一的君主专制主义中央集权国家。延绵500多年的春秋战国时期由此打了休止符。无论从哪一个角度去看,这都是中国历史上一次划时代的里程碑性质的变化。如果说,嬴政在武功方面是赫赫的历史巨人,那么在文治方面却是可怜的历史侏儒。秦的短命而亡给历史,特别是政治史、思想史,以及法思想史留下了无穷无尽的反思。秦亡以后,历经西汉、东汉,至公元220年曹丕正式废汉为止,这个秦汉时期又长达400余年。

春秋战国时期,"诸侯异政,百家异说";秦汉时期,又是"焚书坑儒",又是"独尊儒术"。在这一幕幕惊心动魄的政治厮杀和思想更迭之中,在错综复杂的历史画面背后,隐藏着许多重大的政治和思想的规律,其中也包含着这样一种历史性的思考:什么样的政治法律学说最有利于中央统一王朝的长治久安?这是当时统治阶级的政治家和思想家们苦心探索的时代课题。自春秋至秦汉,在法思想领域出现的三次思潮性的变更便是这种探索的集中表现之一。

春秋中晚期,孔子在百家之先首创儒学,建立儒家法思想体系,至战国中后期,又有孟子和荀子两位大儒在内容与体系上完善、发展,儒家法思想与整个儒家"显学"一起在思想史上辉煌一时。秦代唯重法

家,汉初崇尚黄老,儒家和儒学颇受排挤、打击,儒家法思想亦遭冷落。西汉中期形成了新儒学,并被定为一尊,儒家法思想与整个儒学一起登上了正统思想的宝座,复兴了过去的辉煌。就思想发展的逻辑而言,这400年间(从孔子“三十而立”的公元前521年到汉武帝元光元年,即公元前134年“贤良对策”中董仲舒建议“罢黜百家,独尊儒术”)恰好是走了一个完整的周期,其中包括了儒家法思想发展的完整周期:一个肯定(孔、孟、荀阶段)—否定(秦汉之际的尚法尚黄老阶段)—否定之否定(汉武帝开始的“独尊儒术”阶段)的“之”字形。

1.秦汉之际:儒家法思想的低潮

(一)秦代的法家政治

历史往往有惊人的相似之处。秦惠王车裂商鞅而商鞅之法未败,秦始皇、李斯杀韩非而韩非学说大用于秦。公元前212年,秦始皇听从李斯建议,“焚书坑儒”,表示与儒家思想决裂。从此,秦统治者一心一意奉行法家政治法律学说,并将其作极端化发展,唯现实功利为转移,唯个人喜好为转移,把法家思想引入了死胡同。

在法制建设方面,秦王朝以法家的法思想为指导,草创中央集权君主(皇帝)专制制度,有诸多建树,也有严重失误。

首先,实行“法令由一统”。秦始皇统一中国后,全面彻底地废除分封制,推行郡县制,建立了中央集权、皇帝个人集权的专制主义法制体制和以皇帝为中心的官僚体制,“天下之事无小大皆决于上”①,由皇帝独裁一切。与之同时,改变过去各国“律令异法”的局面,实现“法令由一统”:不仅统一全国行政制度,统一任免、考核政府各级官吏,制定统一的法律法令颁行全国,而且统一度量衡、统一车轨、统一文字。

---

①《史记·秦始皇本纪》。

统一国家、统一法令，原本也是儒家的主张。与法家，与秦皇、李斯不同之处在于，儒家在统一手段、统一模式等方面有自己的特色。统一手段上，儒家尚德轻力，被时君世主视为迂阔。这在前边几章已多有论及。统一模式上，儒家不排斥分封制，带有某种中央集权与地方分权相辅相成的构想；儒家反对极端的皇帝个人集权和独裁，含有某种君臣共治，尤其是君相共治的构想。从法思想的角度概括言之，儒家的统一观是一种民本位的君主主义统一观，法家则是一种君本位的君主主义统一观，后者表现为极端的中央集权和皇帝个人集权。在这个问题上，后世政治家和思想家开展了长期的激烈的争论，成为中国古代政治思想和法思想的一大课题。中央和地方的关系、皇帝和丞相、群臣（即统治集团中个人与集体）的关系，从政治学角度说是个政体问题，从法学角度说是根本法的一个重要方面。因此，不能以为儒法两家在国家的阶级统治性质，即国体上没有根本的不同而忽略他们在政体上的分歧。

有关政体方面的根本法原则之争，古代国家和古代法中存在，现代国家和现代法中也还存在。古代有关这一问题的种种争论和各具特色的观点，尤其是儒家思想家们的一些设想，于今仍有启迪意义。不过，从中国古代国家政治和法制建设的历史实际看，秦按法家方式统一全国，建立中央集权和皇帝个人集权制政体，从而基本确立了帝制中国社会政治发展的方向[①]。夏曾佑先生在他的《中国古代史》中说，“中国之政，得秦皇而后行。”确是如此。史家所谓“汉承秦制”，亦为的当之论。就中央集权和皇帝个人集权的政体模式而论，不但“汉承秦制”，唐宋明清无不如是。其间虽有改革者力图倡明地方分权与君相共治，偶尔也有一些明白点事理的君主于政治危机之机缓解一下专制的程度，但历史发展的总的趋向是这种专制愈演愈烈。儒家的民本位君主主义统一

---

① 夏曾佑：《中国古代史》第二篇中古义，第一章第一节，三联书店1955年版。

观,正如近代学人所言,具有“开明专制”的特质,但它基本上存在于儒家思想家的理想之中。

其次,厉行严刑峻法。秦王朝把法家“以刑去刑”、“重刑轻罪”的理论付诸法制实践,法禁森严,刑网周密,刑罚残酷,还发展出“督责之术”,深督轻罪,真正把人民逼到了“无所措手足”的绝境。这当然同儒家的“导德齐礼”、“明德慎罚”之说相去甚远。

总之,有秦一代,儒家思想及其法思想由于统治集团的排挤、打击而跌入低潮。

法家思想在富国强兵,以武力统一中国,并迅速建立集权制国家等方面,犹如一把利剑,所向披靡,成效卓著。但只尚武功而不重文治,一味急功近利、严酷刑罚、张而不弛,导致了阶级矛盾、统治集团内部矛盾、与六国残余势力的矛盾急剧激化。结果,强大的秦王朝二世而亡。这就无情地暴露了法家学说的弊端。在解决如何巩固统一后的政权,如何调整政治法律政策使之适应中国社会当时的民情、国情、社情的问题上,法家思想无可奈何地宣告了自己的破产。

(二) 汉初的“黄老之术”

汉初统治者亲身经历了秦王朝江山的得而复失,仅仅 14 年而乾坤倒转,梦想将帝位传之千秋万世的始皇帝后代欲为草民百姓而不可得,一个个不得好死,血淋淋的现实,惊心动魄。由是意识到屠杀政策制服不了人民,反而逼民造反的严重后果。加之长期的战争使社会经济完全崩溃,国库空虚,人民散亡。所谓“凡米石五千,人相食,死者过半”,“天下既定,民亡盖藏,自天子不能具醇驷,而将相或乘牛车”[1],并非史家的夸张。在这种情况下,再搞法家那套与人民公开为敌、正面冲突的政治法律政策,人民不会答应,客观上也办不到。

① 《汉书·食货志上》。

然而，法家政策的败退，并不就是儒家思想的得势。当时的统治集团尚不能充分认识儒家思想长于守成的优点，先秦儒家学说在政治法律方面所固持的仁义王道那一套，与刚刚从硝烟弥漫的战场上得胜回营而还带着浑身血腥味的刘汉集团在价值观上实在差距太大，缩小这种差距并达到共识，不但需要统治集团再积累正反两方面的经验教训，更需要对先秦儒学进行改铸和新诠，增强其在中央集权君主制国体和政体下的适应性，以及治国方略上的可操作性和弹性。无疑，这两者都还需要给予相当的时间。

在这样的历史条件下，自战国就已形成的以道家"无为之术"相标榜又吸纳法家"刑名法术"于其中的黄老思想受到了汉初统治集团的青睐。

西汉建国之初，当刘邦及其将领们陶醉于自己的皇冠与爵禄的时候，谋士陆贾却在刘邦面前时时称道《诗》、《书》。刘邦骂他说："迺公居马上而得之，安事《诗》、《书》！"陆贾答道："居马上得之，宁可以马上治之乎？且汤武逆取而以顺守之，文武并用，长久之术也。……向使秦已并天下，行仁义，法先圣，陛下安得而有之？"[①]一番话说得刘邦面有赧色，不得不表示折服，便叫陆贾总结秦亡汉兴的历史经验，于是，陆贾写下了《新语》12 篇。他认为秦失天下的原因在于"举措暴众而用刑太极"，结果，"事逾烦天下逾乱，法逾滋而奸逾炽"[②]。并指出："道莫大于无为"[③]，汉朝应当反秦之道而行之，缓刑薄敛，与民休息，实行"无为"政治。

如果说，陆贾是从理论上论证"无为"政治的话，那末曹参则是一个积极的"无为"政治实践家。曹参为齐相国时，请来一个"善治黄老言"

① 《史记·郦生陆贾列传》。

② 陆贾：《新语·无为》。

③ 《新语·至德》。

的先秦遗老盖公。盖公的建言只有一句话："治道贵清静而民自定。"[①]曹参相齐九年，推行"无为"政治，取得了成效。刘邦的中央政府丞相萧何也是个黄老信徒。萧何死后，曹参接相位，"举事无所变更，一遵萧何约束。"[②]当时流传着这样一首民谣："萧何为法，觏若画一；曹参代之，守而勿失；载其清静，民以宁一。"[③]

汉初统治者多崇尚黄老。惠帝和吕后时，"君臣俱欲休息无为"[④]。汉文帝和汉景帝父子除肉刑、废峻法、减省租赋、亲耕籍田、劝趣农桑，坚持"无为而治"、"与民休息"的政策。值得一提的是文帝的皇后窦氏。她是黄老的虔诚信徒，规定太子(景帝刘启)、太孙(武帝刘彻)以及窦氏子侄都必须读黄老之书。窦氏在文帝时做了 23 年的皇后，景帝时做了 16 年的皇太后，武帝时又做了六年的太皇太后，把"黄老之术"提倡了 45 年之久。

汉初黄老思想法律观的主要内容有这样两个方面：

一个是，主张和实施"约法省禁"的法律政策。刘邦入关，与关中百姓约法三章："杀人者死，伤人及盗抵罪。"[⑤]其余苛烦的秦法一概废除，博取了秦人的欢心。三章之法虽含有主张立法宽疏的意义，但其主要目的是在楚汉相争中笼络人心，不能不是一种权宜之计。过了四年(公元前 202 年)，刘邦打败项羽，爬上了天子宝座，就感到"三章之法不足御奸"[⑥]，命萧何作《九章律》。《九章律》是吸取秦律中"宜于时者"，而制定的[⑦]。它在立法宗旨上仍应归属于法家的名下。也就是说，它的

---

① 《史记·曹相国世家》。
② 同上。
③ 同上。
④ 《史记·吕后纪》。
⑤ 《汉书·刑法志》。
⑥ 同上。
⑦ 同上。

制定和实施，部分地恢复了秦法。刘邦一代，诸如“夷三族”、“具五刑”等苛法酷刑，悉未改易，其“约法省禁”还停留于口头上。

汉文帝是汉初推行“无为而治”方针的一个关键人物。他把“约法省禁”付诸行动。其中最受称道的是废除肉刑和废除族刑连坐法、诽谤妖言法等。但族刑在司法实践中旋即复行。而所谓除肉刑只是以笞刑代之，结果是往往笞未足数而人已毙命，所以当时就有人指责它是“外有轻刑之名，内实杀人”①。为此，汉景帝又两次减轻笞刑。

总之，汉初的“约法省禁”既不是一蹴而就，也不是完全彻底的，所谓“无为而治”绝不是宽疏无边。它的意义在于使立法思想、刑事政策从法家的严酷烦苛、重刑主义的束缚中解脱了出来。汉文帝说：“今法有肉刑三而奸不止”②，这是对法家“以刑去刑”的否定，从而为探索新的刑法思想，特别是为重新肯定儒家“德主刑辅”的思想辅平了道路。

另一个方面是，提出和推行了“轻徭薄赋”、“劝趣农桑”的政策。这是一种经济方针，也是一种经济行政上的立法政策。刘邦之时，颁布了“以有功劳行田宅”和“复从军吏卒”的法令③，让士兵复员，立有战功者赏以田宅，免除徭役，鼓励他们从事农耕；同时，招抚流民，对逃亡山泽的百姓，宣布不予追究，让其各归故乡安心事农；又减轻田租，实行十五而税一的政策④，若生儿育女，可免徭役两年⑤。颁布解放奴隶法令：凡庶民因饥寒卖身为奴婢者，一律恢复庶人身分⑥。当时，刘氏中央政权与异姓诸侯王之间，以及与北方匈奴少数民族政权之间的兵革不断，上述政策在实施中要打大大的折扣。但这个开头还是不错的，它将西汉

---

① 《汉书·刑法志》。
② 同上。
③ 《汉书·高帝纪》。
④ 《汉书·食货志》。
⑤ 《汉书·高帝纪》。
⑥ 同上。

初期的经济行政立法政策引导到“与民休息”的总方针之下。

汉文帝上台后,进一步“劝趣农桑,减省租赋”[1],在十五税一的基础上,又减田租之半,实际上是三十税一,并免收天下田租十二年。他亲耕籍田,皇后亲蚕。这虽然只是做做样子,但客观上起到了勉励农桑的作用。汉景帝继续执行三十税一的薄赋政策。这样,经过汉初六七十年的休养生息,医治战争创伤,使社会经济得到复苏,并走向繁荣,出现了史书上盛称的“文景之治”。

“黄老之术”的提倡,实际上是以道家思想来补救一蹶不振的法家政治。它是道法两家的混合物。“黄老之术”的推行,对于缓和当时的社会矛盾,安定民心,恢复生产,巩固西汉王朝的统治地位,是奏效的。

从思想史的角度分析,汉初“黄老之术”在内容上、价值指向上显然与儒家思想有相通之处,诸如“约法省禁”、废除苛法和肉刑,轻徭薄赋,与民休息等,原是儒家德政、礼治、仁义王道思想体系中的应有之义。“黄老之术”中亦融进了儒家之术。如果仔细地分析一下汉初黄老政治及其学说的发展史,从陆贾到贾谊、从汉高到文、景,就会发现,其儒家的气味由淡而浓。可以说,先秦儒家的仁义王道学说、德礼政刑主张正是通过“黄老之术”所提倡的上述方针政策与汉中央王朝的政治法律实践相沟通、相对接的,并从中得到了一定的改造与重新解释。所以,正是“黄老之术”客观上架起了由法而儒的桥梁,成了儒家思想由低潮转向复兴的一个阀门。通过汉初黄老政治这个阀门,思潮的流向不再是返归法家,而是奔向了儒家。要之,若从秦代的法家政治直接转入儒家政治,在汉王朝初期既不可能,也做不到。秦皇的天下是“马上”得之的,刘汉的天下同样是“马上”得之的,“马上”的痛快难以割舍,“马上”的惯性也难以改易,不转弯子会翻车,弯子转得太急也会翻车。黄老政

① 《汉书·高帝纪》。

治正好是这样一个转弯子的政治,起缓冲作用的政治。从这个意义上可以说,黄老政治是儒家改造的契机,也是儒学复兴的通道。

2. 西汉中期:儒家法思想的复兴

公元前140年,汉武帝刘彻登上皇位。他凭藉汉初积累起来的财富急于施展自己的"雄才大略","无为而治"、"清静寡欲"再也满足不了他的胃口。然而,厌弃黄老并非取决于汉武帝好大喜功的个性,至少主要地不是由于他的个性。这是一个民族崛起的选择,一种文化勃兴的选择,是为坚持和巩固中央集权君主制度而势所必然的选择。这个统治集团的在其上升阶段是那样的雄心勃勃,那种中央权力不容地方诸侯染指的威严,那种大汉疆土不许侵犯的强悍,再不能被"清静寡欲"锁死。有道是,历代统治阶级的本性在本质上都是贪得无厌的,这种本性如果与历史发展的潮流不相背离,那也可以收大成小疵之功。汉武大帝,实在是天时地利造出来的。

西汉中期,中央政权与地方诸侯的矛盾越来越尖锐,景帝时爆发了吴楚七国之乱。后来叛乱虽然平定,但尾大不掉的态势并未根本改变。地方诸侯借黄老"无为而治"为名,大肆宣扬所谓"中央无为,地方有为"、"君道无为,臣道有为"。铸铁煮盐,积累财富,拥兵自重,形成地方割据势力,威胁中央政权。黄老思想成为地方诸侯利用的旗帜,而反过来束缚中央政府的手脚。同时,西汉政权与北方少数民族统治者的矛盾也十分激烈,委曲求全的"和亲"政策并未奏效,欲改弦更张就得首先变换思想旗号。史书记载:

"至今上即位数岁,汉兴七十余年之间,国家无事,非遇水旱之灾,民则人给家足,都鄙廪庾皆满,而府库余货财。京师之钱累巨万,贯朽而不可校。太仓之粟陈陈相因,充溢露积于外,至腐败不可食。众庶街巷有马，阡陌之间成群，而乘字牝者傧而不得聚会。守闾阎者食粱肉，为吏者长子孙，居官者以为姓号。故人人自爱而重犯法，先行义而后绌耻辱焉。当此之时，网疏而民富，役财骄溢，或至兼并豪党之徒，以武断于乡曲。宗室有土公卿大夫以下，争于奢侈，室庐舆服僭于上，无限度。物盛而衰，固其变也。"①

经济的繁荣和社会财富急剧增加，使统治集团更加骄奢淫逸，土地兼并日益严重，导致社会矛盾加剧。所谓"兼并豪党之徒，以武断于乡曲"、"宗室有土公卿大夫以下，争于奢侈，室庐舆服僭于上，无限度"，就是指的这种情况。于是，汉初君臣上下俱欲休息无为的情况不复存在，黄老思想已失去了它的活力，不能适应社会的需要了。更何况黄老思想崇尚自然、清静寡欲，于俭朴无华中，含有反对文明进步、法制完善、文化发展、物质享受的反人文主义因素，而这正是其思想的致命之处，与社会文明的进步格格不入。所以，黄老思想绝不是理想的统治思想，它终归是要退出历史舞台的。

首先是这种社会的、经济的、政治的和思想文化的"时势"，其次才是汉武帝的个性和才智，使他充当了复兴儒家的代表。开始，由于太皇太后窦氏的制约，使他不能有所作为。到他执政的第六个年头，那个顽固守着"黄老之术"不知变更的老太婆一死，他就迫不及待地要放手大干了。适逢董仲舒在贤良对策中提出"罢黜百家，独尊儒术"的建议，正中汉武帝的下怀，便立即被采纳了。

儒学的复兴经历了一个漫长曲折的过程。

陆贾在刘邦面前称道《诗》、《书》，提出治国应"文武并用"、"行仁义，法先圣"。在《新语》中，他进一步论证说："守国者以仁坚固，佐君者

---

① 《史记·平准书》。

以义不倾;君以仁治,臣以义平。"[①]他虽然把自己的这些主张拴在"无为"政治的名下,但实际上是撑着黄老的遮阳伞自觉不自觉地偷运着儒家思想,向刘邦君臣灌输着仁义学说,其思想更近于儒。

当时还有一个当过秦博士的儒生叔孙通,他对刘邦说:"儒者难于进取,可以守成。"[②]他自告奋勇地将古礼与秦制杂糅在一起,制定了一套朝仪制度,称为《傍章》,共十八篇。施行以后,果然诸侯王及群臣"莫不振恐肃敬",刘邦于是大为高兴,说:"吾乃今日知为皇帝之贵也。"[③]叔孙通只是个一味取合皇帝的"俗儒",但在转变刘邦对儒学的态度上却起到了别人起不到的作用。

汉文帝时博士、青年思想家贾谊是提倡儒学的一个重要人物。贾谊认为,秦的短命而亡是由于"仁义不施",不懂得"攻守之势异也。"[④]他为汉王朝设计的"治安之策"是:"改正朔,易服色,法制度,定官名,兴礼乐"。[⑤] 这是试图按今文学家的规模来改造汉制以将其纳入儒家的轨道。贾谊在思想上并未脱离黄老,像他所说的"疏者必危,亲者必乱"[⑥]等显系刑名法术家之言,与正宗儒学不类。他的名言:"夫仁义恩厚,人主之芒刃也;权势法制,人主之斤斧也。"[⑦]乍看起来似乎与儒家的"德主刑辅"论相一致,实际上却是"仁义""权势"并重并用的胡萝卜加大棒政策,十足的功利主义之论,唯以人主权力为中心,同先秦儒家学说宗旨并不同调。然而,贾谊的这些掺杂从另一方面看却正是对儒学的改造和新解释。贾谊还是公开怀疑"无为"政治的一位思想家。他

① 《新语·道基》。
② 《史记·刘敬叔孙通列传》。
③ 同上。
④ 《史记·秦始皇本纪》。
⑤ 《史记·屈原贾生列传》。
⑥ 《汉书·贾谊传》。
⑦ 同上。

上书汉文帝说：

> “臣窃惟事势，可为痛哭者一，可为流涕者二，可为长太息者六，若其它背理而伤道者，难偏以疏举。进言者皆曰天下已安已治矣，臣独以为未也。……国已屈矣，盗贼直须时耳，然而献计者曰毋动为大耳。夫俗至大不敬也，至亡等也，至冒上也，进计者犹曰毋为，可为长太息者此也。”①

这样的言辞，在当时不啻为惊世骇俗之句。时值“文景之治”之际，大家都在唱“已安已治”的颂歌，大家都在讲“毋动”、“毋为”（即“无为”），可贾谊却站出来说：天下未治！社会危机四伏，道德沦丧、法纪松弛，不能再行“无为”政策了。这里可以窥见贾谊的政治法律价值论与思维方法确实与众不同，高人一着，因此才有这样截然相反的评价。他的这种对现实政治、法制、道德持批判主义立场的价值论和思维方法正是来自儒家的传统。贾谊的政论中对儒家法思想的内容和价值作了许多独到的积极的论证。

首先，他重新肯定和论证了民本思想。贾谊告诫汉统治者：“民不可不畏也”，民为国之本、君之本、官之本，“民无不为本也”。战争的胜利，是“民欲胜也”；进攻的得手，是“民欲得也”；防守的成功，阵地的保存，也是“民欲存也”。② 所以，对人民应施仁义教化，不能用严刑峻法，不能与人民为敌为仇，“与民为敌者，民必胜之”，“与民为仇者，有迟有速，而民必胜之”。③ 他严厉批判了秦王朝“繁刑严诛，吏治深刻，赏罚不当，赋敛无度”的虐民政治，提出了“虚囹圄”、“免刑戮”、“发仓廪”、

① 《汉书·贾谊传》。

② 贾谊：《新书·大政》。

③ 同上。

“散财币”等“轻赋少事”、“约法省刑”的“安民”、“恤民”性质的法律主张。[①]

在秦代，重民思想差不多被湮灭，贾谊从秦末农民大起义的历史实际中总结出切肤的教训，重新肯定并大力弘扬先秦儒家的民本思想的价值，这就使人感到它不再是什么迂阔之论，而是具有丰富深刻的历史内涵的远见卓识。

其次，他提出了“定经制”、“兴礼乐”、“重德教”等主张，并要求以这些儒家法思想原则来改革或创制汉王朝的政治法律制度。贾谊所谓“定经制”的具体内容是做到“君君臣臣，上下有差，父子六亲，各得其宜”。[②] 可见，这“经制”就是礼制。从维护“上下有差”的原则出发，他设计了一整套“刑不上大夫”的罪刑原则：“黥劓之罪不及大夫”；大臣有轻罪，自己请罪；犯大罪，自杀而不受执缚，不戴刑枷，不加拷掠，不施肉刑。[③]

贾谊竭力论证礼乐、德教的重要性，明确指出：礼是积极的预防，法是消极的惩罚：“夫礼者，禁于未然之前；而法者，禁于已然之后。”[④]他又比较德礼与刑罚的利弊说：以礼义治民就会形成“积礼义”的社会风尚，以刑罚治民就会酿成“积刑罚”的社会习气，结果，“刑罚积而民怨背，礼义积而民和亲”。[⑤] 所以，最高明的办法还是德教：“道之以德教者，德教洽而民气乐；敺（同驱）之以法令者，法令极而民风哀”[⑥]，只有通过“兴礼乐”，才能做到“狱理衰息”。[⑦]

---

① 参见《史记·秦始皇本纪》。
② 《汉书·贾谊传》。
③ 同上。
④ 同上。
⑤ 同上。
⑥ 同上。
⑦ 同上。

由于复兴儒学的时代条件尚未成熟，贾谊的主张并没有被采纳。“可怜夜半虚前席，不问苍生问鬼神。”汉文帝半夜召见但只问“鬼神之本”，使他大失所望。贾谊被贬出朝廷后，郁郁不得志，死时年才33岁。

贾谊是荀子的再传弟子，他的德礼之论，与荀子学说比较接近。司马迁把贾谊划入法家①，但从贾谊的学术主张全面分析，实与申、商、韩等法家思想有重大区别，更多的是贯彻了儒家思想，更贴近儒家仁义的价值论和文化精神。贾谊的主张多以时论的形式出现，缺乏理论上的系统性，并融合了黄老、法家刑名法术的内容，透出了一些汉代新儒家的气息。我们毋宁说，贾谊是汉代儒学复兴的理论先驱。

继贾谊之后，董仲舒集汉代儒学之大成。他以儒家思想为主干，吸纳融合了阴阳家、法家、道家等诸子百家之学，创造了新的儒学理论体系。汉武帝亲政后，一切主客观条件都具备了，儒学的复兴犹如水到渠成。

3. 儒学复兴的社会历史原因

法和法思想发展的最基本的决定因素还是在社会的经济条件和物质生活之中。嬴秦统一中国的成功，固然离不开其富国强兵政策和坚甲厉兵，但这种统一的基石则是由战国时期各诸侯国通过田制、税制改革而造就的广大自耕小农垒就的。自然性的小农经济越分散，所寄望的政治权力统一的要求越强烈。

孟子关于井田制的设想中，说每井900亩，中间100亩为公田，四旁由八家各耕100亩私田，“公事毕，然后敢治私事”②；又说各家大致为八口人的小农家庭，有百亩之田，五亩之宅，养上五只母鸡，二头母

---

① 见《史记·太史公自序》。
② 《孟子·滕文公上》。

猪，经营农业和家庭副业，男耕女织，一般年景，可以家给人足[①]。这里存在着内容和形式的一定矛盾。其内容是提倡八口之家的小农经济，其形式却是井田制。后者常为论者所诟病，认为是一种落后的奴隶制土地制度。其实，经过历史的淘汰，拨开罩在孟子所谓井田制上的重重雾纱，其实质在于保障小农经济的土地所有权和实行"什一而税"、"九一而助"的轻赋政策两项。

商鞅的改革中实行"开阡陌"、"除井田"，比孟子行井田的主张来得适时、进步。商鞅新法中规定，"民有二男以上不分异者，倍其赋"[②]，用法律的和行政的强制造就一家一户的小农经济。孟子的八口之家制度与商鞅的这条新法实有异曲同工之妙。他们在创造小农经济的时候，也就创造着统一和皇权。从这一角度说，儒法两家思想也都存在促进和适应统一的内容。历史也证明了这一点，统一的秦王朝大用法家学说，同样统一的汉武帝则选择儒家学说。

然而，这里仅仅是说到法和法思想发展的最基本的因素。问题在于，同样植根于自然社会、小农经济基础之上的儒法两家思想，却有如此惊心动魄的此长彼消、他兴我亡的历史。这就不能不深究它们对中国古代社会特点的把握上的差距了。

中国古代社会的最显著的特点是其血缘宗法的社会结构。商翦夏、武王伐纣、秦灭六国，都没有能斩断社会的血缘纽带。血缘关系是人们最原始，也是最基本、最实在、最切身、最看得见摸得着的社会关系，它广泛地用来作为心理建设、伦理道德建设、政治建设、法制建设、思想理论建设的基础。先秦诸子百家学说，几乎没有一家能超脱的。

《老子》的"小国寡民"，"鸡犬之声相闻，民至老死不相往来"，其实

---

① 《孟子·尽心上》；又同书《梁惠王上》。

② 《史记·商君列传》。

是靠血缘关系维系的自给自足的小农经济的理想王国,他的返朴归真,返的是原始血缘社会之朴,归的也是原始血缘社会之"真"。法家呢?别的不说,只拿他们最为得意的"连坐法"来说,正是以血缘亲情为基点的。父子兄弟要负连带责任,这根"带"就是血缘纽带。"以族论罪",无非是以血缘亲疏关系论罪。不过,这是将血缘亲情在刑法中作了恶的运用。商鞅的令民有二男以上必分家的新法也是这样,表面上看是在大力破坏血缘之网,殊不知小农家庭还是靠血缘关系来维系的。

在各家学说中,只有儒家对血缘亲情最为重视,认识和把握得最自觉、深刻。儒家从心理、伦理、政治、法制、教育等各方面对血缘关系作了创造性的提升,使之理论化。其王道政治的理论和实践逻辑是由家("齐家")而国("治国")而天下("平天下"),家作为血缘关系和血缘亲情的载体是这一逻辑的起点。儒家将血缘关系的伦理价值概括为仁,将血缘关系的行为准则称之为礼。仁—礼结构便是儒家伦理政治及其伦理法的基本模式。毫无疑义,儒家的政治和法的学说是与古代血缘宗法社会最相适应、最能耦合的理论体系,因而也最符合古代社会的社情、民情和国情。这就是它最终复兴取代法家之学、黄老之术的最深层的文化人类学根据。

贾谊曾敏锐地指出了法家思想对这种文化传统的背离:

"商君遗礼义,弃仁恩,并心于进取,行之二岁,秦俗日败。故秦人家富子壮则出分,家贫子壮则出赘。借父耰鉏,虑有德色;母取箕箒,立而谇语。抱哺其子,与公併倨;妇姑不相说,则反唇而相稽。其慈子耆利,不同禽兽者亡几耳。"①

① 《汉书·贾谊传》。

一种学说，一项法律，若同民族文化格格不入，最终是会失去支持的。法家学说的悲剧就在这里。

在血缘基础上发展起来的宗法政治理论，及其法制原则、道德规范等等，无疑含有旧时代的糟粕，包含愚昧和荒唐。作为一种思想文化体系，往往良莠互生、并存。然而，它产生和发展有着历史的必然性。就是说，在当时的社会历史和民族文化条件下，它是我们的文化所能产生的最好的思想体系。这也就从历史的角度昭示我们，思想以及法制的选择、建设和发展，必须符合当时的社情、民情和国情。一个系统要求整体的最优化。这种最优化不是追求某部分超越其他部分而处于最先进的地位，而是保持各部分的最合理的结构，相得益彰的和谐和协调。应当说，儒家思想及其法思想是与中国古代社会的政治、经济、文化等达到了最优化的结构的，是当时社会历史条件下最合理的符合国情的理论体系。正是这一点，是我们重提汉代儒学复兴的最值得研究和重视的历史经验。

二、辉煌与烂熟——作为古代社会主流法思想的儒家法思想的历程

汉武帝"独尊儒术"，以皇帝至高无上的政治权力确认了儒家思想作为其正统思想的法律地位。这同秦始皇"焚书坑儒"，实行"以吏为师，以法为教"有相同的一面：都是动用政治手段来强制统一思想，尽管两者的强制程度上有所区别。诚然，两者也有不同的地方：将儒家思想及其法思想定为正统有着思想发展的内在的逻辑必然性，不能看作只是汉武帝、董仲舒等人的个人喜好或权力意志的产物。因此，从政治统治需要的角度上说，被汉武帝定于一尊的儒家法思想通常称之为正统法思想，是官方的法律意识形态；但若从法思想发展的自身逻辑角度

说,儒家法思想的复兴有其内在的必然依据,是吸收融合百家学说的结果,称之为中国古代社会的主流法思想,也许更能反映这种法思想发展的逻辑。

儒家法思想作为古代社会主流法思想的历程,大致可分为两个阶段:两汉至唐前期是上旋阶段,中唐至清代是下旋阶段。

儒家法思想的主流地位在汉中期初步确立后,儒臣、儒生们按照"三代"的"礼与刑"法制结构推动王朝确立"礼法"体制。在礼制方面,较成规模的有西晋《新礼》的颁行,史称《晋礼》。李唐王朝各代重视修定礼典,终于有《大唐开元礼》这一集其大成之作。刑事法律方面,中经魏晋南北朝的曲折发展,到隋唐,儒家伦理全面沉淀入律,产生以《唐律疏议》为代表的儒家化律典。《大唐开元礼》和《唐律疏议》的颁行,标志着儒家法思想主流地位的最后确立并已经稳固,其上行的螺旋基本结束。

宋明理学和心学为统治思想及其法思想提供了一个精致的理论模式。哲学上誉之为儒学的第二期发展形态,给古代中国带来了新的思想活力。但理学和心学对法本身思考不多。宋元明清各朝在法的领域中,说到德礼政刑,大多沿袭旧说。随着社会经济、政治的变化,历久而弊生,弊积而难返,儒家法思想的消极面愈来愈大。其间,虽不断有思想家、政治家力图革故鼎新,但总离不开固有的思维定式,在纲常名教中打圈子,不见有根本的起色。儒家法思想已经烂熟,但这种下旋运动却一直惯性滑行到20世纪初沈家本修律才告基本终结。

1. 自西汉中期至唐前期:儒家法思想的上旋阶段

(一) 汉代

汉武帝亲政之后,决心改弦更张,下令三公、郡国诸侯等带"贤良方正,直言极谏之士"派"公车"送长安参加朝廷策试,以网罗人才,重定国策。“公羊春秋”学大师董仲舒上“天人三策”，援引“《春秋》大一统”之义，倡言尊儒学、一法度。又与一伙今文学家向汉武帝提建议：立太子、兴太学、设五经博士、易服饰、改正朔、建明堂、修封禅、明尊卑、异贵贱、劝有德等。一句话，依照儒家的思想和礼仪来修定和规范汉朝的制度。汉武帝欣然采纳，从此改变了乃祖乃父“清静寡欲”的故制故训，尊儒隆礼，世风为之一变。

但汉武帝的尊儒，大多是做做表面文章。他“内多欲而外施仁义”[①]，搞的是外儒内法的“多欲”政治。号称“汉代孔子”的董仲舒本人就不被重用。他任用“酷吏”，纵容他们横征暴敛，唯奉其本人意志为法，“舞文巧抵”，出入人罪，虽然打击了豪强，但更多的是忠良罹难、吏民诬冤。他的一系列政治法律改革，强化了中央集权和皇帝专制，也大大激化了阶级矛盾。武帝晚年，已是险象环生. 他不得已下诏“罪己”：“自今事有伤害百姓，靡费天下者，悉罢之。”[②]又下“轮台哀痛之诏”，表示要“禁苛暴，止擅赋，力本农”[③]，返归到宽刑省禁、轻徭薄赋政策上来。

武帝死后，昭帝召开“盐铁会议”[④]，贤良文学抓住汉武帝时已经萌发的把治国方略的基本点转向儒家思想轨道的良好时机，激烈抨击法家政治，高扬王道仁政，大胆为民请命，要求废除连坐峻法，黜去酷刑滥刑，抑制土地兼并，取消盐铁官营，减省赋役，施行德教，与民休息。这场惊心动魄的大辩论，是儒家知识分子人格在君主专制政治下的一次

---

① 《汉书·汲黯传》。

② 《资治通鉴》卷 22。

③ 《汉书·西域传》。

④ 盐铁会议召开于汉昭帝始元六年(公元前 81 年)。汉武帝兴盐铁、设酒榷、置均输，实行中央集权制经济政策。昭帝时，御史大夫桑弘羊等力主继续这一政策。昭帝辅臣霍光则要求按武帝晚年的“轮台诏令”改变这一政策，于是以昭帝名义召在野贤良、文学 60 人至长安“问民间所疾苦”，与桑弘羊等执政官吏进行激烈辩论。辩论围绕盐铁问题展开，故称盐铁会议。宣帝时，桓宽集其所论，著《盐铁论》。

群体性的觉醒和振作，它接续了孟子批评时政的“大丈夫”精神，开汉代“清议”之先河，激荡着西汉后期社会批判思潮的发展。

通过盐铁会议上面对面的思想交锋，促进了儒法两家思想的斗争和融合，加速了儒家思想的改铸和新儒学的崛起。贤良、文学属于董仲舒为代表的汉代新儒学流派，他们竭力提倡“春秋决狱”，赞成“亲亲相隐”，推动着儒家伦理的法律化。

此后，汉宣帝甘露三年(公元前51年)，在皇帝藏秘书的石渠阁召开“五经异同”讨论会。东汉章帝建初四年(公元79年)，又召开规模更大的“白虎观会议”，由诸儒生“讲议五经同异”。这两次会议都是由皇帝来裁定经学内部的学术是非，强制推行思想一统。白虎观会议上的诸儒所论被编为《白虎议奏》，实际上是由章帝来裁决是非。后来班固奉命整理《议奏》，撰成通论五经的《白虎通义》(又名《白虎通德论》，简称《白虎通》)，以皇帝权威，用法典形式，制定有关经学的标准疏释，以巩固儒学的一尊地位。所以，史称《白虎通义》是汉章帝“专命礼臣，撰定‘国宪’，洋洋乎盛德之事焉！”①《白虎通义》正式提出“君为臣纲、父为子纲、夫为妻纲”的“三纲”具体条文，论证“三纲”以及“五常”、“六纪”(诸父、兄弟，族人、诸舅、师长、朋友)均符合“天意”；详定皇帝、百官的“爵”、“号”、“谥”法，以及各种礼仪典章制度。它受到了两方面的尊重：以皇帝为首的统治集团和儒生知识分子集团。前者看中它的法典化的纲常原则；后者偏爱它的“号”法、“谥”法之类。“号”以“表功明德”、“别优劣”②，“谥”以“进劝成德，使上务节也”③。特别是“谥”法，君主死后，由大臣总其一生行为定“谥”以“彰其善恶”④，这在缺乏制约君主本身

① 《后汉书·曹褒传》。
② 《白虎通义·号》。
③ 《白虎通义·谥》。
④ 同上。

之法的帝制时代，其作用不可低估。《白虎通义》确为中国古代国家的“国宪”。

“独尊儒术”运动自汉武帝时形成局面，经过“盐铁会议”、石渠阁会议、白虎观会议不断得以加强，到《白虎通义》颁布而基本完成。

然而董仲舒的儒学，在改革原始儒学创立汉代新儒学体系的同时，又以“天人感应”的形式把它引向了“谶纬”[①]的自我异化道路。儒学的地位每提高一步，谶纬化迷信也加剧一步，二者同步增长。西汉末年，上层统治集团腐败，社会危机深重，谶纬迷信之风，在哀平时代迅速弥漫。王莽利用图谶篡位夺权，复古改制，开历史倒车。刘秀声称自己受天命是应了这样一个图谶：“刘秀发兵捕不道，卯金修德为天子。”[②]因此，他做皇帝后，立即宣布“图谶于天下”。谶纬自此泛滥成灾，刘秀甚至直接用“图谶”来“决嫌疑”、断疑狱。图谶一时成了东汉王朝立法、司法的最高潜规则，大有替代正统儒家法思想的显规则之势。

例如，刘秀集团利用图谶论证和强化君主专制，宣扬“君权神授”：“天乃洪郁起，白雾摩地，赤虹自上下，化为黄玉，长三尺，上有刻文，孔子跪受而读之，曰：‘宝文出，刘季握，卯金刀，在轸北，字禾子，天下服。’”[③]编造这样的神异故事，无非是为了说明刘氏天下握有天命之符，应当万世一系。谶纬力图把孔子打扮成通天教主，将儒学改造为儒教。但它的形式实在粗劣，内容荒诞离奇，与儒学的理性智慧和伦理本位论特质越离越远，又与政治攀附得太紧，为一个个野心家黄袍加身发出廉价的“符命”。最后，不但它的宗教化运动归于失败，汉代儒学也因谶纬化而拖进自我异化的深渊。白虎观会议的消极因素之一，是将神

---

① 谶或谶语是预示吉凶祸福的启示和隐语，内容多为国家兴亡、君主吉凶的政治性预言。纬是对经而言的，本是解释经书的书。纬书大多假托孔子以谶语妄解经书，制造符命。

② 《后汉书·光武帝纪》。

③ 《孝经·左右契》。

学化的谶纬与经学合流，其荒谬悖理因其钦定为“国宪”的地位被推到极端。但正是在完成儒学“独尊”任务的同时，也宣告了谶纬化儒学的破产。

终两汉之世，儒家思想的主流地位虽已成大势，但总因其理论体系上的粗糙和谶纬化而自毁思想信仰的城垣，未臻稳固。儒家法思想的状态与其思想母体的情况相同，但还有一层更为直接的原因。

董仲舒和其他今文经学家发动的“春秋决狱”，还只停留于以儒学法思想指导司法上面，立法领域仍沿秦法之旧，是法家的立法，儒家伦理法思想尚无扎实的法律载体，故其主流地位终难稳固。而“春秋决狱”在司法实践中又难免流为恶性运用，一旦如此，“经义”反倒成了酷吏舞文弄法、出入人罪的借口。凡此种种，造成儒家法思想在西汉中期初步确立的主流地位难以稳固。

两汉之际，扬雄、桓谭、王充曾奋起批判谶纬神学，力图扭转儒学的谶纬化趋势。在法思想方面，他们不离儒家“仁政”、“法先王”、重德轻刑，文武张设、礼法之治、出礼入刑，以及董仲舒增人的“三纲五常”、“经义折狱”等大旨。他们大多返归先秦儒学原型去寻求儒学的新出路。王充试图引入道家自然论补充儒家伦理本体论；扬雄以儒为本，兼取《老子》写《太玄》。这种“以道补儒”的致思取向，近则为东汉末年以王符、崔寔、仲长统、荀悦为代表的社会批判思潮所师法，远则启迪了魏晋玄学。

东汉末年的社会批判思潮中，在法思想方面较多承袭贤良文学在盐铁会议上传统，循着德化为主、礼法(刑)并用、王霸杂取的思路。有些议论，如崔寔提出“参以霸政”、“深其刑而重其罚”[①]，看似刑名法术气味不小，其实他只是阐明“刑罚世轻世重”之意，决非尊法反儒之论。

① 崔寔:《政论》，见《全后汉文》卷46。

正是这些杂以黄老、霸道政治的德礼政刑之论，大大弘扬了儒家社会批判主义的优秀传统，给了谶纬神学以最后一击。但他们在思想体系方面的理论建树不多，当然也就不能从根本上克服儒家法思想在主流化中遇到的困难。他们在激昂批判中不时夹有老庄的悲观；在儒学的基调中又常掺入道家的音符，从而为两汉经学向魏晋玄学转变铺垫了路面。

（二）魏晋南北朝

汉末开始，中国社会进入分裂的“乱世”。豪强割据，政变迭起，王朝频频易姓换氏，城头的大王旗时竖时倒；北中国“五胡乱华”，游牧民族豪酋入主中原。黄河流域经历了近400年的灾祸战乱。儒家的道德礼法，连同东汉刘氏王朝构造的“名教天下”统统被野心家的利刀挑得粉碎。各阶层的人都看不到出路，失去了精神支柱。东汉时传入中国的佛教和土生土长的道教乘此机会迅速蔓延。人们把填补灵魂空缺的希望寄托于宗教。特别是佛教的因果报应、公平赏罚的天堂和地狱给了怀有各式各样失落感的人以某种满足。外来的“佛”登堂入室，喧宾夺主，“儒门淡泊，收拾不住人心”。

由于政治上的分裂和儒学独尊地位的跌落，思想领域中出现了一个相对宽松的环境。思想家和政治家们带着对汉代谶纬神学化儒学的失望而回到先秦诸子中去重新寻找救世良方。体现儒家、名家和法家思想特色的曹操的“名法之治”，以老庄思想相标榜的玄学的“无为而治”等等，一度兴时，与汉代以来形成的“名教之治”争席位。这样，在法思想领域形成了多元发展的局面。不过，儒家的礼法名教还是占有主要地位。

这一时期的法思想，主要有三大思潮。

其一，玄学思潮。

玄学之“玄”得之于《老子》的“玄而又玄，众妙之门”一语。当时的士族知识分子纷纷研究《老子》、《庄子》、《周易》三部书，号为“三玄”。玄学首先是一种哲学，同时也是一种社会政治理论，是魏晋时代最为时尚且地位显赫的学说。它研究形名、本末、有无等问题，而中心是讲天人关系，即天道与人事的相互关系，或“自然”与“名教”的关系问题。

玄学产生的原因是复杂的、多重的。在当时的思想界，总结汉代儒家“名教之治”的经验教训，寻找、论证并重建不废名教、又能包容名教的新的统治思想形式，是一个历史的课题。玄学的产生正是适应了这一时代需求。

除此之外，还有其直接的社会政治、经济原因和思想渊源。从政治、经济方面来说，魏晋之际，门阀士族阶层内部激烈倾轧，司马氏集团和曹魏集团之间的斗争非常残酷，政局多变，命运不测，名士自危，消极失意，以发言高玄来逃避现实，明哲保身，于是清淡成风。其中一部分士大夫更转向纵欲享乐，也以“无为”、“任自然”来为放荡不羁、醉生梦死的生活态度作论证。这些政治上的消极思潮正是玄学生成的良好环境。从思想渊源方面说，两汉经学没落以后，思想家们转而直接从先秦诸子思想中寻求出路，既然曹操的“名法之治”行不通，道家的“无为主义”、天道自然观念就逻辑地受到崇拜。魏晋玄学正是以老庄学说解释、论证儒家礼法，以道为主，把儒道结合起来的一种新的思想形态。

魏晋玄学内部依据对“自然”与“名教”关系的不同回答可大致分为三派：何晏、王弼认为“名教”本于“自然”，出于“自然”；阮籍，尤其是嵇康提出“越名教而任自然”；郭象则竭力论证“名教”即“自然”。这三派中，一、三属于正统派玄学，他们从“名教”符合“自然”的角度巧妙地论证了“名教”的必然性和合理性。阮、嵇属于非正统派玄学，他们讥刺、揭露司马氏集团高唱“名教”的虚伪性，耻与同流合污，以推崇“自然”、否定“名教”的理论形式来表示自己的抗议，但骨子里仍然是维护和坚持儒家纲常礼教的。鲁迅先生曾说：嵇、阮是看到曹操、司马懿“亵渎了礼教，不平之极，无计可施，激而变成不谈礼教，不信礼教，甚至于反对礼教。——但其实不过是态度，至于他们的本心，恐怕倒是相信礼教，当作宝贝，比曹操、司马懿们要迂执得多。”[①]这虽是有感而发，恰极有见地。

魏晋玄学是一种思辨性较强的哲学形态，其中包容着一些法的思考。概括起来，一是提倡顺应“自然”，“无为而治”，反对烦法严刑；二是主张君道无为；三是法律虚无主义倾向。

主张“无为而治”是玄学的基本特色、总基调，其下有各种各样的“无为而治”学说。君道无为论是一种，法律虚无论又是一种。

君道无为论以王弼的“以无为为君，以不言为教”[②]最具代表性。郭象的“有为君之名，而无任君之实”[③]也归属此论。所谓君道无为，其实是针对当时的专制君主横暴肆虐而发的，是一种隐忍的现实批判精神。他们是玄学正统派，以为礼法出于“自然”，也当顺应“自然”，合乎“无为”之道。主张君道无为，主旨是想改善君主政治、改善礼法制度。

法律虚无主义倾向主要表现在嵇康、阮籍等非正统派玄学家身上。嵇康“非汤武而薄周孔”[④]，阮籍把礼法视为“残贼、乱危、死亡之术”[⑤]，提出“越名教”、“任自然”，否定君臣和礼法制度，主张反本归朴，回到自然状态。但既然反对名教并非他们本心，所以与真正的法律虚无主义是有区别的。嵇康抨击说：“刑本惩暴，今以胁贤，昔为天下，今为一身”[⑥]。可见他们的所谓法律虚无主义本质上还是一种“激而变成不谈

---

① 鲁迅：《而已集·魏晋风度及文章与药及酒之关系》。

② 王弼：《老子注》。

③ 郭象：《庄子注·逍遥游注》。

④ 《嵇康集·与山巨源绝交书》。

⑤ 《阮籍集·大人先生传》。

⑥ 同④。

礼教,不信礼教,甚至于反对礼教”的法律批判主义。

总起来说,玄学不是儒学的对立面,而是以道补儒的新形式,儒家伦理政治和伦理法的根本宗旨是“内圣外王”,玄学的本质正在于探求一种内圣外王之道以建立正常合理的礼法秩序。他们的“任自然”也好,“君主无为”论也好,甚至阮籍的无君论也同样,不过是在特定的社会政治条件下,以高玄方式,殚心覃思地表达自己限制君权的愿望,要求君主服从“无心而付之天下”的内圣外王之道,而放弃“有心而使天下从己”①的专制主义。

正统派玄学从本体论的角度论证了“自然”即“名教”,二者同一。而“名教”的必然性、合理性既已被证明,那么这种证明手段就可以放到一边了,于是其理论便走到了尽头。非正统派玄学蔑视“名教”的理论同样没有出路。其向右滑落,激扬了士族豪强子弟颓废放荡、荒淫侈糜的风气,直接威胁着统治集团的政治统治地位,同时也败坏社会礼法秩序,既不见容于统治集团,也不见容于社会。其向左发展,则进为反抗现存制度的革命理论,鲍敬言的“无君论”就属于后者。这两种倾向在理论和实践都走到了尽头。

随着晋室南渡,佛、道兴盛,社会政治、文化条件的变化,玄学之风渐渐式微。从玄学“以道补儒”的理论形式上说,在某种程度上重复了汉初黄老学说的老路,充当了由汉末谶纬化儒学的衰落到隋唐之际儒学复起的过渡舟桥。

其二,律学思潮。

律学,是我国古代研究律典篇章体例、法律基本概念和原理、原则的一门科学。

---

① 郭象:《论语体略》:“无心而付之天下者,直道也。有心而使天下从己,曲法。故直道而行者,毁誉不出于区区之身,善与不善,信之百姓。”

汉末儒家思想的困境就其在法思想领域来说，与秦汉之际所受的遭遇有着完全不同的情况，这只是谶纬化经学及以谶纬经学折狱的背时，而儒家法思想的主流化运动在整体上是适应了当时大一统帝制政治文化需要的。所以，谶纬化经学虽被唾弃，但以经注律的经学式律学则不但不受影响，还走向了繁荣。

如所周知，汉代新儒学是以经学的形态存在和发展的。独尊儒术反映在学术上可以说是独尊经学。一切重要的立法、司法和法制问题的答案都得到经书中去寻找。故汉代律学完全成了经学的一个分支。这种经学化的律学，或者说，儒家化的律学在东汉中、后期达到了一个极盛时期。据《晋书·刑法志》记载，当时，汉律就有"叔孙宣、郭令卿、马融、郑玄诸儒章句十有余家。"他们的汉律章句已佚，从现存的郑玄《周礼注》等书中看，曾引用了不少汉律条文和汉代法律制度来解释经文。这种以经注律，又以律解经的做法，促进了经与律的融合、礼与律的结合。儒生通过注释汉律，不但攫取了法律的解释权，而且插足立法领域，从而合法地将经义，包括孝悌家族伦理贯彻到律注中去，影响立法。曹魏时代规定，司法中但依郑玄的注释为准①，郑玄章句便实际上获得了立法意义。

由于法律儒家化的理论需要和统治者的提倡，魏晋律学进一步繁荣，法律研究比较活跃，儒生注律之风经久不衰。西晋时，杜预、张斐等都先后注释晋律，并与晋律一起颁行，具有法律效力，世称"张杜律。"

汉代法律儒家化和儒生以经注律所产生的直接成果是魏《新律》和晋《泰始律》中儒家伦理原则的确立与伦理条文的制定。魏《新律》的"八议"制度，《秦始律》的"五服制度"等都是明显的标志。张、杜的注律，不但从法理上论证了这些制度，而且以礼教名分来说明律典体例，

① 见《晋书·刑法志》。

以儒家伦理重新诠释罪名刑名，为伦理进一步入律从学理上和技术上准备了条件。杜预说，他注晋律，“皆网罗法意，格之以名分”[①]。所谓“格之以名分”，实质是以名教为标准来解释律文，将法律纳入名教的范式之中。这正是做的纳礼入律、以伦理统率法律的工作。张斐解释说，晋律的篇章结构体现了“王政布于上，诸侯奉于下，礼乐抚于中”[②]的原则。所谓“礼乐抚于中”，就是说，晋律各篇都以“礼乐”为根本宗旨，其律文折中于“礼乐”。张斐还对晋律中所使用的五个罪名一一下了定义：“违忠欺上谓之谩”，“背信藏巧谓之诈”，“亏礼废节谓之不敬”，“逆节绝理谓之不道”，“陵上僭贵谓之恶逆”等。“谩”、“诈”、“不敬”、“不道”、“恶逆”之类都是伦理犯罪概念，经张斐的阐释，它们所体现的以纲常名教和宗法伦理道德来名罪定刑的实质得到了很好的揭示，从而对在司法实践中重视和正确适用晋律的伦理犯罪条款起到了极为切实的指导作用。这是儒家伦理法思想法典化中的一项重要工作。

汉儒的以经注律，魏晋律家的以礼释律，促进了经和律、礼和律的融合。经他们之手，儒家的伦理法思想不再是只停留于政治哲学和法哲学高度的“迂远而阔于事情”的理论，而有了可操作性，儒家的法律理论逐步形成。同时，律学对篇章体例、刑名、罪名的精细研究，解决了儒家伦理、礼教条款入律的立法技术问题，为从秦汉的法家立法过渡到隋唐的儒家立法铺平了道路。所以魏晋律学对中国古代法律儒家化有着举足轻重的意义，也是儒家法思想成为社会主流法思想过程中的一个重要的阶段。

其三，北方少数民族汉化改革中学习制订汉法、皈依儒家伦理法的思潮。

---

① 《晋书·杜预传》。

② 《晋书·刑法志》。

魏晋南北朝的政治大分裂、大动乱，也包含着民族大融合、文化大融合的积极内容。北方少数民族原来的社会经济、政治制度和文化都比较落后，入主中原后，受汉民族先进的政治制度、法律制度和儒家思想文化的影响，纷纷进行汉化改革。像北魏孝文帝的汉化改革，大至政治、经济、法制、文化，小到姓氏、服饰、礼仪，实行全面的立体式的一揽子改革措施，极具典型性[①]。北朝的法律直接继承魏、晋律的儒家化的传统，加上这些少数民族豪酋入主中原后，接受"用夏变夷"的思想，怀着皈依儒家礼乐文化而成为华夏之主的政治雄心和急切之情，大大加快了伦理入律的步伐，其法律伦理化的程度不仅超过魏晋律，而且非南朝各代法律可以比拟。北魏律新创"存留养亲"制度，北齐律首立十条"重罪"等等，都是中国古代法律儒家化的重要标志。并且，由于北朝法律很好地汲取并运用了魏晋律学的理论成果，其篇章结构之合理、体例之完备、律文之简明、用语之准确、都达到了极高的水平，成为隋唐律的直接渊源，尤其是北齐律，更是隋开皇律及唐武德、贞观、永徽各律的蓝本。北朝少数民族统治集团的汉化改革及其在改革中产生的儒家化律典，把儒家法思想的主流化和儒家伦理法的法典化进程切实地推进了一大步。

(三) 隋代和唐中前期

公元581年杨坚灭北周称帝，国号隋，589年灭南陈，统一中国，结束了南北分裂的局面。历史往往会有某种相似之处，隋炀帝的暴政导致了它和秦王朝同样的命运：二世而亡。公元618年，隋朝覆没，仅仅维持了37年。李渊、李世民父子在隋朝的废墟上建立了大唐帝国，国祚近300年。

杜甫的《忆昔》以诗人敏锐而又真切的感觉将唐王朝以开元为界描

---

① 详见第八章第六节。

绘成前后两种景象：

> “忆昔开元全盛日，小邑犹藏万家室。
> 稻米流脂粟米白，公私仓廪俱丰实。
> ……
> 岂闻一绢直万钱，有田种谷今流血。
> 洛阳宫殿烧焚尽，宗庙新除狐兔穴。”[①]

诗人的看法与历史学家对初唐与中唐的分界大致相同。就法思想史的角度来看，开元之前与之后，不但是唐王朝自身法思想的分界点，也是整个古代帝制社会中作为法思想主流的儒家法思想上旋阶段和下旋阶段的分界点，其标志是《大唐开元礼》和《唐律疏议》的制颁。前者是古代中国礼典的代表，后者是古代中国律典的代表。它们的制定和颁行，意味着“三代”开创的“礼与刑”的礼法体系结构经历贵族分封制到中央大一统君主集权制的变迁后重新定位，标志着以礼法体系为载体的中华法系由此鼎立于中国和东亚法制文明圈。

魏晋南北朝时期，佛、道二教与儒学争正统。隋唐之际，思想界亦曾出现儒、释、道三教鼎立的局面。但具体到法的领域，它们都不能望儒学之项背。道教“长生不死”的“神仙乐园”，佛家遁入空门只关心来世的“极乐世界”，除了引导信徒们忙于自身修道向善、净化灵魂以求福极从而无害于社会外，对政治的“内圣外王”事业却缺乏积极的建设性贡献，对拨乱反正、控制和稳定社会秩序也无能为力。而且，佛教的“无君无父”、“不杀生”等观念对于建立君主至上的统治秩序和加强司法镇压还存在着根本冲突。“三武灭佛”的原因很多，强化帝国法制未尝不

① 萧涤非：《杜甫诗选注》，人民文学出版社 1998 年版，第 219—221 页。

是其中的一个因素。因此，汉亡以后法思想的发展，并没有按照佛、道二教的意愿，以佛法、道术来代替世俗的礼法，而是按照汉代业已初步形成的儒家法思想主流化的固有轨迹继续前进，使其实用化、法典化、可操作化。魏晋玄学的“以无为本”只是这一主流化进程中的一个插曲，也是一种补充而已。经过了这样长期的也是艰苦的探索和思想资料的积累、法律艺术的完善，到隋唐大一统帝国重建之后，儒家法思想已成为不可动摇的法制指导思想，成为立法、释法、执法、司法的根本宗旨。

史家批评两汉“久旷大仪，未有立礼成乐”[①]。隋文帝杨坚登基后，面对汉末以来，“君无君德，臣失臣道，父有不慈，子有不孝，兄弟之情或薄，夫妇之义或违，长幼失序，尊卑错乱”[②]的道德沦丧局面，认识到应当“以德代刑”[③]，刑只能辅法而行，“刑可助化，不可专行”[④]，声称“安上治人，莫善于礼”[⑤]。一句话，须遵循儒家“德主刑辅”的方针。于是，开皇三年(583 年)，任命牛弘为礼部尚书，“请修明堂，定礼乐制度”，奉敕集南北仪注，修撰《五礼》百卷计一百三十篇[⑥]。

隋炀帝表面上也是尊奉礼法的，曾命人修成《江都集礼》。史家称道说：“由是周、汉之制，仅有遗风。”[⑦]隋朝二代君主的做法，等于向社会宣告，只有回到礼法之治上来，才是正统的治国方略，才是符合王道政治的政统和法统。这就是杨坚在清醒时所说的“弘风训俗，导德齐礼”[⑧]的办法。

① 《汉书·礼乐志》。
② 《隋书·高祖纪》。
③ 同上。
④ 同上。
⑤ 《隋书·高祖纪》。
⑥ 《隋书·牛弘传》。
⑦ 《旧唐书·礼仪志一》。
⑧ 《隋书·高祖纪》。

制定《开皇律》时，隋文帝贬斥北周“用法深重”、“诛杀无度”的政策[①]，“尽除”前朝“苛惨之法”[②]，同时以“宽简”为旨，“多采后齐之制”[③]。在北齐律“重罪十条”之制的基础上创“十恶”制度、厘定五刑等级，举凡“八议”、“官当”、“减赎”、“五服”等儒家化刑事法律制度悉因袭而系统规定之。史称《开皇律》“以轻代重，化死为生，条目甚多，备于简策；杂格严科，并宜除削。”[④]开皇三年，“因览刑部奏，断狱数犹至万条。以为律尚严密，故人多陷罪”[⑤]，又敕苏威、牛弘等，“更定新律。除死罪八十一条，……自是刑网简要，疏而不失。”[⑥]《开皇律》的颁行，标志着古代刑事正律的儒家化格局基本定型。

隋朝的短命，从法制政策上讲，不同于秦政的专任“刑治”。杨坚口口声声要“导德齐礼”，厘定礼制，宽简刑律，推崇礼法，摆出一副励精图治的姿态，但他不能将“德主刑辅”贯彻始终，立法而又弃法。史载：“仁寿中，用法益峻，帝既喜怒不恒，不复依准科律。”[⑦]杨坚晚年，更是“喜怒无常，过于杀戮”[⑧]。

隋炀帝杨广的弃法坏法更甚于乃父。他即位之初，“以高祖禁网深刻，又敕修律令，除十恶之条。”[⑨]命牛弘等修撰《大业律》十八篇 500 条[⑩]。但这部以“宽简”相标榜的《大业律》，杨广一开始就没有打算遵从它。他不仅恢复了“籍没”和“诛九族”酷法，而且“行轘裂枭果首之

---

① 《隋书·刑法志》。
② 同上。
③ 同上。
④ 《隋书·高祖纪》。
⑤ 《隋书·刑法志》。
⑥ 同上。
⑦ 同上。
⑧ 同上。
⑨ 同上。
⑩ 《隋书·牛弘传》。

刑，或磔而射之”[1]，其严刑峻法、任情杀戮比秦二世有过之而无不及。史家这样描述隋末酷法严刑的状况：

> “是时百姓 苟求济事，宪章遐弃，贿赂公行，穷人无告，聚为盗贼。帝乃更立严刑，敕天下窃盗已上，罪无轻重，不待闻奏，皆斩。百姓转相群聚，攻剽城邑，诛罚不能禁。帝以盗贼不息，乃益肆淫刑。九年，又诏为盗者籍没其家。自是群贼大起，郡县官人，又各专威福，生杀任情矣。”[2]

这正应了“民不畏死，奈何以死惧之”的政治魔咒。

隋王朝二代君主都扬言重礼尊礼，编撰礼典，先后制定《开皇律》和《大业律》。若就文本而言，按照当时的水准，称得上是有“良法”。但有良法却没有善治，与秦政的恶法而必无善治，两者的结果是一样的：二世而亡。

综观中国古代史，以为“轻罪重刑”而可以使黎民百姓屈辱于刑威之下并达到“以刑去刑”的效果，从而制定严刑苛法来治国，即恶法而无善治的，恐怕只有秦王朝。那个时候，大一统中央集权制帝国初建，确有威加四海、气吞八荒之势，其统治集团志得意满，以为无所不能，可以驾着一叶舟船在“黔首”之海中横冲直撞。他们充满活力，也充满幼稚。最终为中国历史增添了一块“史镜”——“秦鉴”。“秦鉴”在法制上的意义，便是恶法必无善治。短命而亡，活该！

秦以后的统治者，逐渐变得老到成熟起来，没有一个敢公开效仿秦

① 《隋书·刑法志》。

② 同上。

政,没有一个敢于公开宣称要搞严刑苛法。他们在儒士、儒官的推动下,不得不皈依礼法,减省刑罚,宽简律条,宣称追求良法善治。于是而有隋帝国二代君主有良法而无善治的悲剧出现。“隋鉴”的价值,在于告诫后世君主:有良法不见得有善治;有良法而不实施就不会有善治;有良法无善治还是要亡国。隋的短命,同样是活该!

有良法无善治而亡国的“隋鉴”,反证了荀子“有治人,无治法”、治人重于治法的治国名言确有先见之明。

“以史为鉴,可以知兴替”。隋朝灭亡,中国历史上的三大史鉴——“殷鉴”、“秦鉴”、“隋鉴”至此齐备,励精图治的李唐开国君臣有着丰富的历史经验教训可以汲取,特别是亲身经历的“隋鉴”,对他们起了极大的警惧作用。这种史鉴所产生的效果之一,是确立并坚持儒家法思想的主流地位,制定良法并实施良法。

史载,唐高祖李渊“颇好儒臣”,唐太宗李世民“锐意经术”。李世民曾表示:“朕今所好者,惟在尧舜之道,周孔之教。”[①]早在称帝以前,他就在秦府置十学士、留心儒学。即位之后,他即诏求前代通儒子孙,特加引擢,在正殿左侧增设弘文馆,选儒生充学士,给吃五品官的小灶,随时听召备询。贞观二年,他又命国学设“孔子庙堂”,以孔子为“先圣”,颜渊为“先师”,以左丘明、公羊高、谷梁赤等21人为配享。他叫孔颖达撰定《五经正义》,颜师古著写《五经定本》,令天下传习,经学自此一统,诸儒异说全部作废。汉季以来,一度式微的儒学自此昌明。“是时四方儒士,多抱负经典,云会京师”,“儒学之盛,古昔未之有也。”[②]

李世民和他的以魏征为代表的儒臣集团是中国帝制社会中采纳儒家民本思想较好的统治者。“舟所以比人君,水所以比黎庶,水能载舟,

① 《贞观政要·慎所好》。

② 同上书,《崇儒学》。

亦能覆舟”[①]，“为君之道，必须先存百姓”[②]，“国以人为本，人以食为本”[③]等等，是他们“以史为鉴”的体会，也是他们崇儒学的心得。这样，唐初君臣奉行儒家法思想便有了理性的认识基础，从而较能持久。由是，他们实行的立法“宽简”、德礼仁义为本、刑罚为末也比较有成效。

李渊时的《武德律》“尽削大业所用烦峻之法”，李世民修订《贞观律》又进一步“削烦去蠹”，其“变重为轻者，不可胜纪”[④]。正是在这样的政治和文化氛围之中，初唐统治者修定出了集汉魏以来儒家立法之大成的唐律，撰成了总汇魏晋律学而又远胜其上的《律疏》。唐律及其《律疏》后世习称为《唐律疏议》。它继承《法经》以来的律统，在古代律典的立法技术上臻于纯熟，在内在精神上又“一准乎礼”、“得古今之平”，将儒家法思想天衣无缝地灌注其中，无愧为中华法系之绝唱。《唐律疏议》于当时则辅李唐王朝收文治之功；于后世则垂范宋元明清各代；对外则远播东亚诸国。

史称贞观四年“天下断死罪二十九人”，开元二十五年“刑部断狱，天下死罪惟有五十八人。[⑤] 内中或多有溢美，但亦可窥见史家盛赞的“贞观之治”、“开元之治”用法宽平的一些痕迹，说明当时的统治集团既追求良法，也致力于实施良法，追求善治，才造就了一番盛唐气象。

如果说，汉代“独尊儒术”，才有儒家法思想作为古代法思想主流地位的初步确立，但其地位终不稳固，主要原因是缺乏儒家化的礼与刑高度一致的制度载体的话，那么，《唐律疏议》的颁行，标志着这一载体的铸造完成。到此，儒家法思想的主流地位最终确立，儒家化的中国法文

① 《贞观政要・慎所好》、《教戒太子诸王》。
② 同上书，《君道》。
③ 同上书，《务农》。
④ 《旧唐书・刑法志》。
⑤ 同上。

化达到了辉煌的巅峰。

2.唐中期至清代:儒家法思想的下旋阶段

(一) 中唐和晚唐

儒家伦理法思想作为中国帝制时代主流法思想地位的最终确立,除了上节说到的得力于礼典、律典的支撑外,实际上,还是借助了政治的力量和法制的强制。因为,它同时也是这个时代占统治地位的法思想,适应了统治者巩固统治地位的需要。

自汉代谶纬神学化的儒学衰落以来,儒家学说的理论危机,并未真正摆脱。儒家伦理法思想的地位亦不能不受影响。在刑事立法领域,虽有《唐律疏议》作为不易之则,但在刑事司法领域,佛、道二教的阻碍,特别是因果报应说对审判的冲击仍严重存在。宗法伦理道德的社会信仰程度还不高,其社会作用得不到充分发挥。在这种情况下,儒家伦理法思想的社会化就大受影响。李唐统治集团出于政治需要,倡明儒学,也不放弃佛、道,还跟老子李耳攀血缘,以表示自己家世的显赫。于是有儒、释、道三教并立的局面,这引起了自认为有"道统"担当的儒生集团的极大不满。中唐以后,思想界提倡和复兴儒学,排斥佛教的思潮日增,其中以韩愈最为激烈。

韩愈仿照佛教的佛法系统构造儒学传授的"道统":

> "尧以之传之舜,舜以之传之禹,禹以之传之汤,汤以之传之文、武、周公,文、武、周公传之孔子,孔子传之孟轲,轲之死,不得其传焉"。[1]

---

[1] 韩愈:《韩昌黎集·原道》。

韩愈的这一“道统说”，把儒学同中国古代圣王贤相联系在一起，证明儒学是华夏正统，以坚定人们对儒学的信仰，解决汉衰以来面临的信仰危机。韩愈的“道统”中也包含了儒家之法的“法统”。他说：

“道莫大乎仁义，教莫正乎礼、乐、刑、政”。①

“仁义”是“道”的内涵，“礼、乐、刑、政”这些国家和社会的根本制度、法律制度，须靠“仁义”来“正”之，即以“仁义”为指导，亦即以“道”为指导。这样，“道”就是儒家之法相传相承的内在价值本体，是儒家的“法统”的精神所在。韩愈特重《大学》，提出“治心”论，由“治心”而“治世”，以发明儒学“内圣外王”之道。他的“治心”论以孟学的“心性”为本又糅进了佛学的“佛性”。这样，激烈排佛的韩愈又以“道统”论和“治心”论不知不觉地汲纳了佛学。

与韩愈同时的柳宗元和刘禹锡则更是公开“好佛”，堂堂正正地宣布要援佛入儒。他们批评韩愈对佛教“忿其外而遗其中，是知石而不知韫玉也”。② 他们还认为佛教有助于稳定社会法制秩序，而不是起破坏和阻碍作用。柳宗元说，佛教教义与《易》、《论语》相合③，它“去鬼息杀，而务趣于仁受”，是“有以佐教化”的④。刘禹锡指出，佛教可以“革盗心于冥昧之间，泯爱缘于死生之际，阴助教化，总持人天。”⑤柳、刘的看法缺乏对佛教的全面分析，对其评价有过高之处。但他们公开地融合儒佛的态度和韩愈排佛融佛的致思趋向一样，成为宋明理学的前导。

---

① 韩愈：《韩昌黎集·原道》。

② 柳宗元：《柳河东集·送僧浩初序》。

③ 同上。

④ 柳宗元：《柳河东集·柳州复大云寺记》。

⑤ 刘禹锡：《刘禹锡集·袁州萍乡县杨岐山故广师碑》。

中、晚唐的思想家在法思想方面并无多少新的见解。韩愈认为治国应当“德礼为先而辅之政刑”①。白居易说，“刑”能“禁人之恶”，“礼”能“防人之情”，“道”能“率人之性”，三者应当“循环表里，迭相为用”②。这些说法都不离《唐律疏议》中已经法典化的儒家法思想大旨。

柳宗元以“势”来论证国家和法的起源及必要性，亦据此而认为礼和刑都是“防乱”之工具，应当“统于一”而并用之③。他把“少陵长、小加大，淫破义”的反宗法血缘伦理行为斥为“逆”，认定是“乱之本”④，从而肯定了礼法的必要性。又主张“穷理以定赏罚，本情以正褒贬”⑤。这“穷理”、“本情”的断狱论与“原心论罪”、“原情定罪”在法理上完全同调，都是以伦理恶性的大小作为定罪量刑的依据，使律文与法理、情理、伦理不相抵牾，使刑的适用与礼的评价相一致。所以，柳宗元的法律观仍在儒家主流法思想体系之内。他论秦二世亡之原因，认为“失在于政，不在于制”⑥。他所谓的“制”，指废封建、行郡县，实行天下大一统的中央集权君主专制政体制度。他所谓的“政”，指秦代施行的“亟役万人，暴其威刑，竭其货贿”⑦的虐民政策和酷刑之法，这同汉以来持儒家法思想立场者批判秦政的言论并无二致。说柳宗元是什么“大法家”，那是乱点鸳鸯。

(二) 宋元明清

其实，柳宗元、刘禹锡所说的可以助“教化”的佛教已不是原始佛教，而是中国化、儒学化的佛教。这种佛教已从过去完全的出世求解脱

---

① 韩愈：《韩昌黎集·原性》。
② 《白居易集》卷64，《策林三·刑礼道》。
③ 柳宗元：《柳河东集》之《封建论》、《驳复仇议》。
④ 同上，《柳河东集·六逆论》。
⑤ 同上，《柳河东集·驳复仇议》。
⑥ 同上，《柳河东集·封建论》。
⑦ 同上。

转向不离开世间求解脱的方法，用儒家的经世理论和伦理本体论来改造自己，逐渐把忠君孝父，甚至家法族规都引进了自己的教义。尤其是极盛于唐代的禅宗，它的“顿悟”与孟学的“心性”说在致思趋向上极为相似。这样，到唐中期，佛教已基本上完成儒学化的过程。

儒生的“援佛入儒”和佛家的佛学儒化，从两个方向共同开掘着儒佛合流的渠道。到了北宋，终于构建起了涵泳儒、释、道三教而以宗法伦理为本体论的新儒学——理学。

理学又名道学，广义上应包括明代心学，故称宋明新儒学。它以继承孔孟正宗道统自诩，又能融通道教的宇宙自然说和佛教的人生命运关切，致力于国家的良法善治。理学是对汉季以来佛道挑战的一个创新性的回应，克服了董仲舒为代表的以“天人感应”为外壳的汉代儒学那种粗俗的理论缺陷，扭转了儒学谶纬化而带来的式微局面，为帝制社会后期提供了精致思想武器。

理学家们为儒学构造的这个抽象化程度很高的完整理论体系，同时也使儒家伦理法思想更加理论化、系统化，从而强化了这一主流法思想的理论基础。它以抽象的“理”或“天理”为核心范畴。理学家认为，“天理”永恒不变，统率着万事万物。“天理”内涵是什么？朱熹说：“以天道言之，为元亨利贞；以四时言之，为春夏秋冬；以人道言之，为仁义礼智。”[①]说到底，“天理”就是宇宙法则。它是天道，又不远人道，而且包摄着人道，所有仁、义、礼、智、信这些自先秦以来儒家一直提倡伦理道德都在“天理”之中。这一运思模式与先秦儒家、与汉儒并无根本区别。先秦的观念是“民之所欲，天必从之”，天道就是人道，天意就是民意，天心即为民心。董仲舒说，天是人的大祖父，天与人相互感应，天的变化反映民众的心愿。相比之下，“天理”论确实精致得多，“天理”是最

① 《朱子语类》卷六十八。

高法、法上法,同时又是人间法、实在法。它的内涵依然是人伦道德,是伦理法。

"天理"论的纲领是六个字:"存天理,灭人欲"。它是礼教的根本原则,礼俗的根本规范,礼法的根本宗旨。在这里,伦理道德与伦理法完全无缝衔接、相向而行:凡是道德上应存应灭的,也都是法律上应存应灭的。理性的理解应当是这样的:贪得无厌、损人利己、损公肥私、沽名钓誉、三妻四妾之类的贪欲、私欲、淫欲,是"人欲";饥食渴饮、男婚女嫁等为人之生活所必需的需求是"天理"而并非"人欲"。

"天理"论讲的是修身,通过"格物"、"致知"、"正心"、"诚意"等"克己"工夫,劝人们做道德人,提升社会道德,但其内在的宏大指向,还是"治国平天下"。于是不可避免地会出现两种不同功能:正向可以论证现实政治统治和法制符合"天理",具有合法性;反向可以批判现实政治统治和法制存在"人欲",应予克制,趋合"天理",后者往往隐秘得很深,难以发现。

试想,任何社会,无论古今,也甭管是何种政治体制,最有条件搞"人欲"的,对社会、对百姓、对统治者整体和长远利益伤害最大的"人欲",来自何方?当然不是普罗百姓,而是统治集团自身,是君主、官僚们。他们的重赋敛财、重刑虐民、横征暴敛、贪赃枉法、贿赂公行、徇私舞弊,才是最大的"人欲",最应除去的"人欲"。所以,朱熹的"天理"论,主要是对两类人讲的,一类是政治统治者,一类是读书人。[①] 这是"天理"论中隐藏着的现实批判性密码。

---

① 朱熹论"天理"的言论中,征引比较多的,有一条是对君主讲的:"臣闻人主所以制天下之事者本乎一心,而心之所主,又有天理人欲之异,二者一分,而公私邪正之涂判矣。盖天理者,此心之本然,循之则其心公而且正;人欲者,此心之疾疢,循之则其心私且邪。"(《朱子文集·延和奏札二》)还有一条是对读书人讲的:"圣人千言万语只是教人存天理,灭人欲","学者须是革尽人欲,复尽天理,方始为学"。

问题是，这“天理”已发展到以“三纲五常”为骨干，而对“三纲五常”的解释又越来越向片面化、极端化的“左”的方向滑落。于是而有“君要臣死，臣不得不死；父要子亡，子不得不亡”，以及“饿死事小，失节事大”①。当“纲常”陷落为非理性的宗教痴迷时，“以礼杀人”疯狂就难以避免了。其结果，受伤害的不仅仅是民众和社会，还包括理学本身及其所含摄的儒家伦理法思想体系。这样的礼法及其所维护的礼法社会已经异化，从而，也动摇了帝制的统治基础。

要之，精致化的理学思想体系并未在政治统治模式方面给这个古老的帝国提供什么新思路、新设计、新方案，在立法、执法、司法的具体主张上也没有提出什么重要的新见解，所讨论的大多是过去业已提出的问题，所唱的大多是过去业已唱过的调子。

宋代，帝制的文治已到达顶峰，其制度资源也已用竭。北方游牧民族入主中原，只不过是用野蛮和武力维护帝制再走一轮恶性循环之路。但这是一条回不了头的下坡路，社会危机必然愈陷愈深。官僚集团内部的一些清醒者不断发出警惧信号，也出现了不少力图革故鼎新的政治家、思想家，但都回天乏力。所谓的“中兴”、“盛世”都不见得那么鲜亮。

“崖山之后无华夏”。除了告诉我们，“用夏变夷”而来的“华夏”，毕竟不同于原生态华夏；还在于向人们挑明：那种“日新又新”、富有生机、不断自我“损益”、“维新”的华夏精神丧失了。

从法律制度史的角度看，自唐代中期礼法体制定型之后，宋辽金元直到明清，并无改作，而良法美意，渐有流失。

律典之制，各朝皆因于唐律，又逊于唐律。著名法律学家、曾任晚

① 《朱子语类》卷四。《程氏遗书》卷二十二载：“又问：‘人或居孀贫穷无托者，可再嫁否？’曰：‘只是后世怕寒饿死，故有是说。然饿死事极小，失节事极大。’”

清刑部尚书的薛允升倾毕生所学，撰成《唐明律合编》三十卷。综观全书，其推崇唐律批评明律之旨甚明：

“唐律集众律之大成，又经诸名流裁酌损益，审慎周详，而后成书，绝无偏倚踳驳之弊。且以刑杀之书，而慈祥恺恻之意，时时流露於言外，故各律俱湮没，而惟此归然独存，若有鬼神为之呵护者，然四库提要亦谓唐律一准乎礼，以为出入得古今之平。又云：上稽历代之制，其节目备具，足以亦谓唐讨源者，要惟唐律为最善，甚可贵也。明律虽因於唐，而删改过多，意欲求胜於唐律，而不知其相去远甚也。”①

薛氏乃清朝命官，自不宜对《大清律例》说三道四，然从他批责明律中，已寓意其中。明、清律典如此，其他金辽元代律典更不足道。

拿这阶段的思想史来说，在某些特殊的错综复杂的政治条件和社会环境下，曾一度出现过学术思想的多元状态。但无论是程朱理学派，还是陆王心学派；也不管是实学功利思潮、经世致用思潮，还是各式各样的社会批判思潮、社会改革思潮，它们之间虽互有论争，甚至出现过局部的、个别观点的非主流和反主流的思想闪光，然而从总体上说，基本上没有提出与儒家伦理型主流法思想相反的，或不同的思想体系，更没有中断主流法思想的发展进程。

让我们清点一下这段漫长的法思想历史：

金元时期的少数民族统治者，依然宣称“用夏变夷”，模仿唐宋，制颁法令。不过，他们已完全没有北朝时期统治者那种谦诚心态和进取精神，其礼法的法典化和规范化明显不及唐宋，且对“南人”实施极不平

① 薛允升：《唐明律合编·例言》。

等的政治统治。

明清两代有作为的皇帝，如朱元璋提出“明礼以导民，定律以绳顽”[①]的“礼刑并用”、“恩威并济”论，又依据“宽猛相济”而实施以重典治乱世的法律政策；“康熙大帝”爱新觉罗·玄烨有“以德化民，以刑弼教”[②]和“有治人，始有治法”[③]的再三谕旨。

以天下忧乐为忧乐的范仲淹在“庆历新政”中力主省刑宽赋，其理由是“以德服人，天下欣戴；以力服人，天下怨望”。[④] 王安石变法的根据就是儒家“权时之变”的“损益”论[⑤]，他自称自己的变法以儒家“义理”为标准，并注疏《周官》等儒家经典，弘扬孟学，以奠定变法的理论基石。说到德礼刑政，王安石完全演绎传统的“德主刑辅”论：

> “刑名法制，非治之本，是为吏事，非王道也。精神之运，心术之化，使人自然迁善远罪者，王道也。”[⑥]

尚事功的南宋实学代表人物陈亮和叶适以“义利双行，王霸并用”[⑦]为学术主旨，究其理论渊源无非是承荀学偏重“外王”的传统。他们力劝君主简法轻刑，崇尚道德教化：“尊老慈幼以厚风俗……简法重令以澄其源，崇礼立制以齐其习”，[⑧]“同风俗以正人心，清刑罚以全民

---

① 《大明律序》。

② 《清实录》卷九十。

③ 《清实录》卷三十四。

④ 《范文正公文集》卷三。

⑤ “如圣贤之道皆出于一，而无权时之变，则又何圣贤之足称乎。”(《临川集》卷六十九)。

⑥ 《王荆公年谱考略，熙丰知遇录》。

⑦ 《陈亮集·寄陈同甫书》。

⑧ 《陈亮集·中兴论》。

命”,[1]以“平心克己,节俭爱人,务农重本,轻刑薄赋”为治国之“常道”[2]。

在当时和后世享有极高声望的宋明“清官”,如包拯、海瑞等,究其司法政绩的实质,不过是儒家伦理法的思想和法律政策的忠实执行者。

……

总之,在法的思维方式上和价值取向上,上述各色人物,各派学说,各种思潮都不曾逃脱主流法思想的固有逻辑。伦理型的法文化精神,已经成为民族一种心理定势,成为人们法思考的稳定模式,从而形成了全社会与伦理型法文化同质性、同向性的法思维和法行为。明末清初的黄宗羲、顾炎武等人,集社会批判思潮之大成,思想上直逼近代启蒙思想和民主法治的边缘,但他们的出发点和归宿点仍然是民本主义、效法三代圣王等等一类的儒家观念。

这种同质又同向的法思维方式和法行为方式不断深化、强化了儒家伦理型主流法思想,形成了一种顽固的法思想怪圈。它使儒家伦理法思想的主流地位稳固了,甚至是超强稳定了,使其思想体系彻底烂熟了,但也完全僵化了。它禁锢了人们的法思考,窒息了法的领域的新探索、新思想。越是到了古代帝制社会的后期,这种禁锢和窒息作用就越大。主流法思想的这种下旋滑行一直到二十世纪初的清末变法中才基本告终。

3.晚清(鸦片战争以后):儒家法思想的式微和瓦解

1840 年的鸦片战争及随之签订的中英《南京条约》,标志着古代中国的结束,近代中国的开始。自此到辛亥革命的晚清时期,是儒家法思

① 《陈亮集·廷对》。
② 叶适:《水心别集·苏绰》。

想下旋运动的一个重要的阶段。

古老中国的大门被帝国主义的大炮轰开以后，社会政治、经济关系发生了重大变化。治外法权的产生不但使中国主权不再完整，而且使清王朝的法制和儒家法思想失去了昔日的一统和尊严，古老帝国的礼法制度及其指导思想和内含的各种原则不能不随时代的变化而变更。而随列强炮舰涌进中国的，不光是鸦片和洋货，还有西学和西法。中西文化、中西法律的冲突和交融由是在更为广阔的层面上以更加激烈的形式展开了。左右中国两千年的儒家学说和以其为主流的法思想不可避免地由烂熟走向瓦解、衰亡，而近代以民主、权利、平等、自由、共和、法治为特征的法思想则得到宣传和传播。

中国社会在鸦片战争以后的半殖民地化是一个逐步加深的过程。在晚清前期，帝制政治、地主制经济和礼法制度还处于主导地位，表现在法制方面，仍以《大清通礼》、《大清律例》为全国统一遵奉的王朝"圣典"，作为其内在精神和指导原则的儒家伦理法思想也理所当然地得到最高统治者的维护而高据法思想的统治地位。由于中国资本化经济模式的晚起和幼弱，资本家阶级的先天不足，其在政治上不能不是软弱的，相应地，他们在思想文化领域中难以创造出自己的理论体系，担当不起引领时代前进的思想领导者重任。加之，近代社会接踵而至的内忧外患，也影响了思想理论的建设。思想家们往往应接不暇风云变幻的政治事件，奔劳疲惫于燃眉之急之中，来不及对思想资料作充分的反刍消化和进行理论园地的精耕细作。表现在法思想领域，人们大多停留于言辞激烈地抨击旧礼法，慷慨激昂地提出新主张，其中虽不乏给人智慧的启迪，但却少有坚定、系统的理论体系。大多数思想家包括康有为、梁启超、严复、章太炎等，他们的政治命运和思想观点往往以喜剧开始，以悲剧告终，大起大落，甚至几起几落。

法思想的变革往往会落后于时代的变革。这种意识形态的相对独立性在清末表现得十分明显。如果把法思想比做一个人的头,而社会政治、经济比做它的脚,那么我们看到的则是一副扭曲的怪相:脚已站在近代社会土地上,而头却留在古代社会的那一边、因而脖子不能不伸得老长老长。

鸦片战争以后至清王朝垮台以前,思想界曾递次出现过数次大的思潮更迭:力挽清廷统治,力主抗击外来侵略的儒家型官僚改革思潮;以偷学来的洋宗教作批判武器与传统的揭竿起义式武器批判相结合的太平天国"革命"思潮;力求自上而下改革,实行君主立宪的维新改良思潮;以武装起义结束满清帝制,实现民主共和制度的革命思潮。这些急速递嬗的思潮,就其法思想层面而言,除了孙中山的三民主义和五权宪法思想体系具有以近代民主主义宪法和法治思想为主体积极汲取儒家法思想的优秀因素的自觉理论创新外,大多出入于儒家伦理法之中,重演"托古改制"的闹剧,高唱"法先王"的老调,盘桓于儒家法思想的价值观和方法论之下。因此,儒家法思想的瓦解和民主主义法思想的发展呈现为一个曲折漫长的过程。

(一) 龚、魏:"药方只贩古时丹"

鸦片战争以后,西方列强对中国步步逼进,不平等条约接踵而至,社会危机日益深重,民族危亡大祸临头,华夏故国遭遇千年未有之剧变。亡国灭种的忧患促使一批士大夫从埋首经学营垒中杀出,龚自珍、魏源等是其中的代表人物。

他们提倡"经世致用"之学,反对因循守旧,宣传"变法图强",主张广开贤路,广取人才,致力于了解世界时局,翻译西书,动员民力,抗击外来侵略者。他们严厉批判专制法制及其酷法滥刑,要求改变重农抑商的立法政策。但他们认为,儒家思想的基本原则是不能变的。

龚自珍从“公羊三世说”寻找变法的理论根据①。他提出的君臣“共治”②,“德治”为主,以刑辅德③等主张。这正如他自己诗中所说,是“药方只贩古时丹”④。魏源说,“君子为政当正其本而劳其体”⑤。“本”,指德化。他认为,这个治国之“本”是不可变的,可变的只是兵刑、法令等治国之具。

龚、魏二人相比,龚更多的是忧愤的揭露和抨击,魏源则似乎用心于筹划和设计。他除了提出著名的“师夷之长技以制夷”外,在《海国图志》中介绍了一些西方的民主与法治制度,在中国人中率先睁开了看世界的眼睛。不过他的“药方”仍然是“古时丹”,而不是西药。龚、魏“变法”的目的是想补帝国君主制度之“天”,社会批判主义是他们的思想主流,由于时代的条件,在他们的思想内容上已客观地包含了一些超出君主主义和民本主义的因素,成为康、梁维新改良的“前驱先路”。

(二) 太平天国:确立“天父”的纲常

太平天国是我国历史上规模最大的一次农民运动,是古代帝制社会农民运动的终结。它以传统农民起义那种急风暴雨的方式对清王朝及其所代表的旧制度、旧思想、旧法制进行了武器的批判,却没有也不可能为近代资本主义制度和资产阶级思想体系的诞生作一次革命的洗礼。

在洪秀全脑子中,除小生产者的经济平均主义和空想的农业社会主义外,还夹杂着严重宗法主义,对洋宗教“拜上帝会”的痴迷,真正的

---

① 龚自珍以上古为“据乱世”,商朝为“升平世”,周朝为“太平世”,以说明“自古及今,法无不改”,见《龚自珍全集》之《五经大义终始论》、《上大学士书》。

② “为天子者,训迪百官,使之共治吾天下。”《明良论(四)》。

③ 龚认为“王运之本”,在人心,办法是“全德不恃力,莫肯不服,其次用力”,对不服者,才“出乎礼,入乎刑”,见《龚自珍全集》之《平均篇》、《春秋决事比白序》等。

④ 龚自珍:《已亥杂诗》。

⑤ 魏源:《默觚下·治篇十三》。

自由、平等、博爱观念是不多的。青年洪秀全曾怒摔孔子的牌位，那并非与儒家思想彻底决裂的表示，而是一心以科举求功名的下层知识分子连遭挫折的心理宣泄。曾经饱读经书的他，深层文化意识仍是属于儒家型的。他的平均主义、宗法主义等等都可以在儒学内找到思想源流。因而，在他们起义成功热情最高涨的时期，曾以摧枯拉朽之势冲击了纲常名教及儒家主流法思想，但到了后期，洪秀全等又基本上因袭了君主专制主义制度及其惨酷的法制，他苦心改铸的"天父"成了一个中国化、世俗化、农民化的专制的"皇上帝"，儒家的纲常换成了"天父"的纲常。他在南京建立的"天国"，仍然是皇权主义、专制主义、享乐主义，外加洋宗教洋神权，由于摒弃了传统儒家伦理的理性宽容智慧与和谐圆融精神，从而变得更加极端与迷狂。他们所实施的禁欲主义、重刑酷刑主义、刑罚惩办主义、报复刑主义的法制和政策，已经到了丧失基本人性的地步。晚期一度主政的洪仁玕力图以重视工商的资本经济发展方向和"化之以德而省于刑"、"罪人不孥"[①]等儒家法思想的一些原则来拯救天朝时，已经来不及了。

有着几千年儒家化礼法传统影响的中国农民，最终不会接受那个的洋"上帝"洋"天父"，以及洪秀全贩来的那套不中不西"拜上帝会"教义。"太平天国"的轰轰烈烈程度和进军速度不亚于自陈胜、吴广以来的任何一次揭竿起义运动，但时代连改朝换代的机会也没有给他们。结束帝制专制，走向民主共和，已是时代的要求。传统的下层知识分子领导的揭竿"革命"运动承担不了如此重大的历史使命，这是"太平天国"以牺牲千百万农民生命换来的沉痛教训，可又是先辈们探索救国救民道路上不可避免的过程。

---

① 均见洪仁玕:《资政新篇》。

（三）洋务运动："变器不变道"

洋务运动产生于中外统治势力互相勾结镇压太平天国的特殊历史条件下。十九世纪六十至九十年代，是洋务运动由兴而盛到衰的时期。洋务派们的所谓"洋务"，主要是购买洋枪洋炮，兴办军事工业，用"洋法"操练军队，建立新式的陆海军，以及开办官督商办工矿企业，铺设北洋铁路，派遣留学生学习西方技艺等等。他们的目的不是为了国计民生，而是为了加固清王朝的统治，但其措施在客观上刺激了中国近代工业和资本主义的发展。

清王朝内的顽固派指责洋务派是"用夷变夏"，事实上，洋务官僚同样是君主主义的卫道者，他们只认得西方的"坚船利炮"、后膛枪和技艺，而以为"泰西各国，一切政事皆无足取法"①。其早期代表曾国藩原本是晚清的理学家。在他看来，太平天国的可怕之处在于"举中国数千年礼义人伦诗书典则一旦扫地荡尽，此岂独我大清之变，乃开辟以来名教之奇变"②。他走出书斋，力图挽名教狂澜于既倒，训练和率领悍猛的湘军捍卫纲常名教，也捍卫了以名教为灵魂的主流法思想，其残酷和凶险犹如十字军东征的宗教战争。这些人间的大罪恶往往是挂着"文化"的"高尚"目的，而在美丽动听言辞下进行的。扼杀太平天国后，曾国藩开创了"变器不变道"，"略仿西洋之法"的洋务运动，其目的还是为了维护数千年的纲常名教和礼法典则。后期的洋务派主帅张之洞曾将其指导思想概括为"中学为体，西学为用"。在法律方面，他主张在不变更君主制度"政教大纲"③的前提下，作一些表面的无关痛痒的变法修律工作。

---

① 《洋务运动资料》第1册。

② 《曾国藩全集·讨粤匪檄》。

③ 张之洞：《张文襄公全集》卷69。

(四) 康、梁:托古改制

清王朝在甲午战争中的惨败和丧权辱国的《马关条约》的签订,标志着经营30年的洋务运动彻底破产。康有为、梁启超率领"公车"举子们打出的"变法维新"的旗帜,在国难深重、危机四伏的社会历史背景下和民族文化的大忧患中战战兢兢地登上了历史舞台。

改良派是作为中国近代史主角自主力中最弱的一个阶层。他们是饱读四书五经的儒学精英,对清王朝君主政治集团有较强的依附性。改良派反对用革命暴力手段彻底推翻清王朝异民族专制政府,主张用立宪君主制度代替之。它虽然提出了资本主义发展方向,却又反对土地革命。改良派整个地说是作为太平天国的对立面出现的,他们的功绩是进行自由、平等、博爱的思想启蒙,并组织和领导了"戊戌变法"运动。

康、梁主持的"戊戌变法",希图在一个无权皇帝的支持和准许下,实现君主专制制度向君主立宪制度的转变,以挽救民族危机和社会危机。他们叩头请愿的变法方式换来的却是顽固派的坚决镇压。六君子悲壮地血洒菜市口。维新变法仅历百日而宣告失败。

康、梁在法制上主张采撷西法,改革刑律。他们揭露帝制专制法律的荼毒,向往资产阶级的"自由"、"平等",表达了以此作为立法指导思想的愿望、激扬了脱离儒家之法的致思趋向。康有为曾撰《新学伪经考》、《孔子改制考》,鼓吹变法理论。前者"既以诸经中一大部分为刘歆所伪造",后者"复以真经之全部为孔子托古之作",于是"数千年来共认为神圣不可侵犯之经典,根本发生疑问,引起学者怀疑批评的态度"。[①]这对于当时的思想界,无异于"火山大爆发"、"大地震"——梁启超说。康有为还写了《大同书》,在熔铸中西文化方面作了极其可贵的探索。

---

① 梁启超:《饮冰室合集·专集》之《清代学术概论》,中华书局1988年版,第58页。

《大同书》的“最要关键，在毁灭家族”[①]。康氏的两《考》动摇了人们对儒家经典的迷信。儒家经典正是儒家文化及其礼法文化赖以栖身的载体。康氏的《大同书》则抽掉了儒家伦理法的根本基础——家族主义。康有为不愧为是从经学营垒中杀出来的高手，能找准对方的要害处回马一枪。他的两《考》和《大同书》对于儒家思想及其法思想所产生的瓦解作用，恰犹如釜底抽薪。

如果说，康有为的批判过于学术性，那么维新派的另一员健将谭嗣同的“冲决网罗”的呐喊则要痛快淋漓得多。谭尖锐地指出：

> “二千年来之政，秦政也，皆大盗也；二千年来之学，荀学也，皆乡愿也。惟大盗利用乡愿；惟乡愿工媚大盗。二者交相资，而罔不托之于孔。”[②]

他一口气否定了秦汉以来的全部君主政治制度和思想文化，并进而揭露说，专制君主之所以能“虐四万万之众”，靠的是“三纲五伦”，它既“能制人之身”，又“能制人之心”，“独夫民贼，固甚乐三纲之名，一切刑律制度皆依此为率，便取已故也”[③]。因此，以“三纲五伦”为灵魂的礼法制度及其刑律应予全部废除。按照谭氏的思想路子，儒家法思想无疑将逻辑地应予整个推倒。

然而，以上论析只是对康、梁、谭思想中积极“维新”求变主张的逻辑推断。维新派思想中还有着十分重要的一个内容——他们用来“维新”的合法性依据：“托古改制”。

康有为的两《考》归本于今文经学。他从中锻造了变法的思想武

---

① 梁启超：《饮冰室合集・专集》之《清代学术概论》，中华书局1988年版，第58页。
② 《谭嗣同全集》，中华书局1981年版，第337页。
③ 同上书，第349页。

器——“公羊三世说”：

> “三世为孔子之非常大义，托之《春秋》以明之。所传闻世为‘据乱’，所闻世托‘升平’，所见世托‘太平’……此为《春秋》第一大义”。①

他比附说，“据乱世”为君主专制，“升平世”行君主立宪，“太平世”是民主共和。于是孔子被打扮成了“托古改制”的“素王”，孔子所著《六经》的“微言大义”成为行君主立宪的理论依据。康氏的《大同书》系“演《礼运》大同之义”②而成。他将佛教的“极乐世界”，资产阶级的自由、平等、博爱，空想社会主义的“理想国”统统汇总糅合，复归于儒家“仁”道之下，显现出很浓的建设儒家型伦理国家和伦理学本体的价值指向。加之，他的两《考》在学术上难掩瑕疵，不但杀伤力有限，且不能持久。其《大同书》又秘不示众，社会影响太小。

同样，谭嗣同激烈的批判中寄寓着贬荀尊孔的学术要旨。他认为，由于行“秦政”的“大盗”和行“乡愿”的“荀学”“罔不托之于孔”，因此孔学被糟蹋了，“孔教亡而三代以下无可读之书矣！”③所以应该恢复孔教的本来面貌。孔教的真义是什么呢？他以为，一是民本主义：“君末也，民本也”④；二是改制：孔子“当据乱之世，而黜古学，考今制，托词寄义于升平太平……废君统，倡民主，变不平等为平等。”⑤他要洗净泼在孔子头上的脏水，却又把孔子乔装改扮为行立宪、倡民主的“教主”。

---

① 康有为：《春秋董氏学》。

② 康同璧：《南海康先生年谱续编》，台湾文海出版社1979年版，第20页。

③ 《谭嗣同全集·仁学(三十一)》。

④ 同上书，第53—54页。

⑤ 同上。

这一切都表明，经学出身的维新派无法完全理解西方资产阶级民主、法治学说及其制度的丰富内涵，总想把它塞到他们更为熟悉的传统的儒家仁学型范之中，用儒家的仁学民本主义、人道主义，以及变法理论、大同思想去附会西学西法。尤其是在他们“保国”、“保种”的灼热急迫的爱国主义和变法图强呼吁的同时，又坚决主张“保教”，即维护纲常化的所谓“孔教”、“儒教”。这与曾国藩的文化忧患有着同样的心态，对民主主义的思想启蒙起了阻碍和抵消作用，而儒家主流法思想也在“保教”的文化运动中找到了理想的避风港。

维新志士们的文化忧患不无道理。文化人应当有这份文化的敏锐和文化情怀。问题在于，他们对“保教”的过分执著，把“保教”视为“保国”、“保种”的根本，拔高了所谓“儒教”的地位和作用，堕入为文化决定论。这又完全是儒家道德伦理本体的传统文化价值观。这种“保教”论为他们在以后堕入政治上保皇和思想上尊孔复古埋下了根子。戊戌变法失败以后，康有为正是在“保教”的旗帜下与保皇思想同流合污的，还成了“孔教会”的创始人和领袖。变法运动时被誉为“舆论界之骄子”的梁启超则于1906年由君主立宪论退到了“开明专制”论。所谓“开明专制”论，即儒家民本位的相对君主主义论。这样，改良派在文化上和政治主张上又走进了儒家思想及儒家之法的思维方式和价值论的怪圈子里去了。

（五）严复：从西学回到孔学

说到戊戌前后的思想启蒙，不能忘掉一个人，他就是严复。康有为推他为“中国西学第一者”①。他把自己热烈的爱国情怀，学贯中西的知识结构和深厚的素养倾注于翻译、介绍西方政治学、法学、经济学著作之中。他寓论于译的《天演论》深刻启发和教育了那个世纪之交的一

① 中国近代史资料丛刊：《戊戌变法》第二册，神州国光出版社1953年版，第525页。

代中华热血青年。严复是戊戌变法运动的局外人,不同于康、梁和“六君子”那些直接投身变法维新的改良派,然不失为一个贡献卓著的启蒙思想大师。他批判君主专制法制是“坏民之方,散民之力,漓民之德”①,热切希望学习西法的“天赋人权”和“民主”、“自由”、“平等”等原则来变更中法。他打破了洋务派“中体西用”的框框,主张学习西学之“本”——政制,并提出了学习西政应“以自由为体,以民主为用”②的深刻命题。针对旧法制中卑者、贱者义务重而权利轻的缺陷,他引入了权利与义务相对应的西方法理学原则:

> “义务者,与权利相对待而有之也,故民有可据之权利,而后应尽义务生焉。无权利而责民义务者,非义务也,直奴分耳。”③

他还初步比较了中西法理上的区别:西法讲“平等”、“以公治天下”、“隆民”,中法重“三纲”、“亲亲”、“以孝治天下”、“尊主”④,等等。

严复对旧法制和儒家法思想的批判是理性的、深刻的,多能从法学学理上正面切入,这与他对西学西法的高深造诣分不开,在 19 世纪末 20 世纪初尤为难能可贵。可惜的是,严复未能始终一生。辛亥革命后,他列名于为袁世凯图谋复辟帝制的筹安会,暮年更趋守旧,从要求改革旧律变为宣称“我国旧法断断不可厚非”的“愈懋老人”,退回到孔学的门墙之下。

(六) 沈家本:终结礼法体制的传统儒官

清末,直接有功于汇通中西法律的代表人物有两个:严复和沈家

---

① 严复:《辟韩》。

② 严复:《原强》。

③ 严复:《法意・按语》,商务印书馆出版,第 535 页。

④ 严复:《论世变之亟》。

本。前者主要在法理方面,后者致力于立法领域。

沈家本是一个比较开明的清朝官僚,在清廷一手导演的预备立宪大戏局中,被推选出来担任修订法律的主持人。他大量引进西方法典,力主采纳西方法学理论和法律原则,真诚地将预备立宪来了个假戏真做。在假立宪中搞出了真修律。他改删《大清律例》而成的《大清现行刑律》是中国帝制时代最后一部旧体例的,但却是最好的法典;他主持制定的《大清新刑律》是中国最早采用西方刑法体例的最进步的第一部近代刑法典。他是中国儒家立法的终结者,中国古代礼法体制的终结者,又是中国近代法典的创始者。辛亥革命以后,沈氏所主持修定的刑、民、商、诉讼等等法典或法典草案,实际上成了历届国民政府立法的蓝本。但是,沈家本却完全是一个儒家型的士大夫,一位典型的传统儒官。他是中国法律史上的最后一位儒家。

前面说过,儒家伦理法思想被最终确立为古代中国主流法思想是由《大唐开元礼》、《唐律疏议》这样的儒家伦理型法典的颁行而告完成的,同样,它的基本瓦解也是其礼法载体之一——《大清律例》的废除,以及新的采取西方近代立法体例和西方法理学说、法律原则为指导而修定的《大清新刑律》的颁行为标志的。沈家本修律的深刻意义和法律史价值正在这里。

(七)余论

综合前述,儒家伦理法思想作为中国古代社会主流法思想的地位初步确立于西汉,定鼎并辉煌于唐中期,宋代以后渐趋烂熟,走向僵化,鸦片战争后步步式微至清末修律而基本瓦解。此后,它只是作为一种法文化传统遗存在中华民族的法意识、法心理和法行为之中,并影响着现实的法制建设。

如果说,辛亥革命以前,中国政治上、思想上的各个派别的争论,就其在法的领域而言,主要是要不要改造古老的中华法系和它的指导思想及内在精神——儒家伦理型法思想的话，那么，辛亥革命以后，人们的注意力已转移到了怎样创立近代中国的新法制和新的法思想体系上。中国近代法思想史上的这一重大转折是由资产阶级革命民主派及其发动的辛亥革命促成的。孙中山的三民主义和五权宪法学说，在某种意义上可以说是具有一定的近代中国特色的民主主义法律学说。它既汲纳了西方民主、宪政、法治学说，又改造了以儒家为主流的中国民族传统法文化，虽然难免有理论的周延不足和失误，而且还只是未竟之业，但平心而论，达到了他那个时代里融合中西的最高水平。

三、儒家型主流法思想的特点

秦汉至清的帝制君主政治时代，在政治法律领域，占主流地位，并钦定为正统的思想形态是儒家法思想，礼法是其法制载体。但这个儒家法思想不同于先秦以孔、孟、荀为代表的原创儒家法思想。它经过了帝制大一统君主制的政治化改铸，在学术上以先秦儒家法思想为主体，吸收了法家、道家、阴阳家、黄老家等诸子百家的法思想内容。这里称之为“儒家型法思想”或“儒家型主流法思想”，以示区别。

儒家型法思想实现主流化、正统化以后，不但是历代王朝立法、司法的指导原则，帝制时代法制的理论基础，而且也逐渐积淀为人们的法心理，左右着社会的法意识、法行为，成为中华法系的灵魂，中国古代法文化的主体。

古代社会中，着重弘扬儒家现实批判主义精神的思想家、有志于改革的政治家，包括康有为、梁启超、谭嗣同这批维新志士，曾一再撇清秦汉以后的主流法思想与孔、孟原型的不同，以此证明他们的批判，或者改革、变法和维新，来自孔学真传，具有正当性和合法性。主流化、正统化的儒家型法思想与孔、孟原型确有所不同，但在基本的法价值观、法思维论方面与先秦儒家伦理法学说还是一脉相承的。这些同和不同，或同中之异、大同小异，是在其主流化、正统化的确立和瓦解的漫长历程中形成的，并呈现一些贯彻始终的基本特点。

其一，儒法合流，法学一统。

汉宣帝教训"柔仁好儒"的太子（即汉元帝）说：

"汉家自有制度，本以霸、王道杂之，奈何纯任德教，用周政乎？"①

其实，历史上何曾有过"纯任德教"的"周政"?！孔子说"文武之道，一张一弛"。荀子歌颂"礼与刑，治之经"是"后王"的治道，也主要说的周文武之政。"纯任德教"是汉宣臆想出来的。不过，他的自白有部分是正确的，"霸、王道杂之"、阳儒阴法，"汉家"确实如此。汉代，以儒道为主体，融合刑名法术等诸子百家之学的创造性思想体系重建尚未完成，在治国理政方面未形成一套稳定有效的治道，不免无所适从。初期信奉黄老"无为而治"，中期的汉武帝虽打出了"独尊儒术"的旗号，但他"内实多欲"，遇到些许突发事件，依然依赖严刑重罚，且任用酷吏执法，推行霸术之治。这些正是汉宣帝教训太子的历史背景。

问题是，在融合百家的儒家思想新体系形成之后，在儒家型主流法思想成为帝制时代占统治地位正统法思想之后，是否还要继续重复"霸王道杂之"的"汉宣话语"来揭示帝制中国的治道？答案是，没有这个必要了。以先秦儒家思想为主体、为外壳，融合法家、阴阳、黄老等各家之学而形成的新儒家思想体系中，其王道之中已杂糅进霸道。作为它思想体系一部分的法思想而言，提倡的就是德礼为本、为体，刑罚为用、为

---

① 《汉书·元帝纪》。

辅。王道与霸道,德礼与刑罚,都在这个思想体系之内,都在帝制政治的治道之中。用现在的话语来说,两手都要硬,两手交相用,两手是同一体中的两手,而不是儒家之体的王道一手与法家之体的霸道一手"杂之"。

就法思想领域来说,百家融合主要是以儒家为主体的儒法合流。儒法合流以后,就再没有先秦子学时代波澜壮阔的儒法之争,法学学术归于一统。诚如杨鸿烈先生所言:

> "两千年来,在儒家思想支配下的中国法律内容全体的根本原理实在没有什么重大改变和冲突的地方。"①

这种法学学术的一统无疑窒息了法的新思想,导致法学思维的贫乏,法思想的枯竭与僵化,但也不能因此而妄编思想斗争史。"文革"期间的"评法批儒"运动,生造出一部"儒法斗争史",全是子虚乌有的伪史学。

诚然,两千年中法思想的学术一统,不能理解为不存在任何论争,只不过一切论争均未突破儒家型法思想体系,且多限于法律范围内的具体问题。这些具体问题,归纳起来有以下一些:

① "八议"、"刑不上大夫"、"官当"制度与法贵平等原则的是非问题,以及它们的相关条款之适用问题;

② 刑讯存废和适用问题;

③ 族诛连坐的存废问题;

④ 复仇行为的法律责任问题;

⑤ 肉刑的废复问题;

---

① 杨鸿烈:《中国法律思想史》(下册),商务印书馆1937年版,第5页。

⑥ 宥赦的当否问题；

⑦ 婚姻问题。包括婚姻的年龄、作为婚姻形式要件的“六礼”、同姓为婚、作为离婚要件的“七出三不去”等问题；

⑧ 别籍异财问题；

⑨ 嫡庶关系问题。包括立嫡、承嗣、宗祧继承等问题。[①]

以上问题的论争是局部性的，双方都以仁道礼制相标榜，运用儒家折中权时的理论在礼与刑、法与理、法与情关系上畸此畸彼，属于儒家型法思想体系的内部论争。

其二，礼在律中，律外有礼。

“儒法合流”在法的领域产生了两大成果，法思想方面是儒家型主流法思想，法制度方面是《唐律疏议》。后者被誉为礼融于律、礼入于律、礼律合一的定鼎之典，中华法系中律典的代表之作。

但是，中国法律史不能停留在只讲律令法制上，不能在讲到唐律实现“礼法合一”后，不再提及礼制问题，似乎过去那个“定亲疏、决嫌疑、别异同、明是非”[②]的礼都融入律典之法了。史实不是这样的。

《四库全书总目提要》云：“刑为盛世所不能废，而亦盛世所不尚。”[③]在编辑《四库全书》的群清儒眼中，唐律 500 条无非是一个“刑”字。这正道出了包括唐律在内的历代律典的实质。按现在的法学话语，这些律典实质上是刑律典，相当于现今之刑法典加上刑事诉讼法典的综合性刑事法典。《唐律疏议》尽管已是依礼而制、折衷于礼，实现礼与刑、礼与律的高度融合和一致，但律典只是古代中国礼法体制的一个组成部分。律典之外，礼仍然单独存在，而且是制度性、规范性的存在，

---

① 参见杨鸿烈：《中国法律思想史》；张国华：《中国法律思想史新编》，北京大学出版社 1991 年版。

② 《礼记·曲礼》。

③ 《四库全书总目提要·史部》，“政书类·法令之属”案语。

这就是“律外有礼”,律典之外有成文礼典。礼典是古代法体制中更为重要的组成部分。

对于礼入于律的律典问题,前文多有讨论。这里主要概述“律外有礼”的礼典沿革过程。

刘邦建汉初期,三代礼制不彰,叔孙通“采古礼与秦仪杂就之”,修定《傍章》十八篇,朝仪秩序才有所规范。但叔孙通所定朝仪驳杂不纯,汉儒多不认同,难成一代礼典。直到西晋,荀仪等奉敕纂成《新礼》,按吉、凶、军、宾、嘉“五礼”体例编排,条分缕析,终于接续了《周礼》、《仪礼》之礼统,成一代成文礼典,史家誉称为《晋礼》,为后世编纂礼典所效仿。

《晋礼》,加上《晋律》(泰始律),礼典与律典齐备,按照“三代”、“礼与刑”的礼法结构而创建帝制时代新的“礼法体制”格局终于形成。此后一千多年的法律史表明,这一格局始终未变,隋、唐、宋、明等中原汉族政权是这样,金、辽、元、清等北方少数民族政权亦复如是。

隋王朝是历经南北朝分裂后重新统一的大帝国,但它兵革不断,二世而亡。尽管如此,隋文帝杨坚对礼制修定却不敢怠慢,“能于兵尽之余,收集南北仪注,为百三十篇”[①],是为《隋礼》。

唐高祖李渊代隋,来不及制定礼典,“郊庙宴享,悉用隋代旧仪”[②]。唐太宗李世民登基后,“诏中书令房玄龄、秘书监魏征等礼官学士,修改旧礼”,制定《贞观礼》一百三十八篇,共一百卷。[③] 高宗初年,“议者以《贞观礼》节文未尽”,命太尉长孙无忌等“增损旧礼,并与令式参会改定”,编撰一百三十卷,史称《显庆礼》,唐高宗李治亲自作序,颁行天下。[④] 唐玄宗开元十年,有朝臣呈奏:“今之五礼仪注,贞观、显庆两度

---

① (宋)欧阳修:《太常因革礼·卷首》。

② 《旧唐书·礼仪志》。

③ 《旧唐书·礼仪志(一)》。

④ 同上。

所修，前后颇有不同，其中或未折衷。”[1]于是重修礼典，至开元二十年完工，撰成一百五十卷，名曰《大唐开元礼》。是年九月，“颁所司行用焉”。[2] 南宋著名政治家、文学家周必大为《大唐开元礼》作序，称道：

> “朝廷有大疑，稽是书而可定；国家有盛举，即是书而可行。诚考礼者之圭臬也”。[3]

可以说，《唐律疏议》是律典中的定鼎之作；而《大唐开元礼》则是礼典中的定鼎之作。中华法系因有了这两根定海神针而成熟，其礼法体制亦由此而趋于稳固。

宋太祖赵匡胤开宝年间（公元 968—976 年）编定的《开宝通礼》二百卷，史称“本唐《开元礼》而损益之”[4]。宋仁宗命欧阳修、苏洵等修撰《太常因革礼》，为南宋礼典所模仿。宋徽宗时编定《政和五礼新仪》，规模宏大，但政衰礼息，昙花一现。

金、辽、元少数民族政权也都制颁礼典，相继有《大金集礼》、《元通礼》等，其朝仪大典，多采用汉礼汉仪，也就是唐、宋礼制。[5]

朱元璋建立明帝国，以复兴华夏正统自诩，重视编定礼典。洪武（公元 1368—1398 年）二年，“诏诸儒臣修礼书。明年告成，赐名《大明集礼》”[6]。这部礼典以《周礼》为参照，并不可朱元璋之心，故当时未曾公布。洪武十年改订礼制，朱元璋要求礼文简约，尚本重质。他在位

---

① 《旧唐书·礼仪》。

② 同上。

③ 《四库全书总目提要·史部》“政书类·典礼之属”：《大唐开元礼》。

④ 《宋史·礼志一》。

⑤ 据《金史·礼志》：“金人之入汴也，时宋承平日久，典章礼乐粲然备具。金人既悉收其图籍，载其车辂、法物、仪仗而北。”其后定礼事了，“乃命官参校唐、宋故典沿革。”

⑥ 《明史·礼志一》。

30余年间，陆续颁行单项和综合礼典有《孝慈录》、《洪武礼制》、《礼仪定式》、《诸司职掌》、《稽古定制》、《国朝制作》、《大礼要议》、《皇朝礼制》、《大明礼制》、《洪武礼法》、《礼制集要》、《礼制节文》、《太常集礼》等十数种之多。[①] 在著名的大礼议之争[②]后，嘉靖帝一面公布一直未曾公开的《大明集礼》，一面对郊、庙、社稷祭祀礼制大行改革，编纂《大礼集议》和《明伦大典》，为自己由小宗入继大统提供合法性论证，以重建一个有别于明永乐帝朱棣以来的帝系。

清王朝以北方满族入主华夏，以为前代礼典"大抵意求详悉，转涉繁芜"，[③]按"大礼从简"的原则，在乾隆朝编定《大清通礼》，下旨施行。另有保持满族固有礼仪的《满洲祭神祭天典礼》，与《大清通礼》"相辅而行"。

综上，中国古代法自"三代"就形成"礼与刑"的结构体系，其基本格局是"礼外无法，出礼入刑"。春秋后期至战国，刑事法逐渐从礼中分离出来，独立汇编。经过两汉、魏晋南北朝近800年的曲折变化，终于创建帝制时代新的礼法体系：礼典与律典并行不悖。律典是礼统率下的律典，礼入于律；但律典之外还有礼典，即律外有礼。中华法系绝非仅

---

① 《明史·礼志一》。

② 大礼议之争，指发生在1521年(明正德十六年)到1539年(嘉靖十七年)间的一场规模巨大在皇统问题上的争论。明武宗(年号正德)朱厚照死后无嗣，其母张太后和内阁首辅杨廷和议定选地方藩王——武宗堂弟兴献王朱厚熜入主皇位，是为明世宗，即嘉靖皇帝。明世宗登基不久，要求尊其父为皇考，遭到杨廷和、毛澄为首的武宗旧臣们的反对。他们要求世宗承嗣明成祖以来的大宗，即以武宗之父明孝宗朱佑樘为宗法意义上的皇考，降自己的生父为皇叔父。于是，世宗与杨廷和集团发生了历时三年的争议和斗争。其中，最激烈也是最后一次恶斗发生在嘉靖三年七月。当天，世宗在左顺门召见群臣，宣诏生母"章圣皇太后之尊号"去"本生"二字，诸臣力争不可去。会朝方罢，在何孟春、杨慎等鼓动下，231人跪伏左顺门，号哭声震内廷，世宗大怒，收禁134人于狱，杖五品以下180余人。是年九月，世宗更定大礼，改称明孝宗为皇伯考，生父为皇考。嘉靖十七年，给明太宗上尊号为"成祖启天弘道高明肇运圣武神功纯仁至孝文皇帝"，父亲为"睿宗知天守道洪德渊仁宽穆纯圣恭简敬文献皇帝"，并将兴献帝神主升祔太庙，大礼议事件至此以世宗一方胜利最终结束。

③ 《四库全书总目提要·史部·大清通礼》。

仅以律典为载体，不能归结为“律令体制”，而是礼法体制，或是说，是一个礼法法系。

律典和礼典都是中华法系中的成文法典。中华法系还有一个重要组成部分：以礼俗为主要内容的家法族规、乡规民约等习惯法。礼典之礼制是国礼、官礼、贵族礼、庙堂礼；礼俗之礼是平民礼、日用礼、生活礼。它们也属于律外之礼，经过了很长时间的积淀才成为普遍性的礼俗规范。

从汉代的“举孝悌”、班昭的《女诫》、周隋之际的《颜氏家训》、唐代河东柳公绰《柳氏家训》、柳宗元与韩愈及陈子昂等关于复仇问题的笔墨官司中反映的社会舆情来看，这种礼俗风尚一直得到提倡和培养。随着唐中期礼典和律典的成熟，在礼典的引领（“导之以德，齐之以礼”）和律典的驱使（“导以以政，齐之以刑”）下，有力推动了礼俗的社会化进程。

两宋时期，以血缘家族为核心的礼法社会业已趋稳固，礼典的精神、原则，及其有关民间礼仪的具体条款细则沉淀为社会礼俗、乡规民约、家法族规等，民众在婚姻、丧葬、祭祀、家产分割与继承、祖宗血脉的承嗣、财产活买或绝买的程序规则等等，悉由这些民间“活法”加以规范、调整和救济。理学和心学成为礼制社会化、民间化、世俗化的重要推动力，他们的代表人物，如陆九渊、陆九韶有陆氏《家训》，朱熹亲自制订的《家礼》，逐渐成为士庶百姓之家的生活规则和家教之法。

尤其是朱子《家礼》，大力简约古礼，贴近庶民生活实际来规范民间冠婚丧祭诸事和日常居家生活的礼节，从而受到官方青睐。朱熹（1130—1200年）去世不久，宋嘉定四年（1211年）刊刻推广，为士庶所接受。明王朝重视宗法。朱元璋召见九世同堂的浦江郑氏，以示表彰。洪武元年（1368年）诏令民间婚娶依朱子《家礼》进行。明永乐十三年（1415年），将《家礼》编入钦定的《性理大全》类书之中，表明已上升到国家认可的层面。清代,《家礼》已普及民间,《家礼》所提倡的祠堂遍布各个村落,是士庶举行婚丧嫁娶、祭祀、乡饮酒礼仪的场所,也是处理各种悖礼违律失德事件的场所。《家礼》已成为民间的通用礼,士庶百姓日用之礼。自南宋以降,朱子《家礼》标领着礼法社会,成为民间礼俗习惯法的范式。

古代礼法社会中,礼俗是民众心中真正的"宪法"①。在中华法系的成文法载体——礼典和刑律典消亡以后,唯有这些礼俗作为中华法系的法文化遗存而尚有生命活力,成为社会"活法"的组成部分。至于这些"活法"的优与劣的评价,及其如何在新的法制体系中转化创新,不仅是一个理论研究问题,更是一个需要长期的实践探索过程。

其三,内圣外王,伦理立法。

《庄子·天下篇》"内圣外王"之论,后世视为儒家政治哲学的恰当概括。由"内圣"境界而开出"外王"事业,由圣人而至于圣王,这是儒家津津乐道的"王道"政治理想。《中庸》称:"唯天下至诚,为能经纶天下之大经,立天下之大本"。就是说,唯有圣人才配为天下制法。圣人制法的实质是伦理立法。儒家创造出尧、舜、禹等一系列圣王,宣扬"法先王"、以"先王之法"为法,其良苦用心皆在于确立伦理立法。

然而,颇具讽刺意义的是,被儒家理想主义者理想化了的"圣王"总是不能出现,有德有能又自视很高的孔子、孟子、荀子都栖栖惶惶,不能见用于世,而"独夫民贼"的嬴政却得了天下,秦亡以后,又是一个流氓无赖之徒刘邦登上了皇帝的宝座。在君主专制权力的淫威之下,谁敢

① 〔法〕卢梭在《社会契约论》中写道,风尚、习俗这些"活法"是"铭刻在公民们的内心里,它形成了国家的真正宪法。"商务印书馆 2003 年版,第 70 页。

不称颂他们是“天王圣明”！于是，一些钻营于现实功利的曲学阿世之士便改变了腔调，说他们所遇的当世之主就是“圣王”。连王充这样敢于“疾虚妄”的反潮流思想家也不得不留下败笔，称“孝宣皇帝圣人也”[①]，“孝明帝符瑞并至”，“今圣”章帝“嘉瑞奇物，同时俱应”[②]，“有浸酆溢美之化，无细小毫发之亏，上何以不逮尧、禹，下何以不若成、康！”[③]流俗所致，“圣王”变成了“王圣”，即凡为王者便是圣人，完全成了为专制君主张目的理论，于是而有“圣王”观与“王圣”观的分歧。一些儒生拼力完善古代圣王，圣人的人格和业绩愈放愈大，以弘扬“内圣外王”之道，这未尝不是“层累地造成的中国古史”[④]的一个直接原因。宋明理学的“道统说”，构建了儒家“内圣外王”之道的一个传授系统，古代圣王被一一排入道统的序列，这也含有以“道统”抗君统、以“道统”御“政统”的意思。在长期的帝制君主社会中，“内圣外王”是儒家知识分子评价时政、指陈法制的一把至高无上的尺子。

“内圣”与“外王”在孔子学说中是统一的。他的仁学为“内圣”之学，而礼学则为“外王”之学。孔子之后，“儒分为八”[⑤]，其中影响最大的是孟子和荀子。孟学侧重发展“内圣”方面，荀学侧重弘扬“外王”方面，但前者的“内圣”中有“外王”追求，后者的“外王”中有“内圣”本根，并非截然分割。孟、荀的不同学术倾向在秦汉以后发展出儒学内部的两大系统：以董仲舒为代表的《春秋公羊》学派，“谷梁”学派，《礼记》的《王制》学派，南宋以陈亮、叶适为主将的功利学派，明清之际的顾、王、

① 《论衡·指瑞篇》。

② 同上。

③ 《论衡·齐世篇》。王充《论衡》的《齐世》、《宣汉》、《恢国》、《验符》、《须颂》等篇，皆为是今非古，厚今薄古之论，但不脱“天人感应”窠臼，以祥瑞证汉为盛世，时君世主如汉宣、明、章之辈如“尧舜”，实有献媚邀宠之嫌。

④ “层累地造成中国古史”是顾颉刚先生研究中国古史的创见，主要内容是说，时代愈后，传统的古史愈长，传统中的中心人物愈放愈大。

⑤ 《韩非子·显学》。

黄三先生、晚清之始的龚、魏倡导的“经世致用”之学等，大体走的是荀子“外王”之学的传统；《礼记》的《大学》、《中庸》学派、中唐的韩愈、宋明理学的程朱和陆王两派则贯彻着孟子的“内圣”之学的传统。这两大传统交相辉映、互为补充，支持着儒家的伦理政治和伦理法精神。其它学术思想，如两汉经学、魏晋律学和玄学等大致上也以“内圣外王”为旨归。“内圣”之学用心于法的内在伦理精神的确立，“外王”之学致力于“伦理—法制”的社会秩序的创建。中国古代社会，王朝频频更替，刑事律令多如牛毛，但在思想家头脑中自有一个根本的法，这就是“内圣外王”之道。

其四，以礼率法，家族本位。

礼典是中国古代社会的大法。律典辅礼典而行，不可或缺。礼俗习惯法无处不在、无时不有、无人不晓，是规范基层社会的“无法之法”。三者形成古代的礼法之治。

礼的一个基本精神是区别贵贱尊卑。以礼率法，礼的等差决定了法的等差，决定了刑的适用的等差，这种等差主要表现在两个方面：一是贵贱等差，礼典以尊君卑臣为主旨，礼俗以父尊子卑为依归，在刑律方面则“八议”是其典型；二是血缘等差，举凡婚姻、继承等有关人身关系方面的法律都依血缘关系而定，在刑律方面则“服制定罪”可作代表。

宗法社会的君主政治，以家族伦理为基点。君主具有国家元首和全国最高家长的双重身份。在儒家法思想及以其为主体形成的中国古代法文化中，以君为“君父”、以民为“子民”，不存在“公民”意识，只有“子民”观念。天子为万民父母，百姓是天子的“子民”。天子“保民而王”，子民“惟忠惟孝”，这就是民本政治、王道政治，也就是所谓“以孝治天下”。于是“内圣”的仁，“外王”的礼都落在一个“孝”字上，形成“修身、齐家、治国、平天下”的政治纲领，“修身”以孝，“齐家”亦以孝，“移孝作忠”，尔后才有国治、天下平。这样的礼法之治，孝与不孝远远超出了家族的范围，不再是一个道德品行的问题，而成为关系政治根基、社会治乱的重大法律问题。于是，立法悉采取家族本位原则，广泛适用家族连带责任。所谓家族本位，就是以孝为中心的伦理本位。这样，各种维护和体现以孝为核心的宗法伦理的法律原则纷纷设立，亲亲相隐、存留养亲、复仇原宥、父母在子孙不得别籍异财等等原则由此而兴，不孝、不义、内乱等"十恶"大罪也由此而定。

古代中国家族本位的礼法是家产制经济的法制反映。以家庭为单位的农业经济要求集中一家的人力、财力、物力、智力实现物质和人类自身的生产与再生产，这就是古代家产制度。家是最基本的社会细胞，最基础的政治组织，最基层的经济单位和生产经营单位，它是一切民事活动的主体，也是政府管理中最主要的行政相对人。社会学上的"家长"，在法律学上称"户主"。户主是家产的管理人，是家产保值和增值的责任人，是家这个政治组织的领导人，也是民事主体和行政相对人的代理人。在古代礼法中，所谓家族本位，就是将法律上的权利和义务统一于家，并由家长作为代表集中行使，不同于近现代的法律个人本位，由原子型的个体自然人独立行使法定权利并承担法定义务。以近现代个人本位法律观去论定古代中国家族本位礼法是义务本位之法，或家长独享权利、子女全尽义务之法，并非客观确当。在工业化、城市化、信息化进程中，家产制整体上已退出历史舞台，传统意义上作为民事主体和行政相对人的代理人的家长也早已消失，但家产制、家本位中滋养出来的勤俭节约、家庭和睦、尊老爱幼、父慈子孝、兄友弟恭等文化品格还有正面的价值，甚至连风险家庭共担、家族调解纠纷等礼法文化因素也存在创新转化的积极面。

其五，法自君出，效法古圣。

宗法伦理，汉儒归纳为"三纲五常"。"三纲"之纲是"君为臣纲"。君权独尊，倡于商、韩。但正如司马迁所说，"法家严而少恩，然其正君臣上下之分,不可改矣”。[①] 皇权至上,法自君出,君主握有最高的立法、司法大权,是古代帝制中国的政治实然,是“儒法合流”后儒家法思想的一条基本原则。故《中庸》曰:“非天子,不议礼,不制度,不考文。”晋刘颂说:“非常之断,出法赏罚……唯人主专之,非奉职之臣所得拟议”。[②] 但君主创制权的极端化发展,则兴废改立、诛赏予夺全凭个人意志,而会脱离、背弃统治阶级的整体和长远利益,这就是社会批判主义思想家所斥责的“私天下之法”、“一家之法”、“非法之法”,那是违反“内圣外王”之道的。因此,也需要对君权的膨胀有所预防和限制。这就是所谓的以“道统”制约“政统”、以“道统”统率“法统”。于是,先秦儒家“法先王”主张就派上了用场。汉儒在天子头上悬上一个“天”,劝君主“奉天法古”[③];宋儒则为君主构造了一个“天理”,劝他们续往古先王之“道统”。这都是试图将君主引导到以本阶级的根本利益为重的立场上去,将君主的法权限定在“天”或“天理”的范围之内,以实施儒家的民本位君主主义政治设计。而圣人创制的“先王之法”正是这方面的典范。所以君主立法应以“先王之法”为范式。这样,在法理上,法自君出与效法古圣两相互补:君主所出之法,应是圣人创制之法;“先王之法”通过君主立法而成为当世实在法。然而,法自君出是强有力的刚性制度,效法古圣是学理上的软约束,二者难以均衡,结果只能是“二千年之政,秦政也”;相应地,二千年之法,“一家之法”、“非法之法”也。

其六,德主刑辅,注重教化。

“德主刑辅”主张起于周初,由孔、孟、荀丰富昌明,而作为一个明确的命题,提出于汉代。《唐律疏议》将其法典化,开宗明义规定:“德礼为政教之本,刑罚为政教之用”。两千年封建社会,无论思想家、政治家论

---

① 《史记・太史公自序》。

② 《晋书・刑法志》。

③ 董仲舒《春秋繁露・楚庄王第一》。

及治道，几乎千篇一律地唱一个调子："德化"为本、刑罚为用。稍有不同调的，也只是说生逢乱世或法禁久弛，不得不采取时宜之计，权以重典治国、严刑惩顽。而且他们总要从儒家经典中找出根据，说明这是"刑罚世重世轻"、"宽猛相济"的古训。然而，或者在当时，或者过后不久，他们就会遇到猛烈的批判，被指责为乖离"仁政"、"王道"、专务刑惩。《无刑录·刑本》[①]载有魏征与封德彝在李世民面前关于"德化"问题的一段辩论。辩论是由李世民的"今承大乱之后，恐斯民未易化也"[②]一语引起的。这话显然受了"乱世用重典"的影响。但魏征却说：

"不然。久安之民骄佚，骄佚则难教；经乱之民愁苦，苦则易化。譬犹饥者易为食，渴者易为饮也。"[③]

封德彝反驳道：

"三代以还，人渐浇讹。故秦任法律，汉杂霸道，盖欲化而不能，岂能之而不欲耶？魏征书生，未识时务，若信其空论，必败国家。"[④]

古代民性厚朴易教，乱世民性刁顽难化，这是历代论证重典、严刑必要性的一张"王牌"。对此，魏征是如何破阵的呢？他指出：

---

① 《无刑录》日本芦野德林著。转引自杨鸿烈《中国法律思想史》(下册)，商务印书馆1937年版，第67—68页。

② 同上。

③ 同上。

④ 同上。

“五帝三王不易民而化，昔黄帝征蚩尤，高阳征九黎，汤放桀，武王伐纣，皆能身至太平，岂非承大乱之后耶？若谓古人淳朴、渐致浇讹，则至于今日，当悉化为鬼魅矣，人主安得而治之？”①

其实魏征的理由不见得站得住脚。他列举的“五帝三王”那些故事，不过是“愈放愈大”的传说，于史无征；而把“渐致浇讹”推演为“化为鬼魅”，有点强词夺理。相比之下，倒是他开始说的“苦则易化”还合乎情理，然而这场争论的结果是“帝率从征言”。

这里不厌其烦地征引这则故事，意在说明，到了唐代，社会法文化的氛围确实变了，“德化”为主的思潮已不可逆转，所以魏征在论辩中能轻易取胜，并被定为基本国策，连“乱世用重典”之论也吃不开了。可见《唐律疏议》将德主刑辅法典化不过是水到渠成。当然，法典也只是纸上的东西。实际上，唐宋金辽元明清的统治者常常祭起“重典”的法宝，严刑峻罚与秦汉何曾两样？唯其如此，“德主刑辅”的呼声才会不绝于史。

其七，天人合一，顺天则时。

汉儒继承先秦“天人合一”观念，提出“天人相类”，“天人感应”说。他们赋予天以赏善罚恶的职能，把人事与自然现象牵强比附，说“祥瑞”是对君主德政的嘉奖，“灾异”是对刑罚过度的谴告，使“德礼政刑”具有天意的权威。汉儒又将阴阳五行学说纳入“天人合一”的观念之中，宣称天为阳，地为阴，阳为德、阴为刑，阳尊阴卑。他们不但以此论证“德主刑辅”是“天”的意志，而且从中推导出了又一条“王道”大法：春夏为阳，秋冬为阴，阳主生，阴主杀，所以应当顺天则时，秋冬决狱，秋冬行

---

① 《无刑录》日本芦野德林著。转引自杨鸿烈《中国法律思想史》(下册)，商务印书馆1937年版，第67—68页。

刑,不然就会违背"天意",使阴阳不和,国家丧乱。这种法观念在《礼记·月令》中被进一步礼制化:

> "孟夏之月……断薄刑,决小罪、出轻系";
>
> "孟秋之月,命有司,修法制,缮囹圄,具桎梏,禁止奸,慎罪邪,务搏执,命理瞻伤、察创、视折、审断,决狱讼,必端平,戮有罪,严断刑,天地始肃,不可以赢";
>
> "仲秋之月……乃命有司,申严百刑,斩杀必当,毋或枉挠"。[①]

《月令》为帝制政治排定了一张按季节行政令的活动程式表,自汉代起被统治者接受,并奉为王朝政典。

宋明理学诞生以后,"天人相类"的粗糙的汉代儒学体系已被代替,但儒学"天人合一"宇宙系统观念不但未有损伤,而且愈益精微和巩固。《月令》的"时政"制度亦由礼入律,被法律化和法典化。明清两朝在暑夏疏通监狱,发落、减免轻罪的"热审"制度,就导源于孟夏之月"出轻系"的"时政";"秋冬决狱"到明清则发展为"秋审"、"朝审"制度。可以说"顺天则时"的法观念左右了中国古代两千多年的刑事司法制度。

以上七个方面原本是互相渗透,交错,并相互制约、补充的。儒家思想"独尊"于思想领域,更独尊于法的领域,从而使两千多年中法的思考、论争均局限于具体的法律问题上。唯其如此,才有一贯始终的基本特点的形成。所以,"法学一统"是造成其他基本特点的前提或基础。余下六个方面中,"律外有礼"的"礼法体制"是占主流和统治地位的儒家型法思想之产物,又成为其载体。"内圣外王"是其最根本的法文化内在精神。秦汉以后,主流化和正统化的儒家型法思想不断地被法典

① 均引自《礼记·月令》。

化，因而也越来越绝对化和僵化，但赖有此“内圣外王”内在精神相维系，总有一息正义的伦理理性存在，显示出中国古代法文化传统的生命之光。

此外的四点，从理论体系上说，实为“内圣外王”不同角度的外化。而四者之中，“法自君出”，仍为核心，但须以宗法家族为基础，以伦理为本位，并受到“天意”、“天理”及它们最完美的体现者——古代圣王之法的理性制约；德主刑辅是“外王”事业的基本方针，它出自“阳尊阴卑”的“天意”；而刑罚既是“阴事”，因此须与时令相对应，春夏出赏，秋冬行刑；行德教的基础在家族制度，宗法伦理原是德教的内容，德教又须借皇权才能施行。如此等等，环环相扣，形成为一个有机的法思想、法文化整体。

第八章　儒家法思想的历史嬗变(二)

本章是前一章内容和主题的自然延伸。儒家型法思想在古代社会里正统化、主流化的整个发展、衰亡过程中,有过一些起着重要作用的思想家、具有代表意义的著作,以及在立法、司法、法制改革等各个方面带有典型性的人物。研究他们和它们的法思想、法主张,可以展现自秦汉开始的帝制社会中儒家型法思想的嬗变情形,案例性地、具体地说明以下一些问题:儒家型法思想是怎样被推崇,怎样被改铸,怎样指导立法、执法和司法的?是怎样成为中国古代法文化的主干的?是怎样积淀为中华民族的传统法心理的?在近代社会里是怎样衰微和瓦解、怎样影响中国法制和法文化的近代化与现代化的?等等。通过对这些人物和著作的法思想、法主张的阐述和介绍,特别是对历代儒家思想家的法思想研究,可以反映儒家型法思想在各个历史时期中的不同历史特点和时代内容。故此,本章选取了董仲舒、朱熹、黄宗羲等思想家,选取了海瑞、包拯等"清官"和拓跋宏、耶律楚材等少数民族统治者,选取了《大学》、《中庸》、《唐律疏议》等著作和"《春秋》决狱"等专题,选入了近代法学家沈家本和伟大的民主主义先行者孙中山。这些都与前一章所论相辅相成。在通论儒家型法思想的历史嬗变的主旨下,前一章重在对其过程和规律的纵向梳理,这一章重在进行局部的个案式点面探微。

一、《大学》和《中庸》
——儒家伦理政治哲学的总结与儒家伦理法思想的深化

《大学》和《中庸》是《礼记》中的两篇[①]，其作者已不可详考，盖为先秦儒家后学之作[②]。其思想与《论语》、《孟子》、《荀子》多有联系，内容上不少来自《孟子》，并杂取《荀子》，又多有发挥。宋儒对《大学》、《中庸》备加推崇，《论》、《孟》、《学》、《庸》并称《四书》，成为儒家知识分子必须精研的经典和科举取士的官方教科书，并由此而对中国思想文化发生极大影响。

《大学》、《中庸》与《礼记》所收的多数论文不同，它们不是讨论具体的婚丧、盟会、宴庆之类的礼仪制度，而是系统地总结和阐发先秦儒家关于人生的伦理哲学及伦理政治学说。从字面上看，很少谈到狱讼、罚罪等具体的法律问题，但比较集中地汇综了儒家关于政治统治的合法性、法的价值论和方法论方面的观点，并通过论述深化了儒家的伦理法思想，在儒家法思想的发展中占有重要位置。

---

① 《礼记》，为战国至秦汉间儒家学者关于礼的论文集，传世有两个选本：一为《大戴礼记》，戴德所编，原 85 篇，现存 40 篇；一为《小戴礼记》，戴圣所编，共 49 篇，它是原本《大戴礼记》的一个再选本，今本《大戴礼记》则为选剩部分。《小戴礼记》经东汉马融、郑玄等注解、编定，后纳入了《十三经》，即今之《礼记》。

② 司马迁首论“子思作《中庸》”(《史记·孔子世家》)，郑玄因之，宋朱熹亦主此说，并以为《大学》系曾子所作。现代学者中，有的基本赞成朱熹的意见，有的认为《大学》出自荀子后学之手，《中庸》为思孟学派代表作，还有的说它们均为秦汉儒生所作，非一时一人所为。郭沫若断《大学》为“孟学”，并具体指明其为“‘乐正氏之儒’的典籍”(《十批判书·儒家八派的批判》)。但不少学者仍以为《大学》亦兼取孟、荀。凡此种种，迄无定论。笔者从秦汉儒生之说。

1.《大学》

《大学》是讲“大成之学”的学问，系与“小成之学”相对而言。古人把礼、乐、射、御、书、数之类的一般知识和生活日用技艺的学习、训练称为“小成之学”，简称“小学”，在塾、庠、序等初级和中级学校里进行。国家一级设有高级教育机构，称“学”，亦即“大学”，是学习、训练人格修养和治国平天下的道理，培养学有“大成”的政治官僚和政府管理人才的地方。《大学》所讲的就是怎样成为一个道德上的完人，并由修身齐家而致国治天下平的理论。故郑玄说：“大学者，以其记博学可以为政也。”①

（一）三纲八目

《大学》总结先秦儒家的政治哲学，提出了一个完整简洁的伦理政治公式，宋儒概括为“三纲领”、“八条目”。“三纲领”为“明明德”、“亲民”、“止于至善”；“八条目”是：“格物、致知、诚意、正心、修身、齐家、治国、平天下”。

作者开宗明义就阐明了这一公式，作为全文的总纲。作者写道：

> “大学之道，在明明德，在亲民，在止于至善。……古之欲明明德于天下者，先治其国；欲治其国者，先齐其家；欲齐其家者，先修其身；欲修其身者，先正其心；欲正其心者，先诚其意；欲诚其意者，先致其知；致知在格物。物格而后知至，知至而后意诚，意诚而后心正，心正而后身修，身修而后家齐，家齐而后国治，国治而后天下平。”②

---

① 《礼记正义》引郑玄《目录》。

② （宋）朱熹《四书章句集注·大学》，《新编诸子集成》，中华书局1983年版。本小节凡引《大学》，不再注明。

“三纲领”与“八条目”完全是一致的,“格物”、“致知”、“诚意”、“正心”是“修身”的方法,但“修身”不是闭门静思,而要在“齐家”、“治国”、“平天下”的政治活动中来实现。所谓“格物”,即推究事物的原理、做人的道理,首先和主要的是要懂得以孝为核心的齐家之道。“修身”的过程也就是“明明德”的过程。“修身”的功用表现在“亲民”上,“亲民”便是“治国”“平天下”,但必须是先身修而后惠及百姓,先家齐而后国治天下平。而这一切做好了,便是“至善”。这是“修齐治平”的路线,也是“内圣外王”的路线。

《大学》的“三纲八目”与先秦儒家有着内在的思想联系。孔子讲孝悌为政、先正身后正人、修己安百姓、博施济众,孟子有“天下之本在国,国之本在家,家之本在身”①的论述;荀子著《劝学》,强调“君子博学而日参省乎己”,说学习的课程是“始乎诵经,终乎读礼”,学习的原则和目的是“始乎为士,终乎为圣人”;又著《修身》,阐明“修身”、“养心”不仅关系到个人安危,更关系到国家存亡的道理,鼓励人们“以修身自强,则名配尧、禹”。这些思想都给《大学》作者以直接的启迪,特别是孟子的话,连文字表述上也已与“八目”差之不远。“三纲八目”将孔、孟、荀的论述大大条理化、系统化,作了总结性的阐发,使儒家“修齐治平”、“内圣外王”的伦理政治哲学在表述上有了完整的逻辑,在理论上有了纲领性的概括。

“三纲八目”之说一出,儒家德、礼、仁、义、政、刑等主张在法思想上也归于统一,“修齐治平”、“内圣外王”同样成为儒家伦理法的价值论和思维方法论的最好的概括。以此反观先秦儒家之法可以挈其领,以此梳理秦汉以后儒家法思想的嬗变可以提其纲。政治的得失、法制的善恶,乃至帝王的优劣,以此作为统一的评价尺度。人们的法思考、法意

① 《孟子·离娄上》。

识也渐被纳入这一思路，从而积淀为中国古代民族性的法文化精神。无论历史多么曲折，民族多么苦难，但在那些为前朝作传的秉笔直书的史家的笔下，在满怀救世理想的士子儒生的时论中，都可以看到这样一种法文化的性格。

（二）修身为本

“三纲八目”是一个完整的伦理政治链，环环紧扣，但“修身”是最核心的一环。所以《大学》说：“自天子以至于庶人，壹是皆以修身为本。”《中庸》也说：“知所以修身，则知所以治人，知所以治人，则知所以治天下国家矣。”“外王”必先“内圣”，治平要在“修身”。“修身”是儒家伦理政治的始基。

《大学》的“八目”中，可以以“修身”为界分为前后两部分。“格物、致知、诚意、正心”是讲“修身”的路径和方法，属于“内圣”工夫；“齐家、治国、平天下”是讲“修身”的功能和目标，属于“外王”功夫。“修身”必须心正、意诚，这就是《中庸》讲的“诚”。我们留待《中庸》中去讨论。儒家的“修身”有一个标准，《大学》称之为“止于至善”。不同的人有不同的“修身”目标，不同的“止于至善”：

> “为人君，止于仁；为人臣，止于敬；为人子，止于孝；为人父，止于慈；与国人交，止于信。”

这些善德中有没有一个最基本的？这一点《大学》没有明确说出。《中庸》作了回答：

> “故为政在人，取人以身，修身以道，修道以仁。仁者，人也，亲亲为大。……故君子不可以不修身；思修身，不可以不事亲……”[①]

---

① （宋）朱熹《四书章句集注·中庸》，《新编诸子集成》，中华书局1983年版。

这就是说,“修身”要从“事亲”做起。社会的人,从天子到庶人,人人都是人子,所以,“百善孝为先”,“修身”以孝亲为本。董仲舒创“天人感应”论,把天与天子的关系比附为父子关系,说天子应以孝事天,服从天意,这是“修身”以孝亲为本的神秘化表达方式。《孝经》称:“明王之以孝治天下也”,把“修身”明确界定为孝。这些都是《大学》“修齐治平”的致思趋向的演化。

儒家的伦理政治把国看作是家的放大,君权视为父权的延伸,所以“修身”“齐家”,即是以孝事亲,以孝事亲即是为政,即可以治国平天下。《大学》说:

> “所谓治国,必先齐其家者,其家不可教而能教人者无之。故君子不出家而成教于国。孝者,所以事君也;弟者,所以事长也;慈者,所以使众也。”

于是乎,家族伦理道德成了立国之本,国君的言行能够“为父子兄弟足法,而后民法之也”。国君违反宗法人伦道德的一句话可以毁坏事业,而符合宗法人伦道德的行为可以安定国家,这叫作“一家仁,一国兴仁;一家让,一国兴让;一人贪戾,一国作乱”。这样一来,《大学》就把“修身”的作用,也就是以孝悌为中心的宗法人伦道德的政治功能提到了无以复加的高度,从而为宗法人伦道德的政治化、法典化提供了理论依据,也为后世法典制定伦理性犯罪条款,罚及非道德行为提供了理论依据。

(三) 絜矩之道

“絜矩”,是规则、尺度的意思。絜,《释文》云:“约束也”。其本意是用绳子围量,引申为衡量、度量。“矩”,原是画方的器具,古书中常作法则的代称。法家把“法术”、刑罚视为治国的“规矩尺寸”、“绳墨”。《大学》的“絜矩”与之不同，不是“法术”等外在的行为规范，而是指确立内在的伦理道德准则。具体地说，是政治统治者通过“修身”而起到道德上的榜样作用，成为人民的道德上的“絜矩”，人民把他们作为自己的行为准则。

《大学》的“絜矩之道”是对“修身为本”的进一步发展，是对由“修身”（内圣）而达到“治国平天下”（外王）的过程的理论说明和论证。

《大学》论“絜矩之道”有两段文字。前一段说：

“所谓平天下在治其国者，上老老而民兴孝，上长长而民兴弟，上恤孤而民不倍，是以君子有絜矩之道。”

这是着重讲“絜矩之道”的内容。从内容上说，所谓“絜矩之道”是在上位统治者以宗法伦理道德约束自身，并以此治国，带头实行，人民就有所仿效，跟着去做，从而达到国治天下平。诸如，为上者孝敬老人，全国人民就会跟着学，大兴孝亲之风；为上者尊敬长辈，全国人民就会跟着学，大兴敬长之风；为上者怜惜孤弱，全国人民也会跟着去做。

后一段文字写道：

“所恶于上，毋以使下；所恶于下，毋以事上；所恶于前，毋以先后；所恶于后，毋以从前；所恶于右，毋以交于左；所恶于左，毋以交于右，此之谓絜矩之道。”

这是从方法上论“絜矩之道”：将心比心，反躬求己，自我约束。具体做法是：我憎恶上面的人待我无礼，就不要以无礼对待我下面的人；我憎恶下面的人对我不忠诚，就不要以不忠诚对待我上面的人；我憎恶前面的人待我不友善，就不要以不友善对待我后面的人；我憎恶后面的人待我不友善，就不要以不友善对待我前面的人；我憎恶右边的人待我不友善，就不要以不友善对待我左边的人；我憎恶左边的人以不友善待我，就不要以不友善对待我右边的人。

这样的“絜矩之道”，切近而又日用，富有可操作性。经这一番解释，“格物、致知、诚意、正心”也不再玄妙，而变得简单易行，“修身”功夫既看得见，也摸得着，只要想做，人人都可以做得到。

上面这两种“絜矩之道”，前一种特指政治统治者，后一种人人适用。作者既讲了它的普适性、可操作性，又强调它的重点性、关键性，思维缜密、周全，滴水不漏。

其实，“絜矩之道”就是“忠恕之道”。《论语》论“忠恕”是“己欲立而立人，己欲达而达人”。又说：“己所不欲，勿施于人”。孔子以“忠恕”为行仁的方法。《大学》的“絜矩之道”便是这种“忠恕”为行仁方法的具体化。

《中庸》论“忠恕”说：“忠恕违道不远，施诸己而不愿，亦勿施于人。”又以孔子的口吻进一步发明“忠恕”之道：

> “君子之道四，丘未能一焉。所求乎子以事父，未能也；所求乎臣以事君，未能也；所求乎弟以事兄，未能也；所求乎朋友先施之，未能也。”①

“所求乎子以事父”，是孝；“所求乎臣以事君”，是忠；“所求乎弟以事兄”，是悌；“所求乎朋友先施之”，是信。意思是，要求别人做到孝、忠、悌、信，自己却一样也没有做到。这段话中，孔子以“君子之道”来替代“忠恕之道”，意在告诫“君子”，带头做到孝、忠、悌、信并不容易。

---

① (宋)朱熹《四书章句集注·中庸》。

这“君子之道”相当《大学》“絜矩之道”的第一种含义，是专门要求在上位的统治者、为政者，即“君子”们。他们是实行“絜矩之道”、“忠恕之道”的重点和关键。在这个问题上，《大学》作者忠实继承了孔子“政者正也”的思想。

“絜矩之道”与“忠恕之道”除了相同之处，还有不同的地方。《论语》和《中庸》所论的“忠恕”主要是道德践履的方法，是“为仁之方”，“内圣”之方，重点是讲“修身”，而《大学》的“絜矩之道”则已把重点移到“治国平天下”上，主要是讲伦理政治：以道德治国、以道德教民、率民、服民、役民，是治平之方，“外王”之方。它所要解决的是从“修身”到治平之间的联系问题。这是对“三纲八目”作进一步的阐述和补充，也是对孔子的“忠恕”之道的一种可操作化的发展，加强了“外王”成分。

通过“絜矩之道”可以加深我们对儒家“为政在人”思想的了解。君主专制制度的最大弊端是对统治者，特别是对最高统治者没有法律控制。法家的“法术”制臣制民不制君，流为暴虐的君主独裁专制主义，是君主主义政治思想中最极端化的一种。《大学》提出“絜矩之道”，尤其是它的第一种含义，试图在统治者面前树起一道伦理道德围墙，以孝悌慈惠为束心之法，规范其行为。平心而论，想到这一层比没有意识到对治人者应有所制约要来得好一些。而且，从法思想角度上看，提出“絜矩”、“忠恕”也同“三纲八目”一样，具有为政治、为实在法、为最高统治者确立最高法上的意义。不管现实的政治、法制、最高统治者如何践踏它，它作为法的价值和标准的作用和功能不会改变；它作为人们对法的理想追求和致思趋向的作用和功能也不会改变。至于“絜矩之道”在政治现实中的结局，则不能不是悲惨的，儒家的道德律令完全约束不了专制君主的权力和私欲，反而成为其行暴虐的借口。这一点，在其它章节中也已多次说过。

(四) 德刑论和德财论

德财关系和德刑关系是儒家伦理政治和伦理法学说最关注的两个问题,是否做到德本刑末和德本财末,是衡量仁政和王道的两块试金石。《大学》的“三纲八目”旨归“内圣外王”之道,其德本刑末、德本财末的结论自在必然之中。

《大学》引孔子“听讼,吾犹人也,必也使无讼乎”一语,并解释道:

> “无情者不得尽其辞,大畏民志,此谓知本。”

在“孔子法思想”一章中已说到,“听讼,吾犹人也”,意为:孔子作为法官,一旦案件进入了审理程序,他同其他法官一样,都得依照审判程序听讼,不偏不倚,公正审理。他认为,自己与别的法官不同的地方在于,致力于实现“无讼。”《大学》引伸出来的这句话,就是解释怎么实现“无讼”的:那些试图隐瞒案件实情的当事人不敢在他面前不知羞耻地用花言巧语瞎编虚诞之辞,这还是讲的孔子审理具体案件时的情形。“大畏民志”中的“畏”,即敬畏;“民志”,民意、民心。那么,是谁“大畏民志”呢?郑注云:“大畏其心志,使诚其意不敢讼。”①朱熹解释说:“盖我之明德既明,自然有以畏服民之心志,故讼不待听而自无也。”②他们都把“大畏民志”的主体说成是孔子。意思是孔子能在审案时镇服无情者,也就“畏服”了民众。其实,“大畏民志”,就是“民志大畏”,即民心敬畏、敬服于孔子的审断。其结果,“无情者”不敢妄起讼端,有情者也就用不着去诉讼,纠纷自然减少,有了纠纷也能得以和解。

这里讲的孔子审案故事,“无情者不得尽其辞”云云,实在也是一次

---

① (汉)郑玄注、(唐)孔颖达疏:《礼记注疏·大学》。

② 朱熹《四书章句集注·大学》。

“格物、致知、诚意、正心”的过程，是一种“絜矩之道”的训导，民众从中受到教育，心志趋向“心正”、“意诚”。所谓“知本”，即懂得不以办好个案为能，而应着眼于“大畏民志”。推而广之，治国不应迷信刑威，须以提升民众道德为根本。《大学》的这段“无讼”解析，阐扬了孔子的重德轻刑、以德去刑论。

在德财关系论上，《大学》也与先秦儒家一脉贯通。孔子反聚敛、斥苛政，孟子提出“制民之产”，荀子讲“节用裕民”，都强调统治者应以德为本，以财为末。战国至秦汉之际，战争持续了两百多年，统治者对内聚敛，对外掠夺，恣意争城夺地。在《大学》的作者看来，这完全是颠倒了德与财的关系。

文中指出，正确的德财关系应该是：

“有德此有人，有人此有土，有土此有财，有财此有用。”

就是说，人民是最宝贵的，人民要在德政下才能生产、聚集财富。作者认为，这样才能形成一种德—人—土—财的良性循环。顺此思路，作者明确提出：

“德者，本也；财者，末也。”

把儒家德财关系的观点第一次作了“德本财末”的概括。文中把施德政同搞聚敛之间的关系作了一个公式性的表述：

“财聚则民散，财散则民聚。”

《大学》的这些论述，朴实简明，有内在的逻辑力，对先秦儒家的德财论作了系统的总结。《大学》还设计了创造财富的途径和方法：让更多的人从事生产，减少吃闲饭和吃财政饭的人数，并加快生产周期的周转，合理地使用资源。

> “生财有大道，生之者众，食之者寡，为之者疾，用之者舒，则财恒足矣！”

《大学》的德本财末论和生财之道，对后世的农业型经济立法思想有着启示作用。

2.《中庸》

《中庸》和《大学》在基本思想上是一致的，并都以人伦道德为基础，但《大学》主要讲伦理政治，比较通俗平易，《中庸》主要讲伦理哲学，比较高玄微妙。《中庸》提出的伦理哲学范畴主要是“中庸”和“诚”，作者从天人关系上阐扬了它们的重要性，并以“中庸”和“诚”为纲，统率其它宗法人伦道德，从哲学高度论述了儒家伦理法的基本精神。

(一) 中庸之道

“中庸”这个范畴，是孔子首先提出来的[①]，《中庸》则作了系统的论述。“中”，是不偏不倚，无过无不及；“庸”，指平常、常态的意思。“中庸”作为一种美德不同于别的德。像孝、悌、忠、信之类的德都有明确的行为对象和具体的行为标准，中庸却要以道德实践或政治行为作为载体才能得以实现，它体现于日常的人伦秩序和一切社会生活之中，却又隐而不显，用《中庸》作者的话说，是“致广大而尽精微，极高明而道中庸。”

---

① 《论语·雍也》：“中庸之为德也，其至矣乎，民鲜久矣。”

《中庸》的作者在论述中庸之道中,集中阐明了一些重要命题。

一是“中和”。作者指出:

“喜怒哀乐之未发,谓之中;发而皆中节,谓之和。”[①]

“中”,是心理上平衡;“和”,是行为上符合法度,恰到好处。譬如父母之丧,三年尽哀,便是“中和”,超过三年或不到三年,是过或不及;父为大夫,子为士,葬以大夫礼,祭以士礼,便是“中和”,若只顾尽孝,葬以大夫礼,祭亦以大夫礼,那就是越礼,不合法度,不得“中和”。作者说:“致中和,天地位焉,万物育焉。”这就是“致广大”、“极高明”的意思。天地万物要在和谐状态下才能化生发展,所以,作者认为,“中和”是大自然的本性,也是人的本性。人们把握了“中和”,顺应“中和”,便可以“赞天地之化育”,达到天人合一的境界。可见,“中和”,实在是中庸之道的精髓。

二是“时中”[②]。“时”,指合时宜。“时”这个范畴首见于《孟子》。孟子说,孔子是“圣之时者”[③]。孟子又说:“执中无权,犹执一也。”[④]“权”,就是适应时空的变化而变化,既不背离原则,又有一定的灵活性。“中庸”,不是机械地在矛盾的双方之间选取一个等距离的中点,也不是静止的、死板的,而是随着客观情势的变动而始终保持中道,含有在对立中把握同一的意思。这一点便是“时中”所强调的内容。

三是“执其两端,用其中于民”。直接的意思是:分析人们意见中

---

① (宋)朱熹:《四书章句集注·中庸》(新编诸子集成),中华书局1983年版。本小节凡引《中庸》,不再注明。

② 《中庸》:“仲尼曰:‘君子中庸,小人反中庸。君子之中庸也,君子而时中。小人之反中庸也,小人而无忌惮也。’”

③ 《孟子·万章下》。

④ 《孟子·尽心上》。

“过”与“不及”两个极端的偏向，选取一个中道引导人民。如上所述，“用其中”不是静止的。所以，这句话中还包含着在矛盾变化中保持统一体相对平衡和稳定的观点。这是在各项决策中把握中道的一个重要方法。

四是“忠恕”。“忠恕之道”即《大学》的“絜矩之道”。《中庸》强调“忠恕之道”是“君子之道”，其与“絜矩之道”的第一种含义亦相一致。已如前述。《中庸》说，“忠恕违道不远”。这个“道”，是仁道。“忠恕”作为“为仁之方”，“己所不欲，勿施于人”；“己利己达”之日，亦是“利人达人”之时，这便是“絜矩之道”。在上位的“君子”们是社会能否实施“忠恕之道”、“絜矩之道”的关键。如果他们能践履这一“为仁之方”，便是行仁政的民本政治。

上述命题，在先秦儒家著作中也提出和论述过，但没有《中庸》的阐发来得集中和系统。从这个意义上可以说，《中庸》是对《尚书》、金文、经传及孔、孟、荀所论的“中”、“和”、“中庸”、“时中”思想的一次总结。《中庸》在总结中自然有深化，这主要表现在两个方面。

第一，程子说：“中者，天下之正道；庸者，天下之定理。”[①]“中庸”作为自然、人生和政治的“正道”、“定理”，具有普遍性和至上性。《中庸》作者从各个角度对此作了论述。作者说：

> “君子之道，造端乎夫妇，及其至也，察乎天地。”

“夫妇”，指匹夫匹妇。意思是说，“中庸之道”无处不在，从匹夫匹妇的日常生活开始，发展到其极至处，充溢彰明于整个天地之间。所以，“君子之道，费而隐。”“费”是形容“中庸之道”的用途广大，“隐”是说“中庸

---

① 《四书章句集注·中庸·题解》。

之道”的哲理精微高明。作者指出，就“中庸之道”的平常而切日用而言，“夫妇之愚可以与知焉”，“夫妇之不肖，可以能行焉”；但就其精微高明而言，“虽圣人亦有所不知焉”，“虽圣人亦有所不能焉”。因此，“中庸之道”既是普遍的，又是至上的，难以穷极的。故作者引“子曰”云：

> “天下国家可均也，爵禄可辞也，白刃可蹈也，中庸不可能也。”

第二，《中庸》的作者还指出，“中庸之道”之所以既普遍又至上，既日用又精微，在于它既是人道，又是天道，是“人情”和“天道”的结合和贯通。这就从天人合一的高度论证了“中庸之道”，反过来，也是以“中庸之道”论证了天人合一。在《中庸》首章中，作者论述说：

> “喜怒哀乐之未发，谓之中；发而皆中节，谓之和。中也者，天下之大本也；和也者，天下之达道也。致中和，天地位焉，万物育焉。”

这里的前半节讲“中”“和”出乎人情，后半节讲“中”“和”本于天道，人也可以通过“致中和”，参与万物的化育。

天人合一是儒家的价值观和思维方式的基本特点之一。在先秦儒家中，荀子虽认为人可以参天地、赞化育，但他提出了“明于天人之分”的命题，有明显的突破天人合一的致思趋向。《中庸》以“中庸之道”贯通天人，论证天人合一。又指出，达到“诚”的道德境界，“可以赞天地之化育”。这是对荀学中将要出现的天人合一思想的漏洞的一种补正。

《中庸》对“中和”、“时中”等命题的阐发，以及其理论上的这两个方面的深化，在儒家伦理政治哲学中占有十分重要的地位，在法思想方面的意义也值得重视。

儒家中庸主义的法价值、法思维方法论意义，有关章节中已作过不少的讨论。诸如儒家的“刑中”、“中罚”观，显然是“中庸之道”的司法运用。荀子就说过，“中和者，听之绳也。”[①]“中庸”也是立法的指导原则，史称《唐律》“一准乎礼，得古今之平。”“平”，即宽严得当、轻重适度、立法得中的意思。还有，“时中”、折中损益等原则，始终是古代社会审时度势、变法改制的思想武器。

法理学告诉我们，法作为国家意志，作为全社会的行为准则，作为社会秩序、政治秩序、经济秩序的规范形式，其特点之一，是中平、公正、稳定、有序、平衡、和谐。“中庸之道”的求中和、求和谐、求衡平、求稳定的价值指向和思维方法自有与之相契合之处。古人说，“和实生物”。推而广之，“和”才能生法，“和”才能行法。

《中庸》篇对儒家“中庸之道”的总结性阐发，同时也是对“中庸之道”中蕴涵的诸多“费而隐”的法思想含义有所揭示。具体地说：《中庸》充分论证了“中庸之道”的普遍性，也就充分肯定了“中庸之道”对立法、司法、执法、守法的普遍的指导作用；《中庸》关于“中庸之道”的至上性的阐述，以及关于“中庸”本于天道，人可以持“中庸”而参天地的观点的提出，对于确立起“中庸之道”为法的至上价值和作为法的精微高明的思维方式有着极大的支持作用。《中庸》的出现，使人们对“中庸之道”在儒家思想中的地位有了新的认识，从而也带动了人们在儒家法思想的主流化、正统化思考中对“中庸之道”的法价值的新认识。

(二) 诚：至诚者立法和有德有位者立法

《中庸》载：

> “诚者，天之道也；诚之者，人之道也。”

---

① 《荀子·王制》。

意思是说，“诚”是天道，实行这个“诚”，是人道，即人的行为规则。可见，人道是法天道而来的。同“中庸之道”一样，“诚”也是沟通天人的，是天人合一之道。《中庸》之“诚”，即《大学》的“正心”、“诚意”之“诚”。《大学》说：“所谓诚其意者，毋自欺也。”“诚”，指一种老老实实不弄虚作假的人生态度。

大自然中，天地运行、万物变化、四时交替、寒来暑往等等，都实实在在昭示人间，毫无虚假，便是“诚”。所以说，“诚者，天之道也”。“诚”，也是一种道德境界。这主要是指主体保持高度自觉的心理状态。这种“诚”的自觉性集中表现在做到“慎独”两个字：

> “是故君子戒慎乎其所不睹，恐惧乎其所不闻。莫见乎隐，莫显乎微，故君子慎其独也。”

君子独处于别人眼睛看不到的地方也处处谨慎，独处于别人耳朵听不到的地方也常怀畏惧心理，因为再隐秘的事也没有不被人发现的，再细微的痕迹也没有不显露出来的。可见，“慎独”是“诚”的一种很高的道德自觉，也是“诚”的自我测试，“诚”的修养途径。

《中庸》指出，“诚”可分为两类：“自诚明”和“自明诚”。“自诚明，谓之性；自明诚，谓之教。”“自诚明”，指由内心诚实而能明察事理；反之，由明察事理而达到内心诚实便是“自明诚”。前者是天赋的本性，是圣人；后者是后天教育感化的结果，是常人。

《中庸》讲“诚”是为了讲“中庸之道”，通过“诚”去体认、把握“中庸之道”。《中庸》认为，无论是“自诚明”的圣人，还是“自明诚”的常人，都能体认“中庸”、把握“中庸”。文中说：

> “诚者，不勉而中，不思而得，从容中道，圣人也。诚之者，择善

而固执之者也。”

圣人具有“诚”的本性，与天道无不相合，所以处事自然合理，不感到任何勉强；言行自然得当，不必先作冥思苦索；举止也自然符合“中道”。常人须通过教育才能达到“诚”，因而要选择善德而从之，并且坚守不渝才能符合“中道”。《中庸》提出“修身”、“正己”、“反求诸其身”，以及“慎独”等道德践履方法，又提出“博学之，审问之，慎思之，明辨之，笃行之”的学习方法，都是要求人们通过自觉的道德学习和道德践履，实现“自明诚”。

“诚”本身虽不是直接的法学范畴，然而《中庸》认为，“唯天下至诚”，才能“与天地参”，“诚”，起着贯通天、地、人三者的桥梁的作用。作者说：

“唯天下至诚，为能经纶天下之大经，立天下之大本，知天地之化育，夫焉有所倚？”

大意是，只有达到“诚”的最高境界的人，才能创制天下的根本大法，树立天下的根本大德，掌握天地化育的规律，而无所偏倚。这里蕴含着这样的法价值观：只有“至诚”的圣人，才能创制符合天道的根本大法。于是，思路又归到了圣人立法上。但这至诚的圣人不限于古圣，不限于“自诚明”者，而是包括“自明诚”者的。总之，“至诚”就能知天道，就能创立天下大法，即是说，“诚”是创制良法的先决条件。说来说去，作者所揭橥的仍然是“内圣外王”的致思趋向。

《中庸》说：

“非天子，不议礼，不制度，不考文。今天下，车同轨，书同文，

> 行同伦。虽有其位，苟无其德，不敢作礼乐焉；虽有其德，苟无其位，亦不敢作礼乐焉。”

这段话中的“车同轨，书同文，行同伦”几句，学术界颇有争议，有的说是后人窜入的，有的认为不是。其实，《中庸》对“诚”的高度重视，提出“至诚”者才能立法，都是有针对性的。“非天子，不议礼，不制度，不考文”，这是秦汉社会“法自君出”的社会现实，它意味着有位即有权制礼乐、就有权立法。《中庸》的作者不得不承认这个事实，但立刻以“德”来修正，明确提出了另一个立法权理论：德、位兼备才能制礼乐，才能立法。这是儒家立法思想的重要原则。《中庸》虽然是维护而不是新创这条原则，但却是第一次将其作了如此明确的表述。

更为重要的是，《中庸》对于“诚”以及“诚”与立法的关系作了系统阐述，从而丰富了德的内涵。《中庸》写道：

> “子曰：‘愚而好自用；贱而好自专；生乎今之世，反古之道；如此者，灾及其身者也。’”

这里的“子曰”只不过是借孔子的名义而已，其内容一看便知是针对秦政而发。在《中庸》作者看来，秦代君主“好自用”、“好自专”、“反古之道”，都是违反“中庸之道”的，而背弃“中庸之道”的原因又在于不能以“诚”去体认天道。所以，《中庸》论“中庸之道”、论“诚”，在高玄微妙的伦理哲学背后仍潜藏着强烈的现实批判精神。由此看来，“车同轨”等文字与《中庸》的思想体系，在深层次上是相合的。

《中庸》的现实批判精神表现在，承认“法自君出”的现实，然后浓墨重彩地渲染良法唯圣人能出。它通过对“诚”的论述，实际上将“有德有位者才能制礼乐”的命题的重心移向了“有德”这一边，所以，“唯天下至诚”,才能“经纶天下之大经”。

末了,还须指出,《中庸》认为“至诚”就“可以赞天地之化育”,“可以与天地参”,这固然是对人的主观能动作用的高度肯定,但由于它对“诚”的过度推崇而至于“神”的境地,最终便滑向了神秘主义,为董仲舒及其时代的“天人感应”、灾异谴告,以及谶纬神学开辟了通道。《中庸》写道:

> “至诚之道,可以前知,国家将兴,必有祯祥;国家将亡,必有妖孽。见乎蓍龟,动乎四体。祸福将至,善,必先知之;不善,必先知之。故至诚如神。”

通过蓍草、龟甲占卜以预知吉凶,是远古先民留下来的传统,保存在甲骨文、易等文化遗产中。人到了“至诚”的境界可以成为先知者,与天完全合为一体,预卜国家兴亡、人事祸福。这样的先知者是“神”,是宗教信仰中的教主。但中国文化的发展结果并未产生有共同教主的一神教,而是活在人世间的儒学,或可称之为“人文宗教”,因为它确有统一的信仰。这样的文化形态应当是“轴心时代”定下来的格局。所以,连这段“至诚如神”的告诫也是由《中庸》这篇儒学名著中发出和论证的。这一文化表达方式本身就是一种预示:在中国文化中,原创儒学的大师就是先知,他们就是“至诚如神”的“神”。由此,可以发现,“至诚之道”云云,所表达的无非是一种国家兴亡的大忧患意识,起着警示人们,尤其是警示执政者的积极意义。试看如今环境污染引发的臭氧层空洞、冰山融化、地球变暖、海平面上升等等,不就是一种“妖孽”警示吗!正是这种“妖孽”警示的大忧患,迫使地球人改善自己,逼迫各种政治组织制定新的法律加以应对。“至诚如神”的神秘主义,实在也是“东方神秘主义”的一种表达方式。

（三）为政在人

儒家讲“修齐治平”、“内圣外王”，讲“絜矩之道”、“中庸之道”以及“诚”，自然重视人的作用，重视统治者的个人素质，主要是道德素质的建设。“为政在人”是他们在思考政治与人、法与人的关系中得出的必然结论。这个问题，在先秦儒家孔子、孟子、荀子的法思想中已多次遇到过。《中庸》又一次提出了这一主张，并作了比较集中的论述。

《中庸》认为，“礼仪三百，威仪三千，待其人而后行。”意思是说，即使有良好的制度，也必须靠贤人才得实施：

> “文武之政，布在方策。其人存，则其政举；其人亡，则其政息。”

这一论断的思维逻辑是：周文王、周武王时期良好的政治法律制度至今都还存在，但现实社会却已经天下大乱了，所以一种好的制度、法律能否得到贯彻执行，关键在于是否得人：得其人者则存，不得其人者则亡。

《中庸》提出“为政在人”，并不是不要制度和法律，也不是把法与人对立起来。它的前提是，已经有“文武之政”这种优良的制度和法律存在。换言之，是在有良法的前提下讨论如何实现善治，由是提出必须挑选德才兼备的贤人来执行良法的结论。这是正确理解《中庸》“为政在人”思想的关键。

儒家文化传统重天人调谐，整体观念，讲和谐、中庸，这是《中庸》篇给我们的重要启示。所以，若用法治与人治对立的模式去理解儒家的“为政在人”主张，在总体上已不符合儒家文化精神。全面地看，儒家是主张有良法又有贤人的。他们的良法，就是尧舜禹文武周公的“圣人之法”，贯注宗法人伦道德精神的伦理法。他们的贤人，就是荀子赞许的德能兼备的“治人”。贤人执行良法，才可能出现儒家理想中的“仁政”、

“德政”那种善治。

近世以来,人们惯于从民主法治的高度来评析“为政在人”主张,将之归入“人治”范畴。若说儒家所维护的君主主义制度本质上属于人治制度,当然是不会错的。不过,如果认为古代思想史上存在着与之对立的法家的法治主义,那就大不然了。法家主张实行极端的君主独裁专制政治,本质上同样归于人治主义,而且是最典型的“一人之治”那种人治。先秦的儒法分歧,要旨不在人治与法治之争,中国古代并不存在儒家人治与法家法治的对立路线。这些都是前面的章节中阐述过的。

要之,“文武之政”与“为政在人”的相辅相成,是一种良法与贤人两者兼重的治国理政方略。

《中庸》和《大学》一样,都强调统治者“修身”以治国。作者引孔子的话说:

> “故为政在人,取人以身,修身以道,修道以仁。”

大意是:国君搞好政治的方法在获得贤才,而获得贤才的方法在于国君“修身”,“修身”的关键在于遵循“中庸之道”,达到“中庸之道”的方法在于树立仁爱之心。作者进一步发挥道:

> “知所以修身,则知所以治人;知所以治人,则知所以治天下国家矣。”

这与《大学》“修齐治平”的公式完全一致。可见,“为政在人”的关键在统治者“修身”,它是儒家建设伦理政治的德治理想中的一个必要环节。《大学》与《中庸》所论,精神要旨正在这里。《中庸》说:

“君子动而世为天下道，行而世为天下法，言而世为天下则。”

这样的“君子”，是“内圣”者，又是“外王”者。有这样的“君子”，天下就有道、有法（典范）、有则（行为准则）。《大学》的“三纲八目”也好，《中庸》的“至诚之道”也好，都是力图造就这样的“君子”。这就是儒家的“为政在人”。

无论是古代政治，抑或是现代政治，执政者的个人素质和群体素质都是至关重要的。美国立国两百多年，其制是在立国之初的费城制宪会议上确立的，无论美国总统及其团队如何更迭，政制不会有根本性变化。这是宪政法治使然，不会有“人亡政息”现象的发生。但不同的总统执政，这个合众国政治经济却也有好坏之别，所以有每隔四年的总统竞选，总是想把最适合的人选出来执掌白宫。这是“为政在人”、“举贤才”。一支球队，规则是完善的，但有时能拿冠军，有时会剃光头，教练和队员素质不同故也。先秦儒家和《中庸》对“为政在人”的论述，还是含有一定的合理成分。在中国古代社会中，法思想大致遵循着儒家关于人与法的关系的思路，任人任法兼重；在制度和法度确定的情况下，更强调任人。

（四）九经

《中庸》说，“凡为天下国家有九经。”九经，就是九条大法，或九项治国原则。它们是：“修身”、“尊贤”、“亲亲”、“敬大臣”、“体群臣”、“子庶民”、“来百工”、“柔远人”、“怀诸侯”。实质上是一个以“修身”“明德”为本的“齐家”—“治国”—“平天下”方略，是《大学》“修齐治平”的具体化、法制化、可操作化。

作者对每一条都提出了具体操作方法。如“尊贤”，就必须摒弃谗言佞人，远离女色，轻财货贵道德；“敬大臣”，就要为大臣多设属官，供其使令；“子庶民”，就要役使民力适时，并减轻赋税；“来百工”，就要每日检查工匠的工作情况，按月考查他们的技能，发给与他们的工效相一致的粮米薪资；“柔远人”，就要依礼送往迎来，嘉奖有善行者而同情体恤能力薄弱的人；“怀诸侯”，就要“继绝世，举废国”，整顿好混乱了的秩序，救扶有危难的国家，让诸侯自定朝聘的时节，收受贡品要薄，赏赐要厚。从内容看，实际上是制定有关国家经济、政治、外交、官制以及统治者自身政德等方面的礼制、法规、政纪的原则。这九个方面中，修身是本，亲亲为始，余下七个方面其实是统治者“修身”的道德外化，即“内圣外王”之道。

《中庸》说：“凡为天下国家有九经，所以行之者一也。”“一”，就是执著专一，也就是“诚”。可以说，“九经”是从王道政治大政方针的角度将《大学》、《中庸》的“修齐治平”、“中庸之道”、“絜矩之道”、“至诚之道”总汇于一炉，化为礼法制度的基本原则。

二、神化与异化——董仲舒对儒家法思想的继承和重构

黄老之术架起了由法而儒的桥梁，贾谊的礼论和改制论吹响了儒学复兴的号角。董仲舒逢其时、乘其势，总其成，以“春秋公羊学”的“大一统”为航标，去拨转思想之船的航向：

> “《春秋》大一统者，天地之常经，古今之通谊也。今师异道，人异论，百家殊方，指意不同，是以上亡以持一统；法制数变，下不知所守。臣愚以为诸不在六艺之科孔子之术者，皆绝其道，勿使并进。邪辟之说灭息，然后统纪可一而法度可明，民知所从矣。”①

① 《汉书·董仲舒传》。

汉武帝采纳了这一建议。这是汉代,也是我国历史上学术思想、政治思想及法思想的一个根本性的转折点。从此,思想之船驶入了儒学独尊的航道,并行驶了二千年之久。

在汉代,董仲舒就被时人誉为"群儒首"、"汉代孔子",是汉代新儒学的代表。王充称道:"孔子之文在仲舒。"[①]董仲舒在中国思想史上的这种地位是由他两个方面的业绩造就的,其一便是这个"独尊儒术"的建议,其二则是新儒学体系的创造。后者更为艰巨也更为重要。

1."天人感应"论的理论要点

董仲舒力图对自然、社会、政治、人生的种种现象提供一个总解释、总答案,为此,他刻意创立了一个包罗万象的体系。这个体系名曰:"天人感应"论。董仲舒的"天人感应"论由以下三个方面的要点构成:"天人相类"说和"人副天数"说;"阴阳五行"说;"祥瑞"说和"谴告"说。

(一)"天人相类"说和"人副天数"说

董仲舒论证说,天和人是同类,"以类合之,天人一也"[②],"人之为人本于天,天亦人之曾祖父也"[③]。他将人的身体构造与天文地理、阴阳五行强作比附,说人是天按自己的样子创造出来的副本:

> "天以终岁之数成人之身,故小节三百六十六,副日数也。大节十二分,副月数也。内有五藏,副五行数也。外有四肢,副四时数也。乍视乍瞑,副昼夜也。"[④]

---

① 王充:《论衡·超奇》。
② 《春秋繁露·阴阳义》。
③ 《春秋繁露·为人者天》。
④ 《春秋繁露·人副天数》。

不但人体如此,人的感情、意志也与天相类:

"人之血气,化天志而仁。人之德行,化天理而义。人之好恶,化天之暖晴。人之喜怒,化天之寒暑。人之受命,化天之四时。人生有喜、怒、哀、乐之答,春秋冬夏之类也,……天之副在乎人,人之性情,有由天者矣。"①

"天人相类"、"人副天数"之说是董仲舒思想体系中神学性、粗俗性的集中表现,但它却是董仲舒理论的始基。他借此说明天与人完全一致,天道与人情息息相通,"天志"、"天理"是人间人伦道德的本原,从而为"天人感应"提供理论依据。

(二)"阴阳五行"说

董仲舒把阴阳家的学说及《黄帝内经》的"阴阳应象"说、"五行"说一起糅合到他的天人系统之中:

"天道之常,一阴一阳。"②

"天有五行:一曰木,二曰火,三曰土,四曰金,五曰水。"③

"天地之气,合而为一,分为阴阳,判为四时,列为五行。"④

阴阳、五行无处不在,无时不有。在自然界,天为阳,地为阴,春夏为阳,秋冬为阴。而"天有阴阳,人亦有阴阳"⑤。延伸到社会上,就有君为

① 《春秋繁露·为人者天》。

② 《春秋繁露·阴阳义》。

③ 《春秋繁露·五行之义》。

④ 《春秋繁露·五行相生》。

⑤ 《春秋繁露·同类相动》。

阳，臣为阴；父为阳，子为阴；夫为阳，妻为阴等等。五行也同样：春、夏、中夏、秋、冬与木、火、土、金、水对应；东、南、中、西、北亦与木、火、土、金、水对应；君臣佐使的序官制度、人的五性、五情等等都与五行相对应。这样，从自然到社会，从天时到人事，从政治到人生，一切都被纳入到了阴阳五行的框架之中。

这种解释既朴素又神秘，既直观又附会，既有公式可循又仪态万方、变化无穷，成为董仲舒"天人感应"论的又一个理论基点。

（三）"祥瑞"说和"谴告"说

这是董仲舒"天人感应"论的核心部分。天是不可能直接站出来说话的，但天人相类、阴阳应象，所以天对人事的意见可以通过自然现象表现出来。这是董仲舒论证的逻辑。他按照儒家政治伦理的善恶观念，把天与人相感应的现象分为"美祥"和"妖孽"两部分：

"帝王之将兴也，其美祥亦先见；其将亡也，妖孽亦先见。"①

按董仲舒的设计，天最关心的是天子，天人感应的实质是天与天子之间的感应：帝王的行为符合天意，天显"美祥"以示嘉奖；帝王违背天意，天降灾异以示警诫。这是天对帝王的爱护和关心：

"凡灾异之本，尽生于国家之失。国家之失乃始萌芽，而天出灾异以谴告之。谴告之而不知变，乃见怪异以惊骇之。惊骇之尚不知畏恐，其殃咎乃至。以此见天意之仁而不欲害人也。"②

---

① 《春秋繁露·同类相动》。
② 《春秋繁露·必仁且智》。

天被打扮成了一个有意志的人格神。在这里，董仲舒充分利用“天人感应”理论的神秘性，制造出“灾异谴告”说以警示、制约帝王。他的理论具有神秘性，又显得比较粗俗，还带有免不了的荒诞。说它神秘，是因为天人世界的无限性与一代人、一个人的认识能力的有限性的矛盾，导致当时的人们无法正确把握天人关系，尤其是解释不了天变与政治或兴或衰的那种偶合现象。说它粗俗，是把自然的天变与人为的政治兴衰过于一一对号入座，而过分地可视化、可感知化的结果也就难免荒诞。如果帝王胡作非为、政治昏乱，而老天又不出灾异，这种理论岂不露馅?！用民间流传下来的俚语说，就是“老天爷瞎了眼”。

不过，董仲舒毕竟是“汉代孔子”，全不同于那些专门造作祯祥来阿谀谄媚时君世主的俗儒，或揣测政治风云以祥瑞为野心家提供登龙术的方士。他在《天人三策》中，当着汉武帝的面直说:汉兴七十余年来欲治而未治，“天地未应而美祥莫至”①。大儒风骨凛然立于庙堂之上。在《春秋繁露》中，也基本上不谈那些能够美化汉家当世政治的祯祥而大讲谴告，寄予了自己匡救时弊的政治情怀和现实批判主义的致思趋向。他告诫君主:

> “亦欲其省天谴而畏天威，内动于心志，外见于事情，修身审己，明善心以反道者也。”②

他借“天谴”劝君主“明善心”，在神秘主义外壳里包裹着“修身”“正己”的儒家伦理理性和政治智慧。

“天人相类”说和“人副天数”说、“阴阳五行”说、“祥瑞”说和“天谴”

① 《汉书·董仲舒传》。
② 《春秋繁露·二端》。

说，董仲舒用这三个方面组装起了"天人感应"论的基本骨架，形成了一幅天人关系的系统的宇宙图式，重构了儒家的伦理政治和伦理法的体系。

2."天人感应"论的政治哲学

秦汉之际，中国政治史上最大的变化是中央集权的君主专制制度和专制君主的出现，它一下子成为理论研究的热点。而在大一统的君主制度下来研究、评说君主制度和君主本身，同先秦在诸侯并起的时代条件下作君主主义的理论务虚，其语境是大不相同的。董仲舒的"天人感应"论就是以非常神秘主义的形式来研究非常现实的君主制问题的政治哲学和法哲学。所谓"天人"关系其实就是讲天君关系、天民关系、君民关系、君臣关系，都是围绕一个"君"字来展开的。

（一）"屈民伸君"和"屈君伸天"

董仲舒的"天人感应"论中有着层次分明的三个政治阶梯："天"—"天子"—"民"。它们的关系是：

天为万物之主——

> "天者，百神之大君也。"①
>
> "天者，万物之主，万物非天不生。"②

天子受命于天——

> "唯天子受命于天。"③

---

① 《春秋繁露·郊祭》。

② 《春秋繁露·顺命》。

③ 《春秋繁露·为人者天》。

“受命之君,天意之所予也。”①

民受命于天子——

“天下受命于天子,一国受命于君。”②

这是一个一级统治一级、一级服从一级的森严的等级关系,其要旨是“屈君伸天”:

“《春秋》之法,以人随君,以君随天……故屈民而伸君,屈君而伸天,《春秋》之大义也。”③

这话的一半是对现实的肯定,另一半是对历史的反思。

先说前一半。秦汉的君主制度都是“屈民而伸君”的君主专制制度,董仲舒的“《春秋》之法”首先肯定了这一现实:

“人主立于生杀之位,与天共持变化之势,物莫不应天化。”④

“为人主者,居至德之位,操杀生之势,以变化民。民之从主也,如草木之应四时也。”⑤

“为人君者,其要贵神,神者不可得而视也,不可得而听也,是故视而不见其形,听而不闻其声。”⑥

---

① 《春秋繁露·深察名号》。
② 《春秋繁露·为人者天》。
③ 《春秋繁露·玉杯》。
④ 《春秋繁露·王道通三》。
⑤ 《春秋繁露·威德所生》。
⑥ 《春秋繁露·立元神》。

> “为人君者，居无为之位，行不言之教，寂然而无声，静而无形，执一无端，为国源泉。”①

前两条俨然法家的重势的言论，后两条讲人君之术，既类于道家又通向法家。董仲舒的“《春秋》之法”论在“屈民伸君”这一半上接受了绝对君权论，无异于君权神圣论。

但秦汉的君主专制的弊端已受到历史的和理论的批判。董仲舒正是理论批判阵营中的一员主帅。他的后一半“屈君而伸天”，便是反思历史而提出的建设性主张。它是西周的“以德配天”说、孟子的“征诛”说的综合。

> “号为天子者，宜事天如父，事天以孝道也。”②

君主须“事天如父”，遵从天意，效法天道。而“天任阳不任阴，好德不好刑”③。因此，君主顺天从事就必须行德政，即“以德配天”：

> “为人主者，予夺生杀，各当其义，若四时。列官置吏，必以其能，若五行。好仁恶戾，任德远刑，若阴阳。此之谓能配天。”④

“行天德者谓之圣人”⑤，就能得到天的奖赏；反之，逆天而行，天就会降灾异以示谴告，再不改，就难免国灭身亡，社稷易主。

---

① 《春秋繁露·保位权》。
② 《春秋繁露·深察名号》。
③ 《春秋繁露·阴阳位》。
④ 《春秋繁露·天地阴阳》。
⑤ 《春秋繁露·威德所生》。

"王者天之所予也,其所代皆天之所夺也。……故夏无道而殷伐之,殷无道而周伐之,周无道而秦伐之,秦无道而汉伐之。有道伐无道,此天理也,所以从来久矣,宁能至汤、武而然耶?"①

这番话完全摘掉了他那个"天谴"论的神秘外罩,是对历史规律清醒而冷峻的揭示。照此推论,如果汉无道,新的君主照样可以代天行伐,接受新命。"宁能至汤、武而然耶"一句最为要紧,最具现实批判精神,内里蕴藏着儒家"诛一夫"、"汤武革命顺乎天而应乎人"的"革命"意义。

所以,董仲舒"《春秋》之法"的后一半又同法家大相异趣,变成君权神制论、君权天制论,而实质上是君权民制论。

在这里,君主不能独裁,他的意志须服从天的意志,他的权威来自天的权威。而"天意"实质上便是民意。所以"屈君而伸天",无异于"屈君而伸民。"这样,由"屈民而伸君"到"屈君而伸天(天民)"便形成一个逻辑上的圆圈,前者是对现实的承认,后者是对现实的改良。所以,"《春秋》之法"既是对君权的神化,又是对君权的限制。它仍然是先秦儒家民本位的相对君主主义致思趋向。

"天谴"这一套,汉人曾经相信过,常常拿些灾异来规谏君主,君主们害怕江山易姓,也下过不少"罪己诏"。但到后来,君主们也有了对付的办法,有了灾异,就找出几个大臣来当替罪羊,把上天的惩罚转嫁给臣下,拿大臣们的头去消弭天灾。赵翼《廿二史札记》载:

"《汉仪注》有天文大变,天下大祸,皇帝使侍中持节乘四白马车赐上尊酒十斛牛一头,策告殃咎。使者去半道,丞相即上病。使

---

① 《春秋繁露·尧舜不擅移汤武不专杀》。

者还未白事,尚书以丞相不起闻。"[①]

遇有灾异,皇帝便派使者给丞相送去尊酒和牛,这一礼节就意味着丞相应自杀,所以使者才回到半路,丞相有病的消息就先期上达,使者到皇宫还未向皇帝复命,尚书就已把丞相的死讯告知皇帝了。《汉仪》的这一规定,有固定的礼节及表达固定意思的礼节语言,有丞相自杀的严格时间,其实就是法律规定了。

汉成帝时,丞相翟方进就因发生了所谓"荧惑守心"的灾异,成帝按上述《汉仪》送去"尊酒十石养牛一",翟方进便"即日自杀"[②]。因此,董仲舒想以神秘的"天意"、"天谴"限制君权只是一个美丽的肥皂泡。

(二) 以民从君与为民立王

同他的君论一样,董仲舒的民论也有着两重性。一方面,"民者,瞑也"[③],是最冥冥无知的人群,所以必须服从君的统治,"屈民而伸君"。他说:

"君者,民之心也;民者,君之体也。心之所好,体必安之;君之所好,民必从之。"[④]

这种"君心民体"、"君意民从"之说,同样是对君主专制政治的肯定。

董仲舒又小心翼翼发展出了另一方面。他在"君之所好"的"好"字上做了文章。"好"即喜欢。君主应当喜欢什么呢?他紧接着上文写道:

---

① 赵翼:《廿二史札记》卷三《上尊养牛》。
② 同上。
③ 《春秋繁露·深察名号》。
④ 《春秋繁露·为人者天》。

“故君民者,贵孝弟而好礼义,重仁廉而轻财利。躬亲职此于上,而万民听生善于下矣。故曰先王见教之可以化民也,此之谓也。”①

就是说,君主能“躬亲”于“孝弟”、“仁廉”,好礼义而轻财利,子民才能受到教化,跟着这样做。因此“君之所好”者,“好”的是“孝悌”、“仁廉”;“民必从之”者之“从”,也就是“从”的“孝悌”、“仁廉”。这样,思路又回到了“保民而王”、“为民父母”的传统观念上:

“天之生民,非为王也,而天立王以为民也。故德足以安乐民者,天予之;其恶足以贼害民者,天夺之。”②

民意即是天意,“民之所欲,天必从之。”③这里又重演了一个逻辑上的圆圈:民从君,君从天,天从民;民为君,君为天,天为民。董仲舒以天本位的形式否定了君本位,而肯定了民本位。这是先秦儒家学说的扭曲,也是先秦儒家学说的改铸和复兴。

(三)“三纲”与“正心”

儒家名教的“三纲”概念是由董仲舒首次提出的:“王道三纲,可求于天。”④他用“天人”说和“阴阳五行”说来论证“三纲”的合理性:

“君臣、父子、夫妇之义,皆取诸阴阳之道。君为阳,臣为阴;父

---

① 《春秋繁露·为人者天》。
② 《春秋繁露·尧舜不擅移汤武不专杀》。
③ 《左传·襄公三十一年》引《泰誓》。
④ 《春秋繁露·基义》。

为阳，子为阴；夫为阳，妻为阴。”[①]

在他看来，“天道”永远是“阳尊阴卑”、“阳贵阴贱”，因此，社会上的政治和人际关系也永远是君尊臣卑、父尊子卑、夫尊妻卑。他虽然没有明确界定“三纲”就是“君为臣纲”、“父为子纲”、“夫为妻纲”，但其义已晓然皆知，可以呼之欲出了。

“三纲”之中，“君为臣纲”是纲中之纲。所以“三纲”说归根到底是为君主专制制度作论证的。但如果只看到这一点，那就会把董仲舒的理论简单化了。他在提出“三纲”说的同时又有“正名”说作为互补。“三纲”来自天意，“正名”也出于天意：

“名号之正，取之天地，天地为名号之大义也。”[②]

“名则圣人所发天意，不可不深观也。”[③]

接着，董仲舒以“天意”为依托，将“正名”问题层层推进，最后落脚到以德正君心上。他的论述逻辑是：

“治国之端在正名。”[④]

“正名”之要在正君——

① 《春秋繁露·基义》。
② 《春秋繁露·深察名号》。
③ 同上。
④ 《春秋繁露·玉英》。

“父不父则子不子,君不君则臣不臣耳。”①

正君之要在“正心”——

“故为人君者,正心以正朝廷,正朝廷以正百官,正百官以正万民,正万民以正四方。四方正,远近莫敢不壹于正,而亡有邪气奸其间者。”②

“正心”以圣人为榜样——

“圣人之所命,天下以为正。正朝夕者视北辰,正嫌疑者视圣人”。③

这是一个互为因果的逻辑系统:治国=正名=正君=正心=法圣。它吸收了孔子的“正名”、“君子求诸己”,《大学》的“八目”等理论成果,而归本于“内圣外王”的政治理想。

3.“天人感应”论的法思想

在“天人感应”的政治哲学体系中,涵蕴着董仲舒对法的价值论思考和方法论思考。

(一) 法的性质论

谈及董仲舒“天人感应”论的法思想,很容易被认定为是“神本主义”性质,并以“神权法思想”名之。

---

① 《春秋繁露·玉杯》。
② 《汉书·董仲舒传》。
③ 《春秋繁露·深察名号》。

法学史上公认为是“神权法”思想的当属西欧中世纪的基督教神权法学。它专门为宗教权高于王权提供理论上和法律上依据，以证明“圣经词句在各法庭中都有法律的效力”[①]。显然，董仲舒的理论够不上这个资格。他把天打扮成为人格神，是试图剥夺君权的至上性，表面上看似“君权天授”，实际上是“君权天制”。他要求君主接受“天意”作为出法行罚的依准，并非用“天意”去代替或指挥具体的立法、执法和司法工作。更何况，在司法审判需要决疑的时候，董仲舒提倡的是儒家的“经义决狱”而非“天意决狱”。

也有论者说，“天人感应”论是“中国式”的“神权法思想”，自然与西方的“神权法”不同。在中国思想史上，被认为具有“中国式”“神权法”思想的还有墨子的“天志”、“明鬼”说。

与董氏“天人感应”论相比，墨子更为直截了当地肯定“天”、“鬼”具有惩恶赏善功能，似乎更接近于“神权法”。但这并非墨学的全部和本质。墨子还是一位“非命”、“尚力”论者[②]，他极称“强必贵”、“强必治”、“强必宁”，充分肯定人的主观能动作用，努力设计“尚同”的君主主义的政治方案和法制模式，并不是一个“神权法”论者。董氏的情况正好相同，他在神秘主义的形式下，积极肯定人的主观能动作用[③]，强调君主“修身”、“正心”、任德教、配天道，强调“人之绝（超绝——引者）于物而参天地”[④]。他认为，人能“参天地”，故能与天、地平列、平等：

---

① 《马克思恩格斯全集》第7卷，第400页。

② 参见《墨子·非命》。如《非命（三）》云“天下之治也，汤、武之力也；天下之乱也，桀、纣之罪也。若以此观之，夫安危治乱，存乎上之为政也，则夫岂可谓有命哉？故昔者禹、汤、文、武，方为政乎天下之时，曰：‘必使饥者得食，寒者得衣，劳者得息，乱者得治。’遂得光誉令问于天下。夫岂可以为命哉！故以为其力也。今贤良之人，尊贤而好功道术，故上得其王公大人之赏，下得其万民之誉，遂得光誉令问于天下。亦岂以为其命哉？又以为力也。”

③ 参见金春峰：《汉代思想史·董仲舒思想的特点及其历史地位》。

④ 《春秋繁露·人副天数》。

“天生之，地养之，人成之……三者相为手足，合以成体，不可一无也。”①

实际上，董仲舒所论之“天”，虽多含人格神意义，但亦含自然之天、伦理道德之天等多重意义。他的法思想，从整体上来看，不是“神本位”的，不宜归入“神权法”范畴。

(二) 法的渊源论

董仲舒为法设定的渊源首先是“天意”，但此外还有两个，一是圣人，一是《春秋》。“天意”是法的终极性渊源。

他的《春秋繁露》第一篇《楚庄王》即提出“奉天而法古”的立法创制总纲。所谓“法古”，就是“法先王”、“法圣人”。

“先王之遗道，亦天下之规矩六律已。故圣者法天，贤者法圣，此其大数也。得大数而治，失大数而乱，此治乱之分也。所闻天下无二道，故圣人异治同理也。古今通达，故先贤传其法于后世也。《春秋》之于此事也，善复古，讥易常，故其法先王。”②

“天意”不是任何人都体认得到的，只有圣人才能通达。圣人所体认的“天意”尽在其“内圣外王”的践履之中，在其所创制的法——“规矩六律”之中。所以，“法圣”与“法天”是一致的，“贤人法圣”也就是间接地“法圣”，而“法圣”显然更贴近现实而能操作，因为“圣人异治同理”，况且“古今通达”，较易借鉴、仿效。

作为公羊学领袖的董仲舒进一步认为，先圣孔子将体认到的“天

---

① 《春秋繁露·立元神》。
② 《春秋繁露·楚庄王》。

意”全倾注于《春秋》的微言大义之中。归根结底,“法圣”只要“法《春秋》”就全有了。公羊家们说,孔子“制《春秋》之义以俟后圣。”[①]董氏也说:“《春秋》作新王之事。”[②]在他看来,孔子作《春秋》是为后王立法,是为汉制法。《春秋》简直是汉王朝的最高法、根本法,是君主专制大一统帝国的大宪章。《春秋》成为比“先王之法”来得更为直接的法源。

“孔子作《春秋》,上揆之天道,下质诸人情,参之于古,考之于今。”[③]

就是说,“天道”已在《春秋》之中,古圣人的良法美意也折中于《春秋》之中,王道政治的大法均备于《春秋》。《春秋》是总汇天道、人情、“先王之法”的法典。所以,“法《春秋》”也就是“法天”和“法圣”。

这里又显现出董仲舒理论的固有逻辑:借神秘主义的力量推行伦理理性的政治和法制。他以《春秋》为汉王朝最高法、最直接法源的致思趋向,在法的领域中极有力地推动着“独尊儒术”,推动着儒家法思想主流化、正统化进程。

(三) 法的价值论

“天”、“先王”、《春秋》是董仲舒为法设定的三大渊源,也是创制法的三个准则,评价实在法和现实法制的三个标准。这三者之中有没有一个统一的内在精神?董仲舒的回答是肯定的。他认为,这种内在的精神就是“仁”或“仁德”。他说:

---

① 《公羊传·西狩获麟》。
② 《春秋繁露·三代改制质文》。
③ 《汉书·董仲舒传》。

"天,仁也。天覆育万物,既化而生之,有(又)养而成之。事功无已,终而复始,凡举归之以奉人。察于天之意,无穷极之仁也。"①

因而,人(天子)"法天"应法天之仁。他紧接着写道:

"人之受命于天也,取仁于天而仁也。是故人之受命天之尊,父兄子弟之亲,有忠信慈惠之心,有礼义廉让之行,有是非顺逆之治。文理灿然而厚,知广大有而博,惟人道可以参天。"②

这段文字具体说明了天"仁"的内涵是父子之亲,以及忠信慈惠、礼义廉让之类。这样,"法天"的结果又回到了人间的宗法伦理上。"仁"的天是伦理之天,更明白地说,是宗法伦理之天。

在《尧舜不擅移汤武不专杀》篇中,董仲舒论述说,尧舜行禅让而不私传、汤武以有道伐无道,都是执行天命,是对天的孝。可见,法圣人归根结蒂还是以孝为法。

说到《春秋》,董仲舒指出,它的灵魂就是"仁义法":

"《春秋》之所治,人与我也。所以治人与我者,仁与义也。……是故《春秋》为仁义法,仁之法在爱人不在爱我。义之法在正我不在正人。"③

综合言之,董仲舒通过"法天"、"法圣"、法《春秋》,为现实法树立的

① 《春秋繁露·王道通三》。
② 同上。
③ 《春秋繁露·仁义法》。

价值准则是“仁”，而“仁”的内涵中首要的又是宗法伦理。因此，他的法思想与先秦儒家伦理法思想在法的价值论上深相契合。

（四）最高法权论

法自君出，是君主专制制度的通义。董仲舒承认人主“操杀生之势”①、“执一无端，为国源泉”②，也就是肯定了法自君出。但他的这种肯定是加有“但书”的，不是无保留的肯定。在他的理论体系中，君权天授又天制，最高立法权最终归于天。所以他说，人主虽有“予夺生杀”之权，但“予夺生杀，各当其义”，才称得上“配天”③。又说天君关系如父子，君为天子，“宜事天如父，事天以孝道”④，君权须服从天权。如果天子不顺着天意创制立法、行赏出罚，那就是天的不孝子孙，就应受到天谴、天罚，乃至于天夺。

董仲舒指出，天用以体现自己最高法权的途径有两条：一是人主必须“配天”、“法天”；二是“天谴”。前者是常态，后者是变体，是对常态被破坏后设的矫正措施。然而，前者只是道德说教，后者仍为道德恐吓。他没有也不可能进一步提出建立强有力的制约君主法权的体制的学说。这是整个儒家法思想的一大缺点，董仲舒也无所作为。由于当时社会有着普遍的天神崇拜，董仲舒的说教和恐吓或能起一时之效，但随即却被专制君主利用，君权天制的一方愈来愈弱化，君权神圣一方愈来愈膨胀，天子受天命而制法的理论成为他们行专制之酷法的极好借口。自然，这不是董仲舒的本心。

儒家法思想到了董仲舒手里便发生了一大转折，一切都被蒙在迂拙荒诞的神秘性之中，原来合理的东西却以极不合理的方式来表述。

---

① 《春秋繁露·威德所生》。

② 《春秋繁露·保位权》。

③ 《春秋繁露·天地阴阳》。

④ 《春秋繁露·深察名号》。

他以“天人感应”论容纳和继承了儒家法思想，完成了体系的重构。但当他以这种体系将儒家之法推至天上加以神化的同时，也将它异化了。他的“天谴”说大大助长了谶纬迷信之风，“《春秋》决狱”变成了谶纬决狱，“生杀予夺”悉由天意，流为悉由君意、悉由吏意。这种流弊陈陈相因，积重难返，终于导致了儒家伦理法的谶纬化，这实由董氏肇始。故在西汉末，就有人以谶对谶，借孔子而制谶语曰：“董仲舒乱我书”。[①]所以，对于董仲舒埋藏于神秘主义体系中的合理成分需要仔细地剥离才不至于被湮没。

三、“《春秋》决狱”
——司法和立法的儒家化运动

“《春秋》决狱”在中国法律史书上常称“经义折狱”，或“引经决狱”，由于折狱所依据的经义主要来源于《春秋》经，所以习称“《春秋》决狱。”它开始于汉武帝时期，是独尊儒术在法制建设上的表现，也是法律儒家化的重要步骤。其基本精神是依据儒家经典，尤其是《春秋》经的“微言大义”来审理案件、定罪量刑。由于得到汉代最高统治者的认可和提倡，成为当时解释和适用法律的最高根据，盛极一时。汉武帝时，名儒董仲舒还著有《春秋决狱》一书。他病老退休以后，朝廷每遇大案拿不定主意，便派廷尉张汤等人亲自到他家中请教，他都一一依经义作出明断。[②]

“《春秋》决狱”首先是在司法领域确立了儒家法思想的指导作用和统治地位，同时又通过与判例法相似的“决事比”影响并占领立法领域，

---

① 王充：《论衡·实知篇》。

② 见《汉书·董仲舒传》。

从而逐步排挤和替代秦代以来的法家立法和法家司法。这是中国法律史上儒家知识分子依傍皇权而自觉发动的一场扭转乾坤的变革。它接续先秦儒家的“道统”,将业已确认为“独尊”的儒家法思想进行切实的改铸,使之成为帝制时期正统的法思想,并具体化为可操作的司法原则和立法原则。这就不仅拨正了法律儒家化的船头,而且扬起了法律儒家化运动的风帆。

1.“原心论罪”

“原心论罪”又称“论心定罪”、“原情定罪”等,这是“《春秋》决狱”的一条总原则。

“原心论罪”这条经义来自《春秋》:春秋时代,许国太子止给有病的父亲进药,事先自己没有亲口尝一下,他父亲吃这药后就死了,许太子因此犯了杀父罪。但许太子进药是孝心的表现,他未先尝药只是一种过失,并非存心毒害父亲。因此许太子的名字在后面的经文中又出现了。按照《春秋》的笔法,如果一个人犯了大罪应受诛的话,那么即使他未死,经文中也不会再出现他的名字,表示已把他处死了;像许止那样重新出现在经文中,则是把他赦免了。汉代儒生从中体会出了“君子原心,赦而不诛”的“微言大义”。

汉代儒家对“原心论罪”这一原则作过很多阐述。董仲舒说:

> “《春秋》之听狱也,必本其事而原其志。志邪者不待成,首恶者罪特重,本直者其论轻。”①

桓宽的《盐铁论》进一步作了概括:

---

① 《春秋繁露·精华》。

"故《春秋》之治狱,论心定罪:志善而违于法者免,志恶而合于法者诛"。①

王充也曾作过明确的解释:

"刑故无小,宥过无大,圣君原心省意,故诛故贳误。故贼加增,过误减损"②。

上述三段阐释,董仲舒、王充二人所论比较一致,桓宽所记的贤良文学言论与董、王所论则不尽相同。所谓"志善而违于法者免,志恶而合于法者诛",实际上是完全以行为人主观道德意志的善恶决定行为的罪与非罪、罚与不罚,而把行为的客观危害性的有无、大小完全弃之一边。这样就把"论心定罪"原则绝对化了,实为两汉末世在司法实践中将"《春秋》决狱"、"原心论罪"庸俗化和恶的运用开了方便之门。因此,在理论分析上不应把董、王所论与《盐铁论》所论完全视为一致。董、王关于原心论罪的言论,虽也强调"心",即道德意志的善与恶在定罪量刑中的作用,也存在着导致司法实践中依主观道德过错的有无、大小来判案的可能性,但在理论的立论倾向上还是有区别的。

董仲舒、王充的话总起来说是三层意思。

第一层:"本其事而原其志"。即断罪要从犯罪事实出发,以客观事实为基础,但不光看事实,还应当追究犯罪动机和犯罪原因及罪犯的心理状态。

第二层:"志邪者不待成"、"首恶者罪特重"、"刑故无小"、"故贼加

① 桓宽:《盐铁论·刑德》。
② 《论衡·答佞篇》。

增”。这里的“志邪”，指主观为恶；“故”，即故意。这一层的意思是说：凡心术不正，主观为恶，有犯罪的动机，即使犯罪未遂（“不待成”），也要加以惩罚；故意犯罪虽然犯的是小罪，也要加重惩罚；共同犯罪中的造意者、组织者和领导者，即“首恶”分子，当然是“志恶”之尤，所以“罪特重”。

第三层：“本直者其论轻”、“宥过无大”、“过误减损”。“本直”，指行为的动机、目的纯正，合乎道德人情，其犯罪属于过失（“过误”），因而虽然违法也可以免于处罚，或减轻处罚，甚至犯的是大罪也可以宽宥。

这三层意思中，第一层是中心，第二、第三层是从对应的两个方面（“志邪”和“本直”、“故贼”与“过误”）对第一层意思的展开和具体说明。

从以上分析中可以看到，“原心定罪”的实质，是强调根据犯罪的动机、目的、心理状态等主观道德要件来定罪量刑。而衡量一个人动机、目的是否正当，是“本直”还是“志邪”的主要标准，则是儒家提倡的仁义孝悌等伦理道德。这些伦理道德就是儒家经典中的所谓“微言大义”。儒家通过“引经决狱”、“原心定罪”，不光是将经典置于法典之上，而且是将伦理道德置于法律规范之上，以达到伦理率法，以伦理改法，并最后制定出符合伦理的法。由于儒家以伦理道德为依据的一整套典章制度通常概称为礼，所以“引经决狱”、“原心论罪”是法制史上实现以礼率律、纳礼入律、礼律合一的重要阶段。从这个意义上说，“引经决狱”或“《春秋》决狱”与“原心定罪”是同义语。“引经决狱”是司法审判中的现象，即决狱时引的是经而不是法律；“原心论罪”是司法审判的实质，即以行为人的行为动机、目的是否符合经义来决狱定罪，以行为人之“心”，亦即主观道德的善恶的有无与大小来判断罪与非罪、重罪与轻罪、故意犯罪与过失犯罪、恶性犯罪与非恶性犯罪。

2. 评价和再评价

对“《春秋》决狱”、“原心论罪”，历史上就有不同的看法。近代以来，“法无明文不为罪”的罪刑法定主义作为刑法法治的重要原则大受热捧，对其多有批评。新中国建国以后至80年代初，法律史界亦以对之作否定性评价占主导地位。在众多的批判抨击言论中，章太炎、刘师培的说法较具代表性，亦常为人转辗引述。章氏指出，引经决狱、原心论罪乃是“舍法律明文，而援经诛心以为断”，必致法吏“因缘为市”，徇私枉法[①]。刘师培批评说：“名曰引经决狱，实则便于酷吏之舞文”。又说，引经决狱是“掇类似之词，曲相附和，高下在心，便于舞文，吏民益巧，法律以歧。故酷吏由之，易于铸张人罪，以自济其私”[②]。

章、刘二人对“引经决狱”的激烈批判，确有积极和合理的意义。

首先，“引经决狱”确实是“舍法律明文”，在当时的现行法律之外另找决狱原则和定罪量刑的标准，并将这种经义原则和标准凌驾于法律之上，使法律失去权威。这在法理学上看显然违背法律稳定性。如果将这种做法定为原则，那么，连国家法制本身也无从建立和强化。

其次，经义具有不确定性、隐喻性、歧义性等内在特性，远不像法律条文那样规范、明白、确定、准确、可操作，因而在审判实践中难以适用。且经文言约意晦，注解杂芜繁多，一个儒生皓首穷经尚不能学通一经，一般司法官吏更不可能通晓全部儒经，于是必然造成断章取义，各取所需。这就客观上为酷吏舞文弄法、高下在心、出入人罪开了方便之门。

但是，章、刘二人的批判是不够全面的，也缺乏历史观。只要看一下我们所能见到的“引经决狱”案例就可以知道，情况并非只有如他们

---

① 章太炎：《检论·原法》。

② 刘师培：《儒学法学分歧论》。

说的那个黑暗面。流传下来不多的汉代“引经决狱”案例中，择出直接运用“原心论罪”原则的二例，借以说明。

案例一：某甲之父乙与丙由言语相争而发展到打斗，丙抽出佩刀刺乙，甲见状，急忙举杖击丙护乙，但误伤了自己的父亲乙，甲被送官论罪。有人说，甲犯了殴父之罪，应当枭首。董仲舒不同意，认为父子是至亲，父亲与人争斗，自然产生害怕惊慌的心理状态。甲见到丙拔刀刺父，即挺杖救护，本心不是想伤害父亲。“《春秋》之义，许止父病，进药于其父而卒，君子原心，赦而不诛”。所以，甲没有触犯法律中规定的殴父罪，不当处刑。

从这个案例看，董仲舒的分析不无合理性，他不是机械地搬用法律，只看行为后果，不看行为动机。

案例二：有人向大将军梁商诬告宋光非法刊刻文章，宋光被关进洛阳诏狱，受尽严刑拷打。宋光的外甥霍谞当时才15岁，对梁商说：我听说《春秋》之义，“原情定过”，赦免因过失而做了错事的人，诛杀故意作恶的人。所以许止虽杀君而不坐罪，赵盾（春秋时晋国世卿）知道自己的弟弟杀君，但不去讨伐，被史官记为“赵盾弑其君”。这都是孔夫子垂遗下来的圣王之法，汉朝应当遵循这些原则。今宋光所犯的罪，既然情有可原，却关押多年，终不见审理。所谓君子不偏袒、不结党营私，难道就是这样做的吗？梁商称赞霍谞的才志，便向汉帝奏请赦免了宋光。[①]

一个15岁的少年能懂得《春秋》书的所谓“原心定罪”原则，竟说动一朝权臣，使自己的舅父脱离囹圄之苦，它本身就说明了“《春秋》决狱”、“原心定罪”在汉代具有最高法律原则的作用。这是一则以《春秋》经义平反冤狱的显例。

① 《后汉书·霍谞传》。

在我们所见的汉代引经决狱的案例中，有这样一种趋向：属于一般平民的基本上都是出罪，即从轻判决；属于皇亲国戚的则以“君亲无将”为依据来严以执法。这样做在当时是有积极意义的。所以，对“引经决狱”、“原心论罪”必须进行具体的历史的分析。

第一，“引经决狱”无疑冲击了当时刑事法律的稳定性和权威性，但问题在于冲击的是什么法律。秦代法制以严酷著称；汉承秦制，严刑酷法循而未改。“引经决狱”将经义置于刑律之上，目的就在破坏当时的严酷之法。例如，当时的法律有族刑、连坐，“恶恶止其身”这一条经义正好与之相反，反对连坐和族刑。“引经决狱”破坏秦、汉的严酷之法，正是为了建立有利于长治久安的礼法法典。后来的法律史实说明，待隋唐礼法法典定鼎后，“经义决狱”的原则纳入法律，它的历史任务就告完成，便逐渐退出历史舞台。所以，“经义决狱”虽盛于两汉，魏晋南北朝时也还有余风，但唐律颁布以后，便渐渐匿迹。因为唐律“一准乎礼”，是儒家化的刑事法典，礼在律之中，经义也在律之中，用不着到律外去求礼、求经义了。

第二，“原心论罪”要求分清犯罪的过失和故意、一贯和偶然，要求在定罪量刑时考虑犯罪人的行为目的、动机和心理状态等，作为一种刑法思想，是进步的。它的弊病在于过分强调犯罪的主观因素，存在着轻视甚至忽视犯罪的客观事实的倾向，从而使人把握不住决狱的标准，会造成冤假错案，也不能避免酷吏“因缘为市”。问题是，酷吏“因缘为市”，故入人罪，只是“原心论罪”的一个方面、一种可能性，是对“原心论罪”的恶的运用。“原心论罪”还可以得到好的运用，如《后汉书·何敞传》说：何敞“以宽和为政，举冤狱，以《春秋》义断之，是以郡中无怨声”。在“引经决狱”、“原心论罪”提出之时，好的运用还是主要的，这有留下来的“引经决狱”案例为证。

3.“《春秋》决狱”与中国法律的儒家化

“原心论罪”的明确提出并成为一个定型的司法范畴和原则，虽是汉儒的创造，但其理论和思想的萌芽则远在早周之世[①]。汉代是“原心论罪”在理论上长足发展的时代。这种发展有以下三个方面的特点：

第一，把“原心论罪”与“《春秋》决狱”直接相连。汉儒认为，《春秋》当“一王立法”，甚至是孔子为汉制法，《春秋》所含的圣人治国的“微言大义”，是决事折狱的最高依据，而“原心论罪”则是这种决事折狱的基本原则。董仲舒等汉儒所谓的“《春秋》之听狱也，必本其事而原其志”等，正是要确定这两者的关系。这样一来，古老的“议事以制”、原情、论心等刑事司法原则就完全被吸纳进了儒家的法思想体系之中，从而，一方面改铸和丰富了儒家法思想，另一方面为儒家法思想的统治地位准备了条件。

第二，汉儒从理论上系统阐明了“原心论罪”就是要重视追究犯罪的主观动机，分清故意与过失、首恶与胁从等。董仲舒的“志邪者不待成”云云，王充的“刑故无小，宥过无大”之论等等，均是这样的理论命题。重视犯罪的主观动机，并区分故误等，虽在《尚书》中已有明文，但将它们作为“原心论罪”的具体内容，并在理论上作系统阐发，又纳入“《春秋》决狱”体系之中，仍是一个不小的发展。

第三，汉儒进一步明确提出了宗法伦理是“原情”或“论心”的主要依据。《礼记》中写道：

> “凡听五刑之讼，必原父子之亲，立君臣之义以权之；意论轻重

---

① 参见本书第二章第四节。

之序，慎测浅深之量以别之；悉其聪明，致其忠爱以尽之。”[①]

“原父子之亲”，即是以原孝之心来论罪；“立君臣之义以权之”，乃是原忠之心以论罪。这样，“原心论罪”在一定意义上就变成了“原孝定罪”、“原忠定罪”等等，从而为宗法伦理渗入法律，指导立法、司法开了方便之门。所以，中国古代法的儒家化，亦即宗法伦理化。

战国诸侯对儒家学说曾有“迂远而阔于事情”的讥评[②]。从法律理论上说，先秦儒家法思想虽然体系博大，但在可操作性上则逊色于法家。秦行法家政治，立国日浅，这是法家思想的历史性失败。但汉初几十年间，儒家思想仍不能在法的领域完全替代法家思想以及黄老思想，尽管原因不止一端，但其可操作性不足无疑是一个方面。汉儒的“《春秋》决狱”的提出以及对“原心论罪”的诠释，大大弥补了儒家法思想的这一理论不足，跨出了“独尊儒术”运动的重要一步，意义十分深远。

首先，以《春秋》为“一王之法”，即是确立了《春秋》等儒家经典的最高法律地位。“一王之法”，就是“圣人之法”、“先王之法”，就是理想法。从而接通了先秦儒家传承下来的“道统”和法统。《春秋》以及其他儒家经典的“微言大义”成为评价、取舍秦法和汉家当世之法的最高准则，也成为创制新法的有力指导。

其次，秦法在法统上自是法家之法。“汉承秦制”。萧何所制《九章律》仍不离法家之法统。法律须国家制定或认可方有效力。汉代儒生当然无制法之权，他们抬高《春秋》，也不过是作为抨击时政的凭藉，向最高统治集团争一点议政权、议法权。“《春秋》决狱”、“原心论罪”的提出，由于有了可操作性作基点，又得到最高统治集团的认可，儒家由是

---

① 《礼记·王制》。

② 《史记·孟荀列传》。

获得了解释法律之权和司法之权，并进一步利用和发展了中国古代的“议事以制”制度及判例制度，将“《春秋》决狱”的司法成果编制为“决事比”，从而涉足立法领域，开启了中国法律儒家化的闸门。

以上两点可以说是汉儒在法制领域中的得意杰作。以《春秋》为“一王之法”，可以在一定程度超越王权、制约王权，亦使“《春秋》决狱”得以为王权所认可；然后以此为凭藉，相继攫取法律解释权和司法权，最后控制立法权。汉儒的这一法律儒家化运动的成功，在中国古代法律史上不啻为扭转乾坤的一步。它使法家的法统由秦二世而亡而带来的政治上的失败，进而成为法制上的失败，彻底改变了中国古代法的价值指向和法文化发展路线。

四、《唐律疏议》——儒家立法之大成[①]

中国古代刑事法律的儒家化至隋唐律典制颁而定型，而尤以现存的《唐律疏议》为其典型代表。《唐律疏议》可谓集中国古代刑事法律儒家化之大成。

前已有述，儒家法思想的法文化特质在于其宗法伦理性，儒家法思想是一种伦理法思想。西汉中期以后，儒家法思想经过改铸以后成为占主流地位和正统地位的法思想，其伦理法思想的特质亦随之成为中国古代固有法文化的特质。因此，所谓中国法律的儒家化亦就是其宗法伦理化，就是儒家伦理法思想全面指导立法和法律注释，并积淀、演化为律疏的原则和规则。《唐律疏议》（以下简称《律疏》）正是这样一部儒家伦理化的刑事法典。

---

① 本节系在笔者与王祖志同志合写的《试论〈唐律疏议〉的伦理法思想》（载《法学季刊》，1986年第4期）一文基础上修改而定。借此向王祖志致以谢忱。

1. 儒家伦理——《律疏》之魂

汉代的“引经决狱”,魏晋南北朝的儒生注律和伦理入法,原是伦理观念制约下产生的伦理法律化、法律伦理化的历史过程。到了唐代,与古代经济的高度发展及政治大一统相适应,儒家思想经过魏晋南北朝的相对衰微以后再次得到复兴,唐朝统治者审时度势,自觉地扮演了一个总结汉魏以来伦理入律的立法成果和历史经验的重要角色,儒家伦理观念被确定为制定《律疏》的指导思想。

需要指出的是,这里所谓的儒家伦理不同于先秦原始儒家的伦理观念,而是经过汉儒改铸的作为帝制时代社会政治、经济和生活原则的儒家伦理。它以先秦儒家的血缘宗法人伦为基础,吸收了法家的绝对主义忠孝观①,形成了以“三纲五常”为核心的伦理思想②。这就是通常所谓的“名教”,或“纲常礼教”。

打开《律疏》,我们看到,以纲常礼教为核心的伦理观念,犹如经线之贯南北,纬线之通东西,将大部分条款都织入了一幅以血缘关系为基础的多层次的“宗法人伦”结构之网。《律疏》在作为基本原则部分的《名例》篇首中,疏文开宗明义宣称:

> “德礼为政教之本,刑罚为政教之用,犹昏晓阳秋相须而成者也。”③

“德礼”为本,正是《律疏》的指导思想,而“德礼”的核心内容乃是宗

---

① 《韩非子·忠孝》云:“臣事君,子事父,妻事夫,三者顺则天下治,三者逆则天下乱,此天下之常道也,明王贤臣而弗易也。”

② 《白虎通德论》引纬书《含文嘉》曰:“君为臣纲,父为子纲,夫为妻纲。”

③ 《唐律疏议·名例》。

法伦理,即以"三纲五常"为核心的"名教"观念和道德准则。

《律疏·名例》篇说:"五刑之中,十恶尤切,亏损名教,毁裂冠冕,特标篇首,以为明诫"。可见,《律疏》的制定者们最担心的是"亏损名教,毁裂冠冕,"即伦理道德的沦丧,所以,要"特标篇首",突出其重要地位,使人人以为"明诫"。

确认"君为臣纲,父为子纲,夫为妻纲"是天经地义的,从而以立法形式加以重点保护,是贯穿于《律疏》中的宗法人伦观念的又一突出表现,也是《律疏》伦理法思想的一个出发点。所谓"《唐律》一准乎礼"的"礼",就是纲常名教。朱熹说:"三纲五常,礼之大体"[①],甚得礼之要旨。因此,《唐律》所准之礼,首先是指纲常名教成为制订和实施唐律的依据和准绳;其次,是指体现纲常名教的"礼"与法律规范更加紧密地结合起来了;最后,是向人们揭示,长孙无忌等对唐律逐条注疏,完全是以儒家的经典的伦理道德观念为最高标尺的。可以这样说,"《唐律》一准乎礼"的说法,勾画出了《律疏》的真正"灵魂"是儒家宗法伦理观念。

2."十恶":纲常名教的法律化

以纲常名教为核心的儒家伦理作为《律疏》灵魂的最明显的体现,是"十恶"大罪的立法规定。

《律疏》以隋《开皇律》为蓝本,把北齐律的"重罪十条"改称"十恶"。"恶"者,与"善"相对,不良品行之谓也。它首先是一个伦理学范畴,是对行为所含的道德价值进行否定性的评价。以"十恶"名罪定刑,正是以伦理评价统率法律评价的表现。

《律疏》将十种犯罪定为"十恶",究其原因,如从表面上看有二:一是其企图侵犯的客体特别重要;二是其犯罪的手段特别残忍。但深探

① 朱熹:《论语章句·为政》。

其实质只有一个,就是这十种犯罪一旦发生,其所损害的伦理关系特别重要,破坏的程度尤其严重。

“十恶”侵犯的客体可分为两类:一类是企图侵犯专制君主及政权的犯罪,一类是侵犯父母尊长的犯罪。它们的立法依据都是“宗法人伦”,即纲常名教。至于将犯罪手段残忍列入“十恶”,其立法依据亦在纲常名教,因为残忍与否的标准不是别的,正是损害纲常名教的程度。下面,试以“十恶”的内容为序析论之。

(一)“君为臣纲”与“谋反”、“谋大逆”、“谋叛”、“大不敬”罪

在宗法伦理观念中,“君为臣纲”的具体表现为臣者忠顺于君。而“忠”则是从“孝”延伸出来的道德范畴。“事父孝,事君忠”,是帝制社会最为崇尚的道德品质。“忠,德之正也。”[①]《忠经》说:“善莫大于作忠,恶莫大于不忠。”违背了“忠”的道德就是最大的恶,就是最严重的非礼。非礼即非法。所以,对皇帝不忠,自然成了最大的犯罪。

上述“谋反”、“谋大逆”、“谋叛”、“大不敬”罪,乍看来是企图侵犯君主的人身及君主所代表的国家利益,但把它们列入“十恶”,其立法意图就远远超出了这种就事论事的范围,而是旨在维护君主专制制度“君为臣纲”的纲常和“忠”的道德。因为,这些才是这一制度的生命线。这里有一点必须加以强调,所谓“谋”,不是行为的结果,而仅仅是一种意图。所以,将“谋反”、“谋大逆”、“谋叛”作为大罪来惩罚,不是惩罚侵犯君主和国家安全的行为,而是惩罚“不忠”的主观恶性。

《律疏》谈到“谋反”罪的立法理由时说:

> “王者居宸极之至尊,奉上天之宝命,同二仪之覆载,作兆民之父母,为臣为子,惟忠惟孝,乃敢包藏凶慝,将起逆心,规反天常,悖

---

① 《左传·文公元年》。

逆人理,故曰‘谋反’。”[①]

又称:

“臣下将图逆节,而有无君之心,君位若危,神将安恃?”[②]

很清楚,《律疏》所说的“谋危社稷”,就是“为臣为子”者违反了应将皇帝视作“兆民之父母”而尽“惟忠惟孝”的“君上大纲”,定“谋反”为“十恶”之首而予以严惩的理由首先是“无君之心”。

同样,将“谋毁宗庙、山陵及宫阙”定为“谋大逆”的犯罪客体,纯属敬君尊上的“忠”的纲常问题。请看《律疏》对“谋大逆”的立法理由的解释:

“此条之人,干纪犯顺,违道悖德,逆莫大焉,故曰大逆。”[③]

宗庙、山陵是祭祀和安葬死去的帝王的场所,“谋毁”它们就是对死去的帝王丧失忠、尊、敬之心,具有“干纪犯顺,违道悖德”的严重主观道德恶性。

关于“大不敬”罪,其伦理色彩更为一目了然。《律疏》云:

“礼者,敬之本;敬者,礼之舆,故《礼运》云:‘礼者君之柄,所以制嫌明微,考制度,别仁义’,责其所犯既大,皆无肃敬之心,故曰大

① 《唐律疏议·名例》。
② 同上。
③ 同上。

不敬。"[1]

敬者,敬谁呢?敬在世的和去世的帝王;怎么敬?说来说去还是要"惟忠惟孝"。"大不敬"的外延是很宽泛的,凡有关去世帝王的祭祀品,在位帝王的衣、食、住、行、医药之物,稍有不慎,便指为"无肃敬之心",而入"大不敬"罪。

至于谋叛,表面上看来与伦理无关,其实不然。因为《律疏》把凡属"十恶"的犯罪行为,都宣布为"亏损名教,毁裂冠冕",况且谋叛罪的主体一般是指官吏,官吏谋背本朝,就是背叛以皇帝为首的朝廷,实际上就是背叛皇帝,这样,就违反了"君为臣纲"的天条,就属"不忠"。

(二)"父为子纲"与"不孝"罪

"孝"的本义指尊老事亲,"孝,利亲也。"[2],"善事父母曰孝"[3]。可见"孝"是个道德范畴。按照血缘伦理,子女要遵从作为家长的父亲,具体表现为子女对父母应尽孝,"孝为百善先",在家为孝,出仕才能为忠臣。"夫孝,德之本也。"[4]孝是忠的基础,也是其他人伦道德的起点。所以,孝是必须重点加以提倡和保护的。反过来,对不孝的念头和行为就必须重重予以惩罚了。故我国很早就有"五刑之属三千,罪莫大于不孝"[5]的刑罚规定。李唐统治者继承了将"不孝"作为严重犯罪的立法传统,在制定《律疏》时,把"不孝"列为"十恶"大罪。《律疏》指出:"不孝"罪包括——

---

① 《唐律疏议·名例》。
② 《墨子·经上》。
③ 《尔雅·释训》。
④ 《孝经·开宗明义》。
⑤ 《孝经·五刑》。

“告言诅詈祖父母、父母，及祖父母、父母在，别籍异财，若供养有缺，居父母丧，身自嫁娶，若作乐释服从吉，闻祖父母、父母丧、匿不举哀，诈称祖父母、父母死。”[①]

《疏议》对“匿不举哀”为什么构成“不孝”大罪作了这样的解释：

“依礼：‘闻亲丧，以哭答使者，尽哀而问故。’父母之丧，创巨尤切，闻即崩殒，擗踊号天。今乃匿不举哀，或拣择时日者，并是。”

这一解释意为，父母去世，子女没有立刻表现出哀痛，就构成不孝罪。可见，《律疏》把纯属违反伦理道德规范，或背逆伦理情感的行为视为“不孝”犯罪。以“不孝”为“十恶”大罪的立法，最清楚不过地表明了我国古代法思想和《律疏》本身的伦理型法思想性质。

（三）“夫为妻纲”与“恶逆”、“不睦”、“不义”罪

按礼教，“夫者，妻之天也。”[②]作为妻子必须敬顺丈夫，要做到“直者不能争，曲者不能讼”[③]，否则便是违反了“夫为妻纲”的伦常。这种“夫为妻纲”的伦理观，在《律疏》中形成为完备的法律制度。《律疏》认为：妻谋杀夫，应入“恶逆”罪；妻殴、告夫，应入“不睦”罪；“闻夫丧匿不举哀、若作乐，释服从吉改嫁”，应入“不义”罪。在这里，法因伦理是最显然不过的了。

对“闻夫丧匿不举哀，若作乐，释服从吉改嫁”为什么入“不义”大罪，《疏议》是这样解释的：

“夫者，妻之天也。移父之服而服，为夫斩衰，恩义既崇，闻丧

① 《唐律疏议·名例》。
② 《仪礼·丧服》。
③ 班昭：《女诫·敬慎》。

即须号恸。而有匿哀不举，居丧作乐，释服从吉，改嫁忘忧，皆是背礼违义，故俱为十恶。”

一句话，“背礼违义”是妻对亡夫“匿不举哀”等行为处“不义”罪的构成要件。

（四）名教与“不道”、“内乱”罪

名教即礼教，宗法伦理道德是其主体。《律疏》将“杀一家非死罪三人、支解人，造畜蛊毒、厌魅”定为“不道”，并注疏云：“安忍残贼，背违正道，故曰不道”。这里的“背违正道”，就是指违反儒家纲常名教的“正道”。拿“支解人”来说，据儒家伦理观，“身体发肤，受之父母”，毁伤肢体，即属不孝。支解人体，无疑是丧尽天良，残忍至极。“造畜蛊毒，厌魅”，现在看来，纯是巫术，无甚科学根据，但古人以为这是阴谋害人，即《律疏》所说的“皆谓邪俗阴行不轨，欲令前人疾苦及死者”，居心实在险恶。基于这种伦理观念，此类犯罪当归入“十恶”之列了。所谓“内乱”罪，显然是一种伦理恶性犯罪，故《律疏》认为：“女有家，男有室，无相渎，易此则乱，若有禽兽其行，朋淫于家，紊乱礼经，故曰内乱”。

曾有《唐律》研究者将“十恶”大罪分为“治国”和“治家”两大类，以为“治家”类才是伦理犯罪，“治国”类则不是。其实，中国古代社会是一个“家国相通”的社会，故有“修身齐家治国平天下”的政治纲领。与此相应，君权与父权亦相互为用，“忠”与“孝”浑然一体，故“三纲五常”成了最高的立法准则，不管是“治国”，还是“治家”，都被一层温柔的亲亲纱幕所笼罩，而这正是统治者“愚民有术”的突出表现。

3.宗法伦理性的罪刑原则

“十恶”大罪由宗法伦理而生，其他许多罪刑原则亦依宗法伦理而定。

(一) 犯罪构成

与儒家伦理作为《律疏》的灵魂相适应，在犯罪构成问题上，《律疏》的一个基本逻辑是：以违反伦理道德作为犯罪构成的主观要件。“十恶”罪是如此，其他多类犯罪的构成亦是如此。

如，在职官员的职制犯罪中有“匿不举哀”、“释服从吉”、“忘哀作乐”、“冒荣居之”、“委亲之官”、“冒哀求仕”、至亲被囚“作乐”等罪名：

> “诸闻父母若夫之丧，匿不举哀者，流二千里；丧制未终，释服从吉，若忘哀作乐，自作、遣人等，徒三年；杂戏，徒一年；即遇乐而听及参预吉席者，各杖一百。”①
>
> “诸府号、官称犯父祖名，而冒荣居之；祖父母、父母老疾无侍，委亲之官；即妄增年状，以求入侍及冒哀求仕者：徒一年。”②
>
> “若祖父母、父母及夫犯死罪，被囚禁，而作乐者，徒一年半。”③

这些犯罪构成都有违背孝道情理在其中，用《疏议》的话说，叫作“不孝不义”。

《律疏》在犯罪构成上的一个公式是：违反道德＝构成犯罪；行为的道德恶性越大，犯罪也越严重。拿现代法学的眼光来看，这一犯罪构成理论，确实有些荒唐！但是，在我国古代，这种理论却有它赖以滋生的“土壤”。这是因为在家族宗法制和家产制经济体制的支配和制约下，家庭不尽是社会的细胞，是进行物质和社会两类生产与再生产的基石，而且也是主要的民事行为主体和国家行政管理最基层的管理对象。“国之本在家”。民谚云：“家有千口，主事一人。”以血缘为纽带的这套

① 《唐律疏议·职制》。
② 同上。
③ 同上。

"名教"伦理道德,旨在维护家庭成员对家庭,并通过家庭对国家应承担的责任和义务。所以保护家庭和宗族关系稳定的伦理道德成为古人的价值观和行为准则,亦是宗法农业社会法思想的基本精神。

(二) 罪刑的加减

《律疏》根据"名位不同,礼亦异数"[①]、"夫礼者,所以定亲疏、决嫌疑、别异同、明是非也"[②]的宗法人伦等级观念,在定罪量刑时,罪刑因伦理而加减,因身份而不同。所谓"尊卑贵贱,等数不同,刑名轻重,灿然有别。"[③]据此,《律疏》确认了以下量刑原则:

(1)尊长卑幼相犯,尊长犯卑幼者减免,卑幼犯尊长者加重。[④]

(2)夫、妻妾相犯,夫犯妻妾者减免,妻妾犯夫者加重。[⑤]

(3)良贱相犯,凡下犯上递加凡人一等,上犯下递减凡人一等[⑥]。

(4)主奴相犯,原则上适用父祖子孙相犯之例,主犯奴减免,奴犯主加重。[⑦]

(5)"八议"和荫亲、缘坐。"八议"即议亲、议故、议贤、议能、议功、议贵、议勤、议宾。这八种官僚贵族或系皇帝血亲、姻亲,或系皇族故旧、贵客,或系国家功臣。他们一旦犯罪,凡不在"十恶"之列,都享有"议、请、减、赎、当、免"的特权。所有官吏亦依据其品位不同分别享有"请、减、赎、当、免"的特权。这些特权还可荫及亲属,爵位,官品越高,所荫及的亲属的范围越广;亲属关系越近,其所享受的荫庇越有保障,是为荫亲制。所谓缘坐制,就是某些特定犯罪的科刑要株连罪犯之亲

---

① 《左传·庄公十八年》。
② 《礼记·曲礼上》。
③ 《唐律疏议·贼盗》。
④ 《唐律疏议·斗讼》。
⑤ 同上。
⑥ 同上。
⑦ 同上。

属，罪名越重，所株连的亲属范围越广；而亲属关系越近，被株连的可能性也就越大。结果，无罪者既可以身份而致罪，有罪者又可以身份而减免。

由此可见，《律疏》这种"罪刑因伦理而加减，因身份而不同"的定罪量刑原则，悉以宗法伦理秩序为基准。

（三）同居相为隐

《律疏》把凡有血缘关系的亲属均称之为"血属"[①]，而视作一体，有罪时允许"亲属相容隐"，主奴关系视若尊卑关系，奴应为主隐。总起来称"同居相为隐"：

> "诸同居，若大功以上亲，及外祖父母、外孙、若孙之妇、夫之兄弟，及兄弟之妻，有罪相为隐；部曲、奴婢为主隐，皆勿论。"[②]

按照儒家伦理学说，孝悌与忠君是紧密联系的。忠君以孝悌为前提，而孝悌以忠君为目的。所以，孔子的学生有子说："其为人也孝悌，而好犯上者鲜矣；不好犯上，而好作乱者，未之有也。"[③]一个人作为子弟，在父兄有罪时，理当产生不忍其受惩罚之苦之心，这才是孝悌的表现。为子为弟者不能为父兄隐，一旦为臣怎么能为君讳，尽忠君之心？当然，"相隐"也不是无限度的，不能过分损害君主和国家的利益。所以，《律疏》在肯定"同居相为隐"之后，接着规定："若犯谋叛以上者，不用此律。"[④]《律疏》关于"同居相隐"不为罪的立法，是以伦理统率法，进而冶伦理与法律于一炉的又一典型表现。

---

① 《唐律疏议・名例》。

② 同上。

③ 《论语・学而》。

④ 《唐律疏议・名例》。

4.宗法伦理支配下的婚姻家庭立法及其罪刑制度

《律疏》关于婚姻家庭的立法，完全是在儒家宗法伦理观念的支配下制定的。

《律疏》规定，婚姻皆由“父母尊长之命”。婚姻成立的必要条件，是须征得主婚人同意。结婚的目的，是为了家族繁衍，传宗接代，祖宗血食香火不断。

《律疏》还规定了离婚的法定理由，即“七出”与“义绝”。

“七出”，即古代男方离弃妻子的七种离婚条件。《律疏》规定的“七出”是：

> “一无子，二淫佚，三不事舅姑，四口舌，五盗窃，六妒忌，七恶疾”。①

其立法渊源来自古礼：

> “妇有七去：不顺父母去，无子去，淫去，妒去，有恶疾去，多言去，窃盗去。不顺父母去，为其逆德也；无子，为其绝世也；淫，为其乱族也；妒，为其乱家也；有恶疾，为其不可与共粢盛也；口多言，为其离亲也；盗窃，为其反义也。”②

仔细分析“七出”之法，并不从夫妻关系本身考虑问题，其基本精神乃是在于维护家族伦常关系，达到“上思事宗庙，下以继后世”的伦理

① 《唐律疏议·户婚》。
② 《大戴礼记·本命》。

要求。

“义绝”，指夫妻恩断义绝。古礼认为，夫妻由“义”连结而成。这里的“义”，指妻对夫方及夫家所应承担的道德和法律义务。从《律疏》关于“义绝”的五种情况[①]来看，都是妻方对夫和夫家亲属的侵犯行为，显然为维护和巩固家庭伦理观念和人伦秩序而设置的。

《律疏》在家庭财产管理、处分，以及家产继承关系方面也提出了一系列主张。如，子孙不得别籍异财，违者处罚[②]；子孙违犯教令及供养有缺者，徒三年[③]；卑幼私自用财，应视不同情况予以惩处[④]；妻妾擅自离去者，徒三年[⑤]；严禁立嫡违法，禁养异姓男子，禁养杂户、部曲及奴为子孙等。这些立法主张表明，《律疏》在家庭财产及其继承法方面概以纲常名教为依据，并将纲常名教法典化，以维护家长的家产管理权和处分权，以保障家族血脉得以嫡传，家产不致离散并能得以增值。这些正是《律疏》伦理法思想的突出表现。

简短的结论

(1)《律疏》所列的犯罪种类大致可区分为完全伦理性犯罪，政治性犯罪和普通刑事性犯罪三大类。

(2)完全伦理性犯罪包括所有的婚姻家庭罪、行政职制犯罪，以及其他涉及宗法伦常关系和等级原则的思想罪和行为罪。它们以违反伦理为犯罪构成的主要条件，重者入于“十恶”之列，直接体现了伦理法

---

① 《唐律疏议·户婚》所列的“义绝”五种情况是：殴妻之祖父母、父母及杀妻外祖父母、伯叔父母、兄弟、姑、姊妹及卖妻，夫妻之祖父母、父母、外祖父母、伯叔父母、兄弟、姑、姊妹自相杀，妻殴詈夫之祖父母、父母和杀伤夫外祖父母、伯叔父母、兄弟、姑、姊妹及与夫之缌麻以上亲、妻母奸及欲害夫。

② 《唐律疏议·户婚》。

③ 《唐律疏议·斗讼》。

④ 《唐律疏议·户婚》。

⑤ 同上。

思想。

(3)政治性犯罪的涉及面很宽,包括所有不利于现存皇帝和死去皇帝,以及皇室、皇亲、贵族、官吏们的一切物的关系(主要是人身关系)和思想关系。政治性犯罪大多列为“十恶”,它所惩罚的不仅仅是行为,而首先是思想,是主观恶性,是危害了“君上大纲”,即“忠”的伦理原则。所以,《律疏》关于政治性犯罪的规定,也明显地表现出了伦理率法的性质。

(4)普通刑事犯罪,就是非亲属间的盗、窃、杀伤、过失杀伤等行为,虽无直接的伦理纠葛,但由于有“相容隐”的法律明文,在定罪量刑时又重视以伦理为中心的主观恶性的作用,所以也间接地受到伦理观念的左右。

诚然,《律疏》中还有一些条款既无直接的,也无间接的伦理因素,如一部分军事性犯罪。但它们在《律疏》中只占极小的数量,对从整体上考察《律疏》的法思想的特质不起主导作用。

《律疏》是中古帝制时代的,同时又是中国式的。它是中国式古代君主专制主义法典的典型,它也典型地体现了中国古代儒家型法思想——伦理法思想。

五、道统与法统——宋明理学的法思想

隋唐之际,儒家型主流法思想凭借帝国君主政治力量和法律权威最后确立了其统治地位。但自汉末谶纬神学化的儒学衰落以来,儒家思想及其法思想的理论危机并未真正摆脱。佛教的“轮回”说和“善恶报应”律,道教教人追求个人长生不死,都激扬着排斥儒学、不重礼法的价值趋向,造成了对帝国法制建设的阻碍,特别是对司法的冲击。中唐以后,思想界出现了复兴和维护儒家传统的运动,思潮的流向由原来的

排佛斥道转为“援佛入儒”，其中，以韩愈的“道统”论最为著名，而其“道统”中实际上包含了儒家的“法统”。这一思潮已露出儒、释、道三教融合的端倪，报告了儒学改革的信息。发展到宋代，这种思想的融合终于成功，形成了第三期新儒学——理学。这样，儒家型主流法思想又获得了新的理论形式。

1. 理学与儒家伦理法

理学是中国帝制社会后期占正统地位的主流思想体系。它形成于宋代，故习称宋代儒学。宋代儒学亦称新儒学，这是因为它在高扬孔孟儒学的礼法、伦理中心的传统的同时，融合了释家、道家思想，创立了一个精致、完备、思辨性极强的博大宏富的思想体系，有着不同于孔孟儒学原型和董仲舒为代表的汉代儒学的崭新面貌。这一新儒学之所以被称为“理学”，在于其思想体系以“理”为宇宙的最高本体，以“理”作为构建其哲学、伦理、政治与法等等思想系统的最高范畴。

宋代儒学又称为“道学”。“道学”的名称出自《宋史》，凡于创建这一思想体系有所贡献的宋代诸子，《宋史》均收入《道学传》。而它之所以被命名为“道学”，是因为宋代诸子竞相标榜自己的学问宗旨在于继承光大尧、舜、禹、汤、文、武、周、孔及孟子一贯传承的“道统”，以续“统”明“道”为目标。

它还被叫作“宋学”，这一说法行于清代。清儒（主要是乾嘉学派）推尊汉儒贾（逵）、马（融）、服（虔）、许（慎）、郑（玄）诸家的朴实学风，大兴训诂考据之学，以“汉学”自命，并将宋代儒学称为“宋学”，指责其空谈性理，一反其以义理说经之学风。

“理学”之名称虽多，其旨归一，它是儒学的精神，儒学的思维，它涵泳了释、道的精华而成为儒学发展的新阶段、新形式。

理学内部依学术思想分流归为两派。一派是程（程颢、程颐）朱（朱熹)理学,以“理”作为自己思想体系的最高范畴;一派是陆(陆九龄、陆九渊)王(王守仁)心学,以“心”为自己思辨体系的本体。然而他们在力图“明天理,去人欲”上,则殊途而同归。

(一)理学体系的创建

自唐末安史之乱和五代之乱以后,宗法等级制度松弛,伦理道德江河日下。五代十个朝廷,总共才50年,官僚们今日臣晋,明日降汉,后日又下拜于周,不知忠、孝、节、义为何物。皇权削弱,权威式微,社会动荡,维系社会信仰的道德伦理紊乱,礼法秩序危殆。各阶层人们都感到生存环境的恶劣,被不安全的恐惧心理笼罩着,使得追求物欲、悲观绝望的思想盛行,“今朝有酒今朝醉”,贪图男欢女爱成为人们排遣恐惧的麻醉剂。

宋太祖赵匡胤陈桥兵变,黄袍加身,但宋王朝一开始内忧外患不息。内承袭晚唐五代颓废遗风,加之城市商业经济的发展由于信仰的失落而堕入逐利歧途,整个社会对物欲的追求甚于前朝,官宦文士、落魄文人,歌酒达旦,养妾狎妓,引为时尚。外有北方强邻压境,攻城略地,恣意掳掠,边患不断,朝廷应对失据,屡遭羞辱。

道德沦丧,人欲横流,危机四伏,加剧了社会问题综合并发症。帝国统治集团企图通过加强中央集权的专制主义统治来求一条生路。但是,他们缺乏有力的思想统治形式。汉代儒学的思想形式都过于简单、粗糙,早已经不起佛、道的挑战。于是,一个社会课题就这样摆到了人们的面前:需要儒学,但又需要改造儒学。

忧患出思想。正是社会需要促成了理学的产生。而魏晋以来儒、释、道的既相互排斥又相互融合,为理学的产生提供了思想条件。

从思想渊源上看,理学的产生和发展经历了一个长期的历史过程。唐代韩愈倡导的儒学复兴运动和他的“道统说”是理学的先驱。北宋初年由范仲淹、欧阳修开其端,再次掀起了一股批判佛、道,复兴儒学的思想洪流。到北宋中期,涌现了周敦颐、程颢、程颐、张载、邵雍等号称为"北宋五子"的著名理学家。他们以儒家的六经,特别是《周易》以及《论语》、《孟子》、《大学》、《中庸》等为根据,建立自己以"理"为核心的儒家伦理本体论的理论体系,重新恢复了儒学权威。同时,又继承了前人融合佛道的思想成果,不同程度地吸收了释老。

周敦颐向称"道学宗主",理学开山。他"出入于释老","反求诸六经",在《太极图说》中建构了"无极"—"太极"—"阴阳"—"五行"—"男女"—"万物"的宇宙生成图式,在《通书》中提出"诚"为最高道德境界,奠定了理学借佛道宇宙论建立伦理本体论的基本趋向。邵雍的"先天象数学"虽不被视为理学正统,但他提出"天下之物莫不有理"①,与理学的致思路线正相一致。张载学说以"气"为本体,斥释老"生死轮回"之说,其《正蒙》旨在以儒家圣功正道启蒙后学,其《西铭》首明"民,吾同胞,物,吾与也。"②将"人性"(伦理)与"天地之性"(宇宙本体)视为一体,高扬"天人合一",使理学的伦理本体论获得了理论论证。二程是周敦颐的学生,邵雍的晚辈,张载的姻亲。他们将《礼记·乐记》中的"天理"③二字大大提升,使之成为抽象的理念范畴④,为构造伦理本体论打好了现实的直接的基础。他们还把"天"、"命"、"性"、"心"等范畴统统纳于"理"的范畴之中,由"理"一一贯穿起来,从而隐约显现了理学的理论模式。这样,二程初步完成了韩愈以来的儒学复兴运动。在此基础上,南宋的朱熹"综罗百代",最后完成了儒学的复兴,建立了一个庞大

---

① 邵雍:《观物内篇》。

② 张载:《张载集》,中华书局1978年版。

③ "天理""人欲"二词最早见于《礼记·乐记》,其云:"人生而静,天之性也。感于物而动,性之欲也。物至知知,然后好恶形焉。好恶无节于内,知诱于外,不能反躬,天理灭矣。夫物之感人无穷,而人之好恶无节,则是物至而人化物也。人化物也者,灭天理而穷人欲者也。于是有悖逆诈伪之心,有淫泆作乱之事,是故强者胁弱,众者暴寡,知者诈愚,勇者苦怯,疾病不养,老幼孤独不得其所。此大乱之道也。"

④ 程颢云:"吾学虽有授受,天理二字,却是自家体会出来"(《河南程氏遗书》卷六)。

的新儒学—理学理论体系。

(二) 理与礼法之治

汉末以来,中国传统礼文化和礼法秩序受到了各方面的冲击,未能从根本上摆脱困境走向稳固。君主政治发展到后期,重建礼法秩序已成当务之急。而这种重建并非靠颁布几部“一遵于礼”的法典可以完成。它亟待礼法思想文化系统的重建。理学的创建使这一任务有了一个根本的解决。

理学家们把“礼”纳入“理”的体系之中,作了重新注释:

> “礼者,理也,文也;理者,实也,本也;文者,华也,末也。”①
>
> “礼者,天理之节文,人事之仪则也。”②

理是本是质,礼是末是文;礼是理的外在的程序,规定人们等级和行为的“仪则”,而这种“仪则”完全与“天理”符合,是“天理”的体现。这样,礼就获得了符合“天理”的权威论证,进一步确立了其社会、国家、政治的根本法则和人们行为规范的地位。

自汉儒开始,礼的根本法则被概括为“三纲五常”。理学家们用“天理”的理论对其作了更为精致、系统的解释。二程说:

> “父子君臣,天下之定理,无所逃乎天地之间。”③

朱熹说得更多更详:

---

① 程颐语,载《二程粹言》卷一。
② 朱熹:《论语章句》学而。
③ 《二程遗书》卷五。

“亲亲之杀，尊贤之等，皆天理也。”①

“所谓天理，复是何物，仁义礼智信岂不是天理？君臣父子兄弟夫妇朋友岂不是天理？”②

“三纲五常”经过“天理”的升华和强化，具有了至高无上的绝对性、永恒性和无所不包的普遍性。成为君主政治下礼法社会的主轴。

宋明时期，社会上宗法制度得到长足发展，出现了以族长和宗子为中心的大家族。在这些大家族内，组织严密，族法森严，族长不但具有处理族内民事纠纷和轻微刑事案件的权力，而且在族人一旦犯有所谓非礼逆伦行为时，握有生杀之权。大家族的宗法制度为中央集权的政治制度提供了有力的社会基础，忠实而严密地维护并落实了“三纲五常”为核心的礼法秩序。而它正是从理学那里获得思想武器和理论力量的。这就是所谓的“以言《诗》、《易》，非朱子之传义弗敢道也；以言《礼》，非朱子之《家礼》弗敢行也”。③

理学把这种以“三纲五常”为轴心的礼法秩序理论概括为“天理”和“人欲”的对立，宣称：

“人只要存在一个天理。”④

“灭私欲，则天理明矣。”⑤

“天理存，则人欲亡；人欲胜，则天理灭。”⑥

“人只有个天理人欲，此胜则彼退，彼胜则此退，无中立不进退

① 《四书章句集注·中庸》。
② 《朱文公文集》卷五十九。
③ 《道传录序》，《曝书亭集》卷三十五。
④ 《二程遗书》卷十。
⑤ 同上书，卷二十四。
⑥ 《朱子语类》卷十三。

之理。”[①]

这样,理学家就把礼法秩序植根于人的灵魂自我净化过程中,外在的礼获得了内在的伦理自觉的保证。这对于重建儒学信仰至关重要。

对理学责难最多的是程颐那个“饿死事极小,失节事极大”[②]的命题。这或许是程夫子对当时那种“笑贫不笑娼”的社会颓废风气因愤懑而作警世之语,但一个“极小”一个“极大”,毕竟说得有些绝对。他的话在宋代影响还不大,到了明清,被卫道士们推向民间,又有一些宗法性极为浓烈的家法族规加以维护,成为“三纲五常”礼法秩序中最极端的一条,遂造成“以理杀人”的情势:

“尊者以理责卑,长者以理责幼,贵者以理责贱,虽失,谓之顺。卑者、幼者、贱者以理争之,虽得,谓之逆……人死于法,犹有怜之者;死于理,其谁怜之。”[③]

“五四”新文化志士们大张挞伐的正是这种“以理杀人”的纲常名教。

在讨论宋明理学的“天理”“人欲”之论时,也要避免简单化。这里有三点应当注意。

其一,绝对化的倾向不是理学“存天理,灭人欲”论的全部内容。理学家们也并未把人的一切物质欲望统统斥为“人欲”,朱子谈到“革尽人欲,复尽天理”的同时,也指出:“虽是人欲,人欲中自有天理”,“饮食者,天理也;要求美味,人欲也。”[④]饮食虽是人欲,却是人欲中的天理;如果

① 《朱子语类》卷十三。

② 《二程全书·遗书》卷二十二。

③ 戴震:《孟子字义疏证·理》卷上。

④ 《朱子语类》卷十三。

食必求美味，乃至于损人而肥己，便是人欲了。饮食男女这些正当的、必需的物质和精神生活，以及男女情爱、生儿育女，虽是人欲，却合理，是人欲也是天理，天理即在人欲之中。

其二，“革尽人欲，复尽天理”是一个涵盖全体的命题，并非只针对庶民百姓，也包括治国为政的统治集团在内。实际上，主要是劝诫统治者们的。在中世纪的欧洲和西亚，制约世俗统治者的是宗教。中国不是宗教国家，儒家“正君”的办法是伦理。理学家“天理”、“人欲”之论正是循着孔孟儒学的这条老路子走的，朱熹有言：

> “人君之学与不学，所学之正与不正，在乎方寸之间……盖格物致知者，尧舜所谓精一也；正心诚意者，尧舜所谓执中也。自古圣人口授心传而见于行事者，唯此而已。”①

他们劝君主学儒家经典，修身以“存天理”，走“内圣”而“外王”的路线。

其三，理学的“天理”、“人欲”之论旨在提升知识分子人格、涵养士大夫的民族气节。“革尽人欲，复尽天理”的话，首先是对读书人说的：

> “学者须是革尽人欲，复尽天理，方始是学。……读书须要有志；志不立，便衰。而今只是分别人欲与天理，此长，彼必短；此短，彼必长”。②
>
> “未知学问，此心浑为人欲。既知学问，则天理自然发见，而人欲渐渐消去者，固是好矣”。③

---

① 《朱子大全》卷十一。
② 《朱子语类》卷十三。
③ 同上。

这里将“存天理,灭人欲”看作是读书人立志的表现。把学问与立志、做学问与发现天理统一起来,这正是中国古代知识分子完善人格的传统模式,它无疑是一个含有积极价值的优秀模式。张横渠《西铭》的“四句教”:“为天地立心,为生民立命,为往圣继绝学,为万世开太平”,[①]更把这种人格理论和责任感激扬到了辉煌之极。知识分子承担着发展社会文化和体现社会良心的重任,应当具有“无恒产而有恒心”的高风亮节,宋明理学在这一点上是有所贡献的。

(三)理学的伦理法思想

理学的伦理本体论体系包含着政治哲学和法哲学的内容。它从理论上论证了《大学》“格物、致知、正心、诚意、修身、齐家、治国、平天下”的“内圣外王”之学和“家国同构”的宗法伦理政治的合理性,把“三纲五常”提升到“天理”的高度,重新垒起以宗法伦理道德为基石的精神堤防,借以整顿伦常秩序。由是,在思想理论上回归原始儒学的“轴心价值”,弥补了汉代儒学理论思辨贫乏不够精致的缺陷。从而在政治实践上,适应了帝制社会后期加强中央集权政治体制和传统礼法秩序的需要。理学结束了思想领域内儒、释、道三教并立的局面,成为儒学新的理论模式,登上了正统思想的宝座。理学也是自两宋王朝起占主导地位的法思想体系,使中国传统的本位文化和法文化得以续存,并发展出了一些新的品性。

从法文化特质上说,理学的伦理本体论体系仍是先秦儒学的伦理统摄政治与法的致思路线。理学的法思想依旧是伦理的法思想。“理”是理学思想体系的最高范畴,也是理学伦理法思想的最高的价值准则和逻辑起点。“理”涵摄了先秦儒家的“仁”、“仁义”、“礼义”等范畴,也

---

① (明清之际)黄宗羲、黄百家、全祖望:《宋元学案》第一册,中华书局1985年版,第664页。

替代了这些范畴，成为立法、执法和司法的最高指导原则，成为评价法和法制最高价值标准，具有了更为抽象的法哲学理论形式。然就其法的价值论和思维方法论而言，仍是以宗法伦理评价代替法律评价，以伦理价值作为法的价值。照理学家的解释，“理”作为一个本体是超然于万物的绝对精神，用朱熹的话来说是“无情意，无计度，无造作”[①]的。这就与上古那种“天”能直接赏善罚恶的“天命论”和墨学中的“天”“鬼”论划清了界限，也超越了董仲舒粗俗的“天人感应”论和“天谴”说。

显然，“理”已具有某种外在性和至上性。如果就此发展下去，理学的法思想就可以与西方近代理性主义的“自然法”理论相提并论了。然而，它并未走到这一步。理学家又认为，“理”能逻辑地派生万物，理一分殊，月印万川，“理”不在天上，不在身外，不在彼岸，就在此岸，就在万物之中，在人的生命之中，在日用之中，饮食男女中即有“天理”。他们说，“性即理”（二程语）、“心即理”（陆象山语）。他们构想了“天理”与“人欲”的对立，而这种对立即存在于主体自身，在主体的心中。通过“修身”践履道德即可以“复尽天理”，或“致良知”，达到“内圣”。于是，“理”又降到尘世，入于人心，成为每个个体内在的评价是非善恶、罪与非罪的标准和行为准则。“理”又是往圣传承下来的“道”，与“道心”同一。因此，“理”是“先王之法”的价值核心，是现实社会的君主应当也可以直接遵行的。这种“天人合一”、古今同“理”的思想体系抹掉了“理”的外在性与人的世界之间的张力，从而远离了自然法学说的天人分离、天人对立的二元论思维方式和价值论。“理”在理学法思想中既是理想法，但同时又是世俗法、实在法。这一切，都是过去儒家伦理法思想形式中曾经出现过的。

在伦理法的各项具体的变法、立法、司法原则和内容上，如德刑之

---

① 《朱子语类》卷十二。

关系,肉刑之废复、刑罚之宽严等等,理学家们大多沿袭旧说,只是依据他们所处的时势而有所着重和改作,但没有跳出固有的思维圈子。

2.朱熹以“理”为核心的法思想

朱熹是宋代理学的集大成者。他冶儒、道、佛的思想于一炉,把自然、社会、人生问题统一于“理”之下,建立起了博大精深的礼法思想体系。他的法思想也以“理”为出发点和归宿点。“理”是立法、司法的最高准则,德、刑都是维护“理”的工具,政刑的任务在于“存天理、灭人欲”,辅教化之不及。

(一)“理”和“明天理,灭人欲”

朱熹的“理”的含义有四:(1)自然界和人类社会的主宰:“未有天地之先,毕竟也只是理”;[①](2)先验的绝对精神:“理也者,形而上之道也,生物之本也”;[②](3)道德伦理准则:“天地间只是一个道理,性便是理”;[③](4)事物的运动规律:“天下事事物物皆知有个定理”。[④]

在朱熹法思想方面所讨论的“理”,主要是道德伦理准则的“理”,其核心内容是“三纲五常”、“仁义礼智信”。朱熹认为,这个“理”是先验的,绝对的,所以他把作为道德伦理准则的“理”又叫作“天理”,把违背道德伦理去追求过度物质享受的行为叫“私欲”,也叫“人欲”。他说:“圣贤千言万语,只是教人明天理,灭人欲”。[⑤]“明天理,灭人欲”是朱熹的伦理法思想的总纲。它对帝制国家法制建设和法的理论方面的作用主要表现在:

---

① 《朱子语类》卷一。
② 《朱文公文集·答黄道夫》。
③ 《朱子语类》卷四。
④ 《朱子语类》卷十四。
⑤ 《朱子语类》卷十二。

第一，把底层民众政治上、经济上的反抗统治和剥削的言行，以及要求挣脱“纲常名教”枷锁的言行，统统说成“人欲横流”，必须“痛治之”，为统治者加强政治上、司法上的暴力镇压提供理论说明，为维护纲常伦理和宗法伦常等级秩序提供思想支柱。

第二，试图调整统治集团的内部关系，要他们克制眼前的争夺和贪欲，维护其整体的和长远的利益，防止激化社会矛盾引发社会革命，或发生内部的僭越、篡弑。如果皇亲国戚、贵族和官僚集团成员严重违反这方面的“天理”，也要诉诸法律手段。

第三，“理”也是司法和决狱量刑的最高准则。他说：“盖三纲五常，天理民彝之大节，而治道之本根也。”因此，“凡有狱讼，必先论其尊卑上下长幼亲疏之分，而后听其曲直之辞。”①

（二）德礼政刑关系说

朱熹借注释《论语·为政》的“导德齐礼”、“导政齐刑”这段话，阐发自己对德礼政刑互相关系的观点：

> “政者，为治之具；刑者，辅治之法；德礼，则所以出治之本，而德又为礼之本也。此其相为终始”。②

这样，朱熹设置了一个德－礼—政—刑首尾相衔、综合运用的治国模式，以达到“明天理、灭人欲”的目的。

朱熹关于德礼政刑关系的具体主张是：

首先，德礼与政刑，“相为表里，如影随形”③。德礼既是维护“天理”的手段，本身也是“天理”的表现。因此，德礼也就是“三纲五常”，是

---

① 《朱文公文集·戊申延和奏札一》。
② 《论语章句集注·为政》。
③ 《朱文公文集·读两陈谏议遗墨》。

“三纲五常大伦大法”。[1] 所以,德礼是“出治之本”。朱熹说:“故治民者不可徒恃其末,又当深探其本也。”[2]“末”,指政刑;“本”,指德礼。又云:“圣人之治,以德为化民之本,而刑特以辅其所不及而已”,[3]“专任刑政只是霸者”。[4]

其次,政刑不可或缺。“有德礼而无刑政又做不得”。[5] 政刑是维护“天理”的有力手段,可以在一定程度上“克人欲”,“使天下之人耸然不敢肆意于为恶”[6]。朱熹很重视刑的作用,刑为“辅治之法”,有法无刑等于无法。他说:“号令既明,刑罚亦不可弛,苟不用刑罚,则号令徒挂墙壁尔。”[7]

第三,朱熹把德礼政刑与其人性论结合起来运用。朱熹认为,人性分“天命之性”和“气质之性”。“天命之性”是完全合乎“天理”,符合“三纲五常”,是至善至美的。“气质之性”是先天禀赋的,有“浅深厚薄”的不同,有善也有恶。因此,应根据人的不同“气质之性”,分别施以德礼政刑四术:气禀好的,以“德”导之;次之者,以“礼”齐之;再次之者,以“政”治之;气禀最坏的,以“刑”罚之。他说:“先立个法制如此,若不尽从,便以刑罚齐之”。[8]

(三)“以严为本”的刑罚主张

南宋时代,农民暴动频繁,统治阶级内部和社会上违礼犯义的事件增多,而司法官吏囿于佛教的因果报应之说,镇压不力,执法不严。朱

① 《朱文公文集·书伊川先生帖后》。
② 《论语章句集注·为政》。
③ 《朱子大全·杂著》。
④ 《朱子语类》卷一〇。
⑤ 《朱子语类》卷二十三。
⑥ 《朱文公文集·戊申延和奏札》。
⑦ 《朱子语类》卷一〇八。
⑧ 《朱子语类》卷二十三。

熹对此深以为忧。他说:"今之法家,多惑于报应祸福之说,故多出人罪,以求福报。"[①]此处"法家",指专事司法审判的官员,即"法官"。"今之士大夫耻为法官,更相循袭,以宽大为事,于德之当死者,反求以生之"。[②] 针对这种情况,朱熹主张"以严为本,而以宽济之"[③]。

朱熹用"正""权"交替的理论为自己作论证:"天下之道,有正有权。正者,万世之常;权者,一时之用。"[④]从德刑、宽严关系的角度讲,儒家一贯标榜德主刑辅,以宽为本。这里,德、宽是"正",刑、严是"权"。朱熹则说,那是一般情况,在特殊情况下,应把"权"提到首位。他说:"天下大乱,民遭陷溺,亦与以权授之,不可守先王之正道也"。[⑤] 因此,他上书皇帝,要他"深于用法"、"果于杀人"[⑥]。甚至提出应恢复宫、刵二种肉刑。他驳斥企图以宽得福报的司法官吏说:"使无罪者不得直,而有罪者反得释,是乃所以为恶耳,何福报之有?!"[⑦]朱熹认为,"惩一人而天下所劝戒",就是"仁爱":"所谓辟以止辟,虽曰杀之,而仁爱之实已行乎中。"[⑧]

朱熹知潭州时,直接实施了一把"以严为本"。他闻知朝廷将要大赦,就赶在赦令到达前,从狱中提出所谓"盗贼"18 人,"立斩之"。朱熹知南康军时,发布《约束案米及劫掠榜》,规定对所谓"劫掠居民财物米谷"者从重处刑:抢一匹布,流三年;两匹,流六年;十匹,绞。如果手持木杖,即使没有抢到财物,也要流三千里。朱熹指责司法官对"以妻杀夫"、"以族子杀族父"、"以地客杀地主"等违背"三纲五常"的伦理犯罪

---

① 丘濬:《大学衍义补·存钦恤之心》引。
② 《朱子语类》卷七十八。
③ 《朱子语类》卷一〇八。
④ 《孟子章句集注·离娄上》。
⑤ 同上。
⑥ 《朱文公文集·戊申延和奏札一》。
⑦ 《大学衍义补·存钦恤之心》。
⑧ 《朱子语类》卷七八。

重案“从流宥之法”的做法，主张凡以下犯上、以卑犯尊，“虽直不右”，不直者则“罪加凡人之坐”[①]，以“明天理”。

但朱熹的“以严为本”同滥刑、法外重刑是有区别的。他有时抱怨宋王朝的法制：“古者刻剥之法，本朝皆备”。[②] 在具体决狱过程中，朱熹强调“明慎用刑”。他说：“狱讼，……系人性命处，须吃紧思量，犹恐有误也。”因此，应“据罪论刑”[③]。朱熹提倡从严执法，使“有功者必赏，有罪者必刑”[④]。为此，他又主张限制赎刑，提高审案效率，处罚及时，“不留狱”。朱熹“以严为本”的刑罚主张适应了君主专制制度步入衰颓的下行时期加强镇压政治犯罪和伦理犯罪的需要。

朱熹的法思想不是其理学思想体系中的主体。他关于法的哲学思考是儒家伦理法价值论和方法论的延伸。当然，朱熹也不完全是亦步亦趋，而作了顺应时势的一些改作，但都不是思想体系上的创新。

六、用夏变夷——少数民族入主中原后对儒家法思想的皈依

儒家思想文化具有极强的韧性和吸收消化其他文化的极大的涵泳力和能力。这突出表现在，当非汉族入主中原时，能将其融入固有的思想文化系统之内，而不中断自己的发展进程，也不改变本身的基本特质。其法思想、法文化也同样如此。

孟子有言：“吾闻用夏变夷者，未闻变于夷者。”[⑤]这就是儒家大加

① 《朱子文集·戊申延和奏札一》。
② 《朱子语类》卷一一。
③ 《朱子文集》卷二二。
④ 《朱子大全·己酉拟上封事》。
⑤ 《孟子·滕文公上》。

弘扬的“用夏变夷”说。它发展到汉代以后逐渐形成了这样的观念：夷狄接受了中国文化就可以进入中国，成为中国之主。从文化融合发展的角度言之，在先秦和以后很长一个历史时期，“用夏变夷”，是一个先进文化与落后文化的关系问题，是一个保卫和发展先进文化并改造落后文化的问题。孔子说：“微管仲，吾其被发左衽矣”[①]；又不时地发出“礼失求诸野”的感叹和警告，这都是从维护先进的礼乐文化的立场上立论的。孔子高度评价了管仲保卫华夏先进文化的功绩。

在中华民族的文明早期和古代文化形成发展时期，保卫和发展中原地区先进文化，从整体的和长远的观点看是造福中华民族子孙的事业，是中华民族大家庭中各个成员的共同利益和共同责任。从先秦到魏晋到宋元以迄明清，在这数千年的历史长河中，相对地说，北方先后兴盛的诸如鲜卑、女真、蒙古等少数民族在政治、经济、法制及思想文化的发展程度上，大大落后于汉族地区。他们的贵族统治集团以武力占领中原后，遇到了汉族和其他少数民族人民的激烈反抗，要巩固统治地位，征服人心，不得不汲取汉族政权礼法制度而进行一些“文治”改革，而“文治”改革与汉化改革在当时历史条件下在很大程度上是一致的、互相交错的，采用“汉制”、“汉法”，即实行以儒家思想为灵魂的礼法制度，是这种改革的重要内容。故尔，“用夏变夷”在客观上促进了各民族的文化融合和民族融合，也促进了儒家思想文化的传播和发展，促进了中国古代法的儒家化。

北方少数民族统治者入主中原后积极“汉化”，采用“汉法”，向儒家法思想皈依而比较成功者中，南北朝时期的北魏孝文帝是一个颇有典型意义的代表，金元时期的一些统治者也有所作为。

---

① 《论语·宪问》。

1. 拓跋宏(北魏孝文帝):以礼率法

三国两晋以迄南北朝,长达400年左右,是分裂动乱的时期,也是民族大融合的时期。以游牧为主的北方少数民族入主中原后,先后建立了北魏、北齐、北周三个王朝,史称北朝(公元386—581年)。在“汉化”“汉法”改革方面,成就卓著而又影响较大的,数北魏鲜卑族孝文帝拓跋宏的政治和法制改革。

汉魏以来法律的儒家化是以儒家伦理法思想为指导的一场旷日持久的法律改革运动,它突出体现在以礼率法、伦理入律上,许多宗法伦理道德规范被直接提升为刑事法律规范。孝文帝汉化改革中的法制建设正是继承了这一传统,并有新的发展。

孝文帝颂礼说:“夫先王制礼,所以经纶万代,贻法后昆”。[①] 他认为,严刑重罚不但不能安定社会,反而会带来严重弊病:“防之虽峻,陷者弥深”;古往今来,“治因政宽,弊由网密”,礼与刑、教与罚相比,礼教要更重要些,因为“民由化穆,非常刑所能制”。[②]

孝文帝将礼视作根本法,作为立法、司法的最高价值准则,由礼决定法的兴废弃取。

首先,主张加重对不孝罪的惩罚。他完全赞同儒家关于“三千之罪,莫大于不孝”的刑事立法原则,认为“父子之亲,诚是天属之重”,因而,“慢孝忘礼,肆情违度”,实属重罪。但现行北魏法律中,“不逊父母,罪止髡刑”,处刑太轻,“于理未衷”,不符合孝礼的精神,必须详改,加重刑罚。[③]

其次,创制“存留养亲”制度。孝文帝于公元488年下诏:

---

① 《魏书·礼志》。

② 《魏书·刑罚志》。

③ 同上。

> “犯死罪，若父母、祖父母年老，更无成人子孙，又无期亲者，仰案后列奏以待报，著之令格。”①

按儒家孝的伦理观念，子孙必须尽养老送终的义务。孝文帝特制这条令格，屈法伸情。对于身犯死罪，其父母、祖父母陷于绝嗣和无人赡养者，让他们暂留在家养老送终后再执刑。

再次，严格处分斩、绞两种死刑等级，取消“裸形”处斩的行刑方式。斩、绞虽同属死刑。但斩刑身首异处，绞刑能得全尸，这在儒家伦理观念中是大有轻重之别的。当时，法律虽规定有斩、绞两种死刑方式，但并未执行，死罪一般都入斩刑，且处斩者不论男女，“皆裸刑伏质（砧、板）”。孝文帝指出，斩、绞应当严加区别；斩刑“去衣裸体，男女媟（轻慢）见，岂齐之以法，示之以礼者？”于是经大臣议定：“大逆及贼，各弃市，袒斩；盗及吏受赇各绞刑，踣诸甸师”②。严格区分了斩、绞两种死刑等级，并“使受戮者免裸骸之耻”，③以与礼的精神相合。这一规定，在一定程度上也体现了北魏在处刑方式上由野蛮向文明的进步。

孝文帝在法制领域的汉化改革促进了儒家伦理法思想主流地位的确立，也推动了法律儒家化和伦理法律化的进程。

2. 耶律楚材：以儒治国

蒙元统一中国以前，成吉思汗就任用了耶律楚材等已经接受儒学的非汉族知识分子，又招抚姚枢等汉族理学家。元太宗窝阔台南侵时，命姚枢从军去收罗“儒、道、释、医、卜士”。元世祖忽必烈即位后，标榜文治，学习汉法。刘秉忠、姚枢、许衡、郭守敬等理学家向他宣传“用夏

---

① 《魏书·刑罚志》。
② 同上。
③ 《魏书·刑罚志》。

变夷”,治国平天下的道理,[①]帮助他定朝仪、制礼乐、设学校、建官制、奖励农桑、兴修水利,巩固统治秩序。自此,理学在元代迅速传播,理学的“道统说”为“用夏变夷”提供了有力的理论依据。但蒙古贵族的民族偏见严重,歧视汉族儒生,特别是在武力征服中原和江南时,基本上以野蛮、落后的习俗行事。在这样的情况下,成吉思汗和窝阔台汗的重要辅臣耶律楚材在促进“文治”,引荐儒臣、宣传和制定“汉法”方面起到了不小的作用。他的法律主张对正在草创元王朝过程中的蒙古统治者也有一定影响。

耶律楚材是贵族出身的契丹族儒生,以“治天下匠”自诩[②]。他主张“以儒治国,以佛治心”[③]。他说:

> “若夫吾夫子(指孔子)之道治天下,老氏之道养性,释氏之道修心,此古今之通议也。”[④]

从他对儒学的理解看,似尚未接受融释于儒的南宋理学,还处在比较粗糙的儒、释、道兼用的思想阶段。由于元王朝初期歧视汉人,不重儒生,尚武少文,因此,耶律楚材“以儒治国”的思想,在促进元统治者改弦更张,从“马上得天下”的政策,转向用“汉法”进行“文治”改革中,恰恰起到了别人起不到的作用。

在辅佐元太祖、元太宗时,耶律楚材从巩固其统治地位出发,多次

---

① 许衡在元世祖时曾为国子祭酒,教授蒙古贵族子弟学习朱熹学说,史称其有“以夏变夷”之功。刘秉忠对忽必烈说:“以马上得天下,不可以马上治之。”另一个儒臣郝经直接提出:“今日能用中国之士而能行中国之道,则中国之主也”(《郝文忠公集》卷37)。

② 《元史·耶律楚材传》载:善造弓的夏人常八斤对元太祖说:“国家方用武,耶律儒生何用?”楚材曰:“治弓尚须用弓匠,为天下者岂可不用治天下匠耶?”

③ 《湛然居士集·寄万松老人书》。

④ 《元史·耶律楚材传》。

奏请“用儒臣”。他说：

> “制器者必用良工，守成者必用儒臣。儒臣之事业，非积数十年，殆未易成也。”[①]

汴梁攻克前夕，耶律楚材派人入城求孔子五十一代孙孔元措，奏请后，袭封为衍圣公，并拨给林庙地。在他的要求下，元太宗同意考试选士。考试分经文、词赋、论三科，儒人被俘为奴者，也得就试，若其主(蒙古贵族)匿而不准，处死。考试结果，得儒士 4300 人，其中有四分之一是从被俘为奴者中选拔的。[②] 这在元初确是一桩很了不起的事业。后来，儒生出身的太原路转运使吕振及其副使刘子振均犯赃罪，元太宗责备耶律楚材：你说“孔子之教可行，儒者为好人”，怎么也有这样的人呢？他回答说：

> “三纲五常，圣人之名教，有国家者莫不由之，如天之有日月也。岂得缘一夫之失，使万世常行之道独见废于我朝乎！”[③]

坚定了元太宗“用儒臣”，兴“文治”的决心。

在耶律楚材的影响下，元太祖任用了姚枢等儒生，姚枢又说服和引荐别的儒生，将朱熹理学传到北方。元太宗又任用梁陟、王万庆、赵著等儒生，“使直释九经，进讲东宫”，教大臣子孙学习圣人之道，并设立编修所、经籍所等翻译、研究儒经的机构，“由是文治兴焉”。[④]

---

① 《元史·耶律楚材传》。
② 同上。
③ 同上。
④ 同上。

遵照汉法创设元朝制度，是耶律楚材兴“文治”的重要内容。蒙古贵族占领中原时，尚处在部落制阶段，内部只有习惯法，无健全的成文法制，更不知什么纲常伦理、君臣大义以及“保民而王”、宽猛相济等大道理，他们“杀生任情，孥人妻女，取货财，兼土田”，贪暴者甚至“杀人盈市”。耶律楚材“闻之泣下”[①]，着意于协助元统治者制定法制。

元太祖初定中原时，无赋税法，官吏聚敛自私，财产至巨万。蒙古大臣认为“汉人无补于国”，建议将中原地区“悉空其人以为牧地”。楚材坚决反对，奏请制定“中原地税、商税”等有关法规，并设立燕京等十路征收课税的官吏。元太祖采纳后，果然使“国内充足”[②]。

元太宗时，楚材又进《便宜一十八事》，据《元史》记载，内容大略为：各郡设置长吏为行政官以治民，又设万户治军，军民分治，两者势均力敌，“以遏骄横”；中原地区是国家财用来源，“宜存恤其民”，“州县非奉上命，敢擅行科差者罪之”；擅自“贸易、借贷官物者处死”；“蒙古、回鹘、河西诸人，种地不纳税者死”；“监主自盗官物者死”；凡犯死罪，均应“申奏待报，然后行刑”；禁止向上司、皇帝“贡献礼物”。[③] 元太宗除对贡献一项不同意外，其余都准奏颁行。这使元统治者在政体、官制、赋役、吏治、刑法等方面初有法式。

后来，楚材又向元太宗提出了《时务十策》：

“信赏罚，正名分，给俸禄，官功臣，考殿最，均科差，选工匠，务农桑，定土贡，制漕运。”[④]

---

① 《元史·耶律楚材传》。

② 同上。

③ 同上。

④ 同上。

《时务十策》是耶律楚材根据汉法提出的一个治国大纲，元太宗全部采纳，下诏“施行”。

当时的蒙古贵族既无成文法，更无守法观念。耶律楚材很重视法的执行。《元史》载有关于他严于执法仍两个故事。

一是当时燕地多贼，每天傍晚，便赶着牛车到富家，取其财物，不给就杀人。元朝廷派中使同楚材去处理。楚材通过调查，弄清了这些贼的姓名，结果都是留守贵族的亲属及势家子弟，于是尽捕下狱。这些人的家属便贿赂中使，中使“将缓之”，楚材晓以“祸福”，中使害怕了，听从楚材的意见，终于将其中 16 人戮于市，自此“燕民始安”。①

另一则是他自己的一次冤案。有人诬告楚材“违制”，元太宗怒而“系楚材”，不久又自悔，命释放他，楚材却不肯解缚，对元太宗说：

> “臣备位公辅，国政所属。陛下初令系臣，以有罪也，当明示百官，罪在不赦。今释臣，是无罪也，岂宜轻易反复，如戏小儿？国有大事，何以行焉！”②

他巧妙而又尖锐地批评了元太宗任意予夺，不循守法典，元太宗只好承认自己错了。耶律楚材这种敢于秉公执法，不避权贵的主张和行为，对于创制和健全元代法制，稳定统治秩序是有积极意义的。

诚然，少数民族统治者学习汉制、汉法，皈依儒家文化是有限度的，他们这样做的目的是为了更长久地统治汉族和其他各族人民。但历史是一种合力，文化和法文化的历史轨迹也同样是合力的结果。正是不同时期、不同民族、不同阶级、不同目的的人们对儒家思想及其法思想

① 《元史·耶律楚材传》。
② 同上。

的不同程度的认同与运用，共同推进了中国法律的儒家化，推进了儒家法思想为主流的中国古代法文化的形成和发展。在这种合力中，入主中原的少数民族统治者们或积极主动，或消极被动，或不让于师，或东施效颦的汉化和儒家化进程是不当忽视的一种力量。

七、包拯和海瑞——儒家型的清官

孔子"匹夫不可夺志"，孟子"说大人则藐之"和"富贵不能淫，贫贱不能移，威武不能屈"的"大丈夫"精神等儒家人格理论对后世儒家知识分子的人格气节产生了深远的影响。"君子和而不同"[①]，"不义而富且贵，于我如浮云"[②]，"天下有道则见，无道则隐"[③]，"民为贵，社稷次之，君为轻"[④]，"从道不从君"[⑤]，提倡作"抗君之命，窃君之重，反君之事，以安国危"的"谏、诤、辅、拂"的"社稷之臣"[⑥]，诸如此类的丰富的为官为吏之道对陶冶帝国君主制度下的"清官"起着重要的作用。而儒家"正己"、"直道而事人"、"据法听讼"等司法道德规则是这些"清官"们克己奉公、刚正不阿、执法如山、为民请命、清廉正直的精神支柱。

> "我们从古以来，就有埋头苦干的人，有拼命硬干的人，有为民请命的人，有舍身求法的人，……虽是等于为帝王将相作家谱的所谓'正史'，也往往掩不住他们的光耀，这就是中国的脊梁。"[⑦]

---

① 《论语·子路》。
② 《论语·述而》。
③ 《论语·微子》。
④ 《孟子·尽心下》。
⑤ 《荀子·臣道》。
⑥ 同上。
⑦ 鲁迅:《且介亭杂文·中国人失掉自信力了吗?》。

“文革”中一些帮闲文章，为了贯通儒法斗争这条主线，把一切执法如山的“清官”统统归入法家的行列。这些非历史主义的是非颠倒之说早已为历史所唾弃。然历代“清官”的法思想、法主张及其儒家型的法文化品性，仍然值得我们研究。

中国历史上，“清官”代有人出，北宋的包拯和明代的海瑞则是杰出的代表。

1. 包拯：“恤民为本”，秉公执法

包拯（999—1062 年）生活的宋仁宗时代（1010—1063 年），史称“仁宗盛治”。包拯“刚毅”，仁宗“仁恕”。在帝制君主专制体制下，算得上是“君礼臣忠”，相得益彰。

史载：皇祐二年（1050 年），包拯知谏院，即担任纠弹百官、辅拂王政的监察御史重任。他多次上奏斥责权贵大臣，请求免去一切由内廷施予的曲意恩赐。还有所针对性地依次向宋仁宗递上唐魏征的三条奏疏，希望他置于座右，作为借鉴。包拯甚至还指摘仁宗“有私昵后宫之过”。又上《七事》疏，直言不讳地指责仁宗“不问是非”、“以朋党为意”、“颇恶才能之士”、“颇主先入之说”、“多有疑下之意”、“未能委任忠贤”、“多有窜逐之臣”等等[①]。包拯屡屡犯颜直谏，据说有的时候唾沫星子都飞溅到宋仁宗赵祯脸上，但赵祯一面擦脸，一面还接受他的建议，竟然未怪罪他。包拯的建言也大多加以采纳。在北宋那个朋党层叠的险恶政治生态环境中，包拯忠心为国、不党不朋、磊落光明、不蓄私财，是他仕途和人生的自我保险。但他得以清名善终，也与北宋祖训“不杀文人士大夫和言事者”和仁宗赵祯的“仁恕”不无关联。《宋史》作者评赞宋仁宗与包拯等四位直臣之间诤谏和纳谏的关系时，这样写道：

---

① 《包拯集·七事》，中华书局 1963 年版。

“拯为开封,其政严明,人到于今称之。而不尚苛刻,推本忠厚,非孔子所谓刚者乎!……夫听谏者,明君所难,以唐文皇犹弗终于魏徵,观四臣面诤,鲠吭逆心,或不能堪,而仁宗容之无咈,诚盛德之主哉!”[①]

可以说,无仁宗的“仁恕”,不可能有包拯等臣下持续的敢谏,或可能成为死谏。这是包拯之成为包公的运命,却也是帝制中国的政治和法制的体制性悲哀。

(一)“民为国本”的立法、执法主张

包拯从王朝的长治久安出发,在奏议中一再重申“民为国本”这一思想:

“民者,国之本也,财用所出,安危所系,当务安之为急。”[②]

“国家富有天下,当以恤民为本。”[③]

恤民、爱民、宽民是他为政、执法的思想基础。在民本思想的指导下,他恳谏宋仁宗“薄赋敛、宽力役、救荒馑,”[④]也常常“为民请命”,要求裁减冗吏、冗兵、去奢节用[⑤],减免赋税,赈济灾民。[⑥] 仅编入《包拯集》中奏议所见,内容为薄赋敛、宽力役、救饥馑、罢冶户、罢税率、改盐法、改茶

① 《宋史·包拯传》。

② 前揭《包拯集·请罢天下科率》。

③ 见《包拯集》之《言陕西盐法(一、二、三)》、《论茶法(一、二)》等。

④ 前揭《包拯集·论历代并本朝户口》。

⑤ 包拯在《论冗官财用等》的奏议中说:“臣以冗吏耗于上,冗兵耗于下,欲救其弊,当治其源,在乎减冗杂而节用度。若冗杂不减,用度不节,虽善为计,亦不能救也。”

⑥ 如包拯任京东转运使时,发现当地人民历年积欠官府二万贯石,不少人家在官府催逼之下,倾家荡产,便多次奏请免除这项欠负。在任陕西转运使时,又奏请免除了秦陇人民历年欠负的木材账数十万,等等。

法、除放欠、保民田等直接关涉民生的，在50封以上。

由于包拯心存“民为国本”之旨，在最关切民生的财税立法上主张更多地考虑长远利益，“先有小损而终成大利”。他认为盐法、茶法、冶铁法等旧法都存在着只图“目前之小利，忽经久之大计”的问题，应予改革，立新法的原则应是“于国有利，于民无害”，做到“公私利济”。①

在刑事思想方面，包拯强调简刑、轻刑、恤刑，主张德主刑辅。他引用董仲舒有关“任德不任刑”和“阳为德”、“阴为刑”等观点后，发挥道：

> “以此见天任德不任刑也。王者亦当上体天道，下为民极，故不宜过用重典，以伤德化。”②

包拯明确主张：“治平之世，明盛之君，必务德泽，罕用刑法。”③而当今之世，“民力凋残，国用窘迫”，更不应用重典，尤不应任用“刻薄好进之吏”。④

（二）为民请命，执法如山

包拯成为有名的“清官”，主要在于他具有直言敢谏、不畏权贵、执法如山、赏罚分明等可贵精神，这些都是他遵循儒家民本思想的重要表现。

“清官”的清正，首先是以身作则，不徇私情。他说，自己出身“草茅”，自幼习经求仕，“尽信前书之载，窃慕古人之为”，恪守素志，决不苟且权位，一心匡扶社稷，尽心报国。端州盛产端砚，素来被文人学士达官贵人视为“文房四宝”之首，地方官在贡砚数量上层层加码，据为己

---

① 前揭《包拯集·言陕西盐法（一、二）》。

② 前揭《包拯集·请不用苛虐之人充监司（一、二）》。

③ 同上。

④ 同上。

有,转送上司以求升迁。包拯到任后下令,严格按下达的贡砚数量制作,不得增加一块。他离任时,“岁满不持一砚归”,传为佳话。包拯知庐州时,其从舅犯法,依法杖挞,亲戚故旧知其守法持正,莫不畏服。史家称他“虽贵,衣服、器用、饮食如布衣时。”[①]他立下《家训》:“后世子孙仕宦有犯赃滥者,不得放归本家;亡殁之后,不得葬于大茔之中。不从吾志,非吾子孙。”[②]

包拯把贪官污吏视为“民贼”。他弹劾权贵,严惩贪官,嫉恶如仇,无所畏惧。

他任开封知府时,适逢开封闹水灾,经调查,原因是京师达官贵戚势家在惠民河上修建楼台亭榭,致使河道淤塞.包拯便下令拆除这些私自建筑的台榭。有个受皇帝宠幸的宦官抗拒不拆,并拿出地契辩解,包拯亲自核对,查明是伪增步数,便上奏弹劾,狠刹了权贵们的气焰,“贵戚宦官为之敛手,闻者惮之”。当时人们称颂道;“关节不到,有阎罗包老”。

包拯弹劾权贵,不避个人风险。湖南转运使王逵,滥杀无辜,残忍无道,刻剥百姓,冒功邀赏。包拯一连七次上奏参劾。最后一次,更直接指责仁宗说:“今乃不恤人言,固用酷吏,于一王逵则幸矣,如一路不幸何!”其言激切刚直,朝野震动,舆论汹汹,宋仁宗只得罢免了王逵。[③]

另一个皇亲贵戚叫张尧佐,是宋仁宗的宠妃张贵妃的伯父,时为三司使,主管全国财政,此人昏聩无能,搞得国库亏空。包拯不顾宋仁宗的一味包庇,多次弹劾,仁宋只得免去张的三司使要职,但同时又在一日之间连授张以宣徽南院使、淮康军节度使、景灵宫使、群牧制置使四

① 前揭《宋史·包拯传》。

② 前揭《包拯集·家训》。

③ 见:《包拯集·弹王逵(一至七)》。又参见:白寿彝主编《中国通史·第七卷·中古时代·五代辽宋夏金时期(下册)》第三十二章。

个显职。包拯不肯罢休,四次上书切谏,言辞更加激烈,直言宋仁宗的过错,群臣也愤愤不平,张尧佐只好辞去宣徽使和景灵宫使二职。仁宗回到后宫后,对张贵妃说:"汝只知要宣徽使,宣徽使,汝岂知包拯为御史乎?"①

《宋史》作者称他:"立朝刚毅,贵戚宦官为之敛手,闻者皆惮之。"②南宋的朱熹十分赞同,说包拯"立朝刚严,闻者皆惮之。至于闾里童稚妇女,亦知其名,贵戚宦官,为之敛手"③。这是符合实际的评价。

2.海瑞:恪守礼法,以情断狱,抑强扶弱

海瑞(1514—1587年)同包拯一样,刚正廉直、执法如山,号称明朝第一清官,当世就享有"海青天"的美名。史家将他与包拯并提:

> "海瑞秉刚劲之性,戆直自遂,盖可希风汉汲黯、宋包拯。苦节自厉,诚为人所难能。"④

海瑞在当代中国的出名还由于有一篇题为《评新编历史剧〈海瑞罢官〉》的批判文章,它成为二十世纪六十年代发动"文化大革命"运动的导火索。⑤

---

① 见:《包拯集》卷三《弹张尧佐》、《论张尧佐除四使不当》、《弹张尧佐(一、二、三)》,又《宋史·张尧佐传》。

② 前揭《宋史·包拯传》。

③ 《五朝名臣言行录》。

④ 《明史·海瑞传》。

⑤ 1959年4月,毛泽东提倡干部学习海瑞"刚正不阿,直言敢谏"的精神。北京市副市长、著名明史专家吴晗相继写出《海瑞罢官》等剧本和文章。1962年,江青提出要批判《海瑞罢官》。1965年11月10日,上海《文汇报》刊出由江青、张春桥等共同策划,姚文元执笔的批判文章《评新编历史剧〈海瑞罢官〉》,把《海瑞罢官》中所写的"退田"、"平冤狱"同"单干风"、"翻案风"联系在一起,并被说成是为彭德怀等"右倾机会主义分子"翻案的"大毒草",这篇文章成为了发动"文化大革命"的导火索。

真实的海瑞在运命上却与包拯很不一样。海瑞生活的嘉靖(1522—1566年)、隆庆(1566—1572年)、万历(1572—1620年)年间,明王朝已走上衰落的末路。嘉靖帝明世宗,就是那位以藩王入主大位的朱厚熜,在“大礼仪”事件中一日内廷杖五品以下180余人,下狱134人,从此与儒臣集团结下梁子,又以对“大礼仪”的态度定忠奸、辨贤不肖,滋长了阿谀之风。世宗执政初期尚有革弊振作以图“中兴”之举,后期20多年避居西苑,练道修玄,迷信方士,好长生不老之术,“忽智忽愚”、“忽功忽罪”,喜怒无常。首辅严嵩擅国20年,功臣、直臣或杀或黜,吏治败坏,边事废弛,倭患频发。海瑞置好棺材,冒死上《治安疏》,被罢官下狱,就发生在嘉靖晚年。隆庆帝明穆宗虽图有所作为,但在位太短。万历帝明神宗也是前勤后荒,后20年晏处深宫,不再视朝,又大肆兼并土地,疯狂敛财,朝政荒怠。海瑞遇到的都是这样不能善终的主。

有议论以为,海瑞性情孤僻,不能与人合作共事,是傲霜雪知疾风之劲草,而非治国安邦之栋梁,除了清廉守正,别无长处。这未免求全责备于古贤。嘉靖四十五年(1566年)二月,海瑞上《治安疏》时,官不过小小户部主事,然满朝文武大臣,面对嘉靖帝的暴戾,有谁敢做挽大厦将倾之栋梁?!“千人之诺诺,不如一士谔谔”。忠直为国,舍死为民请命,帝制时代儒臣精神风骨,亦其至矣!读《治安疏》,直指嘉靖帝玄修荒政,致民不聊生,所陈治安之策,多切时弊,并无迂腐之气,而具仁智之道。其中写道:

“陛下则锐情未久,妄念牵之而去矣。反刚明而错用之,谓长生可得,而一意玄修。富有四海不曰民之脂膏在是也,而侈兴土木。二十余年不视朝,纲纪弛矣。数行推广事例,名爵滥矣。二王不相见,人以为薄于父子。以猜疑诽谤戮辱臣下,人以为薄于君臣。乐西苑而不返宫,人以为薄于夫妇。天下吏贪将弱,民不聊生，水旱靡时，盗贼滋炽。自陛下登极初年亦有之，而未甚也。今赋役增常，万方则效。陛下破产礼佛日甚，室如县罄，十余年来极矣。天下因即陛下改元之号而臆之曰：'嘉靖者，言家家皆净而无财用也。'"①

将民间的政治讥讽俚谚"嘉靖者言家家皆净而无财用也"搬上谏疏，这"海青天"真够大胆的。其实，海瑞走的还是"正君以正天下"的儒家治国路子。

海瑞说："如有用我，我举礼乐为天下用。"力图维护礼制，匡扶王朝。当时，宋明理学中的陆（九渊）王（阳明）心学很兴盛。海瑞稍晚于王阳明，他赞同王的"致良知"学说，推崇王的"保甲法"是"良法"，竭力加以实行。可以说，他是一个虔诚的笃信并恪守儒学，特别是宋明理学的"仁义礼智信"伦理道德的帝国"忠臣"，他的清廉刚直正是以这些伦理道德观念为思想基础的。

（一）以礼率法，屈法伸情

海瑞的法律观遵循以礼率法、德主刑辅的原则。他主张官吏应"以狱讼文移催征为末，以教民耕桑转移风俗为首"②。在任南平教谕时，海瑞订立《教约》，规定："五教之目：父子有亲，君臣有义，夫妇有别，长幼有序，朋友有信。"又写了《规士文》，以"孝悌忠信，礼义廉耻"为"八行"，要求生员严加遵行，违者惩处，尤其值得一提的是，海瑞以儒家的纲常伦理指导司法，并总结了一套经验。他认为，所有民、刑诉讼，十之六七的案件，是非曲直不难判定，只有少数案件有疑难之处，要费斟酌，而这斟酌的标准应是：

① 《治安疏》，见《海瑞集》上编，五，中华书局1962年版。

② 《王弘诲海忠介公传》，见《海瑞集》下编，附录一。

"凡讼之可疑者，与其屈兄，宁屈其弟；与其屈叔伯，宁屈其侄；与其屈贫民，宁屈富民；与其屈愚直，宁屈刁顽。事在争产业，与其屈小民，宁屈乡宦，以救弊也。事在争言貌，与其屈乡宦，宁屈小民，以存体也。"①

有论者将这段话命名为"海瑞定理"，并由此得出中国社会不注意保护私人产权、以道德治国的结论。

本书曾征引《左传》中记载的著名"曹刿论战"故事：

"……公曰：'小大之狱，虽不能察，必以情。'对曰：'忠之属也。可以一战。战则请从。'"②

"必以情"的"情"，不是私情，而是求民情。海瑞所说的需要斟酌的少数疑难案子，正是"虽不能察，必以情"的那些案子。

不过，这些疑难案子，既然是海瑞这个小小的县官可以斟酌处断的，不应是"小大之狱"中的"大狱"，不属于杀伤奸盗重案。按照当时的司法审级权限，州县对重案不能终判定谳，必须上报。州县可以处理的案子，多为闲气斗殴之类轻微或轻伤害刑事案子，以及民事纠纷案件。海瑞所谓的斟酌，就是采取"虽不能察，必以情"的古老办法来解决：涉及财产纠纷的，屈乡宦；涉及荣誉颜面的，屈小民；其他的，则屈卑幼、屈富人、屈刁顽者。总之，屈法以伸情。这里灌注着亲亲尊尊、贵贵贱贱的身份等级原则。正如黄仁宇先生在《万历十五年》中指出的，其司法的精神，"确实与四书的训示相符合"。也就是说，与孔子的"使无讼乎"

---

① 《兴革条例》，见《海瑞集》上编，三。

② 《左传·庄公十年》。

训示相符合。

说到保护私人财产，首先一条，是保护合法所得的私人财产。这一点下文还会涉及。其次，如何保护？是否把官司打到底才是保护？能在司法审理中求得双方权益的最大公约数，其实是最好的保护。它可以节约诉讼成本，及时有效修复社会关系和经济秩序，受屈的一方或许有所付出，但往往能收“吃小亏赚大便宜”的效果。中国老百姓很会算这个账，所以有不打闲气官司，免得“赢得猫儿卖了牛”的古训。

（二）以礼求情，公正断狱

海瑞的公正断狱是立足于以礼求“情”的基础上的。他认为，懂得这个“情”才能“求民隐”，弄清事实真相。他说：

> “听讼以求民隐，情伪有万，非心胸清澈者不能照。”①

就是说，只有司法官吏品行端正才能“以情推理”。他在断狱中，综合运用勘验、尸检、实地调查等手段，辅以自己“清澈”的心胸，“以情推理”、“以求民隐”，正确处理了一些疑案，还被冤者一个公正。《海瑞集》中收录了《吴吉祥人命参语》、《吴万人命参语》、《胡胜荣人命参语》、《邵守愚人命参语》、《徐继人命参语》、《陈舜兴人命参语》②等人命重案，处断都比较合理。这里举两例。

一是胡胜荣人命案。

海瑞到淳安上任前，当地发生一桩凶杀案子。前任知县业已审断，“凶手”也已画押。海瑞接任后，发现这个案子有蹊跷，像是屈打成招。

---

① 《驿传议》，见《海瑞集》，上编，二。

② “参语”，相当于今之“初审意见”，或复审、复查后的“情况汇报”。

因为案件还未上报,海瑞怕冤枉无辜,决定重审此案。

原审案文上写道:“凶手”叫邵时重,“被害人”叫胡胜祖。邵胡两家的地紧挨着,因为争地界,向来不和。半个月前,胡胜祖上山看地,碰到邵时重,邵见别无他人,就在山坡上拣根棍子击打胡的头,胡当即毙命。胡的两个弟弟胡胜荣和胡胜佑找到哥哥的尸体,还在现场找到了凶器,事发两天后到县衙告邵行凶杀人。但案发现场没有目击证人。

海瑞细审案卷,感到疑点重重。胡家兄弟为什么在案发后两天才报案?他们怎么一口咬定是邵时重杀的人呢?这些都不合“情理”,于是下令开棺验尸。

经过一番仔细验尸,海瑞重新审理。他让胡胜荣重复了一遍案情之后,开口问道,你兄长出事之前,是否生了重病?胡答:是病得很重。海瑞又问,为什么两日后才来报案?胡说,因为我们两日后才找到哥哥的尸体。海瑞让人拿出那根沾血木棍,让胡辨认。胡点头说是。海瑞这才一拍惊堂木:“撒谎!”他让仵作把木棍放到胡胜荣的面前,把木棍击打头部的位置指给胡胜荣看。因为死者连头骨都被打裂,木棍击打的地方应留下裂痕。但仵作把木棍沾血的地方轻轻撬开,只见外面有血的地方,里面却一点血迹也没有。这一下,胡胜荣的脸刷就变了颜色。海瑞继续说出他验尸所见:尸者伤口的血一直渗到头骨上,但刮去表面的血迹后,下面的骨头居然连红都不红。伤口周围的肉也呈两种颜色,一种很红,就是沾了血的颜色,另一种很暗,是“打伤色”,就是血不流之后打出来的颜色。所以,头骨上的血、木棍上的血,都是后来涂上去的,而尸体头部所受的重击,则是在死后打击出来的。胡家兄弟听得冷汗直冒,浑身发抖,只好从实招供。

原来,胡胜祖是得病死的。死后两天,胡胜荣突然想起,两天前在山坡上见过邵时重,当时只有邵一个人,而邵却没发现胡,便心生一计,商同弟弟,用哥哥的尸体来陷害邵时重,以为邵一入狱,邵家的地自然被胡家争过来了。[①]

胡家兄弟伏法，邵时重雪冤。淳安县为之轰动。民众纷纷相告，说来了个断案如神的新知县，称之为“海青天”。

此后，严州府的其他一些疑案亦移送淳安交海瑞再审。[②] 如《徐继人命参语》中徐继人命案来自桐庐县，《吴吉祥人命参语》中的吴吉祥人命案来自建德县，《吴万人命参语》中吴万人命案发生在遂安县。

其二，吴吉祥人命案。

建德县吴吉祥在义父吴湘家做工，堂叔吴镧上山偷砍木柴，吴吉祥发现后阻止，两人互相扯打，吴吉祥用木棍将吴镧打死。建德知县判吴吉祥斩首罪。甲首吴拱翠因与吴湘有隙，买通吴吉祥，一口咬定是吴湘让吴吉祥打死吴镧的，推官复审时，拟改判吴湘犯“主使人殴打”罪，处吴湘以绞刑。两判不同。严州府命海瑞再审此案。

海瑞细览案卷，吴吉祥先已承认是他打死吴镧，复审时又翻供，说是吴湘主使。其中定有缘故。经过调查询问，发现背后有吴拱翠插手。于是，从吴拱翠和吴湘的矛盾入手，使案情大白，断定吴镧系打死，与吴湘无关。吴吉祥问以斩罪。[③]

海瑞说，人命关天，自己绝不敢疏忽从事。

---

① 《胡胜荣人命参语》，见《海瑞集》上编，三。

② 明代为防止“控告无门”，允许多头控告、越级申诉。案件受理之后，由案发地县署负责初审，并将审理的档案与原被告等递送给上级机关；经上司审理后，如有疑问，则批复给邻县去复检、复审，然后将案情与复审意见上报。上司提出审议意见后上报刑部、都察院等；如有疑，则批复邻州、邻县会勘、会审，再将会审档案与意见由巡按具名上报，同时将命案的涉案人员押送刑部。刑部堂审后，如有疑，即批回重审、补充侦查。凡命案判决，皆需经刑部审理，凡大案要案还需经“三法司”会审，拟订出惩处意见，死刑案上奏皇帝后，最后由皇帝批决，以示“人命至重，不轻率杀人”，并体现“恩威出自宸中”。由邻县转海瑞的复审命案，便是按这一程序办理的。

③ 《吴吉祥人命参语》，见《海瑞集》上编，三。

“以罪疑惟轻之义推之，……缘事于人命，卑职识见卑浅，未敢擅便。”[①]

可见他审案的缜密认真。

海瑞在一些疑难大案中“以礼求情”、“以情推理”、“以求民隐”，并非不顾事实依据的主观臆测、臆断。下面以“徐继人命案”为例加以说明。

这是一桩发生在10年前的旧案。上司命海瑞再审前已反反复复走过初审、复审、会审等程序。此案发生在浙江严州府桐庐县。民人戴五孙遇害，告到按察司衙门，即批回严州府，由桐庐县初审。桐庐县初拟罪名，指戴妻徐氏与“奸夫”潘天麒合谋害死戴五孙，妻兄徐继为帮凶。严州府定为“奸杀案”，判徐氏凌迟，“奸夫”斩，妻兄绞，解送按察司，被驳回，并批给邻州杭州府复审。杭州府推官经实地调查，改拟罪名，否定“奸杀”罪，认定系徐继殴死妹夫。杭州府将改拟申报按察司，又转报浙江巡按，巡按具名上详都察院，都察院转大理寺。大理寺驳回杭州府的改拟，要求重核。浙江巡按责成严州府组织会审，批交桐庐、建德、遂安三知县会审。三县会审后，维持桐庐县“奸杀”的原判。巡按亲临严州参与会审，听取徐氏申诉，驳回三县会审结论，命严州府转发淳安县核查。于是，这起命案转到海瑞手头。

海瑞“以情推理”，并下乡反复认真地复核案情，克服种种困难，掌握了实情，排除了“奸杀”的可能，坐实徐继殴死戴五孙案情，戴之死与其妻徐氏、客人潘天麒无关。海瑞在“参语”中提出了拟判建议，并指出：以前误断都出于“刑求”。[②]

---

① 《吴万人命参语》，见《海瑞集》上编，三。

② 参见《徐继人命参语》，见《海瑞集》上编，三。

“徐继人命案”的案情是这样的:戴五孙夫妇二人在家招待朋友潘天麒且留宿。戴妻徐氏之兄徐继好赌,知其母曾借三两银子给女婿戴五孙做小生意,便自作主张前来索债。戴手头无钱,将徐拉至外头喝酒,以求暂缓。徐继乘酒兴索债不已,与妹夫言语不和而致殴斗,竟失手将妹夫推入水中淹死。人命关天,三人都不敢声张,尸体由徐继系巨石沉入水底。海瑞“以情推理”的逻辑是:戴五孙夫妇生有二儿一女,徐氏不至于忍心杀夫;况且,戴五孙这位朋友潘某,家非富户,且有妻室,徐氏若跟从于他只能当个小妾;再者,若为谋杀,参与的人应越少越好,何以这位朋友还带了仆从?海瑞再通过实地查验,终于推翻了奸情杀夫原判,揭示了殴斗致死人命的真相。

在司法中“以礼求情”、“以情推理”,是儒家伦理法的传统之一,海瑞对此深信不疑。他主张断案应“以情推理”。这个“情”,就是相沿一千多年的儒家伦理道德之类的纲常礼义。

(三)爱民恤民,执法如山

同包拯一样,海瑞服膺儒家民本思想。他的恪守礼法,一心想克勤克业地当好百姓的“父母官”,看护好大明江山。为此,他“素疾大户兼并,力摧豪强,抚穷弱”[①]。海瑞不畏权贵的故事不少。随举两例。

任淳安知县时,海瑞的顶头上司,浙江总督胡宗宪的儿子过淳安,嫌驿站招待过简,竟吊打驿吏。海瑞闻知,说总督大人下过命令,要求驿费从简,体恤百姓。此人肯定不是总督之子。命部下将胡公子抓起来,一顿板子,治其冒充之罪。搜其行李,得银1000多两,皆沿途敲剥得来,遂全部没收归公。然后修书一封,连同胡衙内一干人,悉解送总督衙门,说此人冒充总督公子,招摇撞骗,敲诈勒索,违反了总督大人命令,为维护大人的名节,本县已予惩治云云。胡宗宪明知是海瑞施的计

---

① 《明史·海瑞传》。

策,却也不敢声张。[①]

另一件事发生在嘉靖三十九年(1560年),严嵩的党羽鄢懋卿奉命以都御史巡察盐政,豪华阵容,所过之处,大肆排场,敲诈勒索,百姓惨遭浩劫。但鄢懋卿善于伪装,出巡时发出牌告,称自己"素性俭朴,不喜承迎"。海瑞将这八个字摘录出来,修书一封给这个都御史。写道:你所到之处,并不像牌告中规定的这样俭朴,而是铺张供应,这一定是那些地方官员瞎张罗。但我如照牌告办事,怕有怠慢之罪;如铺张招待,又怕违背你体恤民力的指示。他在信中问鄢懋卿该怎样办才好。鄢懋卿知道海瑞不好对付,只得绕开严州府,去别地了。严州百姓免遭一场浩劫。[②]

海瑞抑强扶弱,更表现在他的执法如山上。

在兴国知县任上,退休兵部尚书张鏊的两个侄子张豹、张魁到兴国买木材,欺诈百姓,抢劫打人。海瑞岂能坐视!即将两张拿下问罪。但赣州府在张鏊的请托下,将其侄子放归。海瑞气愤异常,上书揭露说,这是"法可执于庶民,不可执于乡宦",责斥上司不能"锄强抑暴","视民冤而不为言,知奸发而莫一告,慢上残下",如何"为民父母!"[③]由于他不依不饶一再上书,终将两张定罪。

明朝中叶,兼并土地加剧。全国纳税的土地,约有一半为皇族、王公、勋戚、宦官等大地主所隐占,拒不缴税,严重地影响了国家收入,成为明王朝中后期的一大顽疾。隆庆三年(1569年)六月,海瑞升任"右佥都御史巡抚应天"之职。应天巡抚辖区包括应天、苏州、常州、镇江、松江、徽州、天平、宁国、安庆、池州十府及广德州,多为江南富庶鱼米之乡,而土地兼并甚于它方。海瑞面临的最棘手的政事是抑制兼并,迫使

---

① 《梁云龙海忠介公行状》,见《海瑞集》下编,附录一。又见《明史·海瑞传》。

② 《王国宪海忠介公年谱》,见《海瑞集》下编,附录一。

③ 《申军门吴尧山并守巡道请改招详文》,见《海瑞集》上编,四。

占有大量隐田的乡宦“退田”。他上任以后，制订《督抚条例》，宣布：“本院法之所行，不知其为阁老尚书家也。凌害小民，有犯毋贷。”①向这个顽疾开刀。

退休首辅徐阶一家占田24万亩，他的兄弟子侄横行乡里，恶行累累。徐阶对铲除严嵩奸党有过贡献。他任首辅时，海瑞因上《治安疏》下狱，徐阶不赞成处死，有恩于海瑞。徐阶是否退田成为当地“均田均税”成败的关键。海瑞不以私恩废公务，“即恩厚如华亭相公家，亦义劝其退田不已。”②他要求徐家退田一半。徐阶请接任他首辅之职的李春芳修书向海瑞求情。海瑞寸步不让，回书说：

> “存翁近为群小所苦，产业之多，令人骇异，亦自取也。若不退之过半，民风刁险可得而止之耶?！为富不仁，有损无益，可为后车之戒。……区区欲存翁退产过半，为此公百年应得安静计也，幸勿以为讶。”③

见海瑞铁面无私，徐阶只好退田。但玩了一些花招，把一部分土地改记在儿子名下。海瑞一眼看穿，致信说：

> “近阅退田册，知盛德出人意表，但所退数不多，再加清理，行之可也。昔人改父之政，七屋之金，须臾而散，公以父改子，无所不可。”④

---

① 《督抚条约》，见《海瑞集》上编，六。
② 《梁云龙海忠介公行状》，见《海瑞集》，下编，附录一。
③ 《复李石麓阁老》，见《海瑞集》下编，四。
④ 《复徐存斋阁老》，见《海瑞集》下编，四。

信写得客气,柔中有刚,一针见血地揭穿“以父改子”的事实,并指出“退数不多”,不予让步。

这件事以一儆百,其他富豪要么逃往他乡,要么乖乖退田,于是“贫民田入于富室者,率夺还之。”[①]海瑞因此结怨豪强,在徐阶怂恿下,给事中戴凤翔弹劾海瑞“庇奸民,鱼肉缙绅”[②]。海瑞上书驳斥说:

“据今日论,谓民为虎,乡宦为肉。不知乡宦二十年为虎,小民二十年为肉,今日乡宦之肉,乃小民原有之肉,先夺之,今还之,原非乡宦之肉,况夺其十百,今偿其一,所偿无几。”[③]

驳论写得痛快淋漓!但海瑞还是革职还家,任应天巡抚仅八个月。他离开时,百姓“号泣载道,家绘像祀之。”[④]

有议论运用现代民法理论,将海瑞强迫乡宦“退田”说成是违背民事交易自由、侵害私有物权。前文已述,私有物权只在合法占有前提下才谈得上保护。徐阶等乡宦巧取豪夺,大量占有隐田,即使按明帝国法律,亦属非法。何来保护一说!只不过多数官员心知肚明,睁一只眼闭一只眼,官官相护,枉法徇私,免得得罪权贵,自绝升迁腾达之路。偏偏这个“海刚峰”,置个人前途于不顾,关切民瘼,维护国家税赋,来个严格执法,责令乡宦们退还非法所得。他最终还是败在体制腐败面前。以海瑞之识智,他不会不预料到自己的悲剧结局。支持他这样义无反顾的勇气,唯有儒家士大夫的君子人格和社会理想:“虽千万人,吾往矣!”

---

① 《明史·海瑞传》。
② 同上。
③ 《被论自陈不职疏》,见《海瑞集》上编,六。
④ 《明史·海瑞传》。

小结

包拯和海瑞，是帝制社会“清官”的杰出代表。他们清正廉洁，刚直不阿，执法如山，受到人民的爱戴。在古代帝制社会，老百姓呼唤“清官”完全可以理解。“文化大革命”运动中，极左的历史虚无主义流行，批判“清官”们“只反贪官不反皇帝”、使腐朽王朝得以“苟延残喘”，因此，比贪官“更有欺骗性”、“更坏”。甚至，捣毁他们的陵园，砸坏他们的墓穴，严重刺痛了老百姓的心，伤害中华民族崇尚清廉正直、爱民如子的文化价值观。

官场腐败，法纪颓废，民生凋敝，社会溃散，是君主专制制度的体制性痼疾，不是几个“清官”所能挽救的。在那种险恶的政治生态中，“清官”们洁身自好而图有所作为之法，只能不朋不党、不卑不亢、孤忠守志、执着始终、坚毅如钢，以致像海瑞这样性格古怪、油盐不进。如此，他们才能为民请命、奋勇担当、直言敢谏、无所畏惧。因为他们的所作所为，符合儒家型士大大“立德、立言、立功”的标准，站在道德制高点上，又深孚民望，拥有坚实的民众基础，所以，只要还不是糊涂昏庸至极，或刚愎自用至极而自毁祖宗帝业的君主，虽被骂得恼羞成怒，却不敢背上杀忠良的历史骂名，如海瑞所经历；稍理智一点的，则可以纳谏褒扬，如包拯所礼遇。“清官”们都不可能左右朝政，也注定不会高官厚禄，他们会被奉为官员楷模、帝政“花瓶”。为“清官”树碑立传的结果，恰好为社会树立了道德标杆、人格形象，为儒家知识分子在比较中识别君子小人、抨击时政提供活生生的有现实时空感的尺度。“清官”是历史中国的脊梁，中国古代政治文化和法文化中的一股清流。

分析“清官”们的立法、司法、执法思想和实务，仍是以儒家的民本思想、家族主义伦理道德为内在精神的。恤民、恤刑、以情推理、求民隐等等，始终不离儒家型主流法思想的轨道。正是深厚的儒家文化土壤，陶冶和孕育了“清官”的人格品质。

八、明清思潮——儒家批判主义法文化价值的新开展

17世纪中叶,中国社会发生了“天崩地解”的巨变:公元1644年3月19日,李自成率大顺军攻入北京,崇祯帝在煤山自缢,明亡。几乎同时,清兵大举入关,势如破竹,于5月1日,占领北京。接着,八旗军乘势南下,平定李自成、张献忠和几个南明小朝廷的抗清势力,统一中国。这不仅仅是一般的王朝更替,而且是满洲少数民族入主中原取代了汉族政权。扬州屠城、嘉定十日、薙发严令、文字酷狱……,满清统治者在开国初期制造的一幕幕民族压迫惨祸更加剧了汉族儒生的“亡国之思”。摆在他们面前的不光是国家的忧患,而且是民族的忧患,文化的忧患,天下的忧患。忧患出思想。社会的大变化、大震荡促进了思想的更新。思想界学风为之一变,名家迭出。黄宗羲、顾炎武、王夫之、唐甄、颜元、方以智、傅山、陈確、吕留良等等,群星璀璨。

明清之际思潮的一个鲜明特点是社会批判主义的大开展、大发扬。儒生士大夫满怀撕心裂肺的家国破亡之恨,进入凝重悲切的历史反思。他们从寻找明王朝亡国的原因入手,开始了对明代君主的罢相、以叔凌嫡、宠宦等等过失的揭露和分析,进而抨击了明代高度集权的君主专制制度,更进而把批判的矛头指向秦以来的整个中央集权制下的专制君主。这其中,黄宗羲、顾炎武、王夫之、唐甄是杰出的代表,而黄宗羲的《明夷待访录》堪称集历代社会批判思想的大成之作。

1. 明清之际的社会批判思想及其法文化意义

（一）“独夫”“民贼”论的再度高扬

明清之际社会批判思想的火力集中于专制君主，其辞慷慨激越，其势波澜壮阔。

先秦孟子斥桀纣一类暴君为“独夫”、“民贼”的危言深论，给中国历代批判思想提供了有力的思想武器。明清之际，对专制君主的批判再度高扬了孟子的这一观点。

黄宗羲指出，专制君主实为“天下之大害”。他们争夺天下时，“屠毒天下之肝脑，离散天下之子女，以博我一人之产业”；夺得天下后，又“敲剥天下之骨髓，离散天下之子女，以奉我一人之淫乐”。因此，

> “今也天下之人怨恶其君，视之如寇仇，名之为独夫，固其所也”。①

另一位批判专制君主的健将唐甄也指出，君主贼视臣民，势尊无加，“自尊则无臣，无臣则无民，无民则为独夫”。他进一步揭露说：

> “大将杀人，非大将杀之，天子实杀之；偏将杀人，非偏将杀之，天子实杀之；卒伍杀人，非卒伍杀之，天子实杀之；官吏杀人，非官吏杀之，天子实杀之。杀人者众手，实天子为之大手。”②

这只“大手”，“过里而墟其里，过市而窜其市，入城而屠其城”。一个个

---

① 均见黄宗羲：《明夷待访录·原君》。

② 唐甄：《潜书·室语》。

专制君主都是杀人魔王，是“民贼”：

“自秦以来，凡为帝王皆贼也”。

为什么？他分析说：

“杀一人而取其匹布斗粟，犹谓之贼；杀天下之人而尽有其布粟之富，而反不谓之贼乎！”[①]

“独夫”、“民贼”之论自孟子揭橥之后，明末清初之前几乎无人接旗。魏晋之际的鲍敬言曾揭露帝王“肆酷恣欲，屠割天下”，造成“内聚旷女，外多鳏夫”，“忠良见害于外，黎民暴骨于内”[②]的人间惨剧。唐代无名氏作的《无能子》指出“圣人君主”的罪恶在于“彊立官室饮食以诱其欲，彊分贵贱尊卑以一其事，彊为仁义礼乐以倾其真，彊行刑法征伐以残其生，俾逐其末而忘其本，纷其情而伐其命”。[③] 这些言论都体现了强烈的社会批判精神，也是明末清初思想家们批判专制君主的直接思想渊源。但他们都未能作出“独夫”、“民贼”的概括，前者把克服君主制祸害的希望寄托于“无君”，后者也认为人类应当“任其自然，遂其天真”[④]。

秦汉以来，君主专制权力日益膨胀，皇帝神圣不可侵犯。法律规定，冒犯君权，皆入“十恶”。它如“臣下上书奏事误犯皇帝名及庙讳者，杖八十；朝贺及迎接诏书失误者，笞四十；祭祀及谒拜园陵和朝会行礼

① 唐甄：《潜书·室语》。
② 《抱朴子·诘鲍》。
③ 《无能子·圣过》。
④ 同上。

失仪者，罚俸半月”[①]等等，悉以维护“君为臣纲”为立法宗旨，臣下无辜被杀被刑，也要“谢主隆恩”，口称“天王圣明，臣罪当诛”。总之，没有说君主不是的道理。严酷的政治镇压、法律控制、思想钳制阻滞了“独夫”“民贼”论的发展。那些俗儒更是竞相以宣扬“君为臣纲”为能事，正如黄宗羲所说：“而小儒规规焉以君臣之义无所逃于天地之间，至桀、纣之暴，犹谓汤武不当诛之”，完全是一班“腐鼠”。他指出：“孟子之言，圣人之言也”，“后世之君，欲以如父如天之空名禁人之窥伺者，皆不便于其言，至废孟子而不立”，究其原因，实“导源于小儒”。[②] 因此，他决心接续并高扬孟子的“独夫”“民贼”论之旗。

可见，黄宗羲、唐甄等对专制君主的批判是对以孟子为代表的儒家批判主义传统的继承与发扬。在他们的理论中，总把三代之君说成是“圣君”，斥桀、纣之类为“暴君”。观其思想要旨，从总体上说没有超出传统儒家抨击暴君、昏君，寄希望于圣君、明君的框框，并不是对整个帝制君主制度的否定。然而，在“独夫”“民贼”论湮灭一千多年之后，他们将秦汉以来的君主一概斥为“独夫”、“民贼”，视为天下的仇敌，而不再去肯定什么“文景之治”、“贞观之治”之类的所谓太平盛世，这毕竟是惊世骇俗的思想解放之论。而否定了秦汉以来的君主，实际上等于否定了一切有信史可据的王朝君主，客观上也就等于是对君主们所赖以寄生的帝制君主制度的怀疑和否定。

西汉中期以后，儒家法思想经过改铸，实现儒法合流，取得了帝制时代正统法思想的地位。其中，“法自君出”一条一直是天经地义的原则，“君上大纲”为“三纲”之纲，君主的立法权、司法权不容丝毫染指和怀疑。黄宗羲、唐甄将秦以来的专制君主统统斥为“独夫”、“民贼”，无

① 均见《大明律》。

② 见《明夷待访录·原君》。

疑是对君主至高无上的法权地位的挑战。既然秦以来的君主是“独夫”、“民贼”,那么他们政治统治的合法性、所立之法的合法性便无从谈起,整个君主专制制度法制的基石由此而被抽掉了,这又为他们进一步批判秦以来的“非法之法”作好了准备。

(二)“天下”论

明清之际,思想家们忧国、忧民、忧天下。国亡家破、华夏文化危机,大大激发了他们的“天下”意识。

“天下为主,君为客”[①],这就是黄宗羲面对时势给予的回应,也是当时最激进最精粹的一个命题。孟子曾把“君”、“民”、“社稷”三者区别开来,提出“民为贵,社稷次之,君为轻”[②]的理论。“天下为主,君为客”,把“君轻”论发展为“君客”论,有新意。

顾炎武的“天下”论也很有特点,且比较系统。顾炎武将国家和“天下”两个概念作了区别:“国家”是一家一姓的王朝,“天下”则是万民的天下。他指出:

> “有亡国,有亡天下,亡国与亡天下奚辨?曰:易姓改号,谓之亡国。仁义充塞,而至于率兽食人,人将相食,谓之亡天下”。[③]

在他看来,王朝易姓改号仅关系君主一家一姓的升降沉浮,只是君主之“国”的灭亡,与万民利益干系不大;而道德沦丧、政治腐败、人民被鱼肉才是“亡天下”,这是文化生命的衰亡。因此,人民的责任是“保天下”而不是‘保国”:

---

① 《明夷待访录·原君》。
② 《孟子·尽心下》。
③ 顾炎武:《日知录·正始》。

“保国者，其君其臣肉食者谋之。保天下者，匹夫之贱，与有责焉耳矣”。[①]

近代梁启超将顾炎武的这一思想总结、升华为“天下兴亡，匹夫有责”八个字，可谓得其精义，它成为中华民族的民族精神。

王夫之也作了与顾炎武大致相近的论述：

“一姓之兴亡，私也；而生民之生死，公也。”[②]

“以天下论者，必循天下之公，天下非一姓之私也。”[③]

王氏所谓的“私天下”，即“家天下”，与顾氏的“国”同义。“公天下”则以“生民之生死”为根本宗旨。王夫之进而指出，对于“私天下”而行恶政的君主，“可禅、可继、可革”。[④]

黄宗羲的“主客”论，顾炎武的“国”与“天下”之辨，王夫之的“私天下”与“公天下”之分，归总起来，是将人民的利益置于君主的私利之上。它是传统的儒家民本主义的再发扬，但又不是它的简单重复。传统的民本主义主要是阐明君主应当懂得“民水君舟”的道理，以民为立国之本，民只是受君主恩赐的对象，是被动受体。顾、黄、王的“天下”论，特别是顾氏的理论，提出民有“保天下”之责，民成了捍卫社会道德文化的积极的主体。这一观点的价值在于，发现并激励了人民的历史责任感和主体意识。

“天下有道”、“天下一统”是孔、孟、荀所孜孜追求的，它们表现了儒

---

① 顾炎武：《日知录·正始》。
② 王夫之：《读通鉴论》卷十七。
③ 同上书，卷末《叙论一》。
④ 王夫之：《黄书·原极》。

家学说“天下本位”的致思取向。明清之际的批判思想家们以儒学民本主义和伦理本体论的传统为理路，将“天下本位”思想作了淋漓尽致的发挥，明确揭示了“天下”的含义是人民、是民心、是道德。

有人认为，“天下为主，君为客”等命题，是对儒家思想的批判，是民主思想的启蒙，可与西方卢梭的民权学说媲美。这可能有溢美和拔高之嫌。不错，黄宗羲的这种“主客”论讲的是主人和客人的关系，但他所说的“主人”，不是国体意义上当家作主的主人，或国家权力所有者意义上的主权。它是中国传统的家庭文化观念所生发出来的主客关系，意为：天下是万民的天下，不是君主一人的天下，君主不过是万民请来的客人，不能反客为主，窃天下为己有，而应以万民之生死为职志，即所谓“凡君之所毕世而经营者，为天下也”[①]。它所揭示和强调的还是王夫之提出的“公天下”和君主“可禅、可继、可革”。所以，“天下为主，君为客”，可以直接翻译成“民为主，君为客”，而主客关系也就是本末、主辅关系的另一种表述方式而已。这一命题在本质上仍应归属民本思想范畴之内。

清末维新派领袖之一梁启超谓：

> “我们当学生时代，(《明夷待访录》)实为一刺激青年最有力之兴奋剂。我自己的政治活动，可以说是受这部书的影响最早而最深。”[②]

又说：

---

① 《明夷待访录·原君》。

② 梁启超：《饮冰室合集·专集》七十五《中国近三百年学术史》，中华书局1988年版，第47页。

“梁启超、谭嗣同辈倡民权共和之说，则将其书（《明夷待访录》）节钞，印数万本，秘密散布，于晚清思想之骤变，极有力焉”。[①]

如果说，黄宗羲的“天下为主，君为客”等思想具有启蒙意义，那么，在这样一个角度上才是正确的：它对清末启蒙思想家起了启蒙作用。要之，黄、顾、王的“天下”论可称是由古代民本思想向近代民权思想过渡的桥梁。

“主客”之论，“国”与“天下”之辨，“公天下”与“私天下”之分，既是衡量君主有道无道的标准，同时又是评价实在法和现实法制的价值标准，并给社会、给人们的法律生活、法律行为提供了一个选择尺度。先秦儒家以“先王之法”为实在法和现实法制的价值标准，但这标准还可以具体化和深化，“为天下”、“公天下”等等论辨正是起到了这样的作用。黄宗羲就是依据这个“天下本位”的最高法律价值标准，宣布秦代以来的法统都是“非法之法”、“私天下之法”。从这个意义看，明清之际社会批判思想家的“天下”论，丰富和发展了儒家法思想的法价值学说。“天下”论以伦理本位论为基础，“天下”具有道德义，所以，它仍没有脱出儒家伦理法思想的理路。

2. 黄宗羲的“有治法而后有治人”论之再研究

在《明夷待访录・原法》篇中，黄宗羲提出了一个著名的论点：“有治法而后有治人”。把黄氏的这一观点说成是“法治”理论，而且是“民主主义的法治”理论，是时下常见诸论著和教材的一种看法。黄氏之论是否“法治”论，是否“民主主义的法治”论，都还有再研究和讨论的

---

① 梁启超：《饮冰室合集・专集》七十五《中国近三百年学术史》，中华书局 1988 年版，第 47 页，《专集》之三十四《清代学术概论》，第 14 页。

必要。

(一)“有治法而后有治人”与“有治人无治法”

“有治人无治法”一语出自《荀子》。在“荀子的法思想”一章中已作了讨论。荀子的“治法”是指“良法”,指三代“圣人之法”。荀子总结三代至战国的历史经验,认为三代有圣人之“治法”,又有“治人”来实施“治法”,于是天下大治;战国之世,“三代虽亡,治法犹存”,但却天下大乱,原因在于没有“治人”。所以,致治之方,不在于重新制定“治法”,而是应有“治人”来贯彻执行三代“治法”。荀子并不否定法,他赞成“治法”的,但认为在他的时代,“治人”更重于“治法”。从荀子礼法思想的整体来看,他是一个君主主义者。依现代法治理论,君主主义自然应归入“人治”论的价值指向。但中国传统的法文化并未形成法治与人治相对立的思维模式,所以,用法治与人治对立来阐述中国传统法思想,往往不容易切近其历史实际,作为一种研究中国法文化的方法论也就无多大实际价值,反而会产生不必要的歧义和误解。

黄宗羲的“有治法而后有治人”,乍一看似乎是荀子“有治人无治法”的反命题,实际上并非如此。荀子说,他的时代“治法犹存”;黄宗羲说:“三代以上有法,三代以下无法”,此“无法”指无“治法”、无“天下之法”。为什么呢?他论道:

> “夫古今之变,至秦而一尽,至元而又一尽,经此二尽之后,古圣王之所恻隐爱人而经营者荡然无具……”①

这就是说,秦以前尚有“古圣王”之“治法”。这一看法与荀子相合。至秦以后,“治法”湮灭,有的只是专制君主的“非法之法”。

---

① 《明夷待访录·原法》。

> “自非法之法桎梏天下人之手足，即有能治之人，终不胜其牵挽嫌疑之顾盼”。[1]

在“非法之法”的桎梏下，即使有“治人”，也被捆住手足，不能有所作为。因此，当务之急是要恢复先王之“治法”：

> “使先王之法而在，莫不有法外之意存乎其间；其人是也，则可以无不行之意；其人非也，亦不至深刻罗网，反害天下。故曰有治法而后有治人。”[2]

在有“治法”的时候，强调“治人”；在“治法”已“荡然无具”的时候，强调应先恢复“治法”，而后“治人”才能发挥作用。前者是荀子的主张，后者是黄宗羲的改作，这两者的思路并无二致，都是因时之论，但却殊途同归。如果，荀子和黄宗羲相互调换一下生活时代，都会得出同样结论。

他们在思路上同在何处？首先，他们使用的概念相同，都讲“治法”、“治人”；其次，先应有“治法”这点上也相同。只是荀子认为，三代“治法”在他的时代原本就存在着，黄宗羲则以为他的时代全无“治法”，须先一一恢复之；最后，他们还都认为，“治法”须得“治人”才能发挥作用。荀子的观点已不必说，黄宗羲的“后有治人”，显然是要有“治人”的，这只是个先后问题，不是个要不要的问题。他说有了“治法”之后，“其人是也，则可以无不行之意；其人非也，亦不至深刻罗网，反害天下。”[3]他当然是希望“其人是也”的，“其人是也”的“人”是“治人”，有了

---

① 《明夷待访录·原法》
② 同上。
③ 同上。

"治人","治法""可以无不行之意",这同荀子的"有君子,则法虽省,足以遍矣"[①]如出一辙。

综上所述,黄宗羲的命题与荀子的命题在法的价值观和方法论上是一致的,并不存在什么"法治"与"人治"的对立。黄宗羲说:在"非法之法"猖獗,亟需复兴三代之法的时候,"即论者谓有治人无治法,吾以谓有治法而后有治人"。[②] 这"即论者"指谁?是不是荀子?荀子生活在先秦时代,自然不会是"即论者"。"即论者"是指当时仍教条地死守荀子在先秦时说的话的人,也就是他所讥刺的"俗儒之剿说"的"俗儒"。

(二)"有治法而后有治人"与法治

"有治法而后有治人"这一命题的主旨既然是强调恢复三代圣王之良法,即所谓"一一变通,以复井田、封建、学校、卒乘之旧"[③],所以,它与近代的法治论不是一回事。

近代法治的含义,在第二章中已作过说明。它的关键之处在于与民主制相联系。黄宗羲抨击专制君主,但不废君主制,所企望的是以明君代替暴君与昏君。他论"臣道"及扩大相权,至君臣共治、君相共治而止;所论"学校议政",至备询、建言、清议、谏诤、辅拂而止;所论"取士之法"、"复井田"及"田税之法"、"财计之法"等,亦多取儒经和历代良规而折中之。从整体水平衡量,未达到近代君主立宪学说的高度。他的"治法"论与近代民主制的法治论有本质的不同。

黄宗羲的"治法"论也不同于先秦法家"以法治国"的"法治"论。黄氏以为"三代以下无法",尤其斥责秦、元二代为"非法之法"之尤。秦"焚书坑儒"、法酷刑峻;元代有"九儒十丐"之说,歧视儒生,其法律的种族压迫严重,蹂躏汉人,特别虐待南人,刑罚酷滥。黄宗羲激烈抨击秦、

---

① 《荀子·君道》。

② 《明夷待访录·原法》。

③ 同上。

元之苛法酷刑，是他儒家法律价值取向的表露。他指出：

“后世之法，藏天下于筐箧者也；利不欲其遗于下，福必欲其敛于上；用一人焉则疑其自私，而又用一人以制其私；行一事焉则虑其可欺，而又设一事以防其欺。天下之人共知其筐箧之所在，吾亦鳃鳃然日唯筐箧之是虞，故其法不得不密，法愈密而天下之乱即生于法之中，所谓非法之法也。”①

他所描绘的“非法之法”的特征，正是法家之法。法家的绝对君主主义和重刑主义的“法治”学说，自然被“非法之法”之尤的秦、元帝国专制君主视为至宝。不过，秦、元已是远去的历史。它们是黄宗羲批判“非法之法”的一个靶子。他更关切的是总结明帝国覆亡的教训。“用一人焉则疑其自私，而又用一人以制其私；行一事焉则虑其可欺，而又设一事以防其欺。”这些话明显是指着明王朝“罢相”、杀功臣、疑大臣、太监擅权，以及设置东厂、西厂、内行厂之类互相牵扯的特务机构说的。这些都是法家之法中阴术。可见，黄氏的“非法之法”所抨击的就是这种法家之法和“术治”。

与否定法家之法和法家“术治”相应的，是黄氏对三代“先王之法”的赞美，对君臣关系、相制和学校制度的规划，这又体现了他明显的儒家民本主义、相对君主主义及原始民主制的致思取向。

“古者天下之人爱戴其君，比之如父，拟之如天，诚不为过也。”②

---

①　《明夷待访录·原法》。

②　《明夷待访录·原君》。

“天之生斯民也，以教养托之于君。”[①]

这些言论太熟悉了！“保民而王”、“作民父母”，都是传统又传统的思维。与“君父”相对的是“子民”，不是“公民”。“公民”范畴才是民主政治理论的基石。黄宗羲没有达到这一点，没有走出“君父”—“子民”的思维怪圈。

儒家的礼法之治主张重德化礼教，黄宗羲说：“故治之以本，使小民吉凶一循于礼。”[②]又说：“民间吉凶，一依《朱子家礼》行事。”[③]为厚风俗，正人心，他特别重视乡饮酒之礼：

“凡乡饮酒，合一郡一县之缙绅士子。士人年七十以上，生平无玷清议者，庶民年八十以上无过犯者，皆以齿南面，学官、郡县官皆北面，宪老乞言。”[④]

凡此种种，可知黄氏治国之道大致上不出儒家传统的礼法之治范围。他的“有治法而后有治人”之论，既非民主主义的法治，亦不同于法家的“法治”。

九、沈家本修律——一个儒家型文化人格的开明官僚对儒家化法律的终结

1900年对那拉氏为首的清王朝来说确是一个多事之秋。京津冀

① 《明夷待访录·学校》。
② 《明夷待访录·原法》、《财计三》。
③ 同①。
④ 同上。

鲁燃起了义和团的烈火；革命派已经把炸弹和刺刀提到了议事日程；八国联军打进了北京。在国内外错综复杂的矛盾作用下，帝国主义列强改变了对华政策。《辛丑条约》的签订标志着侵略者们由公开瓜分转向“以华治华”，清王朝逐渐变成为“洋人的朝廷”。为了对内抑止人民革命运动，对外适应列强的需要，流亡到西安的那拉氏于光绪二十六年（公元 1901 年 1 月 29 日）发布“变法”上谕。

列强进一步抛出勾饵。光绪二十七年（公元 1901 年）9 月 5 日缔结的《中英追加通商航海条约》（即《马凯条约》）的第十二条中，英方声称：

> “中国深欲整顿律例，期与各国改同一律，英国允愿尽力协助，以成此举。一俟查悉中国律例情形及其案断办法，及一切相关事实皆臻妥善，英国即允弃其领事裁判权。”①

一纸空文的欺骗和搪塞，使清王朝受宠若惊。一时间，朝廷内外简直都赞成变法修律了。湖广总督张之洞、两江总督刘坤一联名上了三道《江楚会奏变法折》，提出了“恤刑狱”、“结民心”、改良法制的建议，并同袁世凯一起保举沈家本、伍廷芳为修律大臣。历时 10 年左右的清末修律敲起了开台锣鼓。它的主角——沈家本由此登上了中国近代法律史的舞台。

1. 清廷的假立宪与沈家本的真修律

（一）沈家本修律的功绩

光绪三十二年（公元 1906 年），那拉氏正式宣布“预备立宪”。

---

① 《大清法规大全・外交部》卷一。

历史就是这样地作弄人！八年前(1898 年)，这位“老佛爷”残酷地镇压了康有为、梁启超为首发动的维新变法运动，现时，她那屠杀六君子的血手还未洗得干净，就不得不接过变法立宪的口号和旗帜，充当起了自己的敌人和手下败将——君主立宪派的遗嘱继承人了。当然，这完全是个骗局。

沈家本主持的修律只是清王朝“预备立宪”骗局中的一步棋子，一个组成部分。它以“预备立宪”之宗旨为宗旨，以“预备立宪”之归宿为归宿。离开“预备立宪”这个大前提而过分地拔高沈家本修律的意义，不是科学的态度。诚然，如果将沈家本的修律视同立宪骗局一样伪善，也是背离法律史事实的。

“预备立宪”是大骗局，它不能不是失败的。而沈家本的修律则是这个大骗局下的大认真，它备受这个大骗局的重压而又借其堂皇言辞的庇护而曲折伸展。应该说，他是成功的。

说沈家本修律的成功，不是以他是否完全战胜了礼教派来界定，也不能以他是否修定出体例和内容上完全近代化的各种法典作标准。而是由于，他毕竟在立法体例、立法原则、立法内容以及法律制度等方面，改变了相沿两千多年的旧法，而创造了近代中国的新法。他在中国法制史上，结束了一个旧时代，开启了一个新时代。沈家本还是第一个有组织地大规模地介绍西方法律并用来改造中国传统法律、汇通中西法律的法学家。他在这方面获得的成功在某种意义上比修定一部法典更为伟大和久远。前辈法史学家杨鸿烈高度赞扬了沈家本的这一功绩：

“沈氏是深了解中国法系，且明白欧美日本法律的一个近代大法家，中国法系全在他手里承先启后，并且又是媒介东西方几大法系成为眷属的一个冰人”。[①]

修改法律，曾是康、梁为代表的维新变法派的美好愿望。康有为早就将中国丧失治外法权视为“非常之国耻”，大声疾呼应重新制定法律，认为新法即使不能骤行于内地，亦当先行于通商口岸。他还具体提出了建立法制局，并置于政府应设的十二个局的首位，举凡民法、商法、市则、舶则、讼律、军律、国际公法等一切中国原来没有的法律，均应由法制局尽速制定。梁启超完全赞同他老师的主张，并作了详尽的阐发论证。

“百日维新”的失败使康、梁们根本没有时间和力量来从事这项工作。然而它却由一个清季朝廷大臣沈家本进行了。平心而论，沈家本并不是时代先进思想的代表，在近代政治史和思想史上算不上一个标领时代风气之师的人物。我们也没有必要因为沈家本完成了改良派修订新法律的未竟之业，而把他塞入改良派的行列，或说他是法律方面的改良派(理由详下)。历史的复杂之处正在这里：中国近代法律的开创者，不是近代历史的主角——资产阶级改良派或资产阶级革命派，而是清廷的一位开明官僚。正是埋头苦干的沈家本充当了中国古代律典的掘墓人。历史老人的安排是多么不可思议！而这中间又蕴含了多么深刻的哲理！

（二）保守“常经”，损益“治法”：假立宪与真修律有着同一指导原则

那拉氏的“变法”上谕是这样写的：

“世有万古不易之常经，无一成不变之治法。穷变通久，见于

① 杨鸿烈：《中国法律发达史》，商务印书馆1930年版，第872页。

大《易》;损益可知,著于《论语》。盖不易者三纲五常,昭然如日星之照世;而可变者令甲令乙,不妨如琴瑟之改弦。伊古以来,代有兴革。即我朝列祖列宗,因时立制,屡有异同。……大抵法积则弊,法弊则更,要归于强国利民而已。”①

这里所说的“变法”理论完全是传统的儒家“维新”“损益”的那一套:保守“常经”,变更“治法”。他们试图将原来应是一场近代化的“变法”限定在古代因革论的轨道上。本来,“托古改制”,穿上古式的服装来演出现代的活剧是历史上的变法中常用的手法,但清廷不光是穿一件古装,而且要演的也是一台古戏,一台假的现代戏。其失败的结局已在必然之中。

这里所谓的清廷“预备立宪”之假,是指其根本性质上以立宪为名,继续行皇帝专制之实,违背了近代政治立宪民主之大势。但若就其对“令甲令乙”的变易而言,则亦有假中之真的地方。这里所谓之“真”,是指其在保守“三纲五常”之“常经”的前提下以穷变损益为指导对法律作出因时的修改。无此“真”则不能行其“假”。所以,沈家本的假戏真做与清廷的假中有真、以真行假有着一点相通。于是而有 1902 年修订法律“上谕”:

“中国律例,自汉唐以来,代有增改。我朝《大清律例》一书,折衷至当,备极精详。惟是为治之道,尤贵因时制宜。今昔形势不同,非参酌适中,不能推行尽善。况近来地利日兴,商务日广,如矿律、路律、商律等类,皆应妥议专条……总期切实平允,中外通行,

---

① 朱寿朋:《光绪朝东华录》,中华书局 1958 年版,第 4601—4602 页。

用示通变宜民之至意。"[①]

派定沈家本、伍廷芳为"修订法律大臣"后，清廷又于同年四月初下谕，命他们"按照交涉情形，参酌各国法律，悉心考订，妥为拟议，务期中外通行，有裨治理"。[②]

这两道谕旨，就指导思想而言，本质上与1901年的"变法"上谕并无区别，因为修律无非是变革损益"令甲令乙"而已。但两者都有"中外通行"等文字，这就给沈家本修订新律留出了一定的回旋余地，成了他修律中采纳西方法理和法律原则的合法的凭藉，或者说，是他在修订法律这一具体领域内将清廷的"预备立宪"假戏真做的依据。

光绪三十四年(1908年)，沈家本在《奏请编定现行刑律以立推行新律基础折》中特意申明，他上年进呈的新刑律草案"专以折冲樽俎、模范列强为宗旨"[③]。在其他场合，他一再阐述这一"宗旨"：

"方今环球学说，月异日新，苟非会而通之，又乌能折衷而归一是?"[④]

"因民以为治，无古今中外一也……然我法之不善者当去之，当去不去，是之为悖；彼法之善者当取之，当取而不取，是以为愚"。[⑤]

这些言论反映了沈家本在修律中有着融合中西的高度理论自觉和

---

① 朱寿朋：《光绪朝东华录》，中华书局1958年版，第4338页。

② 同上书，第5014页。

③ 沈家本：《奏请编定现行刑律以立推行新律基础折》，见故宫博物院明清档案部编：《清末筹备立宪档案史料》下册。

④ 沈家本：《法学通论讲义序》，见《寄簃文存》卷六。

⑤ 同上。

强烈的使命感，十分难能可贵。但从思想层次上说，并没有超脱清廷“中外通行”、“参酌各国法律”的框架。

随着修律工作的深入，采撷西法所体现的近现代法制原则与中国旧律的宗法纲常原则之间的冲突日益激烈，沈家本在“令甲令乙”上做些真戏也触犯了礼教派的禁区。清廷遂于宣统二年（1909 年）正月给沈家本下了一道严旨：

> “惟是刑法之源，本乎礼教。中外各国礼教不同，故刑法亦因之而异。中国素重纲常，故干犯名义之条，立法特为严重。良以三纲五常，阐自唐、虞，圣帝明王兢兢保守，实为数千年相传之国粹，立国之大本……凡我旧律义关伦常诸条，不可率行变革，庶以维天理民彝于不敝，该大臣务本此意。以为修改宗旨，是为至要。”①

这道谕旨重申 1901 年“变法”上谕中关于“三纲五常”为立国之本不可变易的“宗旨”，措辞峻刻，隐含训斥之意。

对于清廷的上谕，沈家本只能诚惶诚恐地执行，收回自己效仿西法方面跨得过大了的脚步。同年 12 月，他将新刑律改定为《修正刑律草案》，并上了一个奏折说明执行清廷谕旨的情况：

> “臣等……懔遵谕旨，将关于伦常各款加重一等。……惟中外礼教不同，为收回治外法权起见，自应采取各国通行常例，其有施之外国不能再为加严，至背修订本旨。然揆诸中国名教，必宜永远奉行勿替者，亦不宜因此致令纲纪荡然，均拟别辑单行法籍示保存，是以增入《附则》五条，庶几沟通新旧，彼此遵守，不致有扞格之

① 《修改新刑律不可变革义关伦常各条谕》，见《清末筹备立宪档案史料》（下册）。

虞也”。①

该《附则》第二条规定：

> “中国宗教尊孔，向以纲常礼教为重，况奉上谕再三告诫，自应恪为遵守。如大清律中十恶、亲属容隐、干名犯义、存留养亲以及亲属相奸、相盗、相殴，并发冢、犯奸各条，均有关于伦纪礼教，未便蔑弃，如中国人有犯以上各罪，应仍照旧律办法，另辑单行法，以昭惩创。”

《附则》中还有：“危害乘舆、内乱、外患及对于尊亲属有犯”，死刑仍然执行斩刑（第3条）；卑幼对尊亲属不能使用正当防卫之法（第5条）。

宣统二年（1910年），《修正刑律草案》交宪政编查馆核订。候补四品京堂、宪政编查馆参议劳乃宣提交《修正刑律草案说帖》，以修正案正文“有数条于父子之伦、长幼之序、男女之别有所妨”，背弃礼教；《附则》适用中国人之旧律礼教条款为“本末倒置”。提议将“旧律有关伦纪礼教各条”，直接列入新刑律正文。并将其说帖遍示京外，广为散发。遂引发了一场法理派与礼教派的大论争。

宪政编查馆大臣奕劻未采用劳乃宣要求把旧律有关伦纪各条直接修入刑律正文的意见，折中双方意见，将《修正刑律草案》改名为《大清新刑律》，将《附则》五条另行拟定为《暂行章程》，上奏清廷。根据沈家本等的说明，将新刑律的要旨归结为四个方面：

“一曰根本经义”。新刑律以《四书》、《尧典》、《吕刑》、《周礼》、《春

---

① 《钦定大清刑律·奏疏》。该奏折虽为法部尚书廷杰等与沈家本联衔，但从内容看，主要是沈家本等的意见。参见张国华、李贵连：《沈家本年谱初编》，北京大学出版社1989版，第216页。

秋》等儒家经义为本。

“一曰推原祖制”。新律体现了尚“仁厚”的精神。

“一曰揆度时宜”。新律是为适应“预备立宪”而定。

“一曰裨益外交”。新律系应各国商约中关于“改刑律收法权之约”而定。①

这四点,归总起来还是保守“常经”、损益“治法”八个字。不论沈家本愿意也好,被迫也好,他的修律正如孙悟空的筋斗翻不出如来佛的手掌,只能以清廷“上谕”为宗旨,也就是以儒家“穷变”、“损益”的传统变法观为指导。从这个意义上说,清末修律是儒家变法模式的最后一次尝试。

1910 年 10 月,资政院开议新刑律。“礼法之争”双方在资政院议场针锋相对,当议及子孙对尊长是否适用正当防卫和无夫和奸是否为罪条款时,互不相让,秩序大乱。最后以投票表决定其存弃。结果,子孙对尊长可适用正当防卫,获得通过,无夫和奸无罪被否决。

细检双方往返驳论,沈家本并非不要礼教,而是以为各礼教条款,或在修正草案内已定有明文,或应于《判决录》内详定,不必另立专条,或应在教育上另筹办法,不必规定于刑律。

资政院闭会以后,礼教派对沈家本提出弹劾,在一片“抗命之臣”、“离经叛道”的指责声中,沈家本被迫于宣统三年(1911 年 3 月)辞去修订法律大臣和资政院副总裁之职。

2. 渐进主义、法古和仁政——沈家本修律的思想武器

“收回治外法权”是清末修律的启动器,也是沈家本真诚修律的一

---

① 奕劻:《奏为核订新刑律告竣敬谨分别缮写清单请旨交议折》,见《清末筹备立宪档案史料》下册。

个目标，还是他对付礼教派攻击的一张王牌。这里含有他的"天真"，但更体现了他的忧国忧民情怀。不过，沈家本为了达到这一目标而凭藉的思想武器，却是传统的儒家法思想的思维方式和价值观念。归总起来，一是"渐进主义"，二是法古，三是仁义。

（一）渐进主义

中庸主义是儒家法思想一脉相传的思维方式，清廷上谕中所谓的"穷变通久"、"损益"、"兴革"之论，均源自于此。沈家本深谙其旨。他指出，修订法律所遵循的正是"因时损益"[①]的原则：

> "《易·系传》曰：'礼，时为大，刑与礼相表里。'《书》曰：'轻重诸罚有权，刑罚世轻世重。'惟其变之所适，而权必因乎时。时之义大矣哉！"[②]

他把这种"权时"、"损益"的修律方法名之曰"渐进主义"。在修律过程中，他就抱定这种渐进主义去变革旧律、厘订新律。即如实行死刑唯一这样一件并不太大的改革，他也八折九回，十分谨慎，说："然骤欲施行，遍国中先多阻滞"，那就会欲速则不达，"惟以渐进为主义，庶众论不至纷拏，而新法可以决定。"[③]《大清现行刑律》的编定，也体现了沈家本实行渐进主义的良苦用心，诚如他和俞廉三在呈进现行刑律草案的奏折中所言："在编订体例上，隐寓循序渐进之义，仍严遵旧日之范围。"[④]

在《大清新刑律》的修订过程中，渐进主义表现得尤为突出。1908

---

① 沈家本：《重刊明律序》，见《寄簃文存》卷六。

② 同上。

③ 沈家本：《死刑唯一说》，见《寄簃文存》卷三。

④ 《大清现行刑律·奏疏》。转引自张国华、李贵连：《沈家本年谱初编》，北京大学出版社1989年版，第207页。

年,张之洞所掌的学部对新刑律草案提出了全面的批驳。清廷连下两道谕旨,一再声言"旧律义关伦常诸条,不可率行变革"。沈等即"懔遵谕旨,将关于伦常各款加重一等",特增添《附则》五条,"沟通新旧"。这样渐进主义的结果,使《大清新刑律》的"新"精神大大丧失。

渐进主义的思维方法使沈家本在修律实践中瞻前顾后,在采用西法先进原则上往往裹足不前,在礼教派的进逼中只能招架退却;然而又使他顺应了当时社会,特别是统治集团和上层的文化环境,减少压力和阻力,能与礼教派进行巧妙的韧性的周旋,在清廷允许的范围内争取到尽可能多的法律改革。这是沈家本对儒家中庸主义的妙用。从这里可以看出,他对儒家思维方法的掌握和运用是多么娴熟。

(二) 法古

当先进的西学西法纷至沓来之时,中国的官僚和士子大多以"西学中源"自尊自慰,言西学必曰吾国古已有之,唐虞三代之法如何如何。他们以儒家经义附会西学,削西学之足适中学之履。这是当时的一种学风,是当时由儒家文化熏陶出来的中国知识分子的共同心态。沈家本也不例外。只是他的归宿点不是为了摆出"自己祖宗先前也阔"的臭架子。他以古制附会西法、解释西法是为了改革中法。于是,他祭起了最古老、最传统,似乎也最有威力的一件法宝:"法古"。

他引《尚书》"无偏无党,王道荡荡;无党无偏,王道平平"来论证:立法必"统于一",旗人法律特权应当取消,"满汉畛域"应当"全行化除",旗人犯遣军流徒各罪应照民人实行发配。[①] 他引《周礼》、《唐六典》等古籍论证:京师在菜市口处决重囚"与古制本不甚合",地方上处决死囚方式"与弃市之义更不相符"[②],要求变通行刑旧制,采用西方秘密执行

① 沈家本:《旗人遣军流徒各罪照民人实行发配已折》,见《寄簃文存》卷一。

② 沈家本:《变通行刑旧制议》,见《寄簃文存》卷一。

死刑的原则。他论证“死刑唯一”时，引《吕刑》等书及唐虞三代的五刑制度为根据，说是“故古者五等常刑，死惟一等”[①]，以此证明而今实行“死刑唯一”不过是恢复古制而已。在论述“删除比附”时，他引《周礼·大司寇》“县刑象于象魏之法”，以及“木铎”“布宪”之制，说这些实际上是“律无正条不处罚之明证”[②]。如此等等。

这种生硬比附中最为甚者，莫过于对监狱制度的一段论述。他引应劭《风俗通义》的话，说夏朝的夏台“若游观之台”，商朝的羑里“若于闾里”，周朝的囹圄“言令人幽闭思愆，改恶为善”，因此古代监狱原本就是“感化人而非苦人、辱人”的地方，西方现今监狱制度原则大多与古制相合：

> “囚人运动场，即古人游观之意也；衣食洁而居处安，即古人闾里之意也；有教悔室，以渐启其悔悟，更设假出狱之律，许其自新，又古人幽闭思愆、改善得原之意也。”[③]

照沈家本的逻辑，西方法制精华之处统统包涵在唐虞三代古制之中，他的修律只是改删秦汉以后混杂进去的不仁之制，复兴古制，所谓融合中西，撷西法之英华等等，其实就是重新弘扬中华古制。这显然是中国历史上相沿已久的“托古改制”的思维方式。它是荒谬的，但在沈家本却是真诚的。他的这种思维逻辑也是合时的，它满足了清朝统治者尚残存的“天朝大国”的虚荣心理。既然这些改删只是复唐虞三代古制，而不是照抄西方，弃我数千年相传之礼教，那么瞪大眼睛找修律岔

① 沈家本:《死刑唯一说》，见《寄簃文存》卷一。

② 沈家本:《刑律草案告成方期缮单呈览并陈修订大旨折》，见《清末筹备立宪档案史料》下册。

③ 沈家本:《监狱访问录序》，见《寄簃文存》卷六。

子的反对派们一时也只好无话可说了。“法古”的陈词滥调在一定程度上倒是帮了沈家本的忙。

(三) 仁政

三代先王良法美意的精华是什么？沈家本认定是“仁义”。

“夫吾国旧学自成法系，精微之处，仁至义尽。新学要旨，已在包涵之内……”①

他以为，儒家的仁义广袤无垠，千古常新，不但为中国法系精微，也是修律之宗旨。因此，他每以儒家仁义理解西法中所体现的近代进步的法律原理、原则，将修律解释成通过采撷西法，恢复儒家的仁义精神。在《删除律例内重法折》中，他又说，西方刑法，过去“较中国尤为惨酷”，改重为轻还是近百数十年来的事，而中国的重法却多是秦以后，甚至唐以后才增入的。因此，改重为轻只不过是恢复弘扬中法固有的仁义，贯彻儒家仁政的法律宗旨。

“刑法之当为改重为轻，固今日仁政之要务，而即修律之宗旨也”。②

在沈家本看来，以仁义为修律宗旨与“以折冲樽俎，模范列强”为宗旨是完全一致的，因为“各国法律之精意，固不能出中律之范围”③，即不能出中法“仁义”之范围。这种解释自然是极其勉强的。改重为轻，或可用仁义来作招牌。但西方法制中所体现的民主、自由、平等、人权、

① 沈家本:《法学名著序》，见《寄簃文存》卷六。
② 沈家本:《删除律例内重法折》，见《寄簃文存》卷一。
③ 同上。

法治等原理原则，显然是儒家固有“仁义”范畴所容纳不了的。因此，用仁义作价值标准去取舍西法，不光有削足适履之患，而且会遗其真正的精华。但这在沈家本时代和沈家本本人，就是无法避免的了。不过，他用仁义理解西法精义，匡范西法精神，却是符合当时客观存在的儒家文化环境和社会的法文化心理的。从而在那个时代条件下，起着推进法律的中西结合和中国法律近代化的积极作用。

儒学的仁义思想在现代社会仍有积极的正面价值。这应当是一个肯定判断，不存在什么疑问。譬如“己所不欲，勿施于人”就具有人类性和普世性，能够与民主、自由、平等人权这些来自西方的价值相容相融。不过，这需要经过重大的理论创新和重新诠释。现代新儒家及其传人已经进行了近一个世纪的努力，然其影响力还很有限。尤其在儒学的原创地——中国大陆，尚未扎下牢实根基。况且，现代新儒学也仅仅是中西融合的一个进路。可见，古老中国的现代化、中华文化的现代化、传统儒家思想及其法思想的浴火重生、中国传统法文化的凤凰涅槃，需要几代志士仁人远不止一个世纪的长时期努力探索。从中西文化、中西法学和法律的融合进程而言，从外表皮相的牵强比附到进入内在的比较研究，再逐步进到局部的和综合的理论创新和实践创造，也是一阶阶难以跨越的阶梯。从这个意义上说，沈家本的渐进主义、“法古”和“仁政”式的“托古改制”，实在是中西法律和中西法文化融合大工程中的第一位设计师和工程师。

3. 一个儒家型文化人格的开明官僚

沈家本在修律中所表现出来的儒家传统的法价值观和法思维模式并非偶然，他的政治立场、学术观点、身世经历、家学师承都说明，他是一个儒家型文化人格的开明官僚。

(一) 不是改良派

沈家本的时代，中西文化交融已从器物层面进入到制度层面，随着甲午战争的失败，变器为变制所代替。戊戌维新志士已把君主立宪、变法改制提到议事日程。沈家本修律从文化层面上说也属于变制范畴。但是否因此可说，沈家本属于资产阶级改良派呢？

戊戌变法时，沈家本正在保定知府任上。他对变法的态度如何？"六君子"被杀又作何表示？在其已刊著述中找不到任何直接答案。戊戌前一年(1897 年)9 月，沈家本主持保定郡试，因感赋诗，对科举制度表示不满，希望清廷当局"穷通通则变"，以达到"及时各自备，庶几道能兴"。诗中有"因循翫岁月，异说将纵横"等句。当时，康梁大倡变法维新，提出废八股、立学校、设报馆等主张，朝内保守派视为异端邪说。沈家本诗中的"异说"显然是讥刺康梁之词，"颇有一点反对康、梁的味道"。[①] 事实上戊戌变法失败的第二年，他就受到直隶总督兼北洋大臣、维新运动的反对派裕谦的赏识，由其推荐给朝廷，并奏请光绪接见加以提拔重用。光绪皇帝遂于是年(1899 年)9 月 25 日召见了他。从此以后，沈家本在仕途上便步步高升。这一史实说明他决非康、梁变法维新运动的赞同者。

1900 年以后清廷宣布施行"新政"，五年后又表示要"预备立宪"。这时在统治集团中已无维新派、洋务派、顽固派的区别，人人都"咸与维新"了。沈家本修律中每每标榜汇通中西法律是为了襄辅宪政，且含辛茹苦，修定新律。但这一切都已不能作为他属于资产阶级改良派的佐证。因此我们一些教科书中将沈家本归入资产阶级改良派之内来介绍，是值得商榷的。

---

① 见张国华、李贵连：《沈家本年谱初编》，第 48 页。

（二）不是一概反对礼教

清末礼法之争，焦点在旧律中有关礼教条款的改删与否上，双方壁垒分明，措词激烈，形同冰炭。在论辩中沈家本采取了“以子之矛攻子之盾”的方法，将礼教派竭力维护的旧律中不合时宜需要改删的礼教条款，置之于乖离礼教的地位。如礼教派急先锋劳乃宣要求将“犯罪存留养亲”列入新刑律正文，沈家本驳斥说：“古无罪人留养之法，北魏太和中，始著之令格。”所以这一条不合古制。他又抬出嘉庆朝有关承祀、留养的一条上谕：“是承祀、留养，非以施仁，实以长奸，转似诱人犯法”[①]。经此一驳，就缴了劳乃宣的械，劳只好承认此条“不必专列”。

又如“故杀子孙”条，沈家本征引何休《春秋公羊解诂》等古籍资料指出：“故杀子孙，实悖《春秋》之义”。又引《尚书·康诰》中父“疾厥子”，“在‘刑兹无赦’之列”，说明“古圣人于此等之人，未尝稍恕之也”[②]。因此，新律正文不专列“故杀子孙”减轻处刑条款，不仅不违背礼教，反而与“古圣人”之旨和《春秋》经义相合。这样一来，劳乃宣只好认输。

“三纲五常”正式形成在东汉初期，儒家化法律的产生则始于魏晋，而纲常原则的极端化更在宋明之世以后了。所以沈家本确可以引用原始儒家思想和儒家经典来证明明清法律中不少礼教条款是与之不合的。这样，礼教派所谓之礼教条款便成了伪礼教、假礼教，而沈家本则俨然成了维护真礼教、真儒经的正宗儒学传人了。十分明显，他的这种立论仍以儒经、礼教为价值标准，与传统的思维方式没有根本的不同。

沈家本以正宗礼教驳诘礼教派的伪礼教，不能不说是高明的一手。但若以为这仅仅是他的斗争艺术和权宜之计，是他面对清廷至高无上

---

① 沈家本：《书劳提学新刑律草案说帖后》，见《寄簃文存》卷八。

② 同上。

的严旨的重压和礼教派居心叵测的攻击而被迫为之,恐也不是事实。

实际上,这同他在修律中称道古制、服膺仁义一样,是其内在的儒家法文化价值观和思维方式的一种自觉行为,可以说是自然而然的。

(三) 儒家人格

沈家本出身官僚家庭,父为道光年间进士,致仕后主浙江诂经精舍,可谓儒学传家。他“少读书,好深湛之思,于《周官》多创获”①。幼年和青年时代遍读儒家经典,十分用功,每读一本,即记其大旨,17 岁就著《周官书名考古偶纂》一书②。他 25 岁中举人,42 岁中进士,这期间他除了不得不研习科举必须的八股文外,“间或从事经史考证之书”③。清代考据学,是儒家经学发展中的重要阶段,沈家本生其时,学其术,精其业,“博稽掌故,多所著述”④。就这样,沈家本将自己的学问和人格都汇入了当时汪洋深厚的儒家文化之渊。

沈家本考取进士以后,仍留刑部补官,“自此遂专心法律之学”⑤。但他此时所治的“法律之学”,主要是把自己对考据学的爱好和专长移入其中。他广搜历代法典,留意案牍奏谳,从文字训诂入手,引经据典,旁征博引,穷本探源,考核刑名、辨析真伪、发明精义。他这时期的著作收在《沈寄簃先生遗书》乙编中,其《刺字集》、《压线编》、《律例偶笺》、《律例杂说》、《刑法杂考》、《秋谳须知》、《雪堂公牍》、《奏稿汇存》、《驳稿汇存》等均称力作,然大致不出传统考据性律学之范围。他晚年所著的《汉律摭遗》是集此传统之学的大成之作。

19 世纪末 20 世纪初,中国思想界如狂飙突进。康有为、梁启超以

---

① 《清史稿》列传二百三十,《沈家本传》。

② 张国华、李贵连:《沈家本年谱初编》中,将著书事系于沈家本 17 岁(1857 年)。

③ 《寄簃文存·小引》,见张国华、李贵连:《沈家本年谱初编》,北京大学出版社。

④ 《清史稿·沈家本传》。

⑤ 同上。

今文经学倡立变法维新；严复疾呼“适者生存、弱肉强食”，谋求革故鼎新；孙中山擎起民主主义的大旗领导共和革命。沈家本一生不曾编织过什么思想理论体系，也从不评说当时风行于社会的各种思想学说，总其居官秋曹的40年经历，前期是一个兢兢业业、富有才气的刑部法吏；后期是个惨淡经营、忠于职守的朝廷修律大臣。就著作言，他恪守经世致用的实学传统；就实务言，他属于务实性的开明官僚。他为官为人本分规矩，勤勉谨慎，劳怨敢任，求实尚中，不群不党，平生以修齐治平、匡扶社稷为志。对清王朝的忠心耿耿和对国家对民族的执着热爱集于他的一身。进入民国之后，袁世凯政府有任沈家本长司法部的打算，但他“引疾不出”，蠖居小楼，专心著述，并写诗抒怀：“漫说沐猴为项羽，矜夸功狗是萧何。相如白璧能完否？范蠡黄金铸几何？”表示要“独许闭门观物变”。他的所行所思未尝没有不事二主、不为贰臣的传统儒家意识。凡此种种，说明他是一个充满儒家人格的士大夫。他正是凭着这种人格，以及渊博的法律知识，丰硕的法学研究成果，长期任职刑部所积累起来的深邃法律经验和娴熟法律艺术，得选任为修律大臣而大展其志。时代之“势”造就了他这样的业绩：以儒家法思想为思想武器的修律，成为结束儒家法思想统治地位的标志，成为古老的儒家化法律的终结者。他是中国古代法律的批判者、继承者、总结者，又是中国近代法律的开创者；他是中国法律史上的最后一个儒家式的律学家，也是最早一个引入西方法律的法学家和法律活动家。

十、孙中山——一个“真实的民主主义者”对儒家法思想的改造

毛泽东论学习中国文化的历史遗产，一头举出孔夫子，一头举出孙中山：

"从孔夫子到孙中山,我们应当给以总结,承继这一份珍贵的遗产。"[①]

如果说,孔子思想使中国文化顺利实现从上古到中古的转折,奠立了而后两千年文明史的文化和法文化基础,那么孙中山的学说则代表了中国历史向近代转折之际的文化思考。

孙中山将自己的学说归结为两个中心——"三民主义"和"五权宪法":

"余之革命主义内容,赅括言之,三民主义,五权宪法是也。"[②]

"三民主义"、"五权宪法"是"真实的民主主义者"孙中山对中国文化和法文化从传统向现代化转折的创新性回应。

1."融贯"中西法文化以创造适合"民情国史"的新宪法

孙中山几番游历、考察欧美,绕地球两周有半,以一个革命家、思想家的博大胸襟审视中西文化的优劣,寻求"振兴中华"的道路。他尖锐地指出:"欧美近百年来的文化雄飞突进,一日千里,种种文明都是比中国进步得多"。[③] 而中国文化在中国帝制专制的禁锢下已"停滞不前了","时至今日,这种文明已经和人民群众完全格格不入了"[④]。所以中国文化必须改造。

---

① 《中国共产党在民族战争中的地位》,见《毛泽东选集》第2卷。

② 《孙中山全集》第7卷,中华书局2006年版,第61页。

③ 同上书,第9卷,第315页。

④ 同上书,第9卷,第86页。

如何改造？有人“反过来极端的崇拜外国”、“事事都是仿效外国”[①]。孙中山断然反对这种“全盘西化”的做法，认为中国文化固有其积极的内容，应通过“吸收世界之文化而光大之”[②]。还指出，欧美除在物质方面远胜于中国近代文明以外，在政治法制方面的长处是民主制度。因此，中国文化、特别是中国法文化改造的正确道路应当是：

> “取欧美之民主以为模范，同时仍取数千年旧有文化而融贯之。”[③]

“融贯”的文化观不但超越了“国粹论”、“中体西用”论和“全盘西化”论，也超越了那种对中西文化表面征象的不同作罗列式比较和简单地割取双方文化机体中某些部分加以直接拼盘的文化观点及行为方式，蕴含了深入中西文化的深层结构，撷其英华而冶于一炉的致思取向。这在当时已达到了文化学说的最高水平。它的目标在于创造中国现代的新文化、新政制、新法制。

在这方面孙中山不光是思想的睿智的“先知”者，而且是实践的勇敢的“先行”者。他的“五权宪法”堪称“融贯”中西方法文化于一体而独具特色的中国近代革命民主主义的宪法理论和宪政制度。孙中山自己曾十分自信地说：“五权宪法是兄弟所创造，古今中外各国从来没有的”，它是一种“破天荒的政体”，“便是学说上也不多见”[④]。这不应看作是孙中山的自我吹嘘。

“五权宪法”的原型无疑取自欧美的“三权分立”学说和“三权分立”

---

① 《孙中山全集》第 9 卷，第 317 页。
② 同上书，第 7 卷，第 60 页。
③ 同上书，第 1 卷，第 560 页。
④ 同上书，第 1 卷，第 331 页。

政体。当时的中国改革者,大多以西方“三权分立”为效法的模范,康有为称“三权立,然后政体备”[①]。严复论中西法律原则之别在于西法遵“三权分立”而中法则“三权”皆操于皇帝一人之手。世风所致,皆以为仿行“三权分立”才是中国政治的唯一出路。孙中山与之不同,他既看到了“三权分立”与君主专制的质的区别,肯定取法欧美“三权分立”的必要性;又通过实际考察,看到了它的种种弊端,指出不能将它照搬到中国来。他说:

> “兄弟历观各国的宪法,有文宪法是美国最好,无文宪法是英国最好。英是不能学的,美是不必学的。”[②]

他分析西方“三权宪法”的“流弊”主要有:一是代议制下人民没有“直接民权”,只有“间接民权”,实际上只得到一个选举权;二是官员的产生,或是按“阶级选举”,而不是普遍选举,或是经由总统委任,随总统进退,“难免于埋没人才和任用私人”[③];三是立法机关兼掌监察权,常常造成“议院专制”,“多数政府都是弄到无能”[④]。他的结论是:“三权宪法”制度“不能做我们的标准,不足为我们的导师”[⑤]。他注意到,在人民群众的争取下,瑞士增加了公民的创制权和复决权,美国国会增加了对官员的罢免权。他又研究了中国古老的科举考试制度和监察制度,认为“中国的考试制度是世界最好的制度”[⑥],它“可以除却盲从滥送及任用私

---

① 康有为:《应诏统筹全局折》,载中国近代史资料丛刊:《戊戌变法》第二册,神州国光出版社 1953 年版,第 199 页。

② 《孙中山全集》第 1 卷,第 329 页。

③ 同上书,第 1 卷,第 330 页。

④ 同上书,第 9 卷,第 321、331 页。

⑤ 同上书,第 9 卷,第 317 页。

⑥ 《孙中山选集·五权宪法》。

人的流弊”[①]。又说：“像满清的御史，唐朝的谏议大夫，都是很好的监察制度。”[②]孙中山融会古今中外法律学说和政体经验，从“三权分立”的行政权中分割出考试权，从议会的立法权中独立出监察权，创立了自己的“五权宪法”。

孙中山关于考试权和监察权的创设，确曾受到了中国古代制度的启迪，但他决不是毫无批判地搬用古制。他指出：

“在君主专制国中，黜陟人才悉凭君主一人的喜怒，所以虽讲资格，也是虚文。至于社会共和的政体，这资格的法子正是合用。因为那官吏不是君主的私人而是国民的公仆，必须十分称职，方可任用。”[③]

至少在理论上，他划清了共和政体中的考试权与君主专制下的科举制的界限。

当时的留学生把“五权宪法”说成是标新立异。孙中山谆谆告诫他们说，宪法应适应中国“民情国史”：

“宪法者，为中国民族历史风俗习惯所必需之法。三权为欧美所需要，故三权风行欧美；五权为中国所需要，故独存于中国。诸君先当知为中国人，中国人不能为欧美人，犹欧美人不能为中国人，宪法亦犹是也。适于民情国史，适于数千年之国与民，即一国千古不变之宪法。吾不过增益中国数千年来所能，欧美所不能者，

---

① 胡汉民编：《总理全集》第2卷，上海民智书局1930年版，第9页。

② 同上书，第1卷，第197页。

③ 《孙中山全集》第1卷，第330—331页。

为吾国所独有之宪法如诸君言欧美所无，中国即不能损益，中国立宪何不将欧美国之宪法抄来一通，曰孟德斯鸠所定，不能增损者也。”①

孙中山主张法的创制应从中国国情出发，反对照搬西方，反对奉西方“三权分立”为金科玉律的思想，在半殖民地的中国显得特别的宝贵。他的“五权宪法”作为一种宪政制度从未得到真正的实施，如今也早已过时。但作为一种学说，其中所表现出来的“融贯”中西文化创造适合“民情国史”的宪法的追求、探索精神和宏伟气魄，却是永远值得钦佩和学习的。

2. 儒家法思想的近代化阐释与改造

如果说，孙中山把“民主”作为欧美文化的精华来“融贯”中国文化，那末他用以去与欧美文化“融贯”的中国“数千年旧有文化”的精华又是什么呢？在孙中山看来，它们就是儒家的王道、仁义、民本主义等等。

(一) 对儒家伦理政治和伦理法的认同

孙中山高度赞美《大学》的“修身、齐家、治国、平天下”的政治纲领，说：

“这样精微开展的理论，无论外国什么政治学家都没有见到，都没有说出，这就是我们政治哲学的知识中所独有的宝贝。”②

① 《孙中山全集》第1卷，第217页。

② 同上书，第9卷，第247页。

据此，他总结中国文化的积极面在"心性方面"。

"持中国近代之文明以比欧美，在物质方面，不逮固甚远，其在心性方面，虽不如彼者亦多，而能与彼颉颃者正不少，即胜彼者，亦间有之。"①

这样，孙中山在政治和法的思想方面就与儒家传统相认同了，走上了"修、齐、治、平"的伦理本体论致思路线：

"有道德始有国家，有道德始成世界。"②

国家的安危，政治的兴衰一本于人心："国家政治者——人群心理之现象也。是以建国之基础当发端于心理"③"只要改造人心，除去人民的旧思想，另外换成一种新思想，这便是国家的基础。"④这些论述与儒家的"以德服民"、"得其心者得其民，得其民者行其国"的伦理政治是相通的。

孙中山试图把儒家"心性"学说运用于近代政治之中。儒家由"心性"的"内圣"开出的"外王"政治是"王道"政治。孙中山十分称道"王道"政治，视为东方文化的特点和优点：

"东方的文化是王道，西方的文化是霸道。讲王道是主张仁义道德，讲霸道是主张功利强权。讲仁义道德是由正义公理来感化

---

① 《孙中山全集》第6卷，第180页。
② 《总理全集·学生要立志做大事不可做大官》。
③ 同上书，《孙文学说》第六章。
④ 《孙中山全集》第8卷，第572页。

人,讲功利强权是用洋枪大炮来压迫人。”①

他进而指出:

“用这种仁义道德的文化是感化人,不是压迫人,是要人怀德,不是要人畏威。”②

---

① 《大亚洲主义》,见《孙中山文集》,团结出版社 1997 年版。孙中山于 1924 年 11 月 28 日下午三时在神户高等女学校发表《大亚洲主义:对神户商业会议所等五团体讲演词》,是他最后一次在异国他乡做的公开演说。整篇演讲共六千多字,后来的流传中有几个版本。最早载于广州民智书局一九二五年三月发行的《孙中山先生由上海过日本之言论》一书。孙中山的“大亚洲主义”,并非这次讲演才提出,也并非只有他一人有这样的主张。所以,早在 1919 年,李大钊就写有《论新亚细亚主义》一文,痛批“大亚细亚主义”:“须知‘大亚细亚主义’是并吞中国主义的隐语。”“须知‘大亚细亚主义’是大日本主义的变名。就是日本人要挡欧美人的驾,不令他们在东方扩张势力。让在亚细亚的民族,都听日本人指挥,日本作亚细亚的盟主。”孙氏的讲演词传到国内后,当时就有不同评价。批评者指责他是媚日,讨好日本军国主义左翼势力。至今也有论者将其与日本侵华宣称的“大东亚共荣圈”、“王道乐土”相提并论。那末,孙中山的“大亚洲主义”讲演与那段时间流行的“大亚细亚主义”,以及日本军国主义宣称的“大东亚共荣圈”是否一回事呢?我们先看一下孙中山讲演词的最后几句是怎么说的:“我们讲大亚洲主义,以王道为基础,是为打不平。美国学者对于一切民众解放的运动,视为文化的反叛,所以我们现在提出来打不平的文化,是反叛霸道的文化,是求一切民众平等解放的文化。你们日本民族既得到了欧美的霸道的文化,又有亚洲王道文化的本质,从今以后对于世界文化的前途,究竟是做西方国家霸道的鹰犬,或是做东方王道的干城,就在你们日本国民去详审慎择。”(《孙中山文集》,第 409 页)显然,这是苦口婆心地劝导。孙中山在讲演中大谈东方王道主义,正是希望日本国民选择“做东方王道的干城”。1925 年 2 月 1 日,孙中山对戴季陶说:“我对日本问题有三个最少限度的主张:一是日本须放弃日本与中国所缔结一切不平等条约;二是须使朝鲜、台湾两民族实现最少限度的自治;三是日本对苏联应该不反对其政策,并不阻止苏联与台湾及朝鲜的接触。”(转引于《交流与对抗:近代中日关系史论》第八章,桑兵著,广西师范大学出版社 2015 年版)这可以说是孙中山临终前对日本问题的最终认识。可见,孙中山的讲演与所谓“大东亚共荣圈”有着本质的区别。不过,作为享有崇高威望的革命领袖和中华民国临时大总统,对“大亚洲主义”这样颇有争议又极易误解的问题,还是不正面涉及为好。本节为论题所限,旨在揭示孙氏服膺儒家王道政治,不介入对其“大亚洲主义”的讨论。

② 《大亚洲主义》,见《孙中山文集》。

所以它最终是强大的，是胜利者——

> “由此可见西方之功利强权的文化，便要服从东方之仁义道德的文化，这便是霸道要服从王道，这便是世界的文化日趋光明。”①

他就以这样的信心去创建符合他的“王道”的三民主义共和国，去创制他的“五权宪法”。这种“内圣外王”的思维方式体现了道德伦理主义是法的本体论和价值论：“王道”是法的最高价值本体和价值目标；仁义是法的最终评价准则；德化是最优良的治国方法。显然，这里处处摇曳着传统的影子。

但孙中山的上述论述中已融入了强烈的时代内容，古老的“王道”与“霸道”的对立在他的手里成了强权与公理的对立、帝国主义殖民侵略与半殖民地半殖地人民反侵略奴役的对立的代名词。可见，孙中山认同传统，却不要退回到传统。他对传统作了近代化的阐释，做了近代化的改造。

（二）“天下为公”、世界大同的价值目标

孙中山服膺《礼运》的“天下为公”思想，赞叹于口，题悬于壁。这是他为之奋斗的理想，他的学说与他的人格的价值目标。这里积淀了儒家天下本位的传统精神。孙中山的新民族主义学说是这一精神的集中体现。

新民族主义对外强调民族独立、民族平等。孙中山认为这是中国文化的传统，这种传统就是“大同”：

> “余之民族主义，特就先民所遗留者，发挥而光大之，且改良其

---

① 《大亚洲主义》，见《孙中山文集》。

缺点……对于世界诸民族,务保持吾民族之独立地位,发扬吾固有之文化,且吸收世界之文化而光大之。以期与诸国并驱于世界,以驯致于大同。"①

大同主义就是王道政治。他抨击帝国主义的殖民侵略是搞"霸道",赞扬列宁的苏维埃无产阶级国际主义是"王道",主张以"王道"的和平方式解决一切纷争:

"俄国现在要和欧洲的白人分家,他为什么要这样做呢?就是因为他主张王道,不主张霸道,他要讲仁义道德,不愿讲功利强权,他极力主持公道,不赞成用少数压迫多数……我们讲大亚洲主义,以王道为基础,是为打抱不平……是反叛霸道的文化,是求一切民众和平解决的方法。"②

大同主义也是孙中山民生主义的追求目标和内在精神。孙中山认为,要挽救中国,光有"政治革命"是不够了,还需要进行"社会革命"。他抨击资产主义,同情和向往社会主义,希望能在中国建立一种既有资本主义近代大工业,又没有资本家剥削、压迫的公道社会。他很自然地把儒家的大同主义和社会主义挂起钩来,把民生主义叫作"社会主义"和"共产主义","故民生主义者,即国家社会主义也"③,"故民生主义就是社会主义,又名共产主义,即是大同主义。"④

这样,孙中山就给儒家的"大同"、"王道"注入了反对帝国主义霸权

① 《孙中山全集》第7卷,第60页。
② 《大亚洲主义》,见《孙中山文集》。
③ 《孙中山选集·民生主义第一讲》。
④ 同上书,《民生主义第二讲》。

政治、谋求世界和平、民族独立自主，人民和平富足的新意义，作了时代性的新阐释。

（三）团体本位的法律本质论

西方的法治主义强调以个人为本位，中国能不能仿效呢？孙中山是断然否定的：

> “中国几千年以来社会上的民情风土习惯，和欧美的大不相同。中国的社会既然和欧美的不同，所以管理社会的政治自然也是和欧美的不同，不能完全仿效欧美……如果不管中国自己的风土人情是怎么样，把外国管理社会的政治照搬进来，那便是大错。”①

表现在法的本质论上，他不赞成个人本位而主张团体本位。他说：

> “究竟大家享幸福，大家得利益，则我一人之幸福之利益，自然包括其中……革命的始意，本来是为人民在政治上争平等自由，殊不知所争的是团体和外界的平等自由，不是自己的平等自由。”②
>
> “因为实行民族主义，就是为国家争自由，这个大团体能做自由，中国国家当然是自由。”③

孙中山的逻辑是：个人的自由、平等权利包括在团体、民族、国家的自由、平等、权利之中；团体、国家有了自由、平等、权利，个人的自由、平等、权利也就有了保障。所以他一再强调，中国所需要的是“国家的自

---

① 《孙中山全集》第9卷，第302页。
② 《总理全集·革命成功，个人不能有自由，团体要有自由》。
③ 《孙中山全集》第9卷，第282页。

由”,而决非个人的自由,“中国人用不着自由”,“在今天,自由……如果用到个人,就成一片散沙。万不可再用到个人上去,要用到国家上去。”[①]与之相应,他也反对单纯地讲权利本位,而认为权利和义务是“相当的”:

> “共和国人民权利义务二者相当的,所以国民能尽义务方能算国民,不尽义务就不能算国民。”[②]
>
> “悉尽义务,同享权利,其余人人则必当尽义务,乃得享权利,不尽义务者,停止一切权利。”[③]

孙中山的这些思想与西方的法哲学和法治理论迥然相异,而与中国民族传统的法观念相承相启。儒家法思想的天下主义、家族伦理主义等原则在法的本质论上都指向权利和义务统合于家庭的团体本位。在君主专制下,儒家的团体本位被恶性发展为以“三纲五常”为核心的绝对主义理论。孙中山反对君主专制制度,反对绝对化的团体本位论,以三民主义去改造儒家的法的本质论,赋予团体本位以争取民族独立自由为先,国家富强为先,人民幸福为先的含义,又以人民权利义务“相当”论代替儒家的家庭本位论,激发国民的社会责任心和公益心。

孙中山的观点不无失当之处,如他以有些外国人辱骂中国人民是“一片散沙”来证明“中国人有很多自由”、“个个有自由和人人有自由”[④],不但看问题的角度是错的,对自由的含义的理解也是不对的。这里的“自由”既不是政治上的自由,也不是法律上的自由,只是自由散

① 《孙中山全集》第 9 卷,第 282 页。
② 《总理全集·修筑马路是便利交通的好方法》。
③ 《孙中山选集·地方自治开始实行法》。
④ 《孙中山全集》第 9 卷,第 282 页。

漫的意思，这怎么能说中国人享有自由太多了呢？然而，孙中山在这整个问题上所表现出来的力图从传统家庭中心的团体本位开创出近代新义的探求精神仍有其值得肯定的价值。

（四）民本思想与民权主义的沟通

孙中山的民权主义主要取于欧美的资产阶级民主制。卢梭的“主权在民”思想、法国革命中提出的“自由、平等、博爱”口号，孟德斯鸠在《论法的精神》中倡导的“三权分立”学说等等都是他采撷、“融贯”的对象，但也不脱离中国文化的根基，汲取了儒家民本思想的营养。在《中国革命史》一文中，他自己对此作了坦率的说明：

> “中国古昔有唐虞之揖让，汤武之革命。其垂为学说者，有所谓天视自我民视，天听自我民听；有所谓闻诛一夫纣，未闻弑君；有所谓民为贵君为轻，此不可谓无民权思想矣。然有其思想而无其制度，故以民国之制，不可不取资于欧美。”[①]

我们试以其作为民权主义重要内容的“五权宪法”学说为例，看看孙中山是如何把儒家民本思想与之相沟通的。

首先，从“权能分开”说来看。孙中山认为人民享有主权，但这个“人民”概念不具“公民”意义，而是指人民的整体。人民在整体上是主权者，但作为一个一个的公民，即个体的自然人却是“一片散沙”，无能力来治国，因而要“权”和“能”相分开。四万万人民有“权”无“能”，只是“阿斗”，是“后知后觉”者，要请有“能”的“先知先觉”的“诸葛亮”们组织起一个“万能政府”来管理国家。[②] 这样，“权”和“能”的关系成了“阿

① 《孙中山全集》第7卷，第59—60页。

② 见《孙中山选集·三民主义·民权主义》。

斗"和"诸葛亮"的关系。成了政府执行"公意",人民服从"公意"的关系,实际上是由"先知先觉"的"诸葛亮"从上面赐予"后知后觉"的"阿斗"们以"公权"。很明显,在承认人民主权的前提下,又隐含着"保民"的民本政治思路。

其次,从"治权"机关的官吏来看。按照孙中山的设想,官吏经过考选,"政府是专门家,就是有能的人"①,因此,"只要他们是有本领,忠心为国家做事,"就"不限制他们的行动,事事由他们自由去做"②。他认为只有这样,政府"才可以发出无限的威力,才是万能政府"③。孙中山特别寄希望于官吏的"忠心",寄希望于"专门家"组成的"万能政府"的"威力",这也未尝不受儒家"贤人政治"、"治人"思想的影响。

再次,从宪政三阶段说来看。孙中山设计了一个"约法之治"的"训政"阶段,作为"军政"向"宪政"的过渡时期,说明他看到了在中国创建民主共和政体的艰苦性,不啻为一种现实和清醒的认识。后来的南京国民政府规定国民党为最高"训政者",搞"一党专政",一口气实行了18年"训政",这是有背孙中山宪政三阶段说的。孙中山规定"训政"时期的主要任务是"文明法理,督率国民,建设地方自治"④,着眼于"先知先觉"的"训政者"训导人民提高民权觉悟,培养民权意识,学会运用民权。这又与儒家的"为民作主"一点相通。

最后,从"五权宪法"的性质来看。孙中山在"三权宪法"基础上扩出二权,这不是简单的数量的增加,而是有了性质的变化。"三权宪法"的要点在立法权、行政权和司法权的分立和制衡。这里的立法权代表民权。诚然,如孙中山所说,它只是间接民权,但与政府的行政权是分

① 见《孙中山全集》第9卷,第331页。
② 同上。
③ 同上书,第9卷,第354页。
④ 《孙中山全集》第3卷,第100页。

立并相制约的。所以,“三权分立”政体是人民权(通过代议制)与政府权的分立与制衡。然而,“五权宪法”中,立法权、监察权、司法权都变成了政府权(“治权”)的一部分,所以它的分立只是政府权内部的分立。特别是立法、监察二权与民意机关国民大会实际上成脱离状态,而成为政府的一项工作,使民权失去了足以制约政府权的有力手段。再加上孙中山所设想的国民大会缺乏健全的常设机构,又规定了人民行使四权的严格的程序和过高的条件。如,人民若使用创制权和复决权时,“至少需有有全国人民十分之一之发起,过半数之赞成。假使无理取闹,断不能得此。”[①]这样,“权”与“能”便失去了平衡机制,“权”不能制衡“能”。结果,四大民权适成架空,而“治权”发生膨胀,真正成了“万能政府”,最后,就会有演变为由“总揽全国政权”[②]的总统集权的可能。事实上,南京国民政府也发生了这种演变。

因此,“五权宪法”实际上是一种民主集权的宪政体制。[③] 这种政体从“民主”方面讲是破天荒的,从“民主集权”方面讲,联系到上述的“为民作主”、“贤人政治”等,又隐约显示出了儒家“圣王”观、“公天下”、“大一统”等传统政治构想的脉络。

孙中山学说中所“融贯”的儒家政治与法的思想内容应作何理解?是传统拖住了这位伟大的先行者?还是这位“真实的民主主义者”对传统的理智的新诠和改造?可能两者兼有。

如果我们承认这样一个观点:外国政治与法的学说和制度不管有多么好,我们都无法也不能照搬照抄,而必须作符合自己“民情国史”的改造,那么我们就会无可争辩地肯定孙中山对儒家传统的重视和力图

---

① 《总理全集》第2集,第169页。

② 《孙中山全集》第8卷,第2页。

③ 对这一观点的讨论还可参见王祖志:《孙中山“五权宪法”思想研究》(西南政法学院硕士学位论文集,1988年),笔者担任该文的指导教师。

将它“融贯”到自己学说中去的努力，赞美他的卓见和气魄，而不会过分地苛求他、指责他在这一努力中发生的失误。实际上，孙中山在将儒家的王道、仁义、民本主义等等与西方的“民主”相“融贯”之中，已对他们作了新的阐释，从而成为他的学说——三民主义和五权宪法的一种内在精神。我们研究评价他的学说时，是无法忘掉被他汲取在内的这些传统的。他这样做不是无意识的、被动的，而是主动的和积极的，是一种自觉的理论创造。在推进中西文化的融汇创新，力图解决儒家传统的现代化改造方面，孙中山作出的探索和贡献远远超过了他的同时代人。他的“五权宪法”堪称为一个具有中国特色的革命民主主义法思想体系，为我们建起了一座时代的丰碑。

尾章 “人能弘道，非道弘人”
——儒家法思想、中华法系与当代社会

歌德说过，“优秀的作品无论你怎样去探测它，都是探不到底的”。优秀的思想体系大概也是这样。儒家思想在被尊崇的情况下“研究”了2000多年。“五四”以后，它又作为一个在历史上以“显学”出现的思想体系被继续研究，至今虽已过去了近百年，但新发现、新观点层出不穷。作为一个伟大民族的固有文化系统，这种研究可能还得持续几百年、几千年，只要这个民族、这个文化延绵不断。一切历史都是当代史。每一代当代人都将以当代的思维方法、当代的价值观、当代的智慧、当代的研究手段，对历史，包括思想的历史、法的历史作出当代的诠释。

在开始探讨儒家法思想时，弄清它在当代社会的命运和前景，在现代化中的作用与位置等等，曾是作为儒家法思想研究的一大任务来设定的，是笔者在这一研究中的一个奢望。然而，这毕竟是一个困难很大的论题，涉及的方面太多。真真感到自己力所不及，绠短难汲深井之泉。眼下，只有按原定的结构，将散见于前面各篇章的一些与这一论题有关的内容加以总括，集中起来编为较有系统的专节，谈些粗浅的认识。这是一个没有结束的结束语。

一、反传统主义价值取向的反思
——儒家法思想的“死”与“活”

在中国宏伟壮丽而又步履维艰的近代化和现代化运动中，反传统主义的文化价值指向一直居高不下。[①] 儒家文化适成其矢的。在这个地球上现存的为数不多的古老文化系统中，唯有儒家文化遭到了全民族动员的、反复多次的大规模批判。我们所做的这一切都是为了实现自己苦苦追求的由传统向现代的经济转型、政治转型、法律转型、文化转型。在那种“儒家思想是现代化的阻力”的判断下，依照“不破不立”的思想文化建设方针，只有“大破”才能“大立”。这些，曾是我们实现这种转型的主要的文化价值观和思维方式。然而，历史回报我们的除了表面的“收获”和非理性的喜悦，还同时送来了难以言语的苦果和久久的文化忧患。

法制和法学是最早移植西制、西法、西学的领域。从清末修律一路走来，历经百年。从法制这一层面上看，无论是立法体例、法规体系、法条内容、立法制度、立法原则，抑或是司法程序、司法体制、诉讼、审判原则等等，无不是从国外引进的。人们视此为自然，甚至视为必然。一个

① 学术界对近代以来是否存在反传统主义尚有一些歧义。有的学者认为，反儒家文化不能一概说成反传统主义，因为中国文化传统中还有佛、道文化。然而，佛、道文化与儒家文化相较，在中国历史上和中华民族生命中不得不退居次要地位。况且，中国佛教乃是儒学化了的佛教。也有的学者提出，即使在五四新文化运动中竭力主张打倒“孔家店”的时候，那些新文化运动的旗手们对中国传统，乃至对儒家文化仍持比较冷静的分析的态度，并不是一概打倒了事。这也是事实。问题是，当一种思潮滚滚而来的时候，那些具有高瞻远瞩睿知卓见的思想家们的冷静和分析态度，他们那些谆谆的告诫，往往改变不了思潮的方向。在反传统主义成为一股思潮居高不下时，非但淹没了冷静和分析的声音，甚至连国粹主义、文化复古主义的声嘶力竭的叫喊也少有理睬，反而火上加油，更加激荡反传统主义的思潮。关于对反传统主义提法的有关讨论可参见王元化《传统与反传统》(上海文艺出版社 1990 年)、林毓生《中国传统的创造性转化》(三联书店 1988 年)，冯天瑜等:《中华文化史》，上海人民出版社 1990 年。

世纪过去，中国的继受法制形成四大法域：香港的英式海洋法系；澳门的葡萄牙式大陆法系；台湾的民国式大陆法系；大陆的社会主义特色大陆法系。它们的一个共同点：无不朝着非儒家化、非传统化的方向奔进。在这里，孔子死了，儒家死了。

然而，从文化的深层次上考察，则很有重新讨论的必要。儒家文化在法制领域中的主导地位虽已丧失，但在法意识、法心理、法行为、法价值等深层次上仍然活着。这一点，在近年来的文化与法文化讨论中，已引起了人们的重视。不过，多数的和占主导地位的意见是将其视为现代化法制建设的负面力量。可以毫不夸张地说，儒家法思想在我们的批判传统运动中居于首当其冲的地位。但它为什么还活着？是我们批判的动员程度不够广泛深入，批判火力不够猛烈？还是我们对其的价值判断有了偏差？

的确，一个文化系统为要更新和发展，必须打破其静态式的稳定，但这种打破本身并不等于更新和发展。文化的现代化和世界化是当今一切古老文化系统更新和发展的方向，但文化的现代化和世界化并不意味着其传统的中断与终止，或以这种中断与终止为必须的代价。一个具有悠久历史的博大深厚的文化系统，自有一套独特的文化遗传密码，对它的价值和功能的认识，也许我们过去还十分不足，偏于“左”的愤青式或愤老式幼稚和激烈。如果把一个民族的文化看成是活生生的生命系统，那么，它是否也有着类似于生物个体在遗传与变异的矛盾运动中存在和发展的情形？也就是说，在文化的现代化中有着传统的遗传，在文化的世界化中不失民族的传统基因。在世界文化多元发展的价值取向中，这已经是文化更新的历史和理论的固有逻辑。

由此观照儒家法文化，不难知道，若从其时代性的特点上言，固有过时了的非恒常性的内容；但从其民族性的特点上说，却又有着凝聚了中华民族法文化特质的恒常性的价值，作为一个民族的文化遗传又是无法抛弃，也不应当随意抛弃的。后者还应当是我国社会主义法制和法文化建设中所体现的中国特色的一种历史文化因素。一个无法回避的事实是，不管你对儒家和儒家法文化持何种态度，在理论研究和实际的法制建设中，都无法跳过它。

二、认真对待中华法系传统
——从《万家诉讼》说起

儒家法文化、法观念的传统“活”在哪里？在民间，在老百姓深层的法意识之中。这里转述一部中篇小说中的故事。小说是现实的一面镜子。

这部小说叫《万家诉讼》。[①] 故事的梗概是这样的——

安徽某市某县地处偏僻的西北乡王桥村村长王长柱殴打了村民万善庆。起因是：上头要求集中种油菜，这是一项农业新技术。村长没有把话讲细，就选定村前一大片地一律种油菜。万家的一块夹在中间的地头年种过油菜，依理得换茬，就种了麦。麦叶长到两分宽了，上头来验收集中种油菜的情况，扣了分。村长火了，叫午时三刻毁了麦子补栽油菜。万善庆不忍心毁青苗，三言两语来去，村长动了手，踹了万善庆胸口一脚，又踢他的下身。事后，万的妻子何碧秋向村长讨个“说法”，村长的态度很“张狂”。何告到乡里。李公安员下村来调解，说好医药费由村里报销，另给30元调养费和误工补贴，由村里和村长各拿一半。何本想等村长给了钱

① 《万家诉讼》是作家陈原斌创作的中篇小说，首刊于《中国作家》1991年第3期，《新华文摘》1991年9月号全文转载。1992年8月31日，根据《万家诉讼》改编、由张艺谋执导、巩俐主演的电影《秋菊打官司》上映，使这一故事几乎家喻户晓。

后再还回去,她不是要钱,可村长把钱撒在地上,"污糟"何碧秋。何感到,这个理不扳平今后没法活。于是告到县公安局。县公安局的处罚裁定跟李公安员调解时定的不相上下。何于是卖掉两头架子猪作花费,进城向市公安局申请复议。由于乡里的工作不慎,市公安局的"复议决定书"转到了村长手中。村长不先说"复议决定书",却在家中摆了四桌酒,当众人的面再次"污糟"何。"复议决定书"仍维持县里裁决。何碧秋三次进城找市公安局,严局长对她说:"你不服,可以向法院起诉"。何向法院递了诉状。这是县法院在实施行政诉讼法后受理的第一桩民告官的案子。县法院开庭审理后,判决市公安局的裁决"正确无误"。何碧秋又上诉到中院。中院派了两位审判员下村调查,知道何碧秋"不是个蛮缠的角儿,头脑又没毛病"。那么何为什么一告再告呢?他们查看了万善庆的伤,叫他上县医院拍个透视片子。拍片的结果是踢断了一根肋骨,诊断为"轻伤害"。过几天,来了辆警车,把村长王长柱拷去了。何碧秋惊疑道:"我上告他,不过想扳平个理,并没有要送他去坐牢呀?"她要的"说法"仍没有得到。

小说反映了农村工作中的"形式主义"、瞎指挥、村干部的蛮横无理。这些与本文主题关系不大,且按下不论。这里只讨论与"诉讼"有关的问题。

何碧秋"并不是要钱,只要他有个说法。"所谓"说法",就是要村长认个错,不该往"要命"的地方(下身)踢他男人。可村长一方呢?却也正是要的"面子",因而绝不能给她一个"说法"。这就需要公权力的介入,"万家诉讼"由此拉开帷幕。

乡里李公安员调解后开导何碧秋说,这钱是村里和村长私人拿,"就证明事情的你对他错,岂不正是个说法吗?"何觉得在理,答应了下来。她原想等村长先给票子再还回去，了却了这桩“气”官司。谁知村长把票子撒在地上，又逼她去捡，并宣称这钱也不是公私各半，“都是村上的”。村长滥用权力维护自己的“面子”。这场官司正是典型的中国传统：不是为赔偿费，而是为讨个公道，为人格尊严，为个“说法”。

何碧秋的一告再告，根本都在“说法”上。可惜各级政法机关的执法人员都没有看破这一点，一味在赔偿费数额的上头看问题。至于李公安员的调解，更是曲意维护村长的“面子”。故事的结局是出人所料的。“轻微伤害”改成了“轻伤害”，够上了提起公诉的格，王长柱被拷走了。她期待的“说法”仍没有得到。但是，如果村长那一脚并未踢断万善庆的一根肋骨，万的伤势仍是“轻微伤害”，万家还能扳平这个理吗？何碧秋一告再告实际上都是以“轻微伤害”的事实为依据的，她并未把扳平这个理的希望寄托在重新认定伤害程度上。小说写到中院的审判员提出“是不是另有缘故”后，突然离开原来的思路，峰回路转过去，冒出个“轻伤害”来，案子似乎解决了，然而仔细一想，“是不是另有缘故”的问题并没解决。何碧秋的“另有缘故”很明白，是要个“说法”。故事结局的“另有缘故”却是伤害事实的认定比过去加重了。这个“缘故”的内涵被置换了，所以何碧秋对村长的拷走感到“惊疑”。显然，她想走出这个门，却走进了另一道门。再试想，村长关上一年半载出来后，他跟万家结下的“梁子”是解了还是越结越深了？“万家诉讼”能案结事了吗？我们期望的“和谐司法”、“和谐社会”能凭这样的“依法判决”实现吗？

何碧秋所“诉讼”的事件，中国古代法律用语称之谓“细故”。[①] 中国老百姓提起“细故”之诉的诉求，几乎无一例外地为的是讨一个“说法”。中国传统道德“重义轻利”。在“细故”之诉中，“义”大致相当于是非，“利”就是经济利益和责任。当事人“要一个说法”的潜台词，是指在

① “细故”，又称“细事”，举凡婚姻、继承、承嗣、家产、钱粮、债贷、田土、坟地等纠纷，以及一般的偷盗、斗殴、轻伤害之类案情，大多归入其中。

经济利益方面可以让步，还包含了可以不计较对方的刑事责任的意思。当然，这种让步必须在是非清楚的前提下。化解"细故"纠纷，在传统礼法社会自有一整套行之有效的制度、体制和机制。常常受到一些法学家们诟病的中国古代"行政与司法不分"[①]，其实也是这种有效的制度、体制和机制之一。日本当代学者滋贺秀三将明清州县官听讼定性为"教谕式调停"或"行政式的审判"。[②] 学者对现已发现的巴县档案、淡新档案、黄岩档案、南部档案的研究，反复证实了这种制度、体制和机制的有效存在。

《万家诉讼》所昭示的，正是这样一种传承了几千年的"细故"之诉的法文化遗存。可是，我们的行政机关和司法机关的工作人员直到最后也没有弄懂何碧秋一诉再诉究竟要的是什么。如果按照何碧秋期望的"有个说法"的诉讼价值观去评价县、市公安局和县、市法院的裁定、复议、一审、再审等行政执法和司法活动，实在都是驴头不对马嘴，简直是在瞎忙，白费功夫，无非是辛辛苦苦地走了行政执法和司法审判的程序，说得不好听一点，就是"秀程序"。其中，行政复议人更是简单粗糙，走完了程序，当事人还不服，就往法院一推："可以向法院起诉"。如此，法院案件岂能不"暴涨"?! 上访岂能不"猛增"?!

这说明，包括法科在内的我们的大学培养出来，又通过各级各类党校、行政学院、法官和检察官培训机构训练出来的公务人员和法官，已搞不明白何碧秋这样的中国公民内在的法文化价值观和法文化心理需

---

① 古代的"行政与司法不分"，严格地说，也就是在县这一级。因此，在"细故"案件的调解息讼方面，知县既可以发挥"父母官"的权威进行"教谕"和"训导"，又握有司法的既判力、责罚权，从而形成"教谕式调停"和"行政式的审判"。至于对于调解失败的"细故"案件和"重情"案件，必须开堂审理，进入司法审判程序，这时候知县的角色，相当于民国时期的"县知事兼理司法"。古代史上的大多数朝代，州以上，行政和司法是有所分工的。这种分工当然不同于"司法独立"，但也不能以"行政与司法不分"一言以蔽之。

② 〔日〕滋贺秀三：《清代诉讼制度之民事制度法源的概括性考察》，载《明清时期的民事审判与民间契约》，法律出版社 1998 年版，第 21 页。

求，已不知道他们要的“说法”是什么。这是一种可怕的文化遗忘！

诚然，在意识形态、社会结构、法律体系，以及行政和司法的制度、体制与机制等方面，今天与传统社会已经相去甚远。但无能什么现代化的制度、体制与机制，总应当接地气，而不是不问不顾在这块大地上生活的百姓们的需求，不能处处与这个民族的文化传统相扞格。正是从这一意义上，孔子的“无讼”思想，以及明清时代州县的“细故”纠纷解决体制和机制仍有可资借鉴之处。我们应当认真对待传统，认真对待中华法系的法文化传统。

三、儒家仁学正义论及其法律正义价值
——从家产制、容隐、实体正义说开去

罗尔斯在《正义论》第 11 节中提出正义的两个原则：第一，每一个人都有平等的权利去拥有可以与别人的类似自由权并存的最广泛的基本自由权。第二，对社会和经济不平等的安排应能使这种不平等不但(1)可以合理地指望符合每一个人的利益；而且(2)与向所有人开放的地位和职务联系在一起。[①] 他的第一个原则体现西方正义论传统的人人平等和基本自由价值观念；第二个原则包含机会平等与差别原则，即机会和利益的分配应惠及每一个人，而人总是有差别的，因此在分配规则上应该有利于不利者，也就是要向弱势群体倾斜。

儒家所主张的制民恒产、轻徭薄赋、优待鳏寡孤独老弱幼稚者，以及其“有教无类”、“学而优则仕”等主张，与机会平等与差别原则的正义价值观是相向而立的。中国古代法中，科举制度不问身份地位，以考试方式择优选拔人才的机会平等原则；刑事法中体现儒家“恤刑”精神对老幼笃废疾减免刑罚，社会经济方面的“常平仓”制度、赈灾制度等，在

① 〔美〕罗尔斯：《正义论》，何怀宏等译，中国社会科学出版社 1988 年版，第 7—8 页。

一定程度上体现差别原则。儒家的仁学包含正义学说，质言之，是一种仁义正义学说，具有法律正义价值。[①]

儒家仁学正义论与西方正义论的主要差别在对平等自由的理解问题上。罗尔斯的第一个原则，即人的基本自由原则是西方思想的传统精神。基督教的教义认为人是“上帝的孩子”，在上帝面前都是平等的。这里的“人”是宗教意义上的抽象的个体，是“原子”人，没有父母、子女、兄弟姐妹的差别。人生而平等，生而自由，也是个体与个体间的平等，“原子”人的自由。这一原则成为基督教文明国家和地区一切法律的铁则，违反这一条，统统是不正义的。

儒家依据的是人类自然繁衍的血缘存在，重视血缘伦理。“子生三年，然后免于父母之怀。”[②]这是一个血缘繁衍事实。儒家思想家以此为基础构建伦理规则：父慈子孝、兄友弟恭。再推及社会，老人之所老，幼人之所幼，形成社会道德规范。由于人世间每个人既是父/母，同时也是子/女，还是夫/妻。因此，从每个自然人的角度，在其一生中，权利、义务是相对等的，或者说是均等的。

血缘伦理是古代家长制的规则。家长制的基础是家产制。只有家产制才适合以家庭为基础的自然状态下的农耕经济。在家产制下，家长通常由家父担当，对内负责领导和指挥生产经营，对外代表家庭，即代表其家产单位与政府、与社会打交道。家长在家庭中的权力和权利并不像过去有些教科书写的那样绝对，他更多的是责任，或者说，是与

---

① 以为中国古代法、儒家之法缺乏“权利”、“正义”价值观，曾经是一种比较流行的认识。例如，有一篇影响较大的文章这样写道：“从时间顺序上看，我们今天称之为古代法的，在三代是刑，在春秋战国是法，秦汉以后则主要是律。从三者之间的关系来看，它们之间没有如JUS和LEX分层，更不含有权利、正义的意蕴。不过，三者并非平列而无偏重。应该说，三者的核心乃是刑。……依传统观念，法不过是镇压的工具，是无数统治手段中的一种，可以由治人者随意运用、组合。”梁治平：《“法”辩》，载《中国社会科学》，1986年第4期。

② 《论语·阳货》。

其责任和义务相对等的。家长只是把家产从父辈手中接过来再传承下去的血缘链条中的一个环节，一个中间传人，除了负有养家糊口、纳税完赋，保值和增值家产的经济责任，还肩负传宗接代，使祖宗香火永续，人丁兴旺，家风久远的社会责任。也就是通常所说的“发家致富”、“光宗耀祖”，承担物质和社会的生产与再生产两大任务。如果家产败落，那就是“败家子”，会遭到家族和社会的唾弃。

家产制得到古代法律认可和保障。它的法律概念叫作“户”，家长是“户主”，户主吸收了户成员的权利和人格。在古代中国，是户，而不是自然的“原子”人，才是主要的民事主体，还是政府征收赋税和社会管理的行政相对人。户主代表一户人行使权利，承担义务。户是自治的，经营什么，怎么经营，由户自主。户与户之间在法律上也是平等的。儒家仁学正义论和中华法系的法律正义就是这种家庭结构和家产制的产物，并反过来维护和保障它们。

因此，不能说古代中国和中国古代法没有平等，没有自由，没有权利。确切地说，是不表现为“原子”式的个人平等、个人自由、个人权利。这便是儒家仁学正义论和中华法系法律正义不同于西方正义论的一个特点。我们曾习惯于把它视为是近现代发展中的一个局限、一个阻碍、一个困境，但或许同时也是一种转型的资源。

正义是随着人类文明的进步而进步的。在西方正义论的基本自由、平等和权利原则普世化的时代，儒家仁学正义论需要从传统走向现代。古老的传统正义学说已经式微，或者说，已经在过度的政治和意识形态“革命”中摧毁，失去了支撑法律正义和社会正义的能力，而一个崭新的融汇中西方传统的“中国创造”的正义理论尚未产生。旧的正义堤防毁坏了，新的正义堤防又没有筑起来，结果只能导致非正义的、藐视正义，乃至蔑视正义的洪水泛滥。这是社会转型时期的困惑，长此以往，还可能会成为一种危机。后果很严重。

譬如说，与家产制相适应的传统继承制度在法律上已被从西方引进的继承法替代，诸子平等、男女平权，亲子女与养子女、婚生子女与非婚生子女同等同权。这被认为是符合现代正义的。但如果有一个在新继承法实施前按照传统规则出嫁的女儿，娘家已经陪嫁了与当时家产相匹配的嫁妆，出嫁后又没能为娘家资产的增值做出贡献，其娘家父母在改革开放后创业成功，有一些资产，死后诸子继承了遗产，已出嫁的女儿向法院提起诉讼，要求保障自己的继承权。这个出嫁女儿的要求确有现行法律依据，因而也符合现时法律正义。然而，其兄弟，还有亲朋好友会作何评价？谁更正义？现在，此类继承官司比较多。一场官司下来，财产是依法分割了，亲情也就分离了。

再举一个亲属权的法律问题。我们从一个众所周知的“佘祥林案件”[①]说起。佘案背后有个案中案，发生在佘祥林母亲杨五香身上[②]。她为给自己的儿子洗冤而反复上访和申诉，被有关部门认定为“包庇犯

---

① 佘祥林，男，1966 年 3 月 7 日生，湖北省京山县雁门口镇何场村九组人，捕前系京山县公安局原马店派出所治安巡逻员。1994 年 1 月 2 日，佘妻张在玉因患精神病走失失踪，张的家人怀疑张在玉被丈夫杀害。同年 4 月 28 日，佘祥林因涉嫌杀人被批捕，后被原荆州地区中级人民法院一审被判处死刑，剥夺政治权利终身。湖北省高级人民法院二审认为事实不清、证据不足发回重审。后因行政区划变更，佘祥林一案移送京山县公安局，经京山县人民法院和荆门市中级人民法院审理。1998 年 9 月 22 日，佘祥林被判处 15 年有期徒刑。在佘祥林服刑 11 年后，即 2005 年 3 月 28 日，佘妻张在玉突然从山东回到京山。4 月 13 日，京山县人民法院经重新开庭审理，宣判佘祥林无罪。

② 自佘祥林出事后，佘母杨五香走遍了周围的村落寻找出走的儿媳。因为佘祥林跟她说过“我确实没有杀她”，这个倔强而爱子的农村妇女就开始了为儿子辩污的艰辛之路。她穷困潦倒，身无分文被人接济着四处寻找，1995 年元旦前后，杨五香寻访到了离雁门口几十公里远的天门市石河镇姚岭村，发现儿媳的线索。姚岭村副书记倪乐平给她出一个见过张在玉的证明。这份证明后来被媒体称为“良心证明”，如果没有它，也许佘祥林早已作了枪下冤魂。然而，这份证明送到有关部门后，并没有得到令佘家惊喜的结果，对方的回答是“这一套我们见得多了”。反而是杨五香因为反复上访和申诉被抓了起来，抓起来的原因是“包庇犯罪”、“妨碍司法公正”。九个月后，看守所通知佘家带上 3000 元钱去领人，看守人员把杨五香背了出来。“她变得又聋又瞎，不会走路。”佘祥林的父亲佘树生说。在病痛中捱了三个月后，佘母杨五香去世，死时才 54 岁。参见毛立新：拿什么纪念佘祥林的母亲 2006－04－02，http://www.dffy.com。

罪”、“妨碍司法公正”，关进看守所长达九个月，身心备受折磨，回家后三个月，这位倔强而爱子心切的母亲在郁郁中去世，年仅 54 岁。佘母的悲剧极具典型意义。假如佘案发生在古代中华法系的法制环境中，她不可能被关押，因为有“亲属相容隐”的法律明文，对自己的亲生儿子，她理当“包庇”，应当“包庇”，为儿子辩诬，人情所然，天理所使，至大至爱，何罪之有？！

佘母的悲剧在于，在现行法律否定了“亲亲相隐”的家庭本位亲情伦理立法以后，尚未在立法体系上将基于人性的亲属权利立法原则贯彻到底。我们的法律既摒弃了伦理亲情正义，又未确认以人为本的基于人权正义，在传统与现代之间发生了断裂，因而难免出现违背人之为人基本人性的有悖情理之法和有悖情理之执法与司法。

美国大法官霍尔姆斯（Oliver Wendell Holmes，Jr. 任期 1902—1932 年）留给人们的名言之一是：“罪犯逃脱法网与官府的非法行为相比，罪孽要小得多。”我们套用他的话语逻辑：维护亲属特权可能会致罪犯逃脱法网，但这与以法律的名义撕裂人性、践踏亲权相比，罪孽要小得多。

儒家仁学正义论被诟病的另一重要原因是，认为以它为灵魂的中华法系只关注实体正义、事实正义，而忽视程序正义。如今，我们已经引入“程序公正”原则，让诉讼参与人享有“看得见的公正”。问题是，我们是否要像英美法系那样，只要程序是正义的，就应当认为是公平正义的？

且以辛普森案[①]为例。辛普森被宣判无罪而释放时，“美国公众接

---

① 辛普森案：1994 年 6 月 12 日深夜，美国著名橄榄球运动员辛普森的前妻妮科尔与其男友罗纳德·戈尔德曼被发现死于洛杉矶南邦大街 875 号。从作案动机、作案时间和证据表明辛普森具有重大嫌疑，辛普森遂因涉嫌谋杀前妻及其男友而被检方起诉。辛普森聘请了被人称为“梦幻队”的辩护律师团。经过一年多的被媒体称为“世纪”审判，在控方所谓“铁证如山”的情况下，只因为警方取证时程序上的一些瑕疵等问题，涉嫌杀死前妻的辛普森最终被无罪释放。多年以后，有研究者指出，杀害辛普森前妻及其男友的可能真的另有其人。本文引用辛案当时的民情资料，旨在说明美国民众的“程序公正”信仰。

受调查，对是否认为辛普森有罪，回答是 yes；对是否认为辛普森受到了公正的审判，回答也是 yes”。[①] 显然，在这两个“yes”的回答里，前一个“yes”表明，美国民众认为辛普森在实质上是有罪的。后一个“yes”表明，美国民众对审判过程和结果是认可的，认为其程序是公正的。在美国民众眼里，一个案件只要法院按照正当程序进行审判，不管结果如何都是公正的，可接受的。这是一种典型的程序优先的司法文化。正如罗尔斯所说：

> “在纯粹程序正义中，不存在对当下结果的独立标准，而是存在一种正确或公平的程序，这种程序若被人们恰当的遵守，其结果也会是正确的或公平的，无论它们可能会是一些什么样的结果”。[②]

但是，中国人会接受这样的程序正义观念吗？

我们拿轰动一时的许霆案[③]来作一分析。对于广州中院一审判决许霆无期徒刑所具有的程序上的正当性，当时的法律界和社会舆论并没有提出质疑，“没有人指出有可能影响这一判决的程序错误或非法行为”[④]。一审判决也符合实体法关于盗窃金融机构罪的构成要件，这在

---

① 杨新亮：《再论程序正义和实质正义——由刘涌案和辛普森案引发的思考》，《中南民族大学学报》2005 年第 5 期。

② 〔美〕罗尔斯著：《正义论》，何怀宏等译，中国社会科学出版社 1988 年版，第 86 页。

③ 许霆案：2006 年 4 月 21 日晚至 22 日凌晨，许霆利用自动取款机的故障，超额刷卡取走了 17.5 万元。2007 年 11 月 20 日，广州市中院认定许霆盗窃金融机构罪成立，判处许霆无期徒刑，剥夺政治权利终身，并处没收个人全部财产。许霆一案在互联网上得以广泛传播，其定性和判决引发了社会各界包括众多法学界人士的激烈争论。后广东省高院以“事实不清证据不足”为由裁定发回重审。2008 年 3 月 31 日，广州市中院重审判决，以盗窃罪判处许霆有期徒刑 5 年，并处罚金、追缴违法所得。广东省高级人民法院终审维持了一审判决。

④ 苏力：《法条主义、民意与难办案件》，《中外法学》2009 年第 1 期。

重审判决书和二审裁定书中也是以该罪定罪就是明证。但法律界人士却对判决结果提出了高度一致的批评[①]，认为量刑太重。广大民众凭着自己对公平正义的理解，众口一词，也认为“判重了”。有趣的是，一向强调程序正义的律师界人士也同样从有违实体公正的角度提出质疑，并表示对一审判决“不能接受”。这就很能说明中国人重视实体正义的心理期待和价值判断，说明这种重视实体正义的传统正义观依然顽强地活在这个民族的心中。正是许霆案，唤醒了中国人对自己民族数千年传统司法文化和法律正义的记忆。这也许就是许霆案的标本意义。

在中国人看来，当程序正义与实体正义发生矛盾冲突的时候，服从实体正义是天经地义的。在这一点上，从普通百姓到受过专门法律训练的法律人，没有什么不同。原因无他，由于中国的法律人和普通民众生活在共同的中华法系的法律文化环境里，受着共同的法律文化和法律正义观念的熏陶，即便是拥有丰富的法律知识，也不能改变这种文化基因。

许霆案提供我们值得分享的经验是：移植西方正义价值和包括“程序正义优先”在内的一切正义规则时，不能偷懒，不能复制，不能原封不动地照搬，必须经过选择、反复地试错和证成，必须经过长期的消化吸收和艰难的创新融合。

在当代法治语境下，中国传统的儒家仁学正义论和中华法系的法律正义文化仍有值得肯定的正面价值。在接受西方以人的基本自由为首要原则的正义文化中，而其蕴涵的正面价值是实现这种转型的资源：传统的中华法系法律正义在现代转型中，既要特别注重程序正义建设，

① 这类批评很多，可参见陈瑞华：《许霆案的法治标本意义》，《南方周末》2008 年 1 月 17 日。

也要重视实体正义方面与传统资源的衔接，建构起实体正义与程序正义相互匹配的法律正义原则与规则体系。

四、重新认识中华法系——走出“律令体制”①

长期以来，中国古代法、中华法系属于“律令体制”的说法几乎占据并控制中国法律史教学和研究领域，很有必须加以重新思考并予以廓清。

“律令体制”，又有“律令制”、“律令法”、“律令法系”、“律令法体系”等说法，最早见于日本著名法律史学家中田薰先生 1933 年为仁井田陞《唐令拾遗》作的序文中。20 世纪 50 年代初，中田氏连发三文阐论中国律令体系及其沿革②。他认为：“所谓律令法系，是指由律和令两种法典形式组成之国家统治的基本法的支那独特的法律体系。”③

继起的滋贺秀三在《关于曹魏〈新律〉十八篇篇目》(1955)一文中明确指出，“律令法体系”始于魏晋。④ 另一位日本学者西嶋定生提出“东亚世界”的“历史文化圈”概念，认为其构成“要素”主要有四项：汉字文化、儒教、律令制、佛教。其中，“律令制，是以皇帝为至高无上的支配体

① 本节综合笔者《何谓礼法?》和秦涛博士的《律令体制还是礼法体制?》两篇论文的基础上改写而成。此两文载《孔学堂》杂志 2016 年第 4 期。特向秦涛博士的许可致以谢忱！

② 三篇文章分别是：《古法杂观》，《法制史研究》1951 年创刊号；《关于中国律令法系的发展》，《比较法研究》1951 年第 1 卷第 4 号；《〈关于中国律令法系的发展〉补考》，《法制史研究》1953 年第 3 号。三文后均收入氏著《法制史论集》第 4 卷(补遗)，岩波书店 1964 年。参见徐世虹：《秦汉法律研究百年(二)》，载中国政法大学法律古籍整理研究所编《中国古代法律文献研究》第六辑，社会科学文献出版社 2012 年，第 82 页。

③ 〔日〕中田薰著：《论支那律令法系的发达》，何勤华译，载何勤华编：《律学考》，商务印书馆 2004 年版，第 76 页。此文即前注所述《关于中国律令法系的发展》之节译。

④ 该文原刊《国家学会杂志》第 69 卷 7、8 号，1955 年。中译文载杨一凡总主编：《中国法制史考证》丙编第二卷，中国社会科学出版社 2003 年版。

制，通过完备的法制加以实施，是在中国出现的政治体制。此一体制，亦被朝鲜、日本、越南等采用”。① 西嶋氏此说，将“律令制”论定为“东亚世界”的法制，亦即中华法系的载体。

此后，大庭脩、堀敏一、冨谷至等日本学者进一步研究“律令体制”。② 如今，“律令体制”说已成为日本学界研究中国法制史乃至中国史的基础性概念与前提。

“律令体制”说深度影响着国内的中国法律史研究，翻检我们的各种中国法律史教材，大体上是按“律令体制”的模式编写的。

其实，“律令体制”不能正确表达中华法系。

中国古代法在夏、商、周“三代”创礼与刑的体系结构，经秦汉以降帝制社会的改造发展，除形成完备的“律令体制”外，至少还包括以下一些法律和规则。

一是“天道”“天理”、“大经大法”、“先王之法”、“祖宗之法”。“天道”“天理”是一种宗教、伦理和政治法律混沌一体的信仰，但与我们所熟悉的世界性三大宗教信仰不同，它不是外在和超验的，更多的却是理性的，而且常常成为民心和民意的代称。“大经大法”实为以儒家经典为载体的“经义”。“先王之法”传自尧、舜、禹、汤、周文王、周武王、周公旦等古代圣王。“祖宗之法”指本朝开国皇帝定下的“祖制”、“祖训”、遗命。前引西嶋定生所谓“律令制，是以皇帝为至高无上的支配体制”，其实在中国传统法理中，比皇帝与律令更高的“高级法”、“法上法”、“理想

① 〔日〕西嶋定生在1962年发表的《6—8世纪的东亚》一文即提出了这一观点，此引自氏著《东亚世界的形成》，载刘俊文主编，高明士等译《日本学者研究中国史论著选译》第二卷，中华书局1993年版，第89—90页。

② 如〔日〕堀敏一：《律令制与东亚世界》，汲古书院1994年；〔日〕大庭脩：《秦汉法制史研究》，创文社1982年；〔日〕冨谷至：《通往晋泰始律令之路》，载《东方学报》第72、73册，2000—2001年，中译文载中国政法大学法律史学研究院编：《日本学者中国法论著选译》(上册)，中国政法大学出版社2012年版。

法”却是“天道”“天理”、“大经大法”、“祖宗之法”等等。它们才是良法善治的渊源，也是评价当时政治法制的标准。一朝一代政治统治的合法性，刑律和令甲令乙的正当性，一些重大的疑难案件定谳的合理性，全由它们作为最后的终极标准来评判。它们才是中国古代法的灵魂所在，亦即中华法系的生命活力和定力之所在。

二是大量的乡规民约、家法族规以及习俗等等民间法。它们是规范和调整古代中国社会的真正“活法”。中华民族历史悠久，地广民稠，民族众多，环境复杂，业态繁富，能几千年一以贯之地保持基本的生活样式和秩序，所依持的便是这些底层“活法”。如今法学界称道的“私法”，正潜涵在这样的“活法”之中。这是中华法系之法体系自洽圆融的奥妙之所在。

“律令体制”说的持论者，往往是“法典论”的偏爱者，其视野所及，每囿于国家制定法和成文法形态，前述的中华法系中居于“法上法”、“理想法”和处于“法下法”、民间法的两个层面，也就难以入“律令体制”说的法眼。

质言之，中华法系包含“律令体制”，但不限于“律令体制”，而是一种“礼法体制”。

这里所说的“礼法”，不是“礼”和“法”，或“礼”加“法”，也不是指“纳礼入法”，或“礼法融合”。“礼法”是一个双音节的法学概念，一个法哲学范畴。如本书《荀子的法思想》一章所述，它最早见于《荀子》，如《修身》篇之“故学也者，礼法也。”《王霸》篇的“礼法之大分也”、“礼法之枢要也”等。近代学人吴寿彭在翻译亚里士多德《政治学》的“诺谟”（nomos）一词时解释道：

“在近代已经高度分化的文字中实际上再没有那么广泛的名词可概括‘法律’、‘制度’、‘礼仪’和‘习俗’四项内容；但在中国经典时代‘礼法’这类字样恰也常常是这四者的浑称。”①

正是在这个意义上，只有“礼法”一词才能将中国古代法概而统之，才能比较准确地表达中华法系的特质。

中国古代“礼法”是一个复杂的构成体。从法律形式上说，有成文法和不成文法、法典法和非法典法；从法的层级上说，有居于“法上法”的理想法、正义法，有体例完整的历朝刑事法“正律”，有相当于宪法的“国之大事”之祭礼和军礼等等，有大量的民间礼俗等“活法”。“礼法”是一个博大的系统，内含三个子系统。

首先是礼典子系统。“礼典”是由朝廷编纂、颁布的礼仪大典。在“礼法体系”中，礼典的地位最高。现存儒家经典“三礼”中的《仪礼》堪称礼典之祖。历代王朝无不重视制颁礼典。刘邦建立汉王朝，命叔孙通制定朝仪制度，施行之后，刘邦大悦：“吾乃今日知为天子之贵也！”②帝制时代的第一部礼典是晋惠帝元康元年（公元 291 年）颁行的《新礼》，后世称《晋礼》。唐《开元礼》集礼典之大成，成为礼典的典范。

“礼典”首先要解决的是一代王朝的正统性、合法性的问题。另一个重要功能是确定王朝内部内朝外朝、省部院寺、中央和地方，以及中央王朝和藩邦属国的权力与责任（即前所谓“天下之法”），规范君臣使佐、文武百官、士庶百姓的尊卑秩序。

在古代中国，“礼典”集中体现儒家经典的“经义”，是经国安邦的“大经大法”，是相当于近现代宪法地位的法上之法。

现代法理学认为：一切法律规范都须具备“假定、指示和制裁”三个要素。“礼典”具备“假定”和“指示”两个要素，唯独缺乏一个“制裁”要

---

① 〔古希腊〕亚里士多德著：《政治学》，吴寿彭译，卷三章十六译注一，商务印书馆 1965 年版，第 170 页。

② 《汉书·礼乐志》。

素。其实，对违礼行为的制裁是由刑律去完成的。“维护礼典运作之角色，必须透过法典来扮演”。[①] 礼典、律典同属于礼法系统中的两个相须为用、相辅相成的子系统，应从“礼法”整体上去考量礼典是否具备“三个要素”，而不是将它从“礼法体系”中割裂出来。而这正是“礼法体制”的奥妙。

其二是律典子系统。“律典”，是由朝廷编纂、颁布的刑律大典[②]，具有国家强制力的刚性规范。不过，律典系统必须以礼典系统为依归，不得违反礼典系统的精神原则与具体规范。换言之，中国古代法中的律典系统，是“礼法”统摄下的律令。

第三是习惯法子系统，即以礼义为旨归、礼俗为基础的乡规民约、家法族规等民间“活法”。

家法族规的第一原则就是“合乎礼教”[③]，以礼义为旨归。自宋代以降，名臣大儒如司马光、朱熹、方孝孺、曾国藩等皆热衷于家礼、家法的制订，使得习惯法系统愈加成熟地圆融于礼法体系之内。习惯法位于礼法系统的底层，规范着老百姓日用的方方面面。在古老久远的礼法社会中，它们无处不在、无时不有，还无人不晓，是真正的“天网恢恢，疏而不失”的“无法之法”。

古代礼法社会的维系，仅靠礼典和律典自上至下的规范和强制是远远不够的，在相当程度上得助于习惯法。正是由于这些民间“活法”，使得礼法精神扎根于社会之土壤、渗入百姓之心田，成为一种信仰，成

---

① 张文昌：《制礼以教天下——唐宋礼书与国家社会》，台大出版中心2012年版，第368页。

② 日本学者的“律令法”理论中，“律典”之“典”具有特定含义，即“法典”(Code)之义。这样的律典，是在魏晋时期才形成的。本文所称律典，取典之本义。《说文解字》解释“典”的字形说：“从册在丌上，尊阁之也。”地位较普通图书为高的图书，均可称之为典。律典，即是律典系统中效力位阶最高的刑律。

③ 费成康主编：《中国的家法族规》，上海社会科学出版社1998年8月版，第26—27页。

为一种行为习惯，成为一种生活的常理、常情、常识。“无法之法”，是为有法，亦为上法，体现了礼法社会中人们关于私法关系的聪明才智。

礼典、律典、习惯法三个子系统互相之间关系紧密。从立法精神来看，律典子系统、习惯法子系统均须取于礼义、礼制，如有不合，则不具备合法性。从积极规范来看，礼典子系统、习惯法子系统构成了上和下两道防线，为天子以至于庶人提供了行为规范。从消极制裁来看，礼典子系统一般不具有自身的罚则，而须以律典子系统为保障；习惯法子系统虽然有一些惩戒措施，但须符合礼法原则，并得到国家的认可，且只能作为律典子系统之补充。三者各司其职、相辅相成，共同构成了多层次、多面相、多功能的礼法体系。

五、儒道治国：“礼法体制”下的“礼法之治”——从“成文法”、“人治说”到科举制及其他

对于中国法律史学来说，走出“律令体制”说，很不易，但必须。“律令体制”的思维路径，与法律实证主义、成文法主义、法典主义、法条主义脱不了干系，难以理解中国古代法和中华法系多姿多彩的法律与规则结构。被“律令体制”一叶障目的结果，难免自陷于“诸法合一”、“民刑不分”、“以刑为主”、“民法不发达”、“民事违法也适用刑罚”、“严刑重罚”、“缺乏法律正义”、“崇尚法律工具主义”、“卡迪司法”之类的评价泥潭，乃至自损、自贬、自弃、自毁几千年法律传统。而一些曾经在“律令体制”说中备受误解、误读、误判的问题，放到“礼法体制”下观照，方可一窥究竟，识其奥义，令人有豁然开朗之感。

“律令体制”说所依持的法典主义价值观给中国法律史带来不少误读。这里举出两例：

一是成文法说。即把“重视制定成文法”说成是中华法系的一大特

点，而这“成文法”实为历代王朝制定之“正律”，亦即刑事法之律典。上文说到，中华法系的制度载体，系由“礼典”、“律典”、礼俗习惯法组成的“礼法体制”，它是成文法与非成文法的和合体。

就成文法而言，中华法系向来重视礼和礼典，并非仅有刑律之典。它在三代“礼与刑”的形式中已成格局。晋“刑鼎”哪称得上“中国成文法之始”！退一步而论，即使认定其为一种成文的刑事特别法，从立法程序和立法原则上论，也属于僭越立法权，且违背礼法，是一个非法之法。其实，我国成文礼法的公布远早于郑“刑书”、晋“刑鼎”。①

李约瑟论及中国古代法律时说：

> “在中国历史上一贯表现出一种强烈的反对编撰法典和讨厌法律原则的倾向。中国人有一种深刻的信念，认为任何案件必须根据它的具体情况进行裁判，也就是说，就事论事。虽然从汉朝后期每个朝代都有法学家编了不少的判例汇集，而且每个朝代都有钦定的法规。但是总的来说，这些法规从来没有起过像欧洲的查士丁尼法或其他伟大法典的作用。而且在中国人思想上‘公正’的观念比‘成文法’的观念要重要得多。同样地中古世纪的中国社会还有一种不喜欢法律诉讼的倾向。老百姓尽可能避免到那个要钱的县衙门去。”②

这位“中国通”学者目光犀利，很多看法是对的。譬如说，古人更重视于追求实体公正等。但很明显，他仍然是站在“律令体制”的观念上来看待中国古代法的。确实，历代刑律典“从来没有起过像欧洲的查士丁尼

① 详见本书第二章第三节。

② 〔英〕李约瑟：《四海之内》，三联书店 1987 年版，第 77 页。

法或其他伟大法典的作用”。它们虽为治国所不可或缺，也一向为盛世所不尚①。古人崇尚的是“礼法”，在官方是“礼典”，在民间是以礼俗为主的习惯法。成文“律典”必须符合“礼法”，且只是“礼法”中的一部分，除规范刑事行为外，还起到保障“礼典”和礼俗习惯法的作用。

就不成文法而言，主要是以礼俗，以及以礼俗为主干的家法族规、乡规民约等习惯法。这是一个相对独立的“礼法”子系统，是古代中国的民商事法律和规则的主要载体。中华法系并非“民刑不分”，并非诸法合体于律典之中。它与罗马民法体系最大的不同点，是家庭和家产制本位原则，以“户”，也就是社会学上的“家”，作为主要的民事主体，“户主”，也就是“家长”则是其当然代表。古代中国疆域辽阔、民族众多、人口稠密、业态繁富，在民商事关系上却不必制定出几千上万条成文法条加规范，社会生活基本上井然有序，这种处理私法关系的聪明才智，世上少见。“无法之法”，是为有法，亦为善治之良法，值得今人尊重、珍惜和借鉴。

二是法治与人治对立斗争主线说。即认为法家法治与儒家人治的对立斗争是一条贯穿于两千多年中国法律史的主线。“人治”和“法治”是一对范畴，共处于一个法律理论体系内，或治国方略体系中，二者唱的是对台戏，相辅相成，互相依存，缺一不可。依现代法治论裁量，中国古代的君主专制政治总体上归属于人治。法家非法治之论，秦政非法治之政。古代中国无论在法理上还是在法律实务上均未进入法治与人治相对立的思维模式，或运作进程，不存在一条“法治”与“人治”对立斗争的主线。② 儒家治国方略中，有“良法”与“君子”并重说（孟子）、“治人”与“治法”兼备论（荀子）、“任人”与“任法”结合论（王夫之），这是对

---

① 《四库全书总目提要》卷八十二 史部三十八，“政书类”法令之属，案语：“刑为盛世所不能废，而亦盛世所不尚。”

② 参见本书第二章第一节。

良法善治的不懈追求，以“人治主义”一言蔽之难以得其真谛。要之，最适宜于概括古代中国治国之道的是这样八个字：“德礼政刑，修齐治平”。这是一种“礼法之治”。

走出“律令体制”，放眼“礼法体制”来观照中华法系，来审视儒家治国之道，来探寻其“礼法之治”下的良法善治追求，那真是一种“众里寻他千百度，蓦然回首，那人却在，灯火阑珊处”的感觉，从而对古代儒家“礼法之治”的治道有着别样的认识：

其一，关于德主刑辅的治国方略。孔子说：“道之以政，齐之以刑，民免而无耻。道之以德，齐之以礼，有耻且格。”[①]由此奠定儒家德礼优于政刑，德礼为主、为本、为体，政刑为从、为末、为辅的原则，这是一种综合治理的治国方略。“礼法之治”是一种德性政治，它至少在以下三个方面为我们提供有益的启迪。

第一，法律和政策必须与道德相向而行。在“礼法之治”下，“德之所去，刑之所取”。在立法、执法和司法的理论和实务上，保持法律与道德的相向而行、相辅相成。凡是道德上应受遣责的行为，也为法律所禁止；反之亦然。著名美国比较法学家伯尔曼在其《法律与宗教》中指出：“法律必须被信仰，否则它将形同虚设。”如果一项法律或政策有意无意违背社会道德和公序良俗，那它实际上便成恶法，强行实施，必成恶政。其后果远不是“形同虚设”和失去对法律的信仰，而是会进一步损害民众，伤及民心。社会上曾流传“依法缺德”、“依法损德”的俚言讽语，讥刺有的法规政令损害亲情、道德和公序良俗，[②]值得警惕。

---

① 《论语·为政》。

② 如在严格实行一对汉族夫妇一孩政策时，离异重婚可视双方情形或可再育一孩；房屋拆迁或单位福利分房、集资建房，规定一户一套；房贷或限购房亦有以户为根据的等。这些法律政策曾经制造出不少离婚、假离婚。一些人视婚姻为儿戏来钻法律和政策空子，固然不对，但这类法律和政策实际上起到以合法的名义践踏婚姻道德，被民众讥讽为“依法缺德”、“依法损德”，其对中华民族向来重视婚姻道德之优良传统造成的破坏力、杀伤力相当巨大。

第二，实行社会综合治理。在维护社会秩序和稳定，以及在社会控制、犯罪的预防和矫治上，德礼为主、法刑为辅带有古人所谓的“标本兼治、重在治本”的政治辩证法，未尝不是一种古老而朴素的综合性社会治理和犯罪控制学说。

第三，“为政以德”，官德为先。“德主刑辅”，首重以德导民。“政者，正也。”“为上不正”焉能“正人”！古代“礼法之治”，强调“为政在人”、“贤者在位，能者在职”，官员是成败的关键，官德是关键中的关键。这对现代法治建设仍有借鉴意义。法治不是只讲制度不顾为政者品德，有道德的社会是法治的基础，现代法治原本属于德性政治、德性法治，而官员道德仍然是法治成败的关键，在后发性法治国家尤其如此。

其二，关于科举取士制度。科举取士、“选贤任能”，是儒家“贤人政治”主张的制度化、法制化成果，在“礼法体制”中举足轻重。士子寒窗十载，一旦考取进士，便成“天子门生”。美国著名学者顾理雅认为，科举制度是“中国对世界的最大贡献”，其重要性超过物质领域中的四大发明。[①]

古代科举制度自隋大业元年（605 年）创始至清光绪三十一年（1905 年）废除，历经 1300 年之久。其间产生出 700 多名状元、近 11 万名进士、数百万名举人。历史上诸多治国安邦的名臣、名相，有杰出贡献的思想家、文学家、艺术家、科学家、外交家、军事家等大都出自这些状元、进士和举人之中。列入本书专节的包拯、沈家本是进士，海瑞是举人。孙中山称赞其为世界各国中用以拔取真才之最古最好的制度。他设计的“五权宪法”制度的“考试权”，就汲取了科举制的优长。

科举属于礼部职能，有严格的管理和程序规定，其法规体系至宋朝

① 参见彭靖：《科举制度看中国文化软实力项目的形成与发展——与关世杰教授商榷》，《学术界》2013 年第 8 期。

而趋于完备。元朝仁宗皇庆二年(1313年)《皇庆诏书》对科举考试的时间、层级、报名者年龄、道德要求等作出详细规定,并拟订了惩罚措施,是科举史上的一部重要立法。1384年,明太祖命礼部颁布《科举集成》,是中国第一部完整的考试规则,自此有了独立编制的科举法。清朝编撰的《钦定科场条例》,有六十卷之多,相当完备。

中国古代科举法律制度不仅有严格的实体正义规则,而且有看得见的程序正义细则,从而形成公开考试、公平竞争、择优录取的人才选拔制度。入仕主要不是靠血缘、靠关系、靠门第而是靠"学问"成为一种共识。"朝为田舍郎,暮登天子堂",并不能一言以蔽之为"是一句空话"。

其三,关于定罪量刑原则。罪刑法定无论是作为一种学说还是作为一种法律制度,均成就于西方近代。[①] 其基本含义是"法无明文规定不为罪,法无明文规定不处罚"。它可分解为以下主要原则:(一)不溯及既往,亦称禁止事后法;(二)刑事立法必须清晰明白,刑法规范以成文法而不是以习惯法的形式公布;(三)禁止类推;(四)法官应当严格解释,其解释必须符合法律的本义。据此反观中国传统礼法制度,确不存在严格意义上的、整体性的罪刑法定司法制度。但我国古代立法及司法上亦重视依律定罪量刑,前述海瑞经手的几个案子,说明对基层官员依律断罪有严格要求。[②] 中华法系在儒家仁学正义论和"中道"思想的指导下,罪刑关系处于一种既法定又非法定、既非法定又法定的状态。这种理论是在西晋时期确立起来的。

晋武帝时,廷尉刘颂提出了三个层次司法制度设想:

---

① 从学说而言,兴起于对欧洲中世纪封建制度下罪刑擅断的批判之中,是17、18世纪思想启蒙成果之一。从法律制度而言,首定于1789年法国《人权宣言》,再创于1791年《法国刑法典》,后为越来越多国家所仿效。

② 参见本书第八章海瑞小节。

“法欲必奉，故令主者守文；理有穷塞，故使大臣释滞；事有时宜，故人主权断。……使主者守文，死生以之，不敢错思于成制之外，以差轻重，则法恒全。事无证据，名例不及，大臣论当，以释不滞，则事无阂。至如非常之断，出法赏罚，若汉祖戮楚臣之私己，封赵氏之无功，唯人主专之，非奉职之臣所得拟议。”[①]

“主者”，指主司官吏，他们执法断狱必须严守律文；“大臣释滞”，是说像刘颂这样的廷尉、三公尚书才有权“议事以制”，运用法理、经义解决疑难案件；“人主权断”，即最后呈报皇帝御批，以示生杀予夺之权操于君主，也表示人命至重，应当恤刑慎杀。但这种程序性、象征性的规定不能断言为皇帝握有不受限制的擅杀大权。这样就形成了一个法吏实行严格的罪刑法定、“大臣”可以非法定“类举”议罪、“人主”权断的司法体制。至此，中国古代司法理论格局基本定型。[②]

在这种司法制度下，州县依律断案，有严格的司法责任，定罪量刑是确定的。大案、要案、疑难案件上报后，三法司会审、九卿会审，或朝审、秋审也都有确定的程序。一般情况下，皇帝的最后“擅断”大多是例行公事，任意改变会审结果，或一意孤行地生杀予夺，也是不合“礼法之治”的。

其四，关于刑罚制度。以往的一些议论，给人们以古代中国严刑重罚、冤狱遍地、酷刑泛滥的印象，而儒家法思想既然占有主流地位，难逃罪责。事实恰恰相反，儒家历来反对酷刑，主张慎刑、恤刑。

中国古代反酷刑的历史大致可分为三个阶段：

一是反肉刑阶段。时间大致上在隋唐以前。汉文帝曾废肉刑，但

---

① 《晋书·刑法志》。

② 详见本书第二章第四节。

仍保留宫刑和斩右趾。这以后,肉刑时废时兴,直到隋《开皇律》、唐《永徽律》的制定,确立了笞、杖、徒、流、死的新五刑制度,肉刑作为一种法律明文规定的正刑、主刑方告终结。

二是反笞、杖的身体刑阶段。时间大致上为清末以前。这一时期,除了继续巩固反肉刑的成果,重点转到减轻和取消残酷的身体刑。历代有识之士主要是在实施笞、杖的刑具、对象、部位、数量上加以限制,并明文规定可以用钱赎,以减轻它的残酷性。

三是以反对各种刑讯逼供和非法定的酷刑为重点的阶段。时间是在清末刑制改革以后,至今尚未完成。

前两个时期反酷刑的思想武器主要是儒家的仁学正义学说。

同"正义"一样,酷刑也是一个历史的、时代的范畴。儒家反酷刑有历史局限性,它不是以维护个人权利为出发点的,相反,甚至容忍家族内部的酷刑。儒家法文化特别看重家族的荣誉,在惩治犯罪中,往往把毁损犯罪嫌疑人或犯罪人本人及其家庭、家族的荣誉和名誉作为一种附加的惩治手段。因此,中国古代广泛存在着游街、示众等做法,按今天的文明水平和维护人权的要求,也是一种酷刑。

其五,关于"无讼"。儒家"无讼"思想是其"和为贵"哲学的司法领域运用,对古代中国的"调处息讼"制度起着推动、提升和强化作用。

"调处息讼"主要适用于民间"细故"案件。这种制度发轫于西周[①]。汉、唐时期,在乡级基层组织设有"啬夫"、"乡正"之类小吏,负责调处民事纠纷。宋代,调处制度得到法律的确认。司法官吏对于民间诉讼,一般先行采取调处息讼。[②] 元代形成了"调处"和"息讼"的系统

---

① 《周礼·地官司徒》有"调人"一职,主要职责是"掌司万民之难。而谐和之。"

② 《名公书判清明集》卷之一,《官吏门·申儆·劝谕事件于后》载:"遇亲戚骨肉之讼,多是面加开谕,往往幡然而改,各从和会而去。""如卑幼诉分产不平,固当以法断,亦须先谕尊长,自行从公均分。"

法律。在基层乡里设社，社长负责调处民事纠纷，调处结果对双方当事人具有法律约束力。[①] 明代在全国各乡设立“申明亭”，民间纠纷小事由老人主持，在申明亭调处。经调处不能和息的，方得向官府起诉。[②]清代，调处在民事诉讼中处于被优先考虑的地位。康熙：《圣谕十六条》的“和乡党以息争讼”、“明礼让以厚风俗”[③]，成为清代处理民间纠纷的最高准则。

“调处息讼”制度为民众提供了一种解决纠纷的“非诉讼”途径选择，减少“累讼”对当事人造成的压力，有效协调“熟人社会”的人际关系，缓和社会矛盾。在传统中国社会，“调处息讼”无疑是一种最经济、最快捷地解决纠纷的制度，是当事人不需要求告官府、匍匐跪拜、受凌辱呵斥和勒索盘剥而获得适当救济的制度，也是对当事人的人格尊严侵害比较地少一些、轻一些，而使其所享有的伦理和人性温情相对地多一些、浓一些的制度。

“礼法之治”传统中有可汲取正面价值的不限于这些，上述五个方面只是必要的列举。

六、“礼典”与儒家的政治统治合法性理论——“法先王”、禅让和征诛

再回过头讨论“礼典”。在“礼法体制”中，“礼典”的位阶最高。它的首要功能是维护王朝政治统治的合法性。

---

① 《至元新格》规定“社长”的职能之一是“诸论诉讼婚姻、家财、田宅、债负，若不系违法事重并听社长以量谕解免使妨废农务，烦扰官司。”

② 顾炎武：《日知录》卷八：“命有司择民间高年人公正可任事者理其乡之词讼，若户婚、田宅、斗殴则会里胥决之。事涉重者，始白于官，若不由里老处分径诉县官，此之谓越诉也。”

③ 康熙：《圣谕十六条》，载《圣祖实录》康熙九年十月癸巳。

关于历代王朝制颁“礼典”以自证统治合法性的问题，葛兆光先生有段精辟的议论：

> “古代中国所有的王朝，都曾经借助一系列的仪式与象征，来确立自己的合法性，这叫“奉天承运”，在国家典礼的隆重仪式中，拥有权力者以象征的方式与天沟通，向天告白，同时又以象征的方式，接受天的庇佑，通过仪式向治下的民众暗示自己的合法性。”[①]

所谓统治的合法性，也叫正当性，指人民对政权的认可、信仰和服从。韦伯说：“任何一种统治都试图唤醒和培养人们对其合法性的信念，一切权力都要求为自身辩护。”[②]统治者在论证自身合法性的过程中，最重要的就是要在统治者与被统治者之间寻求一个共同的价值基础，从而使得被统治者认为统治权力是正当的，而甘心接受被统治的现实。在西方学者中，也称之谓“被统治者同意”理论[③]。

古代中国的“礼”，就是这样一个存在于统治者与被统治者之间的共同价值基础。“礼”用其特有的诠释方式把国家形态与社会结构概念化、合理化，使所有成员都相信那样的结构形式与内容是天经地义的，

---

① 葛兆光：《中国思想史》第二卷，复旦大学出版社 2001 年版，第 261 页。

② 转引自〔德〕哈贝马斯：《合法性危机》，刘北成、曹卫东译，上海人民出版社 2000 年版，第 127 页。

③ 西方关于政治统治合法性的探讨，从苏格拉底、霍布斯、洛克、卢梭、康德直到当代的哈特、罗尔斯、德沃金一直未有终结，其核心之点就是“同意理论”。同意理论首先在柏拉图的对话录《克力同》中得到展现，洛克《政府论》下篇是阐述同意理论最经典的文献，美国的《独立宣言》声明：“政府经被统治者的同意获得公正的权力。”“任何政府一旦破坏这些目的，人民即有权变革或废除它，并且建立新的政府，根据这些原则奠定它的基础，并以最大限度地保证人民的安全和幸福的方式组织它的权力。”将同意理论作出了常识性表达。在西方近现代政治伦理传统中，政治统治的合法性基于被统治者的同意这种观点成为自由民主政治的金科玉律。二战以来，同意理论实际上已成为世界各国普遍接受的原则。这种理论认为，政治统治的合法性必须建立在被统治者同意并对被统治者有所交待(accountable)的基础上。

是命定不可更改的。

礼和“礼典”，在古代社会从来是经国安邦的“大经大法”，是相当于近现代宪法地位的“法上之法”。在中国古代两千多年的帝国时代，尽管王朝更迭不断，宫廷政变频仍，但其合法性论证，都得依礼而行。合礼即合法，非礼即非法。

“夫礼，天之经也，地之义也。”“礼，上下之纪、天地之经纬也。”“礼，则天地之体。”[①]儒家的这一套礼说、礼论，便是“礼典”崇高地位的思想渊源。或者说，“礼典”是儒家关于政治统治合法性理论的制度性安排。

儒家关于政治统治合法性理论集中体现在其“法先王”的“禅让”和“征诛”命题之中。

统治合法性首要的是政权获得的合法性。儒家设计的政权合法性转换方式有两种：“禅让”和“征诛”。“禅让”是正常情况下的政权和平转换方式；“征诛”，《易传》称之为“革命”，在孟子那里叫“暴君放伐论”，是非正常情况下的政权非和平转换方式。

儒家大肆宣扬尧舜禹禅让的故事。禅让的故事在《论语》中已作了讲述。[②] 在《孟子》中，禅让的故事更具体系统了。荀子不同意提“禅让”这个词，他把“禅”叫作“继”。但实际上他仍是讴歌禅让的。[③]

孟子的“禅让”说较有代表性。他认为，行禅让要有三个条件：其一，受禅者本人有贤德；其二，要得到“天”和“民”的同意。征求“天”、“民”是否同意的具体作法是：让其“主祭”，如果“百神享之”，则是“天受之”；让其“主事”，如果事情办好了，“百姓安之”，则是“民受之也”。[④]

---

① 《左传·昭公二十五年》。

② 尧让位给舜的时候说道：“啧啧！舜呀！上天的大命已经落到你的身上了，请诚实地保持着那不偏不倚的中正之道吧！假若天下的百姓都陷于困苦贫穷，上天给你的禄位也会永远地终止了。”后来舜禅让帝位给禹的时候，也同样说了这一番话（见《论语·尧曰》）。

③ 参见本书“荀子的法思想”章。

④ 《孟子·万章上》。

其三，要有天子的推荐，如尧荐舜，舜荐禹。

儒家似乎也意识到，“禅让”只是上古纯朴社会才可能实行的制度，在近世的夏、商、周“三代”，有的只是汤放桀、武王伐纣。于是，他们又指出，汤、文王、武王等“先王”行使的是“征诛”。

当齐宣王把“汤放桀，武王伐纣”说成是“臣弑其君”时，孟子勃然而起，反驳道：

> “贼仁者谓之‘贼’，贼义者谓之‘残’。残贼之人谓之‘一夫’。闻诛一夫纣矣，未闻弑君也。”①

这番话义正辞严，无异于公开宣称：凡是背离尧舜之道以残害人民为能事的君主，都是独夫民贼，都是可放可伐可诛的。荀子也是赞成放伐暴君的②。这一“暴君放伐论”，客观上为人民的反抗权、起义权提供了思想武器。

无论是禅让还是征诛，都得顺天意，受有“天命”。“天命”只授于有德的人。怎么知道是“天命”所归呢？要看民意，民归之就表示“天命”归之。所以，天意就是民意，天心就是民心。于是，高深莫测的神秘问题回归简单明白的现实问题：取悦民就能取悦天，顺民意就能顺天意。换言之，天同意就是民同意。那么，怎么能取悦民、顺民意呢？很简单，施仁政德政，即“为政以德”，实行“轻徭薄赋”之类的“富民”、“利民”政策。这便是有德者得民心、有德者得“天命”的政权转换逻辑。在这里，我们影影绰绰地看到西方津津乐道的“同意理论”：政治统治的合法性必须建立在被统治者同意并对被统治者有所交待的基础上。

---

① 《孟子·梁惠王下》。

② 《荀子·正论》：“诛暴国之君若诛独夫。”又《议兵》：“诛桀、纣若诛独夫。”

这样，儒家通过“法先王”为政治合法性设置了两重门槛：一是神圣合法性，亦即“天命”合法性；二是德性合法性。这两种合法性是隐性的，缺乏可观性和可操作性。它们还需要一个制度载体，通过制度和外在的仪式显示其“受命于天”的神圣至尊和“被统治者同意”的万众欢呼的效果。

这个制度载体就是礼法制度。儒家通过礼制的改造和完善，将神圣合法性与德性合法性融于礼制之中。《论语》有许多关于“克己复礼”的论述，还有批评季氏用“八佾”舞、指责管仲“树塞门”等等的记载，正是儒家完善礼法制度的过程。经过一代又一代儒生的苦心经营，到西汉时期，作为统治合法性制度载体的礼法制度基本成型，诸如皇位继承、诸侯王的继承、昭穆制度、明堂制度、登基大典、祭泰山等等一一得以规制，其后由《白虎通德论》定为根本大法。

这种制度性的合法性分为两个层次：一是程序合法性；二是器物合法性。前者指各种典礼的规格、仪式等等；后者包括冠冕、乘舆、宫殿、皇陵、玉玺、九鼎之类。历代王朝制颁的“礼典”，其中关于吉、凶、军、宾、嘉五种“国礼”的行礼程序及其相应礼器、服饰等等繁文缛节的规定，都是为了显示其政治统治的合法性。

对儒家的王道政治合法性学说，特别是其政权合法性转换的两种实现方式，即“禅让”和“征诛”，当代宪政学界多有批评。有人认为，“禅让”太理想化，“征诛”的结果是导致中国历史长期陷入一治一乱周而复始的循环，儒家没有提供像西方那种以选票取胜使政权既平稳又合法过渡的智慧。

在那种专制暴力横行的时代，公开宣称征诛的正当性，讴歌人民诛暴伐虐的正义性，是对人民起义权的肯定。起义权是最后的人权，或曰人权的最后一道自卫防线，是“被统治者同意”的政治权利中最特殊的实现方式。“同意权”中原本应当包含不同意权、反对权、反抗权。如果人民不能保留这最后的人权和这种非常态的“同意权”，那就只能永远任人宰割。从这个意义上说，儒家“征诛说”对政治伦理和宪政伦理的贡献是不能小看的。

至于“禅让”说，其实包涵了现代民主宪政的一些合理元素。照儒家的设计，禅让一般是在最高统治者在位和在世时选定传位人并实行权力转让。选定传位人要经过一系列程序和长期的实践考察。从文献记载来看，这些程序中的主要方式相当于现今宪政民主中运用的“协商民主”。古代不曾有选票民主，但有“用脚投票”的“民主”。孟子说的“民归之，犹水之就下”，就是提倡人民“用脚投票”。在古代社会，“用脚投票”的民主是最有威慑力的。周武王伐纣，殷民“前徒倒戈”便是明证。

从广义上说，当代世界上的宪政民主法治国家的权力转换，尽管采取了诸多的竞选过程和投票程序，其实是一种统治权力的和平“禅让”。与古代禅让不同的是，在禅让合法性上，大大突出程序合法性的地位，除了协商民主外，更强调选举民主。在我们的宪政民主建设中，应当汲取古代禅让制政治伦理的合理元素，舒缓当前的政治合法性焦虑。

欧陆自中世纪起，就有关于政治权威来源的两种对立观点的论争。一般将它们归结“上升理论”和“下降理论”。“上升理论”主张政府和法律权力的来源在于人民或共同体，作为统治者的君主或贵族的全部权力都由人民或共同体授予，由后者选举或任命，向后者负责。人民有权抵抗甚至推翻统治者。霍布斯、洛克、卢梭这些著名思想家都是“上升理论”的杰出代表。“下降理论”则把政治权力的最终来源归于最高存在，在基督教那里，即神、上帝。“下降理论”的典型代表在5世纪有奥古斯丁，在13世纪有阿奎那。西方政治统治合法性伦理的现代发展依然建立在这种古老理论的基础上，其中或许蕴蓄着西方政治文化和政治伦理的“道统”。

有趣的是，作为东方文化典型代表的儒家哲人，既不偏执“下降理论”，又不固持“上升理论”，而是两者的“中庸”融通。在儒家那里，作为最高存在的“天”，尽管也可以“授命”人间的统治者以权力，让他“代天牧民”，但这种“授命”却必须得到“民”的同意。“天”与“民”是相通的，“民”是“天”之“民”，是“天民”。因此，当统治者暴虐“天民”，失去德性，也就是违背“天意”时，“天”同样赋予“天民”以“替天行道”、“代天行罚”的反抗权。在政治伦理领域，儒家的“天人合一”哲理，其实质就是“天民合一”政治伦理。“先王”正是“天”与“民”合意的产物。“禅让”和“征诛”成为儒家“法先王”两件法宝，既是“下降”的又是“上升”的，既是神性的更是德性的。

对于现代政治而言，需要有会通中西、综合创新的勇气和智慧。为避免非和平的“征诛”而实现和平的“禅让”，握有国家权力的政治家应当具有高度的道德自觉和政治责任意识，坚持可持续发展的温和“改良”路线，不断消解容易引发暴力“革命”的社会积怨。在现代宪政制度下，政治合法性的神圣性光环已经也应该越来越暗淡，而基于“法先王”的传统影响，德性合法性在中国人心目中仍然高启而且愈来愈趋于阳光化。相应地，全面构建“被统治者同意”的实体性和程序性规则愈来愈迫切。这些，就是古老的“法先王”带给我们的启迪。

七、“圣王”与“王圣”、立法者与执法者——“法先王”政治的缺憾与救济

“法先王”、“禅让”和“征诛”、合礼性与合法性、“天下为公”和“大同世界”，等等，都是寄希望于王道政治理想。理想很伟大，而历史的现实很残酷。反思其理论和制度设计，儒家王道政治学说存在着不可避免的尴尬和缺憾。

其一,"圣王"理想蜕化为"王圣"现实的尴尬。

儒家的先王都是道德完美的"圣王"。但正如法家韩非所批评的,尧、舜那样的圣人,"千世而一出",所以要等到圣王出来才"国治天下平"实在太难得了,平常的君主只是"上不及尧、舜","下亦不为桀、纣"的中主[①]。儒家关于"圣王"才具有统治合法性的设计,带有极大的理想主义成分。在现实政治舞台上,一个个觊觎皇位、垂涎最高权力的赳赳武夫、地痞流氓、世家贵胄、政治投机商一旦黄袍加身,有几个能真心向善,把工夫用在"正心诚意"、"修身养性"上?! 再说,以企求为国相或帝师的儒家大师们,即便真当上了国相或帝师,又有什么办法制约住大权在握的君主,让其学做圣人?! 所以,儒家的"法先王"理想只好一个一个地被无情的现实所击破。其"圣王"论往往为时君世主所窃取、所劫持、所绑架,成为他们自证合法性的金字招牌。

春秋之世,孔子栖栖惶惶,周游列国而都不能相容,只好长叹一声:"道不行!"后儒尊称孔子是有圣人之德而无圣王之位的"素王",不过是一种为了提振信心的自我安慰。战国之时,孟子游说诸侯,推行仁政。可他看到的遇到的不是暴君污吏,就是表示无能为力。他是相信"五百年必有王者兴"的,而且自己颇有"舍我其谁"的大丈夫气概,但到最后也只好感叹:没有这样的承继人![②] 总之,孔子不遇时,孟子不遇时,稍后的荀子也不遇时[③],凡有圣心圣德者都无缘当圣王,而像嬴政那样发育不良有鸡胸、道德不好极凶残的狂徒,却吞并八荒、翦灭六国,一统天下,当上了"始皇帝"。秦亡以后,又是一个被自己的父亲骂为无赖之徒的流氓头子刘邦,扫灭群雄,得了天下。儒家的学说真是时运不济,他

---

① 《韩非子·难势》。

② 见《孟子·尽心下》。

③ 荀子的学生说,孙卿(即荀子)"德若尧禹,世少知之;方术不用,为人所疑",又说:"天下不治,孙卿不遇时也。"《荀子·尧问》。

们企望的圣人始终没有出来。于是，儒家关于圣者才能德配上天，万民归心，立为天子的政治合法性伦理就完全变味了。“实然”代替了“应然”。也就是说，圣人才能王天下，变成了王天下者就是圣人。“圣王”论成为时君世主证明自己统治合法性的工具。简言之，“圣王”论变成了“王圣”论。于是乎，不论是暴君、虐待狂，还是白痴、低能儿，只要登上皇帝宝座，就一概成了“圣君”，就一概是“天子圣明，臣罪当诛”。

在“王圣”威权之下，坚持说“不”的儒生不是遭贬黜就是掉脑袋。其余的陆沉的陆沉、糊涂的糊涂、违心的违心、放弃的放弃、犬儒的犬儒。东汉初期的思想家王充是个敢于反潮流的人，他著《论衡》的宗旨是“疾虚妄”，可在当今天子“圣明”这一点上，他自己却陷入了虚妄。他说，东汉光武帝刘秀登基的时候，“天晏然无云”，“气和人安，物瑞等至”，是“太平之应也”。又说汉宣帝的时候，“凤皇集于太山，后又集于新平”，祥瑞毕至。东汉明帝时更奇特，“麒麟、甘露、醴泉、神雀、白雉、紫芝、嘉禾”纷纷出现，还发生了“金出鼎见，离木复合”这样的瑞象。王充称颂道：“孝宣、孝明可谓太平矣。”[①]这里，“天命”神性合法性有了，德性合法性有了，器物合法性也有了，程序合法性就不用说了。儒家的四重合法性理论全用上了，以此证明“今上”是“小尧舜”，是尧舜再世[②]。其实，汉明帝以及王充所说“今上”——汉章帝，不过是平庸之辈。可见，连王充这样敢于标新立异的思想家也逃不脱王者即是“圣”者的套路。这是儒家王道政治合法性学说的一种悲哀。

要求最高统治者具有更高的道德人格，强调德性合法性的重要，并没有什么不对，也没有什么不好。现今的民主法治国家竞选总统或政府首脑，无论党派的协商推选，还是选民的选票投向，都会将候选人的

① 见《论衡·宣汉篇》。

② 同上。

道德品行作为一大选项。问题是，理想的圣王并不存在，德性只是政治合法性的一个选项。把德性合法性拔得过高，成为主要的、甚至唯一的合法性，就偏离了人性的本然，也偏离了政治伦理的实然，时君世主既然对“圣王”伦理高峰可望而不可即，可是又必须自证统治的合法性，便只好作假，自扮“高、大、尚”，用大话、空话装饰自己。大话、空话，其实也是假话。为的是窃取一顶“圣王”桂冠来戴上。

更为悲哀的还在于，正是因为“圣者王”被“王者圣”置换，权力者自诩为、也被认为是拥有最优秀的德行，自诩为被认为具有最高的道德自律力。这样一来，似乎制约他们的权力已没有必要，他们甚至把制约视为一种对自己“圣王”形象的亵渎。权力的本性是扩张！扩张！再扩张！不受制约的权力只会走向滥权和腐败。中国人祖祖辈辈所反复遭遇到的最大痛苦常常就来自权力者的滥权和腐化。

其二，“圣王”既是立法者又是执政、执法者的身份尴尬。

在儒家的政治合法性学说中，“圣王”是理想政治和理想法的化身，而这种理想法同时也是现行有效的实在法，他们的“圣王”又是事必躬亲、时时处处体恤民情的为政者和实在法的执法者。这就产生了严重的身份冲突和尴尬。

首先，理想法和实在法的功能不分。儒家认为，“先王之道斯为美”，“先王之法”是“先王之道”的最好体现，是尽善尽美的良法。因此，“遵先王之法而过者，未之有也”。[①] 于是，“先王之法”也就成了现实社会可遵行、可操作的实在法。在孔、孟、荀的理论中，未见许可时君世主随意立法的言论。孔子反对晋铸刑鼎，就是反对晋国权贵背离周公所授之礼法而乱立法、立乱法[②]。荀子认为，只要有“治人”遵“三代之法”

① 《孟子·离娄上》。
② 参见本书第四章第二节。

实行“类举”，就足以治国安邦了，无须另立“治法”[①]。他们的“法先王”、“法圣人”，旨在劝时君世主实行三代“先王之法”。

问题就这样产生了。一方面，“先王之法”承载了“先王之道”。它是形而上的，是至高无上的法律价值本体，是理想法。另一方面，“先王之法”又是现实社会中可以遵行、应当实施的，是形而下的实在法。如是，“先王之法”既是理想法，又是可操作的实在法，一身而二任。这个双重结构使儒家的法思考既进入了法律正义的圣地，同时也陷入了严重的身份尴尬和理论误区。因为，这样一来，“道”和“先王之法”之间，即理性的形上的理想法与经验的形下的实在法之间的“对立”和“紧张”也就消解了，两者之间缺乏了张力。同时，由于“先王之法”本身便是可操作的实在法，对其的设计又太具体和经验了，它本身也就变成可以评价、可以变革的对象，“先王之法”所承载的“形上”理想法的崇高性和永恒性价值便大受伤害。

其次，立法者与为政执法者的身份纠葛。在儒家的政治设计中，“圣王”是“天命”所归，代表天意，口含天宪，是“先王之法”的制定者。然而在《论语》、《孟子》、《荀子》及《尚书》、《国语》等古文献记载中，尧、舜、禹三代圣王亲政亲耕、亲力亲为，亲自执法办案。如，尧曾“流共工于幽州，放欢兜于崇山，窜三苗于三危，殛鲧于羽山”[②]。舜亲自教民耕稼、制陶等等。大禹治水，三过家门而不入，终日劳累，腿上无毛。他曾大会诸侯于会稽，处死迟到的防风氏[③]。“圣王”们直接为政执法，实际也就成了一个执政官和执法官。况且，凡做具体事务，难免会有不周和错失。俗话说，做得越多，失误越多。不管“圣王”如何勤政爱民，他只要从事具体政务和法务，就会从神圣而又神秘的地位上跌落到世俗的

① 参见本书第六章第八节。
② 《尚书·尧典》。
③ 《国语·鲁语》。

凡间，成为人们可以诉求、可以评价的对象，从而失去其理想政治伦理和理想法化身的光环。

在帝制中国时代的国家治理体制中，立法、执政、司法、考选、监察，分属不同机构，有职能分工、相互牵制，但不存在权力制约。所有权力名义上统于帝王一人。而名副其实地集所有权力于一身，是所有最高统治者梦寐以求的目标。儒家的"圣王"理想不幸提供了这样一种理论支持。

在现代宪政视野下来考察，儒家"圣王"论的这两大尴尬和缺憾，虽是时代造成的，却是应当革新和纠正的，也是可以救济的。

对于第一种缺憾，革新和救济的办法是大大加强程序合法性在政治统治合法性中的权重。德性固然是政治合法性的基础，但"被统治者同意"的程序设计更具有可观性、可操作性、公开性、公平性的意义。这种程序断不是"用脚投票"，也不是"王圣"们作秀式的登基大典、祭泰山大典之类，而必须是被统治者自由地表达自己的真实意志并有客观真实的量化统计。如果把由上而下、又由下而上的协商民主称作"纵向民主"，那么这种自由意志表达则可称之谓"横向民主"，用通俗的话说，就是一人一票，少数服从多数，多数尊重少数。

儒家传统中不乏纵向民主资源，尧传舜、舜传禹的禅让就是不断协商出来的。把纵向民主与横向民主相结合，是现代宪政民主和法治的不二选择。无论纵向民主，还是横向民主，都得以每个人能自由地表达真实意志为前提。所以，自由是民主的基础。因为，如果意志不自由、言论不自由、人身不自由、表达不自由，就只好沉默，或者说假话、大话、空话和套话。春秋时期百家争鸣，思想界群星灿烂，就是因为有表达意志和言论的自由。先秦儒家都崇尚思想自由，官可以不当，家可以抛舍，命可以不计，时政该抨击还得抨击，思想该表达必须表达，史书该直笔硬是要直笔。先秦儒家的这种自由精神同样是传统文化的一大精粹。

对于第二种缺憾，革新和救济的办法是把理想法与实在法，以及立法、执政、司法、考选、监察等职权，从集于一身的状态中切割开来。

儒家曾以君师、君相自诩，设想以相权切分君权、抗衡君权。然而从西汉中后期开始，相权就每况愈下。西汉第十二位皇帝汉成帝刘骜永始二年（公元前15年），薛宣为丞相，发生陨星和日食。在笃信“天人感应”的汉代，认为这是“灾异警告”，是“天谴”，是不得了的事。汉成帝一道诏书，把造成“灾异”的责任往丞相身上一推，薛宣也只好乖乖地缴印而去。继任的翟方进更惨。绥和二年（公元前7年），荧惑星守住心星，照星相推测，其凶应在皇帝。汉成帝仍然是找个替死鬼，让丞相去担当罪责，下一道诏书把翟方进重重责骂一通，并赐给他酒十石、牛一匹。翟方进便只好自杀。但这一招并没有换得成帝的长寿。翟方进二月自杀，汉成帝也于三月寿终正寝。荒唐的是，继任者却把汉成帝令翟方进自杀这一处理方式从偶发的个案提升为普遍法律效力的“故事”，写进了《汉仪注》。其中规定：当天地出现“灾异”大变时，皇帝派侍中持使节，乘四匹白马，带着酒十斛、牛一头，到丞相家，把这灾象告知丞相。侍中回到半路，丞相即上书告病。侍中回朝，还没有复命时，尚书就把丞相的死讯报与皇帝。[①] 这条法律虽然没有用过几回，但此后碰到天灾把丞相免官却是常事。

相权抗衡不了皇权，原因在于相权来自皇权，而不是来自民权。因此，切分立法、执政、司法、考选、监察诸种职权集于一身的最锐利的武器，不是简单地搞分权，而是在权力来源的源头上回归民权。源清则流清。权力来源一正，权力与责任的对应关系也就可以解决。此时，不仅

---

① 载《汉书》之《薛宣传》、《翟方进传》。参见顾颉刚：《秦汉的方士与儒生》，上海古籍出版社2005年版，第20页。

欲集权于一身不可能，甚至连想集权于一身者也望而却步，不敢想，不能想。如此，则如何分权可迎刃而解。随着集权一身问题的解决，立法权负责制定实在法，执法权和司法权，还有考选、监察等职权，负责实施和保障实在法。理想法与实在法得以分疏。

国家权力来自哪里，是政治伦理需要回答的最为重大的问题。那么，儒家在厘清权力源头问题上有无正面的资源呢？答案是肯定的。

我们读到"君君、臣臣"时，就以为儒家主张君权至上、君主集权，其实是看错了。"君君、臣臣"讲的是政治秩序，不是讲君权、臣权的来源。儒家主张，大臣"从道不从君"，应做谏诤辅拂之臣，谏诤而不听可去之[①]。孟子进一步说，对无道之君可诛可伐。这些主张的背后透露一个明确的信号：臣权不是来源于君权，君权也不是自生自成的。国家权力出自何方？仍要从儒家的政治合法性理论中去找答案。这个答案是：源于"天命"。而"天意"就是民意，"天命"实为民命。因为，"民之所欲，天必从之。"绕了一圈，说到底，国家权力之源来自老百姓，来自人民。儒家的"圣王"就是因为德侔天地才受有"天命"，也就是受有民命，是得到被统治的老百姓"同意"的榜样。所以，儒家"法先王"的主张中，包含着对国家权力源于人民这一正本清源的认识。这是两千五百多年前的儒家思想家对政治统治合法性学说的又一贡献。

八、儒家法思想的双重功能
——合法性论证与非法性批判

儒家在广义的法思考中建构起了两个层次，一是价值层次，一是操

① 《荀子·臣道》："故谏、争、辅、拂之人，社稷之臣也，国君之宝也，明君之所尊厚也，而暗主惑君以为己贼也。"

作层次。这是一个双重的理论结构。

关于价值层次。《春秋》笔法以“礼也”、“非礼也”褒贬时君世主；孔子以“仁”和“不仁”品评人物事件；孟子言必称“仁义”；荀子说“礼义生而制法度”；今文家大谈“天下大一统”之“道”；董仲舒极称“天道”，以为“天不变，道亦不变”；理学家们高扬“天理”，认为“天下只有一个理”（《二程遗书》之语）。这些就是儒家的“道统”，也是儒家的“法统”。已故法律史家蔡枢衡先生指出：对特定法制作是非善恶的价值判断应有一种客观标准，“这个客观标准是什么？它是科学上所谓法则，是法哲学上所谓理想法或自然法，是儒家之所谓天或天道，……究极说来，就是人类所认识了的自然和社会历史的法则或秩序”[①]。礼义、仁或仁义、天道、天理便是儒家法哲学中的理想法，是儒家之法的价值本体，是他们用来判断现实社会的法律和法制的是非善恶的价值标准。

儒家之法的价值本体对帝制中国政治统治的合法性及其法制的正当性存在着支持功能，因而被历代统治者定为正统。儒家之“道”的法哲学中包含的尊君思想、家族主义、民本思想等等正是帝制政治和法制的指导原则。但是有一点历史事实也不容忽视，历代帝制统治者所尊奉的儒家法哲学都是经过了改铸的，譬如前文业已指出的儒家的“圣者才能王天下”的“圣王观”，到了他们手中便衍变为“王天下者便是圣人”的“王圣观”了，成了彻头彻尾的“成者为王，败者为寇”的极端功利主义价值论，并将此作为自己“南面之术”的护身符贴在身上。这种庸俗主义的作法是不能由作为思想家的儒家人物负责的。

“道”、“仁”、“仁义”、“礼义”作为儒家之法的理想法，在法文化特质上表现为伦理法，在价值功能上则与西方之自然法相当。魏德士在谈到自然法的功能时写道：

---

① 蔡枢衡：《中国法律之批判》，正中书局1942年版，第86页。

“无论以何种方式来理解这个概念，作为‘超越法律的’自然法总具有两个可能的功能。它可以为既有政治秩序的现行法寻找依据。这样，它起到稳定制度的保守作用。但是另一方面，它也可以批判现有的秩序，并要求对它进行彻底修改。这样，它可以在极端情况下为反抗(也就是为反对现行的‘实证’法的革命暴动)提供依据。”①

儒家伦理法的法哲学价值上同样具有这样两种功能：支持现存政治秩序和法律秩序，为统治提供合法性论证；批判现实政治和法律，甚至为人民起义权、反抗权提供依据。在过去的研究和评价中，常常容易忽视的正是儒家之法的批判功能。西方学者日尔内在《中国文化史》中很有针对性地指出这一点：

“如果某人认为儒学仅仅是为政府服务的官方意识形态，那就错了。它恰巧经常是在官方对立面手中的一个武器”。②

这一见解诚为深刻。孔夫子斥“上失其道”、“不教而杀谓之虐”。孟子批判当时“上无道揆”，“君子犯义”，并倡明“民贵君轻”，独夫可诛，暴君当伐；荀子的礼法论对现实的论证、支持功能虽比较明显，但《议兵》篇对当时秦制取批判态度，并也认为独夫应诛；董仲舒被熊十力先生讥评为“曲学阿世”③，然读其《天人三策》却对史家称盛的“文景之治”视而

① 转引自丁小春等译：《法理学》，法律出版社2003年版，第190页。

② 原文出自《中国文化史》，1982年版，第432页。笔者得之于中国社会科学院冒怀辛先生之手，1987年10月中华孔子研究所在山东省济宁市召开第二届年会暨学术讨论会。笔者与冒先生同住一室，谈到儒家学说的批判功能，冒先生认为“日尔内的话比较深刻”。

③ 参见熊十力：《原儒》。

不见，并无赞歌，而且还当着汉武帝的面，说论暴秦之“遗毒余烈，至今未灭”。他又说，你汉武帝身为天子，照例应得到天所示祯祥以作嘉奖，但因“教化不立而万民不正”，故“天地未应而美祥莫至也”[①]，把尖刻的讥刺寓之于空洞的颂歌之中。

终帝制君主专制社会之世，儒家所保持的这种现实批判主义法文化精神不绝如缕。每当王朝衰世，批判精神更有高扬的表现。这方面的杰出代表便是黄宗羲。黄宗羲每每以三代为楷模，《原法》篇开篇便斩钉截铁地说：“三代以上有法，三代以下无法”。“三代以下”，即秦汉以来。“无法”，不是没有法律，而是没有符合于三代之道的合法的法律，有的是“一家之法而非天下之法”。在他看来，“一家之法”是“非法之法”，亦即“无法之法”。[②]

儒家法文化的批判精神确具有“为天地立心，为生民立命”的意义，它包含了良法观念，包含了正义和公道。说中国古代法文化没有正义的价值功能，这种误解的积习委实是太深了。[③] 前文已述，造成这种误解的一大主因，是将“律令法”视为中国古代法，而把“礼法”排斥在外。

关于操作层次。儒家认为，三代“先王之法”是“道”的最好体现。是尽善尽美的良法。因此，“遵先王之法而过者，未之有也”（孟子语）。“先王之法”就是现实社会可操作的实在法。在孔、孟、荀的理论中，未见允许时君世主可以随意立法的言论。他们提出“法先王”、“法圣人”（荀子的“法后王”实际上就是法三代、法圣人），旨在劝时君世主实行三代“先王之法”。

---

① 《汉书·董仲舒传》。

② 黄宗羲：《明夷待访录》。

③ 以为中国古代法缺乏正义观念的误解产生的原因，除了前已阐析的对古代中国以家为民事法主体的儒家仁学正义论不同于西方以“原子”式个人为中心的正义观念缺乏了解外，囿于“律令体制”说和法家的法律主张也是一大不可忽视的因素。

按照常理来理解,“道”是形而上的,是至高无上的法价值本体,是理想法。“先王之法”是形而下的,指三代之法,即三代的实在法。但儒家认为,三代“先王之法”完全与“道”相符合、相重叠。于是,“先王之法”既是可操作的实在法,又是理想法,是评判后世之王所立之法的价值标准。而且是一个比“道”、“仁义”等抽象的理想法更为切实的、更便于把握的评价尺度。

所以,儒家的理想法不是高居于实在法之上的外在的信仰理性或绝对理性,不同于西方的自然法。但由此而得出儒家法文化缺乏正义观,则是片面的。儒家法文化的要旨恰恰在于,将“先王之法”与当世之法组成一对矛盾,从“先王之法”对当世之法的价值评价中体现出正义和公道。

然而,已如上节所说,问题正出在这儿。儒家将“道”、“仁义”等理想法落实到“先王之法”上,“先王之法”既是理想法,又是可操作的实在法,一身而二任。这个双重结构使儒家的法思考既进入了法律正义的圣地,同时也陷入了严重的理论误区。因为,这样一来,“道”和“先王之法”之间,理性的形上的理想法与经验的形下的实在法之间的位阶层次就模糊了。

西方的自然法学说把自然法设计得无比完美、神圣和神秘,从而为人定法留出了极大的空间,人类为了建立有效的法律秩序以接近自然法而不断地完善、创造人定法,从而为法治提供了发展的动因和前景。儒家所设计的“先王之法”是十分具体的,使之与现实的当世之法之间的空间太小,从而难以开出广阔的法律秩序的发展余地。因而,“先王之法”,包括其内含的“道”和“仁义”等等原理不能直接构成体系完备的、不断完善的法律规范体系和法治体系。而始终停留在正义和公道的价值评价之上。

同时,由于“先王之法”本身便是可操作的实在法,对其的设计又太

具体和经验了,这样一来,它本身也就变成可以评价、可以变革的对象。法家反对儒家的“法先王”时就振振有词地说:

> “圣人不法古,不修今。法古则后于时。修今则塞于势。周不法商,夏不法虞,三代异势,而皆可以王。”①
>
> “今有构木钻燧于夏后氏之世者,必为鲧、禹笑矣;有决渎于殷、周之世者,必为汤、武笑矣。然则今有美尧、舜、汤、武、禹之道于当今之世者,必为新圣笑矣。是以圣人不期修古,不法常可;论世之事,因为之备。……今欲以先王之政,治当世之民,皆守株之类也。”②

法家的批判正好抓住了儒家的失误。儒家的失误和法家的尖锐批判共同助长了中国法文化中工具主义价值指向。但这里仍有一点需要讨论。

上述被反复征引的言论历来用以论证法家的历史进化论。然而这种看法仅仅是一个角度,而且是一个可以商榷的角度。商鞅说:“古之民朴以厚,今之民巧以伪。”韩非子说:“上古竟于道德,中世逐于智谋,当今争于气力。”③这白纸黑字写的明明是种道德退化论,何来的历史进化论?! 它同儒家的道德一代不如一代的看法没有两样。所不同的只是,儒家要“知其不可而为之”,力图复兴圣人的王道之治,因此处处以道德价值贬斥恶法而维护“先王之法”地位;法家则认为道德价值是无法恢复,也不必恢复的,当今必须以力制力,以严刑重罚治国御民。法家的思路正好给我们提供了另一个思考角度:法家否定了一切理想

① 《商君书·开塞》。

② 《韩非子·五蠹》。

③ 同上。

法的价值，而步入了实用主义、功利主义的法文化观和价值观。华裔美国学者林毓生教授说：

> “法家所谈的那一套主要是把法律当做政治统治的工具，与英美民主社会所依靠的‘法律主治’的法治完全相反，以法治的观念去看法家所谓的法律，那些法律是不合法的”。①

其实，法家之法和刑，非但从现代法治观去评价是“不合法”的，儒家以“道”和“先王之法”作为尺度也早已否定其合法性了，黄宗羲的“非法之法”论便是最好的鉴定书。因此，我们不可以将法家的法律观，以及历代统治者所实际运用的法家的“刑治”当作中国古代法文化的全体，而断言古代没有理想层次的法观念，没有正义的法价值。

儒家将“道”落实到“先王之法”上并没有完全埋葬“道”的理想法价值。我们应当探究的是，儒家之“道”的理想主义法价值能不能开出现代化必须的民主和法治？

九、民本思想：从“子民”到公民
——儒家法思想的困境与出路

儒家以“道”为标帜的理想法长期滞留于中世纪，而未能开创现代化的新境界的原因，除了上述指出的在“道”与“先王之法”之间缺乏张力这一点以外，最主要的缘由还是要从儒家赋予“道”、“仁义”、“天理”等的内容中去寻找。

---

① 林毓生：《论民主与法治的关系》，载《中国传统的创造性转化》，三联书店 1988 年版，第 88 页。

儒家之“道”的主体是以血缘为基础的宗法人伦。因此“道”是一种伦理理性、伦理正义，儒家之“道”的理想法是一种“伦理法”。由于以血缘家庭为组织形式的自然经济的支持和政治权力的有力庇护，作为“道”的主体的宗法人伦始终没有根本性的变化，其中的君臣、父子、夫妇三对关系，经过宗法人伦的诠释演化为“三纲”，组成“名教”的核心。其余一些应当很有活力的政治思想和法思想因素，都在宗法人伦的诠释下失去了光泽。其中，儒家仁学民本思想的蒙尘是最为典型的例证。

“民惟邦本，本固邦宁”①、“天视自我民视、天听自我民听”②、“天之生民，非为君也；天之立君，以为民也”③，“民为贵，社稷次之，君为轻”④，等等，在公元前 800 年到公元前 200 年之间的人类文化“轴心时代”⑤出现，那真是古代人文主义的杰作。无怪乎当欧洲文化渡过了漫长的神本主义的中世纪后，启蒙思想家们对中国先秦儒家思想家的民本思想表现出如此由衷的崇敬。⑥ 他们对民本思想的理解无疑有许多误解，并经过了自己的诠释，但这仍然从一个侧面说明了儒家民本思想的积极价值。

---

① 《尚书·五子之歌》。

② 《尚书·泰誓》。

③ 《荀子·大略》。

④ 《孟子·尽心下》。

⑤ 参见本书第二章第二节注文。

⑥ 如〔法〕波提埃在《东方圣经》中说：“便是最前进的理论，也没有孟子‘民为贵，社稷次之，君为轻’更激进。”重农学派的元祖魁奈将孔子的“百姓足，君孰与不足；百姓不足，君孰与足”演化为“农人穷困，则国家穷困；国家穷困，则国王亦贫”，以倡明国之本在农(民)、国王之本在农(民)的重农理论。他们的“重农”明显受到儒家重民的政治论的启发。在《中国专制政治论》中，魁奈认为中国的专制政治是“合法的专制政治”，其根据就是儒家的民本学说。他论证说：中国人的最高信仰是所谓“上帝”，所谓“天”，上帝创造万物，同时即为万民父母，皇帝则是上帝在地上的代理人，以统治国家言，叫作君主；以教化人民言，尊称师表；以祭祀上帝言，则不过司祭而已。这是以西方的上帝为造物主的观念来解释中国的“天子受命于天”及“作之君，作之师”的民本理论。以上资料均引自朱谦之：《中国哲学对于欧洲的影响》，福建人民出版社 1983 年版。

民本思想与民主思想虽一字之差，但完全分属于两种思想体系和两个历史时期。在中国古代社会，民本思想一直是饱经忧患的思想家们批判极端专制政治和暴君主义的思想武器。[①] 它还部分地为一些开明的君主所接受，然而却未能发展为民主思想。从思想文化层面上看。儒家对民本思想的宗法人伦诠释起着不容忽视的作用。

宗法人伦在人际关系上以父子关系为主干，其人伦道德亦以父慈子孝为核心。儒家将其推演为政治关系，以君为君父，以民为子民，君主俨然全国百姓的最高家长；各级官吏也成为这位最高家长的代表，兼以“代理家长”身份治理一方百姓，故有“父母官”之称。这正如马克思所指出：“就像皇帝通常被尊为全国的君父一样，皇帝的每一个官吏也都在他所管辖的地区内被看作是这种父权的代表。”[②]以血缘伦常作为政治上统治与被统治关系的心理基础和道德法则，对维系古代社会的政治秩序来说，不失为一种高明的手段，但作这样的文化诠释的结果，作为民主政治的最基本的思想基因和政治法制范畴的公民观念就再也生长不出来了。

中国古代礼法社会的政治意识和法意识中，只有“子民”而没有“公民”。“公民”是一个以个体的自然人为对象的指称，在“公民”概念中蕴含着权利、平等、自由等近现代政治和法治的最根本的价值，它是一个法律范畴。与之不同，“子民”则是一个宗法人伦道德范畴，它所指称的是一个地位卑贱的群体，意味对“君父”“起敬起孝”、尽忠尽孝的伦理义务。民本思想号召君主“为民父母”，对子民尽道德责任，曰：“爱民如子”、“为民作主”，换言之，是从上面给人民恩赐阳光和雨露。这样，民

① 如贾谊对暴秦政治的批判和黄宗羲对秦汉以降整个专制政治的批判。贾谊从秦政之失中总结出“民无不为本也，国以为本，君以为本，吏以为本”。黄宗羲则更是响亮地提出“天下为主，君为客”。

② 《马克思恩格斯选集》第2卷，第2页。

本思想就在文化意识上与民主思想所要求的权利平等观念分道扬镳了。

《大英百科全书》中国篇的主稿人，美国芝加哥大学教授顾理雅先生对中国古代的科举制度评价很高。他由此认为古代中国“人人有从政的平等权”，可以“通往民主主义的方向”：

“中国哲学在本质上为理性主义者，并引导着通往民主主义的方向，人类平等是中国社会及政治理论的真正基础，人在基本上是平等的，所以人人有从政的平等权，仅有个人能力的限制。因此，孔子所指及的方向，可以非常合法的称为民主主义。”①

作者也许是把儒家的伦理理性与士大夫知识分子强调的道德人格平等同西方近现代民主思想体系的理性主义和权利平等混为一谈了，从而又将民本主义误解为民主主义。

《古代法》一书的作者梅因的一些说法也许可以帮助我们理解中西法文化上的异趣。他写道：

“罗马法学中有这样一个格言：‘家父权’并不触及‘公法’。父和子在城中一同选举，在战场上并肩作战；真的，当子成为将军时，可能会指挥其父，成为官吏时，要审判其父的契约案件和惩罚其父的失职行为。但在‘私法’所创造的一切关系中，子就必须生活在一个家庭专制之下。这种家庭专制直到最后还保持着严酷性，它并且延续了许多世纪，这就成为法律史中最奇怪的问题之一。”②

① 见〔美〕顾理雅：《儒家学说与西方民主》一文的注 78。
② 〔英〕梅因：《古代法》，商务印书馆 1959 年版，第 79 页。

希腊城邦政治已孕育了发达的公民文化，罗马法学继承了希腊公民文化的传统，因而在“公法”领域，子和父同是以权利平等的公民身份出现的。儒家宗法人伦对政治和法的诠释恰恰与之不同，他们把“私法”关系带到了“公法”领域，以“子民”化解了“公民”。如果说，西方近现代民主和法治文化最基本范畴——公民，在希腊时代已奠定了基础的话，那么，儒家之“道”正是在这里走向了岔路，以致在向近现代转型中陷入了困境。出路何在？

“子民”意识通向民本政治；“公民”意识奠定民主政治。“子民”与“公民”最根本的区别在“权利”观上。

“权利”其实是个近代词汇。据西方学者从语义学考析，在近代史开始以前，各种语言都没有“权利”这个词汇。“直至中世纪结束前夕，任何古代或中世纪的语言里都不曾有过可以准确地译成我们所谓‘权利’词句。”[①]历史悠远的古汉语当然也不例外：找不到“权利”一词。

我们需要做的，不是为古汉语中找不到“权利”概念而沮丧，而是应当去发现古代法中实质的权利存在状态。

前文已述，中国古代法将权利与义务统一于家庭，不同于近代以来的西方法，其权利与义务统一于“原子”的自然人。前者为家庭的团体的权利观，后者为自然人的个体的权利观。维护家庭的团体的权利，就是中国古代法中权利的实存状态。以家产制为经济和财产制度之主要载体的私法关系是如此，刑事法上用以抗御国家公权力以曲意维护亲属伦理权利的“亲属相容隐”制度也是如此[②]。

---

① 〔美〕爱·麦·伯恩斯：《当代世界政治理论》，商务印书馆1983年版，第6—27页。又见〔英〕A. L. M. 米尔恩：《人的权利与人的多样性》，中国大百科全书出版社1995年版，第5页。

② “亲属相容隐”曾被指责为“包庇犯罪”、“腐朽落后”的“封建糟粕”，其实它是对亲属间本于血缘人性的亲权的一种认可，是国家公权力（侦查权、缉捕权、审讯权、审判权）对亲属伦理权利的极大让步。说穿了，是容忍以亲属伦理亲权抗御国家公权。详见笔者的《私权抗御公权——亲亲相隐新论》一文，载《孔子研究》2015年第1期。

问题是，这种家庭的团体的权利观除了阻隔生成公民意识的负面作用外，有没有可能用来建设现代“法治中国”民主政治制度的正面资源呢？答案应当是肯定的。

试以近代民权思想在从古代民本到现代民主的思想转型中所起到的桥梁作用为例略作说明。

“民权”一词是从日本引进的。[①] 从郭嵩焘、薛福成到康有为、梁启超，再到孙中山，都以“民权”为旗帜，动员民众，建构理论。

可以说，“五四”以前的中国思想界，多乐于倡言民权学说，亦多用民本思想诠释民权。无论是君主立宪的改良派还是民主立宪的共和革命派，他们的民权说，重在集体权利；在集体权利之中，又重在政治权利。孙中山集民权学说之大成者，发展为民权主义的思想体系，也是这样的逻辑：个人的自由、平等、权利包括在团体、民族、国家的自由、平等、权利之中；团体、国家有了自由、平等、权利，个人的自由、平等、权利也就有了保障。归总言之，他们或认为民权即民主，或主张赋民以权，但反对国家由民作主。直到五四时期，中国思想的前锋才进至民主领域，理解到西方民主思想的真义。[②]

注重“群体和社会权利”还是“以个人为中心”，是东西方立宪主义的区别，也正是近代中国的民权观与西方民主思想最关键的不同之处。这也可以解释为什么中国近代民权说总是通向权威主义。

民本思想体系中的“民”，是“子民”；民权思想体系中的“民”，是“国民”；民主思想体系中的“民”，是“公民”。子民社会唯君权，无民权。“子民”是一个群体，不是个体，其法文化以家族为本位。国民社会限君

---

① 参见熊月之：《中国近代民主思想史》，上海人民出版社 1986 年版。

② 如陈独秀指出，中国要独立自强，必须顺应世界之潮流，实行民主政治，并大力宣传自由、权利。他已意识到，民主的基础是自由、权利。《陈独秀文章选编》（上），三联书店 1984 年版，第 148 页。

权，伸民权。“国民”也是群体，不是个体，其法文化以国家为本位。“国民”的权利主要表现为“国权”，特别是政治权。“公民”社会废君权，兴人权。“公民”是一个个体单位，指一个个活生生的自然人。“公民”重在个体权利，其法文化以个体权利为本位。“民权”正好介于“民本”与“民主”之间。在法文化的群体（或共同体、集体、团体）本位上，“民权”与“民本”相沟通、相衔接；而在重视权利这一点上，又与“民主”相沟通、相衔接。

“民权”、“国民”、“国权”，是以儒家文化资源为本根，而在西方民主文化的刺激下，由中国人创造，为中国人所喜闻乐见的政治法律新词。它起到了接引西方民主文化的作用，也起到了促进古代民本思想向现代民主转化和西方民主文化经过“民权”思想的接转向中国转化的作用。

中国政治思想和法思想从“民本”经“民权”这个“二传手”到发展到民主，有某种内在的思想转型发展必然性：从重视人的权利而言，“民权”与“民主”相一致；而从注重群体价值而言，“民权”又与“民本”相衔接。从“民本”进而至于“民权”，再进而至于“民主”，是中国政治文化和法文化从古代到近现代发展的三部曲。这三部曲的历程折射出儒家传统法文化更新转化的生命之光。

西方民主文化在中国的发展，将会有不同于西方的方式。其中最明显的一点，是仍然注意群体价值，也即集体主义价值。它与近代民权思想中的“国权”观念相沟通，是儒家民本思想传统的遗存。譬如说，在权利体系上，不至于那么独钟个体权利；在民主政体下，还会鼓励官员和志士仁人体恤民情，为民请命；在重视公民诉讼主旋律中，仍重视调解的作用，等等。近代中国“民权”的勃兴，以及它在接转西方民主文化中的作用，可以视为儒家法文化仍存在着现代民主诠释的一个例证。

如果这个愿景是可能的，那么，怎样使其更积极、健康地发展呢？有几点野芹之献，表达如下：

第一，这种政治民主化和全面法治化的转型波澜壮阔，不可逆转，但过程将是长期的，要做好几代人甚至十几代人默默耕耘的思想准备。在转型期中，进进退退，曲折迂回，反复拉锯，乃至进一步退两步，都有可能，都不奇怪。我们不希望倒退，但有了倒退也不必惊骇，应当努力将其转化为是收回拳头、凝聚力量、重新出发的必要准备。

第二，这一转型过程将是群体性的，因此要致力于全社会的动员和全方位的动员。

第三，它需要精英的人格和理性引导。一个道德散乱、浮躁浅薄的时代不可能有文化的重整和复兴。政治界、法律界、文化界、知识界的精英始终应以以身作则的道德人格为社会树起良心的标杆，以理性导引社会文化的前进，以创造力促进中西文化，及其治国理政模式的融合和中国范式的建构。

第四，必须认真地发掘传统思想文化资源，努力破译中华法系的遗传密码，寻求中国古代法的自我。转型时代的思想界、文化界，需要千千万万守望传统、接引未来的耕耘者。他们是铺路石，为思想大师铺路。需要大师的时代总是会出现大师的，然而，大师是由千千万万非大师的铺路者共同造就的。

十、“人能弘道，非道弘人”
——礼法传统与法治中国

清末以来，学习西学西法，诚然大有必要，功不可没。然而一切以西学西法之是非为是非，落入欧洲中心主义价值论之窠臼，既失了自信，又没了自我，以为万事不如人，实在是“过犹不及”，诚大过也！

法学家邓正来曾表达过他的美好愿望:“我们必须结束这个受‘西方现代性范式’支配的法学旧时代,开启一个自觉研究‘中国法律理想图景’的法学新时代。”①可惜他盛年早逝,心愿未了。但他说出了时代赋予法学的期望。

百年奋斗,艰难崛起。我们终于等来了复兴中国传统文化,高度融合中西法学,加快建设“法治中国”的新时代。它意味着法制和法学领域迎来两大根本性的转型:

第一,从革命法学、革命法制向治理法学、治理法制转型。革命法学、革命法制的特点是,片面强调法是阶级斗争的工具,是统治阶级镇压被统治阶级的专政手段,是无产阶级的“刀把子”。其总的倾向是一个字:“左”,或者说“宁左勿右”。于是,有罪推定,刑讯和变相刑讯,逼供信,强迫家属揭发和作证,不然是包庇罪犯等等,这一套曾经屡禁屡起,根子就是革命法制观念下那种“左”的病菌在作祟。治理法学、治理法制的特点是:以执政党的理念“依宪执政”、“依法执政”;民主法治,尊重人权;科学立法,文明执法,公正司法;限制和规范公权,保障和维护私权;法治政府,阳光管理,公众参与,全民守法,社会和谐有序。

第二,从移植法学、移植法制向特色法学、特色法制转型。移植法学、移植法制的特点是:以苏俄、欧美之是非为是非。自清末政制、法制改革以后,古老中华法系走向衰亡。一百多年来,我国持续不断地移植西法。这里的所谓西法,包括英美、法德日和苏俄的法理念、法价值、法制度、法条款。整个二十世纪,中国的法学、法制在摆脱民族危亡中艰难起步,其进步和成就有目共睹。但也不可否认,这一领域几乎成了苏俄、欧美法学理论和法制模式的试验地,一度照搬他们的理论和法条,

① 邓正来:《中国法学向何处去——建构“中国法律理想图景”时代的论纲(一)》,载《政法论坛》2005年第一期。

菲薄传统，厚诬古贤，缺乏民族自信力和创造力。移植在一定时期是不可避免的，也是必要的。移植为的是促进创制，不能代替创制。特色法学、特色法制正是移植法学、移植法制的必然归宿。特色法学、特色法制的特点是：秉承有着悠久“礼法”传统的“善治”智慧，基于中国文化传统的中西会通，创造与人类现代政治文明相向而行又富有中国范儿的特色法学和法制。

“法治中国”就屹立于治理法学、治理法制和特色法学、特色法制这两个坚固的车轮上。

一个国家的文化传统、文明模式和伦理价值体系决定和影响着当下的法治体系和治理模式，决定和影响它的民主进程、民主方式和民主质量。换言之，现代民主法治作为一种制度和机制，需要文化内核的支撑，需要道德文明的基础。没有这些基础的承载和依托，民主法治就只是空中楼阁。一些在西方国家运作得好好的法律制度，一旦移植引进，总有些不对劲，不是走不动就是变味走样，给人们带来新的苦恼和困惑，其深层的原因就得从文化传统上去找。一句话，“法治中国”建设需要中华传统文化滋养。

孟德斯鸠的“三权分立说”固然应当尊重和重视，他的另一番话也不应忽视：

> “法律应当和国家的自然状态有关，和寒、热、温的气候有关系，和土地的质量、形式与面积有关系；和农、猎、牧各种人民的生活方式有关系，法律应该和政治的能容忍的自由程度有关系，和居民的宗教、性癖、财富、人口、贸易、风俗习惯相适应。”[1]

---

① 〔法〕孟德斯鸠著：《论法的精神》上册，张雁深译，商务印书馆 2004 年版，第 7 页。

孟德斯鸠的这一观点在后来的历史法学派和社会法学派中得到大力弘扬。德国历史法学派创始人物萨维尼在他的《论立法和法学的当代使命》一书指出，法律就像语言、风俗、政制一样，具有“民族特性”，是“民族的共同意识”，“世世代代不可分割的有机联系”，它“随着民族的成长而成长、民族的壮大而壮大”，当这一民族丧失其个性时，这个民族的法也就趋于消逝。法学家固然有独特的知识，但这仅是法的技术成分，而法主要是“民族精神”的体现。他写道：

“一个民族的法律制度，像艺术和音乐一样，都是他们的文化的自然体现，不能从外部强加给他们。”

“法律是一种民族精神，立法者不能够随心所欲制定法律，而只有通过对各民族长期历史过程中所形成的传统和习惯进行研究分析，才能发现法律的真正内容。”[①]

萨维尼反对在1815年乘战胜拿破仑之机立即制定德国民法典，他的历史保守主义和文化保守主义立场当时就有不同评价，也许至今还难以一致认可。但他关于法律体现民族文化，是一种“民族精神”的观点实在难得，且为我国志士仁人百多年来探索之正反两面经验教训所证明。

“周虽旧邦，其命维新”。

韦伯曾断言中国儒家伦理和价值系统无法开展出资本主义与现代工业，它们只是中国现代化的负面因素。[②] 历史的发展和理论价值观

① 〔德〕萨维尼：《论立法和法学的当代使命》，转引自《西方法律思想史资料选编》，北京大学出版社1983年版，第526—527页。

② 这种判断是韦伯在《儒教和道教》一书中的研究结论。韦伯的观点数十年来一直主导着西方学界对中国儒家伦理的研究取向。

及方法论的更新已经冲破了韦伯学说的窠臼。[①] 不过韦伯在论述他的学说时，却提出了一个很有价值的思路，而对它，人们却没有予以应有的重视。韦伯认为，儒家理性主义是对世界作“理性的适应”，而基督教的理性主义则是对世界作“理性的宰制”。人类20世纪所获得的一个最深刻的经验是：人不能一味地宰制世界。人类对自然的宣战已遭到了自然的无情的报复，这种报复危及到了人类自身的生存。回过头来，现代人终于重新发展了儒家的“理性适应”和天人和谐学说的价值。可见，随着人类自身在历史长河的进程中价值观念的改变，对古代文化的评价和态度也不得不有所改变。

诚然，如上文所述，中国现代化的严重滞后及儒家文化在现代化中的困境，已是一个既成的事实。处于儒家文化圈的核心地带的中国不是现代化的原生地。今天，当我们面对着高度现代化的一个欧美世界及其挑战的现实时，韦伯关于儒家理性主义是对世界作“理性的适应”的判断有值得重视的价值。儒家文化的历史证明其有着顽强的生命力。如果说，相比于欧美原生的现代化来说，中国将要实现的现代化是继发的，那么，儒家文化的“理性的适应”这种能力在中国实现现代化的宏伟工程中应当是有所作为的。但这种作为究竟能否成为现实，儒家文化及其法文化能否最终走出困境，则要取决于我们能否对它进行成功的现代化新诠释。

---

① 香港学者金耀基先生在其《儒家伦理与经济发展：韦伯学说的重探》一文中，列举了不少西方学者修正韦伯学说的种种新观点。这些西方学者认为，比较基督教伦理，儒家伦理与经济发展的关系“似乎不一定更弱”（康恩）；儒家伦理“对财富、荣誉、健康拥有强烈的动机，对家庭与祖先有能力表达虔敬，这些毫无疑问是决定性的文化因素，足以开出生猛的经济行动”（艾勒塔斯）；老百姓日常工作中的工作伦理，即“庸俗化的儒家思想”，是东亚现代化的动源，它引发人民努力工作的信仰与价值，有一种深化的阶层意识，一种对家庭几乎没有保留的许诺，一种纪律和节俭的规范（勃力格）。金氏的论文刊于《现代化与中国文化研讨会论文汇编》，1985年香港。

中华民族在汉代选择了儒家思想。历史选择必须符合自己国情。这可以说是一条选择的原则或一种高明的选择智慧。研究儒家思想及其法思想，分析它之所以被选择的原因，无疑可以获得选择智慧方面的有益启迪。此其一。其二，已如前文所说到的，儒家法思想的长期被遵循的结果，使其不少内容已积淀为民族的法文化心理结构，这种心理结构已成为民族在法文化方面的个性，反过来加固了民族文化，成为民族文化的一部分。其中的积极层面，或许就将是当代法文化和法治中国的组成元素。

现在的中国境内存在四个法域：大陆、台湾、香港、澳门。它们各有其法系之源：大陆实行社会主义法，但追本溯源，主流来自大陆法系；以“六法”为载体的台湾法公认为大陆法系；香港被英国殖民后实行了百多年的英国海洋法系；澳门的葡萄牙法是大陆法系的一支。从法文化的角度言之，四大法域并不是绝对的“道不同不相为谋”。生活在四大法域的中国人的文化血管中都流淌着中国传统的儒家法文化的血液，都曾长期适用中华法系之“礼法体制”及其“礼法之治”。这至少是他们异中有同的之处。而其法系之源的不同，只是近百年的近源、浅源的不同。因此，一方面，四大法域各有其源，各道其“道”；另一方面，又在法文化的深层结构中蕴涵相同相通之“道”、相同之源。这就使得生活在不同法域的中国人民在法心理、法行为、法价值、法情感等层次上有了“心有灵犀一点通”，有了认同意识。它对于中华民族的进一步繁荣昌盛不无意义。仅从这一点上说，研究儒家法文化的“道”也有着不容忽视的现代价值。

在同一个时空中拥有四大法域，中西文化交集，几大法系交集，对于法学研究和法治中国建设而言，实在是天赐良机，天佑中华！

中华大地上的四大法域，归结起来无非是新、老两种法律文化传统：一个是一百多年来引进、移植西法的传统，再一个是中华民族五千多年历久不衰的古老中华法系的传统。前者是新传统，后者是老传统。

新、老传统都是人类轴心时代文化发展的结果，它们在中国大地上的碰撞、汇合，尽管让古老的中华民族备受苦难，付出沉重代价，但“风物长宜放眼量”，放远了看，当历史翻过了这一页，展现出来的不正是中西文化的风云际会的美好场景?！不正是融会中西文化和法系的大好机会?！环视全球各大文化体，谁具有这样巨大的烩两种不同文化和法系于一炉的舞台和机会？没有！只有我们中华。

毫无疑问，这将是中华文化复兴的有力资源和坚实基础，也将是中华民族复兴的真正软实力之所在。随着中华民族伟大复兴事业到来的，亦将会有一场中华文化的伟大复兴，其中包括中华法系的复兴。复兴不是复古，而是开新。

交汇于现代中华的新、老两种法系和法律文化传统各具优势。西来的法律新传统重视政府（指大政府）权力的分治与制约，尊重公民个人享有平等的权利和自由，强调形式法治和程序正义。从古代传承下来的中华法系老传统重视家庭价值和人与自然、人与社群、人与人的协调，强调政府的亲民与德政，崇尚实践理性并追求实体正义。诚然，这些各自优势的描述不是绝对的、非此即彼的，而是相比较而存在的。新的中华法系的创建，理当尊重这一新一老两大传统。

中华文化从轴心时代一直延续至今，没有间断。这在所有轴心文明中绝无仅有。以儒家思想为主体的中华文化具有很大的包容性，在经过百多年西方文化的全方位冲击之后，使得中国人得到对自身文化传统有个自我反省的自觉，从而以开放的胸襟吸收和消化其他民族的优秀文化，以适应现代社会合理发展的要求，使之既具有民族的特殊价值，又具有全球的普世价值。融会中西，打通古今，重建镕铸中西法学和法制的新中华法系，全面建设法治中国，正当其时。

“人能弘道，非道弘人”

孔夫子的古老的哲理箴言，与时代的文化新使命的召唤，形成为强烈的共鸣！深厚的历史文化赋予中华民族的主体精神将在二十一世纪中得到新熔冶，开出新的境界，这是确定无疑的。

初版后记

在我构思和开始撰写这部书稿的时候、也曾这样憧憬过:“东方熹微,我终于写完了全书的最后一个字……”然后,把这一难忘的情景记入“后记”。可是,事实无情地击碎了我的遐想。我根本不知道哪是“最后一个字”。过去我常发生这样的事。稿子送到编辑手中了,又去信去电要求改动一句话、一个字。这次会不会照旧,也难说。

1983 年 7 月,中国法律史学会在西安举行第二届年会,我们一些中青年聚集一起谈治学,以“板凳应坐十年冷,文章不写一字空”互勉。但当时我步入法史学领域不久,不知深浅,且不免年轻躁急,心里觉得 10 年是不是长了点。谁料这部书稿整整花去了我 12 年时光。12 个年头也真容易过,不过弹指一挥间,一切宛如昨日。12 年中,窗外花开花谢,叶绿叶黄,窗内的人也已满头华发。12 年来,我选择了清冷,也习惯了清冷。有人说,清冷可以使人深刻。但清冷不一定就有深刻。深刻还需要才智和见识,这两方面我都平平得不能再平平。我不过是用 12 年的日日夜夜一个字一个字地垒积着这部稿子而已。如果还有一点可以聊以自慰的话,那就是我总算还知道我是谁,在干什么。

花了 12 年的心血,尝了 12 年的辛酸,说没有敝帚自珍的心理是假的。也正由于此,在这个“后记”中想说的话实在太多太多。有些话可能会被视为附庸风雅、或讥为赶时髦、落俗套等等,我却是一概顾不得了,非吐不可,非吐不快。

首先我要提到的是我母亲。我离开她老人家出外求学、做事已有

30多个年头了，总企望有段时间安安静静地待在她的膝下尽一点孝心，但却未能如愿。今年初夏，得知老人家身体不好时，也因为这部稿子正在关键时刻不能脱身。直到七月初，当我开完一个学术会议后匆匆赶回老家时，母亲已经病得不行了。在老人家的病榻边我仅仅陪伴了她半个月时间。以后的这些日子里，我一直怀着失去慈尊的深深的悲痛之情整理着这部稿子，有时，简直使我难以握管。我母亲完全是一个普通平凡的家庭妇女，但她拥有中华民族妇女的一切传统美德。我祖母得产褥热症不治而去世时，最小的叔叔才虚龄一岁多，母亲是长嫂为母、呕心沥血，抚育幼叔成人。1959年我父亲积劳成疾，不幸病逝，母亲又遭中年丧夫的沉重打击。当时正遇“三年困难”时期，家计简直难到了绝处，但她老人家以惊人的毅力，节衣缩食，投亲靠友，供我念完高中，进了大学，让弟弟妹妹念到初中毕业，直到发生“文化大革命”学校停课为止。她所盼的是我们能为国家、为社会、为人民多做些事。现在，我的书稿终于完成了，但却永远失去了母亲。我曾在母亲遗像前默默发过誓，一旦书稿出版，我一定要选一本最好的烧在她的墓前，当作给她的纸钱。

我还要说说我的妻子喻玲玲。在朋友闲聊时，我曾发表过一通“家庭化合式生产力论”的戏论，以为在一个和美的家庭中，丈夫和妻子的“生产力”不只是两个人各自“生产力”的简单相加，而是经过家庭亲情化合作用后释放出来的一个新的大得多的能量等级。戏论当然不是理论，但却是自己真切的体会。以前分居两地的时候，家计一切全赖她，自不消说。这十几年来，我日复一日地教书、爬格子，日子过得忙碌又很清贫，她的一点闲暇时间，除了忙于家务间接地投给了我外，还直接地替我抄资料、抄稿子。我从小不争气，没有把字练好，乱七八糟的草稿只有她看惯了，能看懂，并为我一一誊清。1985年春我出差一个月，扔下了一堆草稿在家。她因公摔伤了脚踝，打着石膏坐在床上誊抄稿子，因姿势不对头，结果引发并大大加重了颈椎病和腰椎病。这是使我愧疚终身的一件事。1990 年是我们结婚 20 周年，我本不会写诗作词，但真情所驱，竟一夜之间成句：

二十年来甘苦共，青丝染霜情更浓。
斗室窗寒赖汝暖，学海航远送我风。
鱼虫小稿病中誊，衣食大计独担承。
家珍唯有两地书，千卷环壁气自雄。

军人杀敌立功得了军功章，有妻子的一半。这已传为佳话，我这个教书匠立不了功，没有什么章可分给妻子一半。当我带着不无愧憾的心情谈到这点时，她撇撇嘴："谁稀罕！"我只好写下这几百个字。她要删，我没有同意。

自然，引我走上学问之途，不断给我指迷领航的，莫过于我的师尊。我读研究生时的导师杨景凡先生是位严师。第一次见面，他拿出事先写好的一幅字：

"解放思想　　锲而不舍
有的放矢　　执着始终"

经验、教诫、要求、勉励、爱护、关心、期望等等统统融会于中。这十几年中，它始终促我努力，使我不敢偷懒、不敢草率、不敢自戕、不敢躁浮。今年六月，杨师闻我书稿将定，欣然赐序以嘉我能有初衷。这是一个老师对学生的最高奖赏。这部书稿实肇基于杨师带我一起研究、写作《论孔子》之时，并以那里的观点为起点。

我特别感谢匡老匡亚明先生。1983 年，匡老就为我们的《论孔子》

题写了书名。这次又不顾年过八旬高龄，在繁重的社会工作和学术研究中为拙稿拨冗作序。作为一个著名的教育家和孔学专家，他对青年、对后学的教育、培养、关心、爱护有着自己独特的经验和方式。这些年来，我受惠于老人的思想上的教诲和学问上的指导真是太多了。匡老在《序》中对我说的话，是对我的新的勉励和期望，我将永志不忘，努力践行。在这里，我再次真诚地向匡老致以深切的谢意和崇高的敬意！祝愿他健康长寿！

此时此刻，我十分怀念李光灿先生。1982 年，中国社会科学院研究生院法学系举行我的硕士学位论文答辩时，李老担任答辩委员会主席。答辩通过后，他把我找到家里，谈论文的扩充、修改，谈如何治法史学，谈他的宏大的法史学研究计划。谆谆教诲，言犹在耳。正是在他的规划和鼓励下，才有《论孔子》的撰写；正是在他担任中国法律史学会会长时出面争取和主持下，才有 1984 年"孔子法律思想学术讨论会"的胜利召开；也是由于他的安排和支持，才有《孔子的法律思想》一书的正式出版，并赶在这次讨论会前发行。一门学科在全国的兴旺发展，离不开德高望重富有组织经验和学术魅力的老专家。李光灿先生就是法史学界的这样一位全国性的学术领头人。现在，他发起和主持过的国家"七五"社会科学研究重点项目《中国法律思想通史(多卷本)》业已完成，他希望看到的并倾心培养、扶持的法史学中青年队伍已成长壮大。痛惜的是，李老却于 1988 年过早地离开了我们。我想不出更好地纪念他的方式，唯有继续做他提倡的课题。

我也深深怀念着严北溟先生。他是我的这一研究课题的最早鉴定者和支持者之一。过去我并不认识严老先生。1982 年，学校将我的论文《孔子法律思想探微》寄给他评审，他高兴地肯定了这一研究方向，并在百忙中特意写信直接赐教于我，鼓励我继续研究。这以后，他在来信中，在学术会议上见面时，都不断地予以指教，使我受益匪浅。他的身体一向很好,想不到会在1990年3月去世。我又痛失了一位良师!如果严先生健在,一定会像往常一样给我这部书稿提出宝贵意见的。

借此机会,我要向10年前审阅我的论文、分别参加我的研究生毕业答辩和硕士学位论文答辩的其他师长:张国华先生、张晋藩先生、吴建璠先生、高恒先生,刘海年先生、张警先生、林向荣先生、卢云先生、杨炳勋先生、王德裕先生再次表示敬意和感谢!那两次认真的答辩是对我的研究课题的可行性所进行的集中的审查与检验。诸位先生的肯定性意见极大地鼓舞了我继续研究的勇气,增添了我的决心和信心,先生们对我当时那篇论文指出的缺陷是我这以后探索攻关的重点之一。我还要向饶鑫贤先生、刘新先生、栗劲先生、陈鹏生先生、杨鹤皋先生、李步云先生、骆承烈先生、周学根先生由衷地说声"谢谢!",谢谢你们长期以来的真诚指教和支持。我不会忘记,在我们还不曾相识时,就有一札札函件飞来,使我茅塞顿开、疑团消散;我也不会忘记,在我们还不曾相识时,就来信组稿嘱我写出孔子法思想的论文。直到现在,先生们在答辩会上、在其他场合向我提出的问题远非都已得到圆满的解决。我想我一定会得到诸位先生进一步赐教。

我十分感谢西南政法学院、中国孔子基金会、中国法律史学会、曲阜师范大学孔子研究所、中华孔子研究会、四川省孔子研究会多年来给予我的支持和帮助,感谢这些单位和学术团体的领导及通过各种方式帮助过我的相识或尚不相识的朋友们。

我不能不提到我的老同学孟繁华先生、陈金全先生、林建初先生,他们自始至终给我送来了无私的友谊、周到的建议和切实的支持。王祖志、边玉锋、罗昶、文珍兵、陈荣文、赵明等年轻朋友,还有远在德阳的刘章泽先生等诸多朋友提供了许多具体的帮助,在此一并表示我的深切的谢意。广西教育出版社的李人凡先生,广西人民出版社的区向明女士到重庆出差得知我的这一书稿,竭力向出版社推荐,直接促成了拙著的出版。在当今学术著作出版难的情况下，他们的真诚叫人感动，出版社的魄力令人敬佩。广西人民出版社的彭庆国先生为拙著的出版付出了辛勤的劳动。我谨向他们致以衷心的谢忱。

俞　荣　根

于重庆歌乐山麓耘耕舍

1991 年 9 月 2 日

二版附言

《儒家法思想通论》问世已近五年，应当说，它的际遇还是不错的。《广西日报》、《文汇报》、《社会科学报》、《法制日报》、《光明日报》、《文汇读书周报》、《读书》、《中南政法学院学报》、《中外法学》、《法学》、《孔子研究》、《中国社会科学》、《国际儒学研究》、《南京大学法律评论》等16家报刊杂志发表了书评，并获得了四川省人民政府第六届哲学社会科学优秀成果一等奖、全国高等学校首届人文社会科学优秀成果二等奖、第三届桂版优秀图书一等奖和中南地区人民出版社优秀图书奖等。对于一个读书人，自己的劳动得到了学界和社会的认可，是最感慰藉的事，别的就都不在话下了。

另一件感到幸运的事，是遇到了一家负责任的出版社。我走出大学校门后经过军垦农场的"再教育"，分配到桂西北的壮族、毛南族山乡工作了四年，对那片土地有了感情。1992年书稿甫定，也有别的很不错的出版社愿意出书，但我最终交给了广西人民出版社。这除了他们的真诚，还由于我拥有的那段经历。这是一种缘！确实，几年来，广西人民出版社的历任领导，像社长区向明女士，以及责编彭庆国先生等，一直关心着本书。今年3月，他们决定重印。6月初又通知我：干脆出修订本。时间是紧了些，但我立即答应，视为快事。

这次修订，除订正一些文字、标点的错讹外，大大小小的修改不下百处，不过总体上是删的多增的少。

在初版"前言"中，我曾向读者坦陈：或由于自己"力不从心"，或由于"尚需再追加时日",书稿存在着不少不足和缺漏。通过十几篇书评和几次评奖活动中专家们严格的评审,还有学术圈内师友在各种场合以各种方式提出的批评指教,使我对书中的不足和缺陷更有了明晰的认识,头脑中也已形成了几个很值得加以深入研究的题目。照理说,本书应当有一个能向读者交待得过去的修改,但却未能完全如愿。这不仅仅是因为时间太紧。

自以为可以向读者陈清的有两点:一是还在本书初版付梓前,出于学科建设的需要,由我牵头向国家哲学社会科学基金申请了题为《马克思主义法学在中国的传播与发展》的项目,1994 年完成后,又主持开展了《羌族习惯法》课题的实地调查和编写。后者是我任西南政法大学法学研究所所长时该所的一个集体项目,由学校和司法部双重立项。这些项目的进行使我难以把时间和精力完全用到对儒家法思想的深入的和拓展性的研究上。更多地分散我的时间和精力的还由于,自 1996 年起,我的行政工作担子有所加重,教学和科研成了"兼职"和"业余"。二是这几年我也发表过几篇关于儒家法思想方面的论文,主要用力于儒家法思想与中国固有民法文化的关系上,但要把这些论文的观点作为本书原有体系的有机组成部分修订进去,却并非易事。且在本书法定修订之前,我刚完成了另一部书稿——《道统与法统》,已将这几篇文章组织在内。不知道以上的自白能不能得到读者的宽谅?!

借拙著修订重印的机会,特向年前逝世的匡亚明先生寄去我深深的哀思和无限的怀念。匡老临终遗言:不通知亲朋好友及学生,不开追悼会。我当时在香港讲访学,竟毫无所知,照常向老人寄去了新年贺卡,而终于没能发出唁电,献束白花,心中之愧憾惟自心可知。1995 年暑期,我赴南京参加中国法律史学会年会,到古都的当天即去拜望匡老。他很高兴,健谈如常,赐教甚多。老人说,他已年届 89 岁,开刀两次,大难不死,正在恢复之中。他的人生态度一贯达观积极。临别,匡老执意让师母丁老师把他从躺椅上扶起来,坐到书桌旁,特地为我题写了一本修订再版的《孔子评传》。这年12月,老人又寄来了他题辞签名的大著《求索集》。时隔不过一年,没有想到匡老会走得这样快。活到老,学到老,求索求真到老,是匡老的精神。我想,学习这种精神,是能告慰他的最好方式。

俞 荣 根

1997年6月27日

于歌乐山麓耘耕舍